武汉市地方志编纂委员会办公室　编

2021 武汉城市圈年鉴

WUHAN CHENGSHIQUAN NIANJIAN

武汉出版社
WUHAN PUBLISHING HOUSE

（鄂）新登字 08 号
图书在版编目（CIP）数据

武汉城市圈年鉴．2021 / 武汉市地方志编纂委员会办公室编；王筱武主编．
— 武汉：武汉出版社，2022.5
ISBN 978-7-5582-5176-4

Ⅰ．①武… Ⅱ．①武… ②王… Ⅲ．①城市经济 - 武汉 - 2021 - 年鉴
Ⅳ．① F299.276.31-54

中国版本图书馆 CIP 数据核字（2022）第 052401 号

武汉城市圈年鉴（2021）

编　　者：武汉市地方志编纂委员会办公室
主　　编：王筱武
责任编辑：杨　振　陈艾利
封面设计：高　峰
出　　版：武汉出版社
社　　址：武汉市江岸区兴业路 136 号　　邮　　编：430014
电　　话：（027）85606403　　85600625
http://www.whcbs.com　　E-mail: whcbszbs@163.com
印　　刷：武汉市仁大印务有限公司　　经　　销：新华书店
开　　本：889 mm×1194 mm　1/16
印　　张：29.75　　字　　数：830 千字　　插　　页：28
版　　次：2022 年 5 月第 1 版　　2022 年 5 月第 1 次印刷
定　　价：300.00 元

方志武汉公众号

关注阅读武汉
共享武汉阅读

《武汉城市圈年鉴》编纂委员会

《武汉城市圈年鉴（2021）》编辑部

编辑说明

一、《武汉城市圈年鉴（2021）》是记述武汉城市圈自然、政治、经济、文化、社会和生态等方面情况的年度资料性文献，由武汉市地方志编纂委员会办公室主编，黄石市、鄂州市、孝感市、黄冈市、咸宁市、仙桃市、潜江市、天门市地方志机构协编。

二、《武汉城市圈年鉴（2021）》以马克思列宁主义、毛泽东思想、邓小平理论、“三个代表”重要思想、科学发展观、习近平新时代中国特色社会主义思想为指导，认真贯彻落实党的十九大精神，以服务于湖北省城市群建设和武汉城市圈改革开放、经济社会发展为宗旨，全面、系统、客观地反映武汉城市圈年度发展的基本情况，为认识、研究和建设武汉城市圈提供具有权威性和较高参考价值的资料。

三、本卷主要收录2020年武汉城市圈经济社会发展的基本情况和信息资料。

四、本卷采用分类编辑法，按类目、分目、条目三个层次编辑，以不同字体、字号及版式设计区分不同层次，条目标题均加【 】标示。本卷共设11个类目：1.大事记；2.综述；3.重要活动和重大项目建设；4.体制机制改革；5.产业发展；6.开发区（功能区）建设；7.城乡建设；8.生态文明建设；9.社会发展；10.附录；11.统计资料。本书刊载武汉城市圈地图和城市圈图集，并在卷首设目录、卷末设索引，以方便读者检索。其中，目录部分的类目、分目配有英文翻译。

五、本卷所有文献资料（含图片）均由湖北省和武汉城市圈各城市有关部门（单位）采集、提供，武汉城市圈各城市地方志机构分别负责本市相关分目、条目的撰稿供稿。

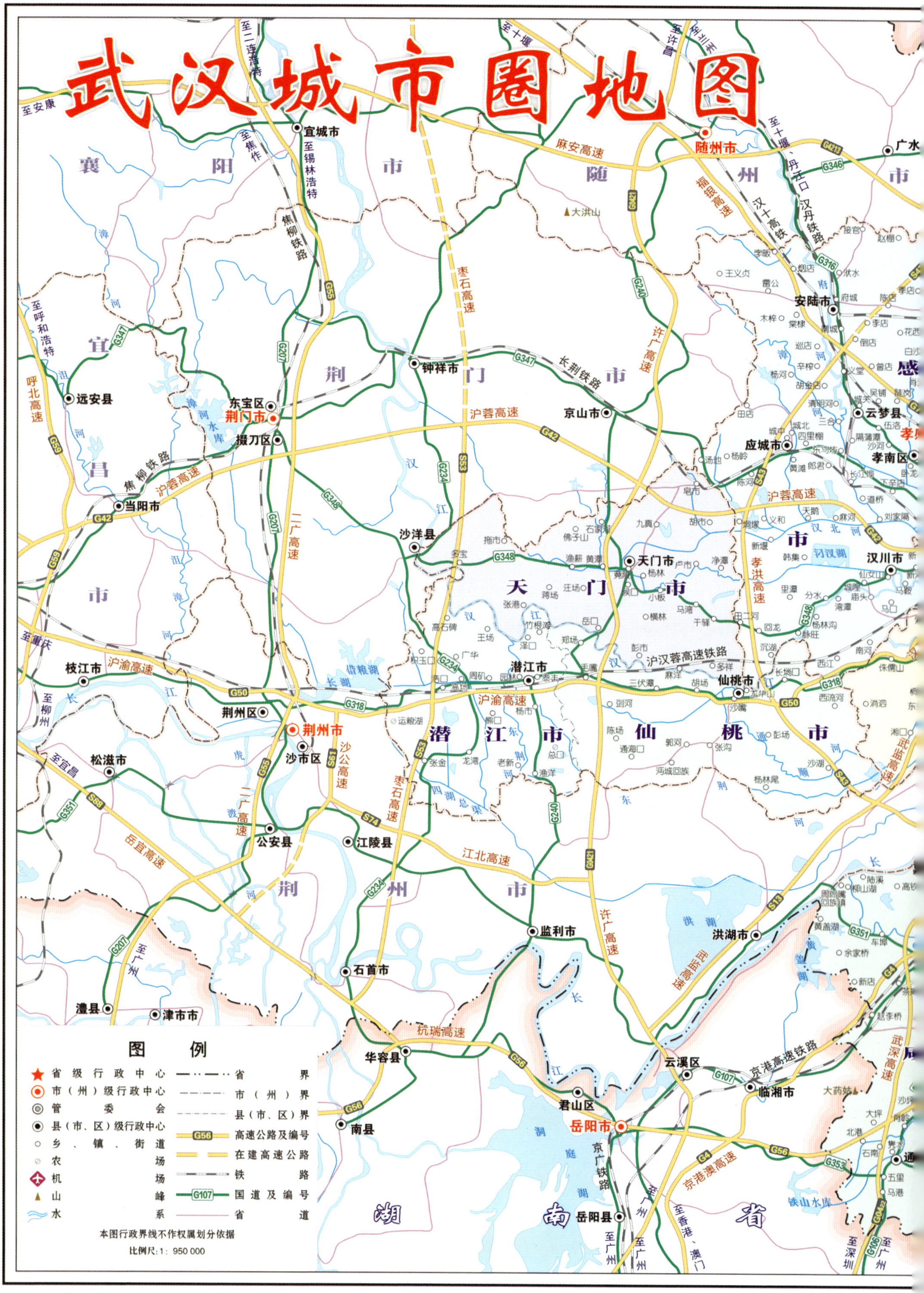

武汉市测绘研究院编制　编图资料依据时间为2020年12月　审图号：鄂S(2021)009号

河南省
安徽省
江西省
黄冈市
黄石市
鄂州市
咸宁市
武汉市
★省政府
六安市
九江市
商城县
金寨县
新县
霍山县
岳西县
太湖县
宿松县
彭泽县
红安县
麻城市
罗田县
英山县
团风县
浠水县
蕲春县
黄梅县
武穴市
黄州区
鄂城区
华容区
梁子湖区
铁山区
下陆区
黄石港区
西塞山区
大冶市
阳新县
瑞昌市
濂溪区
柴桑区
庐山市
德安县
都昌县
武宁县
修水县
通山县
咸安区
黄陂区
新洲区
江岸区
青山区
洪山区
江夏区
武昌区
化工区管委会
武汉东湖新技术开发区管委会
沪陕高速
沪蓉高速
沪汉蓉高速铁路
大广高速
京九铁路
麻阳高速
沪武高速
济广高速
沪渝高速
福银高速
杭瑞高速
武鄂高速
黄鄂高速
蕲嘉高速
鄂咸高速
咸通高速
永武高速
修平高速
九江绕城高速
彭湖高速
武九铁路
武麻铁路
合九铁路
京港高速铁路
京港澳高速
天堂水库
白莲河水库
浮桥河水库
富水水库
王英水库
柘林水库
梁子湖
保安湖
大冶湖
网湖
赤湖
龙感湖
泊湖
大官湖
鄱阳湖
涨渡湖
牛山湖
大别山
九峰尖
白马尖
老鸦尖
北
至西安
至北京
至大庆
至济南
至上海
至合肥
至杭州
至湖口
至福州
至九龙
至广州

2020年1月30日，昼夜施工的雷神山医院（何小白　摄）

武汉市 WUHANSHI

2020年1月26日，陆军军医大学援汉医疗队开始进驻武汉市金银潭医院

2020年2月2日，抢建的火神山医院交付使用（胡冬冬　摄）

2020年2月5日，武汉市江汉区武汉国际会展中心改造的“方舱医院”正式启用

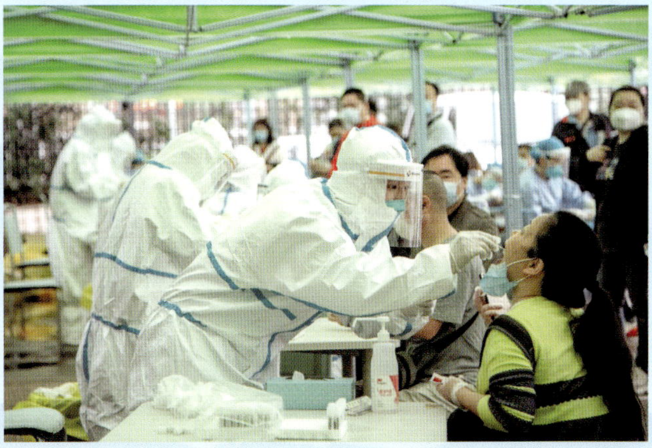

2020年5月14日，武汉大学中南医院医务人员到武汉电信公司对3000多名返岗员工进行核酸检测（李晗　摄）

2020年9月22日，武汉市抗击新冠肺炎疫情表彰大会在武汉国际会议中心隆重举行

2020年11月14日，武汉市民参观抗击新冠肺炎疫情专题展览（张斌　摄）

2020年4月15日，运行67天的雷神山医院正式休舱（何小白　摄）

2020年，盘龙城经济开发区（临空经济区）远眺（武汉市地方志办公室　供稿）

2020年5月，总建筑面积15万平方米的武汉高科集团高端医疗器械产业园建筑工地（石昶　摄）

2020年，武汉钢铁有限公司重轨生产线（余明程　摄）

江北快速路（武汉市地方志办公室　供稿）

2020年10月4日晚，武汉疫后重启的第一场大型体育活动“2020年姚基金慈善赛”在武汉体育中心举行（张斌　摄）

2020年11月25日，东风汽车集团首款高端智能电动SUV预生产下线（陈双枚　摄）

2020年11月13日，武汉市举办第十七届中国光谷国际光电子博览会。图为顾客在观看激光模组产品展示（张斌　摄）

2020年11月7日，武汉市举办世界华服大会（张斌　摄）

2020年10月10日，改造后的江汉路步行街（张斌　摄）

春天的东湖樱花园（张斌　摄）

2020年12月18日，黄石首座跨江悬索桥棋盘洲长江公路大桥通过交工验收

黄石市 HUANGSHISHI

2020年2月11日，江苏省援黄医疗队310名队员抵达黄石

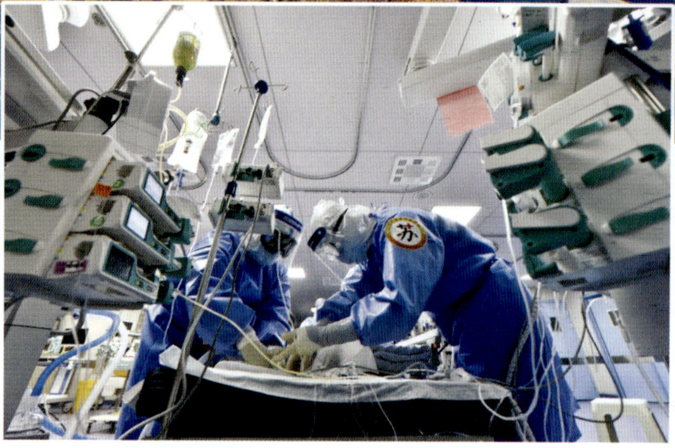

2020年3月10日深夜，江苏医务人员使用ECMO（体外膜肺氧合）设备救治危重症患者

2020年3月20日，黄石市欢送江苏援鄂医疗队撤离

2020年9月28日，磁湖湿地公园建成启用

2020年3月30日，黄石市东贝黄金山工业园内的企业员工在生产线作业

2020年9月2日，黄石市大冶有色40万吨高纯阴极铜清洁生产项目施工现场

2020年11月12日，第四届中国（黄石）地矿科普大会开幕

2020年4月27日，湖北鑫东生态农业有限公司员工在大棚里修剪番茄苗

黄石市大冶市保安镇茶山村通村公路

鄂州市洋澜湖风光（何景星　摄）

鄂州市 EZHOUSHI

2020年3月31日，鄂州市欢送北大援鄂医疗队撤离

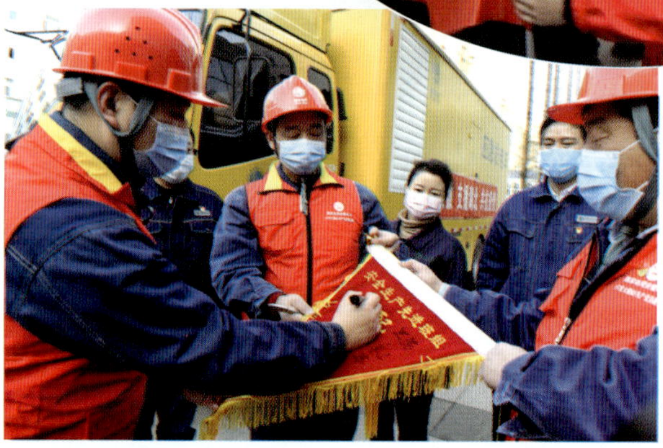

2020年2月20日，国网安徽电力支援鄂州市抗疫保供电。图为队伍出发前同事们将先锋队旗转交抗疫队员

2020年3月22日12：21，鄂州首趟复工专列K1655从鄂州火车站发车。图为准备进站的务工人员

2020年，鄂州市临空大道建成通车

鄂州机场航站楼施工现场（胡俊鸿　摄）

湖北杏福农业开发有限公司华容区台创园

葛店经济开发区三安光电一期项目施工现场

2020年8月8日，鄂州市全民健身活动启动仪式在明堂体育场举行

葛店——中国中部电商基地（何景星　摄）

孝感市 XIAOGANSHI

应城市滨河公园一角

2020年3月28日，孝感市欢送重庆援鄂医疗队胜利返回

湖北红翼科技循环利用林板生产线（李文勇　摄）

孝感市城区一角

2020年6月19日，应城市举办“四进一促”展销推介会

2020年，孝南区杨店镇农民在采摘茱萸

朱湖国家湿地公园秋景（陆新刚、万清平　摄）

2020年10月30日，孝昌县举行万米长跑活动

大悟县绿色茶园

2020年12月25日，武穴长江公路大桥通过交工验收

黄冈市 HUANGGANGSHI

大别山（鄂东）区域医疗中心

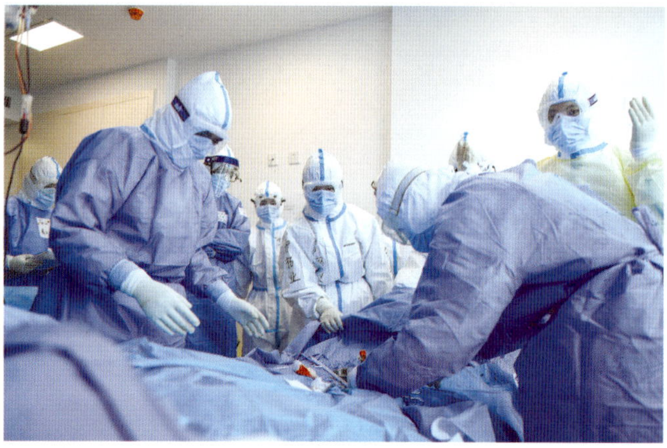

湖南援鄂医疗队重症监护科使用ECMO技术救治新冠肺炎患者，系黄冈医疗史上首例（辜鹏博　摄）

团风县胜阳回龙山120MW渔光互补光伏发电项目（周伟　摄）

遗爱湖公园

2020年10月30日，黄冈市“千企联百校”暨中国科学院科技成果云服务活动在黄州举行

索菲亚（黄冈）公司家具生产车间

2020年4月26日，黄州区淑文农产品种植专业合作社收割青贮小麦（吴纳　摄）

天堂寨大别山主峰（方华国　摄）

五一假期的麻城市龟峰山

2020年11月28日，黄梅戏电影《东坡》获得中国电影金鸡奖戏曲片提名奖

蕲春县檀林镇雾云山村远眺（张斌　摄）

咸宁市 XIANNINGSHI

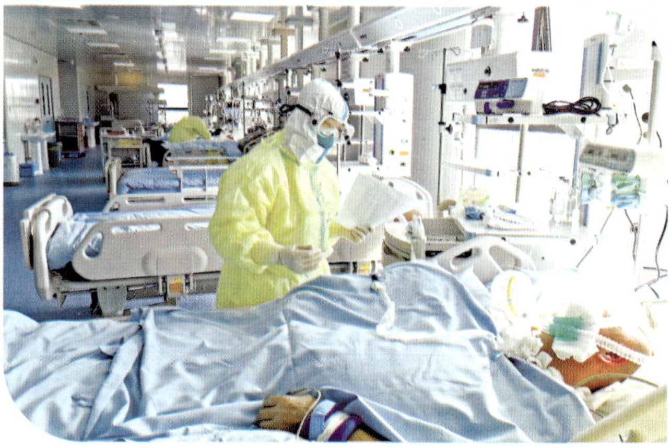

咸宁市医务人员救治新冠肺炎患者

2020年3月22日上午，咸宁市在人民广场举行仪式欢送云南援鄂医疗队返程（咸宁市史志研究中心　供稿）

2020年10月22日，咸宁市召开抗击新冠肺炎疫情表彰大会，图为受表彰人员步入会场的情景

维达力实业（赤壁）有限公司外景

2020年8月，咸宁奥瑞金饮料工业有限公司灌装饮料车间

赤壁镇东柳村高标准农田

2020年10月28—29日，咸宁市参加中央电视台《中国地名大会》第二季栏目

2020年11月13日，咸宁市全民健身"五项五进"展演活动在市体育中心举行

2020年10月31日，咸宁市举办职工烹饪技能大赛总决赛

咸宁市星星竹海景区

仙桃市彭场镇远眺

仙桃市 XIANTAOSHI

2020年3月12日，仙桃市社区工作人员在风雪中坚守岗位

2020年3月23日，仙桃市举行仪式欢送山西省援鄂医疗队

仙桃城区一角

仙桃市非织造布特色小镇

胡场镇通顺河畔

华润电力仙桃电厂项目施工现场

2020年，仙桃市集贸市场一角

2020年7月2日，湖北省作家协会梦里水乡文学创作基地在仙桃市揭牌

2020年，仙桃市张沟镇网箱鳝鱼养殖场

潜江市 QIANJIANGSHI

2020年9月9日，潜江市抗疫受表彰个人、集体从北京载誉归来

潜江市欢送山西省援鄂医疗队

2020年10月24日，潜江市举行抗击新冠肺炎疫情表彰大会

高石碑镇窑岭村

潜江高速互通立交桥

生态修复后的返湾湖

2020年10月26日上午，潜江市举行监利至潜江输油管道项目开工仪式

第四届曹禺文化周在潜江市举行。图为开幕式节目《国色天香》

2020年7月11日,潜江市举办第十一届湖北（潜江）龙虾节。图为潜江市虾街市场

天门市 TIANMENSHI

陆羽茶楼

2020年2月14日，山西省再次增派34名医护人员支援天门抗疫。图为当晚23时30分许，第三批山西省援鄂医疗队抵达天门市

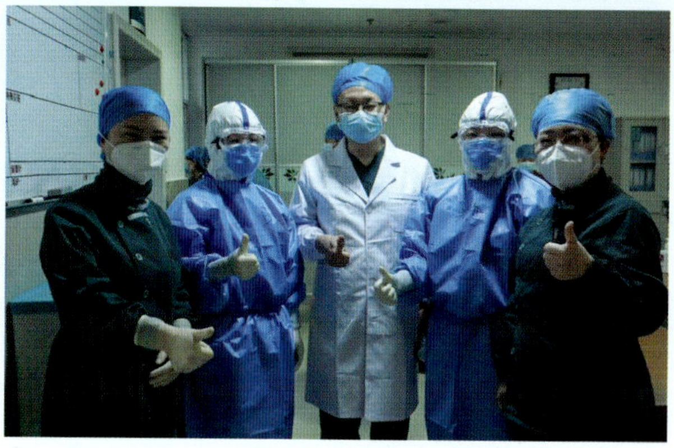

山西省援鄂医疗队队员在病房外留影

2020年2月11日，天门市志愿者在疫情中运送防疫物资

2020年10月12日，天门市召开抗疫表彰大会，抗疫英雄步入表彰大会会场

远眺湖北庄品健实业集团公司

佛子山镇茶场

天门市非遗之糖塑

2020年10月25日，湖北省第十二届龙舟大赛在天门市举行

张家湖国家湿地公园

我们只有一个地球
绿色 低碳 刻不容缓
We have only one earth
Green low carbon environmental protection

目　录

大　事　记

综　　述

武汉城市圈建设与区域发展

国民经济和社会发展

重要活动和重大项目建设

重要活动

基础设施项目

产业升级项目

生态保护项目

体制机制改革

政治体制机制改革

经济体制机制改革

社会体制机制改革

产业发展

农业

工业和建筑业

现代服务业

开发区（功能区）建设

国家级开发区

中国（湖北）自由贸易试验区武汉片区

省级经济开发区

特色园区

城乡建设

市政建设

城乡规划

村镇建设

水务建设

房地产开发

生态文明建设

环境质量状况

生态环境保护

国土资源保护

园林绿化

社会发展

科学技术

教育

文化

卫生

体育

城乡居民生活

人力资源和社会保障

精神文明建设

附　　录

城市圈论坛

媒体聚焦

“十三五”时期经济社会发展情况

统计资料

索引

Contents

大 事 记

1月

1日

△国家卫生健康委工作组、专家组与湖北省卫生健康委、武汉市政府、武汉市卫生健康委对不明原因的病毒性肺炎疫情进行综合研判，对诊断标准提出修订意见。

△武汉市部署不明原因的病毒性肺炎患者救治和疫情防控工作。

△《武汉市控制吸烟条例》正式实施。

2日

△国家卫生健康委制定《不明原因的病毒性肺炎防控"三早"方案》；中国疾控中心、中国医学科学院收到湖北省送检的第一批4例病例标本，随即开展病原鉴定。

△中共武汉市委召开市委常委会会议，要求切实加强不明原因的病毒性肺炎疫情防控，确保全市社会大局平安稳定。

3日

△武汉市卫生健康委官网发布通报，共发现44例不明原因的病毒性肺炎病例。

△武汉市人民政府召开不明原因的病毒性肺炎防控工作领导小组第一次全体会议，部署防控措施，强化责任落实，加强联防联控。

4日

△国家卫生健康委会同湖北省卫生健康委制定《不明原因的病毒性肺炎医疗救治工作手册》，武汉市卫生健康委印发手册并在全市范围内开展医疗救治工作培训。

△武汉市确定7家定点救治医院（市金银潭医院和6家新城区人民医院）、2家后备定点医院（市肺科医院、市汉口医院），开展不明原因的病毒性肺炎医疗救治工作。

5日

世界卫生组织首次就中国武汉出现的不明原因肺炎病例进行通报。

6日

国家卫生健康委在全国卫生健康工作会议上通报武汉市不明原因的病毒性肺炎有关情况。

6—10日

政协武汉市第十三届委员会第四次会议召开。

7—10日

武汉市第十四届人民代表大会第五次会议召开。

7日

武汉市卫生健康委从市第一医院等6所市属医院抽调ICU医生，支持市金银潭医院开展医疗救治工作。

8日

△国家卫生健康委专家评估组初步确认新型冠状病毒为疫情病原。

△黄石市棋盘洲长江大桥第一节钢箱梁吊装成功，大桥全面进入安装钢箱梁阶段。

9日

△国家卫生健康委专家评估组对外发布武汉市不明原因的病毒性肺炎病原信息，病原体初步判断为新型冠状病毒。

△黄石市大冶特殊钢股份有限公司等单位完成的"高品质特殊钢绿色高效电渣重熔关键技术的开发和应用"项目获得2019年度国家科学技术进步一等奖。

10日

△中国疾控中心、中科院武

汉病毒研究所等专业机构初步研发出新型冠状病毒检测试剂盒。

△武汉市部署开展爱国卫生运动，加快推动农贸市场提档升级，提高疾病防控能力。

11 日

武汉市卫生健康委发布《关于不明原因的病毒性肺炎的情况通报》。

12 日

武汉市首次将“不明原因的病毒性肺炎”更名为“新型冠状病毒感染的肺炎”。

13 日

香港、澳门、台湾考察团在武汉考察疫情防控工作。

14 日

△武汉市召开新型冠状病毒感染的肺炎疫情防控工作领导小组会议，印发《关于进一步加强新型冠状病毒感染的肺炎疫情防控工作的通知》。

△武汉市在“三站一场”和长途汽车客运站设置体温检测点、排查点，加强离汉旅客体温检测工作。

15 日

△国家卫生健康委发布新型冠状病毒感染的肺炎第一版诊疗方案和防控方案。

△“潜江龙虾”入选中国农业品牌目录，品牌价值238.77亿元。

16 日

△聚合酶链式反应（PCR）诊断试剂优化完成，武汉市对全部69所二级以上医院发热门诊就医和留观治疗的患者进行主动筛查。

△武汉市公布首届“武汉工匠”评选结果，23人获得“武汉工匠”称号，市政府给予每人30万元重奖。

18—19 日

国家卫生健康委组织由钟南山、高福、李兰娟、袁国勇、曾光、杜斌6位专家组成的国家医疗与防控高级别专家组在武汉实地考察疫情防控工作。

19 日

△武汉市卫生健康委发布通报，截至1月17日24时，全市累计报告新型冠状病毒感染的肺炎病例62例，已治愈出院19例。

△国家医疗与防控高级别专家组经认真研判，明确新冠病毒出现人传人现象。

20 日

△中共中央总书记习近平对新型冠状病毒感染的肺炎疫情作出重要指示，指出要把人民群众生命安全和身体健康放在第一位，坚决遏制疫情蔓延势头；强调要及时发布疫情信息，深化国际合作。

△武汉市成立新型冠状病毒感染的肺炎疫情防控指挥部，下设8个工作组。此后，随着疫情形势变化，两次调整机构设置。

△武汉市公布设置发热门诊的61家医疗机构和9家定点救治医疗机构名单。

△武汉市医保局正式启动医药价格应急监测日报制度。

△20—21日，世界卫生组织专家在武汉实地考察。

21 日

△湖北省政府发布《关于加强新型冠状病毒感染的肺炎防控工作的通告》，启动突发公共卫生事件二级应急响应。

△武汉市启动新型冠状病毒感染的肺炎疫情防控工作战时机制，宣布对所有新型冠状病毒感染的肺炎确诊患者实行免费救治。

△武汉市发出《致全体市民的一封信》，号召广大市民积极支持和参与防控工作，万众一心、众志成城，共同打赢疫情防控战。

△武汉市开始通过重点商超等渠道有序投放政府平价储备冻猪肉。疫情期间，全市共有156家储备冻猪肉投放网点，累计投放政府平价储备冻猪肉9764吨。

22 日

△中共中央总书记习近平作出重要指示，要求立即对湖北省、武汉市人员流动和对外通道实行严格封闭的交通管控。

△中共中央政治局委员、国务院副总理孙春兰到汉检查指导疫情防控工作，考察武汉天河机场出入口检测点、省疾控中心，强调要压实责任，严格落实防控措施，坚决遏制疫情扩散蔓延。

△中共武汉市委副书记、市长周先旺到同济医院、市第四医院、市汉口医院调研发热病人集中就医的“7+7”（7家大型医院

托管 7 家二级公立医院）新模式。截至当日，全市共投入定点医院 15 家，改造隔离病床 4466 张，其中重症床位 286 张，投入医护人员 6579 人。

△武汉市向全市社区发放倡议书，倡议市民不外出、不聚集，勤洗手、勤消毒，不信谣、不传谣，强营养、多锻炼，有信心、有担当。

23 日

△凌晨 2 时许，武汉市发布通告，23 日 10 时起，机场、火车站离汉通道暂时关闭，全市城市公交、地铁、轮渡、长途客运暂停运营。

△武汉市发布通告，全市大宗商品、食品等物资储备充分、供应顺畅，市民不用恐慌、不必囤积，以免造成不必要的浪费。开通 24 小时电话，接收社会各界爱心捐赠。

△交通运输部发出紧急通知，全国暂停进入武汉市道路水路客运班线发班。国家卫生健康委等 6 部门发出通知，要求严格落实“四集中”原则，安排最强有力的医疗力量和医疗机构进行医疗救治。国家邮政局发出通知，优先保障疫情联防联控应急物资和市民生产生活必需品的寄递服务。

△湖北省疫情防控指挥部发布通告，全省旅行社从即日起暂停经营活动；省内大专院校、中小学、幼儿园推迟开学时间，省内党政机关、企事业单位、驻军及武警部队所属人员取消出差，各地招商引资活动一律暂停。

△武汉市决定，参照 2003 年抗击“非典”期间北京小汤山医院模式，在蔡甸区知音湖大道旁建设火神山医院。1 月 24 日完成火神山医院设计方案，1 月 25 日开工建设，共有来自全国各地 2.2 万余名建设者、2500 余台设备参与建设，2 月 2 日交付使用。

△武汉市第一批整体征用市汉口医院等 7 家医院，临时改造成为发热病人收治医院，其门诊部全部作为发热门诊，集中接诊全市发热病人。同时，在多个城区征集酒店及相关场所，启动隔离观察点建设。

△武汉市发布通告，自 1 月 24 日 12 时起，全市网约出租车停止运营；巡游出租车实行单双号限行。

△武汉市餐饮业协会成立餐饮保供应急分队，重点保障医疗机构等一线抗疫单位的餐饮供应。

24 日

△湖北省疫情防控指挥部发布通告，将湖北省重大突发公共卫生事件应急响应级别由二级调整为一级。

△即日起，中央陆续从各地和军队调集 315 支国家医疗队、35591 名医护人员驰援武汉市。当日晚，解放军 3 支医疗队共 450 人抵达武汉。

△商务部紧急启动“九省联保联供机制”，协调山东、安徽等 8 个省（区、市），与武汉市开展生活必需品货源对接，保障生活必需品供应。

△武汉市连续发出通告，自 1 月 25 日零时起，过江隧道关闭，三环内（含三环）过江桥梁通行实施体温检测管控；全面实行发热市民分级分类就医服务，全员排查发热病人，分类安排救治发热病人；紧急征集 6000 台出租车，分配给中心城区，为辖区居民出行提供免费服务。社区居委会为生活不便居民免费提供送餐、送菜、送药等居家服务。

△武汉市启动雷神山医院建设工作。1 月 26 日，雷神山医院开工，2 月 8 日正式交付使用。

25 日

△中共中央总书记习近平主持召开中共中央政治局常务委员会会议，明确提出“坚定信心、同舟共济、科学防治、精准施策”总要求，强调坚决打赢疫情防控阻击战；指出湖北省要把疫情防控工作作为当前头等大事，采取更严格的措施，内防扩散，外防输出；强调要按照集中患者、集中专家、集中资源、集中救治“四集中”原则，将重症病例集中到综合力量强的定点医疗机构进行救治，及时收治所有确诊患者。会议决定，中共中央成立应对疫情工作领导小组，在中央政治局常务委员会领导下开展工作；中共中央向湖北等疫情严重地区派出指导组，推动有关地方全面加强防控一线工作。

△凌晨 1 时，上海市援汉医疗队 135 名队员抵达武汉，为首支援汉的地方医疗队。

△中国工程院院士黄璐琦带领的第一支国家中医医疗队进驻市金银潭医院，是第一个接管重症病区的中医医疗队。1 月 27 日，

中央指导组专家组成员、中国工程院院士、天津中医药大学校长张伯礼来汉指导新冠肺炎患者医疗救治工作，推动中医药全过程介入新冠肺炎治疗。1月30日起，中国科学院院士仝小林领衔在武昌区开展“中医通治方＋政府搭台＋互联网”社区防控实践。

△武汉市发布通告，自1月26日零时始，除经许可的保供运输车、免费交通车、公务用车外，中心城区区域实行机动车禁行管理。

△武汉市全面启动“建院增床”，分批累计征用87家医院改造为定点医院，床位总规模最多时达2.9万张。

△国内外主要物流企业联合发布公告，正式开通国内及全球绿色通道，免费为武汉运输社会各界捐赠的救援物资。

△黄石市、孝感市等城市圈各市停止市域内道路客运，关闭城铁站、火车站，实施封控管理。

26日

△中共湖北省委副书记、省长、省新型冠状病毒感染的肺炎防控指挥部指挥长王晓东到仙桃市检查交通管控和防疫物资生产情况，现场协调解决防护服生产中的实际困难，要求仙桃市委、市政府立下军令状，迅速整合市内企业产能，确保防护服日产量在1月29日达到1.2万件、2月3日达到3万件。

△中国工程院院士陈薇带领专家组进驻武汉，集中力量开展疫苗研制应急科研攻关。3月16日，陈薇团队研制的Ad5载体新冠肺炎病毒疫苗获批正式进入临床试验，全世界第一针新冠肺炎病毒疫苗在武汉注射。

△中共重庆市委、市政府支援的335.43吨生活物资运抵武汉，是武汉市疫情防控指挥部接收的首批生活物资。

27日

△中共中央总书记习近平作出指示，要求中国共产党各级组织和广大党员、干部，牢记人民利益高于一切，不忘初心、牢记使命，团结带领广大人民群众坚决贯彻落实党中央决策部署，全面贯彻“坚定信心、同舟共济、科学防治、精准施策”的要求，让党旗在疫情防控斗争第一线高高飘扬。

△受中共中央总书记习近平委托，中共中央政治局常委、国务院总理、中央应对新型冠状病毒感染肺炎疫情工作领导小组组长李克强来武汉考察指导疫情防控工作，先后考察市金银潭医院、火神山医院工地、武商超市，代表党中央、国务院慰问疫情防控一线医护人员。

△以中共中央政治局委员、国务院副总理孙春兰为组长的中央指导组进驻武汉，全面加强对一线疫情防控的指导督导。

△国网武汉供电公司发出通知，疫情防控期间居民用电客户欠费不停电。

28日

△凌晨3时许，贵州省第一批援助湖北医疗队135名队员抵达鄂州市。

△武汉市印发《关于做好新冠肺炎疫情期间特殊病人医疗保障工作的通知》。此后分三批指定13家医院开展孕产妇、儿童患者、血液透析等特殊新冠肺炎患者的救治工作。

△武汉市教育局印发通知，自2月10日始，全市各中小学（包括中职学校）开展在线课程教学。

△武汉市各供水企业对用户公开承诺，疫情期间欠费不停水。

29日

△武汉市发布通告，要求进一步加强全市行政区域内野生动物及其制品交易、运输、食用等管理，阻断可能的传染源和传播途径。印发《武汉市新型冠状病毒感染的肺炎疫情防控暂行办法》，对疫情报告、预防与监测、医疗救治、社会面防控、保障措施等方面作出规定。

△日本派出载有大量口罩、防护服、护目镜及手套等支援物资的包机抵达武汉。

30日

△受中共中央总书记习近平委托，中共中央政治局委员、国务院副总理、中央指导组组长孙春兰率中央指导组到同济医院中法生态城院区、医务人员驻地，看望慰问一线医务工作者；到东湖开发区南湖社区、龙城社区卫生服务中心和江夏区邬树村，与社区网格员、志愿者和基层医疗工作者交谈，了解社区疫情防控和居民生活情况。

△国家信息中心大数据监测显示，武汉关闭离汉通道一周内约有12.38万人次从全国各地逆行支援武汉。

△武汉市在全市范围内启动疫情防控一线“火线入党”工作。疫情防控期间，共有2662名一线抗疫人员向党组织递交入党申请书，火线发展党员280名。

31日

△湖北省疫情防控指挥部发布通告，部署做好湖北省在外人员返鄂、省内人员返汉服务管理工作。

△武汉市召开专题会议，研究新冠肺炎患者分级分类收治、非新冠肺炎患者医治、加大核酸检测力度和提高检测能力等工作。

△武汉市金银潭医院党委副书记、院长张定宇获得“全市优秀共产党员”“全省优秀共产党员”称号。

△黄石入选全国跨境电商零售进口试点城市，成为50个新晋试点城市之一。

2月

1日

△中共中央政治局委员、国务院副总理、中央指导组组长孙春兰率中央指导组到孝感市检查指导疫情防控工作。

△中国工程院副院长、呼吸与危重症医学专家王辰到汉指导新冠肺炎患者医疗救治工作，提出建设方舱医院，利用最少的社会资源、最简单的场所改造，最快达到扩大收治容量的效果。

△国家医疗与防控高级别专家组成员、中国工程院院士李兰娟带领“援鄂重症新冠肺炎诊治李兰娟院士医疗队”共10人，赴武汉大学人民医院东院区指导开展患者救治工作。

△武汉市各高中开始组织毕业年级开展在线教学。

2日

△国务院总理李克强主持召开中央应对疫情工作领导小组会议，部署部分省份因防控工作需要灵活安排工作、进一步做好疫情防控和市场保供，加大对湖北省特别是武汉市及周边重点地区医疗防控物资支持力度。

△中共中央政治局委员、国务院副总理、中央指导组组长孙春兰率中央指导组到湖北省疫情防控指挥部召开现场办公会议，专题研究医用物资保障和重症患者救治工作，实地察看火神山医院设施设备等情况。

△即日起，在中央指导组指导下，武汉市实施确诊患者、疑似患者、发热患者、确诊患者的密切接触者“四类人员”分类集中管理，按照“四应四尽”要求，持续开展拉网排查、集中收治、清底排查三场攻坚战。

△武汉市组织机关企事业单位在职党员干部，按照“应下尽下”原则，就近就便下沉到支部对口联系社区参与疫情防控工作。疫情期间，共有4.45万名机关、企事业单位在职党员干部下沉社区。

3日

△中共中央总书记习近平主持召开中共中央政治局常务委员会会议，指出要进一步完善和加强防控，严格落实早发现、早报告、早隔离、早治疗“四早”措施；强调要全力以赴救治患者，努力“提高收治率和治愈率”“降低感染率和病亡率”。

△经中央军委主席习近平批准，军队抽调1400名医护人员于2月3日起承担火神山医院医疗救治任务。

△武汉市金银潭医院首批8名以中医药或中西医结合方式治愈的新冠肺炎患者出院。

4日

△中共中央政治局委员、国务院副总理、中央指导组组长孙春兰在武汉主持召开专题会议，研究重症患者治疗、轻症及疑似患者收治工作；到洪山体育馆督导方舱医院改造工作。

△中共湖北省委副书记、省长、省疫情防控指挥部指挥长王晓东到鄂州市检查疫情防控工作。鄂州市12：00开始对主城区居民出行实行管控措施。

△中国联通、电信、移动三大运营商承诺疫情防控期间欠费不停机。

5日

△中共中央政治局委员、国务院副总理、中央指导组组长孙

春兰来汉考察方舱医院改造工作。

△武汉市首批3家方舱医院——江汉方舱医院（武汉国际会展中心）、东西湖方舱医院（武汉客厅）、武昌方舱医院（洪山体育馆）正式启用，全部用于接收新型冠状病毒感染的轻症患者。

△经过中交二航局5天连续奋战，每日可检测万人份样本的新型冠状病毒应急检测实验室——“火眼”实验室在汉启动试运行。

6日

△即日起，武汉市在全市范围内开展全民体温监测工作。

△首批驰援湖北的外地救护车队——河南支援湖北医疗急救转运团队21辆车抵汉，投入新冠肺炎患者集中转运工作。疫情期间，累计有4批外地救护车队58辆车驰援武汉。

7日

中共湖北省委副书记、省长、省新型冠状病毒感染肺炎疫情防控指挥部指挥长王晓东到黄石市检查并视频调度全省各市、州疫情防控工作。

8日

中共中央政治局委员、国务院副总理、中央指导组组长孙春兰率中央指导组实地察看雷神山医院运行和武汉城市职业学院、武汉软件工程职业学院集中隔离点改造情况。

9日

△即日起，武汉市在全城开展每天两次集中消毒。

△俄罗斯派出专机将23吨救援物资运抵武汉。

10日

△中共中央总书记习近平在北京调研指导新冠肺炎疫情防控工作，并通过视频连线武汉市收治新冠肺炎患者的金银潭医院、协和医院、火神山医院，强调要以更坚定的信心、更顽强的意志、更果断的措施，紧紧依靠人民群众，坚决打赢疫情防控的人民战争、总体战、阻击战；指出湖北和武汉是疫情防控的重中之重，是打赢疫情防控阻击战的决胜之地，武汉是英雄的城市，湖北人民、武汉人民是英雄的人民，武汉胜则湖北胜，湖北胜则全国胜，要打好武汉保卫战、湖北保卫战；强调要按照集中患者、集中专家、集中资源、集中救治“四集中”原则，全力做好救治工作；强调要坚决抓好“外防输入、内防扩散”两大环节，尽最大可能切断传染源，尽最大可能控制疫情波及范围。

△中央指导组副组长、中央政法委秘书长陈一新到武汉检查调度应治尽治工作。

11日

△中共中央政治局委员、国务院副总理、中央指导组组长孙春兰率中央指导组到武昌区南湖街隔离观察点和新改建为方舱医院的武汉体育馆、国博中心，实地了解应收尽收落实情况。

△武汉方舱医院第一批新冠肺炎治愈患者出院，其中，武昌方舱医院28人，江汉方舱医院6人。

△中共湖北省委副书记、省长、省新冠肺炎疫情防控指挥部指挥长王晓东到鄂州市检查疫情防控工作。针对鄂州市重症患者病亡率较高的情况，王晓东现场调度专家赶赴鄂州，加强对重症患者医疗救治的指导，帮助提高重症患者治愈率。

12日

△中共中央总书记习近平主持召开中共中央政治局常务委员会会议，指出疫情防控工作到了最吃劲的关键阶段，要毫不放松做好疫情防控重点工作，加强疫情特别严重或风险较大的地区防控；强调要围绕“提高收治率和治愈率”“降低感染率和病亡率”，抓好疫情防控重点环节；强调要全面增强收治能力，坚决做到“应收尽收、应治尽治”，提高收治率；强调要提高患者特别是重症患者救治水平，集中优势医疗资源和技术力量救治患者；强调人口流入大省大市要按照“联防联控、群防群控”要求，切实做好防控工作。

△中央指导组副组长、中央政法委秘书长陈一新召集武汉市新冠肺炎疫情防控工作碰头会，要求围绕“控增量、减存量、防变量”，坚决打好应收尽收攻坚战。

△黑龙江省第一批援鄂医疗队316人抵达孝感。

13日

△中共中央对湖北省委、武汉市委主要领导进行调整。应勇任中共湖北省委书记，王忠林任

湖北省委常委、武汉市委书记。

△经中央军委主席习近平批准，军队增派2600名医护人员支援武汉抗击新冠肺炎疫情，参照火神山医院运行模式，承担泰康同济医院、省妇幼保健院光谷院区确诊患者医疗救治任务。

△武汉火神山医院首批7名新冠肺炎患者治愈出院。

△中共湖北省委书记应勇主持召开专题会议，分别听取湖北省、武汉市疫情防控指挥部工作汇报，分析疫情防控遇到的突出问题，研究部署下一阶段防控措施。

△中共湖北省委常委、武汉市委书记王忠林主持召开武汉市疫情防控指挥部指挥长会议，听取当前疫情防控工作情况，研究部署近期防控重点工作。

△湖北省疫情防控指挥部发布通告，继续延迟企业复工和学校开学时间，企业不早于2月20日24时前复工；印发《关于加强新型冠状病毒感染肺炎疫情科学防控有序 做好企业复工复产工作的通知》。

14日

武汉市决定对全市所有住宅小区、村（队）实行严格的硬质封闭管理，3天时间新建422公里阻断疫情传播的“生命长城”。进一步征用市第一医院等一批医院，征用床位14000张。

15日

△中共中央政治局委员、国务院副总理、中央指导组组长孙春兰率中央指导组在武汉市听取疫情防控工作汇报；到泰康同济医院、市优抚医院，实地考察患者收治和床位准备情况，强调要千方百计增强收治能力，让患者得到及时救治。

△国务院新闻办公室首次在武汉举行疫情防控新闻发布会。至当日，已有7个诊断检测试剂获批上市，部分药物筛选与治疗方案、疫苗研发、动物模型构建等取得阶段性进展。

16日

武汉市发布通告，严格公共场所疫情防控措施，实行零售药店购药登记制度。公布6家非新冠肺炎患者部分接诊医疗机构。

17日

△即日起，武汉市开展为期3天的集中拉网式清底大排查。至2月19日，共有9.7万名干部职工、1287支转运收治队参与清底大排查，实现对全市421万户居民的全覆盖，发现居家确诊患者1275人、疑似患者1436人、密切接触者9105人，安排转运收治确诊患者23131人。

△国务院联防联控机制印发《关于科学防治精准施策分区分级做好新冠肺炎疫情防控工作的指导意见》，部署各地区各部门做好分区分级精准防控，有序恢复生产生活秩序。

△武汉市发布通告，在全市住宅小区和村实行邮件、快递无接触投递管理。

△中共湖北省委书记应勇到孝感社区、村庄、定点医院检查指导疫情防控工作。

18日

△武汉雷神山医院首批2名新冠肺炎患者治愈出院。

△武汉市发出《致奋战在疫情防控一线的援汉医务工作者的慰问信》。

△武汉市印发《方舱医院建设管理规范（试行）》，对方舱医院的规划选址、建设标准、医疗管理、安全保障、后勤保障、组织管理等进行规范。

19日

武汉市开始对疑似病例、发热病人和隔离点的密切接触者等实行应检尽检。2月21日，全市“四类人员”核酸检测存量清零，自此实现日清日结。

20日

△武汉市定点医疗机构开放床位20989张，空余床位1828张，定点医疗机构救治首次实现“床等人”。

△湖北省疫情防控指挥部发布通告，继续延迟企业复工和学校开学时间，规定企业先按不早于3月10日24时前复工。

△武汉市发布通告，在全市实行“双测温两报告”制度。

△韩国新任武汉总领事姜承锡乘坐货机抵汉履新，同机抵达的有韩国地方政府、企业及民间捐赠给武汉的医疗救援物资。

21日

△中共中央总书记习近平主

持召开中共中央政治局会议，指出疫情防控工作取得阶段性成效，同时，全国疫情发展拐点尚未到来，湖北省和武汉市防控形势依然严峻复杂；强调要针对不同区域情况，完善差异化防控策略，坚决打好湖北保卫战、武汉保卫战，加强力量薄弱地区防控，全力做好北京疫情防控工作；强调要建立与疫情防控相适应的经济社会运行秩序，有序推动复工复产。

△中共中央政治局委员、国务院副总理、中央指导组组长孙春兰率中央指导组到武汉体育中心方舱医院，查看移动P3实验室检测工作、患者治疗管理等情况，通过视频连线慰问方舱医院援汉医疗队员。

△中共湖北省委书记应勇在武汉主持召开专题会议，听取武汉市新冠肺炎患者收治工作闭环落实情况汇报，研究部署患者康复出院后续安排、特殊场所防控、隔离治疗点医护力量配备、畅通市民求助渠道等工作。

△武汉市武昌医院原院长刘智明被追授"全市优秀共产党员"称号。此后，被追授"全省优秀共产党员"称号。

22 日

△中共中央政治局委员、国务院副总理、中央指导组组长孙春兰在汉主持召开专题会议，研究监狱监所和精神病院、养老院、儿童福利院等特殊场所、人群集中场所疫情防控工作，以及滞留在汉人员有关工作。

△武汉市印发《关于进一步规范每日新增确诊病人核查收治工作流程的通知》，进一步提高全市每日新增确诊病人核查、收治工作效率，确保实现"应收尽收、应治尽治、日清日结、不漏一人"。

△武汉市推出"武汉健康码"，对于因就医、防疫情、保运行等原因需外出的市民，采取扫码登记模式取代手工登记填表。

△武汉市印发《关于应对新冠肺炎疫情 支持中小企业经营发展有关政策措施的通知》，采取减免租金税收、缓交税款、降低要素成本等措施，帮助支持全市中小企业积极应对疫情影响，共渡难关。

△武商超市、中百仓储、中商超市、家乐福、沃尔玛等五大超市即日起，定期公布25种重要生活物资销售价格。

△贵州省第九批援鄂医疗队176名队员抵达鄂州。至此，对口支援鄂州的贵州援鄂医疗队员已达859人。

△22—23日，由中国、德国、日本、韩国、尼日利亚、俄罗斯、新加坡、美国和世界卫生组织25名专家组成的中国—世界卫生组织联合专家考察组，在汉进行实地考察调研。

23 日

△武汉市发出《致全体市民的一封信》，号召全体市民做好防护、守好家门，人人行动、家家参与，坚决打赢疫情防控的人民战争；发出《致全市党员干部的一封信》，号召广大党员干部发挥模范带头作用，坚韧不拔、冲锋在前，不获全胜、决不收兵。

△中宣部、中央文明办在汉启动"志愿服务关爱行动"。武汉市共招募志愿者4万余人，开展医疗救护、社区防控、便民服务、宣传引导、心理援助、卫生保洁等志愿服务。

△国务院新闻办公室在武汉举行第三场新闻发布会，首次邀请奋战在武汉疫情防控一线的金银潭医院医生余亭、中日友好医院援鄂医疗队护理组组长赵培玉、外卖骑手吴辉、青山区钢花小学教师华雨辰、硚口区公安分局局长张晓红5位工作者，讲述自己参与抗击疫情的故事，并回答记者提问。

24 日

△中共中央政治局委员、国务院副总理、中央指导组组长孙春兰率中央指导组到同济医院主院区远程会诊中心，与北京、上海和军队等援鄂医疗队专家会商，要求对重症患者救治实行"一人一策"，对轻症患者救治实行"关口前移"，医用物资保障直接对接医院。

△中共湖北省委副书记、省长、省疫情防控指挥部指挥长王晓东到鄂州市暗访指导疫情防控工作，详细了解防控工作进展和群众生活必需品的市场供应情况。看望慰问援鄂医疗队队员，并听取意见建议。

25 日

武汉市发出《致全市"两代表一委员"的一封信》，号召全市各级党代表、人大代表、政协委员发挥桥梁纽带作用，广泛动员各党派、各界别和全社会力量，共同投身疫情防控工作，凝聚起万众一心抗击疫情的磅礴力量。

26 日

△中共中央总书记习近平主持召开中共中央政治局常务委员会会议，指出全国疫情防控形势积极向好的态势正在拓展，经济社会发展加快恢复，同时湖北省和武汉市疫情形势依然复杂严峻，其他有关地区疫情反弹风险不可忽视；强调要继续集中力量和资源，全面加强湖北省和武汉市疫情防控；强调要准确分析把握疫情和经济社会发展形势，紧紧抓住主要矛盾和矛盾的主要方面，确保打赢疫情防控的人民战争、总体战、阻击战，努力实现决胜全面建成小康社会、决战脱贫攻坚目标任务。

△中共湖北省委书记应勇在汉主持召开专题会议，听取武汉市疫情防控工作情况汇报，要求强化监狱、看守所、戒毒所、精神病院、养老院等特殊场所防控。

△国家邮政局决定授予顺丰速递武汉分公司快递员汪勇“最美快递员”特别奖。

27 日

△中共中央政治局委员、国务院副总理、中央指导组组长孙春兰率中央指导组出席指导中共武汉市委常委会（扩大）会议暨市疫情防控指挥部专题会议，要求深入学习贯彻习近平总书记在2月26日中央政治局常委会会议上的重要讲话精神，深刻领会习近平总书记对湖北、武汉疫情形势依然复杂严峻的科学判断，强化特殊场所和重点人群防护，紧紧抓住防控和救治两个关键，坚决打赢武汉保卫战。

△武汉市印发《关于进一步加强社区团购 实现两个全覆盖的实施方案》，要求加速建立健全商超与社区无缝对接的供应和配送保障体系，实现小区、家庭团购全覆盖。

△黄石市新增确诊新冠肺炎病例和疑似病例实现“零增长”。

28 日

武汉市印发《关于进一步加强医疗救治关口前移工作的通知》。

29 日

△中共中央政治局委员、国务院副总理、中央指导组组长孙春兰率中央指导组到军事医学前方专家组驻地和华中科技大学，考察疫情防控科研攻关情况。

△武汉市召开视频调度会，部署在全市开展无疫情小区、社区（村、队）、街道（乡镇）、城区创建活动。至6月30日，全市15个区（含开发区）全部获评无疫情城区。

3 月

1 日

△武汉体育馆方舱医院休舱，为首个休舱的方舱医院。3月10日，武昌方舱医院最后49名患者康复出院，至此全市16家方舱医院全部休舱。方舱医院运行期间，累计收治新冠肺炎轻症患者1.2万余人。

△中共中央政治局委员、国务院副总理、中央指导组组长孙春兰副总理率中央指导组到武汉女子监狱、硚口区社会福利院，指导特殊人群疫情防控工作。

△中共湖北省委书记应勇到武汉市儿童福利院、汉阳区社会福利院、武汉开发区颐德养老院、武汉市精神卫生中心二七院区，检查督导特殊场所疫情防控工作。

△央视《新闻联播》头条以《英雄的城市英雄的人民众志成城战“疫”情》为题，聚焦武汉人民同心协力、共同战“疫”，播放时长达7分2秒。

3 日

截至当日，武汉市在院确诊病例20978例，累计治愈出院病例21185例，累计出院病例数首次超过在院确诊病例数。

4 日

△中共中央总书记习近平主持召开中共中央政治局常务委员会会议，指出要加快建立同疫情防控相适应的经济社会运行秩序，完善相关举措，巩固和拓展来之不易的良好势头；强调要持续用力加强湖北省和武汉市疫情防控工作，继续保持“内防扩散、外防输出”的防控策略。

△武汉市召开市疫情防控指挥部专题会议，研究部署企业复工复产工作。

△同济医院专家与意大利米兰尼瓜尔达医院专家远程视频通

话，分享救治新冠肺炎患者经验。疫情期间，武汉共向120多个国家分享防治经验，提供专家、物资援助。

5日

中共中央政治局委员、国务院副总理、中央指导组组长孙春兰率中央指导组到青山区翠园社区、江汉区西桥社区，实地察看社区防控和群众生活保障情况；主持召开专题会议，研究社区生活物资保障工作。

6日

中共中央政治局委员、国务院副总理中央指导组组长孙春兰率中央指导组到鄂州，实地考察新冠肺炎防控救治和企业复工复产等情况。

7日

武汉市印发通知，新冠肺炎疫情期间，在全市定点发热门诊就诊患者的门诊医疗费用全免，住院治疗的所有肺炎患者的住院医疗费用全免。

8日

中共中央政治局委员、国务院副总理、中央指导组组长孙春兰在汉视频连线女医务人员、公安干警、疾控人员、社区工作者、新闻工作者和志愿者等代表，向奋战在疫情防控一线的广大妇女同胞转达习近平总书记和党中央、国务院的亲切关怀和节日祝福。

9日

武汉市召开视频调度会，推进统筹做好应查尽查、市民生活保障、春耕备耕、援汉医疗队服务保障等工作。

10日

△中共中央总书记、国家主席、中央军委主席习近平到武汉市考察疫情防控工作，指出经过艰苦努力，湖北和武汉疫情防控形势发生积极向好变化，取得阶段性重要成果，但疫情防控任务依然艰巨繁重，要慎终如始、再接再厉、善作善成，坚决打赢湖北保卫战、武汉保卫战；指出武汉人民识大体、顾大局，不畏艰险、顽强不屈，自觉服从疫情防控大局需要，主动投身疫情防控斗争，作出了重大贡献；指出抗击疫情有两个阵地，一个是医院救死扶伤阵地，一个是社区防控阵地，要充分发挥社区在疫情防控中的重要作用，使所有社区成为疫情防控的坚强堡垒；强调打赢疫情防控人民战争要紧紧依靠人民，把群众发动起来，构筑起群防群控的人民防线。

△即日起，武汉市分批腾退定点医院，开展彻底清洁消杀，推进定点医院和社区医院逐步恢复正常医疗秩序，满足非新冠肺炎患者就医需求。

11日

△武汉市单日新增确诊病例数降至个位数（8例）。

△湖北省疫情防控指挥部印发《关于分区分级分类分时有序推进企业复工复产指导方案的通知》。

13日

武汉市疑似病例首次实现零新增。

14日

△中共中央政治局委员、国务院副总理、中央指导组组长孙春兰在汉主持召开会议，听取国家卫生健康委、湖北省、武汉市有关工作情况汇报，专题研究关心关爱医务人员措施。

△中共湖北省委书记应勇到武汉市协和医院、武汉市妇幼保健院、亚洲心脏病医院等医疗机构，调研恢复正常医疗秩序工作，并主持召开专题会议，研究部署新冠肺炎患者救治、医疗服务保障体系修复等工作。

△黄石市中医医院（传染病医院）确诊病例和疑似病例实现“双清零”，次日起，黄石城区有序恢复正常医疗服务秩序。

16日

△中共中央政治局委员、国务院副总理、中央指导组组长孙春兰率中央指导组到武汉调研复工复产和春耕生产工作。

△武汉市印发《全市企业复工复产工作计划》。

17日

△武汉市现有疑似病例首次清零。

△首批42支国家援鄂医疗队撤离武汉市。

△武汉市发布通告，自3月17日零时起，对所有境外来汉（返汉）人员实施申报管理，统一接

送至集中隔离点，进行14天的隔离观察。

△中国科学院院士、中国中医科学院首席研究员仝小林一行到鄂州市调研中医药参与新冠肺炎疫情防控工作。19日，又到孝感调研。

18日

△全国新增本土确诊病例首次实现零报告。武汉市新增确诊病例数首次为零。

△武汉市印发《关于进一步做好受疫情影响困难群众兜底保障工作的通知》。疫情期间，共向13万低保群众发放临时价格补贴1.7亿元。

△武汉市印发《关于规范复工复产企业省内返岗人员通行工作的通知》，并出台《加强境外返（来）汉人员疾病防控工作实施方案》《境外返（来）汉人员集中隔离医学观察点技术指南》。

20日

△武汉市公布新冠肺炎康复期患者定点医院名单，定点医院承担新冠肺炎治愈患者合并其他基础性疾病的医疗救治工作。

△世界卫生组织总干事谭德塞在例行记者会上高度称赞中国抗击新冠肺炎疫情成效。

△武汉快递企业全面复工。

21日

△武汉市印发《关于有序扩展小区居民活动空间逐步恢复社区正常生产生活秩序的意见》。

△武汉迎来首趟返岗复工专列——汉十高铁G6846次东风本田汽车有限公司员工专列。

22日

鄂州籍1320名赴粤务工人员返岗首趟专列发车。

23日

武汉市印发《武汉市支持企业复工复产促进稳定发展若干政策措施》。

24日

△湖北省新冠肺炎疫情防控指挥部发布通告，湖北省除武汉市以外地区，将于3月25日起解除离鄂通道管控。

△黄石市机关事业单位全部恢复正常上下班，98.9%的规模以上工业企业复工复产。

25日

△武汉市城区疫情评估等级降为中风险，13个城区中，低风险区5个、中风险区8个。4月18日，全市风险等级整体降为低风险。

△武汉市恢复117条公交线路运营，公共交通采取实名扫码、佩戴口罩、扫码测温、随车配备安全员等乘车措施，交通工具消毒通风运行。

26日

中共中央政治局委员、国务院副总理、中央指导组组长孙春兰在武汉市召开会议，听取医疗机构一线医务人员意见建议，就进一步做好重症患者救治工作提出要求。

27日

中共中央政治局委员、国务院副总理、中央指导组组长孙春兰在武汉与抗疫一线媒体记者座谈。

28日

△武汉市恢复各火车站到达业务，首列外省终到武汉列车抵达。同日，中欧班列（武汉）恢复常态化运营，首趟班列近九成货物为“武汉造”。

△武汉市轨道交通1、2、3、4、6、7号线恢复运营。

30日

鄂州机场首个地面建筑空管工程塔台项目开工。

31日

武汉市发出《致援汉医疗队全体队员的感谢信》。

4月

1日

△中共中央政治局委员、国务院副总理、中央指导组组长孙春兰在武汉召开抗疫一线专家院士和科研工作者座谈会。

△武汉市全面启动主题为“防疫有我 爱卫同行”的爱国卫生月活动。

△武汉市印发《武汉市社区工作者管理办法》，对社区工作者的选任招聘、教育培训、管理考核、职业发展、待遇保障、激励

措施、退出机制等方面作出具体规定。

2日

△武汉市王兵、冯效林、江学庆、刘智明、李文亮、张抗美、肖俊、吴涌、柳帆、夏思思、梅仲明、彭银华、廖建军等13名牺牲在新冠肺炎疫情防控一线的人员被省政府评定为烈士。

△武汉市疫情防控指挥部印发《关于建立疫情防控长效机制 持续做好小区封控管理工作的通知》。

△湖北省人民政府副省长赵海山到仙桃市调研医用防护物资出口工作，要求仙桃市充分发挥“中国非织造布产业名城”作用，强化外贸综合服务，支持企业生产更多更好防护物资，抢占国际市场，造福世界人民。

3日

武汉大学人民医院举行3场新冠肺炎疫情诊疗和防控学术研讨国际视频会议，分别与意大利、爱尔兰、埃及3国医学专家分享抗疫经验。

4日

湖北省暨武汉市深切悼念新冠肺炎疫情牺牲烈士和逝世同胞活动在汉口江滩举行。

5日

武汉市印发《关于做好解除离汉通道管控有关工作的实施方案》《武汉市应对新冠肺炎疫情中小微企业纾困专项资金使用管理办法》。

6日

中共中央政治局委员、国务院副总理、中央指导组组长孙春兰率中央指导组到武汉大学调研，研究促进高校毕业生就业和校园疫情防控工作。

7日

△武汉市在院治疗的重症、危重症患者数首次降至两位数，分别为83例、72例。

△中共中央政治局委员、国务院副总理、中央指导组组长孙春兰在武汉召开会议，研究部署4月8日解除离汉通道管控后各项工作，督促疫情防控各项举措落实，并率中央指导组到车站、商场、超市、饭店等地，考察疫情防控情况。

△中共湖北省委常委、武汉市委书记王忠林到龚家岭收费站、武汉市公安局指挥中心、武昌火车站等地检查城市解封准备工作情况。

8日

△中共中央总书记习近平给武汉市东湖新城社区全体社区工作者回信，再次肯定城乡广大社区工作者在疫情防控斗争中发挥的重要作用，向他们致以诚挚的慰问，并勉励他们为彻底打赢疫情防控人民战争、总体战、阻击战再立新功。

△零时起，武汉市解除持续76天的离汉离鄂通道管控措施，有序恢复对外交通，逐步恢复正常生产生活秩序。国务院副总理孙春兰率中央指导组和省、市主要负责同志，现场检查解除离汉通道管控工作情况。

△零时，以“英雄的城市、英雄的人民”为主题的武汉长江灯光秀点亮两江四岸，重现举国上下共同抗疫的感人画面。

△中共武汉市委宣传部、市文旅局联合40家直播平台推出大型直播节目“武汉，你好！”，全国人民和武汉市民共同见证大城重启。

△武汉市有轨电车、轮渡、巡游出租车、省内长途客运班线恢复运营。铁路恢复出发业务，机场恢复客运航班。4月22日，城市公交、轨道交通恢复全线网运行。4月30日，网约车、省际长途客运班线恢复运营。

△武汉市举办2020年首场“云招商”，运用“非接触”“云推介”的创新方式，变“现场签约”为“云签约”，共签约69个项目、总金额2451亿元。其中，11个总部项目落户武汉。

10日

△中共中央政治局委员、国务院副总理、中央指导组组长孙春兰率中央指导组到同济医院主院区远程会诊中心，视频听取武汉市有关定点医院治疗情况汇报，研究部署进一步做好重症患者救治等工作，要求尽最大努力提高治愈率。

△武汉市召开重大项目建设推进会，以视频连线的方式，集中开工100个重大项目，总投资达1865.7亿元。会议强调要突出抓好项目落地、营商环境、服务保障和招商引资，有序推进复工复产

和经济社会秩序恢复。

12 日

△武汉市召开“全力以赴抓项目,齐心协力促发展”动员大会。

△黄石市大冶市金湖街道上冯村等 8 个乡村入选国家森林乡村。

14 日

△中共中央政治局委员、国务院副总理、中央指导组组长孙春兰率中央指导组深入武汉市社区、交通场站和农贸市场,调研指导现场流行病学调查和常态化疫情防控工作。

△中共赤壁市委副书记、市长董方平率团到仙桃考察台资企业和无纺布产业项目发展情况,谋求两市合作。

15 日

火神山医院正式关闭。医院运行期间,累计收治患者 3059 人。

16 日

经中央军委主席习近平批准,军队支援湖北医疗队 3 批次、4000 余名医务人员,在圆满完成医疗救治任务后,陆续离开武汉完成回撤。至此,所有援汉医疗队撤离武汉。

17 日

△国务院联防联控机制印发《关于做好离汉人员新冠肺炎检测和健康管理服务工作的通知》,要求重点人群离汉前按照“应检尽检”原则进行新冠病毒核酸检测,离汉人员到达目的地后满足相应条件即可正常复工复产复学。

△武汉市发布《关于武汉市新冠肺炎确诊病例数确诊病例死亡数订正情况的通报》,对确诊和死亡病例数进行订正。截至 4 月 16 日 24 时,确诊病例核增 325 例,累计确诊病例数订正为 50333 例;确诊病例的死亡病例核增 1290 例,累计确诊病例的死亡数订正为 3869 例。

△全国妇联追授在武汉疫情防控一线日夜奋战、不幸牺牲的王兵、阮惠芳、张抗美、柳帆、夏思思 5 位同志“全国三八红旗手”称号。

18 日

△中共湖北省委书记应勇到华中科技大学、湖北大学、武汉市西藏中学、武昌区粮道街中学积玉桥校区等地,调研复学复课准备、疫情防控等工作。

△武汉市推出减免税费、保障供应、优化政务服务等 12 条政策措施,扶持个体工商户复工复产、开门营业。

20 日

湖北省疫情防控指挥部发布通告,2020 年高考时间为 7 月 7 日至 8 日;高中毕业年级学生 5 月 6 日统一开学,初三年级开学时间由各市(州)科学评估后确定。

22 日

△ 22—23 日,中共中央政治局委员、国务院副总理、中央指导组组长孙春兰率中央指导组到汉调研常态化疫情防控工作,考察汉口医院、第二中学和武汉天地商业街,了解各项防控措施落实情况。

△武汉市召开金融支持武汉经济社会发展政企银对接会,现场 20 多家金融机构与企业签署信贷支持协议,总金额达 4327.1 亿元。

△武汉市印发春季开学通知,全市普通高中毕业年级(含中职学校和技工学校的毕业年级)学生于 5 月 6 日统一开学。

23 日

武汉市回赠友好城市日本大分市 5.3 万只口罩,支援日本抗疫。

24 日

武汉市在院新冠肺炎重症病例清零。

25 日

25—26 日,中共中央政治局委员、国务院副总理、中央指导组组长孙春兰到黄鹤楼公园、东湖绿道,调研景区有序开放准备工作。

26 日

武汉市所有新冠肺炎住院病例清零。

27 日

△中央指导组离鄂返京。

△武汉市设立 200 亿元贷款额度的纾困专项资金,扶持个体工商户有序复工复产复商复市。

28 日

武汉市江汉公安分局民警涂可蔼等获评第 24 届“全国青年五四奖章”。疫情期间,全市共有 2 万余名民警和 2 万余名辅警参与疫情防控工作。

29日

△中共中央总书记习近平主持召开中共中央政治局常务委员会会议，指出经过艰苦卓绝的努力，湖北保卫战、武汉保卫战取得决定性成果，全国疫情防控阻击战取得重大战略成果；强调要抓好重点地区、重点群体疫情防控工作，有针对性加强输入性风险防控工作。会议指出，湖北省特别是武汉市人民作出了很大贡献，付出了很大牺牲，经济社会发展面临的困难较大。党中央研究确定了支持湖北省经济社会发展一揽子政策，从财政税收、金融信贷、投资外贸等方面明确了具体措施。

△武汉市启动“推进疫情常态防控 提升基层卫生服务”万名医生进社区活动。

△仙桃市与湖北省长江产业投资集团有限公司签订1.2万公顷造林项目合作协议，总投资13.6亿元。

30日

△武汉市人民政府与华为公司签订战略合作协议并举行长江鲲鹏生态创新中心揭牌仪式。

△中共武汉市委、市人民政府发出《致支援捐助武汉抗击疫情的社会各界的感谢信》。

5月

1日

△首批搭载外籍人员回武汉复工的包机抵达武汉天河机场。

△畅通武汉制造市场循环供需对接会召开，现场签约12个项目，抖音、百度等网络平台同步直播推介。

2日

零时起，湖北省突发公共卫生事件应急响应级别由一级调整为二级。

4—5日

国务院副秘书长、国务院联防联控机制联络组组长丁向阳带领联络组抵达湖北武汉，先后到古琴台公园、江汉区社会福利院、武汉外国语学校，检查指导节日期间疫情防控和复课复学准备工作。

6日

△中央决定继续派出联络组，加强对湖北省和武汉市疫情防控后续工作指导支持，继续指导做好治愈患者康复和心理疏导工作，巩固疫情防控成果，协调推动湖北省和武汉市在做好常态化疫情防控工作的同时，推动支持湖北省经济社会发展一揽子政策落实到位，加快恢复生产生活正常秩序。

△武汉市召开全市主动作为快干实干奋力夺取疫情防控和经济社会发展双胜利动员大会，号召全市上下以“滚石上山、爬坡过坎”的拼搏精神，彻底战胜疫情，实现大武汉浴火重生，创造新时代更加辉煌的业绩。

7日

武汉市发布通告，全市2020年中考时间为7月20日至21日，春季学期初三年级学生5月20日统一开学。

8日

中共中央召开党外人士座谈会，就新冠肺炎疫情防控工作听取各民主党派中央、全国工商联和无党派人士代表的意见和建议，中共中央总书记习近平主持座谈会并发表重要讲话，强调经过艰苦卓绝的努力，武汉保卫战、湖北保卫战取得决定性成果，疫情防控阻击战取得重大战略成果，统筹推进疫情防控和经济社会发展工作取得积极成效。要继续抓紧做好各项工作，时刻紧绷疫情防控这根弦，扎实推进复工复产复学，确保完成决战决胜脱贫攻坚目标任务，全面建成小康社会。

9日

△武汉市东西湖区三民小区新增1例确诊病例。

△长江中上游第一条国际水运航线——武汉至日本集装箱江海直航航线正式开航。

△首趟中欧班列防疫物资专列从武汉开出，294吨防疫物资运往塞尔维亚。

10日

△东西湖区风险等级由低风险调整为中风险。国务院联防联控机制联络组在东西湖区召开专题会议，督导三民小区疫情防控工作。6月2日，东西湖区由中风

险地区调整为低风险地区。

△武汉市疫情防控指挥部印发《关于进一步做好新冠肺炎疫情常态化防控工作的通知》。

△“百星·百亿助力武汉”直播公益活动在汉启动，百位明星为武汉产品“打 call”带货，市、区领导客串网络主播，走进直播间讲述武汉品牌故事。

11 日

武汉市决定集中 10 天左右时间开展全员核酸检测，对全市 6 岁以上未做过核酸检测的居民免费开展集中核酸检测排查。5 月 14 日至 6 月 1 日，全市投入 9 亿元，集中核酸检测 989.98 万人，未发现确诊病例，检出无症状感染者 300 名，检出率 0.303 人 / 万，追踪密切接触者 1174 名，其核酸检测结果均为阴性。

12 日

△中共武汉市委、市政府发出《致全市广大护理工作者的慰问信》。

△黄石市劲牌有限公司入选中国企业社会责任领先指数 60 强，是湖北省唯一上榜企业。

13 日

武汉市政府印发《关于全面禁止食用野生动物 严格野生动物保护管理的通知》。

14 日

△武汉市印发《关于做好新冠肺炎疫情常态化防控工作的实施意见》。

△黄冈市政府与中国地质大学（武汉）签署格罗夫氢能产业生态园战略合作协议，总投资 88.6 亿元。

15 日

△武汉市举办以“携手央企，共赢未来”为主题的“云招商”央企专场活动，现场签约 37 个项目，其中产业及基础设施项目签约金额 1887.8 亿元。

△武汉市举办首次“政（府）银（行）担保”对接签约会。

16 日

武汉市所有新冠肺炎定点医院全部恢复日常医疗服务。

18 日

截至当日，武汉市共完成确诊患者及无症状感染者流行病学调查 52647 人。

19 日

天门、仙桃、潜江、荆州、荆门 5 市 120 余家文旅单位（企业）在荆州古城成立“江汉旅游联盟”，面向 5 市市民统一发行面值 100 元的“江汉旅游年卡”，市民持卡一年内免费无限次畅游年卡覆盖范围内的景区景点。

20 日

武汉市初三年级学生 2020 年春季学期开学复课。

24 日

中共中央总书记、国家主席、中央军委主席习近平参加十三届全国人大三次会议湖北代表团审议并发表重要讲话，强调防范化解重大疫情和突发公共卫生风险，事关国家安全和发展，事关社会政治大局稳定。要坚持整体谋划、系统重塑、全面提升，改革疾病预防控制体系，提升疫情监测预警和应急响应能力，健全重大疫情救治体系，完善公共卫生应急法律法规，深入开展爱国卫生运动，着力从体制机制层面理顺关系、强化责任。

30 日

中共湖北省委书记应勇主持召开省疫情防控指挥部会议，听取武汉市核酸检测排查工作情况汇报，研究完善常态化疫情防控体制机制，部署推进治愈患者康复、涉疫社会心理援助及心理危机干预等工作。

31 日

首列“武汉造”全自动无人驾驶地铁列车下线。

6 月

1 日

2020 年夏季武汉市高校毕业生首场线下招聘活动在江汉大学举行。

2 日

武汉恢复首条洲际定期货运航线，每周两班全货机飞比利时列日机场。

3日

△国务院副秘书长、国务院联防联控机制联络组组长丁向阳到武汉市疫情防控指挥部，听取武汉市近期疫情防控工作情况汇报，共同研究继续推动保持对重点人群、重点地区核酸检测的力度和强度，加快治愈患者康复管理工作进度。

△中共武汉市委副书记、市长周先旺主持召开专题会议，研究对接国家“一揽子”支持政策有关工作。

△中英（武汉）经贸合作交流视频会在武汉举行。

4日

经国家专家组评估确认，武汉市最后3名在院新冠肺炎患者均达到出院标准，在院新冠肺炎患者再次清零。

8日

即日起，湖北省高校按照错时错峰、自愿原则，有序组织毕业年级和有科研任务的学生返校。

9日

东湖高新区在全国高新区中率先出台《促进产业数字化转型、加快发展在线新经济的实施意见》。

10—11日

中国共产党武汉警备区第七次代表大会召开。会议审议通过中共武汉警备区第六届委员会和纪律检查委员会工作报告，选举产生第七届委员会和新一届纪律检查委员会。

11日

鄂州市与湖北省交投集团在汉签订全面深化战略合作协议，共同打造鄂东综合立体交通运输示范区。

12日

△湖北省疫情防控指挥部印发通知，自13日零时起，湖北省突发公共卫生事件应急响应级别由二级调整为三级。

△武汉市发布通告，优化调整小区管控措施，优化市内公共交通管控，有序开放文体娱乐休闲场所，有序恢复会展、体育赛事和演艺活动，恢复餐饮、住宿、商场、集市等城市功能，持续做好监测排查，坚持常态化防控和应急管理有机结合，科学佩戴口罩，大力开展爱国卫生运动。

△世界500强与全球知名外企助力武汉专场活动举办，现场签约20个项目，总金额658亿元。

13日

武汉市开始对冷链食品生产、经营、运输场所等重点场所及从业人员进行核酸检测。

14日

武汉市启动全市农贸市场开展集中拉网式排查，加强日常管理和环境消杀，及时谋划秋冬季疫情防控工作，堵住一切可能导致疫情反弹的漏洞。

15日

武汉市无症状感染者及其密切接触者全部清零。至此，武汉市疫情防控实现新增疑似病例为零，新增死亡病例为零，新增确诊病例为零，新增无症状感染者为零，现有确诊病例清零，现有疑似病例清零，境外输入病例清零，无症状感染者及其密切接触者清零。

16日

宝钢黄石新港（物流）工业园二期项目开工。

20日

国家存储器基地项目二期工程、迈瑞医疗武汉基地开工。

23日

△武汉大学中小企业总部基地项目开工。

△“闪耀武汉之夜”——2020中国城市夜经济影响力行动暨武汉仲夏消费季启动仪式在汉举行，标志着为期3个月的武汉仲夏消费季和“夜江城”系列消费促进活动正式开启。

24日

△国务院副秘书长、国务院联防联控机制联络组组长丁向阳到武汉市疫情防控指挥部，共同研究秋冬季疫情防控应对举措，要求充分估计秋冬季疫情防控的困难风险，提前制订防控预案。

28日

中国共产党武汉市第十三届

委员会第九次全体会议召开。全会审议通过《中共武汉市委关于贯彻落实党的十九届四中全会精神加快推进超大城市治理现代化的决定》《中共武汉市委 武汉市人民政府关于加强公共卫生应急管理体系建设的实施意见》。

29 日

武汉市发布通告，对全市大中小学、幼儿园和校外教育培训机构复学复课工作进一步作出具体安排。

30 日

武汉市人民政府发布关于长江、汉江武汉段实施全面禁捕的通告，自 2020 年 7 月 1 日 0 时起，长江、汉江武汉段实行为期 10 年的全面禁捕。

7 月

1 日

△离汉通道管控措施解除后，武汉赴外地开展的首场大型招商引资活动——“粤港澳大湾区专场招商活动”在深圳成功举办，现场签约项目 13 个，总金额 890 亿元。

△武汉生物制品研究所新冠疫苗研发实验室和生产车间综合体在武汉落成。

2 日

△中共湖北省委书记应勇在长江武汉段调研长江大保护和防汛工作。

△黄冈市与武汉卓尔控股有限公司签订黄冈大别山国际博览中心投资框架协议，投资 70 亿元打造高端商业综合体项目。

7—8 日

武汉市 2020 年高考平安顺利举行。

9 日

△中共湖北省委书记应勇在武汉市新洲区调研区域经济社会发展工作。

△武汉市召开全市防汛视频会商会。武汉市全面进入“二级响应、一级战备”状态，全力开展“防大汛”工作。

10 日

武汉市政府办公厅印发《关于进一步加强全市基层医疗卫生服务体系建设的通知》。

11 日

中共湖北省委常委、武汉市委书记、武汉市防汛抗旱指挥部指挥长王忠林主持召开全市防汛工作视频调度会。

13 日

△长江水利委员会水文局发布消息，长江中下游洪水洪峰已通过汉口至九江段。此次洪峰是武汉自 1865 年有水文记录以来第四高水位，仅次于 1954 年、1998 年、1999 年。

△武汉城市圈首条跨市域地铁——武汉轨道交通 11 号线三期工程葛店段贯通。

17 日

国务院联防联控机制联络组离鄂返京。

18 日

武汉市从市金银潭医院、市肺科医院、市第一医院抽调 21 名检验技师组建核酸检测医疗队，支援新疆抗疫。

20 日

△武汉市“四区两院”（蔡甸、江夏、新洲、黄陂 4 个医疗资源薄弱新城区各新建 1 家平战结合 1000 张床位三甲医院；新建同济医院国家重大公共卫生事件医学中心、协和医院质子医学中心）六大公共卫生应急管理体系基础设施建设项目集中开工。

△武汉市各大院线、影城有序恢复开放。

20—21 日

武汉市 7.2 万名初中毕业生平安顺利参加中考。

23 日

中车长江集团获得阿联酋铁路二期项目 1600 余辆铁路货车整车和长期维保服务订单，总金额约 3.5 亿美元。

24 日

武汉首批 75 位“科技副总”上岗，高校教师到企业任职，帮助企业推动产学研合作。

25 日

“10 名名校书记、校长喊你来

武汉上大学”招生直播活动在《长江日报》报业集团举行，10所武汉高校的书记、校长纷纷通过直播向全国考生喊话。

27日

鄂州机场高速公路一期工程开工。该高速公路起于鄂州机场南进出口，止于武黄高速，全长13.18千米，投资估算27.35亿元。同日，由省联投集团投资90亿元的红莲湖大数据云计算产业园项目动工。

29日

东风高端新能源汽车品牌——“岚图”首款概念车在武汉全球首发。

8月

1日

武汉阳逻国际港集装箱水铁联运二期工程正式开工建设。

7日

△首批来鄂重游的66名援鄂医疗队队员，开启“打卡大武汉”之旅。

△黄石市华新牌水泥上榜第十七届“世界品牌大会”，第七次登上“中国500最具价值品牌”榜单。

8日

△即日起至2020年底，武汉市23家A级景区面向武汉市民和全国游客免费开放。

△由品牌中国产业联盟、武汉市人民政府联合主办的2020（第十四届）中国品牌节年会在汉开幕。

10日

武汉市15.8万名初一和初二学生返校复课。

11日

国家主席习近平签署主席令，授予钟南山“共和国勋章”，授予张伯礼、张定宇、陈薇“人民英雄”国家荣誉称号。

11—12日

亚布力中国企业家论坛2020武汉特别峰会在光谷举行。本届峰会主题为“携手并肩 共谋发展”，发布《亚布力中国企业家论坛助力湖北、助力武汉恢复经济的倡议书》，并签约远大医药光谷研发总部、迈胜医疗武汉研究院等一批项目。

13日

第十八届华中国际汽车展览会在武汉国博中心开幕，是武汉市解封后首场线下大型展会。累计参观人数13万人次，成交额逾35亿元。

14日

武汉市政府办公厅印发《武汉市支持文化旅游产业复苏发展的若干措施》。

15日

2020武汉乡村文化旅游节在花博汇开幕。

19日

第十二届“中国医师奖”名单公布，全国共有80位医师获奖，其中30余人曾在武汉抗疫。武汉地区王行环、李艳等8位医师获奖。

22日

武汉高校迎来首批秋季学期返校大学生。此后120多万名大学生陆续返回校园。

25日

△由中国科学技术协会、湖北省人民政府、华中科技大学共建的“华中公共卫生与健康联合研究中心”在武汉成立。

△武汉开发区（汉南区）长三角城市群专场招商活动在上海举行，12个“数智网端”新兴产业项目签约落户武汉开发区，总投资60.4亿元。

△第四届中国·汉正街服装服饰博览会暨首届中国·汉正街电商直播节开幕。

26日

武汉市谢小玉、蔡飞、宋忠桥、叶九思、陈予安、鞠彬彬、陈曾等9人入选“全国疫情防控最美志愿者”。

9月

1日

△武汉市2842所中小学、幼

儿园开学，139.9万名孩子重返校园。

△央视播出《开学第一课》，节目采用“云课堂”模式，在北京、武汉同时设置电视课堂。钟南山、张伯礼、张定宇、陈薇等英模代表和一群亲身经历战“疫”的武汉孩子共同讲述抗疫故事。

△武汉市正式实施《武汉市机动车和非道路移动机械排气污染防治条例》《武汉市企业“一照多址”备案管理试行办法》《武汉市企业开办事项“全市通办”方案》。

△黄石市大冶保安镇沼山村、阳新县兴国镇南市村入选第二批全国乡村旅游重点村名录。

2日

△由中共中央宣传部、中央广播电视总台联合制作的六集大型纪录片《同心战“疫”》在中央电视台综合频道黄金时段首播。

△国务院新闻办公室在北京举行中外记者见面会，首次邀请武汉企业家出席中外记者见面会。

3日

武汉市获批建设国家新一代人工智能创新发展试验区。

4日

△世界知识产权组织发布2020年版全球创新指数，武汉排名连续3年持续上升，首次跻身世界创新集群前30强。

△中国高校（华中）科技成果转化中心在武汉长江新区正式挂牌。

8日

全国抗击新冠肺炎疫情表彰大会在北京人民大会堂隆重举行。中共中央总书记习近平向“共和国勋章”获得者钟南山和“人民英雄”国家荣誉称号获得者张伯礼、张定宇、陈薇颁授勋章奖章，并发表重要讲话。会上，武汉城市圈9市共有117人获得“全国抗击新冠肺炎疫情先进个人”称号，34个集体获得“全国抗击新冠肺炎疫情先进集体”称号，14人获评“全国优秀共产党员”，9个党组织获评“全国先进基层党组织”。

9日

中国电子信息产业集团有限公司在汉首发云战略，“中国电子云”全球总部落户武汉。

10日

△联想全球首款5G折叠屏翻盖手机“MOTO刀锋”在武汉下线。

△九州通、卓尔、恒信等13家武汉企业跻身“中国民营企业500强”榜单。

12日

△绿地斥资500亿元在武汉打造的全球顶级会展项目——武汉天河国际会展中心暨绿地天河国际会展城项目正式开工。

△央视《焦点访谈》聚焦武汉快递小哥汪勇、社区书记田霖和逆行民警涂可蔼，讲述他们在大疫大难面前的向险而行和默默坚守。

△第八届武汉“戏码头”中华戏曲艺术节开幕。

13日

中共武汉市委印发《关于在全市开展向“人民英雄”张定宇同志学习的决定》。

14—15日

中共中央政治局常委、国务院副总理韩正到武汉就复工复产、创新驱动发展、生态环境保护等进行调研，对武汉统筹推进常态化疫情防控和经济社会发展给予肯定。

16日

武汉—首尔国际定期客运航线复航。这是时隔237天后武汉恢复的首条国际客运航线。

17日

△中央文明办发布2020年2月至7月“中国好人榜”。武汉市抗疫一线的罗浩、杜云、刘建华、艾萍等10人上榜。

△黄冈市与武汉港发集团签订战略合作框架协议，共同推进黄冈交通基础设施、产业园区等项目的投资、建设与运营，推进港口岸线资源整合。

21日

湖北省抗击新冠肺炎疫情表彰大会在武汉国际会议中心隆重举行。武汉城市圈9市共有669人被评为“先进个人”、242个集体被评为“先进集体”、89人被评为“优秀共产党员”、73个党组织被评为“先进基层党组织”。

22日

△武汉市抗击新冠肺炎疫情表彰大会在武汉国际会议中心隆重举行。全市866名“先进个人”、329个“先进集体”和130名“优秀共产党员”、110个“先进基层党组织”受到表彰。

△科前生物、路德环境科创板同时在上交所上市，加上9月18日登陆港交所的福禄控股，武汉5天内新增3家上市企业。

23日

中国北斗应用大会暨中国卫星导航与位置服务第九届年会在武汉召开。

24日

第十三届中国生物产业大会在武汉东湖国际会议中心举行。

25日

△济南市代表团到汉考察，双方签订《济南市人民政府 武汉市人民政府战略合作协议》。

△鄂州市获得“中国快递示范城市”称号。

26日

武汉市新一轮国企改革拉开序幕，按照计划，原32家市属国有企业将整合重组为13家。

27日

“英雄的城市 英雄的人民”——湖北省抗击新冠肺炎疫情先进事迹首场报告会在武汉举行。

28日

2020湖北高质量发展资本大会在武汉国际中心举行。会上，49个项目现场签约，总金额974.94亿元。

30日

△2020年湖北省暨武汉市烈士纪念日向英雄烈士敬献花篮活动在武汉二七纪念馆隆重举行。

△武汉开通首条直飞非洲定期货运线——武汉至亚的斯亚贝巴货运航线。

△中国农业银行与武汉市人民政府签订全面战略合作协议，全力支持武汉疫后重振和高质量发展。

10月

1日

△中共湖北省委书记应勇在武汉市检查节日常态化疫情防控和安全保障工作。

△中央电视台、新华社、《人民日报》等央媒聚焦武汉，三大央媒在武汉快闪“歌唱祖国”。

△中国·武汉第一届环东湖皮划艇马拉松赛在东湖风景区开赛。

2日

2020盛帆杯·武汉站全国三人篮球俱乐部精英赛在汉口江滩一元路广场开幕。中国篮协主席姚明来到现场并致辞。

7日

武汉理工大学校友资智回汉活动在该校马房山举行，来自全国各地的校友、嘉宾和企业家200余人赴会，签约项目10个，协议总金额超150亿元。国家智慧安全与应急产业示范基地落户武汉。

9日

武汉市抗击新冠肺炎先进事迹报告会在武汉会议中心举行。

11日

△武汉市国家新一代人工智能创新发展试验区启动暨《人工智能计算中心发展白皮书》发布会召开。

△健康中国企业行动在武汉启动，武汉市入选试点城市。

△武汉中国车谷江大女足队在云南昆明夺得2020年中国女子足球超级联赛冠军，这是武汉赢得的首个顶级联赛冠军。

12—13日

中共中央政治局委员、国务院副总理胡春华在湖北省实地督导长江禁渔工作。

15日

△“人民至上 生命至上”抗击新冠肺炎疫情专题展览在武汉开展。

△第二十一届武汉国际汽车展览会在武汉国际博览中心开幕，150多个品牌、近400家参展商参

与。展会6天成交近2万辆，成交额超过35亿元。

16日

武汉市城市圈政协主席论坛在武汉举行，武汉城市圈9个成员市和3个观察员市的政协主席齐聚，围绕“弘扬抗疫精神 助推区域协同发展”主题，共商城市圈建设大计。

17日

国务院扶贫开发领导小组发布关于表彰2020年全国脱贫攻坚奖的决定。武汉卓尔控股董事长阎志获“2020年全国脱贫攻坚奖奉献奖”。

18日

△横跨黄冈市、鄂州市的燕矶长江大桥工程正式动工，项目总投资125.61亿元。

△武汉新港唐家渡港区一类水运口岸工程开工，总投资12亿元，建设规模为60万国际标准集装箱。

19日

第六届中国（国际）商业航天高峰论坛在武汉开幕。

21日

经过升级改造后的江汉路步行街重新开街。

22日

2020年全球服务外包大会暨服务贸易创新发展武汉峰会开幕，12个项目现场签约，总额达120亿元。

24日

△第十五届华语青年电影周在武汉开幕。

△2020中国数字经济高峰论坛在武汉开幕。

△第十八届中国·武汉赛马节在武汉东方马城国际赛马场开幕。

25日

湖北省第十二届龙舟大赛在天门市举行。赛事由湖北省体育局水上运动管理中心、湖北省龙舟协会和天门市政府主办，省内各地市州12支龙舟队参加比赛。

26日

△第十五届国际基因组学大会在武汉开幕，华大智造“智能制造及研发基地项目”同日开工。

△武汉企业蓝皮书《武汉企业发展报告（2019）》发布，武汉高科技企业数量连续4年增长超25%，3536家企业通过高新技术企业认定，在全国副省级城市中排名第4位，仅次于深圳、广州和杭州。

27—28日

汉江流域城市政协联系协作会第十一次会议暨汉江流域城市工商联（总商会）经贸交流联席会第七次会议在孝感市举行。陕豫鄂三省15个城市政协、工商联的代表围绕“创新发展全域生态文化旅游，合力打造汉江黄金旅游带”主题，开展协商建言、经贸交流，并签订汉江生态经济带旅游区域合作协议。

28日

△德国驻华大使葛策、法国驻华大使罗梁一行到武汉考察访问。

△华中科技大学同济医学院附属同济医院建院120周年暨迁汉65周年学术周活动在武汉开启。国家重大公共卫生事件医学中心同日揭牌。

11月

1日

△第七次全国人口普查登记正式启动，武汉市4万多名普查工作人员开始入户登记。

△武汉市获批港口型国家物流枢纽建设城市。

2日

△中共湖北省委书记、省疫情防控指挥部指挥长应勇到武汉市的机场、定点医院、隔离点，检查常态化疫情防控工作，看望慰问防控一线人员。

△阿里巴巴华中总部暨产业社区基地项目开工。

5日

东风本田汽车有限公司等4家武汉企业入选全国第五批“绿色工厂名单”。

7—10日

2020武汉时装周在江汉区红

T时尚创意街区举办，4天上演18场时尚秀，首创线上“即秀即买”新模式。

7—13日

第四届曹禺文化周活动在潜江市举行。活动由中国文联、湖北省人民政府主办，上演21场重点文旅活动，14位中国戏剧梅花奖得主同台亮相，北京、上海、天津等地的艺术院团轮番献艺。

11日

△第二届世界大健康博览会在武汉开幕。

△中共湖北省委书记应勇在武汉市调研长江、汉江“两江四岸”规划建设工作。

12日

黄石大冶市入选“2020中国县域旅游发展潜力百强县市”榜单。

13日

△“台企台商荆楚行 共建两岸合作区”大会在武汉举行。现场签约19个项目，投资总额213.3亿元。

△中国信息通信研究院发布2020年中国工业百强县（市）发展报告，仙桃市名列中国工业百强县（市）第65位，比2019年提升19位。

17日

第21届中国国际机电产品博览会在武汉开幕。

19日

第二十届华侨华人创业发展洽谈会在武汉开幕。

20日

△2020中国5G+工业互联网大会在武汉市中国光谷科技会展中心开幕。中共中央总书记、国家主席、中央军委主席习近平发来贺信，向大会的召开表示热烈祝贺。习近平强调，此次大会在湖北武汉召开有着特殊意义。希望湖北省、武汉市以此次大会召开为契机，弘扬伟大抗疫精神，大力推动数字经济发展，为推动经济高质量发展、服务构建新发展格局作出贡献。

△武汉市受邀参与世界儿童日全球纪念活动。

△2020《中国好声音》总决赛在武汉体育中心举行。

△全国精神文明建设表彰大会在北京举行，武汉中学获得“全国文明校园”称号，武汉中学校长杨定成作为湖北省唯一代表参加大会。

22日

央视新闻客户端、央视新闻微博、抖音号等平台直播夜汉口江滩、户部巷，直播在各平台累计播放量近百万。

24日

《武汉市两江四岸规划》编制完成。

26日

首届2020中国汽车供应链峰会暨第五届铃轩奖颁奖典礼活动在武汉经济开发区举行。

26—27日

中共湖北省委常委、武汉市委书记王忠林，武汉市委副书记、市长周先旺一行在北京拜访国家部委、企业、高校相关领导，主动对接落实中央一揽子支持政策，交流深化合作事宜。

27日

湖北首批“抵港直装”出口货物从黄石新港出发。

28日

△2020全球数字贸易大会暨第十一届中国·武汉（汉口北）商品交易会在武汉开幕。这是武汉疫后规模最大、综合性最强、外向度最高的一次大型经贸会议。

△武汉文化金融服务中心正式揭牌并投入运营。文化产业招商、银行授信、文创基金等多个项目现场签约，总金额达403.5亿元。

30日

武汉轨道交通12号线工程开工，该线路是武汉市首条独立环线，标志着武汉地铁将迎来“三镇成环”新时代。

12月

2日

2021届全国普通高校毕业

生就业创业促进行动（湖北·武汉）对接大会在武汉洪山体育馆召开，全国200多家高校代表齐聚武汉开展“校地校企”对接工作。

4日

△世界金融论坛武汉峰会暨第三届世界金融论坛召开。

△第八次世界中西医结合大会在武汉举行。

6日

中国保险创新发展大会在武汉举行。13家保险公司（保险资管公司）与7个城区及6家重点企业共签订17个项目协议，投资总额逾500亿元。

7日

△武汉城市圈大通道、武汉百里长江生态廊道工程正式开工建设。

△新港高速双柳长江大桥及接线项目开工建设。

9日

湖北省政协主席徐立全率队到鄂州机场开展“把握新阶段、坚持新理念、融入新格局”委员主题活动，住鄂全国政协委员和部分省政协委员参加。

11日

△2020年中国国际工业设计博览会在武汉开幕。

△中国（武汉）知识产权保护中心正式揭牌。

15日

武钢武汉工业港项目正式启动，总投资57亿元。

16日

第十七届中国·武汉农业博览会开幕，武汉国家现代农业产业科技创新中心同日揭牌，金融服务“三农”授信等33个农业招商引资项目现场签约。

18日

中共武汉市委十三届十次全体会议召开。会议审议通过《中共武汉市委关于制定全市国民经济和社会发展第十四个五年计划和2035远景目标的建议》。

20日

△首届中国企业数字化峰会论坛暨2020青腾未来峰会在武汉举行。

△长江沿岸铁路集团股份有限公司在武汉揭牌，沿江高铁武汉至宜昌段启动建设。

21日

长江流域重点水域“十年禁渔”全面启动活动在武汉市举行。中共中央政治局委员、国务院副总理胡春华出席活动并讲话。

25日

中共武汉市委常委、东湖高新区党工委书记汪祥旺率队到鄂州市考察交流。双方在加强区域整体规划对接、推进交通互联互通、科学合理布局产业、共享产业发展政策等方面达成共识。

26日

△科技部和中国科学技术信息研究所分别公布《国家创新型城市创新能力监测报告2020》和《国家创新型城市创新能力评价报告2020》，武汉位列创新能力第五名。

△武汉市至仙桃市城际铁路开通运营。

31日

湖北鄂州机场顺丰航空基地正式动工，总投资36.97亿元，占地面积38.53公顷，总建筑面积38.4万平方米。

编辑：刘家连
校对：王　伟

综　　述

武汉城市圈建设与区域发展

【武汉城市圈一体化建设】 2020年，武汉城市圈不断加快同城化发展步伐，推进基础设施、产业布局、区域市场、城乡统筹一体化建设。

规划编制一体化。完成光谷科技创新大走廊规划编制工作。印发实施《光谷科技创新大走廊核心承载区总体发展规划》。东湖新技术开发区与黄冈市合作共建，编制光谷黄冈科技产业园区规划选址方案，并通过黄冈市审批，完成园区概念规划方案初稿编制和39.2公顷工业用地收储，其中10.67公顷已供地，41.07公顷商业地块已全面进入土地征收流程。武汉经济技术开发区与洪湖市政府合作共建洪湖新滩新区，园区总规、环评、安评通过专家评审，产业规划进入编制阶段。武汉临空港经济技术开发区与孝感市初步拟订《武汉临空港经开区与孝感市友好合作框架协议》，统筹推进两地基础设施一体化、产业和市场一体化、科技和人才一体化、公共服务一体化、生态环保一体化等24项具体合作事项。

基础设施一体化。铁路领域，武咸、武石、武冈、武孝城际铁路相继建成通车，武仙城际开通运营，形成"1小时通勤圈"；12月20日，长江沿岸铁路集团股份有限公司在武汉揭牌，沿江高铁武汉至宜昌段、西安至十堰高铁湖北段启动建设。12月20日，首条跨越市域的地铁11号线三期葛店段顺利通过初期运营前安全评估会专家评审，正式具备初期运营条件。公路领域，汉洪、汉孝、汉麻、汉蔡、武英、青郑、和左（武汉市和平乡白马洲村至左岭镇）7条武汉高速出口路以及互通的城市圈高速公路全部通车；武嘉高速、硚孝高速、汉孝大道建成，武汉至大悟高速、武汉至阳新高速开工建设；长途客运自武汉发往城市圈各城市达到近2000班次/日，单日发运量2.3万人次；武汉至鄂州开通3条城际公交；12月7日，武汉城市圈大通道工程正式开工建设。航空领域，启动实施空公路转、空铁联运，在黄石、鄂州等地设立9家异地城市候机楼。

产业布局一体化。武汉市三大国家级开发区与周边城市深化"飞地经济"合作，共建"武汉经济技术开发区新滩工业园""中国·光谷黄冈产业园"等20多个"园

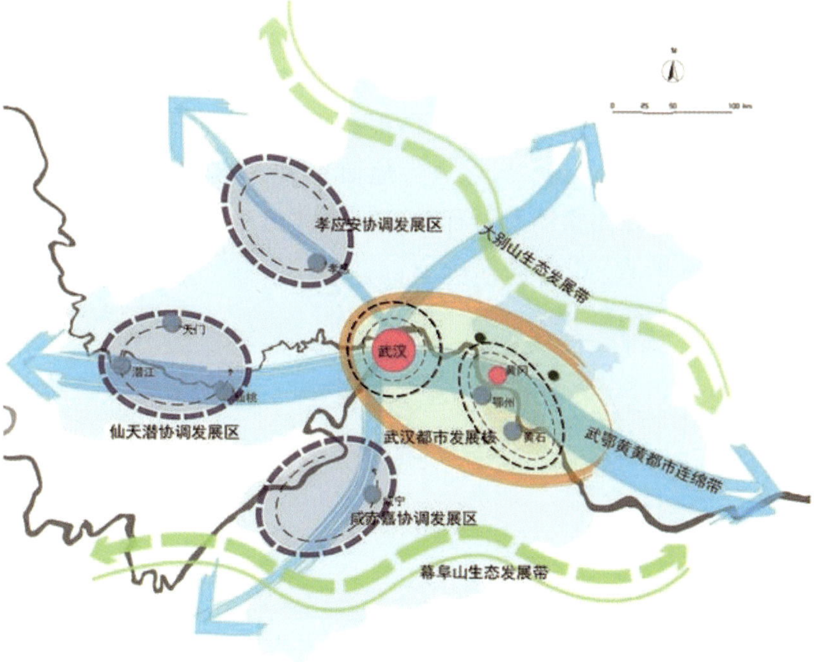

武汉城市圈产业发展带示意图

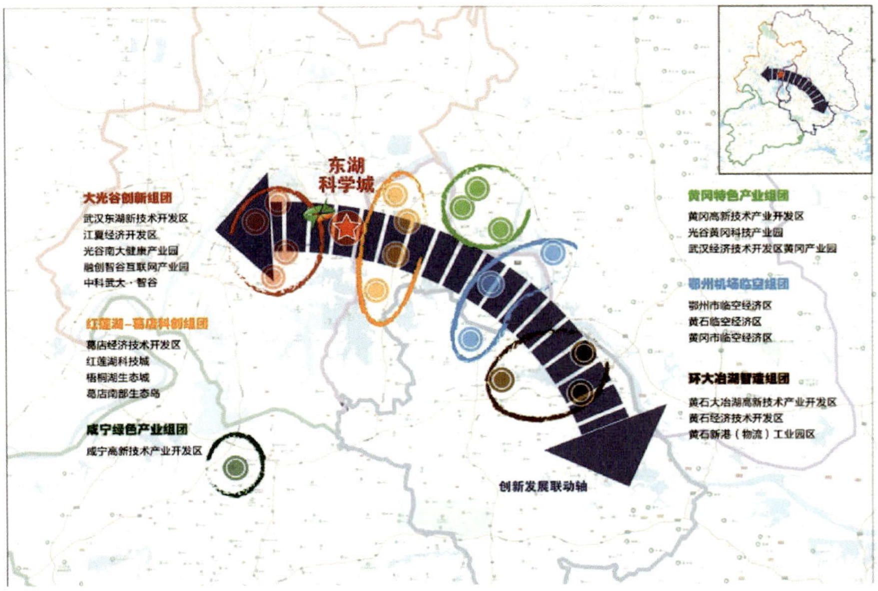

光谷科技创新大走廊规划示意图

外园”，打造光谷科技创新大走廊、先进制造大走廊、临空经济大走廊。一大批武汉企业在圈内城市布局。黄冈市已成为中国船舶集团七一二所最重要的产业生产基地；武船集团与孝感市在建立军民融合一体化创新示范基地、基础设施建设、新能源、新材料等领域深入合作；禾元生物在仙桃市新建国内规模最大的植物源白蛋白产业基地；长飞光纤在潜江市打造全球最大光纤预制棒生产基地；东湖新技术开发区40多家企业在鄂州市葛店高新区投资30多个项目；1300余家武汉服装企业入驻孝感市汉川市，三环内的127家化工企业大部分向孝感市应城市、云梦县聚集。城市圈成员单位到武汉投资项目8个，总金额28.11亿元。

区域市场一体化。汉口银行在黄石、鄂州、黄冈、孝感、咸宁、仙桃6个城市设立14家营业网点。武汉农商行在咸宁和黄冈下辖的14个县市区开设支行，并在咸宁和黄冈发起设立4家村镇银行，下辖17个网点。中信银行、长江期货、长江证券先后登陆鄂州市，武鄂两地金融系统基本形成“同城清算”体系。武商、中百、中商等商贸企业在周边8市发展连锁经营网点200多个。武汉中粮、白沙洲等企业与周边8市多家企业建立长期合作关系，组建武汉城市圈名优农产品营销协会，年均向城市圈城市提供农博会展位总面积1000余平方米；帮助孝感、咸宁、天门、黄石等城市引进蔬菜基地建设、批发市场建设等农业项目10余项，合作协议资金1.5亿元；到孝感、咸宁、黄冈等地共建水产养殖基地400公顷，在黄石、咸宁共建5万头生猪养殖基地；带动周边城市蔬菜基地3万余公顷，直接解决周边20万户菜农销售难问题，年帮销武汉城市圈蔬菜3亿元以上。武汉城市圈其他城市企业均可冠“武汉”名登记。

城乡统筹一体化。科技领域，积极对接鄂州市、黄石市、黄冈市、咸宁市，编制《光谷科技创新大走廊发展战略规划》，打造“基础研究—技术创新—产业化”梯度科技产业协同发展格局。教育领域，选派10名优秀教师赴黄冈市团风县支教。武汉市与周边8市联合开展职业教育招生，全年有万余名城市圈初中毕业生就读武汉中职学校，并在教学管理、实训实习、推荐就业等方面享受同等待遇。人才领域，武汉与城市圈城市间互

武孝（武汉—孝感）城际铁路与机场高速路丰荷山立交桥交会处

（张斌　摄）

派多名处科级干部挂职；建立城市圈劳务合作交流联盟，创建城市圈人才资源信息库；与孝感市、鄂州市实现招聘岗位信息互通共享，推进武汉城市圈劳动力转移就业。医疗卫生领域，加快省统筹全民健康信息平台试点，建设武汉健康医疗大数据中心；中南医院与咸宁市第一人民医院签约建立紧密型医联体；发挥武汉儿童医院等医疗机构医疗联盟作用，开展远程医疗合作和跨区域院前急救合作。

【武汉城市圈环线高速公路“贯通”】 2020年8月18日，武汉城市圈环线高速公路全部贯通。武汉城市圈环线高速公路建设始于2008年，是《湖北省省道网规划纲要（2011—2030年）》中“九纵五横三环”高速公路网中的一环，全长560千米，包括鄂东、嘉鱼两座长江大桥。至2020年8月18日，由省交投集团投资建设的武汉城市圈环线高速大随至汉十段（孝感北段）通过交工验收。孝感北段起于广水市杨寨镇，接麻安高速大随段，途经孝昌、安陆、云梦等地，止于安陆市南城肖杨村，接武汉城市圈环线高速孝感南段，全长46.42千米。孝感北段贯通，实现圈环线西段与北段的对接，为圈环线建设画上“句号”。至此，历经12年建设、全长560千米的武汉城市圈环线高速正式“画圆”贯通，圈内所有城市均可在15分钟内上高速，环线任何两个相邻城市均可在30分钟内抵达。

武汉城市圈环线高速公路示意图

【长江中游城市群合作】 2020年，武汉市贯彻落实国家区域协调发展战略，发挥国家中心城市、长江经济带核心城市的龙头引领和辐射带动作用，深化长江中游城市群合作。

协调机制不断完善。推动长江中游城市群城市合作秘书处与长三角区域合作办建立常态化联络机制。印发《关于加快落实长江中游城市群省会城市第七届会商会议定事项的通知》，建立健全专题合作组工作机制，推进重点领域合作。顺利完成长江中游城市群城市合作秘书处换届工作，研究制定《长江中游城市群省会城市会商会观察员城市工作章程》。

基础设施加快互联互通。合武（合肥—武汉）高铁加紧可行性研究编制，武阳高速（起于武汉东湖高新技术开发区凤凰山互通，止于武汉至阳新高速公路黄石段，主线长约34.29千米）加快推进，武汉段16.73千米基本建成。基础设施对区域发展的服务功能和辐射带动力不断增强。

协同创新平台逐步完善。组建武汉、南昌、长沙、合肥4省会城市新型研发机构联盟，入盟新型研发机构30家。长江中游城市群省会城市大型仪器设备共享子平台建设进入试运营阶段，收录大型仪器1907台套，长江中游城市群创新要素流动进一步加快，重点科研项目协同攻关稳步推进。长沙、武汉、南昌、合肥等城市运用“5G+区块链”跨省远程异地评标，加快推动长江中游城市群公共资源交易一体化。

新兴产业发展势头强劲。举办中国5G+工业互联网大会，武汉市、合肥市、长沙市分别有4个（集成电路、新型显示器件、下一代信息网络、生物医药）、3个（集成电路、新型显示器、人工智能）、1个（智能制造）产业集群入选国家第一批66个国家级战略性新兴产业集群名单。

共建共享格局加速构建。公积金异地贷款全面推广，跨区域合作扩展至四省20多个城市。医疗合作更加紧密，长江中游城市群院前医疗急救盟成员单位增至40个，武汉率先建成全国第一个“空地急救站”。聚焦长江流域保护、环境污染治理、城市湿地保护、气象服务等内容，建立常态化联系机制和联防联控工作机制，环境污染治理需求信息发布平台建成并投入试运行。文化旅游合作日趋紧密，旅游一卡通加盟景区达到300余个，推进四省会城市文化旅游资源共享、联合推介和营销。就业保障逐步完善，年内出台《长江中游四省会城市劳动保障监察机构工作会商制度》，推进长江中游城市群四省会城市劳动保障监察一体化发展。

（武汉市地方志办公室）

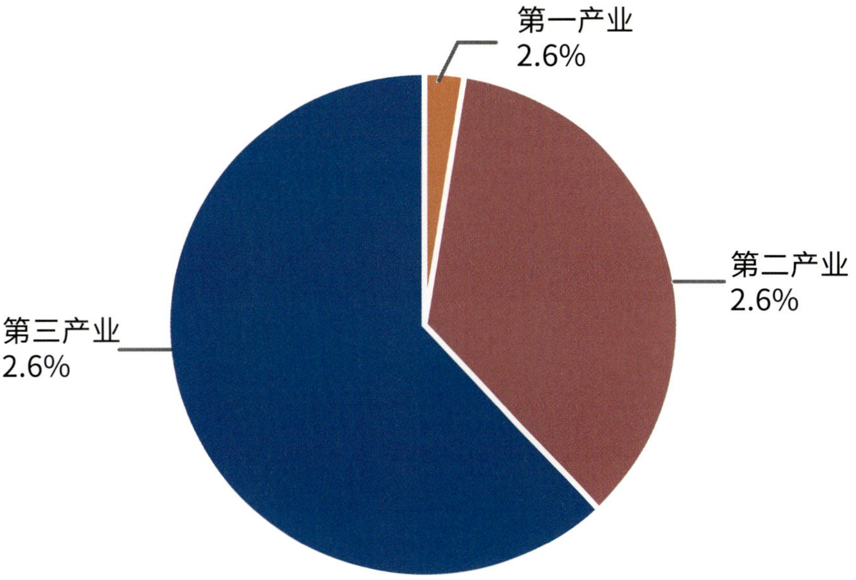

2020年武汉市三次产业结构示意图

国民经济和社会发展

【武汉市国民经济和社会发展】2020年，武汉市实现地区生产总值（GDP）1.56万亿元，按可比价格计算，比上年下降4.7%。其中，第一产业增加值402.18亿元，下降3.8%；第二产业增加值5557.47亿元，下降7.3%；第三产业增加值9656.41亿元，下降3.1%。三次产业结构由2019年的2.3∶36.9∶60.8调整为2.6∶35.6∶61.8。新增城镇就业22.81万人，下降5.9%。年末城镇登记失业率3.04%。

全市农林牧渔及服务业增加值423.94亿元，比上年下降3.7%。主要农产品中，粮食总产量89.60万吨，增长1.1%；禽蛋总产量10.47万吨，增长12.3%；牛奶总产量1.39万吨，增长32.9%；蔬菜总产量777.52万吨，下降0.3%；水产品总产量42.67万吨，下降3.4%；生猪出栏113.94万头，下降32.4%。各类新型农业经营主体6921家，增长8.1%。涉农电商交易额2019.8亿元。

全市工业增加值4085.48亿元，比上年下降9.3%。规模以上工业增加值下降6.9%。规模以上工业中，高技术制造业和战略性新兴产业分别增长4.7%和0.8%，增速分别高规模以上工业增加值11.6和7.7个百分点。规模以上工业企业资产总计1.82万亿元，增长10.3%；每百元营业收入中成本81.77元，下降0.26元。规模以上高新技术产业增加值4023.10亿元，下降0.2%，占GDP比重25.8%，增加0.1个百分点。全社会建筑业增加值1483.48亿元，增长0.1%。具有总承包和专业承包资质等级的建筑业企业完成建筑业总产值1.06万亿元，增长2.1%。

全市固定资产投资（不含农户）比上年下降11.8%。按产业分，第一产业投资下降15.2%；第二产业投资下降20.2%，其中，工业投资下降20.4%；第三产业投资下降8.8%，其中，基础设施投资下降16.7%。民间投资下降18.8%，占固定资产投资的比重47.0%。房地产开发投资下降6.4%。保障性住房投资115.87亿元，建成保障性住房2.21万套，筹集租赁房6.93万套。

全年社会消费品零售总额6149.84亿元，比上年下降20.9%。按商品形态分，商品零售额5891.12亿元，下降15.9%；餐饮收入258.73亿元，下降66.3%。限额以上企业网上实物商品零售额增长7.6%，占限额以上社会消费品零售总额的26.0%，增加5个百

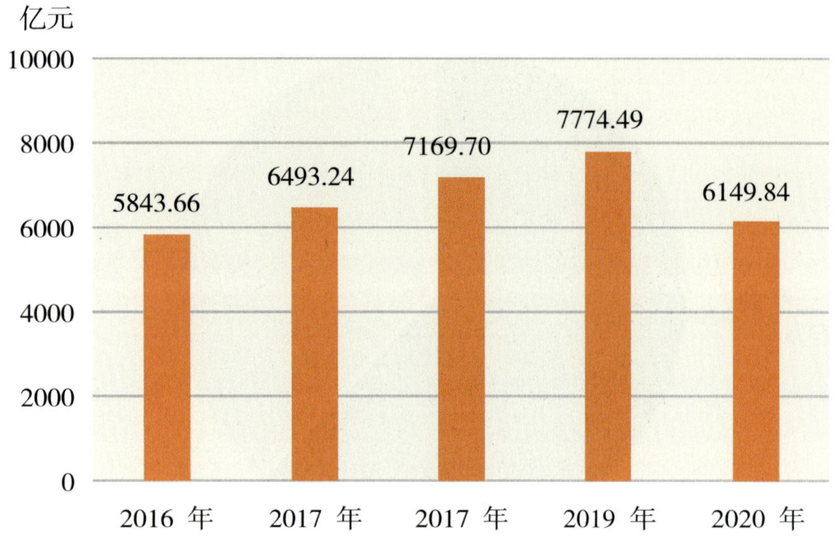

2016—2020 年武汉市社会消费品零售总额示意图

分点。居民消费价格上涨 2.4%。

全年武汉地区进出口总额 2704.30 亿元，比上年增长 10.8%。其中，进口 1282.60 亿元，增长 19.0%；出口 1421.70 亿元，增长 4.3%。一般贸易进出口 1826.40 亿元，增长 3.5%；加工贸易进出口 386.30 亿元，下降 7.6%。高新技术产品进出口额 1469.10 亿元，增长 7.3%。跨境电商交易额 3.31 亿美元，增长 77.0%。对外承包工程完成营业额 44.27 亿美元，增长 0.8%。实际利用外资 111.65 亿美元，下降 9.3%。新引进世界 500 强、中国 500 强及跨国公司产业研发机构 23 家。累计引进世界 500 强企业 306 家。

全年一般公共预算总收入 2392.77 亿元，比上年下降 17.8%。其中，地方一般公共预算收入 1230.29 亿元，下降 21.3%。在地方一般公共预算收入中，税收收入 1041.06 亿元，下降 21.2%。一般公共预算支出 2407.00 亿元，增长 7.5%。金融机构（含外资）本外币存款余额 3.10 万亿元，增长 8.2%。其中，住户存款 1.03 万亿元，增长 15.1%；非金融企业存款 1.36 万亿元，增长 10.6%。年末金融机构（含外资）本外币贷款余额 3.69 万亿元，增长 14.8%。其中，消费贷款 9110.75 亿元，增长 10.5%。中小微企业本外币贷款 1.23 万亿元，增长 16.6%。总部设在武汉的金融机构 31 家，在汉设立或筹建后台服务中心的金融机构 33 家；上市公司 83 家，其中，境外上市公司 20 家，境内上市公司 63 家。

全年实现保险保费收入 835.66 亿元，增长 8.9%。其中，财产险保费收入 182.41 亿元，下降 8.0%；人身险保费收入 653.25 亿元，增长 14.8%。各类保险赔付支出 221.86 亿元，增长 7.2%。其中，财产险赔付 114.46 亿元，增长 9.3%；人身险赔付 107.40 亿元，增长 5.1%。

全年实现社会物流总额 4.1 万亿元，比上年增长 1.9%。货运量 63643.84 万吨，下降 5.8%；货物周转量 4050.54 亿吨千米，增长 3.9%。民用航空航线 124 条，其中，国际及地区航线 16 条，国内航线 108 条。中欧（武汉）国际班列到达国家 12 个，增加 1 个；到达城市 21 个，增加 2 个。旅客运输量 10656.08 万人，旅客运输周转量 582.94 亿人千米。民用汽车拥有量 365.55 万辆，比上年增加 28.42 万辆。轨道交通线路长 410 千米，增长 5.7%。地铁运营总里程 360 千米，增长 6.2%。轨道交通客运量 62160.1 万人次，占公共交通客运量的 52.0%。

全年完成邮政业务总量 243.42 亿元，比上年下降 6.4%。邮政业快递业务量 11.0 亿件，下降 2.7%；快递业务收入 110.2 亿元，下降 4.1%。全年完成电信业务

武汉市杨泗港快速通道　　（武汉市地方志办公室　供稿）

总量1322.71亿元，增长21.4%。电信业务收入152.15亿元，增长0.2%。移动电话用户1557.37万户，移动电话普及率140.54部/百人；互联网用户479.53万户，增长4.3%；固定电话用户156.45万户，固定电话普及率14.12部/百人。

全市共有直属公共图书馆2个，藏书482.70万册，全年接待读者245万人次，线上接待读者1180万人次；博物馆10个，接待观众140.91万人次，线上接待观众1亿人次；群众艺术馆1个，演出92场次；艺术表演团体8个，新排上演剧目13台，获国家奖7个。A级旅游景区47个，星级以上宾馆57家。旅游总人数2.59万人，旅游总收入2906.29亿元。"惠游湖北·打卡大武汉"活动期间，30家收费A级景区实行免门票开放，入园游客1402.43万人次，其中，省外游客337.22万人次。体育场馆158个，体育场地面积2349.81万平方米；等级运动员348人，优秀运动员72人。

武汉地区有各级各类学校1105个。在校研究生16.48万人，比上年增长10.3%；本专科在校生106.72万人，增长6.0%；中等职业教育在校生8.04万人，增长0.9%；普通中学在校生36.34万人，增长5.7%；小学在校生65.45万人，增长5.0%；幼儿园在园幼儿35.73万人。科技研究机构101个，国家重点实验室27个，国家工程实验室3个，国家级工程技术研究中心19个；拥有中国科学院院士29人，中国工程院院士41人。技术合同认定登记2.38万项，下降5.0%；技术合同成交额942.30亿元，增长12.0%。全年专利申请量9.40万件，授权量5.89万件，分别增长21.9%和50.1%；发明专利申请量34635件，授权量14667件，分别增长4.3%和24.8%。每万人发明专利拥有量51.87件。国际PCT专利申请量1389件。

全市有各级各类卫生机构6446个，其中，三级医院66个，卫生防疫、防治机构31个，妇幼保健院所16个。床位9.38万张。卫生技术人员11.52万人，比上年增长0.9%。其中，执业（助理）医师4.19万人，护师、护士5.73万人。年末共有全年公民无偿献血17.4万人。人均期望寿命为80.57岁。

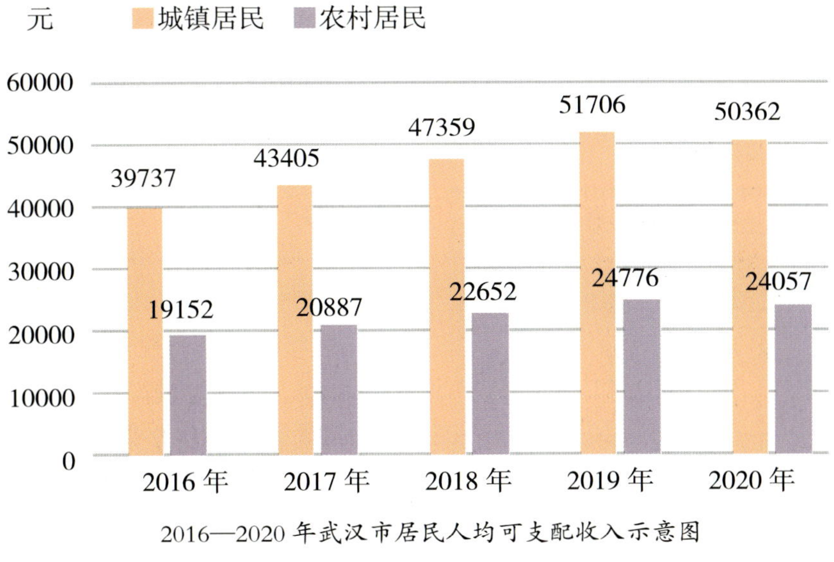

2016—2020年武汉市居民人均可支配收入示意图

全年城镇居民人均可支配收入50362元，比上年下降2.6%；农村居民人均可支配收入24057元，比上年下降2.9%。城镇居民人均消费支出31115元，比上年下降8.5%；农村居民人均消费支出18254元，比上年下降4.7%。参加城镇职工基本养老保险531.02万人、基本医疗保险504.97万人、失业保险77.06万人、工伤保险333.24万人和生育保险人数283.16万人，分别比上年增长3.7%、5.0%、0.1%、7.2%和4.4%。社会保险新增扩面54.17万人。基本社会保障覆盖率99.3%。社会福利机构275个，床位4.86万张。享受城镇居民最低生活保障人数5.15万人，享受农村居民最低生活保障人数5.90万人。新改扩建社区老年人服务中心165家。

全年化学需氧量排放量11.8万吨，比上年下降2.7%；二氧化硫排放量5.48万吨，下降15.0%；氨氮排放量1.43万吨，下降2.9%；氮氧化物排放量8.74万吨，下降13.9%。环境空气细颗粒物（PM2.5）年均浓度值37微克/立方米，下降17.8%。空气质量优良天数309天，增加64天，空气质量优良率84.4%。水质优良（达到或好于Ⅲ类水体）比例90.9%。建成区绿地面积3.02万公顷，增长2.8%。人均公园绿地面积 14.04 平方米，建成区绿化覆盖率 41.1%。

（武汉市地方志办公室）

【黄石市国民经济和社会发展】2020 年，黄石市实现地区生产总值 1641.32 亿元，按可比价格计算，比上年下降 5.9%。其中，第一产业增加值 115.79 亿元，增长 0.5%；第二产业增加值 797.80 亿元，下降 7.9%；第三产业增加值 727.72 亿元，下降 4.3%。2020 年，三次产业比重为 7.1：48.6：44.3，第一产业增加值占 GDP 比重增加 1.2 个百分点，第二产业增加值占 GDP 比重减少 2.3 个百分点，第三产业增加值占 GDP 比重增加 1.1 个百分点。

全年新入库规模以上工业企业 89 家、限额以上传统服务业企业 99 家、现代服务业企业 57 家，1 亿元以上投资项目 191 个。实有各类市场主体 24.34 万户，比上年底增加 1.68 万户，增长 7.4%。其中，企业类市场主体 6.13 万户，占全部市场主体 25.2%；新登记各类市场主体 2.68 万户。

全年农林牧渔业增加值 119.66 亿元，按可比价计算，比上年增长 0.5%。其中，种植业增加值 50.59 亿元，增长 3.3%；林业增加值 5.11 亿元，增长 8.1%；牧业增加值 25.21 亿元，下降 10.1%；渔业增加值 34.88 亿元，增长 5.4%；农林牧渔服务业增加值 3.87 亿元，增长 0.9%。农林牧渔业总产值 198.95 亿元，增长 0.6%。其中，种植业产值 78.47 亿元，增长 4.1%；林业产值 8.81 亿元，增长 10.1%；牧业产值 45.84 亿元，下降 12.6%；渔业产值 56.9 亿元，增长 6.8%，农林牧渔服务业产值 8.92 亿元，增长 0.9%。各种农作物总播种面积 17.36 万公顷，下降 0.4%。其中，粮食作物播种面积 8.30 万公顷，下降 5.6%；经济作物和其他作物播种面积 13.60 万公顷，增长 4.8%。造林面积 3755 公顷，下降 32.4%。木材采伐 2.33 万立方米。粮食总产量 51.29 万吨，下降 4.7%；水果产量 20.72 万吨，增长 21.2%；水产品产量 22.45 万吨，增长 7.5%；肉类总产量 7.91 万吨，下降 15.4%。

全市规模以上工业总产值比上年下降 4.9%。其中，采矿业下降 2.5%，制造业下降 4.9%，电力、热力燃气及水的生产和供应业下降 6.3%。国有及国有控股企业产值较上年持平，国有企业下降 20.0%，集体企业下降 24.2%，外商及港澳台投资企业下降 5.1%，股份制企业下降 4.3%；大中型工业企业下降 1.8 %。从主要行业看，金属制品业产值下降 11.2%，农产品加工业下降 21.6%，非金属矿物制品业同比下降 5.6%，有色金属冶炼及压延加工业下降 1.1%，黑色金属冶炼及压延加工业下降 1.3%。规模以上工业增加值下降 5.0%，高技术制造业增加值增长 51.8%，装备制造业增加值增长 9.2%。

全市有规模以上工业企业 732 家，其中，产值过 1 亿元的企业 221 家，比上年减少 18 家，产值占规模以上工业总产值的 90.2%；产值过 10 亿元的企业 25 家，产值占规模以上工业总产值的 60.9%；产值 100 亿元以上的企业 3 家，产值占规模以上工业产值的 30.0%。规模以上工业主营业务收入 1694.5 亿元，比上年下降 8.7%；利润 98.1 亿元，下降 11.4%；利税 136.6 亿元，下降 12%。工业品出口交货值 75.2 亿元，同比下降 16.1%。

全市资质以上建筑企业完成产值 405.89 亿元，比上年下降 17.2%；房屋建筑施工面积 2292.99 万平方米，下降 11.5%；房屋建筑竣工面积 1135.33 万平方米，下降 21.3%。建筑业增加值 88.5 亿元，下降 19.7%。

全年固定资产投资比上年下降 18.4%。在固定资产投资中，国有及国有控股投资下降 15.7%；外商港澳台投资下降 38.9%；民间投资下降 19.8%。其中个体私营投资

2020 年黄石市地区生产总值及结构统计表

产业结构	2019 年			2020 年		
	总量（亿元）	比上年（±%）	结构（%）	总量（亿元）	比上年（±%）	结构（%）
生产总值	1767.19	8.2	100	1641.32	-5.9	100
#第一产业	103.82	3.4	5.9	115.79	0.5	7.1
第二产业	900.38	8.9	50.9	797.8	-7.9	48.6
第三产业	762.99	8.1	43.2	727.72	-4.3	44.3

2020 年黄石市规模以上工业企业效益一览表

经济指标	2020 年	比上年（±%）
主营业务收入	1694.5 亿元	-8.7
企业亏损面	21.4%	-21.3
利润	98.1 亿元	-11.4
利税	136.6 亿元	-12.0

2020 年 5 月 26 日，黄石大冶湖国家高新区劲牌产业园项目施工现场

（黄石市档案馆　供稿）

下降 16.0%。民间投资占固定资产投资的比重为 66.3%，比上年减少 1.2 个百分点。其中，房地产开发投资 141.85 亿元，下降 16.8%。商品房施工面积 1221.95 万平方米，增长 0.2%；商品房销售面积 299.65 万平方米，下降 23.5%。

全年社会消费品零售总额 758.81 亿元，比上年下降 26.1 %。分行业看，批发业、零售业、住宿业、餐饮业分别完成 202.82 亿元、462.05 亿元、6.11 亿元、87.83 亿元，分别下降 29.1%、24.4%、27.6% 和 26.9%。限额以上批发和零售企业实现商品零售额 229.19 亿元，下降 23.2%。其中，批发业 47.49 亿元，下降 36.1%；零售业 171.91 亿元，下降 20.3%。

全年公路旅客运输量 1227.16 万人次，比上年下降 53.3%；公路货物运输量 4299.95 万吨，下降 20.4%。水运货物运输量 1455 万吨，增长 149.6%；港口货物吞吐量 4657.12 万吨，增长 2.2%。其中，外贸货物吞吐量 688.74 万吨，增长 9.7%；港口集装箱吞吐量 6.12 万标准箱，下降 26.7%。年末民用汽车保有量 36.51 万辆，增长 10.4%。其中，私人汽车保有量 33.56 万辆，增长 11.3%。民用客车保有量 23.39 万辆，增长 4.2%；民用货车 2.38 万辆，增长 6.6%。年末公路通车总里程 8119.01 千米，增长 5.2%。其中，境内高速公路通车里程 241.02 千米，增长 33.7%。

全年地方财政总收入 142.18 亿元，比上年下降 26.5%；其中，地方公共财政预算收入 88.23 亿元，下降 26.2%；地方税收收入 62.84 亿元，下降 25.1%，地方税收收入占地方公共财政预算收入的比重达 71.2%。财政支出 430.05 亿元，增长 12.8%。年末金融机构人民币各项存款余额 2006.36 亿元，比年初增长 9.8%；其中，住户存款余额 1210.17 亿元，增长 12.5%。金融机构人民币各项贷款余额 1568.72 亿元，增长 15.4%。保费收入 60.19 亿元，增长 2.4%；其中，财险收入 13.84 亿元，下降 0.5%；寿险收入 46.35 亿元，增长 3.3%；保险赔付支出 14.48 亿元，增长 2.4%。

全年纳入高新统计的规模以上企业 375 家，比上年增加 58 家。高新技术产业增加值 370.21 亿元，占 GDP 的 22.6%，比上年增加 0.6 个百分点。专利申请 5989 件，专利授权 4031 件，商标注册申请 4834 件，每万人发明专利拥有量 3.65 件，通过《专利合作条约》（PCT）途径提交的国际专利申请 5 件，新增注册地理标志商标 2 件。

全市有各级各类学校 1113 所，其中幼儿园 520 所，在园幼儿 92406 人；义务教育学校 549 所，在校生 33.04 万人；高中阶段学校 26 所，在校生 4.42 万人；普通高校4所，成人高校1所，中职学校10所；普通本专科在校生12.03万人。国有艺术表演团体3个，群艺馆、文化馆7个，公共图书馆7个，博物馆、纪念馆9个，广播电台3座，电视台3座，有线电视用户28.7万户。卫生机构1426个，其中，医院51家，社区卫生服务中心（站）51个，卫生院38个，妇幼保健院（所、站）3个，疾病预防控制中心3个。卫生技术人员2.02万人，其中，执业医师和执业助理医师6681人，注册护士9906人。医疗机构实有床位1.78万张。

全市城镇居民人均可支配收入37912元，比上年下降2.1%；农村常住居民人均可支配收入16549元，增长0.2%。城镇居民人均消费支出23718元，下降5.0%；农村居民人均消费支出14076元，增长1.0%。城镇居民恩格尔系数33.8%，农村居民恩格尔系数为29.7%。

全市万元GDP能耗比上年增长5.9%。全社会用电量144.8亿千瓦时，下降2.4%。规模以上工业综合能源消费量846.4万吨标准煤，下降3%。其中，煤炭消费量860.13万吨，下降11.1%；焦炭消费量230.43万吨，增长12.5%；天然气消费量3.99亿立方米，下降7.5%。

全年黄石城区空气质量优良天数329天。其中，优108天（比上年增加62天），良221天（比上年减少19天）。优良天数达标率89.9%，比上年增加11.5个百分点。黄石城区PM2.5累计浓度值为35微克/立方米，下降12.5%。

（黄石市档案馆）

【鄂州市国民经济和社会发展】2020年，鄂州市实现地区生产总值1005.23亿元，按可比价计算，比上年下降9.8%。其中，第一产业增加值99.2亿元，下降2.8%；第二产业增加值435.03亿元，下降17%；第三产业增加值471亿元，下降2.4%。三次产业结构由2019年的8.8∶48.3∶42.9调整为9.9∶43.3∶46.8。在第三产业中，金融业、房地产业、其他服务业增加值分别增长12.6%、5.4%和3.9%。交通运输、仓储和邮政业，批发和零售业，住宿和餐饮业增加值分别下降10.2%、18.8%和30.4%。

全年农林牧渔业实现增加值103.29亿元，比上年下降2.5%。粮食种植面积3.83万公顷，减少2.85千公顷；棉花种植面积3.98千公顷，减少1700公顷；油料种植面积1.77万公顷，减少240公顷。粮食总产量24.55万吨，下降3.3%；棉花总产量3300吨，下降29.1%；油料总产量4.34万吨，增长0.6%；蔬菜总产量104.47万吨，比上年增长0.6%。生猪出栏44.6万头，下降25.5%。水产品总产量28.14万吨，下降2.7%。

全市规模以上工业企业达492个。新认定高新技术企业64个，高新技术企业总数达到133个。新增授权发明专利145件，每万人发明专利拥有量5.73件。规模以上工业增加值比上年下降12.5%。其中，国有企业下降15%、私营企业下降20.3%。高技术制造业增加值下降12.3%，降幅低于规模以上工业0.2个百分点，占规模以上工业增加值比重13%。全年规模以上工业销售产值下降13.1%，产品销售率96.8%；利润70.5亿元，下降3.7%。资质建筑企业总产值103.57亿元，下降49.6%。

2020年7月27日，鄂州机场高速公路一期工程开工

（鄂州市档案馆　供稿）

全市固定资产投资（不含农户）比上年下降17.2%，其中房地产开发投资增长35.9%。商品房销售面积142.77万平方米，下降9.1%；销售额113.87亿元，下降7.7%。新增市场主体1.312万户，其中，私营企业3884户、个体工商户9091户。就业形势总体保持稳定。年末全市城镇登记失业率2.9%，低于全省目标控制数。

全年社会消费品零售总额326.57亿元，比上年下降26.4%。分城乡看，城镇零售额297.67亿元，下降25.7%；乡村零售额28.9亿元，下降33.3%。其中，限额以上企业（单位）消费品零售额147.84亿元，下降22.5%。限额以上单位网上商品零售额125亿元，下降34.4%，占限额以上企业零售额的比重38.3%。外贸进出口总额29.3亿元，下降37.4%。其中，进口18.2亿元，下降34.9%；出口11.1亿元，下降41.1%。

全年货物周转量43.58亿吨千米，比上年增长8.5%；客运周转量2.89亿人千米，下降67.7%。公路通车总里程3977.74千米，增长1.8%；高速公路通车总里程122.24千米，与上年持平。邮政业务总量16.42亿元，增长65.9%。固定电话用户8.59万户，移动电话用户98.02万户，计算机宽带互联网用户42.75万户。接待国内外旅游者490.39万人次，下降38.3%。国内旅游收入29亿元，下降52.5%。

全年财政总收入78.22亿元，比上年下降13.6%；其中地方公共财政预算收入48.47亿元，下降19.3%。在地方公共财政预算收入中，税收收入38.93亿元，下降11.5%。财政支出127.41亿元，增长2%。全市金融机构本外币各项存款余额897.78亿元，比年初增加125.65亿元。其中，住户存款505.89亿元，增加61.8亿元。金融机构各项贷款余额708.79亿元，比年初增加112.2亿元。其中，住户贷款350.04亿元，增加55.61亿元；非金融企业及机关团体贷款358.67亿元，增加56.59亿元。保费收入20.55亿元，增长5.3%。其中，财产险保费收入3.8亿元，下降7%；人身险保费收入16.74亿元，增长8.5%。支付各类赔款及给付5.31亿元，下降3.7%。其中，财产险赔付支出2.26亿元，下降24%；人身险赔付支出3.05亿元，增长20.2%。

全市有各级各类学校290所，小学在校生7.55万人，初中在校生3.28万人，高中在校生1.64万人，大学在校生1.66万人。有幼儿园303所，在园幼儿4.22万人。有国有艺术表演团体1个，群艺馆、文化馆4个，公共图书馆3个，博物馆2个，电影放映管理机构4个，放映单位9个。广播电台1座，电视台1座。共有医疗卫生机构476个，其中，医院23个，基层医疗卫生机构442个，专业公共卫生机构11个；卫生计生人员8232人，其中，执业（助理）医师2226人，注册护士3098人；医疗卫生机构实际开放床位5847张，其中，医院床位4341张、社区卫生服务机构床位59张、卫生院床位1213张。

全年居民消费价格上涨2.5%。分类别看，八大类商品和服务价格呈“五升三降”。其中，食品烟酒上涨9.2%，衣着下降3.5%，居住下降0.1%，生活用品及服务上涨1.1%，交通和通信下降4%，教育文化和娱乐上涨0.5%，医疗保健上涨1.7%，其他用品和服务上涨2.8%。

全市城镇常住居民人均可支配收入35025元，比上年增长1.4%；农村常住居民人均可支配收入18792元，下降2.7%。参加城镇职工基本养老保险32.47万人、城乡居民基本养老保险41.89万人、城乡居民和城镇职工基本医疗保险93万人、加工伤保险12.49万人、生育保险9.93万人、失业保险8.34万人。城镇居民最低生活保障对象4793人，农村居民最低生活保障对象18067人。有各类收养性单位床位7091张。

全市城市生活污水处理率99.78%，生活垃圾无害化处理率100%。建成区人均公园绿地面积15.57平方米，绿化覆盖率43.23%。中心城区空气质量优良天数320天，优良率87.4%，比上年增加8.2个百分点。二氧化硫年均浓度11微克/立方米，下降14.7%；PM2.5年平均浓度38微克/立方米，下降9.5%。

（鄂州市档案馆）

【孝感市国民经济和社会发展】 2020年，孝感市实现地区生产总值2193.55亿元，按可比价格计算，比上年下降4.5%。其中，第一产业增加值343.14亿元，增长1.4%；第二产业增加值860.66亿元，下

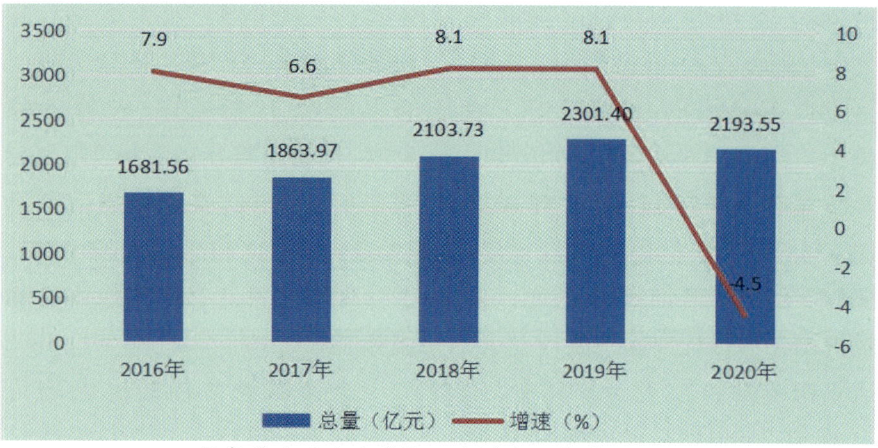

2016—2020 年孝感地区生产总值及其增速示意图

降 8.4%；第三产业增加值 989.75 亿元，下降 2.2%。三次产业结构由上年的 13.5∶42.7∶43.8 调整为 15.7∶39.2∶45.1。

全年农林牧渔业增加值 363.42 亿元，比上年增长 1.8%。粮食总产量 232.71 万吨，增长 0.6%，连续 8 年稳定在 200 万吨以上；种植面积 34.81 万公顷，增长 0.9%。棉花总产量 7300 吨，下降 18.9%；油料总产量 26.74 万吨，增长 17.7%;蔬菜总产量 437.82 万吨，增长 2.3%；水果产量 50.32 万吨，增长 0.6%。生猪出栏 188.90 万头，下降 18.4%；家禽出笼 9886.79 万只，增长 2.5%；禽蛋产量 26.32 万吨，增长 3.0%。

全年工业增加值 798.12 亿元，比上年下降 6.7%。规模以上工业企业 1189 家，规模以上工业增加值下降 5.3%。其中，国有企业增长 3.1%，股份制企业下降 5.9%，外商及港澳台投资企业下降 1.1%，其他经济类型企业增长 8.1%。规模以上工业销售产值下降 6.3%，产品销售率 97.0%，出口交货值下降 3.9%。营业收入 2471.05 亿元，下降 9.2%；利润 110.54 亿元，下降 11.8%；营业收入过 10 亿元企业 33 家，过 20 亿元企业 9 家。高新技术产业增加值 324.40 亿元，占规模以上工业增加值的比重 4.4%。共建省级以上工程研究中心（工程实验室）、企业技术中心 42 家，其中，国家级创新平台 6 家。认定高新技术企业 147 家，高新技术企业总数达到 381 家，新培育科技型创业企业 312 家。登记重大科技成果 31 项。技术合同成交金额 47.1 亿元，增长 29.3%。具有总承包和专业承包资质建筑企业总产值 349.23 亿元，比上年下降 27.4%；新签合同额 361.18 亿元，下降 30.9%。

全年固定资产投资（不含农户）比上年下降 20.8%。其中，一、二、三次产业投资分别下降 31.5%、31.4% 和 11.0%。分领域看，基础设施投资、工业投资和房地产开发投资分别下降 10.1%、31.4% 和 12.1%；高技术制造业投资下降 14.6%，其中，电子及通信设备制造业增长 6.8%；生态环境保护和环境治理业增长 73.9%，卫生投资增长 211.8%。新开工 1 亿元以上项目 132 个，投资额下降 22.7%。商品房销售面积 375.92 万平方米，下降 20.8%；商品房销售额 198.30 亿元，下降 19.5%。

全市各类市场主体总数 31.49 万户，全年新登记市场主体 3.39 万户，其中，新登记私营企业 0.90 万户，新登记个体工商户 2.39 万户。城镇新增就业 6.49 万人，年末全市城镇登记失业率 4.14%。

全年社会消费品零售总额 981.24 亿元，比上年下降 23.3%。

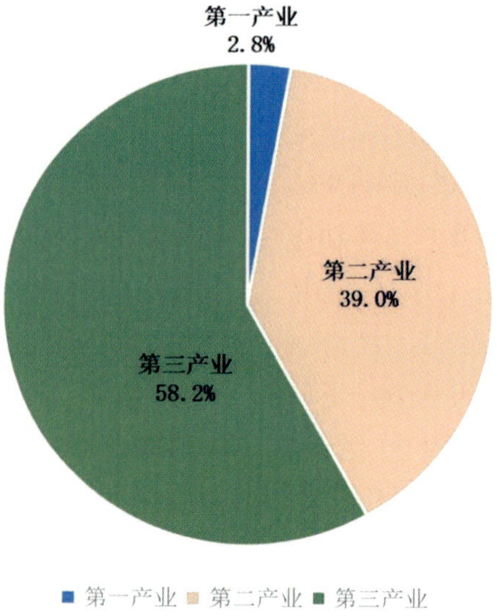

2020 年孝感市三次产业投资占固定资产投资（不含农户）比重示意图

按经营地分，城镇消费品零售额739.76亿元，下降23.5%；乡村消费品零售额241.48亿元，下降22.6%。按消费类型分，商品零售868.73亿元，下降19.7%；餐饮收入112.51亿元，下降43.0%。居民消费价格比上年上涨2.4%。分类别看，食品烟酒、其他用品和服务、医疗保健、教育文化和娱乐、生活用品及服务类商品价格分别上涨8.2%、2.2%、1.9%、1.6%、0.5%，交通和通信、衣着、居住类商品价格分别下降3.9%、1.2%、0.6%。

全年外贸进出口总额110.2亿元，比上年增长9.6%。其中，外贸出口91.7亿元，增长7.4%；进口18.5亿元，增长22.0%。新批外商投资企业9家，合同外资4.26亿美元，下降3.2%。实际利用外资2.92亿美元，下降24.2%。

全市公路总里程1.86万千米，比上年增长3.2%。其中，高速公路475千米，新（改）建等级公路543千米。邮政业务总量29.70亿元，增长15.3%。其中，快递业务量1.00亿件，快递业务收入9.10亿元。电信业营业收入26.74亿元，增长3.7%。

全年财政总收入167.04亿元，比上年下降22.2%。地方一般公共预算收入100.17亿元，下降26.1%。其中，税收收入77.90亿元，下降23.6%。地方一般公共预算支出425.26亿元，增长4.0%。金融机构人民币各项存款余额2860.24亿元，比年初增加265.92亿元。其中，住户存款2082.63亿元，增加238.40亿元。金融机构人民币各项贷款1601.70亿元，比年初增加225.16亿元。保险行业保费收入83.84亿元，增长16.2%。其中，产险保费收入19.56亿元，下降1.4%；寿险保费收入64.28亿元，增长22.8%。赔款及综合给付金额21.02亿元，下降15.6%；赔付率及综合给付率25.1%，下降9.4个百分点。

全市共有幼儿园690所，在园幼儿12.83万人；普通小学450所，在校生28.25万人，专任教师1.43万人；初中185所，在校生12.37万人，专任教师1.22万人；普通高中50所，在校生6.66万人，专任教师5994人；职校19所，在校生2.77万人，专任教师1334人。全市有8个图书馆、8个文化馆（群艺馆）、13个博物馆，4个公共体育场、5个公共体育馆；社会体育指导员1.21万人，其中国家级86人。全年新增全国乡村旅游重点村1个，省级旅游度假区2个，国家3A级旅游景区4个。接待游客2175.43万人次，比上年下降28.0%；旅游综合收入136.01亿元，下降30.3%。医疗卫生机构490所。其中，医院69所，乡镇卫生院113个。卫生机构人员3.54万人，其中，卫生技术人员2.75万人，执业（助理）医师1.00万人，注册护士1.20万人。卫生机构床位2.65万张，其中医院1.72万张。

全市城镇常住居民人均可支配收入35374元，比上年下降0.9%；农村常住居民人均可支配收入17090元，下降2.4%。参加城镇职工基本养老保险81.60万人、城乡居民养老保险262.92万人、职工基本医疗保险40.80万人、城乡居民基本医疗保险398.30万人、工伤保险31.00万人、生育保险24.00万人、失业保险人数24.52万人，年末领取失业保险金1500人。城镇居民最低生活保障对象3.18万人，农村居民最低生活保障人数14.82万人。国家抚恤、补助各类优抚对象4.07万人。养老机构149家，城乡社区养老服务设施覆盖率分别达100%和70.7%。

全市万元地区生产总值用水量118立方米，比上年下降1.6%。万元工业增加值用水量81立方米，下降14.7%。中心城区PM10年均浓度56微克/立方米，PM2.5年均浓度35微克/立方米，空气质量优良率87.9%。纳入国家和省“水十条”考核的8个地表水断面累计全部达标，水质优良比例达87.5%。全年平均气温17.1℃，下降0.3℃。

（孝感市史志研究中心）

【黄冈市国民经济和社会发展】 2020年，黄冈市地区生产总值2169.55亿元，按可比价格计算，比上年下降6.6%。其中，第一产业增加值438.28亿元，下降0.4%；第二产业增加值749.83亿元，下降9.4%；第三产业增加值981.43亿元，下降6.7%。第三产业中，金融业增加值增长6.6%，交通运输、仓储和邮政业，批发和零售业，住宿和餐饮业，房地产业，其他服务业增加值分别下降16.3%、15.8%、29.2%、10.8%、0.9%。三次产业结构由2019年的17.35∶37.74∶44.91调整为

2020 年黄冈市主要经济指标完成情况一览表

项目名称	金额（亿元）	比上年（±%）
国内生产总值（GDP）	2169.55	-6.6
#第一产业	438.28	-0.4
第二产业	749.83	-9.4
第三产业	981.43	-6.7
地方财政收入	174.69	-21.5
地方财政支出	937.53	-14.9
社会消费品零售总额	1150.13	-21.8
金融机构各项存款	3995.03	10.79
金融机构各项贷款	2168.25	16.6
保险费收入	108.69	9.67
保险赔款支出	30.87	3.1

20.20∶34.56∶45.24。

全年农林牧渔业总产值773.14亿元，比上年增长0.3%。粮食总产量269.11万吨，增长0.2%；棉花总产量2.02万吨，减少19.2%；油料总产量52.88万吨，减少9.7%；蔬菜总产量352.11万吨，增长0.4%。水果总产量23.64万吨，增长6.9%。生猪出栏258.42万头，减少16.2%；牛出栏23.06万头，减少5.6%；羊出栏57.66万只，减少7.4%；家禽出笼4834.86万只，减少2.8%；禽蛋总产量31.45万吨，增长11.9%。水产品总产量44.15万吨，减少3.8%。

全市规模以上工业企业1264家，比上年增加81家。规模以上工业增加值下降5.9%。分门类看，采矿业增加值增长17.7%，制造业增加值下降6.8%，电力、热力、燃气及水生产和供应业增加值下降2.8%。规模以上工业企业产销率96.6%；营业收入1387.2亿元，下降7.4%；利润总额82.8亿元，下降1.8%；税金总额34.3亿元，下降2.8%；资产总计1424.1亿元，增长6.2%。建筑企业481家，减少29家，总产值824.66亿元，下降22.8%。建筑业增加值134.21亿元，下降16.4%。

全年固定资产投资比上年下降21.9%。按经济类型划分，国有经济投资下降26.4%，集体经济投资增长4.8%，私营经济投资下降18.3%，其他经济投资增长9.6%。投资项目1593个，总投资3748.83亿元。在建项目1518个，下降28.3%。其中，新开工项目620个，下降37.9%；1亿元以上项目754个，投资额775.47亿元。

全年社会消费品零售总额1150.13亿元，比上年下降21.8%。分城乡看，城镇社会消费品零售总额957.01亿元，下降21.7%；农村社会消费品零售总额193.11亿元，下降22.2%。分行业看，批发业销售额420.44亿元，下降10.2%；零售业销售额807.46亿元，下降13.5%；住宿业营业额16.44亿元，下降23.5%；餐饮业营业额123.17亿元，下降22.8%。居民消费价格上涨2.6%。其中，食品烟酒类价格上涨9.5%，衣着类价格下降0.8%，居住类价格下降0.1%，生活用品和服务类价格下降1.5%，教育文化和娱乐类价格上涨0.4%，其他用品和服务类价格上涨3.2%，交通和通信类价格下降4.4%，医疗保健类价格上涨1.8%。

全年外贸进出口总额94667万美元，比上年下降8.0%。其中，出口86306万美元，减少9.7%；进口8361万美元，增加13.5%。新批外资企业6家。合同外资金额4588万美元，下降20.4%。实际利用外资5967万美元，增长2.1%。

全年交通运输、仓储和邮政业增加值70.28亿元，比上年下降16.3%。公路总里程3.29万千米，其中高速公路754千米，桥梁5551座。货运量1.64亿吨，货物周转量358.34亿吨千米，客运量2241万人次，旅客周转量11.59亿人千米。邮电业务总量50.78亿元，其中邮政19.29亿元，电信31.49亿元。

全年地方财政总收入174.69亿元，比上年下降21.5%。其中，一般公共预算收入104亿元，下降26.5%；上划中央收入70.69亿元，下降13.0%。一般公共预算收入中，税收收入76.47亿元，下降23.6%；税收收入占一般公共预算收入的比重73.5%；非税收入27.53亿元，下降33.5%。财政支出937.53亿元,增长14.9%。其中,一般公共预算支出594.84亿元，增长11.3%。一般公共预算支出中，一般公共服务支出55.91亿元，增长0.6%。

全市银行业金融机构本外币各项存款4001.28亿元，各项贷款2169.91亿元。人民币各项存款余额3995.03亿元，比上年增长10.79%；各项贷款余额2168.25亿元，增长16.6%。商业保险机构保费收入108.69亿元，增长9.7%；各项赔付和给付支出30.87亿元，下降3.1%。新三板、新四板挂牌企业分别为17家和528家，挂牌企业总数546家。股权、基金融资68亿元。社会融资规模增量415.29亿元，增加97亿元。银行业机构33家，网点684个，银行业机构数和网点数位于湖北省前列。

全市有幼儿园1080所，在园幼儿21.57万人。小学683所，在校学生45.34万人；普通中学305所，在校学生31.40万人；中等专业学校21所，在校学生4.98万人；大学4所，在校生4.55万人。有文化馆12个、群艺馆1个、公共图书馆12个、文博单位23个、电影发行放映公司3家、县级以上新华书店39个。创建旅游强县4个、旅游名镇5个、旅游名村17个，4A级景区20家、3A级景区48家、A级景区72家，星级宾馆（饭店）31家。接待游客3491.6万人次，旅游收入241.62亿元，下降21.8%。卫生医疗机构4248个（包括私营和个体），卫生机构人员43430人。其中，卫生技术人员3.70万人，执业（助理）医师1.58万人，注册护师、护士1.76万人。拥有卫生机构床位数3.95万张。

全市城镇常住居民人均可支配收入30826元，比上年下降3.1%；农村常住居民人均可支配收入14693元，增长1.40%。城镇居民恩格尔系数39.37%，农村居民恩格尔系数39.92%。城镇登记失业率2.9%。参加城乡居民医疗保险571.01万人，缴费收入45.59亿元。

全市化学需氧量和二氧化硫排放量比上年分别下降1.23%和2.09%，均完成省政府下达的年度控制目标。城镇集中式饮用水水源地水质达标率100%，市区环境空气质量优良天数324天，优良率88.5%，均高于前两年水平。

（黄冈市史志研究中心）

【咸宁市国民经济和社会发展】2020年，咸宁市实现地区生产总值1524.67亿元，比上年下降4.9%。其中，第一产业增加值217.49亿元，与上年持平；第二产业增加值628.72亿元，下降8.3%；第三产业增加值678.45亿元，下降2.7%。三次产业结构比为14.3∶41.2∶44.5，其中，第一产业增加值占地区生产总值的比重增加1.8个百分点，第二产业减少3.0个百分点，第三产业增加1.2个百分点。

全年农林牧渔业增加值231.29亿元，比上年增长0.6%。粮食总产量116.85万吨，增长0.3%；油料总产量18.82万吨，增长15.6%；茶叶总产量5.99万吨，增长2.2%；蔬菜及食用菌总产量245.43万吨，与上年持平。肉类总产量15.92万吨，下降16.1%。其中，猪肉产量10.99万吨，下降23.1%；牛肉产量0.20万吨，下降1.7%；羊肉产量0.23万吨，下降36.9%；禽肉产量4.50万吨，增长9.7%。禽蛋总产量5.22万吨，增长13.1%。生猪出栏141.91万头，下降24.4%；家禽出笼3381.26万只，增长4.8%。水产品总产量22.37万吨，增长2.8%。

全年工业增加值541.11亿元，比上年下降8.1%。其中，规模以上工业增加值下降5.5%。在规模以上工业中，国有企业下降13.7%，集体企业下降12%，股份制企业下降4.8%，外商及港澳台投资企业下降6.5%，其他经济类型企业下降30.3%。规模以上工业企业992家，增加16家。规模以上工业企业产销率97.4%，营业收入1728.60亿元，下降7.4%；利润总额125.4亿元，下降0.9%。高新技术产业增加值252.94亿元，占GDP比重为16.6%，增加1.6个百分点，其中规模以上高新技术产业增加值251.86亿元，增长2.8%。全社会建筑业增加值88.07亿元，下降10.4%。资质以内建筑业企业198家，增加23家，总产值202.34亿元，下降7.6%。

全年固定资产投资（不含农户）比上年下降21.7%，一、二、三次产业投资分别下降25.1%、23.6%和19.6%。按类别分，基础设施投资和制造业投资分别下降

咸宁市城区夜景　（咸宁市史志研究中心　供稿）

32.2%、22.0%，房地产开发投资增长27.4%。

全年社会消费品零售额604.04亿元，比上年下降14.7%。其中，城市消费品零售额404.49亿元，下降15.2%；农村消费品零售额199.55亿元，下降13.8%。按消费类型统计，批发零售业491.49亿元，下降14.0%；住宿餐饮业112.55亿元，下降17.6%。限额以上商品零售额126.42亿元，下降6.7%。限额以上商品网络零售额3.64亿元，增长43.4%。

全年进出口总值73.92亿元，比上年增长17.7%。其中，进口8.14亿元，增长17.8%；出口65.78亿元，增长17.7%。新批外商投资企业4家，引进合同外资1077万美元，实际利用外资3750万美元，增长1.4%。

全年货运量7200万吨，比上年下降38.6%；货物周转量38.29亿吨千米，下降74.2%；客运量1020万人，下降79.7%；客运周转量6.50亿人千米，下降77.5%。民用汽车保有量28.55万辆（包括三轮汽车和低速货车），增长8.0%。邮政行业业务总量（含快递服务企业）11.09亿元，增长1.9%；快递业务量3209.85万件，增长12.4%。电信业务总量18.40亿元，增长6.9%；固定电话用户29.76万户，增长2.1%；移动电话用户245.12万户，下降1.1%；互联网宽带接入用户89.86万户，增长12.4%。

全年地方财政总收入115.15亿元，比上年下降21.8%。其中，一般公共预算收入70.89亿元，下降25.1%。在一般公共预算收入中，税收收入53.03亿元，下降20.5%，税收收入占一般公共预算收入的比重74.8%，增加4.3个百分点。地方一般公共预算支出312.26亿元，增长11.4%。金融机构各项存款余额1797.12亿元，比年初增加202.42亿元。其中，住户存款1090.63亿元，比年初增加139.49亿元。各项贷款余额1288.80亿元，比年初增加181.32亿元。保费收入50.03亿元，下降13.3%。其中，财产保险保费收入13.71亿元，下降7.3%；人寿保险保费收入36.32亿元，下降15.3%。各项赔款和给付金额16.01亿元，赔付率32.0%。其中，财产保险8.16亿元，赔付率59.6%；人寿保险7.85亿元，赔付率21.6%。

全市高校在校生4.05万人，中等职校（不含技校）在校生2.32万人，普通高中在校生5.05万人，普通初中在校生11.07万人，小学在校生24.19万人，幼儿园在园幼儿10.48万人。有群艺馆、文化馆7个，博物馆8个，公共图书馆7个，广播电视台6座，档案馆7个。体育场馆12个。A级以上旅游风景区38个，旅游总收入355.00亿元，比上年下降9.9%。全接待旅游人数6840万人次，下降10.4%。卫生机构1358个，其中，医院40家；卫生机构人员数22937人，其中，执业（助理医师）7375人，注册护士8262人；卫生机构床位数16093张，其中，医院床位数11150张；医疗卫生机构诊疗人数1170万人次。

全市城镇常住居民人均可支配收入32394元，比上年下降2.4%；农村常住居民人均可支配收入16359元，比上年下降1.4%。城乡居民收入比为1.98。参加城镇职工基本养老保险48.55万人、城乡居民基本养老保险128.95万人、城镇职工基本医疗保险人数30.56万人、城乡居民基本医疗保险人数236.82万人、工伤保险19.46万人、生育保险20.10万人、失业保险18.40万人。领取失业保险金1.74万人。

全年造林面积2.79万公顷（含人工造林、封山育林、退化林修复）。森林覆盖率53.01%，比上年增加0.48个百分点。城市空气质量优良天数比例94.0%，增加15.4个百分点。区域水环境总体水质状况为优，主要地表水体水质符合Ⅰ—Ⅲ类标准的断面/点位比例95.8%，增加4.3个百分点；城市集中式饮用水源地水质达标率均为100%。

（咸宁市史志研究中心　邹晓魁）

【仙桃市国民经济和社会发展】2020年，仙桃市实现地区生产总值827.91亿元，比上年下降4.3%。其中，第一产业增加值96.5亿元，下降1.4%；第二产业增加值358.02亿元，下降6.9%；第三产业增加值373.39亿元，下降1.9%。三次产业结构由2019年的10.7∶46.1∶43.2调整为11.7∶43.2∶45.1。在第三产业中，金融业、其他服务业增加值分别增长14.9%和9.6%。交通运输、仓储和邮政业，批发和零售业，住宿和餐饮业，房地产业增加值分别下降16.4%、15.9%、26.4%、17.9%。

全年农林牧渔业总产值164.21亿元，比上年增长5.5%。粮食种植面积172.97万亩，减少9000亩。粮食总产量69.74万吨，下降3.6%；棉花总产量0.81万吨，下降23.2%；蔬菜总产量54.65万吨，下降0.1%；油料总产量13.21万吨，增长6.8%。生猪出栏36.99万头，下降31.1%；猪肉产量2.82万吨，下降31.2%。禽蛋产量1.96万吨，增长10.4%。水产品产量28.38万吨，下降3.7%。

全市规模以上工业增加值比上年下降3.8%。分经济类型看，股份制企业增加值下降3.8%，外商及港澳台商投资企业增加值下降4.4%，其他经济类型企业增加值增长5.5%。规模以上工业总产值1098.31亿元，下降0.2%。其中，非织造布产业446.9亿元，增长51.8%；电子电气行业50.8亿元，下降14.1%；纺织服装产业90.5亿元，下降11.7%；食品加工产业151.2亿元，下降22.6%；新材料及医药制造116.9亿元，下降11.8%；机械及汽车零部件行业103.3亿元，下降20.9%。规模以上工业销售产值下降0.8%，产品销售率97.8%；出口交货值增长10.7%；利润112.1亿元，增长80.2%。新增高新技术企业18家，高新技术企业总数156家。高新技术产业增加值129.8亿元，增长4.3%；高新技术产业增加值占GDP比重15.7%。技术合同交易金额12.2亿元。资质以内建筑企业47家，比去年增加2家，总产值112.93亿元，下降15.4%。

全市固定资产投资比上年下降37.2%。按产业划分，一、二、三次产业投资分别下降75.3%、49.5%和14.5%。其中，工业投资下降49.4%，房地产开发投资下降28.0%。新开工1亿元以上项目82个，增长10.8%；其中工业项目58个，下降6.5%。房屋新开工面积下降24.1%，商品房销售面积下降50.0%，商品房销售额下降43.7%。登记市场主体总数10.98万户，增长14.2%。其中，企业2.48

2020年仙桃市经济社会发展情况一览表

指标名称	2020年（单位）	比上年（±%）
地区生产总值	827.91亿元	-4.3
#第一产业	96.5亿元	-1.4
第二产业	358.02亿元	-6.9
第三产业	373.39亿元	-1.9
固定资产投资	—	-37.2
实际利用外资	3343.86万美元	1.1
地方一般公共财政预算收入	31.98亿元	-7.7
农村常住居民人均可支配收入	20647元	3.8
城镇常住居民人均可支配收入	35750元	3.5
规模以上工业增加值增长速度	—	-3.8
全社会消费品零售总额	381.93亿元	-14.2
居民消费价格指数	—	—

2020 年仙桃市主要出口商品情况一览表

商品类别	2020 年（万元）	比上年增长（%）
服饰	5060.76	–17.7
非织造布	1931084.72	564.6
化工	59905.98	0.04
机电产品	157096.47	–0.3
农产品	574.87	–67.2

万户，增长 19.1%；个体工商户 8.31 万户，增长 13.1%。农民专业合作社总数 1889 户，增长 2.2%。

全年社会消费品零售总额 381.93 亿元，比上年下降 14.2%。其中，城镇商品零售额 239.76 亿元，下降 14.6%；乡村商品零售额 142.17 亿元，下降 13.6%。限额以上企业（单位）消费品零售额 208.13 亿元，下降 7.3%。分行业看，批发业零售总额 37.84 亿元，下降 3.9%；零售业销售额 157.53 亿元，下降 7.8%；住宿业营业额 1.25 亿元，下降 30.7%；餐饮业营业额 6.01 亿元，下降 3.7%。进出口总额 234.3 亿元，增长 257.0%。其中，出口 225.5 亿元，增长 313.5%；进口 8.8 亿元，下降 20.7%。实际利用外资 3343.86 万美元，增长 1.1%。

全年财政总收入 53.64 亿元，比上年下降 0.8%。地方一般公共财政预算收入 31.98 亿元，下降 7.7%；地方公共财政预算收入中，税收收入 28.45 亿元，增长 0.5%，占地方一般公共预算收入的比重 89%。财政总支出 106.49 亿元，增长 14.7%。年末全市金融机构各项存款余额 946.75 亿元，增长 25.2%；各项贷款余额 421.97 亿元，增长 20.9%。

全市公路通车里程 4538.07 千米，比上年增长 0.9%。货运量 1280.01 万吨，下降 42.3%；客运量 369.09 万人次，下降 80.8%。邮电业务收入 9.86 亿元，增长 6.7%。固定电话用户 9.68 万户，下降 3.6%；移动电话用户 100.77 万部，下降 1.1%；互联网宽带用户 45.11 万户，增长 5.2%。

全市有各级各类学校 125 所。其中，小学 82 所，普通中学 30 所。在校学生总数 15.73 万人。其中，普通中学 3.85 万人，小学 8.93 万人。专任教师数 10408 人。幼儿园 182 所，在园幼儿 3.6 万人。有 1 个文化中心（集博物馆、图书馆分馆、非遗展示馆、美术馆于一体）、1 个群艺馆、1 个公共图书馆。各类体育场地 221 个。其中，全民健身活动中心 5 个。星级饭店 3 个。接待游客 415.6 万人次，下降 23.9%，旅游总收入 21.08 亿元，下降 38.0%。卫生机构数 1019 个，其中医院 28 个。卫生机构人员 8550 人，其中，执业助理医师 2712 人，注册护师、护士 3482 人。医疗卫生机构床位 8332 张，其中医院 6655 张。

全市城镇常住居民人均可支配收入 35750 元，比上年增长 3.5%；农村常住居民人均可支配收入 20647 元，增长 3.8%。参加养老保险 91.33 万人。其中，城镇职工参加基本养老保险 16.60 万人、城镇离退休人员养老保险 7.1 万人、城乡居民养老保险人数 63.78 万人。城镇登记失业率 4.39%。居民最低生活保障对象 4.57 万人。其中，城镇居民最低生活保障对象 1.41 万人。

全年造林绿化面积 2333 余

仙桃市陈场镇蔡桥村外景　　（仙桃市档案馆　供稿）

公顷，森林覆盖率 7.03%。空气质量优良率 86.5%，比上年增加 8.7 个百分点；地表水达到或好于Ⅲ类水体比例 37.5%；万元 GDP 能耗降低率 1.96%，单位 GDP 地耗下降率 12.86%。

（仙桃市档案馆）

【潜江市国民经济和社会发展】2020 年，潜江市实现地区生产总值 765.23 亿元，按可比价格计算，比上年下降 4.6%。其中，第一产业增加值 83.45 亿元，增长 0.1%；第二产业增加值 367.81 亿元，下降 5.8%；第三产业增加值 313.97 亿元，下降 4.3%。三次产业结构比从上年的 9.9∶50.2∶39.9 调整为 10.9∶48.1∶41.0。

全年农林牧渔业总产值 147.30 亿元，比上年增长 0.5%；农林牧渔业增加值 88.71 亿元，增长 0.4%。粮食总产量 59.00 万吨，下降 0.96%；蔬菜总产量 95.57 万吨，下降 0.9%；水产品总产量 14.99 万吨，增长 5.1%（其中小龙虾总产量 11.59 万吨，增长 8.2%）；虾稻共作面积 64.23 万亩，增长 8.4%。

2020 年潜江市主要经济指标一览表

经济指标	单位	2020 年
生产总值	亿元	765.23
# 第一产业增加值	亿元	83.45
第二产业增加值	亿元	367.81
第三产业增加值	亿元	313.97
农林牧渔业总产值	亿元	147.3
农林牧渔业增加值	亿元	88.71
工业完成增加值	亿元	350.14
规上工业主营业务收入	亿元	812.4
规上高新技术产业统计单位	个	103
高新技术产业增加值	亿元	126.8
社会消费品零售总额	亿元	248.9
人民币计价进出口总额	亿元	57.4
地方一般公共预算收入	亿元	21.32
金融机构人民币各项存款余额	亿元	774.87
城镇居民人均可支配收入	元	33623
农村居民人均可支配收入	元	18948

全年完成工业增加值 350.14 亿元，比上年下降 6.5%。其中，规模以上工业增加值下降 4.4%。规模以上工业主营业务收入 812.4 亿元，下降 18.1%；利润总额 20.7 亿元，下降 46.6%。高新技术产业增加值 126.8 亿元，增长 3.6%，高于规模以上工业增加值增速 8 个百分点；高新技术产业增加值占 GDP 的比重为 16.6%。资质以内建筑企业 53 家，比上年减少 1 家，建筑业企业年末从业人员 1.79 万人，建筑业增加值 34.38 亿元，与上年持平。

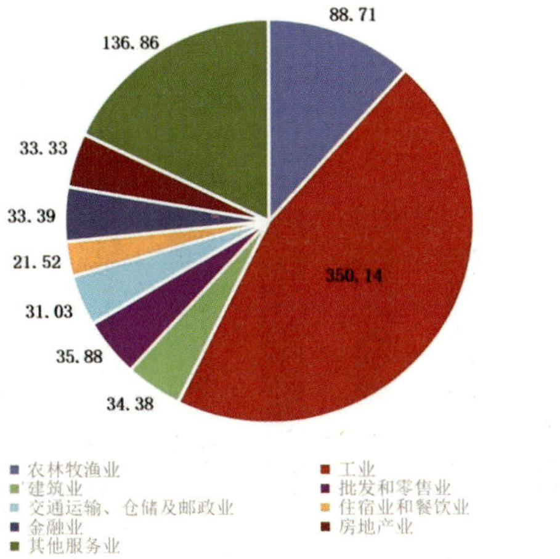

2020 年潜江市各行业增加值（亿元）示意图

全市固定资产投资比上年下降 23.3%，其中，500 万以上项目投资下降 25.4%，房地产开发投资增长 7.5%。从三次产业投资看，第一产业投资下降 11.1%，第二产业投资下降 25.3%，第三产业投资下降 21.6%，三次产业投资比 1.4∶48.5∶50.1。从投资结构性质看，民间投资下降 29.5%，基础设施投资下降 13.7%。

全年社会消费品零售总额 248.90 亿元，比上年下降 14.6%。其中，限额以上单位消费品零售额下降 9.2%。按所在地分，城镇零售额212.79亿元，下降14.8%；乡村零售额36.11亿元，下降13.2%。分行业看，批发业35.10亿元，下降9.1%；零售业181.98亿元，下降13.0%；住宿业3.61亿元，下降27.9%；餐饮业28.21亿元，下降26.7%。限额以上单位商品零售额中，粮油食品类、中西药品类、建筑及装潢材料类分别增长13.2%、13.2%和14.2%，日用品、体育娱乐用品类分别增长0.4%和2.5%，通信器材类增长9.6%；服装鞋帽针织品类、家用电器和音响器材类、石油及制品类、汽车类，分别下降34.9%、28.8%、11.2%和21.0%。

全年进出口总额57.4亿元，比上年下降26.4%。其中，出口总额22.1亿元，增长15.5%；进口总额35.3亿元，下降40.0%。招商引资到位资金267.72亿元，增长2.02%。

全年地方一般公共预算收入21.32亿元，比上年下降22.5%。其中，税收收入16.07亿元，下降19.6%。一般公共预算支出81.98亿元，增长6.2%。年末金融机构人民币各项存款余额774.87亿元，增长9.03%。金融机构贷款余额346.04亿元，增长14.5%。

全年出生人口数6233人，人口出生率6.23‰；死亡人口数6464人，人口死亡率6.46‰；人口自然增长率–0.23‰。城镇常住居民人均可支配收入33623元，比上年下降2.9%；农村常住居民人均可支配收入18948元，下降2.8%。参加养老保险18.07万人、城乡居民社会养老基本养老保险33.94万人、城镇职工基本医疗保险8.67万人、城乡居民基本医疗保险74.83万人、工伤保险5.29万人、生育保险5.04万人、失业保险4.02万人。

（潜江市档案馆）

【天门市国民经济和社会发展】

2020年，天门市实现地区生产总值617.49亿元，按可比价格计算，比上年下降5.6%。其中，第一产业增加值90.25亿元，下降1.8%；第二产业增加值273.85亿元，下降7.5%；第三产业增加值253.39亿元，下降4.6%。三次产业比重为14.6：44.3：41.1。在第三产业中，交通运输、仓储和邮政业，批发和零售业，住宿和餐饮业，房地产业增加值分别下降7.3%、15.3%、27.1%、3.4%，金融业、营利性服务业、非营利性服务业分别增长2.7%、1.3%、4.3%。

全年农林牧渔业总产值159.78亿元，比上年下降1.7%。粮食总产量80.06万吨，减少1.11万吨。棉花总产量0.65万吨，减少0.34万吨。油料总产量12.49万吨，增加1.22万吨。生猪出栏35.29万头，下降44.11%。家禽出笼974万只，下降4.34%。禽蛋产量4.2万吨，增长14.1%。水产品总产量11.6万吨，下降3.6%。水果总产量1.89万吨，增长2.7%。

全市工业增加值比上年下降7.9%。规模以上工业增加值下降6.4%。工业总产值下降7.9%，其中，外商及港澳台投资企业下降13.2%。规模以上工业销售额下降7.9%，产品销售率98.0%，出口交货值下降53.9%；利润下降10.7%。资质以上建筑业企业54家，增加11家。高新技术企业增至105家，增加值93.6亿元，下降2.9%。资质以内建筑业总产值141.48亿元，下降0.4%。

全市固定资产投资（不含农户）比上年下降26.8%。从投资领域看，第一产业投资增长3.1%，第二产业投资下降11.6%，第三产业投资下降47 %。其中，工业投资下降11.6%，房地产开发投资下降40.2%。新登记市场主体1.03万户。其中，新登记私营企业2697户，新登记个体工商户7590户。

全年社会消费品零售额289.76亿元，比上年下降24.7%。批发、零售、住宿和餐饮四大消

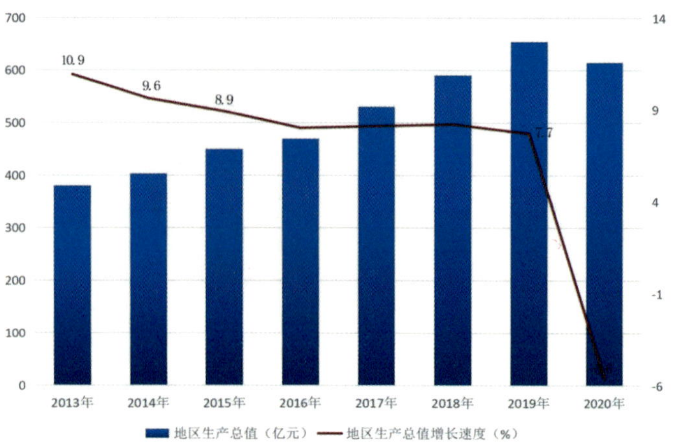

2013—2020年天门市地区生产总值及速度示意图

费业态销售额分别下降8.1%、14.9%、22.3%和20.0%。进出口总额10.2亿元，下降5.9%。其中，出口额10.1亿元，下降5.8%。居民消费价格水平上涨2.1%。八大类消费项目中，食品烟酒类价格上涨9.6%，其他用品和服务类价格上涨2.5%，教育文化和娱乐类价格上涨1.5%，居住类价格下降3.5%，交通和通信类价格下降3.0%，衣着类价格下降1.1%，生活用品及服务类价格下降1.0%，医疗保健类价格下降0.9%。农业生产资料价格上涨3.4%，商品零售价格上涨2.7%。

全市通车公路总里程5009.94千米。公路客运量547.31万人次，客运周转量35760.31万人千米，分别比上年下降74.1%、60.9%；货运量1013.06万吨，货运周转量159162.00万吨千米，分别下降20.42%、10.17%。水路货运量136.2万吨，货运周转量93820万吨千米，分别增长35.7%、33.7%。邮政业务总量3.94亿元。移动通信电话用户数75.56万户，增加1.72万户。互联网宽带用户数97.97万户，增加5.1万户。

全年财政总收入23.21亿元，比上年下降30.4%；地方公共财政预算收入14.23亿元，下降33.4%。其中，地方税收收入10.84亿元，下降34.6%。全年一般公共预算支出93.06亿元，增长5.1%。金融机构存款余额747.16亿元，比上年末增加62.26亿元。其中，住户存款余额624.78亿元，增加58.67亿元；各项贷款余额310.27亿元，增加30.85亿元。

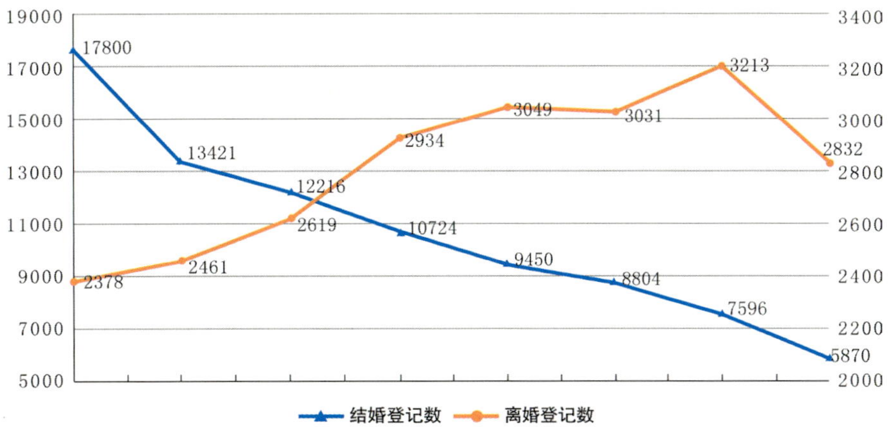

2013—2020年天门市结婚、离婚登记数（件）变化示意图

全市有各类中小学182所，在校学生14.36万人，专任教师9665人。幼儿园208所，在园幼儿3.35万人。星级酒店1个。接待旅游者133.59万人次，国内旅游收入6.83亿元。卫生机构1042个，其中，医院16个。卫生技术人员6452人，其中，执业（助理）医师2739人。床位7363张，其中，医院拥有床位4923张。

全市常住居民年人均可支配收入23730元，比上年下降2.7%。其中，城镇人均可支配收入31308元，下降1.4%；农村居民人均可支配收入18356元，增长1.2%。城镇、农村居民人均消费支出分别为18011元和10892元。新增城镇就业人员1.05万人，年末城镇登记失业率3.5%。参加城乡居民基本医疗保险127.42万人、城乡居民社会养老保险参保83.82万人。城镇和农村最低生活保障对象分别为0.96万人和3.4万人。全年结婚登记5870件，减少1726件；离婚登记2832件，减少381件。

全年能耗总量下降8万吨标准煤，单位GDP能耗比上年上升1.89%。森林面积2.26万公顷，比上年增加600公顷。森林覆盖率9.0%。绿化率39.9%，污水处理率96.6%。水功能区断面地表水质达标率100%，农村自来水（安全饮水）普及率97.8%。PM2.5达标天数占全年93.4%，空气质量优良率89.6%。

（天门市文化和旅游局）

编辑：刘家连

校对：王　伟

重要活动和重大项目建设

重要活动

【中共武汉市委十三届九次全体会议】 2020年6月28日，中国共产党武汉市第十三届委员会第九次全体会议召开。出席全会的有市委委员51人，市委候补委员9人。有关方面负责人和市第十三次党代会部分代表列席会议。

全会由市委常委会主持。全会审议通过《中共武汉市委关于贯彻落实党的十九届四中全会精神 加快推进超大城市治理现代化的决定》《中共武汉市委 武汉市人民政府关于加强公共卫生应急管理体系建设的实施意见》，审议了市委常委会工作报告。省委常委、市委书记王忠林作讲话，并就《决定（讨论稿）》《意见（讨论稿）》起草情况向全会作了说明。

全会指出，突如其来的新冠肺炎疫情，是对城市治理体系和治理能力的一次大考。习近平总书记亲自指挥、亲自部署，每到关键时刻都发表重要讲话、作出重要指示，对武汉深情似海、厚望如山，为抗击疫情坚定了信心、凝聚了力量、指明了方向。在党中央坚强领导下，在中央指导组精心指导和省委正确领导下，在全国人民大力支持下，在武汉人民共同坚守下，经过艰苦卓绝的努力，武汉保卫战取得决定性成果，统筹推进疫情防控和经济社会发展取得新成效。这次疫情也暴露出武汉市在公共卫生、应急管理、基层治理等方面存在明显不足。要高度重视、迅速行动，突出制度建设这条主线，加快补齐短板弱项，加快推进超大城市治理体系和治理能力现代化，为建设国家中心城市和国际化大都市提供坚强有力的制度保障。

全会强调，努力探索超大城市现代化治理新路子，是习近平总书记交给武汉的一道时代考题。全市上下必须牢记嘱托，突出坚持和完善支撑中国特色社会主义制度的根本制度、基本制度、重要制度，着力构建系统完备、科学规范、运行有效的制度体系，切实把制度优势转化为治理效能。要坚持和完善党的领导制度体系，严格落实“两个维护”、党的全面领导、全面从严治党、人民当家作主、党管干部和选贤任能的制度，健全权力运行制约监督体系，贯彻落实党总揽全局、协调各方的根本要求；建立完善高质量发展的制度体系，完善创新驱动发展、构建现代产业体系、扩大对外开放、优化营商环境、促进区域协调发展和乡村振兴的体制机制，打造创新、开放、包容的宜业城市；建立完善高品质生活的制度体系，完善城市空间布局、文化繁荣发展、民生幸福保障、美丽武汉和健康武汉建设的体制机制，打造美丽、文明、幸福的宜居城市；建立完善高效能治理的制度体系，完善依法治市、应急管理、基层社会治理、平安武汉和智慧城市建设的体制机制，打造共建、共治、共享的安全城市；加强组织领导，为推进超大城市治理现代化提供有力保障。

全会强调，要坚持整体谋划、系统重塑、全面提升，增强应对重大疫情和突发公共卫生事件能力，努力打造国家公共卫生安全标杆城市。要完善公共卫生应急指挥机制、智慧化预警多点触发机制、多渠道公共卫生预警机制和应急响应机制、分级分层分流的重大疫情救治机制、疾控机构与城乡社区联动工作机制、群防群控机制、舆情应对处置机制，优化公共卫生应急管理运行体系；补齐疾控网络、疾控能力、疾控硬件、医防融合短板，推进防治一体化，重塑疾病预防控制体系；强化疫情救治硬件、重症救治能力、紧急医学救援网络、中西医协同建设，健全重大疫情救治体系；加强公共卫生应

2020 年 6 月 28 日，中共武汉市委十三届九次全体会议召开

（武汉市地方志办公室　供稿）

急管理体系法制预案、物资储备、信息化建设、科技支撑、专业人才、激励政策、医疗救助等方面保障。

全会号召，全市各级党组织和广大党员干部要更加紧密团结在以习近平同志为核心的党中央周围，主动作为、奋发有为，努力探索超大城市现代化治理新路子，奋力夺取疫情防控与经济社会发展双胜利，为加快建设国家中心城市、努力打造国际化大都市而奋斗。

【中共武汉市委十三届十次全体会议】 2020 年 12 月 18 日，中共武汉市委十三届十次全体会议召开。出席全会的市委委员 51 人、候补委员 9 人。有关方面负责人和市第十三次党代会部分代表列席会议。

全会由市委常委会主持。全会审议了市委常委会工作报告，审议通过《中共武汉市委关于制定全市国民经济和社会发展第十四个五年规划和二〇三五年远景目标的建议》。省委常委、市委书记王忠林作讲话，并就《建议（讨论稿）》向全会作了说明。

全会一致认为，党的十九届五中全会是在全面建成小康社会胜利在望、开启全面建设社会主义现代化国家新征程的重要历史关头召开的十分重要的会议。全市各级党组织和广大党员干部要把学习宣传贯彻党的十九届五中全会精神作为重大政治任务，增强“四个意识”、坚定“四个自信”、做到“两个维护”，确保党中央重大决策部署在武汉落地生根、开花结果。

全会认为，2020 年是武汉发展史上极不平凡、极其艰难的一年，也是攻坚克难、奋发有为的一年。一年来，市委常委会坚持以习近平新时代中国特色社会主义思想为指导，深入贯彻党的十九大和十九届二中、三中、四中、五中全会精神，认真贯彻落实习近平总书记视察湖北武汉、参加湖北代表团审议时的重要讲话精神，团结带领全市上下感恩奋进、砥砺前行，统筹推进疫情防控和经济社会发展，扎实做好“六稳”“六保”工作，抗疫保卫战、防汛保卫战、疫后复苏保卫战“三战并举”，疫情防控武汉保卫战取得决定性成果，经济社会发展全面恢复，党的领导在大战大考中全面加强。

全会深入分析武汉市发展面临的新机遇新挑战。“十四五”时期，武汉市发展仍然处于重要战略机遇期，习近平总书记和党中央对武汉发展寄予厚望，省委旗帜鲜明支持武汉做大做强，新发展格局下武汉区位、交通、科教、产业等优势更加凸显，“一带一路”、长江经济带、中部地区崛起等国家战略聚焦，全市人民同心同德、空前团结，武汉完全有条件、有基础、有能力创造新时代更加辉煌的业绩。同时，武汉市发展不平衡不充分问题仍然突出，还存在不少短板弱项。全市上下要牢牢把握进入新发展阶段、贯彻新发展理念、构建新发展格局的丰富内涵和实践要求，增强机遇意识和风险意识，准确识变、科学应变、主动求变，努力在危机中育先机、于变局中开新局。

全会提出武汉市“十四五”时期经济社会发展指导思想和必须遵循的原则，强调要高举中国特色社会主义伟大旗帜，深入贯彻党的十九大和十九届二中、三中、四中、五中全会精神，坚持以马克思列宁主义、毛泽东思想、邓小平理论、“三个代表”重要思想、科学发展观、习近平新时代中国特色社会主义思想为指导，牢记习近平总书记视察湖北武汉时的殷殷嘱托，统筹推进“五位一体”总体布局，协调推进“四个全面”战略布局，深入落实省委“一主引领”发展要求，坚定不移贯彻新发展理念，坚持稳中求进工作总基调，以推动高质量发展为主题，以深化供给侧结构性改革为主线，以改革创新为根本动力，以满足人民日益增长的美好生活需要为根本目的，统筹发展和安全，加快提升国家中心城市功能，加快建设现代化经济体系，加快构建新发展格局重要枢纽，加快推进超大城市治理现代化，为湖北“建成支点、走在前列、谱写新篇”、为全面建设社会主义现代化国家作出武汉贡献。要坚持党的全面领导，坚持以人民为中心，坚持新发展理念，坚持深化改革开放，坚持系统观念。

全会提出武汉市“十四五”时期经济社会发展主要目标，即紧紧围绕国家中心城市、长江经济带核心城市和国际化大都市总体定位，加快打造全国经济中心、国家科技创新中心、国家商贸物流中心、国际交往中心和区域金融中心，努力建设现代化大武汉。城市能级更加强大，经济总量迈上新台阶，现代产业体系基本建立，基本建成国家先进制造基地、国家商贸物流中心和区域金融中心，全国经济中心初步形成。创新动能更加强劲，区域协同创新体系加快构建，创新生态明显优化，科技创新策源能力全面增强，国家科技创新中心创建取得突破性进展。改革开放更加有力，重要领域和关键环节改革取得重大进展，营商环境达到国际一流水平，开放型经济突破性发展，国际交往中心建设全面提质，新发展格局重要枢纽作用充分发挥。文化魅力更加彰显，社会主义核心价值观深入人心，“英雄城市、英雄人民”精神特质充分展现，文化事业繁荣兴盛，文化旅游产业成为支柱产业，市民文明素质和城市文明水平全面提升。生态环境更加优美，城市空间开发保护格局持续优化，城乡人居环境明显改善，长江大保护成效更加显著，世界滨水名城、湿地花城魅力更加彰显。人民生活更加美好，实现更加充分更高质量就业，居民收入增长和经济增长基本同步，全民受教育程度不断提升，多层次社会保障和基本公共服务均等化水平明显提高，建成疾控体系改革和公共卫生体系建设的“武汉样板”，脱贫攻坚成果巩固拓展，乡村振兴战略全面推进。城市治理更加高效，民主法治更加健全，发展安全保障更加有力，党建引领的共建共治共享的城乡基层社会治理格局基本形成，基本建立经济治理、社会治理、城市治理统筹推进和有机衔接的治理体系。

全会提出武汉市到二〇三五年基本实现社会主义现代化远景目标。就是国家中心城市全面建成，长江经济带核心城市作用充分发挥，国际化大都市功能明显增强，基本建成现代化大武汉。全市经济实力、科技实力、综合竞争力大幅跃升，经济总量和城乡居民人均收入迈上新的大台阶，创新型城市走在全国前列，市场枢纽功能和对外开放水平大幅提升，新型工业化、信息化、城镇化、农业现代化基本实现，现代化经济体系基本形成；基本实现超大城市治理体系和治理能力现代化，市民平等参与、平等发展权利得到充分保障，基本建成法治武汉、法治政府、法治社会；建成文化强市、教育强市、人才强市机制，健康武汉、平安武汉建设达到更高水平；市民素质和社会文明程度达到新高度，城市文化软实力显著增强；绿色生产生活方式广泛形成，生态环境质量根本好转，成为“美丽中国”典范城市；中等收入群体显著扩大，基本公共服务实现均等化，城乡融合发展达到较高水平，人的全面发展、全市人民共同富裕取得更为明显的实质性进展。

全会号召，全市各级党组织和广大党员干部要紧密团结在以习近平同志为核心的党中央周围，大力弘扬伟大抗疫精神，感恩奋进、砥砺前行，打造“五个中心”、建设现代化大武汉，努力创造新时代更加辉煌的业绩！

【武汉市第十四届人民代表大会第五次会议】 2020年1月7—10日，武汉市第十四届人民代表大会第五次会议举行。大会应到代表551人，实到511人，符合法定人数。

大会听取和审查武汉市人民政府工作报告；审查和批准武汉市2019年国民经济和社会发展计划执行情况与2020年国民经济和社会发展计划草案的报告，批准2020年国民经济和社会发展计划以及政府投资计划；审查和批准

2019年全市和市本级预算执行情况与2020年全市和市本级预算草案的报告，批准2020年市本级预算；听取和审查武汉市人民代表大会常务委员会工作报告、武汉市中级人民法院工作报告、武汉市人民检察院工作报告。

大会选举胡立山为武汉市第十四届人民代表大会常务委员会主任，朱库成为副主任，许甫林为秘书长，李璞、吴济鹏、张军、张卓立、陈红辉、曹竹为委员。

大会共收到市人大代表10人以上联名提出的议案41件。其中，财政经济方面15件，农业农村方面3件，城乡建设与环境保护方面3件，教育科学文化卫生方面11件，社会建设方面9件。

大会决定将《关于健全社区管理和服务机制，构建基层社会治理新格局案》《关于加快推进“光谷科技创新大走廊”规划建设案》《关于加快生物医药产业集群建设，打造武汉经济发展新增长极案》3件议案作为本次会议议案。其他议案原案转为建议、批评和意见，分别交承办单位研究办理，并在规定时间内答复代表。

【武汉市人民政府第十四届第九次全体（扩大）会议】 2020年1月10日，武汉市人民政府第十四届第九次全体（扩大）会议召开，部署2020年政府工作报告目标任务责任分解和市人大议案、代表建议及政协建议案、提案办理工作。

会议指出，2020年政府工作报告目标任务分解为272个责任事项，涉及82个责任单位，办理过程中将通报曝光落实不力的人和事。各区各部门要坚持以习近平新时代中国特色社会主义思想为指导，深入贯彻习近平总书记视察湖北重要讲话精神，按照省委省政府和市委部署要求，顺势而为、乘势而上，不负人大代表信任，不负人民群众期待，奋力开创新一年政府工作新局面，谱写武汉高质量发展新篇章。会议指出，2020年是具有里程碑意义的一年，武汉高质量发展正进入关键时期，要以全票通过作为新起点，着力开创政府工作新局面，加快提升城市能级和核心竞争力，加速迈向国家中心城市和新一线城市。

会议强调，政府工作报告部署的重点工作任务是必须兑现、必须完成的硬任务。要咬定目标不放松，突出重点、纲举目张，统筹抓好各项工作，进一步明确时间表、施工图、责任书，确保按照时序进度推进，树立全市“一盘棋”观念，加强督查督办，确保各项工作协同推进。要高度重视议提案办理，完善议提案办理机制，确保代表委员满意。要敢字为先、干字当头，树牢武汉情怀，做到守土尽责、迎难而上、拼搏赶超，推进各项工作争先进位。

【政协武汉市第十三届委员会第四次会议】 2020年1月6—10日 中国人民政治协商会议武汉市第十三届委员会第四次会议召开。

会议围绕深入学习贯彻中共十九届四中全会精神，中共中央和省委、市委政协工作会议精神，建设国家中心城市和新一线城市等议题开展协商议政并审议相关工作。中共湖北省委副书记、武汉市委书记马国强在开幕会上讲话。会议听取并审议政协主席胡曙光代表政协武汉市第十三届委员会常务委员会所作的工作报告、副主席谭仁杰代表政协武汉市第十三届委员会常务委员会所作的提案工作情况报告，听取市政府《关于政协武汉市第十三届委员会第三次会议建议案办理的工作情况》的通报。与会委员们列席武汉市第十四届人民代表大会第五次会议，听取并讨论市政府市长周先旺所作的政府工作报告和其他报告。会议期间，市领导与港澳委员和代表座谈，举办市长与政协委员协商对话会，中共武汉市委各位常委、市政府各位副市长也深入政协各组听取委员意见建议。

大会共收到提案原案686件，立案615件，大会发言64篇。会议表决通过各项决议，表决提出《关于大力培育“芯”产业集群，发挥武汉“一芯驱动”龙头牵引作用的建议案》《关于抢抓5G新技术机遇，打造新型智慧城市的建议案》《关于释放“军运会”效应，提高我市体育场地综合利用效率的建议案》3项建议案。

【2020中国“5G+工业互联网”大会】 2020年11月19—21日，2020中国5G+工业互联网大会在武汉举办。大会由工业和信息化部、湖北省人民政府主办，旨在推动5G和工业互联网在更广范围、更深程度、更高水平上融

合发展，同时助力湖北疫后重振和经济恢复发展。中共中央总书记、国家主席、中央军委主席习近平向大会致贺信。中共中央政治局委员、国务院副总理刘鹤以视频连线形式宣读贺信并致辞。大会以“智联万物 融创未来”为主题，举办21场专题会议，涉及技术、网络、平台、安全、应用、产业等多个方面多个领域，吸引5300余人次参与。其中，具有湖北武汉特色的“5G+工业互联网”湖北制造、“5G+工业互联网”湖北创新、“5G+智能网联汽车”“5G+北斗”等专题会议，对外展示了武汉在“5G+工业互联网”领域取得的成绩。

大会同期举办“5G+工业互联网”成果展，中国电信集团有限公司、中国移动通信集团有限公司、中国联合网络通信集团有限公司、中国广电网络股份有限公司、中国铁塔股份有限公司等通信企业，华为技术有限公司、中国信息通信科技集团有限公司等5G领先企业，东风汽车集团有限公司、浪潮集团有限公司等典型应用企业，共14家企业集中展示网络、场景、平台、安全、应用等方面的成果。大会发布《中国5G+工业互联网发展报告（2020年）》等7项5G+工业互联网领域重要成果。

大会期间，武汉市与华为技术有限公司商定加快推进华为武汉研究所二期、长江鲲鹏创新中心建设，落地全国首个人工智能计算中心。武汉市人民政府、武汉产业投资发展集团分别与华为公司签署合作协议，华为将融合5G、云计算和人工智能等新一代信息技术，高标准建设“武汉云”。与小米科技有限责任公司商定进一步扩大在汉投资规模，把小米科技有限责任公司和金山软件（武汉）总部项目建成超大规模研发总部。大会共收集项目29个，签约金额264亿元，其中上台签约项目16个，签约金额189.22亿元，“星火·链网”超级节点、中国工业互联网研究院与长飞光纤战略合作、东风岚图汽车与中国联通战略合作等一批项目落地。“中国信息通信研究院中部基地”“中国工业互联网研究院湖北分院”“国家工业大数据中心湖北分中心”等一批国家级平台揭牌成立。

2020年11月19日，参展企业在2020中国“5G+工业互联网”大会成果展上展示最新行业应用和5G精彩生活　（武汉市地方志办公室　供稿）

【中国北斗产业应用大会】 2020年9月23—24日，中国北斗产业应用大会暨中国卫星导航与位置服务第九届年会在武汉举行。大会以“推进北斗应用、壮大新兴产业”为主题，旨在促进导航、遥感、通信等卫星系统技术和应用领域深入交流，推动卫星数据的共享和综合利用以及产业结构升级，拓展北斗应用新领域等。会上，中国科学院院士、中国工程院院士李德仁，中国工程院院士刘经南、谭述森等，分别作《论“北斗+”和“+北斗”——从PNT到PNTRC》《北斗-3全球导航系统的优势及其可开拓新应用方向初探》《北斗历史性成就与未来》等报告，北斗领域多位专家及企业家就卫星导航与位置服务产业发展领域的前沿科技、创新应用、趋势分析等作了交流。蔚来新能源设备制造与电池服务项目、天耀宏图第二总部项目、4G北斗物联网终端项目等10个项目现场签约，涉及空间信息、光电子、新能源、互联网等多个领域。大会表彰2020年度卫星导航定位科技进步奖、卫星导航定位创新应用奖获奖单位和个人。中国卫星导航定位协会授予东湖新技术开发区为“北斗产业

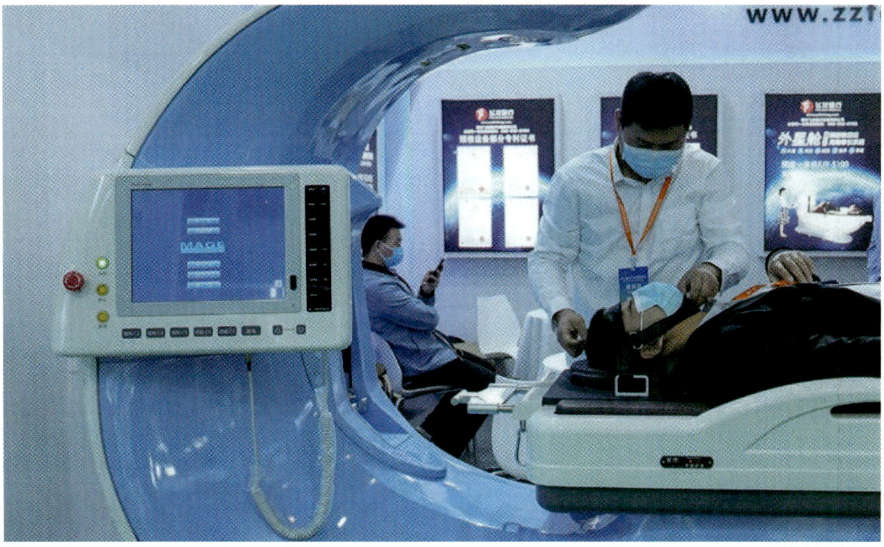

2020 年 11 月 11 日，参展厂商在第二届世界大健康博览会上展示设备操作（武汉市地方志办公室 供稿）

化创新应用示范基地”。中国工程院院士、卫星大地测量学家魏子卿获得 2020 年度卫星导航定位终身成就奖。

【第二届世界大健康博览会】 2020 年 11 月 11—14 日，第二届世界大健康博览会在武汉国际博览中心举办。本届博览会以“健康共同体，科技创未来”为主题，开设 12 个展馆以及场外特展。其中，特装展位 401 个，标准展位 609 个，展区面积 14 万平方米；参展企业 1243 家（含海外线上参展 14 家，国内线上 37 家），参展科技型企业超过 60%。来自 34 个国家的 2 位诺贝尔奖获得者、13 名院士，2000 多位企业家，1.3 万专业人士参加 11 场高水平论坛及 28 场学术会议。吸引 30.55 万人现场参会，全球 300 多家主流媒体给予报道，线上观众流量近 10 亿人次。

【第二十届华侨华人创业发展洽谈会】 2020 年 11 月 19—20 日，第二十届华侨华人创业发展洽谈会（以下简称华创会）在武汉举行。本届华创会由湖北省人民政府、国务院侨务办公室、武汉市人民政府共同主办，以“万侨同心·重振共赢”为主题，采取“线上＋线下”的形式展开。共有 46 个国家和地区的 200 余名海外华侨华人，995 个国内外项目参会，主要集中在生物医药、文化传媒和 IT 光电子等领域。大会达成项目合作协议 80 个，总金额逾 500 亿元。武汉市共计签约项目 20 个，其中，投资贸易类项目 13 个，人才类项目 7 个，签约金额达 130 亿元。大会期间举办智慧城市高质量发展暨“一带一路”国际化论坛、“湖北科技走进俄罗斯”、“大健康”生物医药、海智助力生物产业发展、国际教育合作、李时珍国际中医药、湖北产品“走出去”、抗疫常态化海峡两岸暨港澳智慧康养论坛和中国侨商发展围桌论坛 9 个专场活动，为海外华侨华人回国、来华创业发展搭建桥梁。

（武汉市地方志办公室）

【中共黄石市委十三届十二次全体会议】 2020 年 12 月 16 日，中共黄石市委十三届十二次全体会议召开，审议通过《中共黄石市委关于制定全市国民经济和社会发展第十四个五年规划和二〇三五年远景目标的建议》，明确了“十四五”时间黄石经济社会发展

2020 年 11 月 19 日，第 20 届华侨华人创业发展洽谈会在武汉开幕

（武汉市地方志办公室 供稿）

的总体思路、主要目标和重点措施。全会强调，要深度融入武汉城市圈，在产业、交通、科技人才、生产要素、社会事业等方面全方位融入，打造武汉城市圈同城化发展示范区；要主动对接长三角，在产业、研发、设计、医疗等方面加强对接合作，努力把黄石打造成为承接长三角地区产业转移的湖北桥头堡。

【黄石市第十四届人民代表大会第五次会议】 2020年5月11—13日，黄石市第十四届人民代表大会第五次会议召开。会议听取和审查黄石市人民政府工作报告、市人大常委会工作报告、市中级人民法院工作报告和市人民检察院工作报告；审查和批准黄石市2019年国民经济和社会发展计划执行情况的报告与2020年国民经济和社会发展计划；审查和批准黄石市2019年财政预算执行情况和2020年财政预算；选举产生市监察委主任，补选2名市人大常委会副主任，补选市第十四届人民代表大会常务委员会部分组成人员；通过关于设立和更名黄石市第十四届人民代表大会有关专门委员会的决定草案，通过有关专门委员会组成人员人选名单草案。大会一共收到代表提出的议案、建议和意见159件。

【政协黄石市第十三届委员会第四次会议】 2020年5月10—12日，政协黄石市第十三届委员会第四次会议召开。中共黄石市委书记董卫民出席会议并在开幕会上讲话。会议听取并审议政协主席周蔚芬代表政协黄石市第十三届委员会常务委员会所作的工作报告，以及政协副主席张保平代表政协黄石市第十三届委员会常务委员会所作的提案工作情况报告。与会全体委员们列席市十四届人大五次会议，听取并讨论政府工作报告、市中级人民法院工作报告、市人民检察院工作报告和其他报告。市委、市政府领导参加开幕会和闭幕会，与委员共商做好常态化防控工作、推进高质量发展大计。

2020年10月28日，2020中国（黄石）工业互联网创新发展项目合作签约仪式举行　　（黄石市档案馆　供稿）

【第四届中国(黄石)地矿科普大会】 2020年11月12—15日，第四届中国（黄石）地矿科普大会召开。大会以“矿世云展 晶彩黄石”为主题，共举办第五届中国（黄石）国际矿物宝石博览会、地矿科普研学论坛、跟着院士来研学、全国中小学生地学科普作品大赛、“矿晶+”时尚秀等活动14项，国内外行业展商参展展位111个，吸引6万人现场参观选购。同时打造集展示、科普、直播、研学、服务于一体的线上展示平台，加强宣传、互动，推广黄石地矿文化，擦亮“中国科普地 世界地矿城”城市品牌，促进全市文旅产业加强发展。

【2020中国（黄石）工业互联网创新发展大会】 2020年10月28—29日，2020中国（黄石）工业互联网创新发展大会召开。大会由湖北省经济和信息化厅、湖北省通信管理局、黄石市人民政府、中国工业互联网研究院、中国信息通信研究院、中国工信出版传媒集团共同主办。大会以“工业互联驱动高质量发展”主题，中国科学院院士尹浩作主旨报告，中国航天科工集团、金蝶软件（中国）有限公司、华新水泥、用友网络科技股份有限公司、和利时智能、浪潮集团和北京首都在线科技股份有限公司分别以“智能

制造”“数字化转型发展”“工业互联网的发展路径”“5G+ 工业互联网”作主题演讲。200 多家工业互联网企业的代表与相关领域专家学者、科研院所、行业智库共同探讨工业互联网发展趋势。6 家单位在人才培养、项目孵化培育、生态搭建等方面达成合作协议。黄石工业互联网咨询专家库在会上正式成立。

（黄石市档案馆）

【中共鄂州市委七届十次全体（扩大）会议】 2020 年 6 月 24 日，中共鄂州市委七届十次全会暨全市经济工作会议召开。全会审议通过《鄂州市贯彻落实省委十一届七次全会〈决定〉责任分工方案》《关于推进疾病预防控制体系改革和公共卫生体系建设的实施意见》《关于更大力度优化营商环境激发市场活力的实施方案》。全会强调，要加快推进疫后重振和高质量发展，以“六重”（重大项目、重大平台、重大产业、重大改革、重大政策、重点要素）推动“六保”，以“六保”促进“六稳”；要打造重大工程“新标杆”，对标平安机场、绿色机场、智慧机场、人文机场，高标准推进鄂州机场项目建设，提升区域功能、推动产业升级；要稳住重大项目“压舱石”，做到项目谋划深、项目引进精、项目推进快、项目保障实；要培育重点区域“增长极”，推动主城区发展高品质生活性服务业，葛店开发区提升城市能级和竞争力，临空经济区建设国家临空经济示范区，梁子湖区加快国家级示范湖泊创建，红莲湖新区加快大数据云计算产业园建设；要搭乘重大政策“顺风车”，主动对接湖北省委、省政府《贯彻落实中央支持湖北发展一揽子政策重点工作清单》，推动政策早落地、早见效、早受益；要激活重点改革“动力源”，推动鄂州市营商环境整体水平进入全省第一方阵，推进资源要素市场改革，深入开展生态价值实现机制试点，着力构建开放型经济新体制；要织牢重大民生“保障网”，保住市场主体，实施好就业优先政策，高质量完成脱贫攻坚目标任务，办好人民满意的教育，更好满足人民群众对美好生活的新向往、新期待。

【中共鄂州市委七届十一次全体（扩大）会议】 2020 年 12 月 18 日，中共鄂州市委七届十一次全体（扩大）会议召开。全会审议中共鄂州市委常委会工作报告，审议通过《中共鄂州市委关于制定全市国民经济和社会发展第十四个五年规划和二〇三五年远景目标的建议》。全会提出鄂州市二〇三五年远景目标是基本实现社会主义现代化，经济实力、科技实力、综合实力迈上新台阶，人均生产总值力争达到发达经济体水平，航空城、科学城、生态城全面建成，新型工业化、信息化、城镇化、农业现代化水平处于全省前列；整体智治体系科学完善，法治鄂州、法治政府、法治社会基本建成；城市对高素质人才的吸引力进一步增强，居民素质和社会文明程度显著提升；公共文化服务水平大幅提高，现代化公共服务体系基本建成；绿色生产生活方式广泛形成，建成美丽田园城市；中等收入群体显著扩大，城乡一体化发展全省领先，全体人民共同富裕取得更为明显的实质性进展。

【鄂州市第八届人民代表大会第四次会议】 2020 年 1 月 5—7 日，鄂州市第八届人民代表大会第四次会议召开。会议听取和审查鄂

2020 年 1 月 5 日，鄂州市第八届人民代表大会第四次会议开幕

（鄂州市档案馆　供稿）

州市人民政府工作报告、鄂州市人民代表大会常务委员会工作报告、鄂州市中级人民法院工作报告、鄂州市人民检察院工作报告。大会以无记名投票方式选举江国新、何仲生为鄂州市第八届人民代表大会常务委员会副主任，补选5名鄂州市第八届人民代表大会常务委员会委员。会议表决通过市人大有关专门委员会组成人员人选名单。审查和批准鄂州市2019年国民经济和社会发展计划执行情况与2020年计划、鄂州市2019年预算执行情况和2020年预算的报告，审查和批准《鄂州市人民代表大会关于推进落实促进中部地区崛起战略、推动鄂州城乡融合高质量发展的决定》，表决通过有关议案的决议。

【鄂州市人民政府第八届第七次全体（扩大）会议】 2020年1月20日，鄂州市人民政府八届七次全体（扩大）会议召开。会议要求深入贯彻落实中央、省委、市委经济工作会议和市“两会”精神，进一步统一思想，明确目标，凝神聚力，全力推进各项工作。会议指出，精准对标对表要下足真功夫。始终坚持党的领导，强化理论学习，做到融会贯通，学以致用，坚定信心，高标准高质量推进各项工作落实见效。服务构建新发展格局要见到新气象。在打造武汉城市圈同城化核心区上不断发力，在服务构建重要节点和战略链接上不断发力，在提高对外开放水平上不断发力。促进高质量发展要拿出硬招数。牢牢把握创新的核心地位，筑牢实体经济根基，把招商引资作为第一要事，抢抓政策红利“窗口期”，持续优化营商环境，重点提升公共服务水平，努力培育优良的产业生态和人才生态。

【政协鄂州市第八届委员会第四次会议】 2020年1月4—9日，政协鄂州市第八届委员会第四次会议召开。政协主席胡运星、副主席黄开如代表政协鄂州市第八届委员会常委会分别作政协常委会工作报告和提案工作情况报告。会议审议通过《中国人民政治协商会议鄂州市第八届委员会第四次会议关于常务委员会工作报告的决议》《中国人民政治协商会议鄂州市第八届委员会第四次会议关于提案工作情况报告的决议》《中国人民政治协商会议鄂州市第八届委员会第四次会议政治决议》《中国人民政治协商会议鄂州市第八届委员会第四次会议提案审查情况的报告》和《中国人民政治协商会议鄂州市第八届委员会第四次会议建议案》。全体委员列席市人大八届四次会议，听取并讨论《政府工作报告》和其他有关报告。会议补选何文为政协鄂州市第八届委员会主席。

（鄂州市档案馆）

【中共孝感市委六届十次全体（扩大）会议】 2020年1月3日，中共孝感市委六届十次全体（扩大）会议召开。出席会议的有市委委员48人，候补委员8人。会议听取了市委常委会2019年工作报告，书面听取了市人大常委会、市政府、市政协、市中级人民法院、市人民检察院“五个党组”工作汇报和各县（市、区）、市直“三区”党（工）委书记党管武装工作述职。

会议强调，做好2020年工作意义重大、任务艰巨。要全面加强党的领导，发挥把方向、管大局、保落实作用，把党的组织优势转化为发展优势，把组织活力转化为发展活力。要全面加强各级党组织自身建设，发挥引领和风向标作用，在讲政治、锁责任、立高标上做表率，把党的领导落实到各领域各方面各环节。要带头严格执行党内法规，讲规矩、守纪律，真抓严管，持之以恒，提高工作执行力，确保党的领导更加坚强有力。要围绕中心精诚团结，主动搭台、围台、补台，有事多商量，遇事多商量，做事多商量，同频共振、共事共心。要强化担当作为，勇于担责、善于担难、甘于担错，用改革创新的思路、统筹贯通的办法创造性开展工作，激励干部激情担当、奋发有为。要严格落实党建工作责任制，把抓好党建作为最大的政绩，提高贯通力、增强组织力、彰显战斗力，使每名党员都成为一面鲜红的旗帜，每个支部都成为党旗高高飘扬的战斗堡垒，为加快推动孝感高质量发展提供强大支撑。

【孝感市第六届人民代表大会第五次会议】 2020年1月5—7日，孝感市第六届人民代表大会第五次会议召开。大会应出席代表426人，实到404人，符合法定人数。大会表决通过孝感市第六届人民代表大会第五次会议关于孝感市人民政府工作报告的决议，审查和批准孝感市2019年国民经济和社会发展计划执行情况与2020年计划、孝感市2019年预算执行情况和2020年预算、孝感市人民代表大会常务委员会工作报告、孝感市中级人民法院工作报告、孝感市人民检察院工作报告，通过《孝感市人民代表大会议事规则》，选举孙淑萍、季云堂为孝感市第六届人民代表大会常务委员会委员。在孝省十三届人大代表，参加政协孝感市六届四次会议的全体委员，市直有关机关、团体和部分企事业单位及其他有关方面的负责人列席大会。

【孝感市人民政府第六届第五次全体(扩大)会议】 2020年1月7日，孝感市人民政府第六届第五次全体（扩大）会议召开。会议传达贯彻市“两会”精神，进一步把各级各部门思想和行动统一到总攻全面小康、深耕区域布局、强化产业支撑、优化经济治理上来，对标对表强认识，统筹贯通抓落实，确保实现全年经济社会发展目标任务。市委副书记、市长吴海涛出席会议并讲话。

会议强调，政府工作报告已经市六届人大五次会议通过，具有法律效力，是政府向全市人民立下的军令状。各级各部门务必精准对标调校，精准推进落实，确保目标圆满实现。会议还对抓好一季度“开门红”、春节期间社会安全稳定和民生保障作了部署。

【政协孝感市第六届委员会第四次会议】 2020年1月4—7日，政协孝感市第六届委员会第四次会议召开。中共孝感市委副书记、市长吴海涛出席会议并讲话。政协主席仇平贵、副主席肖建海代表政协孝感市第六届委员会常委会分别向大会作政协常委会工作报告和提案工作情况报告。会议宣读了表彰优秀提案的有关决定。与会委员列席市人大六届五次会议。各位委员和列席人员共提交提案151件，分别就“十四五”规划编制、推进“放管服”改革、土地资源节约集约利用、推进美丽乡村建设、专业文艺院团建设、推进猪肉保供稳价、平安校园建设、城市生活垃圾分类等内容作了大会发言。会议通过了有关决议。会议补选袁华江为政协孝感市第六届委员会副主席，冯圣明、罗胜龙为政协孝感市第六届委员会常务委员。

（孝感市史志研究中心）

【中共黄冈市委五届十一次全体会议】 2020年6月16日，中共黄冈市委五届十一次全体会议召开。全会审议通过《中共黄冈市委关于深入贯彻落实党的十九届四中全会精神 推进市域治理现代化的决定》《中共黄冈市委 黄冈市人民政府关于推进疾病预防控制体系改革和公共卫生体系建设的实施意见》，审议市委常委会工作报告。市委书记刘雪荣就《决定（讨论稿）》《实施意见（讨论稿）》作说明并讲话。

【中共黄冈市委五届十二次全体会议】 2020年12月11日，中共黄冈市委五届十二次全体会议召开。全会审议通过《中共黄冈市委关于制定全市国民经济和社会发展第十四个五年规划和二〇三五年远景目标的建议》《中共黄冈市委五届十二次全体会议决议》，市委书记刘雪荣作工作报告，并就《建议（讨论稿）》作情况作说明。会议提出了黄冈市“十四五”时期经济社会发展主要目标和2035基本实现社会主义现代化远景目标。全会强调，实现“十四五”规划和二〇三五年远景目标，必须坚持党的全面领导，全面贯彻新时代党的建设总要求和新时代党的组织路线，发挥党总揽全局、协调各方作用，坚持全面从严治党，坚持“好正实优”要求，加强民主法治建设，广泛汇聚全社会力量，充分调动一切积极性创造性，推动规划制定落实，形成加快高质量发展的强大合力。

【黄冈市第五届人民代表大会第五次会议】 2020年1月4—11日，黄冈市第五届人民代表大会第五次会议在黄州召开。会议应到代表515人，实到472人。会议听取和审查黄冈市人民政府工作报告、黄冈市第五届人民代表大会常委会工作报告、市中级人民法院工作报告、市人民检察院工作报告。审查和批准黄冈市2019年国民经济和社会发展计划执行情况与2020年计划、黄冈

2020 年 1 月 4 日，黄冈市第五届人民代表大会第五次会议开幕

（黄冈市史志研究中心　供稿）

市 2019 年预算执行情况和 2020 年预算草案的报告。会议选举张社教为黄冈市第五届人民代表大会常务委员会主任，汪柏坤、李玲、王万福为副主任，方荣为市第五届人大常委会秘书长，叶俊甫为市第五届人大常委会常务委员。

【政协黄冈市第五届委员会第四次会议】 2020 年 1 月 3—7 日，政协黄冈市第五届委员会第四次会议召开。会议应到委员 474 人，实到 445 人。会议听取并协商讨论市人民政府、市中级人民法院、市人民检察院工作报告和其他有关报告。会议审议批准洪再林代表政协黄冈市第五届委员会常务委员会所作的工作报告，审议批准詹汉彬代表政协黄冈市第五届委员会常务委员会所作的提案工作情况的报告。大会选举增补黄智敏为政协黄冈市第五届委员会秘书长，黄耀雄为政协黄冈市第五届委员会常务委员。

【黄冈市支持民营企业发展“千企大会”】 2020 年 4 月 24 日，中共黄冈市委、市人民政府以云视频形式召开支持民营企业发展“千企大会”。会议设主会场 1 个、分会场 26 个。市委常委、市人大常委会、市政府和市政协负责人在市主会场出席会议，市直“进企业”“进项目”专班负责人在市分会场参加会议，1254 家企业负责人、11 个县市区领导和相关部门负责人 3225 人参加会议。会上，市政府安排 1786 万元专项资金表彰奖励稳健医疗（黄冈）有限公司等 122 家先进制造业企业。

（黄冈市史志研究中心）

【中共咸宁市委五届八次全体会议】 2020 年 7 月 15 日，中共咸宁市委五届八次全体会议召开。全会由市委常委会主持。全会审议通过《中共咸宁市委关于贯彻落实党的十九届四中全会精神 推进市域治理现代化的决定》《中共咸宁市委五届八次全体会议决议》《中共咸宁市委 咸宁市人民政府关于推进疾病预防控制体系改革和公共卫生体系建设的实施意见》，审议市委常委会工作报告。全会强调，要突出坚持和完善支撑中国特色社会主义制度的根本制度、基本制度、重要制度，着力构建系统完备、科学规范、运行有效的市域治理制度体系，切实把制度优势转化为治理效能。全会要求，要坚持整体谋划、系统重塑、全面提升，增强应对重大疫情和突发公共卫生事件能力，努力打造疾病预防控制体系改革和公共卫生体系建设的咸宁样板。会议指出，要增强制度自信和治理效能，坚决打赢疫情防控人民战争、总体战、阻击战。

【中共咸宁市委五届九次全体会议】 2020 年 12 月 16 日，中共咸宁市委五届九次全体会议召开。全会审议通过《中共咸宁市委五届九次全体会议决议》《中共咸宁市委关于制定全市国民经济和社会发展第十四个五年规划和二〇三五年远景目标的建议》。出席全会的市委委员 44 人，候补委员 1 人。有关方面负责人和市第五次党代会部分代表列席会议。

全会由市委常委会主持。市委书记孟祥伟作市委常委会工作报告，就《建议（讨论稿）》起草情况作说明并讲话。全会高度评价全市决胜全面建成小康社会取得的决定性成就，科学分析在新发展阶段面临的新机遇新挑战，提出到二〇三五年远景目标和“十四五”时期经济社会发展指导

2020 年 11 月 5 日，“科创中国”试点城市建设推进会在咸宁市召开

（咸宁市史志研究中心　供稿）

思想、总体要求和主要目标。

全会强调，要把握咸宁“十四五”时期发展的关键点和着力点。抓住武汉城市圈同城发展机遇，优化区域发展布局，构建“武咸同城、市区引领、两带驱动、全域推进”的区域发展布局；抓住产业这个关键，为高质量发展打牢基础；抓住创新驱动这个核心，实现发展动能转换；抓住扩大内需这个战略基点，深度融入新发展格局；抓住生态这个基础优势，打造美丽中国“咸宁样板”；抓住新型城镇化这个引擎，实现全市城乡融合发展；抓住创建全国文明城市这个牵引，实现城市整体增值。

【咸宁市第五届人民代表大会第四次会议】 2020 年 1 月 5—9 日，咸宁市第五届人民代表大会第四次会议召开。会议听取和审查市人民政府工作报告、市人大常委会工作报告、市中级人民法院工作报告、市人民检察院工作报告；审查和批准咸宁市 2019 年国民经济和社会发展计划执行情况与 2020 年国民经济和社会发展计划草案的报告、咸宁市 2019 年预算执行情况和 2020 年预算草案的报告，批准 2019 年市级预算执行情况的报告和 2020 年市级预算。会议选举蒋星华为咸宁市第五届人民代表大会常务委员会主任，熊亚平、石玉华为咸宁市第五届人民代表大会常务委员会副主任；补选龙海燕、孙新淼、孟劼为咸宁市第五届人民代表大会常务委员会委员；选举朱庆刚为咸宁市监察委员会主任；通过设立咸宁市第五届人民代表大会社会建设委员会的决定；通过咸宁市第五届人民代表大会内务司法委员会更名为监察和司法委员会的决定。

【全国“科创中国”试点城市建设推进会】 2020 年 11 月 5 日，“科创中国”试点城市建设推进会（南片区）在咸宁市举行。中国科协党组书记、常务副主席、书记处第一书记怀进鹏，书记处书记束为、吕昭平出席推进会。“科创中国”南片区试点城市（园区）代表、部分全国学会负责人、“科创中国”服务团有关专家应邀参加。

（咸宁市史志研究中心　鲍伟平）

【中共仙桃市委九届七次全体（扩大）会议】 2020 年 10 月 26 日，中共仙桃市委九届七次全体（扩

2020 年 7 月 3 日，政协仙桃市第九届委员会第四次会议开幕

（仙桃市档案馆　供稿）

大）会议召开。会议审议通过《中共仙桃市委关于贯彻落实党的十九届四中全会精神推进市域治理现代化的决定》《中共仙桃市委 仙桃市人民政府关于推进疾病预防控制体系改革和公共卫生体系建设的实施意见》。全会指出，要对标对表，深入贯彻落实党的十九届四中全会和中共湖北省委十一届七次全会精神，不断开创市域治理现代化新局面，为谱写湖北高质量发展新篇章、创造新时代更加辉煌的业绩展现仙桃担当、仙桃作为。要聚焦重点，坚持党建引领这个根本点，聚焦“三美”建设这个着力点，要夯实基层基础这个支撑点，突出共建共治共享这个落脚点，加快推进市域治理现代化。要补齐短板，坚持市镇村联动，坚持防控治一体，坚持软硬件并重，坚持大健康理念，织牢织密公共卫生防护网。全会强调，要提振精神，旗帜鲜明讲政治、守规矩，迎难而上育新机、开新局，一以贯之树导向、优生态，驰而不息转作风、提效能，以实干作风凝聚工作合力。

【仙桃市第九届人民代表大会第五次会议】2020年7月4—6日，仙桃市第九届人民代表大会第五次会议召开。大会听取和审查仙桃市第九届人民代表大会常务委员会工作报告、仙桃市人民政府工作报告、市人民法院工作报告、市人民检察院工作报告。审查和批准仙桃市2019年国民经济和社会发展计划执行情况与2020年国民经济和社会发展计划、仙桃市2019年财政预算执行情况和2020年财政预算草案的报告。大会以无记名投票方式，选举产生仙桃市第九届人民代表大会常务委员会主任、市监察委员会主任、市人民检察院检察长。

【政协仙桃市第九届委员会第四次会议】2020年7月3—5日，政协仙桃市第九届委员会第四次会议召开。大会应到委员393人，实到386人，符合有关规定。大会通过《中国人民政治协商会议仙桃市第九届委员会第四次会议关于政协仙桃市第九届委员会常务委员会工作报告的决议》《中国人民政治协商会议仙桃市第九届委员会第四次会议关于市政协九届三次会议以来提案工作情况报告的决议》《中国人民政治协商会议仙桃市第九届委员会提案审查委员会关于市政协九届四次会议提案审查情况的报告》《中国人民政治协商会议仙桃市第九届委员会第四次会议政治决议》。全体政协委员以无记名投票方式，选举产生政协仙桃市第九届委员会主席、副主席。

【湖北省推进美丽城镇建设现场会】2020年10月28—29日，湖北省推进美丽城镇建设现场会在仙桃市召开。湖北省人民政府副省长万勇出席会议并讲话，强调要认真学习贯彻习近平总书记关于推进新型城镇化和城乡融合发展的重要指示精神，落实省委、省政府决策部署，对标先进做法，总结试点经验，全面开展“擦亮小城镇”行动，努力打造具有时代特征、现代品质、湖北特色的美丽城镇，要求各地加强规划引领，统筹推进，处理好城镇与城市、乡村的关系；以人为本，处理好“人产城文景”融合的关系；因镇制宜，处理好共性与特色的关系；创新驱动，处理好政府与市场的关系；稳中求进，处理好积极作为与循序渐进的关系，形成城乡共同繁荣发展的良好局面。中共仙桃市委书记周志红在会上作题为《擦亮美丽城乡，提升治理水平》的典型发言。

（仙桃市档案馆）

【中共潜江市委八届八次全体会议】2020年12月31日，中共潜江市委八届八次全体会议暨市委经济工作会议召开。全会审议通过《中共潜江市委关于制定全市国民经济和社会发展第十四个五年规划和二〇三五年远景目标的建议》《中共潜江市委八届八次全体会议决议》。全会由市委常委会主持，市委书记吴祖云受市委常委会委托作工作报告，并就《建议（讨论稿）》起草作情况说明。市委副书记、市长龚定荣安排部署2021年经济工作。全会认真贯彻落实党的十九届五中全会和中央经济工作、中共湖北省委十一届八次全体会议和省委经济工作会议精神，认真总结全市“十三五”时期经济社会发展成就，深入分析新发展阶段面临的机遇和挑战，提出二〇三五年远景目标，明确“十四五”时期潜江经济社会发展的总体思路和主要目标。

全会强调，锚定新目标，开启

新征程。深度融入全省“一主引领、两翼驱动、全域协同”区域发展布局，深入实施“东进南扩、产城融合，四区联动、全域振兴”发展战略，加快打造“一城两区三基地”（“一城”即全国生态宜居明星城市，“两区”即全国资源枯竭型城市转型发展高质量示范区、全国农村一二三产业融合发展示范区，“三基地”即全省产业伙伴基地、全省生活供给基地、全省生态旅游基地），奋力谱写新时代潜江高质量发展新篇章，为全面建设社会主义现代化强市开好局、起好步。

【潜江市第八届人民代表大会第五次会议】 2020年1月5—7日，潜江市第八届人民代表大会第五次会议召开。大会应到代表308人，实到289人，符合法定人数。会议听取和审查潜江市人民政府工作报告、潜江市第八届人民代表大会常务委员会工作报告、市人民法院工作报告、市人民检察院工作报告。审查和批准潜江市2019年国民经济和社会发展计划执行情况及2020年国民经济和社会发展计划（草案）、2019年预算执行情况和2020年预算（草案）报告。

【政协潜江市第八届委员会第五次会议】 2020年1月16—18日，政协潜江市第八届委员会第五次会议召开。会议通报了潜江市政协八届四次会议以来履职情况，通过了潜江市政协八届五次会议关于常委会工作报告的决议、市政协八届五次会议关于市政协八届四次会议以来提案工作情况报告的决议、市政协八届五次会议提案审查情况的报告、市政协八届五次会议政治决议。

（摘自《潜江日报》）

【中共天门市委八届九次全体会议】 2020年12月24日，中共天门市委八届九次全体会议召开。全会审议了市委常委会工作报告，审议通过《中共天门市委关于制定全市国民经济和社会发展第十四个五年规划和二〇三五年远景目标的建议》《中共天门市委八届九次全体会议决议》。全会由市委常委会主持，市委书记庄光明就《建议（讨论稿）》向全会作情况说明。全会全面贯彻党的十九届五中全会和中共湖北省委十一届八次全会精神，认真总结该市“十三五”时期经济社会发展成就，深入分析新发展阶段面临的机遇和挑战，立足天门实际，顺应发展大势，提出二〇三五年远景目标，明确“十四五”时期天门经济社会发展的总体思路和主要目标，并进一步确定了重点任务，明确了工作遵循。全会指出，要深刻认识进入新发展阶段、贯彻新发展理念、构建新发展格局的新形势、新任务，牢牢把握天门发展的目标定位，砥砺奋进、拼搏实干，主动融入武汉城市圈同城化发展，加快建设全省“四化同步”示范区，晋升全国县域经济百强，全面建设城市美、产业强、生态好、民生优的社会主义现代化宜居宜业城市，为湖北“建成支点、走在前列、谱写新篇”贡献天门力量。

【天门市第八届人民代表大会第四次会议】 2020年6月5—6日，天门市第八届人民代表大会第四次会议召开。大会应到代表441人，实到代表406人，符合法定人数。大会听取和讨论政府工作报告，审查和批准天门市2019年国民经济和社会发展计划执行情况和2020年计划（草案）报告、天门市2019年财政预算执行情况和2020年财政预算（草案）报告，听取和审查市人大常委会工作报告的决议、市人民法院工作报告的决议、市人民检察院工作报告。大会选举杨兴铭为市长、彭爱民为检察长（须报经湖北省人民检察院检察长提请湖北省人大常委会批准），大会还通过其他人事任命事项。

【政协天门市第八届委员会第四次会议】 2020年6月4—5日，政协天门市第八届委员会第四次会议召开。会议审议通过《中国人民政治协商会议天门市第八届委员会第四次会议关于政协天门市第八届委员会常务委员会工作报告的决议》《中国人民政治协商会议天门市第八届委员会第四次会议关于政协天门市第八届委员会常务委员会提案工作报告的决议》《中国人民政治协商会议天门市第八届委员会提案委员会关于政协天门市第八届委员会四次会议提案审查情况的报告》《中国人民政治协商会议天门市第八届委员会第四次会议政治决议》。

（摘自《天门日报》）

基础设施项目

【武汉市轨道交通工程】 2020年，武汉轨道交通在建项目11个，在建里程约230千米，车站118座。新建项目4个，分别为前川线、19号线、12号线武昌段、12号线江北段；续建项目5个，分别为5号线、6号线二期、汉南线、11号线东段二期、11号线三期武昌首开段；建成项目2个，分别为8号线二期、11号线三期葛店段，2条线于12月31日同步开通初期运营。至年底，武汉轨道交通建成开通9条线，运营总长度360千米，车站总数240座。

建设中的汉江集家嘴片

（武汉市地方志办公室 供稿）

【武汉市中心城区路网建设】 2020年，武汉市持续完善微循环路网，改善城市道路拥堵、轨道站点最后一公里出行衔接等问题。江汉七桥实现结构合拢，41条微循环道路（含1条断头路）完工，建成兴业路、复兴三路、韩家墩路、向阳东路、丁字桥南路、桂元西路、三弓路、新竹路等一批具有代表性的民生项目。自2015年以来，中心城区累计完成638条、570千米道路建设和提升，9座过长江通道全部建成，8座过汉江通道建成7座，初步形成“间距合理、疏解完善”的过江交通系统。至2020年底，“十三五”规划提出的“完成汉江大道、墨水湖北路、雄楚大街改造、江北快速路等4条放射线”目标全部实现，主城区“三环十三射”快速路网体系中，“整治提升一环、全面完善二环、综合改造三环”任务全面完成，13条放射线完成12条。加快推进友谊大道快速化改造工程，开工建设友谊大道中段和北段，启动南段前期工作，“环射成网、循环联通”的快速路网体系已经基本形成。

汉阳墨水湖北路立交桥

（武汉市地方志办公室 供稿）

【武汉市海绵城市和综合管廊项目建设】 2020年，武汉市20%建成区完成海绵化改造，城市防洪排涝抗旱能力得到进一步提升。其建设经验和取得成效得到中央领导的肯定。全年新开工建设6个综合管廊项目约32千米。“十三五”时期共开工建设综合管廊项目143.9千米，基本建成40.8千米，总建设规模位居全国第五，超额完成“十三五”期间综合管廊规

2020 年 6 月 17 日，技术人员在大冶湖生态新区地下综合管廊内调试巡检机器人

（黄石市档案馆　供稿）

划建设 141.1 千米的目标。

（武汉市地方志办公室）

【黄石市有轨电车项目】 2020 年 9 月 28 日，黄石市有轨电车项目正式动工。项目总投资 52.6 亿元，线路起点黄石大道沈家营路口，终点矿博馆西侧，总长 26.88 千米，设站 30 座（含预留站 1 座），其中高架站 2 座。设百花车辆基地 1 座，占地约 13.5 公顷。线路串联黄石港、团城山、磁湖南、开发区和大冶湖核心区，黄石高铁站和黄石客运站等交通枢纽，并与工业旅游小火车无缝对接。该项目是国内首个获得国际金融组织支持、首个由国家发改委和财政部联合审批立项的有轨电车项目，也是黄石建市以来最大的市级投资项目。

【大冶湖生态新区地下综合管廊项目】 2020 年 6 月，黄石市大冶湖生态新区地下综合管廊项目一期工程建成，自来水、电力、燃气、楚天视讯、移动、联通、电信、污水 8 类入廊管线投入运营，10.76 千米管廊累计入廊管线长度 52 千米。该项目位于大冶湖生态新区核心区，列入湖北省第一批 PPP 示范项目，建设规模约 34.56 千米，总投资 16.04 亿元，分三期建设。截至年底，一期工程 10.76 千米管廊和一座控制中心建成并投入运营，二期工程 3.22 千米管廊 2020 年底完成 300 米管廊主体结构，三期工程主要为管廊缆线管沟。

【鄂州民用机场项目】 2020 年，鄂州民用机场航站楼、供油工程、飞行区场道工程、顺丰航空基地等项目全线动工。

航站楼工程于 8 月 18 日动工，总建筑面积 1.5 万平方米，建筑高度 20.5 米。其中，一层为进出港大厅、远机位候机厅、远机位到达厅、行李提取厅、贵宾候机厅及配套用房，二层为旅客近机位候机厅，至 12 月 10 日顺利完成航站楼钢结构首吊。

机场海关综合用房建设工程项目 10 月开工，规划用地面积 1.41 万平方米，总建筑面积 2.23 万平方米，其中，地上建筑面积 1.50 万平方米，地下建筑面积 7258.64 平方米，建设海关综合服务区、报关大厅、检验检疫区、视频指挥中心、食堂、室内训练场等设施，投资额 1.79 亿元。

供油工程 11 月 9 日动工，主要建设机场油库、航空加油站、机

2020 年 11 月 13 日，鄂州机场航站楼钢结构顺利完成首吊

（鄂州市档案馆　供稿）

坪加油管线、场外输油管线、航油码头配套工程、航煤卸油码头，投资额 9.25 亿元。机场飞行区场道工程西跑道水稳施工 12 月 16 日正式开始。同月，机场公安业务用房建设工程动工，规划用地面积 1 万平方米，总建筑面积 6835.82 平方米，主要建设办公、指挥中心、办事大厅、训练、备勤、生活等功能设施，投资概算 5393 万元。

机场顺丰航空基地 12 月 31 日动工，规划占地面积 38.53 公顷，总建筑面积 38.4 万平方米，应用 5G、人工智能、物联网等新技术建设机坪工程、地面勤务工程等设施，投资额 36.97 亿元。

2020 年 7 月 27 日，连接鄂州机场的高速公路一期工程于动工，作为鄂州机场工程的关键配套工程，机场高速起于机场南进出口，连接武鄂高速、武黄高速，全长 13.18 千米，按双向六车道高速公路标准建设，总投资 27.35 亿元，由省交投集团公司投资建设。

【燕矶长江大桥工程项目】 2020 年 10 月 18 日，燕矶长江大桥工程正式动工。该桥是《长江干线过江通道布局规划（2020—2035 年）》中要求近期重点推动实施的过江通道，是湖北省人民政府要求年内必须开工建设的交通重点项目，是鄂州机场对外交通的重要集疏运通道。该桥北接黄冈市黄州区，南抵鄂州市燕矶镇，大桥采用主跨 1650 米的双层悬索桥“一跨过江”，总投资 125.61 亿元，建设工期四年半。其中，上层高速公路起于黄冈市的大广高速，接武鄂高速公路，全长 26.12 千米，按设计速度 100 公里 / 小时、路基宽 33.5 米的双向六车道标准建设；下层城市快速路起于黄冈市江北一级公路 S409，过江后与规划的燕大快速路相接，全长 9.22 千米，按设计速度 80 千米 / 小时、路基宽 25.5 米的双向四车道标准建设。

【武汉轨道交通 11 号线葛店段项目】 2020 年 4 月 25 日，武汉地铁 11 号线葛店段（左岭站至葛店南站）全线贯通。该工程作为武汉地铁 11 号线三期工程，于 2018 年 12 月获批，2019 年 7 月 29 日开工建设，起于左岭站，沿高新大道下行到葛店南站，全长 3.7 千米，全部为地下线路，总投资约 16.33 亿元，是武汉市第一条延伸至市域外的地铁线路，也是湖北省地级市第一个地铁项目，计划于 2021 年 1 月 2 日开通运营，是武汉城市圈交通一体化的标志性工程。

【鄂州市 500 千伏吴都输变电工程】 2020 年 5 月 25 日，鄂州市 500 千伏吴都输变电工程竣工投产。该工程位于鄂城区汀祖镇刘思宗村，是湖北国际物流核心枢纽配套项目，占地面积 4.27 公顷，静态投资 3.04 亿元；工程于 2018 年 9 月底开工，是全面应用“三通一标”最新技术成果建设的新一代智能变电站，土建工程大量应用装配式建筑技术，电气设备采用 GIS 配电装置，并采用计算机监控系统及一键顺控等技术手段，有利于减轻环境污染、缩短建设工期、集约节约用地。

【鄂州市公共卫生临床中心项目】 2020 年 9 月 28 日，鄂州市公共卫生临床中心（一期）工程开工。该项目规划用地约 29 公顷，净用地 22 公顷，建筑规模 47.9 万平方米，总投资 35.9 亿元，分三期建设，主要包括鄂州市中心医院临空院区、鄂州市医疗应急物资储备中心、鄂州市妇幼保健院、鄂州市儿童医院、鄂州市儿童医院传染病综合楼、鄂州市紧急医学救援中心（卫生应急指挥中心）、鄂州市采供血服务中心、鄂州市重大疫情救治基地，是集预防、医疗、教学、公共卫生、重大疫情防控和医疗应急物资储备为一体的平战结合的医疗综合体。其中，一期规划 1200 床位（含 200 感染病区床位）。

（鄂州市档案馆）

【黄冈市鄂东南应急救援基地工程项目】 2020 年 10 月 26 日，黄冈市鄂东南应急救援基地工程项目在黄冈产业园长江一路南端正式开工。该项目是湖北省疫后重振补短板强功能“十大工程”项目之一，也是全省在建的 3 个省级应急救援基地之一。项目包括建设一个应急指挥机构、一个综合救援中心、一个物资储备中心、一个培训演练中心和一个航空保障中心，总投资约 5 亿元。按照省市共建共管原则，项目立足黄冈，辐射鄂州、黄石、咸宁三地，建设工期 27 个月。一期工程建设

2020 年 10 月 26 日，鄂东南（黄冈）应急救援基地工程项目在黄冈产业园开工　（黄冈市史志研究中心　供稿）

应急物资储备中心，二期后续建设计划于 2022 年 12 月建成。

【湖北省鄂东（黄冈）重大疫情救治基地项目】 2020 年 8 月 12 日，湖北省鄂东（黄冈）重大疫情救治基地——黄冈市传染病医院建设项目正式开工。该项目位于大别山区域医疗中心二期规划用地范围内，占地面积 4.87 公顷，整个项目规划设计床位 1100 张，计划总投资 11.6 亿元。其中，一期项目严格按照传染病医院的布局和管理要求，建设包括门诊、医技及住院楼，建筑面积 3.1 万平方米，设计床位 500 张，总投资约 4.2 亿元。

（黄冈市史志研究中心）

【武深高速咸宁嘉鱼至通城段项目】 2020 年 5 月 6 日零时，武汉至深圳高速公路咸宁市嘉鱼至通城段南段通车试运营。该项目起于咸宁市嘉鱼县新街镇蜀山村，接武汉城市圈环线高速公路，经嘉鱼城关东、舒桥、赤壁城关西，止于通城县大坪乡达风村，接通城至界上（鄂湘界）高速公路，路线全长 92.078 千米。此次开通路段实际通车收费里程 42.49 千米，赤壁南、崇阳西 2 个收费站纳入全省高速公路联网收费。

【咸宁市行者（中国）储运服务基地项目】 2020 年 12 月 22 日，咸宁市行者（中国）储运服务基础项目签约落地咸安区。该项目用地面积 23 公顷，总投资 10 亿元，利用咸宁市在交通区位、产业基础、物流配套等方面的资源和行者物流在物流领域信息化、标准化、集约化、智能化等方面的优势，结合物流业上下游企业需求及产业链的供需关系，把咸宁市打造成中国物流产业节点城市。同时，在咸宁高新区注册成立总部运营中心，建设网络货运数字物流总部基地，主要进行物流信息化平台、网络货运平台、车联网、物流业务等数字物流运营中心的开发、运营。

【咸宁市第二人民医院动工兴建】 2020 年，咸宁市第二人民医院开工建设。该医院作为一所集传染病、职业病和综合型为一体的传染病应急战略储备医院，规划建设医院门诊、急诊、住院、医技、行政和后勤等用房以及其他辅助设施，建设一个功能布局合理、

建设中的咸宁市第二人民医院　（咸宁市史志研究中心　供稿）

符合医疗流程的现代化新医院，规划用地面积11.13公顷，建筑面积4.19万平方米，床位数500张，病房数200间，总投资3.5亿元。

（咸宁市史志研究中心　鲍伟平）

【武仙城际铁路项目】 2020年12月26日10时50分，D5202次动车从仙桃站首发开往武汉站，武汉至仙桃城际铁路开通运营。武仙城际铁路是湖北省继武汉至咸宁、武汉至黄石、武汉至黄冈、武汉至孝感等四条城际铁路开通运营后的第五条城际铁路。该铁路于2018年10月全线开工，2020年6月底建设完工。该线路自汉宜铁路汉川站至天门南站间的大福村接轨引至仙桃站，全线与汉宜铁路共线71千米，新建16.98千米，全程88千米，为标准等级为双线城际铁路，桥梁占比95.7%，设计时速200千米，设大福、仙桃2座车站。

（仙桃市档案馆　供稿）

2020年11月1日，潜江市开通火车站至运粮湖公交车

（摘自《潜江日报》）

【潜江市城乡公车一体化项目】 2020年11月1日，潜江市新开通206路火车站至运粮湖新场、205A路火车站至浩口客运站（经高场办事处）等6条城乡公交线路，进一步完善全域交通网络。潜江市筹资4亿元，先期收购广华、积玉口、高石碑69辆农村客运车辆，再收购后湖、运粮湖、浩口、龙湾、老新55辆农村客运班线车辆，新购置一批纯电动公交车，配套建设了一批充电站、公交站牌，开通10条由火车站通往各区镇处的公交线路。至年底，基本实现全域公交全覆盖。

2020年12月26日，武汉至仙桃城际铁路正式开通

（武汉市地方志办公室　供稿）

【潜江市汉江大桥新建工程】 2020年12月4日，潜江汉江大桥潜江侧引桥全部贯通。该桥是潜江市境内首座汉江大桥，全长6.74千米，按一级公路双向4车道标准设计，主桥为矮塔斜拉桥，设计时速80千米，总投资4.77亿元。其中，天门岸接线2.84千米，汉江大桥2.46千米，潜江岸接线1.44千米，项目采取PPP模式建设，建设工期3年，于2017年12月28日正式动工，至2020年末，潜江侧完成全部下构及80%梁板施工，天门侧下构已基本完成，共完成建设投资2.2亿元。

（潜江市档案馆）

【天门市谢家垮风电项目】 2020年8月12日，天门市谢家垮风电

天门市谢家塆风电项目　　（天门市文化和旅游局　供稿）

项目进入首台风机组安装阶段。该项目是天门市建设的第一个风电项目，由天门谢家塆风电有限责任公司投资建设，总投资约7亿元，装机规模81.4兆瓦，设计安装33台单机容量为2500千瓦的风力发电机组，新建一座110千伏升压站。项目于2019年11月1日正式开工建设，33台风机并网发电后可年上网电量约1.66亿千瓦时，每年可节约标准煤约5.63万吨。

【沿江高铁天门段】 2020年，天门市争取沿江高铁武汉至宜昌段铁路项目取得进展。沿江高铁武汉至宜昌段过境天门市约40千米，经过卢市、杨林、竟陵、石家河、佛子山5个乡镇，设天门北站一个，项目用地面积约170.66公顷（含车站配套用地66.66公顷），天门段总投资约52亿元。年内，项目可研、初步设计已批复，施工图已完成；征地工作已全面启动，正开展征地补偿、开垦费用测算、土地分类到户、实物调查确认等工作；征地拆迁补偿方案（初稿）进入征求意见阶段。

（天门市文化和旅游局）

产业升级项目

【武汉国家存储器基地项目二期开工】 2020年6月20日，国家存储器基地项目二期在武汉东湖高新区开工。国家存储器基地项目由紫光集团、国家集成电路基金、湖北省科投集团和湖北省集成电路基金共同投资建设，计划分两期建设3DNAND闪存芯片工厂。项目一期于2016年底开工建设，32层、64层存储芯片产品已稳定量产，2020年4月成功研制出全球首款128层QLC三维闪存芯片，实现技术突破。项目二期规划产能20万片/月，两期项目达产后月产能共计30万片。

【武汉国家网络安全人才与创新基地建设】 2020年，武汉市全力加快国家网络安全人才与创新基地（以下简称网安基地）建设，推进网络安全人才、技术、产业融合发展，打造网络安全人才培养和产业发展高地。

争取国家对网安基地建设支持。依托网安基地自身优势和特点，积极申报国家新基建、国家数字化转型促进中心等国家级项目。年内，申报工作取得积极进展，“车联网网络安全国家工程研究中心”项目已由省发改委上报国家发改委审定。

打造产业示范高地。跟踪搜集企业存在的困难，服务疫后复工复产，推动企业发展。瞄准网络安全核心产业链，全力打造网络安全、大数据和信息技术服务三大产业板块。网安基地全年签约项目65个。其中，中金数谷武汉大数据中心项目2号大数据机房楼已投入运行，数字认证武汉研发运营中心项目进入装修施工阶段，国家计算机网络与信息安全管理中心湖北分中心、中国网络安全审查技术与认证中心“网络安全人才能力评价中心”、中国电子集团等国家队和腾讯等网络安全龙头企业陆续落地。

【武汉国家航天产业基地建设】 2020年，武汉国家航天产业基地续建及新开工产业项目12个、基础设施项目28个，完成总投资约39.76亿元。

推进产业项目建设。火箭总装总调中心（一期）项目完成验收并正式投产，具备年产20发火箭的生产能力。卫星产业园项目（一期）基本完工，进入设备调试阶段，具备年产240颗中小卫星的生产能力。电磁防护材料项目钢结构厂房建设基本完工。强英新材料项目已投产。行云测运控中心项目先期建成并投入使用。行云工程产业园项目启动建设。纳米新材料项目已投产。新能源船舶项目开展桩基施工。鼎甲计算机、宙通科技、繁星动力、诺亚信、中遥制图等项目入驻产业港。

完善配套基础设施。航天大道前段9.5千米路面完工，后段8.5千米半幅路面贯通。航天北路、科技展馆、学林南路、府前路明渠改造、行云项目场平、卫星开闭所、北侧景观体系、东部杆线迁改等项目完工。航天一路一期和航天北路二期开展管网及土路床施工；府前路明渠改造进入清淤及污水管埋设阶段；涨渡湖明渠开展边坡修筑、浆砌片石槽底及压顶施工及六方块施工；西部门户区开展双登等拆迁前期工作。配套项目体育中心开展内部装修；消防站完成土方回填；航天变电站完成土方回填；航天医院主体结构完工。

招商引资势头良好。全年签订正式投资协议9个，协议投资额49.05亿元。其中，1亿元以上项目7个，分别为航天智慧应用项目（投资30亿元）、中山金马项目（投资12亿元）、纳米贵金属项目、神舟船舶项目、科虹热工项目、西安宙通项目、广州鼎甲项目。签订框架协议3个，协议投资额72亿元，分别是：火箭项目二期（投资50亿元）、电磁推进项目（投资20亿元）、中智吉云项目。

【武汉国家生物产业基地】 2020年，武汉国家生物产业基地（即光谷生物城）完成规模以上工业总产值133.75亿元，比上年增长47.9%；完成固定资产投资16.61亿元，其中，工业投资7.1亿元；完成规模以上服务业收入50.29亿元，增长14.1%；其他营利性服务业收入38.6亿元，增长13.2%；完成限额以上批发零售业销售总额169亿元，增长0.1%。全年有139家纳税100万元以上企业共纳税16.17亿元，增长30.1%；31家纳税1000万元以上企业实现税收总额11.33亿元，增长29.3%；新增工业“小进规”企业（微小工业企业进入规模工业企业）21户，新增服务业“小进规”企业11户。全年完成外贸进出口41.16亿元人民币，完成率达300.4%。

双招双引（招商引资、招才引智）。全年实际到位资金总额121.53亿元，其中，实际利用外资2.42亿美元。签约引进1亿元以上项目8个，其中，过10亿元项目4个，签约总金额78.49亿元。国药创康、国药创科、光谷迈瑞医疗研究院、开立医疗华中区总部、美国迈胜医疗研发中心、德国EZAG集团核素药物研发生产基地和亚太销售运营总部、嘉必优总部基地及研发中心、重庆药友武汉肿瘤药生产基地等一批具有带动性的重大产业项目落户。推动总投资3亿元的侯惠民院士“慢性乙肝新型治疗性疫苗”、总投资2亿元的加拿大皇家科学院李明院士“单抗测序平台和个体化新抗原癌症免疫治疗平台”、总投资1.5亿元的徐涛院士“武汉纳米抗体产业技术院”、总投资1.5亿元的于金明院士“武汉光谷肿瘤新技术研究院”等项目落户。汉密顿生物科技股份有限公司、药明康德新药开发有限公司等企业的4位人才入选湖北省级人才计划。联影医疗科技股份有限公司、纽福斯生物科技有限公司等37个项目入选武汉市“黄鹤英才”计划，获得1314万元资金。108个项目通过“3551光谷人才计划”初审。

创新突破。武汉国家级人类遗传资源样本库通过科技部保藏审批，获批创建全国第五、华中唯一的国家现代农业产业科技创新中心，推进国家病毒性疾病防治诊疗产业创新中心申报。科前生物股份有限公司省级动物生物技术产业创新中心获批省级创新中心专项，人福普克药业（武汉）有限公司、天勤生物科技有限公司、奥绿新生物科技有限公司、迈特维尔生物科技有限公司4家企业获批省级企业技术中心，康圣达医学检验所获批省级工程研究中心。新认定光谷生物城公共服务平台5家，分别在动物生物安全、医疗器械、基因治疗、高端医学检验等领域形成创新支撑体系。4家企业入选“2020中国医药创新企业100强”。新认定高新技术企业100家；65家企业被认定为2020年光谷“瞪羚企业”。全年7

个国家一类新药 IND 获批，3 个一类新药 IND（临床试验）受理。新增二类以上医疗注册证 86 个，其中，三类 16 个，二类 70 个；新增新兽药证书 4 个。

服务企业。承办第十三届中国生物产业大会，举办 1 场高层论坛和 4 场线上分论坛，380 余万人在线收看大会直播。举办“WEBIO”品牌系列论坛 21 场，举办“生物创赢汇”26 场。科前生物公司上市，成为光谷生物城自主培育的第 3 家本土上市企业；珈创生物技术股份有限公司、华康世纪医疗股份有限公司被上海证券交易所受理科创板上市。新增兰丁医学高科技有限公司等 6 家报辅企业，10 家企业入选省级“金种子”企业，16 家入选“科创板种子”。累计获得股权投资 110 笔，合计 71.56 亿元（含美元融资 1.7 亿美元）；累计获得银行融资 377 笔，合计 133.31 亿元，其中，汉融通纾困资金贷款 267 笔，合计 15.88 亿元。

抗疫贡献。抗击新冠肺炎疫情期间，园区企业紧急调度和扩产疫情防控医疗物资，其中，联影医疗公司省内 CT 装机 107 台套；国药控股有限公司、人福医药集团、国药集团中科器进出口武汉有限公司等承担湖北省重要医疗物资采购和运输服务；华大生物科技有限公司、明德生物科技股份有限公司、康圣达医学检验所等开展应急科技攻关、技改扩产和第三方检测服务。园区有 13 家企业开展检测试剂盒产品研发、注册和生产；3 家企业的 5 个检测试剂产品通过国家应急审批，是湖北省仅有应急获批的产品，全年累计生产销售 2.2 亿人份；10 余家企业的产品获得欧盟 CE（欧盟统一安全合格标志）或美国 FDA（美国食品药品监督管理局）认证并实现出口；近 20 家第三方医学检验所全年提供检测服务近千万人次。在光谷生物城诞生全球首座“火眼”实验室并复制到全球多个国家和地区。

【武汉市华中氢能产业基地项目】2020 年 5 月 15 日，国家电投集团规划的华中氢能产业基地落户武汉。该项目由国家电力投资集团有限公司氢能科技发展有限公司投资 75 亿元，分三期建设。其中，首期投资 16 亿元，建设包括氢能关键材料研究院和中试生产线、燃料电池量产线。

国家电投集团氢能科技发展有限公司是国家电投集团实施氢能产业科技创新的平台，是国家“科改示范行动”氢能行业唯一示范企业。该公司在武汉经济技术开发区建设国家电投集团华中氢能产业基地，打造氢能关键技术研发及产业化平台，将助力武汉经济技术开发区构建氢能核心产业链，建设国家级氢能技术创新中心、高端装备制造中心和氢能应用示范中心。

【东风岚图品牌正式发布】2020 年 7 月 17 日，东风汽车集团有限公司 h 事业部品牌标识“岚图”在武汉发布。新成立的独立子公司岚图汽车科技公司采用“成熟车企 + 造车新势力”融合共创式发展新模式，整合成东风汽车丰富造车经验与造车新势力灵活创新机制。7 月 29 日，东风汽车集团有限公司在武汉发布岚图汽车品牌战略，其首款概念车 VOYAHi-Land 全球首发。该品牌规划 9 款车型，涵盖轿车、SUV、MPV 等多个细分市场，首款车型计划在 2021 年投产上市。11 月 25 日，岚图第一台新能源汽车在

2020 年 7 月 29 日，东风岚图汽车品牌首款概念车 VOYAH i-Land 在武汉首发

（武汉市地方志办公室　供稿）

岚图汽车工业园预生产下线，成为武汉诞生的首款中大型高端智能电动汽车。

【武汉市新能源与智能网联汽车创新产业园项目】 2020年9月22日，武汉新能源与智能网联汽车创新产业园项目举行开工仪式。该项目位于武汉经济技术开发区（汉南区），毗邻新能源与智能汽车测试场，总建筑面积约32万平方米，总造价16.3亿元。项目建成运营后，将搭建起集研发、孵化、加速、实训、检验检测、成果转化、金融服务为一体的公共创新创业载体，带动和促进新能源与智能网联产业内上下游相关产业发展。

【中国规模最大生物药基地落户武汉】 2020年1月20日，韩国赛尔群生物药生产基地落户武汉市东湖新技术开发区光谷生物城。韩国赛尔群成立于2002年，是一家全球领先的生物制药公司，主要从事生物类似药和创新药的研究、开发和生产，2019年12月底市值约214亿美元。该项目一期固定资产投资5.5亿美元，计划2024年成品药（DP）工厂实现商业化，年产600万西林瓶，2025年大规模原料药（DS）工厂实现商业化，规模为12万升。赛尔群首批将会引进在欧美已上市的针对风湿性关节炎、强直性脊柱炎、乳腺癌、转移性胃癌、非霍奇淋巴癌等适应症的3个重磅品种，未来还将陆续引进10多个生物大分子药物。项目达产后，将成为中国规模最大、单体发酵能力最大又具备国际先进水平（同时符合欧美和中国GMP标准）的生物药生产基地。

2020年12月25日，黄石市广合科技PCB智能制造项目施工现场

（黄石市档案馆　供稿）

【哈工大机器人集团武汉产业基地项目】 2020年8月19日，总投资12亿元的哈工大机器人集团股份有限公司武汉产业基地项目在武汉经济技术开发区通航产业园开工建设。项目建设总用地面积10.37公顷，项目重点打造以机器人行业的生产制造与智能装备产业体系，涵盖汽车产业智能装备生产、航空航天装备制造、新材料、船舶产业制造等，将导入哈工安立杰、翔科新材料、哈工万洲等多个领域的产业化项目。

【华工科技智能制造产业园二期项目】 2020年12月8日，华工科技产业股份有限公司智能制造产业园二期开工仪式在武汉光谷未来城举行。该项目依托精密激光微纳加工技术，实现研发、制造、服务端到端的数字化集成，打造全新的“智能化”制造体系，强化对下游新型显示面板、新能源动力电池、印制电路板、半导体等战略性产业支撑，加快国内高端激光精密加工技术与国际接轨。华工科技智能制造产业园一期已于2019年11月投入使用。

（武汉市地方志办公室）

【黄石市东贝集团技改项目】 2020年，黄石市东贝集团启动制冷压缩机全产业链自动化升级改造项目。该项目以智能制造为主线，发展主导产业压缩机，并在电机和商用制冷器具等方面实施相关产业多元化战略，推行自动化、信息化、智能化改造，总投资8亿元。2020年底，完成技改投资0.6亿元，部分子项目设备已入安装调试阶段。

（黄石市档案馆）

【鄂州市红莲湖大数据云计算产业园项目】 2020年7月27日，鄂州市红莲湖大数据云计算产业园项目开工建设。项目占地面积3.55平方千米，总投资90亿元，由省联投集团公司投资建设。项目分两期建设，其中一期项目用地355公顷，以大数据与云计算、5G通信网络、网络信息安全产品和服务等新一代信息技术产业为核心，打造武鄂融合创“芯”示范区，延伸带动智能终端、人工智能、数字经济等相关产业，培育“芯屏端网”千亿战略产业集群。

（鄂州市档案馆）

2020年1月8日，湖北星晖新能源智能汽车生产基地竣工投产暨首台车下线仪式在黄冈举行 （杨辉 商中胜 肖复苏 摄）

【湖北慧显光电科技产业园项目】 2020年3月26日，湖北慧显光电科技产业园项目开工仪式在安陆经济开发区工业园举行。该项目规划占地面积约6.66公顷，总投资约5亿元，主要从事LCD液晶屏、背光源、ITO导电玻璃、电视机、商业显示器、广告机等产品的生产、销售和研发。其中，一期投资1亿元，主要建设4万平方米主体厂房及配套设施建设。

（摘自孝感新闻网）

2020年3月26日，慧显光电科技产业园奠基开工仪式 （孝感新闻网）

【湖北星晖新能源智能汽车生产基地项目】 2020年1月8日，湖北星晖新能源智能汽车生产基地竣工投产暨首台车下线仪式在黄冈举行。该项目是2017年上海威马汽车在湖北投产的一家新能源汽车整车生产企业。生产的智能新能源汽车采用5G技术，采用全新电子电气架构，率先搭载全球首个“云端智能无人泊车系统”（Cloud AVP），具备特定场景下Level4级别自动驾驶能力。

（黄冈市史志研究中心）

【咸宁市智能制造产业园项目】 2020年3月30日，由高投集团建设开发的咸宁市高新区智能制造产业园项目获得工商银行咸宁分行授信2.62亿元。该项目由咸宁高新投资集团有限公司子公司咸宁高新重资产投资有限公司采用EPC模式建设，主要发展自动化、信息化、互联网和智能化产业，产业链涵盖智能装备（机器人、自动化装备等）、工业互联网及构成智能化系统的电子元器件、光学配件、精密基础件、光电材料、智能材料等智能制造。项目规划用地面积约12公顷，总建筑面积15.67万平方米。

（咸宁市史志研究中心 鲍伟平）

【仙桃市全康大型智能家电生产项目】 2020年5月21日，湖北全康电子科技有限公司大型智能家

2020 年，仙桃市全康项目建设现场　（仙桃市档案馆　供稿）

电生产项目在仙桃国家级高新产业园开工。全康电子科技有限公司是华为、联想等知名企业的产品供应商，主要研制智能家电产品、工业机器人自动生产线、工业互联网信息化监控平台。全康大型智能家电生产项目包括模具、SMT、组装等生产制造区、研发中心、测试中心等功能区，主要生产小米电视、电风扇、净化器、净水器等智能家电产品。项目总投资 10 亿元。整个项目分三期建设，2020 年底，完成一期项目投资 5 亿元。

（仙桃市档案馆）

【潜江市邱氏节能建材二期项目】 2020 年 12 月 29 日，湖北邱氏节能建材高新技术股份有限公司二期扩规项目在潜江市华中产业新城红东垸路正式开工。该项目总投资 1.2 亿元，建设年产 500 万平方米建筑保温装饰一体化的生产车间和相关配套设施，其产品可广泛应用于高档建筑的外墙保温装饰和旧建筑物墙面翻新改造等工程。

（摘自湖北新闻网）

【天门市汉派服装基地项目】 2020 年，天门市汉派服装基地全线施工。该项目位于天门工业园六门路村，规划用地面积约 347 公顷，根据项目建设进度分期分批供应建设用地，其中第一期规划总用地面积 100 公顷，总投资 33 亿元，建设集服装设计、生产加工、面辅料供应、仓储物流等功能为一体的服装产业城及创新创业平台。2020 年底，厂房、办公楼、宿舍基本完工，启动厂区内水、电、网、路等基础设施施工。

（天门市文化和旅游局）

生态保护项目

【武汉市水生态环境治理工程】 2020 年，武汉市多措并举补齐污水处理设施短板，治理黑臭水体，实施劣 V 类湖泊整治，近半劣 V 类湖泊水质达到或优于 V 类。建立全市雨污管网“一张网”，加快建成区管网混错接改造，推进雨污分流、隐患修复和清淤减污，混错接改造成效显著。推进“三湖三河”（南湖、北湖、汤逊湖和黄孝河、机场河、巡司河）流域系统治理，基本完成市政管网混错接点改造，补缺完善市政道路下污水管网，19 所高校雨污分流改造工作基本完工，完成 262 个社区及单位雨污分流改造任务。推动百里沿江生态文化长廊规划建设，完成项目方案编制，明确实施主体、建设时序，申报地方政府专项债 101 亿元。按照“整体统筹、示范优先”思路，先期启动汉阳碧道（晴川阁至杨泗港段）连通及景观工程等 14 个示范项目，其中新建 11 个。

【武汉工业废水污染防治】 2020 年，武汉市实施涉水“散乱污”企业排查整治专项行动，清理整治污水散排、乱排污染企业 250 余家。开展省级以上工业园区污水处理设施专项整治，省级以上工业集聚区均建成园区污水处理设施或依托城镇污水处理设施，并安装废水在线监测装置；除青山经济开发区因园区内无企业进驻、废水在线监测装置暂未与生态环境部门联网外，其余 15 家省级及以上工业集聚区在线监测装置均与生态环境部门联网，污水处理设施正常运行，实现污水达标排放。

2020 年 12 月 30 日，汉江武汉段船舶溢油应急设备库项目建成投入使用

（武汉市地方志办公室　供稿）

【武汉市城镇生活污水治理】2020 年，武汉市推进城镇生活污水处理设施改扩建工程，北湖污水处理厂新建工程、汤逊湖污水处理厂扩建工程（三期）顺利完工，新增污水处理能力 85 万吨 / 日，城镇生活污水处理规模达到 366.5 万吨 / 日。完善城镇生活污水收集管网，大东湖核心区污水传输系统工程完工，北湖港污水泵站及进出干管工程（二期）等青山东部地区主干管网具备通水条件，新增污水收集管网 293 千米，污水收集管网达 4500 千米。开展市政排水管网混错接问题整改，城市建成区排查市政排水管网 1.13 万千米，6658 处市政排水管网混错接点基本完成改造。

【武汉市船舶港口污染防治】2020 年，武汉市完成对 584 艘 400 总吨及以上船舶生活污水接收处置装置改造，对 9 艘船舶环境污染违法行为实施行政处罚。武汉化学品洗舱站于 12 月 30 日建成投用，洗舱 2 艘。汉江武汉段船舶溢油应急设备库于 12 月 30 日建成，具备溢油处置能力。开展长江、汉江干线非法码头再清查再整治，先后拆除取缔通达、长林和运宏船舶修造厂和沙鸥植物油码头、九站装卸码头、标典油码头，关停中鹏油脂码头。开展长江干流一、二级饮用水源保护区内码头整治，纳入整治范围的 46 个码头中，拆除或迁移 41 个，关闭 4 个，获上级部门认可 1 个。

（武汉市地方志办公室）

【黄石市磁湖南岸生态修复和滋湖湿地工程】2020 年 11 月，黄石市磁湖南岸生态修复工程完工。该工程为黄石利用亚行贷款实施的水污染综合治理项目，建设包括环湖风景路、驳岸治理、绿化种植、景观栈道及五一湖、七一湖水生态修复工程，总投资 9000 万元，于 2018 年 6 月开工建设。磁湖湿地工程是黄石市利用亚行贷款实施水污染综合治理项目之一，总用地面积约 115 公顷，投资约 7 亿元，实施底泥清淤、生态修复，打造磁湖湿地公园，提升城市防洪排涝能力，恢复湿地自然属性。其中，上游湿地主要处理 5000 立方米 / 天的雨水，下游湿地利用培育的植物和填料层培养的微生物，对水中污染物进行降解和转化，提升水质。至 2020 年底，整个湿地已形成湿地功能区、科普展馆区、休闲驿站、

黄石市磁湖湿地公园主广场　　（黄石市档案馆　供稿）

园林景观、城市防洪系统、园区绿道等多个功能区。

（黄石市档案馆）

【鄂州市樊口区域沿江路及江滩环境综合整治工程】 2020年，鄂州市樊口区域沿江路及江滩环境综合整治工程护坡整体施工完成近90%工程量；水系综合整治工程完成抔湖清淤及抔湖闸施工；内河护坡完成35%，内河清淤完成83%。沿江主干路（桥）工程樊口公园大桥桥梁桩基418根已完成，进入地面施工阶段；生态景观工程A区（一级保护区）完成99%，B区（二级保护区）完成55%，C区（杜沟滨江公园）及D区（杜沟垸）完成34%，绿化施工乔木已种植2800棵。该工程是湖北省长江大保护投资最大的单体项目，于2017年9月30日正式开工，总投资70.58亿，核心区面积5.06平方千米，主要建设内容包括江滩综合整治、水系综合治理、沿江主干路（桥）建设、生态景观工程和市政及其他配套工程。

【鄂州市走马湖水系综合治理工程】 2020年10月13日，鄂州市走马湖水系综合治理工程首批项目通过竣工验收。工程项目位于鄂州市临空经济区，是对湖北国际物流核心枢纽机场14.45平方千米控制范围内的水域及低于20米标高（1985国家高程基准）的区域进行地基处理及土石方回填平整，建设规模为开挖土方570万立方米，土回填方340万立方米，开挖石方2400万立方米，回填石方3100万立方米，砂垫层约210万立方米，并针对软土、淤泥等不良地质进行处理。总投资24.99亿元，主体工程于2018年8月30日正式开工。

（鄂州市档案馆）

孝感市老澴河新景　　（摘自新华网）

【孝感市老澴河综合治理二期工程】 2020年10月16日，孝感市老澴河综合治理二期工程正式启动。该工程东至滚子河、南至老316国道、西至澴东堤、北至老澴河，总面积4.8平方千米，总投资48亿元。主要工程包括征迁房屋约30万平方米，建设丹阳大道、城南大道、南沿河大道3条道路和5千米污水管网以及8千米排水系统，配套建设南城学校（九年制）、周垸学校（九年制）、星火小学、渡口小学4所学校和传染病医学观察中心。

（摘自《孝感日报》）

【黄冈市长江岸线综合治理工程】 2020年10月9日，黄冈市黄州城区长江岸线综合治理工程项目开工建设。该项目起点为黄州汽渡码头，终点至二水厂取水口下游300米处，总长度5.5千米，治理滩地面积110公顷，总投资2.62亿元，建设周期7个月。建设内容主要包括硬质护坡生态化改造、彩色沥青堤顶路面和内外平台复绿及景观提升，设置忆江月、满江红、望江南3处景观节点，按照“生态长江、自然江滩、休闲绿地”建设目标，打造集生态、文化、休闲于一体的城市滨水景观空间。

（黄冈市史志研究中心）

【咸宁市退垸还湖项目】 2020年12月23日，咸宁市退垸还湖任务全部完成。该工程于2018年4月启动，2019年8月，开始相关圩垸堤坝破除和降低高程施工，实现圩垸与大湖连通，湖区经营者退出圩垸，清除相关设施。2020年启动斧头湖周边池塘埂拆除和湖泊生态修复工程，并通过

PPP项目模式、市级财政承担湖泊水生态修复项目、县级绿色投资项目贷款多方式破解项目资金难题。年内，同步开展斧头湖生态保护带建设修复，确保退垸之后湖泊生态得到明显改善。

（咸宁市史志研究中心　鲍伟平）

【仙桃市国家储备林项目】 2020年4月29日，仙桃市国家储备林建设PPP项目签约仪式在仙桃举行。该项目是长投集团落实湖北省长江经济带生态保护和绿色发展战略、汉江生态经济带发展规划而重点打造的示范项目，由长投集团旗下湖北省生态保护和绿色发展投资有限公司联合中交广航局、武汉园建等行业龙头企业共同打造，建设储备林1.2万公顷，总投资13.6亿元，主要围绕城市绿地、道路两侧、江河沿岸及40个中心村庄外围等重点地段造林复绿，同时和精准灭荒、产业扶贫、乡村振兴等国家政策融合实施，实现生态效益、社会效益、经济效益“三统一”。

【仙桃市乡镇生活污水治理项目】 2020年，仙桃高大力推进乡镇生活污水治理，全市17座乡镇污水处理厂新建及提标升级工作已全部完成，新改建雨污水管网约396.16公里，建设投资约9.8亿元。全市乡镇生活污水处理设施建设项目采取政府和社会资本合作（PPP）模式，由武汉三镇控股实业有限公司、北京碧水源科技股份有限公司与市政建设总公司共同组建项目公司即仙桃水务环境科技有限公司负责项目建设和运营，设计规模日处理污水4.5万吨。12月11日经仙桃市政府批复转入商业运营，日实际处理污水约2万吨，进水COD指标浓度均基本超过100mg／L，出水水质综合达标率稳定达到国家一级A排放标准。

【仙桃高新区黑臭水体治理项目】 2020年，仙桃高新区黑臭水体治理项目进展顺利。项目总投资8.56亿元，主要建设内容包括区域水系治理、雨污分流管网、生态绿地及道路建设等。其中，黑臭水体整治为幸福渠、2号渠、3号渠、西大沟、1号渠、界堤沟、二排沟、东大沟、老襄河、四清沟和调蓄水池等；雨污分流管网建设为5号路、龙昌北路二期、6号路、西大沟路、8号路、7号路、9号路、3号路、4号路和2号路等；生态绿地为公园绿地、防护林绿地和道路绿地等；道路建设为西大沟路堤顶道路。至2020年底，龙昌北路一期、创业路东西段、西大沟路建设及排水工程完工，幸福渠拓宽工程主体工程完工。

（仙桃市档案馆）

【潜江高新区工业污水处理厂二期项目】 2020年12月29日，潜江高新区工业污水处理厂二期项目动工。该项目位于泽口街道办事处，总投资1.5亿元，规划建设每日2万吨污水处理能力，与一期项目合并运行后，可使园区污水总处理能力达到每日4万吨，彻底解决制约企业发展的环保问题。

（摘自《潜江新闻网》）

【天门市生活垃圾焚烧发电项目】 2020年8月17日，由中国光大国际有限公司投资建设的生活垃圾焚烧发电项目落户于天门市岳口镇岳口工业园。该项目总投资5.50亿元，项目规划用地6公顷，建设规模日焚烧处理生活垃圾1000吨，配置2×500t/d机械炉排炉+1×25MW的中温次高压纯凝式汽轮发电机组，年上网电量约12271万kWh。当年底，项目开始施工，计划2022年4月正式投入运营。

（天门市文化和旅游局）

编辑：刘家连

校对：王　伟

体制机制改革

政治体制机制改革

【武汉市民主法治领域改革】 2020年，武汉市以创新人大、政协工作机制，深化依法治市，强化平安武汉建设为主要任务，推进民主法治领域改革。全面梳理《武汉市立法技术规范》《武汉市地方性法规草案起草工作规则》等15项现行立法工作制度，出台《关于进一步提高立法质量和效率的若干措施》，不断提高立法工作质量。深入推进“协商在一线”改革，建立健全政协协商与基层协商相衔接的有效工作机制。

编制出台《武汉市人民政府2020年度重大行政决策事项目录》，规范政府重大行政决策程序，完善严格规范公正文明执法制度。创新公共法律服务供给体制机制，推动公共法律服务实体、网络、热线“三大平台”融合发展、一体服务。

建立健全平安稳定工作“九大机制”，有力化解“疫后综合征”。深入展开“万名警察进社区”活动，解决各类实际困难5.1万件。建立信访事项“接诉即办、办必有果”机制，强化“受理、办理、督办、反馈、回访、考核”闭环机制，领导领衔推动2186件信访积案化解，实现新发信访案件“日清月结”。

【武汉市党的建设制度改革】 2020年，武汉市着力落实党的建设制度改革任务，推进组织制度、基层组织建设制度、干部人事制度等制度建设。严格落实党的全面领导制度。修订《市委工作规则》《市委常委会议事和决策规则》，出台《市委领导经济工作办法》，推动市委和市委常委会各项工作制度化、规范化。推进党支部标准化规范化制度建设。制发《市党支部标准化规范化建设指导标准》，围绕健全基本组织、建强基本队伍、落实基本制度等9个领域党支部规范化建设指导标准，进一步加强党支部标准化规范化建设。着力打造高素质专业化干部队伍，制定完善激励干部担当作为系列文件，完善干部综合考核机制，培养选拔实干型、攻坚型、创新型、团结型、廉洁型干部。深入推进党风廉政建设。制定解决形式主义官僚主义问题19条重要举措，开展“慵懒散漫乱浮”专项整治，常态化开展电视问政、双评议，查处“四风”问题1848件、处理2310人。深化运用监督执纪“四种形态”，一体推进不敢腐、不能腐、不想腐，立案3446件，处分3254人。

【武汉市纪检监察体制改革】 2020年，武汉市纪委监委机关进一步拓展纪检监察体制改革。分类施策推进市管企业、市管金融企业、市管高校纪检监察体制改革，设立国企、高校派驻监察专员办公室21个，向金融企业派出纪检监察组3个，市管企业、高校纪检监察干部编制数增加到236个。加强基层纪检监察组织规范化建设，形成职责权限和负面情形“七张清单”，在全市150个街道设立派驻监察室，2956个村（社区）设立监察信息员。加大派驻机构统管力度，完善对口联系、案件包保、定期督导工作机制，市纪委监委派驻机构共处置问题线索3486件，立案603件，处分599人。制定派驻机构重要情况报告、与驻在部门监督协同等工作办法，修订完善监督检查、审查调查工作规范，出台诫勉工作暂行办法，印发职务犯罪案件司法指定管辖衔接、监督检查审查调查中开展协作配合、留置逮捕期间中止党员权利等相关制度文件，制定公安机关协助配合监察机关调查工作办法，促进纪法贯通、法法衔接。

【武汉市检察司法改革】 2020年，武汉市深化检察司法体制综合配套改革，健全检察官员额动态调整机制，退出员额33人，计入员额34人。入额院领导办案实现常态化，全市两级检察院领导以主办检察官身份办理案件2196件。全面推行刑事案件“繁简分流、轻重分离、快慢分道”机制，全市刑事案件审查起诉时间平均缩短4.7天。武昌区人民检察院联合公安机关、人民法院推行“醉驾”案件“一站式”快速办理机制，办案质效明显提升。落实上级要求，向公安机关执法办案中心派驻检察室13个，工作监督、相互制约更加及时有效。回应社会各界对司法责任制改革后办案质量的关切，用好检察官业绩考评“指挥棒”，建立“案—件比”检察办案质效标准（当事人一案，经过办案机关若干程序环节，就被统计为若干“案件”，而对当事人来说还是他的一个“案子”。“案子”经历司法程序越多、统计的“案件”越多，司法资源耗费越多，当事人讼累也越重。最佳“案—件比”是1∶1。创立这一评价标准意在督导检察官强化责任意识、提升司法能力，努力把工作做到极致，避免不应有的程序空转），倒逼检察官落实办案责任，提升办案能力。

【武汉市街道管理体制改革】 2020年，武汉市深化街道管理体制改革。按照湖北省、武汉市统一部署和市人大1号议案、市政协22号建议案办理要求，印发实施《武汉市深化街道管理体制改革的实施方案》、区级改革实施方案和11个专项配套方案。构建党组织领导的共建共治共享的城乡基层社会治理格局。按照“4+2+3”模式，统一规范街道机构设置，健全街道“大工委”制度，整合组建综合执法机构，统筹调剂市、区编制资源向街道下沉，全市调剂增加街道行政编制706个、事业编制4665个，街道编制总量从平均36个增加到67个，有效解决街道权责不一、力量不足、机制不顺等突出问题。专门核定街道党群服务中心事业编制，开展社区书记事业岗位管理试点，首批招聘227名社区书记为事业编制人员，人均年应发报酬达到13.3万元。完善社区工作者职业体系。建立“四岗十八级”岗位等级序列，构建“六有”（进出有通道、履职有目标、考核有标准、待遇有保障、发展有空间、激励有机制）职业保障体系，市、区两级财政新增投入8亿元，人均年应发报酬达到7.36万元，增长79.4%。建立党员干部下沉社区常态化机制。市委主要领导带头到居住地社区报到，带动全市1793个单位党组织、15万名党员干部到联系地和居住地社区报到，累计解决群众急难愁盼问题9486个，结对帮扶孤寡老人、留守儿童、特困人员等3.5万余户。指导各区根据全省通用目录制定街道权责清单，建立街道职责准入制度，进一步厘清街道、社区职责关系。

【武汉市事业单位改革】 2020年，武汉市深化交通运输系统机构改革，市交通运输局所属事业单位数量由17个精简为9个，在全国形成经验成果。完成市城管执法委、市科技局所属事业单位改革调整。结合疫后重振大局，健全投资促进、开放合作支撑保障体系，设立武汉市投资促进中心，实行“事业机构＋工作平台”的“四不像”新型机构管理模式。设立

2020年“9·20”爱牙日，武汉大学口腔医院下沉党员走进社区开展口腔义诊活动

（武汉市地方志办公室　供稿）

武汉东湖新技术开发区武汉东站地区综合管理办公室，保障武汉东站运行管理工作。按期完成全市108家经营类事业单位改革任务，市属32家经营类事业单位中，除2家新机构实行“四不像”管理模式外，均退出事业单位序列；区属76家经营类事业单位中，转企改制36家，撤销39家，根据职能调整为公益二类事业单位1家，通过改革收回大量事业编制。

【武汉市开发区管理体制改革】2020年，武汉市不断推进开发区管理体制改革。东湖新技术开发区实行员额管理制度，在市委编委核定的内设机构、员额和领导职数总量内，可根据工作需要统筹管理、动态调整。改革调整中国（湖北）自由贸易区武汉片区管理体制，将自贸区武汉片区领导小组办公室从东湖高新区管委会调整到市商务局，统筹推进自贸区建设。增加长江新城管委会行政编制使用限额，以适应发展需要。武汉经开区加大对街道机构、职能、编制和人员下放力度，赋予基层更多权限。按照“依法下放、应放尽放、宜放则放”和“编随事走、人随编走、费随人走”原则，将财政所（经管站）、自然资源和规划所、街道城管执法中队、交通管理站的机构、编制、人员直接下放所驻街道。各街道在整合下放的延伸派驻机构基础上，统一设置党群服务中心（挂政务服务中心、退役军人服务站牌子）、社区网格管理综合服务中心（挂社会治安综合治理中心牌子）、综合执法中心3个直属事业单位。改革后，街道党工委领导本街道的工作和基层社会治理，支持和保证行政组织、经济组织和群众自治组织充分行使职权；街道办事处在街道党工委领导下履行相应行政职能。

（武汉市地方志办公室）

【黄石市司法审判制度改革】2020年，黄石市深化司法审判制度改革。改革诉讼制度。完善“分调裁审”机制，一审民事案件简易程序适用率达到80.9%；贯彻落实人民陪审员法，人民陪审员参审案件4734件。深化以审判为中心的刑事诉讼制度改革，落实庭前会议、非法证据排除、法庭调查“三项规程”。构建防范冤假错案工作机制，依法宣告2名被告人无罪。建立律师辩护全覆盖制度，为所有无力聘请律师的被告人指定援助律师。深化涉诉信访体制机制改革，打响集中治理重复信访、化解信访积案三年攻坚战，超额完成第一年化解20%的目标。

强化审判监督。严格落实司法责任制，细化院庭长监督范围和职责清单，促进有序放权与加强监督相统一。发挥院庭长示范引领作用，市法院院庭长结案3320件，占全部结案数的80.8%；发挥审判委员会总结审判经验、统一法律适用、讨论决定重大案件的作用，加强对疑难复杂、重大敏感案件的监督和指导；发挥法官会议研判指导作用，构建“类案类判、同案同判”体系。强化审限管理，专项清理219件1年以上未结的“隐性超审限案件”。以交叉评查、随机抽查等方式，对改判发回重审、重大涉诉信访、长期未结案件进行重点评查，不断提升审判质效。

推行网上办案。完善办公自动化平台，实现法院网络、计算中心、科技法庭等基础设施转型升级，开展线上诉讼活动3731次。建成不动产执行查控点对点平台、车载安防监控系统，提高执行效率。

（黄石市档案馆）

【鄂州市街道管理体制改革】2020年，鄂州市按照明确街道职能、增强街道权能、完善街道功能的原则，推行街道管理体制改革。各街道机关统一设置6个内设机构，即党政综合办公室（挂党建办公室牌子）、公共管理办公室、公共服务办公室（挂民政办公室牌子）、公共安全办公室（挂应急管理办公室牌子）、经济服务办公室、城市建设管理办公室，统一设置党群服务中心（挂政务服务中心、退役军人服务站牌子）、社区网格管理综合服务中心、综合执法中心等3个直属事业单位。以城市管理执法机构下放到街道为基础，整合原有站所执法力量和资源，组建统一的综合行政执法机构，按照有关法律规定相对集中行使行政处罚权，在法定授权范围内以街道名义开展执法工作，并接受区级有关职能部门的业务指导和监督，逐步实现街道一支队伍管执法。推行街道综合行政执法“1+N”全覆盖执法模式（“1”即综合执法中心，“N”即市场监管、公安等领域），对辖区内其他违法事项一并开展巡查、及时报送平台处理。

【鄂州市人大立法和监督机制创新】2020年，鄂州市推进“加强市人大代表履职平台建设，充分发挥人大代表主体作用”改革。健全市人大代表列席有关会议制度，重点规范和落实市人大代表列席市人大常委会会议制度，每次常委会会议一般安排3名市人大代表列席。结合会议议题，对列席代表遴选名单送审、主任会议审定名单、列席代表参加会议进行规范。改进“人大代表专线”工作，对代表专线建议交办流程进行重新规划。全年开通“人大代表专线”7期，14名市人大代表上线，受理群众反映问题58个，交办代表建议75件，办理回复率100%，满意率达72.4%。健全市人大常委会主任会议成员领衔督办市人大会议案、重点建议工作制度，对2020年3个大会议案、7件重点代表建议，由7名市人大常委会领导领衔督办，主任会议成员对议案和重点建议进行全覆盖督办。

（鄂州市档案馆）

【孝感市行政复议体制改革】2020年，孝感市深化行政复议体制改革。先后制定市行政复议委员会相关工作规则、议事规则，出台行政复议接待登记制度、与信访工作联系规定、调查程序规定等相关制度。坚持实行行政复议白皮书制度，定期通报行政复议案件办理情况。

改进案件审理方式，加强实地调查，不断优化办案流程，所有案件进行集体讨论研究决定。扩大听证审理范围和公开力度，市本级建立能容纳40多人旁听的行政复议听证审理厅，具备听证审理同步录音录像，支持证据当庭展示，听证实况直播点播等功能。增强行政复议的监督纠错功能，坚持有错必纠，直接纠错率15.6%，通过协调当事人自愿撤回申请等方式结案，间接纠错率17.5%。

（摘自湖北省司法厅网站）

【黄冈市街道和事业单位体制改革】2020年，黄冈市深化街道体制改革。率先在全省完成市、区两级实施方案，逐步将市直、区（市）直部门延伸派驻机构的管理权限、编制、人员、经费下放街道，市、区两级向街道划转行政编制37名、事业编制551名。成立12个街道综合行政执法中心。完成全省街道（乡镇）权责清单试点工作，编制完成街道（乡镇）权责清单、履职清单、行政执法目录。12个街道机构实现机构挂牌、办公场所、“三定”规定、班子配备、人员转隶、机制运行“六个到位”。推进综合行政执法改革和事业单位改革，采取“调整设置一批、撤并整合一批、综合设置一批”方式，整合市直31家事业单位职责，组建五大领域综合执法机构。统筹谋划、一户一策，一体推进市县124家生产经营类事业单位改革，逐一研究制定改制路径，召开市直部门联席会议解读政策、统一口径，创新设置“三年过渡期”，妥善分流安置人员。将黄冈高新区6个社区社会事务整体移交黄州区，推动开发区“瘦身强体”、转型升级。

【黄冈市交通运输综合执法改革】2020年4月22日，黄冈市交通运输综合执法支队正式挂牌成立，属市交通运输局下辖的综合行政执法机构，结合实际，暂设4个科室、6个大队，承担黄冈城区公路路政、道路运政、港口行政、地方海事行政、工程质量监督管理、城市公交客运管理、出租车管理、城铁站管理等执法门类的行政处罚及相关的行政检查、行政强制等执法职能，实现“一支队伍管执法”目标。

【黄冈市公安警务制度改革】2020年，黄冈市深化公安机关“简政放权”，取消行政许可审批事项1项，下放审批许可权限2项，配合开通“一事联办”项目2个，市级行政许可事项可网办事项开通率达100%。行政审批88个事项（含子项）中，实现让企业、群众“最多跑一次”的事项86个，综合审批窗口受理事项27项（含子项）实现“零跑腿”。深化户籍制度改革，取消落户限制，推行“零门槛”落户政策，线上办理户籍业务3287项，全年黄冈市区新增常住人口6.50万人。

（黄冈市史志研究中心）

【咸宁市司法体制改革】2020年，咸宁市从多个方面开展司法体制改革。加强审判监督管理。完善司法审判“四类案件”识别监管机制，强化院庭长对员额法官的办案监督；落实类案和关联案件强制检索机制，规范法官联席会、审判委员会运行，促进裁判尺度统一；完善院庭长办案机制，两级法院院庭长审结各类案件23264件；贯彻落实人民陪审员制度，全市人民陪审员参审各类案件5471件。深化民事诉讼程序繁简分流改革，优化审判团队建设，成立速裁快审团队，实行简案快办，全市法院适用速裁程序、简易程序审理刑事案件1670件，一审民事案件简易程序适用率76.62%；推进认罪认罚从宽制度适用，市中级人民法院与市人民检察院联合出台《关于进一步加强协调配合监督制约，推进认罪认罚从宽制度的指导意见》；认真落实《中华人民共和国律师法》，充分保障律师执业权益，全市法院签发律师调查令66份，着力构建法律职业共同体。加强智慧法院建设。推进审判辅助事务集约化、社会化管理，与中国邮政咸宁分公司签订战略合作协议，“收转发E中心”、集约电子送达等平台上线运行；推广互联网司法新模式，推进诉讼服务集约管理，实现“一站通办、一网通办、一号通办、一次通办”便民利民服务；建成电子档案系统，卷宗流转、阅卷等均可线上操作；人民调解中心建成“调解审判多功能法庭”，推进信息技术与审判工作实现深度融合。

（咸宁市史志研究中心　鲍伟平）

【仙桃市事业单位体制改革】2020年，仙桃市着力深化事业单位体制机制改革。优化机构编制资源配置，聚焦重点领域和关键环节，创新机构编制周转方式，将收回的编制重点向基础教育、医疗卫生等重点民生领域倾斜。分别核准教育系统413名、卫健系统120名用编计划，进一步充实义务教育、医疗卫生专业技术人才队伍。按照全省经营类事业单位改革的统一部署，10家经营类事业单位全部退出事业单位序列，共收回401名自收自支事业编制，核销146个岗位，在全省率先完成经营类事业单位改革工作，经验获全省推广。

（仙桃市档案馆）

【潜江市街道管理体制改革】2020年，潜江市按照“依法下放、宜放则放”和“编随事走、人随编走、费随人走”原则，推进街道管理体制改革。将市直部门在街道设置的人力资源和社会保障服务中心、国土资源管理所（分局）、移民站、建设委员会、规划执法监察大队的机构、编制、人员直接下放所驻街道；按区域设置的交通分局、流域水利管理站、林业站（分局）、规划分局等，按原管辖范围予以拆分下放；将城市管理行政执法支队、规划执法监察支队的编制、人员拆分后分别下放各街道。市医疗保障服务中心的街道医疗保障服务和街道财政管理所的农村经济经营管理职责、编制及人员下放到街道。各街道在整合下放的延伸派驻机构及街道现有的直属事业单位基础上，统一设置党群服务中心（挂政务服务中心、退役军人服务站牌子）、社区网格管理综合服务中心、综合执法中心3个直属事业单位。党群服务中心整合党建服务、行政审批和公共服务职责，集中审批服务事项，面向党员群众服务。

社区网格管理综合服务中心整合社会保障、综合治理、应急管理、社会救助等各类网格，建立一体化信息系统和综合指挥平台，为街道社区网格化管理提供支撑；综合执法中心整合原有站所、分局执法力量和资源，组建统一的综合行政执法机构，在法定授权范围内以街道名义开展执法工作，并接受市有关职能部门业务指导和监督，逐步实现街道一支队伍管执法。

（摘自《湖北日报》）

【天门市政法领域改革】2020年，天门市推进司法责任制综合配套改革，不断完善办案考评机制和员额法官、检察官等级晋升和退出机制，推进“一站式”多元解纷和诉讼服务体系建设，天门市诉讼服务质效评估居全省第一位；深化诉讼制度改革，建立案件繁简分流机制，天门市行政机关负责人出庭应诉率连续三年保持100%；深化案审机制改革，建立法制民警分片负责制，全市刑事案件发案率比上年下降11.8%；推进司法智能化建设，投资930.47万元建设智能化网络一期工程，实现综治网格化、维稳情报、应急指挥等实战应用。

【天门市基层治理改革】 2020年，天门市健全党组织领导的自治、德治、法治相结合的城乡基层治理体系，推动治理重心下移、力量下沉、资源下沉。组建街道“大工委”3个、社区“大党委”26个。全面推行“双报到”制度，组建198支联系社区（村）工作队、158支应急工作队，实现103个机关企事业单位党组织全覆盖、93个社区全覆盖、1.12万名在职党员干部居住地报到全覆盖。

（天门市文化和旅游局）

经济体制机制改革

【武汉市“放管服”改革】 2020年，武汉市对标全国先进城市，深化“放管服”（简政放权、放管结合、优化服务）改革。武汉市智慧城市和数字政府建设在国务院办公厅组织的网上政务服务能力评估中，位列全国重点城市第七名；在国家工信部2020年数字政府服务能力评估暨政府网站绩效评估中，市人民政府门户网站位列全国副省级城市和省会城市第三名；在清华大学《2020数字政府发展指数报告》中，武汉市数字政府发展位列省会城市第五名。

调整优化行政权力事项。常态化开展市级权力清单和行政审批事项目录清单动态调整，市直各部门共保留1350项、取消163项、下放51项行政权力事项。其中，工程建设领域14个事项实行告知承诺审批，初步实现“承诺可开工”；企业开办和不动产登记实现全程“网上办”；推广国际贸易“单一窗口”，推行“进口卸货直提”“出口抵港直装”通关模式；中国（湖北）自由贸易试验区武汉片区“证照分离”改革试点在全省推广。

推进双随机抽查制度化、标准化、规范化建设，实现全市“双随机、一公开”（在监管过程中随机抽取检查对象，随机选派执法检查人员，抽查情况及查处结果及时向社会公开）全覆盖。将日常监管、“双随机、一公开”监管等工作逐步纳入国家、省“互联网+监管”系统运行，实现国家、省监管事项全统一、监管系统全联通、监管数据全共享、监管业务全覆盖、监管行为全公开。年内，武汉市以“双随机”抽查为基础的事中事后监管工作受到国务院表彰。

深化政务服务“四办”改革，推进“一网通办”“一事联办”“一张身份证办成事”。全市政务服务事项马上办、网上办、就近办、一次办事项比例分别达到76.4%、98.1%、87.4%、99.96%。基本建成网上办事服务模式，初步形成市、区、街道、社区整体联动的一体化在线政务服务体系，市级平台上线1600余项政务服务事项。完成市、区两级3551个政务服务事项对标，民政、公安、税务、企业开办等重点高频领域140余项政务服务事项实现“全市通办”，220余项政务服务事项在窗口和自助政务服务终端实现“一张身份证办成事”。推进电子证照应用共享，实现身份证、营业执照和建设用地规划许可证等170余类电子证照共享应用，24小时自助政务服务区基本实现市、区、街道三级全覆盖。依托湖北政务服务网和自助政务服务终端，探索与广州、东莞等城市“跨省通办”，实现79项武汉便民服务事项、41项东莞便民服务事项在两地自助政务服

武汉市民在24小时自助政务服务区终端上自助办理个人事项

（武汉市地方志办公室　供稿）

务终端“跨省通办”。

【武汉市财政管理体制机制改革】2020年，武汉市严格落实过紧日子要求，市直预算严格实行“四个一律”：对2020年市直部门预算基本支出中的一般性支出一律压减15%以上；对部门单位项目支出一律压减20%以上；对部门归口管理的专项资金预算一律调减30%以上；对2019年及以前年度结转结余资金一律全部收回。通过压一般、调结构、盘存量，全市统筹盘活财政资金167.1亿元，全部用于疫情防控和民生兜底等重点支出。全市民生支出1828.3亿元，比上年提高4个百分点。

强化预算绩效管理。健全预算绩效管理制度框架，制定事前评估、转移支付等绩效管理办法，建立社会保障、卫生健康、科学技术等10个绩效指标和标准体系。加强绩效目标管理，邀请市人大代表、政协委员参加583个项目绩效目标公开评审。实行自评和重点评价相结合，实现项目支出和部门整体支出绩效自评全覆盖，组织对农业、科技、城建等领域42个专项资金开展重点评价，涉及资金280亿元。

深化财政管理体制改革。出台《中共武汉市委 武汉市人民政府关于完善国有金融资本管理的实施意见》，推进国有金融机构深化改革，实行国有金融资本集中统一管理。推进政府与社会资本合作，组织实施轨道交通12号线、武昌生态文化长廊等8个PPP项目，总投资572.5亿元，引入社会资本396亿元。推进财政票据电子化改革，在全国率先推出住宅专项维修资金和慈善总会捐赠收入上线使用财政电子票据。

加大财政监督力度。严格将中央支持湖北武汉一揽子财政政策资金及部分纾困资金纳入直达资金管理，实行财政资金“一竿子插到底”，实现资金直达基层、直接惠企利民。截至年底，全市直达资金执行进度达97.2%，高于全省进度5个百分点。推进预决算等财政信息公开，武汉市政府财政透明度在清华大学测评排名中，位列全国294个地级及以上城市第八位，居中西部城市第一位。

防范政府债务风险。规范政府举债融资行为，全市和市本级政府债务余额控制在省核定限额以内。出台《关于做好新增政府专项债券发行使用管理工作的通知》《关于进一步规范地方政府专项债券申报和资金管理的指导意见》，加强政府债券申报、使用监管，申报发行政府专项债1035.11亿元，主要用于轨道交通、生态修复、医疗卫生等补短板项目建设。

【武汉市金融改革创新】2020年，武汉市持续推进金融改革创新。10月9日，中国银保监会会同湖北省人民政府正式印发《东湖科技保险创新示范区总体方案》，同意在武汉东湖新技术开发区建设东湖科技保险创新示范区。这是全国首个获批的国家级科技保险创新示范区，也是武汉市保险业首次纳入国家级试点的项目。东湖科技保险创新示范区致力于服务科技创新企业融资，计划在3—5年内，实现“五个一”目标，持续推进保险创新。12月6日，由中国保险行业协会和武汉市人民政府共同举办的中国保险创新发展大会在汉召开。会上发布《农业保险助推脱贫攻坚蓝皮书》和《东湖科技保险创新示范区总体方案》，17个保险资金支持武汉实体经济项目集中签约，总投资达500亿元。

科技金融改革创新纵深发展。印发《关于进一步深化科技金融改革创新工作实施意见》。大力发展绿色金融，严格控制“两高一剩”行业信贷投放。编制《武汉大健康金融发展规划（2020—2035年）》，组织优选金融机构参展大健康博览会，推进大健康金融产业发展。统筹自贸区金融改革试点任务工作，充分利用供应链金融服务实体经济功能，探索开展知识产权证券化业务。

投贷联动等创新产品规模扩大。截至年末，三家投贷联动试点银行与40家内外部投资公司开展合作，支持科创企业204户，投贷联动贷款余额27.15亿元，比上年增长69.0%；对应投资总额47.5亿元，增长20.0%。推动科技保险创新，全面推广“科保贷”业务，全年参与“科保贷”业务备案银行共有15家，新增受理科技型企业认定372家；新增科技型企业保证保险贷款161笔，新增贷款3.99亿元，累计761家企业获得科技型企业保证保险贷款17.76亿元。

【武汉市国有企业改革】 2020年，武汉市实施新一轮市属国企整合重组，聚焦战略安全、产业引领、国计民生、公共服务等功能，坚持市场导向、业绩导向，突出企业主责主业，推进国有经济布局优化和结构调整，促进国有资产保值增值。9月，陆续新整合成立武汉城市建设集团、武汉旅游体育集团、武汉商贸集团、武汉产业投资发展集团、武汉农业集团、武汉生态环境投资发展集团6家国企，解决市属国企管理行政化、业务地产化、监管分散化问题。

通过整合重组，国有资本向高效高新产业发展，国有资源向重点和关键领域集中，提升服务城市发展战略的能力；强化国有金融资本投资和专业化运营，提升国资国企的改革动力和引导带动社会资本的能力；整合业态，形成规模聚集、特色产业优势，提升竞争类企业市场竞争力；理顺国资监管职能职责，完善分类分层管理，提升扁平化管理效率，健全市场化经营机制。

【武汉市商事制度改革】 2020年，武汉市持续深化商事制度改革，提升企业开办便利度。全面推行企业开办“210”标准［即企业开办2个环节（一表申请、一窗发放）、1天内办结、零费用（免费赠送一套3枚公章）。其中，设立登记时限压缩至0.5个工作日内，公章刻制、申领发票、社保登记同步办理，在0.5个工作日内办结］，免费为新开办企业赠送公章16088套、54967枚，累计为企业节省开支397.25万元。试行住所（经营场所）登记申报承诺制度，实行“一照多址”备案管理，企业开办实现“全市通办”“一网通办”，“证照分离”改革全域推开，准营事项全覆盖。截至2020年底，全市有市场主体141.32万户，比上年增长8.6%。其中，企业61.01万户，增长9.5%；个体工商户79.81万户，增长7.9%。

【武汉市农村集体产权制度改革】 2020年，武汉市深化农村集体产权制度改革。完成2018、2019年度农村集体资产清查工作并组织市级核查。组织第三方对新洲区、黄陂区、武汉经济技术开发区（汉南区）、蔡甸区、江夏区五个重点区农村集体产权制度改革工作进行评估。开展全国第四批改革试点，整体推进黄陂区农村集体产权制度改革工作，完成601个村“两清”基础工作，共清查核实2019年底集体资产总额35.07亿元，清查集体土地总面积18.30万公顷，确认成员身份84.64万人，整区试点工作基本完成并顺利通过省级第三方评估。

全年完成农村集体产权制度改革并登记赋码的集体经济组织1567个，41个集体经济组织实现分红，累计股份分红金额达6.60

2020年武汉市新整合成立6家市属国企名录

新组建国企名称	整合企业名称
武汉城市建设集团	武汉地产开发投资集团有限公司、武汉中央商务区投资控股集团有限公司、武汉建工（集团）有限公司、武汉园林绿化建设发展有限公司、武汉市工程咨询部、武汉二零四九集团有限公司、武汉市都市产业投资集团有限公司
武汉旅游体育集团	武汉旅游发展投资集团有限公司、武汉体育发展投资有限公司、武汉旅游集团股份有限公司及全市相关旅游体育资源
武汉商贸集团	武汉商贸国有控股集团有限公司、武汉国有资产经营有限公司及市属相关商贸物流资产及股权
武汉产业投资发展集团	武汉工业控股集团有限公司、长江云通集团有限公司、武汉科技投资有限公司、武汉人才市场有限公司及武汉国有资产经营有限公司相关产业投资类资产
武汉农业集团	武汉农业集团有限公司、武汉林业集团有限公司、武汉林业发展有限责任公司、武汉农村综合产权交易所有限公司
武汉生态环境投资发展集团	武汉航空港发展集团有限公司、武汉碧水集团有限公司、武汉环境投资开发集团有限公司

亿元。湖北省首笔“农股贷”成功落地蔡甸区星光村股份经济合作社，通过质押股份经济合作社登记证书的方式，获得武汉农村商业银行蔡甸支行三年期、利率为4.65%的200万元贷款。

（武汉市地方志办公室）

【黄石市“放管服”改革】 2020年，黄石市实施市场准入负面清单制度，推进“一网通办、一窗通办、一事联办”和政务服务“好差评”制度全覆盖，推动“多规、多评、多验、多审合一”，推行“先建后验”全程监管、建好即用，加快不动产登记服务、建设工程规划许可豁免清单等改革，探索开展与周边城市高频事项跨省跨市通办。在全省率先实现“3550”（企业开办时间压缩至3个工作日内、不动产权登记时间压缩至5个工作日内、工业建设项目50个工作日内取得施工许可证）目标。“先建后验”（企业投资项目报建阶段承诺审批制，企业在取得项目选址、规划和土地预审意见并按要求作出相应承诺后自主依法依规开展设计、施工，竣工后接受相关验收）试点被国务院通报表扬，政务服务“一张网”五级连通基本实现，黄石营商环境综合评价和城市信用状况监测排名稳居全国、全省第一方阵，列入全省首批营商环境县（市、区）评价试点城市之一。

【黄石市金融体制改革】 2020年，黄石市金融体制改革见成效。推进“4321”政银担模式（对单户2000万元以下的贷款担保业务，由融资担保公司、信用担保集团、银行、当地政府，按4∶3∶2∶1的比例同担风险责任），市本级设立2000万元“4321”政银担基金，放款126笔5.13亿元；大冶市设立1000万元“4321”政银担基金，放款29笔1.42亿元；阳新县设立1000万元“4321”政银担基金，放款103笔1.68亿元。推进绿色金融，市本级设立2000万元绿色信贷担保基金，放款19笔0.71亿元。推进大冶“两权”（农村承包土地的经营权和农民住房财产权）抵押及开发性合作金融试点。大冶市建立5000万元涉农贷款担保基金和风险补偿基金，累计发放680笔9.72亿元。发展过桥循环。市担保集团发起设立1.2亿元小贷过桥资金池，发放过桥贷款501笔18.69亿。市国资公司设立2亿元过桥资金池，发放应急循环资金102笔，金额累计11.79亿元。推广应收账款质押“东贝模式”，为31家上游小微企业融资275笔，累计融资2.35亿元，全国第一。

【黄石市财政管理制度改革】 2020年，黄石市实行财政管理制度改革。加强预算绩效管理，实施事前预算评审。12个公共预算项目送审资金1.79亿元，审减资金6663万元。重点建设项目政府投资预算评审，69个项目送审总金额38.93亿元，审减金额3.40亿元，审减率8.72%。深化政府采购改革，在全省率先建立“政采贷”平台，累计完成“政采贷”业务13笔，融资金额2018万元，有效解决小微企业融资难、融资贵问题。进一步加强行政事业单位资产管理，开展从行政事业单位划转到市投融资公司固定资产及其收支情况专项清查，划转固定资产91.38亿元，近五年资产收益2.3亿元。

【黄石市国有企业改革】 2020年，黄石市加快国有企业分离社会职能改革。基本完成在黄央企38家、省属企业8家、市属企业12家的“三供一业”分离移交工作。国有企业退休人员社会化管理工作完成99.8%。其中，央企、省企完成率100%。6家企办医疗机构、4家企办教育机构、9家企办其他社会职能机构均移交地方或改制。黄石市分离办社会职能改革工作经验得到国务院办公厅及国务院国资委的认可，国务院主要领导批阅《国有企业办社会职能和解决历史遗留问题情况》，并在国务院办公厅《专报信息》上刊载。

推进国企混改和上市步伐。协调众邦集团参股湖北大成工程股份有限公司；指导交投集团参股上市省级银种子企业湖北大江环保科技股份有限公司，谋划上市公司并购业务；指导城发集团通盛汽车修理公司通过增资扩股完成混改，推进正兴建设工程设计审查公司、公交集团通茂驾校公司加快混改步伐；指导市国资公司通过融资增信方式助力东贝集团B股转A股、实现集团整体上市；按照行业相近、业务相关的原则，将港务集团划转市交投集团，推进铁山区国资公司、冶钢集团和经开投公司三家企业的国有产权进行整体无偿划转。

加快国企资产重组进程。实施一资一法，将金安投资集团、新港公司和工矿集团三家企业国有股权进行无偿划转，赴贵州、鄂州等地调查摸底，探索盘活资产存量新路径，推进工矿集团所属的湖北天源特钢有限公司与三冶重工重组，完成冶钢大厦的租赁合同拟定，完成海龙大厦资产解压和保全等工作。

【黄石市农村宅基地改革】 2020年，黄石市启动农村宅基地改革。开展全市农村宅基地改革工作专题培训，大冶市列支1000万元专项资金，开展宅基地“三权分置”改革工作，并纳入国家级试点。金山店镇火石村、保安镇沼山村、刘仁八镇东边垅村分别采取村民自治、农旅带动、产业带动的方式，有偿退出宅基地10宗，盘活农村闲置农房12栋，保障农民各项权益，壮大村集体经济收入。

（黄石市档案馆）

【鄂州市商事制度改革】 2020年，鄂州市深化商事制度改革。5月8日，国务院办公厅通报表彰鄂州市“深化商事制度改革成效显著，落实事中事后监管等相关政策措施社会反映好”的工作经验。

压缩企业开办时间。将企业设立登记、公章刻制、申领发票和社保登记4个环节压缩为“一表申请、一窗发放”2个环节，取消银行开户许可，企业开办时间由2.5个工作日压缩至1个工作日（最快可半个工作日办结）。企业设立登记全面推行网上名称自主申报和全程电子化登记、智能化审批，并与社保登记全面实现网上数据共享。推行市场准入的行政审批事项“证照分离”改革全覆盖，按照直接取消审批、审批改为备案、实行告知承诺、优化准入服务等方式进行分类管理，共办理优化准入服务2486件，实行告知承诺192件，惠及市场主体2196户。建立“马上办”“当场办”机制，加强政务服务“一张网”建设，实现线下“一窗受理、同步办结”，线上“一网通办、全程网办”，推进电子营业执照在税务、社保、公积金等涉企服务高频领域深度应用，推进“前台综合受理、后台分类审批、统一窗口出件”全覆盖。市场主体准入40项登记事项、行政许可22大类219子项全部实现“一网通办”。依申请事项中，网上办理事项占比99.7%，即办件占比72.6%。

减少企业登记材料。推进电子营业执照、电子印章、人口、不动产登记等信息共享互认。推行外资企业登记和商务登记“单一窗口、单一表格”的一站式服务模式。对不涉及负面清单的市场主体在办理设立、变更时，不再需要提交权属证明和租赁协议等材料。对单品特色小吃店和季节性餐饮经营者，实行告知承诺制，按照食品经营许可承诺制要求实行“先证后查”。对重大招商引资项目，实行当日办结。将企业注销服务纳入“一网通办”系统，将企业注销公告时间压缩至20天，对于适用简易程序注销的企业做到即到即办。

简化市场准入环节。在全省率先开展“一照通”改革试点，将食品、重要工业产品、特种设备、计量、检验检测等6大类19小类行政许可证信息全部整合。推进精细化审批改革，对“特种设备使用登记、执业药师、特种设备作业人员复审”3种业务量较大的

2020年10月21日，中央媒体和省内媒体记者采访鄂州优化营商环境情况

（鄂州市档案馆　供稿）

审批事项改为“窗口即办、通办”的审批机制，30分钟办结。“我要开饭店”一事联办试点经验被全省定标推广。

【鄂州市减税降费改革】 2020年，鄂州市严格落实阶段性减免小规模纳税人增值税，阶段性减免企业养老、失业、工伤保险单位缴费，个人所得税减免，城镇土地使用税减免等税费优惠政策，助力全市企业纾难解困，有序复工复产。全年减税降费20.44亿元，进一步减轻企业负担，激发了市场主体活力。依托“湖北税务大数据应用及风险管理平台”，梳理本地重点企业名单，精准对接重点企业284个，收集购销需求信息200余条；通过“大数据”精准产销对接，达成采购合作意向2.5亿元，实现购销1.4亿元；与金融机构合作，为小微企业发放纳税信用贷款1116笔，共计6.9亿元。通过公众号、微信群、QQ群等载体开展税费政策宣传，确保纳税人缴费人懂政策、会申报、易操作，累计宣传辅导纳税人、缴费人2万余户（次），确保政策好执行、快落地、早见效。缩短退税办理时限，实现出口退税业务最快0.5个工作日办结，不动产税费缴纳办理时间从过去的单笔平均35分钟缩短至平均8分钟，均处于全省领先水平。增值税留抵退税，从提交资料到退库税款到账，最快仅用34分钟办结。

【鄂州市工程建筑项目审批制度改革】 2020年，鄂州市推进工程建设项目审批制度改革向纵深发展。出台工程建设项目审批流程图2.0版，制定9大类项目审批流程图，将政府投资项目审批时间压缩至53个工作日，一般社会投资项目审批时间压缩至39个工作日，带方案出让用地的社会投资项目审批时间压缩至20个工作日。将水电气外线工程并联审批纳入工改平台，5个工作日完成审批。将用地预审意见作为土地使用证明文件，自然资源和规划部门在受理后4个工作日内作出行政许可决定，住建部门在受理后3个工作日内作出行政许可决定，建设单位在自然资源和规划部门组织现场放线后凭建筑工程施工许可即可开工建设。推行施工图设计文件“分段图审”，将设计完成后的集中图审，改为分阶段图审，缩短建设周期，实现施工图设计审查流程再造。新增用水用气需求的建设项目通过工改平台受理后，办件数据可由审批管理平台自动推送至用水用气报装系统；公共服务单位完成服务后，用水用气报装系统将数据自动推送至工改平台，实现系统之间数据互联互通。建设工程消防备案抽查系统上线试运行。全年登记建设项目467个，办理审批服务846件，制发证照727个，平台使用率和审批事项覆盖率较上9年有大幅提升。40个项目实现联合审图，49个项目实现联合验收。

严格落实“一窗受理、并联审批”，实现水、电、气报装窗口与工程建设项目审批窗口整合，完成与省政务服务网统一入口和身份认证，以及省工程建设项目审批监管平台、省工建码2.0系统、省信用平台、省市大数据中心、市电子证照库、市水气业务报装系统、市统一受理平台的对接工作，将水电气外线工程并联审批事项纳入审批管理平台。实现鄂州市工程建设项目审批数据共享。

【鄂州市农村集体产权制度改革】 2020年，鄂州市深入推进全国第四批农村集体产权制度改革试点工作。全市共清理核实农村集体资产71.3亿元，其中经营性资产21.5亿元；确认农村集体经济组织成员80.7万人；成立集体经济组织376个，其中股份经济合作社105个、经济合作社271个，登记赋码率100%；量化资产总额15.3亿元；建立市级农村集体三资管理制度15项、区级29项、乡（镇）级9项；7个组实现分红。探索出城中村“莲花模式”、拆迁村“大垅模式”、纯农村“芦花模式”等改革模式，莲花村典型案例成为湖北省唯一入选全国村级典型经验案例，改革成果被荆楚网、《航空都市》等媒体宣传报道。11月9日，鄂州市农村集体产权制度改革顺利通过省级第三方评估。

（鄂州市档案馆）

【黄冈市商事制度改革】 2020年，黄冈市“智慧秒批”“一照通”等4项商事制度改革事项列入全省试点，牵头和参与优化营商环境重点改革事项19项，推出13

类116项关联事项“打包办”服务，全面推行企业开办“210”标准，实行“一个窗口、一张表格、一天时间、零费用”举措，减少企业开办材料75%，免费赠送印章2546套、9818枚，累计减免企业费用74万元。探索推行个体工商户和企业设立登记无人工审批“智慧办”，28类市场监管行政许可纳入统一审批系统办理。全市范围压缩企业简易注销公告时限至20天，注销材料和时限分别压减55%、70%。办理涉及“证照分离”改革事项业务1.18万件，惠及企业9200户；办理企业动产抵押登记296件，融资46.21亿元。完善信用机制。加强经营异常名录和严重违法失信企业名单管理，完善信用机制，共享涉企信息260万条。其中，列入严重违法失信企业名单3432户，移出经营异常名录1366户，信用修复企业17家，限制老赖任职资格316人。全年新增市场主体40362户，新登记企业10816户，累计市场主体57.24万户，比上年增长3.3%。其中，企业类市场主体9.35万户，增长8.0%。

【黄冈市市场价格改革】 2020年，黄冈市稳步推进市场价格改革。根据黄冈市农业水价综合改革2020年度实施计划，落实3.4万公顷改革任务。出台《黄冈市区住宅前期物业服务等级收费标准》，规范物业公司收费行为，化解物业与业主之间矛盾，促进物业服务行业良性发展。发挥运价调节出租汽车运输市场供求关系的杠杆作用，推动出租汽车行业健康发展，满足人民群众出行需求。动态调整收费标准清单。分别于1月、12月开展涉企行政事业性收费目录清单和实行政府定价管理的涉企经营服务性收费目录清单动态调整，实行清单之外无政府定费。对非居民和车用天然气价格实行联动，加强迎峰度冬天然气价格管理，促进全市天然气企业正常生产经营。

（黄冈市史志研究中心）

【咸宁市财政管理机制改革】 2020年，咸宁市加强财政管理机制改革。国有金融资本管理改革。管理体制逐步理顺，资本布局进一步优化，资本规模增加到16.55亿元，经验在全省推广。支持深化民营和小微企业金融服务综合改革试点。出台《咸宁市财政支持深化民营和小微企业金融服务综合改革试点工作实施方案》，建立资本金持续补充、代偿补偿、担保费补贴、业务奖补补助等“四补机制”，打造政银企对接、金融服务、应收账款融资服务“三个平台”，普惠型小微企业贷款利率较年初下降1.34个百分点，获中央奖补资金4000万元。预算绩效管理改革。建立市级预算绩效事前评估、目标管理、运行监控、绩效评价、结果应用闭环管理机制，绩效与投资评审深度融合，累计评审、评估和监控项目172个，审减资金9800万元，调减资金5725万元，《中国财经报》专题报道咸宁经验。稳步推进政府采购制度改革，电子商城调试上线，累计支持购买贫困地区农副产品4532万元。

（咸宁市史志研究中心　鲍伟平）

【仙桃市“放管服”改革】 2020年，仙桃市深化“放管服”改革。出台“惠企18条”，累计减税降费7.3亿元，银企对接共为287家企业提供银行信贷支持111.7亿元，116家企业入驻金融服务方舱，获得各类融资支持3.1亿元。持续推进“鄂汇办·仙桃旗舰店”建设，200个便民服务事项实现“掌上办”“指尖办”。搭建全市统一受理平台，市级5个自建系统共155个政务服务事项全部互联互通，归集29个部门200多万条数据。全面推行新设立企业“210”标准，企业开办两个环节、一日内办结，并免费赠送4枚公章。不动产登记办理环节精简至“申请受理、缴费领证”2个环节，商品房转移登记、不动产抵押登记等网上申报和在线办理，实现不动产登记信息在线实时查询。持续优化纳税服务，全市涉税业务“非接触式”办理比例提升至97%以上。建成12345公共服务热线平台，在市政务服务大厅开展“好差评”评价，企业诉求“1个工作日签收、一般问题5个工作日办结、疑难问题15个工作日办结”；上线“仙桃评议”小程序，围绕整治政务环境、营商环境中的形式主义、官僚主义等突出问题，在全市范围内开展监督评议。

（仙桃市档案馆）

【潜江市财政管理体制机制改革】2020年，潜江市坚持以改革促管理，以管理促绩效，狠抓增收节支和体制机制建设，实现年度财政收支平衡。全年完成一般公共预算收入21.3亿元，其中税收收入16.1亿元，财政部门完成4.5亿元。加强财源建设。推进税收共治，强化税源台账管理，坚持收入分月按季调度，加大重点税源跟踪监控力度，确保应收尽收。加强非税收入监管，推进财政电子票据管理系统建设，加强国有资本经营收益管理，严格实行收支两条线，实现应缴尽缴。强化支出管理。压实“三保”保障责任，牢固树立过“紧日子”思想，严格落实资金直达机制，通过向上争、对内挤、盘存量、压一般、调结构等一系列措施，实现兜底线、保重点、促发展。全年一般性支出和项目支出预算压缩10%，集中筹措资金约23亿元，确保各项重大决策落实到位和全年预算收支平衡。全年全市财政总支出108.69亿元，比上年增长1%。公共财政预算支出82.05亿元，增长13.4%。推进财政管理改革。加强财政预算管理，完善政府预算体系，打通四本预算，实行“统筹、统编、统批、统管”，实行一本预算管全年。全面实施预算绩效管理，强化绩效目标管理和结果运用，财政管理提质增效。推进国库集中支付改革，加强中央直达资金管理，规范和简化国库集中支付业务流程，提高财政资金支付效率。加强国有资产资本监督管理，完善国有金融资本管理，推进国企改革三年行动计划，推动国有资本保值增值。加强财政监督管理，坚持“两随机一公开”，重点围绕中央直达资金、抗疫特别国债、中央一揽子政策落实、扶贫资金动态监控、行政事业单位资产资源资金管理等开展监督检查。坚持问题导向，加强巡视巡察和各类专项审计问题整改落实，严肃财经纪律。加强政府债务管理，防范化解政府债务风险，促进财政可持续发展。

【潜江市农村综合改革】2020年，潜江市持续推进农村综合改革，加强农村政策管理工作，助力农村经济发展。抓好农民负担审批工作。按照“一事一议”筹资人均不超过15元、筹劳劳均不超过10个标工的标准，于5月份完成镇（处）农民负担预算的上报及审批工作。全市17个镇（处）“一事一议”筹资328个村，筹资人口51.1万人，筹资总额766.3万元，人均15元；“一事一议”筹劳328个村，筹劳劳力25.66万个，筹劳标工256.4万个，劳均10个。抓好农民负担专项督办检查。于8—10月份开展农民负担督办检查工作，共督查17个乡镇34个村，走访农户200多户，督查内容包括惠农政策落实、筹资酬劳、稻谷补贴和农民负担卡发放情况，以及农民权益保护等，进一步规范农民负担管理工作。落实耕地地力补贴政策。坚持“平稳过渡、公开透明、精准高效”原则，调整耕地地力保护补贴方式，以拥有土地承包经营权的种地农民为补贴对象，以农村承包地确权登记颁证到户的耕地面积为补贴依据，规范补贴发放程序，实现激励性补贴向功能性补贴转变、覆盖性补贴向环节性补贴转变。

（潜江市档案馆）

【天门市“放管服”改革】2020年，天门市持续推进“放管服”改革。全面实行“一网通办”“一网通管”，稳步构建“互联网＋监管”系统。全市通用审批系统对接湖北省综合受理平台，天门市政务服务统一受理平台成功上线，2218项市县级事项全部可网上办理。全力落实企业开办“210”服务标准，将企业开办压缩在2个环节、1天内办结、零收费。率先将小餐饮和流通领域食品销售、餐饮服务食品许可权下放至乡镇监管所。全面开展“双随机一公开”监管，实现市场监管领域全覆盖。改革创新不动产登记“一事联办”机制。将不动产登记5个环节缩减到2个，设置不动产登记“一事联办”窗口，申请人只需到一个窗口提交一份纸质资料即可办结不动产登记和联办事项。一般登记不超过3个工作日即可办结，新建商品房转移和抵押登记1个工作日办结，分别比国务院规定的5天和3天缩短2个工作日。全年共办理不动产登记4.33万宗。“上门办证”暖民心。成立“不动产登记志愿服务队”，建立“移动登记大厅”，为企业和群众提供便利，增强办事群众幸福感和获得感。

（天门市文化和旅游局）

社会体制机制改革

【武汉市文化体制改革】 2020年，武汉市文化体制改革取得新成绩。"两个中心"建设试点工作深入推进。制发《关于深化拓展新时代文明实践中心建设试点工作的实施方案》，打造"1+15+N"长江融媒、"黄鹤云媒"主阵地，15个区级融媒体中心全部挂牌。健全文化产业高质量发展体制机制。建立文化产业精准招商和跟踪服务机制，武汉文化金融服务中心正式挂牌运营，18个品牌入选首届"湖北省文化产业品牌"，占全省总数60%。中宣部推广武汉文化产业疫后重振经验成效。编制武汉市12分钟文化圈建设规划。举办第八届"戏码头"中华戏曲艺术节、第九届琴台音乐节。探索群众文化演出进旅游民宿新机制，推动"城市剧场周周演"常态化。建立文化产品创作生产传播引导激励机制。出台《武汉市直文艺院团公益性"云"演出补贴管理办法》，引导市直文艺院团开展"云"直播76场，全网观看人数累计达55.47亿人次。制定《武汉市文艺演出进景区活动实施方案》，鼓励支持文艺院团"走出去"，推动表演艺术、传统技艺进重点旅游景区、旅游街区，市直文艺院团共开展进景区演出54场。

【武汉市科技创新机制改革】 2020年，武汉市加强科技领域机制改革创新，营造科研创新生态，提升全域自主创新能力。落实科技强省建设部署，牵头编制《光谷科技创新大走廊发展战略规划》，主动对接鄂州、黄冈、黄石、咸宁等城市，按照"一核一轴三带多组团"布局，建设国家科技创新中心和综合性国家科学中心，引领带动武汉城市圈同城化发展和全省全域高质量发展。出台《关于进一步深化科技成果"三权"改革，提升高校院所技术转移能力的实施方案》，探索赋予科研人员职务科技成果所有权或长期使用权改革，促进全市科技成果转化。出台《武汉市科技企业孵化器和众创空间管理办法》，强化孵化器和众创空间管理，提升大众创业、万众创新水平。出台《武汉市科技重大专项实施方案（试行）》，按照"市场导向、企业主体、产学研用协同攻关"原则，重点研发制约武汉产业发展、急需攻克且3年内可能攻克的"卡脖子"技术，成熟一个、启动一个，单个项目资助金额最高不超过3000万元。

【武汉市教育综合改革】 2020年，武汉市继续深化教育综合改革，落实改革清单任务，推进改革举措见成效。推进义务教育优质均衡发展。实施第二期义务教育学校委托管理、小班化教学共同体建设、新建学校快速优质成长共同体建设、学区制管理和集团化办学"四项行动"，全市义务教育学校实施学区制管理比例达到中心城区100%、新城区70%。

深化全国青少年校园足球改革试验区工作。全市校园足球试点学校达到437所，组织22所学校申报省级特色学校，先后举办或承办第26届武汉晚报中小学生足球赛、武汉市校园足球市级总决赛、湖北省校园足球夏令营、市内优秀校园足球运动员集训等系列足球赛事和活动。

创建全国学生近视眼防控示范区。开展"疫情防控——自我视力健康管理"系列科普宣传和学生视力健康与生命健康管理线上系列培训，成立"炯炯视力健康"专家在线工作室，为近千名学生家长提供在线咨询与干预指导服务；完成近视眼防控示范区、标准化视力健康管理示范校年度建设任务。

启动中小学教师"区管校聘"改革，从编制管理、教师聘任管理、轮岗交流等十个方面深化中小学教师管理体制改革。建立"五业联动"（就业、职业、产业、行业、企业协同联动）的机制的职业教育发展新机制。深化产业结构调整驱动专业建设改革，完善专业对接产业的预警、联动、培养、评价的PDCA协同机制。

【武汉市医疗卫生体制改革】 2020年，武汉市经过疫情防控大考，加紧推进医疗卫生改革。加强基层医疗卫生服务体系建设，推动建立"平时管用、战时能用"的基层医疗卫生服务应急体系。按照"不低于常住人口万分之十六"的标准核定医务人员岗位，加快配齐基层医疗卫生机构医务人员，探索卫生院新招录人员"街管村用”管理新机制；各城区调整优化村级医疗服务资源，明确村卫生室承担基本公共卫生服务项目内容，落实村卫生室和村医政策待遇，4个新城区均出台村医养老保险实施方案。

推进社区卫生服务同质化、标准化、规范化，出台《关于促进社区卫生服务机构公益性实施方案》，推进全市不同主体的社区卫生服务中心机构提供所有基本医疗服务，在2021年底之前统一执行政府指导价、统一实行国家基本药物制度、统一实施一般诊疗费，充分发挥社区卫生服务机构公益性职能，提升居民就医感受度和满意度。推行现代医院管理制度试点。实施公立医院药品耗材零加成、药品集中带量采购，个人卫生支出占卫生总费用的比重降至28%。实行公立医院全面预算和全成本核算，全市18家医院完成科室全成本核算。其中，武汉市儿童医院、武汉市中心医院、武汉市第一医院完成DRGS成本核算。

推进公立医院绩效考核，加强对市区属医院医疗控费指标管理，定期收集、统计和核对市、区属二、三级公立医院医疗控费指标监测数据，分析医院运营情况。探索医疗收费电子票据管理。选取武汉市第一医院为市级医疗机构电子收费票据试点，实现医疗收费电子票据开具、管理、传输、查询、存储、报销入账和社会化应用等全流程无纸化电子控制。

【武汉市医保制度改革】 2020年，武汉市积极推进职工医保制度改革，“调整个人账户，建立门诊统筹，做实市级统筹”，全面实施城乡居民基本医疗保险市级统筹，完成中心城区和新城区居民医保基金归并，实现基金统收统支。推进按疾病诊断相关分组（DRG）付费改革国家试点，武汉市被国家专家组认定为全国30个试点城市之一，为本地DRG分组与国家DRG分组匹配度最高、细分组效能最高的城市，试点经验得到国家医保局肯定。完善药品采购机制，推进国家组织3批共112种药品、1批医用高值耗材，省组织3种医用耗材带量采购中选品种在全市落地实施；组织开展45个品种药品集中带量采购，中选品种价格平均降幅31%，年节约8.45亿元；对30个重点监控药品集中议价采购，议价成功品种价格平均降幅42.7%，减少群众药费支出14.61亿元。开展新增医疗服务项目价格制订，根据成本变化，4次制订和调整核酸检测价格，不断减轻群众费用负担。

【武汉市人才工作体制机制改革】 2020年，武汉市加强人才工作改革创新。打造高效统一的人才工作格局。定期召开市委人才工作领导小组会议，研究审议强化党管人才、深化人才发展体制机制改革等重点工作。加强校地合作、政企联通，聘请5名高校和企业优秀人才担任市招才局（聘任）副局长。创新推出武汉“1553”人才工作框架。破解“人才帽子满天飞”“人才项目重复资助”等问题，全面摸排现有人才计划情况，优化方案，形成武汉市人才计划新体系。设立市级人才发展专项资金，建立人才经费投入常态化增长机制，市财政每年投入不低于地方一般公共预算收入的1%用于人才发展，2020年财政投入21.9亿元。

改革人才评价机制。分类建立人才评价体系，完善企业举荐人才制度，建立科技企业及创投机构举荐名录，进一步赋予用人主体评价权。优化人才认定办法，实行战略科技人才随到随评、及时认定；产业领军人才随时举荐、每月认定；优秀青年人才常态储备、季度认定。全年通过举荐共认定战略科技人才10名、产业领军人才191名和优秀青年人才373名。健全人才流动机制。组织开展“院士专家企业行”“科技副总”活动，衔接服务114名专家人才入驻武汉市企业。引进张伯礼、仝小林院士在汉设立“名医传承工作室”，推动提升全市重大公共卫生事件应对能力和医疗救治水平。落实“一村多名大学生计划”，录取276名农村骨干为大学生，确保贫困村招生全覆盖。完善人才使用机制。研究制定武汉产业创新发展研究院组建方案，探索打造“四不像”新型研发机构，推动构建“政产学研金服用”一体化创新体系，打通成果转化及产业市场化应用的“最后一公里”。

提升重大产业平台承载力。围绕四大国家级产业基地和大健康产业基地、国家重大公共卫生事件医学中心等平台建设，从市级人才经费中安排专项资金，引进国内

2020 年 6 月 1 日，2020 年夏季武汉市高校毕业生首场线下招聘活动在江汉大学举办，86 家优质企业提供近 2500 个岗位，吸引数千名毕业生进场求职

（武汉市地方志办公室　供稿）

外产业领军人才。实施第四批“千企万人”支持计划，向 25 家企业发放引才奖励 760 万元。提升重点人才政策吸引力。完善高端人才引进政策，对特殊人才采取“一事一议”“一人一策”等方式，开辟专门通道，实现精准引进。加大高端人才资助力度，建立“无偿资助 + 股权投资”相结合的资助模式，在 50—100 万元财政资助基础上，通过设立人才产业投资基金给予股权投资。谋划实施“院士专家引领高端产业发展行动计划”，分领域强化政策配套，集聚 47 名院士、37 名专家引领十大高端产业发展。提升重要主体服务保障力。推广定制服务，为重点人才和重点用人单位，提供安居落户、医疗社保、子女入学、生活配套等“一揽子”服务政策，提升企业满意度和人才获得感。组织开展“企业问计”集中调研活动，走访人才企业 1000 余家，全面收集问题诉求，及时研究提出帮扶措施。认真落实党委联系服务专家制度，深入开展市领导直接联系服务企业等活动，当好服务企业和人才的“店小二”。

【武汉市生态文明体制改革】 2020 年，武汉市积极开展生态环境治理创新，推进生态文明建设。抓好长江大保护。深入推进长江大保护十大标志性战役，完善长江武汉段跨区断面水质考核和生态补偿机制，65 条黑臭水体截污清淤全面完成，东湖成功创建国家示范河湖，坚决落实长江“十年禁渔”。持续实施大气污染防治行动。发布新版重污染天气应急预案，编制应急减排项目清单，督促垃圾焚烧发电企业实施烟气脱硝提标改造。全年全市空气质量优良天数达到 309 天，占比 84.4%，比上年增加 64 天，达到 2013 年以来最好水平。不断健全绿色发展机制。编制完成“两江四岸”规划，加快建设百里沿江生态文化长廊、东湖绿心等，“国家生态园林城市”“国际湿地城市”创建取得阶段性成果。出台生活垃圾分类管理办法，加强固体废物污染治理。

（武汉市地方志办公室）

【黄石市医疗保障改革】 2020 年，黄石市深化医疗卫生体制改革。黄石市列入全省 6 个城市医联体建设试点城市之一。开展医保支付方式改革。出台《黄石市职工基本医疗保险住院统筹费用按“病种点数”付费管理试行办法》，所有县域医共体实行“总额预付、结余留用”管理模式，从单个定点医疗机构的总额预算转变为向对整个统筹区的总额预算，结算支付方式更加科学高效。深化药品集中带量采购和使用改革。先后落实三批国家组织药品集中带量采购和使用工作，216 家医药机构（含 11 家社会办医药机构）先后参与，共涉及 112 个品种 190 个品规，平均降幅 53%，最高降幅 96%，合计节省药品费用支出约 5400 万元。医保门诊慢性病和异地就医经办服务模式改革。在保持门诊慢性病和异地就医政策制度不变的前提下，发挥医联体的专业优势，采取共建共治共享原则，将门诊慢性病和异地就医经办服务委托给市级医联体经办管理，实现“既控制医疗费用不合理增长又便民利民”目的，有效维护医保基金安全。健全医疗人才管理机制。县（市）级医共体单位招聘医务人员到乡镇卫生院工作，乡镇卫生院门急诊量、出院量大幅增长，分级诊疗改革效应初显。

【黄石市教育综合改革】2020年，黄石市推进集团化办学、学区制管理等多种办学模式改革。大冶市、阳新县、黄石港区、下陆区组建多个优质品牌办学主体。全面实施“县管校聘”教师管理体制改革，西塞山区列为湖北省改革示范区。引进社会资本办学，民办教育实现快速发展。实施高中阶段招生考试改革，落实全科开考，改革综合素质评价，实行初中升高中平行志愿。依托湖北师范大学创建黄石市中小学教师教育综合改革实验区，创新教师培养模式，打造“双站双基地、一定向一提升”平台，创建5个“高校教师基层工作站”、20个“黄石名师驻高校工作站”，设立21个“湖北师范大学师范生教育实习实训基地暨基础教育创新型人才实践拓展基地”，共建“黄石市中小学教师教育培训基地”，构建政府、高校、中小学三方协同培育机制。

（黄石市档案馆）

【鄂州市生态价值实现机制改革】2020年4月，鄂州市生态价值核算和生态补偿案例入选全国生态产品价值实现的11个典型案例。国务院总理李克强等多位中央领导和中共湖北省委主要领导对鄂州生态价值工程改革经验作出重要批示。鄂州生态价值工程改革探索经验写入《中共湖北省委关于贯彻落实党的十九届四中全会精神、推进省域治理现代化的决定》。8月，鄂州市成立生态价值实现机制改革工作领导小组。截至年底，相继出台《关于在全市开展生态价值实现机制试点工作的指导意见》《鄂州市生态指标价值管理办法（试行）》《鄂州市企业生态指标价值计算及配（贡献）额分配规则（试行）》《鄂州市生态指标价值额度交易规则（试行）》《鄂州市生态指标价值额度融资规则（试行）》等文件，为鄂州市生态指标价值实现分配、交易、融资建立创新实践机制。

【鄂州市医疗卫生体制改革】2020年，鄂州市严格按照“整体谋划、系统重塑、全面提升”的要求，统筹谋划疾控体系改革和公共卫生体系建设。

全面推进疾控体系改革和公共卫生体系建设。印发《鄂州市改革完善疾病预防控制体系的实施方案》等5个文件，明确到2022年基本建立体系健全、责权清晰、运转高效、协同联防、保障有力的疾病预防控制体系和公共卫生体系，着力建设平战结合、专业化、复合型、高水平公共卫生人才队伍；到2025年全市公共卫生应急管理体系的法治化、规范化、科学化、现代化、信息化水平进入全省第一方阵。

巩固基层医疗卫生服务体系。加强乡镇卫生院和社区卫生服务中心、村卫生室建设；加强乡

俯瞰鄂州市梁子湖区　　（鄂州市档案馆　供稿）

村医生后备人才队伍建设，落实村医待遇及社保等配套政策；招录55名应届高中毕业生、中医委培生46名，进行全科医生委培；开展乡村医生线下培训，培训基层医疗卫生机构人员172人。完善应急医疗救治体系。推进胸痛中心、卒中中心、创伤中心、危重孕产妇救治中心、危重儿童和新生儿救治中心建设；推进疾控中心P2实验室和临空经济区公共卫生临床中心建设，公共卫生临床中心项目总建筑面积47.99万平方米，地上总建筑面29.99万平方米，规划设置床位1350床。加强重点学科建设。争取同济医院、协和医院、省人民医院、贵州医科大学附属医院、清华长庚医院等支持，重点加强公共卫生学科和临床重点专科建设，培养医疗、公共卫生人才。

完善疫情监测预警机制。完善传染病疫情和突发公共卫生事件监测报告网络和系统；建立医防信息定期通报制度，建设全市监测预警系统，发挥医疗机构监测“哨点”作用。重塑疾病预防控制体系。整合市疾病预防控制中心和市血吸虫病防治所机构，整合公共卫生机构，各区、葛店开发区、临空经济区设立区疾病预防控制中心（区公共卫生临床中心）；建立城乡融合、社会协同的“市—区—乡镇（街道）—村（社区）”四级疾病预防控制工作体系，构建医防一体预警机制、医防信息定期通报制度，发挥医疗机构监测“哨点”作用，建立多点触发机制。完善救治机构分级色标启动机制。全市有定点医院2个，后备定点医院5个。将全市新冠肺炎定点医院分级启动机制设定为蓝色预警、黄色预警、橙色预警、红色预警4个风险级别，由市防控指挥部根据疫情发展统筹启动各类医院。完成30个二级以上医院和各乡镇卫生院的发热门诊改扩建工作，加强基层防控能力建设。建立医防双向培训制度，对医务人员开展流行病学、传染病学、医院感染控制的全员培训和督查；疾控机构与医疗机构、基层医疗卫生机构联合开展流行病学调查、现场处置、医疗救治，构建疾病防治工作闭环。

【鄂州市公立医院综合改革】 2020年，鄂州市深入推进公立医院综合改革，取消药品和耗材加成政策，年让利群众近5000万元；完善薪酬制度改革，4个公立医院2019年薪酬总量较上年度增长9.13%，基本与公立医院医疗收入幅度增长相符。

推进公立医院综合管理。实行公立医院党委领导下的院长负责制，规范医院决策、运行和监督机制。规范医院财务管理制度，完成上年度财务决算和本年财务预算编制工作，所有三级公立医院实行总会计师聘任制。强化公立医院资产管理、成本精细化管理。

完善公立医院补偿机制。督促各公立医院在国家药品集中带量采购工作，落实取消药品耗材加成政策，调整医疗服务相关价格。巩固公立医院薪酬制度改革成果，完成全市4个公立医院人员总量备案，备案2920人；完善疫情期间紧急招聘相关手续，绩效考核结果严格核定各公立医院年度薪酬总量及院长（书记）年薪总量。落实基药绩效考核工作，考核结果与补助资金拨付挂钩，拨付2020年基药补助826万元。全市基层医疗卫生机完成685种国家基本药物目录调整工作和采购目录备案等工作，基药配备品种比例达90%以上。联合财政、医保、人社和市场监管等7个部门出台药事管理促进合理用药的文件。落实短缺药品监测制度，规范特殊药品采购流程。举办药品政策、合理用药培训160余人次；开展全市药品合理用药督查工作。开展骨科高值医用耗材的专项督查。

规范远程诊疗管理制度。出台远程诊疗服务医师管理办法，扩大服务队伍，服务机构由1个扩展到3个，提供服务的医师（技师）由51人增加到68人；启动远程诊疗二期项目建设，编制远程诊疗二期建设方案；争取2020年市级财政绩效补助50万元，下拨2019年绩效补助60.77万元。全年远程诊疗中心服务量达10万余人次，其中远程影像服务3.45万人次、远程心电服务1.73万人次。

落实分级诊疗制度。深入推进医联体（集团）建设。3个医联体（集团）均召开理事会，制订工作计划；组织多个管理和专家团队指导和参与全市疫情防控工作，免费提供中药预防汤药，接收新冠患者；城市医院指派专家到基层开展查房、培训、教学和技术帮扶基层1900余人次，接收基层人员进修15人次。强化区级医共体建设。梁子湖区以太和镇中心卫生院为副中心，涂镇卫生院、公友卫生院为成员单位组建医共体，在转诊、医疗技术人员下沉方面初见成效。

（鄂州市档案馆）

【孝感市医疗卫生体制改革】 2020年，孝感市深化县域综合医药卫生体制改革。印发《关于印发孝感市深化县域综合医药卫生体制改革实施方案的通知》，全市共成立13个医共体，内设管理机构40个、业务“中心”45个。督促完善县域医共体章程，落实理事会、监事会、管理办公室、运行管理中心职能。推动县域医共体“总额预付、结余留用”，至年底，各县（市、区）均出台“总额预付、结余留用”支付政策文件，医共体与医保部门签订协议，医保部门向医共体总额预付医保资金。推进县域医共体工作绩效考核评价。继续落实公立医疗机构药品“零差率”“两票制”工作，参与公立医院取消医用耗材加成和医保支付方式改革，推进建立现代医院管理制度、符合医疗行业特点的人事薪酬制度。组织实施全市三级、二级公立医院参加绩效考核，促进公立医院“三个转变、三个提高”。

【孝感市文化体育机制改革】 2020年，孝感市不断深化文化体育机制改革。大力推进融媒体建设，7个县（市、区）融媒体中心基本建成；稳步推进孝感日报社（孝感日报传媒集团）各项改革，全面适应全媒体发展需要。出台《孝感市建设体育强市实施方案》，从基础设施、全民健身、人才培养、体育产业和综合保障等方面，明确到2025年建设体育强市的工作目标和主要任务。推进足球体制改革。2人入选中国足协U16男足集训队，备战2021年U16亚洲杯；加快推进城市社区足球场地建设，建成3片社区足球场。孝南区优化体育产业发展，湖北龙王恨渔具集团有限公司获评国家体育产业示范单位（全市首家）。汉川创建楹联文化城市，获得“中国最佳楹联文化城市”称号。

（孝感市史志研究中心）

【黄冈市医疗卫生体制改革】 2020年，黄冈市推动县域医共体建设，各县（市、区）基本实现县域医共体建设全覆盖。市中心医院、市妇幼保健院实行医院编制备案制管理。推进黄冈市医疗集团建设。探索实行多种形式分级诊疗模式，建立“基层首诊、双向转诊、急慢分治、上下联动”就医新秩序。黄冈市中医医院和武穴市中医医院列为省级探索和完善现代医院管理制度试点医院。市中心医院实行大科室改革，建立“内科、外科、妇儿五官科、门诊医技、考棚街院区”五大科室负责制，由医院质控规划部实施考评管理。实行多学科诊疗模式，整合院前急救、院内诊治与重症救护集中使用各领域、学科优质资源，提高急危重症临床救治成效，建立急危重症患者抢救“绿色通道”。五大部分别配置远程医疗会议室，搭建远程医疗平台，与省级各远程平台和辖区13家医疗机构上下联通，实现省、市、县三级医疗资源贯通整合。规范基层协议医疗机构药品采购行为，建立公开、透明、合理药品采购目录，形成以市场为主导的药品价格机制，保障各协议医疗机构药品及时有效供应，减轻人民群众就医用药费用负担。出台《黄冈市2020年医疗服务价格目录》，按照医院级别统一全市4125项医疗服务价格，完善医疗服务价格项目管理。推行以病种付费为主的多元复合式医保支付方式，将第一批5个病种日间手术医疗费用纳入医保按病种定额付费范围，提高医疗机构服务质效，让患者在24小时内办理完入院、手术、出院等手续。市中心医院开展省内首个“特殊药品输注中心”建设试点，通过住院模式向患者提供用药预约、药品注射、药品副作用观察和处理服务等，为癌症患者降低医药费30%。

【黄冈市教育体制改革】 2020年，黄冈市持续推进教育体制改革。相继出台《关于学前教育深化改革规范发展的实施意见》《城镇小区配套幼儿园建设管理办法（试行）》《普惠性民办幼儿园认定和管理办法》《推行义务教育学校教师“县管校聘”管理体制改革工作指导意见》《市直义务教育学校教师“局管校聘”管理体制改革实施方案》等文件。实行“县管校聘”市县改革一体化，促进县域师资均衡配置。持续扩大公办学前教育资源，新增学位4300个；

普惠学前教育资源覆盖率实现快速增长，认定一批普惠性民办幼儿园；完成33个小区配套幼儿园治理工作。黄冈中学针对新冠肺炎疫情对教学工作的影响，提前谋划线上教学工作，分别于1月30日、2月5日开启高三和高一、高二年级的线上教学活动，持续推进主题班会、集体备课，利用QQ等工具批改作业、答疑解惑，对学生进行心理疏导，有力保障网络教学有序开展。黄冈师范学院制定2020年全面深化改革工作实施方案，重点实施黄师特色的一流人才培养体系等10项改革项目。年内，湖北应急管理职业技术学院正式挂牌招生。

【黄冈市文化体制改革】 2020年，黄冈市全面推进文化体制改革。黄冈艺术学校升格为正处级单位，核增事业编制20名；成立黄冈市黄梅戏非物质文化遗产传承保护中心、黄州小梅花黄梅戏剧团。推进文化场馆综合利用改革，推广1个国家级、5个省级基层文化场馆综合利用先进典型。实施乡村文化人才培养工程，乡土文艺团组发展，组织村级文艺团队、演出队、健身队等开展文化活动。探索建立农村文化建设经费保障机制，加大政府投入和项目争取资金，引导回乡能人参与公共文化服务设施建设，探索政府引导、社会参与贫困地区公共文化建设的新模式。

全面推进黄冈日报社改革。出台《黄冈日报报眼发稿方案》《黄冈日报社进一步贯彻落实中央八项规定精神，加强和改进新闻报道的若干规定》，明确报眼发稿内容、版式设计、把关要求，明确领导活动报道统筹协调、工作流程、具体规范。成立领导小组和工作专班，开展调查研究，听取意见和建议，形成“1+4”改革实施方案。改革期间，报社在内容生产供给侧改革、媒体融合发展和《黄冈日报》版面改革等方面开展先行先试，改革成果初见成效。

【黄冈市社保降费改革】 2020年2月至12月，黄冈市全面推进社保降费改革，全年累计减免社保费10.12亿元。其中，减免城镇企业职工养老保险9.24亿元、工伤保险0.4亿元、失业保险0.48亿元。推进“互联网＋社保”服务，推行综合柜员制改革，完成国家一体化平台政务服务社会保险事项认领、发布及上线工作，依据职能认领89项，结合工作实际梳理完成事项76项。其中，97%事项实现不同深度网办，70%事项实现当日申请、当天办结，96%社保业务实现群众在服务大厅一次办结。

【黄冈市国有农场改革】 2020年12月8日，黄冈市龙感湖农场成立湖北龙感湖农场集团有限公司，注册资金5亿元。万丈湖农场国有独资的万创公司董事会通过《万丈湖农场公司化改造工作方案》，武穴市国资委派出董事参与公司决策，完善公司架构；公司完成“万丈”商标注册，启动高标准果蔬园项目建设，实行市场化运作经营。八里湖农场将原城投公司变更登记为蕲春县八里农业开发投资公司，扩大业务范围，承接项目。南湖农场进一步加强新南投资有限公司管理，新购入土地6.67公顷，建设新南高科技中小企业创业园。龟山茶场盘活存量资产，解决职工改制进社保问题，创新麻城市龟峰山岩绿茶叶有限公司运营方式，取得明显成效。林店茶麻场重点建设茶叶加工厂、生态观光茶园和农产品保鲜库，提升经营能力，实现稳步发展。

（黄冈市史志研究中心）

【咸宁市居家和社区养老服务改革】 2020年，咸宁市整合财政资金3000余万元，建设10个辐射式、15个嵌入式城乡社区长者康乐服务中心和20个社区微型长者康乐服务站，开办7个香城厨房、5个香城小超市等，并链接其他部门资源，整合香城书房、香城康乐活动中心、健康小屋、“十五分钟健身圈”等进社区，丰富老年人文体娱乐生活。整合财政资金1200余万元，分层分类建立和完善居家社区养老服务设施，启动730户老年人家庭适老化改造、1200户老年人家庭喘息服务、养老服务人才队伍“百千万”工程等项目。开展养老机构服务质量建设专项行动，推进特困供养机构改革，咸安区、嘉鱼县、赤壁市纳入全省特困供养服务机构体制机制改革试点。19家农村福利院“平安工程”项目全面完成，68家农村福利院安装空调892台，全面完成“冬暖工程”。探索农村养老服务新模式，发展“田园养老综合体、乡村养老合作社、互助养老中心户”，实行“以房养老、以地养老、互助养老”新模式。建成“建设运营一盘棋、数据汇集一张网、线上线下一体化”的智慧养老平台，初步形成居家社区机构相协调，医养、康养相结合的养老服务体系。8月，咸宁市居家和社区养老服务改革试点工作通过民政部验收。

【咸宁市教育体制改革】2020年8月，咸宁市深化教育体制改革。推进现代教育装备技术改革综合实验区建设，年底正式结题。深化教育教学改革，出台《关于推进中小学教师“县管校聘”管理改革的实施意见》，启动4个县市教师“县管校聘”管理改革。其中，崇阳县实行集团化办学，“强带弱”助力县域教育均衡发展，县管校聘经验在全省作经济交流。推进市城区三年行动计划，改善义务教育薄弱环境，增加学位供给，基本消除“大班额”“择校热”。推进职业教育改革，扩大中职学校招生规模，推动中职学校开展产教融合提升。配合咸宁职业技术学院做好职业教育产教对接机制改革工作。制定《咸宁市深化高中阶段学校考试招生制度改革实施方案》，调整咸宁市高中阶段学校考试招生相关内容，高考优秀率比上年有较大增长，高分成绩在全省位次继续前移。实行2020年中考一线医务人员子女加10分优录政策，招录124名一线医务人员子女。

（咸宁市史志研究中心　鲍伟平）

【潜江市医疗卫生体制改革】2020年，潜江市整合力量，按时间节点推进医改卫生体制改革。启动医共体实质性建设，初步建立分级诊疗格局，市域内就诊率不断提高。调整医疗服务价格。按照“实行药品零差率销售，由此减少的合理收入，通过价格调整补偿80%的要求”，制定三级医院医改收费标准，调整二级医院综合改革部分服务价格。深化薪酬制度改革。按照“两个允许”的要求，实现薪酬适度增长并向一线倾斜、向能者倾斜，体现多劳多得、优绩优酬的分配原则，有效调动医务人员参与改革的积极性。推进支付方式改革。印发《潜江市医共体城乡居民医保总额控制打包付费管理实施方案（试行）的通知》，打包基金结算，以预算年度筹资总额为基础，将门诊统筹、门诊特殊慢性病和住院基金共计3.7亿元以医共体为单位“打包”，对3家医共体牵头医院实行“总额控制、过程监督、结余留用、超支不补”的结算办法。医共体牵头医院根据“打包”总额，按照内部协商分配办法对“打包”基金进行再次测算分配。

【潜江市教育体制改革】2020年，潜江市持续推进教育体制改革。教师管理改革。在全市中小学全面实行“市管校聘”管理模式，参与改革教师5320名，累计交流304人。办学体制改革。出台《潜江市推进中小学集团化办学实施方案》，组建24个教育集团，辐射11个乡镇、50所学校，全市集团化办学覆盖率60%以上。中高考改革。加强初中课程管理，2021年中考全科开考；落实高考改革方案要求，指导学校选课走班平稳实施，组织实施2020年高中学业水平考试，高考综合改革各项工作按照既定时间表、路线图实施。教育信息化改革，投入2480万元为义务段学校和高中学校配备班班通、计算机室、教师终端等信息化设备，实现全市所有中小学校网络教学全覆盖。应用“学乐”云平台创新学科教学系列研讨活动，加强线上授课指导与线下互动交流，推进信息技术与教育教学融合创新，线上教学案例编入全省教师线上学习目录。

【潜江市生态文明体制改革】2020年，潜江市生态文明体制改革取得新成效。实施生态环境保护综合执法改革，完成124人转隶审核，组建综合执法支队。完善环境治理体系和治理能力建设，建成2座空气自动站、5座地表水自动站、2座饮用水源地水质自动站、17座跨区镇水质自动监测微站、4座固定式机动车尾气遥感监测系统。推进环境信用评价制度改革，将72家企业纳入企业环境信用评价信息管理系统。落实排污许可制度，完成1449家排污许可证核发工作。完善生态环境损害赔偿制度，严格追究损害赔偿责任，及时开展生态环境修复。

（潜江市档案馆）

【天门市教育体制改革】 2020年，天门市深化教育体制改革。创造性开展“集团化办学”“全面托管”等办学模式，推进8个乡镇学区化办学，实施城区6所学校与18所乡镇学校联盟办学。完善教师补充机制，加大对乡村教师队伍建设的倾斜和支持力度，按照“总量控制、动态平衡、退一补一”原则，招录引进各级各类教师576人，其中农村义务教育教师247人、农村幼儿园教师85名；持续实施市管校聘改革和“银龄讲学”计划，进一步充实乡村师资力量。完善城乡教师对口交流机制，全市参与交流教师395人，其中城区学校交流到乡镇学校92人，促进教育优质均衡发展。

【天门市医疗卫生体制改革】 2020年，天门市推进医疗卫生体制改革。组建市域医共体，以市一医院和市中医院为龙头，基层医疗机构及所辖村卫生室为成员单位组建2个医共体。医共体内统一药品采购和配送、消毒供应、质量管理办法和远程心电影像检验。医共体牵头医院每月下派骨干查房、巡诊、培训，帮助基层提升能力。牵头医院全年免费接受成员单位人员进修145人次，下派专家450人次，开展远程心电诊断2.45万例、远程影像诊断3.60万例、远程检验492例。所有公立医疗机构起取消医用耗材加成，实行零差率销售，并同步调整公立医院及基层医疗机构医疗服务价格；所有公立医院实施药品采购“两票制”；所有二级以上公立医院全部在省市联动高值耗材阳光采购平台采购高值耗材。严格各级各类公立医疗机构基本药物使用比例。出现建立现代医院管理制度的实施意见，制定市一医院、市中医医院章程，按照章程开展医院管理与运营。其中，市一医院成为省现代医院管理制度试点医院。推进疾病预防控制体系改革。启动医疗卫生补短板项目13个，总投资20.15亿元。建成P2+标准化实验室和核酸检测实验室，建设28个乡镇卫生院发热门诊。整合医疗机构、疾控机构等力量，健全公共卫生事件应急综合救治网络，扩增应急救治资源，在全市确定定点医院1家，后备医院3家，按照疫情防控要求，改造“三区两通道”病房，并做好隔离病区和重症监护床位储备。实现全市所有市直医疗单位和乡镇卫生院远程影像、远程心电、远程会诊与市一医院连通，实现“基层检查、上级诊断”全覆盖。

（天门市文化和旅游局）

编辑：刘家连

校对：王　伟

产业发展

农业

【武汉市农业产业发展】 2020年，武汉市实现农业总产值695.53亿元，比上年增长6.5%（现价）。农产品加工业产值2523.88亿元，完成目标任务的123%。农村常住居民人均可支配收入24057元，下降2.9%。认定新一届市级农业产业化龙头企业303家，较上一届增长9.4%。国家级农业龙头企业13家，省级农业龙头企业93家。新培育上市农业企业3家。在国内外主板、创业板、科创板、新三板挂牌上市农业企业13家。市级以上农业产业化龙头企业主营业务收入910亿元，年销售收入过10亿元企业15家。扶持29家企业市级农产品加工业专项资金9000多万元，拉动社会资本投资15亿元。蒙牛高端乳品工厂（奶酪）鲜奶等一批新加工项目建成或全面启动建设。良品铺子入选"2020全国农业产业化龙头企业100强"，益海嘉里、仟吉等6家企业入选"2020全省农业产业化龙头企业30强"。

"武汉农股贷"模式全国推广。全省首笔农村集体资产股份质押贷款在蔡甸区奓山街星光村实施。建成国家农产品质量安全区3个（江夏区、蔡甸区、黄陂区）、省级农产品质量安全区2个（东西湖区、新洲区）。东西湖区、武汉经开区（汉南区）分别申报创建第三批国家、省级农产品质量安全区。推进农业标准化改革创新，建立健全"武汉农业"标准体系，印发《武汉市农业标准化改革创新三年行动计划（2020—2022年）》，新申报省级农业标准8项、市级农业标准90项。新增市级农业标准化生产示范建设主体20家。

【武汉市"二品一标"认证】 2020年，武汉市新增认证"二品一标"（绿色食品、有机农产品和农产品地理标志）农产品61个，其中，地理标志农产品4个（新洲涨渡湖黄颡鱼、江夏碧舫茶、东西湖柏泉绿茶、蔡甸甜瓜）。全市"二品一标"农产品累计达到882个。洪山菜薹获得第二届湖北地理标志大会暨品牌培育创新大赛金奖。武汉市农业企业获第二十一届中国绿色食品博览会和第十四届中国国际有机食品博览会金奖3个、优秀奖1个。成功争取农业农村部地理标志产品保护工程项目1个，争取资金200万元。

【武汉市疫情期间"菜篮子"供应】 2020年，武汉市全力做好抗击新冠肺炎疫情期间及常态化防控形势下生产保供工作，推进"菜篮子"生产供应，确保全市农产品生产平稳和供应均衡。全力抢播快生菜。疫情防控期间，全市共播种快生菜6333.33公顷，有效保障了蔬菜供应。加强在园蔬菜储备。组织各新城区建立5000吨规模的在园蔬菜生产储备，全市日均在园蔬菜生产储备量维持在5200吨以上。积极组织蔬菜应急调运。动员各新城区累计完成蔬菜调运27262吨，日均调运682吨，超计划36.4%。组织开展农产品直供进社区活动，向社区居民提供团购蔬菜960万单、72400吨，水产品87万单、2700吨，鸡蛋4000余吨。对口支援中心城区。组织6个新城区对口支援中心城区蔬菜供应，累计支援中心城区免费"爱心菜"60.50万份、4500吨。全市实现"菜篮子"供给保障社区、小区全覆盖，76天"封城"期内全市"菜篮子"市场供给顺畅、价格平稳。

【武汉市种植业】 2020年，武汉市粮食种植面积14.40万公顷，产量89.60万吨。蔬菜生产面积17.76万公顷，产量766.54万吨。

2020 年，武汉市市民在东西湖区东山街群力大队大棚葡萄园观光采摘

（武汉市地方志办公室　供稿）

水果种植面积 8960 公顷，总产量 14.88 万吨。茶叶种植面积 7220 公顷，总产量 2636 吨。食用菌总产量 10.98 万吨。

加大农业绿色高质高效创建力度。建化肥、化学农药减量核心示范面积 1466.67 公顷，辐射带动面积 1.75 万公顷。核心示范区减少化肥用量约 4808.16 吨，减施 22.8%；减少化学农药 23.81 吨，减施 22.5%。示范推广农作物新品种、技术、模式 2.53 万公顷。展示推介水稻新品种 57 个，推广蔬菜新品种 15 个、新技术 30 项、高效模式 20 种。推广农作物绿色防控和统防统治融合技术 7.73 万公顷。建绿色防控技术示范区 12 个，主要农作物专业化统防统治覆盖率 42%。开展各类专业技术培训 1220 人次。

【武汉市畜牧业】 2020 年，武汉市启动实施生猪产业绿色发展项目 19 个，其中 2 个建成投产（包括 1 家智能化猪场）。年末，生猪存栏 105.24 万头。推进江夏区、黄陂区畜禽养殖废弃物资源化利用整区推进项目，开工 363 个，完工 357 个，完工率 98.4%。全市畜禽养殖废弃物资源化综合利用率 97.7%，规模养殖场粪污处理设施装备配套率 99.8%。开展非洲猪瘟等重大动物疫病常态化防控，实现高致病性禽流感等 6 种强制免疫病种免疫密度和抗体合格率双达标。新增 9 个涉农街道通过市级血吸虫病消除考核验收。加强畜产品质量安全管理，养殖和屠宰环节分别监督无害化处理病死生猪 9.59 万头、5568 头，病死生猪和不可食用肉品无害化处理率 100%。推广与服务生猪生产恢复、蛋鸡无抗养殖技术、蛋鸡层叠式高效养殖模式、规模化高效生态养鸡综合配套技术、畜禽生态循环种养模式等 5 项新技术、新模式。开展畜牧科技集中培训 3 期，培训 200 多人次。

【武汉市水产业】 2020 年，武汉市池塘养殖面积 3.92 万公顷，比上年下降 11.8%；水产品生产总量 42.70 万吨，下降 3.5%；渔业产值（含水产苗种产值）121 亿元。名特水产品产量 11.30 万吨，增长 9.6%。水产苗种繁育 99 亿尾，增长 2.3%，新增名特水产苗种超 2 亿尾。

推进农村水产电子商务建设。扩充水产电商企业近 300 家。创建“武汉活鱼”微信公众号和官方抖音账号，发布信息及短视频 412 多条，推介农村水产电商企业 63 期。创建部级水产健康养殖示范场 3 家，4 家部级水产健康养殖示范场通过复查验收。推广陆基推水集装箱式养殖技术模式、池塘“3+5”分段养蟹可控技术和池塘工程化循环水养鱼技术等渔业“四新”技术，发展池塘循环水流道养殖面积 3.70 万平方米，集装箱循环水养殖 800 平方米，“零排放”圈养绿色高效循环养殖 2000 平方米。疫情期间，先后发布 99 家水产品团购销售配送单位信息，水产品社区直供销量 87 万余份、2689 吨，覆盖社区 16334 个次。

【武汉市农业机械化】 2020 年，武汉市新增农机总动力 2.20 万千瓦。全市农业机械总动力 241 万千瓦，各类农机具总计 45.07 万台（套、部）。设施大棚面积 9950 公顷。农业机械资产原值 25.84 亿元，农机化服务经营总收入 15.13 亿元，利润 6.03 亿元。农机服务组织（修理网点）2780 个，农机户 59272 户，从业人员 9.03 万人。使用农业机械购置补贴资金2329.12万元，拉动农民投入6534.68万元，受益农户1183户。

全市有农机专业合作社164家，社员超3000人，有各类机械6500余台，作业服务面积35.33余万公顷次。全年机耕面积（包括作物水稻、小麦、玉米、油菜、花生、大豆、马铃薯和棉花）19.33万公顷。水稻、小麦、玉米和油菜等八大主要农作物耕种收综合机械化率76%。其中，机耕率95.7%，机播率50%，机收率75.2%。水稻、小麦、油菜等主要大田作物耕种收综合机械化率分别达85.3%、89%、73.2%，基本实现机械化。

【国家现代农业产业科技创新中心建设】 2020年6月1日，武汉市获农业农村部批准建设国家现代农业产业科技创新中心（以下简称农创中心）。农创中心突出发展生物种业、动物生物制品、生物饲料添加剂三大主导产业，拓展农业环境微生物、农产品精深加工及农业机械化、信息化、智能化等相关产业和技术。总体布局为“一核两翼三园多基地”（“一核”指位于东湖高新区高农生物园的“核心功能区”；“两翼”指位于东湖高新区的武汉国家农业科技园“创业孵化区”和光谷中华科技产业园的“产业融合区”；“三园”指位于黄陂区的武湖现代农业展示园、武湖淡水渔业科技园和汉南现代种业小镇科创中心构成的“示范展示区”；“多基地”指围绕优质水稻和油菜、水生蔬菜、优质种猪、淡水鱼和动物疫苗、食用菌、茶等产业建设的各类资源圃、示范基地、成果转化基地）。

生物种业领域，农创中心集聚作物育种技术创新与集成国家重点实验室、国家粮食质量安全检验重点实验室、籼稻新品种创制与种子技术重点实验室等5家国家级重点实验室，研发全球首张水稻全基因组育种芯片及150余个省级品种以上农作物新品种。动物生物制品行业，吸引国内最大的动物疫苗厂商中牧股份设立研发中心；陈焕春院士创办的科前生物，2020年9月登陆科创版，研发产品猪伪狂犬病疫苗销量居全国第一位。生物饲料添加剂板块，“隐形冠军”武汉新华扬建国内规模最大的饲料酶制剂生产基地，产品饲料酶市场占有率居全国第一位，联合中国农科院畜牧所院士姚斌开展技术攻关，打造世界最全饲料原料营养因子数据库。数字农业方面，创业板上市公司富邦股份是国内第一家在农业方面利用各种智能传感器、大数据、物联网、人工智能、区块链等技术的高新技术企业。农产品精深加工方面，湖北神丹引进“保洁蛋”生产线，对每一个鸡蛋编码，追溯来源。农业微生物方面，合缘生物围绕生物肥料、生物菌剂等技术创新，助力区域农业可持续发展。

2020年，武汉市农业科技人员在田间地头开展技术服务

（武汉市地方志办公室　供稿）

【武汉市“中国种都”建设】 2020年，武汉市“中国种都”核心区引进杜邦先锋、先正达研发中心、先正达集团生命科学技术中心，汇聚北大荒垦丰种业、丰乐种业、湖北农垦集团、湖北省种子集团、湖北惠民种业、中香农科等一批种业高科技企业，种业全产业链产值超过450亿元。出台《院士专家引领十大高端产业发展行动计划（2020—2025年）》，印发《关于加快推进全市种业高质量发展的通知》。全年争取中央种业创新资金1615万元，市级安排种业资金2630万元，为种业提供纾困资

金2.15亿元。创制多倍体水稻新材料100余份，多回品系“汉粳2号”通过湖北省品种审定，“Y两优多回14”通过国家水稻品种区域性试验，多倍体水稻杂交稻等3项国际专利获得美国相关部门授权。举办武汉种业博览会，省种子集团、湖北惠民、武汉科珈、国英种业、庆发禾盛、汉研种苗等企业种子出口2405吨，总额5572.45万元。

【武汉市现代乡村休闲游】 2020年，武汉市乡村旅游综合收入125.68亿元，接待游客人数4108.80万人次，全市乡村休闲游产业从停滞状态到实现接待人数和综合收入逆势上扬。全市乡村休闲游经营单位达到3562个（户），其中，森林生态旅游景区点31个，休闲农庄（山庄）424个，乡村民宿143个，农家乐经营户2957个，其他7个。全市有农家乐聚集的乡村游特色村20个，农村从业人员2万多人。黄陂区胜天村、东西湖区群力大队遮湖岗村被农业农村部授予“2020年中国美丽休闲乡村”称号。

乡村休闲游宣传推介。市农业农村部门通过与湖北电视台、武汉电视台、《长江日报》等多家媒体合作，全方位展开乡村休闲游宣传推介。收集精品景点、特色乡村美食、农事体验活动资料，编印武汉市乡村休闲游（赏花游）口袋书3万册，免费向市民发放。加强新媒体信息推送，利用抖音、今日头条、微博、微信公众号等多家网络平台，及时推送乡村休闲游主题活动信息，推介乡村休闲游景区景点。

乡村游政策扶持。出台《武汉市2020—2021年乡村休闲游（赏花游）项目奖补办法》，加大奖补力度，扩大奖补范围。增加对赏花游景区道路提档升级的奖补，最高100万元；将休闲农业奖补总额由40万元提高至100万元，增加新建蔬果冷藏保鲜库、水果及茶叶采摘的奖补内容，每项奖补最高30万元；针对疫情，给予乡村游景区和休闲农业示范点运营补贴，分别对全市省级休闲农业示范点、3A、4A、5A级乡村游景区给予10万元、30万元、40万元、50万元的补贴，为乡村游企业纾困解难，帮助实现疫后重振。

【武汉市农业科学院】 2020年，武汉市农业科学院获批各类科研项目75项，项目经费4339万元。其中，国家自然基金项目等省部级以上科研项目32项，经费1824万元。获批市级以上科技奖励43项，发表论文196篇。“十字花科蔬菜优异种质资源创新与新品种选育及应用”获湖北省科技进步二等奖。推广稻—虾轮作、稻—鲫共作、莲—小龙虾、小龙虾—鳜鱼、稻虾—沙塘鳢等新优“稻渔种养”模式。转化科技成果23项。4月20日，武汉市农业科学院北部园区获批国家现代农业产业科技创新中心。参与“研百项”（100项重大农业科技项目研发）2个项目、“联百企”（与100家以上农企深度合作）15家企业、“进千村”（进驻1000个村进行科技培训和服务）10个村、“帮万户”（深入1万家农户开展精准扶贫脱贫）30户对口联系户，完成湖北省农业科技“五个一”（“五个一”指100项重大农业科技项目研发，与100家以上农企深度合作，进驻1000个村进行科技培训和服务，深入1万家农户开展精准扶贫脱贫，培养1000名农业科技精英）行动工作任务。实施都市农业规划设计、咨询项目31项。开展各类农村农业实用技术人才培训36期，培训1200余人次。承办国家级高研班1期。联合武汉市教育局试点培育兼职劳动副校长21名，为5245名学生、家长和教师开展27次线上线下农业知识科普教学。

【武汉市生态循环农业】 2020年，武汉市大力开展农业生态环境保护、农业清洁化生产、农业废弃物资源利用技术集成与应用，积极推进资源环境生态友好、农牧循环发展、废弃物综合循环利用。以种养循环生态养殖小区建设为抓手，结合规模养殖场养殖畜种及养殖模式，重点总结推广粪污收集+沼气+资源化利用、异位发酵床、粪污全量收集还田利用、固体粪便有机肥利用、粪便垫料回用等种养循环模式，建成种养循环生态养殖小区25个，打造出金林、木兰、丰美禾等一批种养循环先进典型。推广水产生态健康养殖技术，池塘循环水流道养殖、集装箱循环水养殖、零排放圈养绿色高效循环养殖面积达

2020 年，武汉市组织开展秸秆综合利用机械化技术培训活动

（武汉市地方志办公室　供稿）

4 万平方米。推广主要农作物绿色防控和统防统治融合技术 7.73 万公顷，主要农作物测土配方施肥技术覆盖面积达到 23.33 万公顷，覆盖率达到 95.1%。

（武汉市地方志办公室）

【黄石市农业概况】 2020 年，黄石市农林牧渔业总产值 198.95 亿元，比上年增长 0.6%；增加值 119.66 亿元，增长 0.5%。粮食播种面积 829.57 平方千米，下降 5.6%；产量 51.29 万吨，减少 4.7%。其中，夏粮总产 2.89 万吨，增长 0.7%；夏油总产 8.29 万吨，增长 8.8%。农村常住居民人均可支配收入 16549 元，增长 0.2%。补贴农民购机 1040 台（套），发放补贴资金 680 万元。成立无人机植保服务组织 10 个，有无人机 67 架，全年植保作业面积 133.34 平方千米。农机总动力 124.90 万千瓦，增长 2.5%。主要农作物耕种收综合机械化水平达 74.5%，增长 0.7%。组建油茶、稻虾共作等“十大产业联盟”，发展特色产业基地 133.34 平方千米。打造黄石福柑等农产品区域公用品牌。全市有效使用无公害农产品、绿色食品、地理标志农产品总数 77 个。

【黄石市农业产业融合发展】 2020 年，黄石市推进产业融合发展，发展产业化联合体，培育省级农业产业化联合体 4 家。新增市级农业产业化龙头企业 7 家，市级以上龙头企业累计 80 家。其中，国家级龙头企业 1 家，省级龙头企业 25 家。县级以上示范社 312 家，其中，国家级 17 家，省级 42 家，市级 69 家。“阳新湖蒿”获农产品地理标志登记证书，“金海白茶”获地理标志证明商标。先后举办保安桃花节、洋港花菇节等活动，乡村休闲游从业人员超 2 万人。王英镇“天空之镜”玻璃观景平台被认定为世界上最大的玻璃底观景平台。12 家休闲农业单位获“省级休闲农业示范点”称号。

【黄石市特色农业产业】 2020 年，黄石市组建中药材、水产产业联盟，形成油茶、稻虾共作、涉农电商、柑橘、蔬菜、农旅、畜禽、茶叶、中药材、水产“十大产业联盟”。发展稻虾共作 133.34 平方千米、柑橘 100 平方千米、白茶 66.67 平方千米、中药材 53.34 平方千米。大冶大箕铺镇入选国家农业产业强镇示范建设项目，阳新获批国家农村产业融合发展

2020 年 7 月 18 日，黄石临空经济区还地桥镇首届梨乡会在湖北三山湖生态农业有限公司举行

（黄石市档案馆　供稿）

示范园建设，刘仁八镇金柯村获“全国‘一村一品’示范村镇”称号，兴国镇宝塔村、保安镇沼山村获“2020年全国乡村特色产业亿元村”称号。打造黄石福柑、黄石稻虾米、黄石香椿、黄石白茶等农产品区域公用品牌。黄石福柑获2020年湖北省“黄石福柑”果实品质鉴评会一等奖。阳新县大明府家庭农场、吾生缘家庭农场获湖北省“爱媛28”果实品质鉴评会一等奖。大冶刘小红刺绣作品获2020年全国乡村手工艺大赛最佳创意奖。

【黄石市畜牧养殖业】 2020年，黄石市落实生猪稳产保供，协调行业龙头企业进驻，通过合作、代养模式促进生猪产业发展，提升生猪产能；落实能繁母猪政策性保险实施，推动育肥猪政策性保险落地。全市生猪出栏65.39万头，家禽出栏1995.59万只，肉牛出栏8200头，肉羊出栏2.84万头，肉类产量7.89万吨，禽蛋产量4.92万吨。畜禽养殖环保设施配套率96.4%，畜禽养殖废弃物资源化利用率91.2%。推广稻田综合种养模式，有部级水产健康养殖示范场15处、省级示范场3处。水产养殖业面积353.35平方千米，水产总量22.45万吨。

【黄石市农业产业扶贫】 2020年，黄石市开展“三送一稳”（积极送岗位，主动送订单，精准送政策和全力稳项目）工作，116个农产品品种被列入武汉市“三送一稳”扶贫产品目录。组织产业联盟与湖北师范大学、湖北理工学院、湖北工程职院等高校签订农产品产销战略合作协议，专柜销售黄石稻虾米、黄石仙岛红茶、黄石福柑等农副产品80余种。开展农产品推广活动，白鸭皮蛋、殷祖白茶等七家企业参加《人民日报》举办的“‘鄂’醒了，买它！”专场活动，劲酒、港饼等四家企业参加“湖北重启‘抖’来助力”直播活动。

（黄石市档案馆）

2020年6月18日，黄石市开展“消费扶贫，直播带货6·18腾讯电扇街”直播带货活动

（黄石市档案馆　供稿）

【鄂州市农业概况】 2020年，鄂州市农林牧渔业增加值103.29亿元，按可比价格计算，比上年下降2.5%。农村常住居民人均可支配收入18792元，下降2.7%。粮食生产基本保持稳定，种植面积383.42平方千米，总产量24.55万吨。油料种植面积170.40平方千米，总产量4.30万吨。水果种植面积53.34平方千米，蓝莓、胡柚、草莓等水果品种为鄂州市特色产品。蔬菜种植面积225.34平方千米（含复种），增长1.6%；总产量106.98万吨，增长2.4%；总产值超26.51亿元，增长1.9%。完成2019年度高标准农田建设；完成“两区”（华容区、梁子湖区）划定底图制作、室外踏勘、上图入库、公示公告、建库、市级验收等基础工作，划定“两区”面积326.68平方千米（粮食生产功能区106.67平方千米、重要农产品生产保护区220.01平方千米），通过省级验收。

【鄂州市畜牧业】 2020年，鄂州市有生猪空栏养殖场户48户，恢复生猪引种补栏39户，恢复率81.2%；新建养殖场6个，11个生猪规模化养殖场与正邦、正大、澳龙等大型畜牧养殖公司签订“公司＋农户”代养协议，10个规模养殖场达成代养意向协议。引进并启动湖北中新开维现代牧业60万头生猪养殖项目（总投资 20 亿元）。实施畜禽粪污资源化利用整县推进项目，推广立体有机生物床、传送带干清粪和沼气（厌氧）工程＋还田处理等畜禽粪污处理模式和技术，提升养殖粪污处理设施装备水平。完成养殖企业粪污治理改造工程 138 个，完工率 100%。规模养殖场粪污设施装备配套率 100%，畜禽粪污资源化综合利用率 97.7%。落实春秋两季重大动物疫病集中免疫工作，六种重大动物疫病春秋季集中免疫密度 100%，群体免疫抗体合格率 85% 以上，畜禽屠宰检疫率 100%，病害动物无害化处理率 100%。

【鄂州市水产业】 2020 年，鄂州市水产养殖面积 253.35 平方千米，水产品产量 28.14 万吨，渔业产值 80.92 亿元（现价）。水产品年加工量 5.28 万吨，产值 18.67 亿元。规模较大的休闲渔业 164 户，休闲渔业产值 6.39 亿元。推广养殖尾水治理模式，形成养殖尾水处理设施系统。投入池塘养殖尾水治理专项建设资金 969.73 万元。完成治理面积 5.19 平方千米。有 11 个规模水产一级、二级苗种繁殖和培育场，室外苗种培育面积 1.99 平方千米，室内苗种培育车间面积 1.62 万平方米，年繁育鱼苗能力 60 亿尾左右。全年实际繁育鱼苗 27.80 亿尾、小龙虾苗 301.90 亿尾，向周边地市提供优质小龙虾苗种 175 万—200 万千克。团头鲂（武昌鱼）原种场通过国家级复查验收。推进长江流域禁捕退捕工作，禁捕水域内各类退捕渔船 2708 艘，拆解 2671 艘，留用船只 37 艘，渔民全部上岸安置。

【鄂州市农业机械化】 2020 年，鄂州市农业机耕面积 542.42 平方千米，机播面积 272.55 平方千米，机收面积 401.62 平方千米，主要农作物综合机械化水平 74.5%，比上年增加 0.90 个百分点，除少数丘陵地带外，水稻基本实现全程机械化，油菜在段店、临江、太和等部分地方实现全程机械化。推广先进适用农机装备与机械化技术，开展农机安全生产大检查和送服务下乡活动，推进变型拖拉机“清零”行动。

（鄂州市档案馆）

2020 年 8 月 11 日，打击长江流域非法捕捞专项整治行动工作督导组乘坐“中国渔政 020 船”巡查长江鄂州段　　（鄂州市档案馆　供稿）

【孝感市农业产业化】 2020 年，孝感市推进一二三产业融合发展。新增省级现代农业产业园 7 个、省级农业产业联合体 8 个、国家级产业强镇 4 个。培育农业产业化国家重点龙头企业 6 家，省级龙头企业 71 家，省级休闲农业示范点 24 家。全年实现农林牧渔业总产值 611.16 亿元（现价），农产品加工总值 1397.60 亿元，主营业务收入 1105.90 亿。农村常住居民人均可支配收入 17090 元，增速比上年下降 2.4%。

全市有农民专业合作社 6810 家（其中，国家级 31 家），比上年增加 207 家，增长 3.1%，入社农民 26.98 万户，带动非成员农户数 24.84 万户。工商注册农民合作社 567 家，其中国家级 7 家，吸纳社员约 4 万人，辐射农户约 5 万户。家庭农场 1085 家，纳入全国家庭农场名录系统的规模农业经营户 11996 家。

【孝感市种植业】 2020 年，孝感市粮食总播种面积 3481.24 平方千米，比上年增长 0.9%；粮食总产量 232.71 万吨，增长 0.6%。蔬菜种植面积 1080.05 平方千米，增长 1.6%；蔬菜总产量 424.30 万吨，增长 1.1%。茶园面积 306.35

平方千米，产量9934吨，产值约30亿元。水果产业以桃为主，桃园面积84.34平方千米，增长9.5%，桃产量9.04万吨，下降1.8%，产值约4.94亿元，与上年持平。

加大绿色高质高效创建。实施部级蔬菜、花生、水果和省级小麦、水稻等绿色高质高效创建项目，建绿色高质高效辐射区水稻1000.05平方千米，油菜266.68平方千米，蔬菜120.01平方千米，桃66.67平方千米，茶叶133.34平方千米。形成小麦—香稻、稻渔共作、水稻"一种两收"和"畜—沼—果"种养结合生态循环等绿色高效模式。打造云梦蔬菜、孝昌桃示范区等绿色高效典型。通过示范推广优质品种、精量播种、节水灌溉、肥药减量、病虫绿色防控等先进绿色生产技术，实现亩节本增效200元以上，提质增效3%以上。创建"孝感香米"、"应城糯米"、"七仙红桃"、"梦之芹"蔬菜等一批优质特色品牌。培育禾丰公司、四季长青蔬菜种植合作社等经营主体。

【孝感市"三园三带"建设】2020年，孝感市发挥特色优势，建设"香、粳、糯"三个优质稻米产业园和"菜、果、茶"（汉江、汉北河流域水生、速生蔬菜百里绿色产业带、大别山区优质林果百里绿色产业带、茶叶百里绿色产业带）三个绿色产业带。建立绿色香稻标准化生产基地500.03平方千米，年产优质香稻40万吨；建立规模化、标准化优质糯稻基地460.69平方千米，加工40万吨，籼糯面积占全国的1/10。沿京港澳高速大悟、孝昌和孝南三县区23个乡镇，建成313.33平方千米优质茶园，产值达到34亿元。在汉川、孝南、应城、云梦等地建立133.33平方千米汉江沿线莲藕生产带、33.33平方千米马蹄绿色高产基地及66.67平方千米绿色速生菜示范片，产值达40亿元。

【孝感市特色农业产业】2020年，孝感市优质水稻、双低油菜、优质果品、优质绿茶、无公害蔬菜五大特色农业种植面积3333.50平方千米，产值180亿元，占种植业产值的73%。优质水稻面积2266.78平方千米，优质化率90%；"双低"油菜面积666.70平方千米以上，双低化率95%以上；优质果品面积100.01平方千米，主要以桃、枣、李为主，优质桃花青苷含量是普通桃子的12—15倍；优质绿茶面积266.68平方千米，产量1万吨以上；无公害蔬菜面积1000.01平方千米左右。形成荸荠、大蒜、莲藕、安陆南乡萝卜、白花菜、汉川苦瓜、红辣椒，云梦藜蒿、花苞菜，孝南肖港小香葱、祝站竹叶菜等20个一乡一品特色小板块。有"大别山悟道茶叶""春晖米业""禾丰米业"等国家驰名商标品牌、省级著名商标品牌10个。创建"孝南香米""汉川莲藕""肖港小香葱""大悟绿茶"等15个国家地理标志农产品品牌。有绿色、有机食品348个，种植基地1188.06平方千米。打造"孝感香米""七仙红桃""孝感红"等区域公共品牌。孝感米酒、神丹鲜蛋入选央视"品牌强国工程"，在央视9个频道免费展播。

【孝感市水产业】2020年，孝感市水产业养殖面积666.67平方千米，比上年增长2.2%；水产品产量30.40万吨。推广渔业养殖尾水处理，投资3260万元，采取"三池两坝"（沉淀池、曝气池、生态池、过滤坝）治理模式和池塘圈养零排放模式，建设养殖尾水试点示范基地25个、面积约6.13平方千米。推进长江流域重点水域禁捕。12个保护区及汉江干流（汉川段）禁捕率100%，637条持证渔船拆解率100%，1200名捕捞渔民上岸率100%。

【孝感市畜牧业】2020年，孝感市生猪出栏188.87万头，生猪存栏130.87万头，能繁母猪13.09万头，比上年分别下降18.4%、16.6%、28.3%。家禽出笼9886.78万只，增长2.5%；存笼4233.49万只，下降20.1%。肉类总产量29.19万吨，下降8%。禽蛋产量26.32万吨，增长3%。"神丹"商标被认定为"中国驰名商标"。8月，大悟县正邦集团36万吨饲料加工厂已建成投产。9月，云梦县与正邦集团签订投资12亿元建设现代养殖业全产业链项目。

生猪稳产保供。为32家养殖场申报落实262万元贷款贴息资金；利用中央预算投资950万元，新建、改扩建云梦等17家生猪规模化养殖场。储备猪肉产品800吨，持续增加禽肉、牛肉、羊肉等肉类产品上市。

【孝感市农业机械化】 2020年，孝感市农机总动力280万千瓦，比上年增长2.8%。拖拉机保有量5.80万余台。各类配套农具92200部。农用植保无人飞机265架。全市有农机专业合作社163家。机耕作业量4312.88平方千米，机播（插）作业量2361.45平方千米，机收作业量3702.19平方千米。主要农作物耕种收综合机械化水平77.5%。汉川市创建“全国第五批率先基本实现主要农作物生产全程机械化示范县”。推广农机新技术11类，推广农机新装备、新机具2700余台（套）。农作物秸秆机械化处理利用率95%以上。

（孝感市史志研究中心）

【黄冈市农业概况】 2020年，黄冈市农林牧渔业总产值773.14亿元，比上年增长0.3%；农村常住居民人均可支配收入14693元，增长1.4%。粮食种植面积总产量269.11万吨，增长0.2%；蔬菜产量352.11万吨，增长0.4%；水果产量23.64万吨，增长6.9%。畜牧业现价总产值220.6亿元，下降9.24%。渔业放养面积7.73万公顷，水产品产量44.15万吨，下降3.8%。渔业总产值119.25亿元，增长1.5%。发展稻渔综合种养面积5.49万公顷，增长3.7%（其中，虾稻共作面积5.38万公顷，占总面积98%）。小龙虾总产量9.37万吨，增长6.4%。

全市有注册家庭农场4886家、农民专业合作社11720家。新签约能人回乡创业项目1132个，协议投资额800.04亿元，实际完成投资额187.95亿元。新认定市级龙头企业60家，累计市级以上重点龙头企业311家；新培育地标优品种子企业30家，累计60家；全口径农产品加工产值与农业总产值比2.0∶1。蕲春县完成2020年国家级现代农业产业园创建，实现黄冈市国家级现代农业产业园零突破。

【黄冈市农产品品牌创建】 2020年，黄冈市新认定全国“一村一品”示范村镇3个，累计9个。发展各类休闲农业经营主体2781个，农副产品年销售额42.60亿元。“二品一标”农产品新增31个、累计226个。地标产品新增4个、累计84个。建设地标优品示范基地30个。市级区域公用品牌“黄冈食卷”授权子品牌总数累计30个，“大别山黑山羊”“蕲春蕲艾”“英山云雾茶”入选全省农产品区域公用品牌20强，全市国家级特优区总数累计3个，占全省20%。

“蕲春蕲艾”“麻城福白菊”入选中国特色农产品优势区创建队列。蕲春蕲艾品牌价值90.33亿元，居中国品牌价值地理标志产品百强榜第三十九位，获“中国农产品区域公用品牌百强”称号，在第二届湖北地理标志大会暨品牌培育创新大赛决赛中获金奖。“麻城福白菊”通过欧盟地标认证，品牌价值12.07亿元。“英山云雾茶”参加2020中国茶叶百强区域公用品牌价值评估，品牌价值21.99亿元。

【黄冈市特色农业产业】 2020年，黄冈市推进茶叶、中药材、果蔬、食用菌等十大特色产业发展。茶园种植面积3.01万公顷，比上年增长0.5%；总产量3.93万吨，增长2.3%；产值37.56亿元，增长8.4%。中药材种植面积8.48万公顷，增长4.5%；产量22.19万吨，增长7.7%；总产

2020年，黄冈市五斗地村举行蕲艾丰收节庆祝活动

（黄冈市史志研究中心 供稿）

2020年4月26日，黄州区淑文农产品种植专业合作社机械化收割青贮小麦 （黄冈市史志研究中心 供稿）

值58.05亿元，增长12.4%。建中药材种子种苗繁育基地20个，其中蕲艾种子种苗繁育基地12个。有66.67万平方米以上中药材规范化种植基地16个、多模式中药材示范园区3个。“蕲春蕲艾”“麻城福白菊”“罗田天麻”等地标优品高标准中药材基地9个。开发菊花枕、菊花酒、蕲艾产品等保健产品2000多个，其中，蕲艾衍生产品系列20个、单品1200多个，增长25%。引进系列蔬菜新品种17个，建“放心菜园”6700公顷。特色水果种植面积1.91万公顷、总产量22.45万吨，产值9.63亿元，分别增长2.3%、4.1%、4.1%。

【黄冈市种植业】 2020年，黄冈市粮食种植面积39.44万公顷、总产269.11万吨，分别比上年增长0.85%、0.18%。油料作物播种面积20.19万公顷、总产量52.88万吨，分别增长7.99%、9.69%。争取油菜轮作试点项目资金4050万元，全市油菜种植面积增至14.4万公顷，增加1.8万公顷。棉花种植面积2.45万公顷、总产（皮棉）2.02万吨，分别下降15.5%、19.2%。恢复发展双季晚稻4.83万公顷，实现主要粮食作物优良品种覆盖率96%以上。发展再生稻面积7.867万公顷，增长2.60%；推广稻田综合种养5.333万公顷，增长0.82%。推进粮经饲统筹2.94万公顷，与上年持平。

【黄冈市林业产业】 2020年，黄冈市林业总产值311.64亿元。其中，第一产业120.69亿元，第二产业53.89亿元，第三产业137.06亿元。发展林下经济面积23.24万公顷，林下经济总产值106.01亿元。有国家级林下经济示范基地4个，省级林下经济示范基地15个，从事林下经济企业756个，林下经济从业人数46.17万人，林下经济从业农民人均年收入3560元。新增省级林业产业化重点龙头企业5家，重新认定8家。有国家级林业重点龙头企业2家、省级33家。组织4家企业参加第六届武汉国际电博会、5家企业参展第十八届中国国际农产品交易会。罗田燕儿谷森林康养基地获评第一批“国家森林康养基地”，蕲春县大同镇森林康养基地试点建设镇等8个单位获评2020年第六批“全国森林康养基地试点建设单位”。

【黄冈市畜牧业】 2020年，黄冈市畜牧业总产值220.59亿元，比上年下降9.2%。生猪存栏249.68万头，超过湖北省定恢复目标；出栏258.42万头，下降16.2%。牛、羊、禽分别存栏（笼）63.44万头、78.96万只、5871.90万羽；分别出栏（笼）23.06万头、57.66万只、4834.86万羽，分别下降5.6%、7.4%和2.8%。禽蛋产量31.45万吨，增长11.9%。牛奶产量10.81万吨。坚持畜牧业绿色发展。畜禽粪污综合利用率93.8%，规模养殖场（小区）粪污处理设施装备配套率98.7%，大型规模养殖场设施装备配套率100%。

【黄冈市农业机械化】 2020年，黄冈市主要农作物耕种收机械作业面积151.13万公顷。其中，水稻、油菜机械作业面积9.62万公顷、9.11万公顷。主要农作物耕种收综合机械化水平71.5%，比上年增加1.02个百分点。深松整地作业面积13333.33公顷，增加4000公顷。推进主要农作物全程机械化示范县创建县及农机化监

2020年5月22日，黄冈市团风县罗霍洲数台大型联合收割机在洲滩收割小麦　（黄冈市史志研究中心　供稿）

测点。罗田县入选“全国2020年农作物全面全程机械化示范县”。有主要农作物全程机械化监测点3个、新兴发展领域农业机械化监测点2个、丘陵山区农业机械化监测点50个，3个农机安全生产事故防控监测点获农业农村部批准。推动农机深松作业实施“互联网+”技术，实施收割机配备切碎装置、捡拾打捆机叠加补贴政策，支持秸秆“五化”利用产业发展，秸秆综合利用机械化还田面积3.07万公顷。

（黄冈市史志研究中心）

【咸宁市农业概况】 2020年，咸宁市农林牧渔业增加值231.29亿元，比上年增长0.6%。农作物播种面积43.5万公顷，增长2.3%。全年粮食产量116.85万吨，增长0.3%。油料产量18.82万吨，增长15.6%。茶叶产量5.99万吨，增长2.2%；蔬菜及食用菌产量245.43万吨，与上年持平。肉类总产量15.92万吨，下降16.1%。年末生猪出栏141.91万头，下降24.4%；家禽出笼3381.26万只，增长4.8%。水产品产量22.37万吨，增长2.8%。农村居民可支配收入16359元。

【咸宁市农业特色基地建设】 2020年，咸宁市形成茶叶、水果、中药材、蔬菜等11个特色主导产业，标准化特色产业基地总面积26.67万公顷。新建茶叶基地0.07万公顷，累计3.37万公顷；中药材基地1.11万公顷；水果基地面积2.59万公顷；蔬菜播种面积10.48万公顷。创建3个国家级（“赤壁青砖茶”“通城油茶”“嘉鱼甘蓝”）和2个省级（“通山枇杷”“通城中药材”）特优区。推动优势农产品进入外销市场，与广州市农业农村局签署粤港澳大湾区“菜篮子”建设合作框架协议。3家企业成功申报粤港澳大湾区“菜篮子”工程生产基地认证。

【咸宁市农业产业融合发展】 2020年，咸宁市推进农业产业融合发展载体和模式培育。柳山湖镇成功申报创建农业产业强镇项目，争取省级农业产业化园区产业链建设项目2个、现代农业返乡下乡创业创新专项5个。推进旅游+观光、采摘、加工、科普、康养、体育等深度融合。宣传推介17个省级休闲农业示范点和47个市级休闲农业示范点。通山县石门村被评为“中国美丽休闲乡村”。创建“一村一品”专业村镇154个，其中全国“一村一品”示范村镇15个。杨畈农高区获批建设湖北咸宁国家农业科技园区，通山县九宫山茶业获评农业产业化国家重点龙头企业，崇阳县桂花镇桂花村获评第十批全国“一村一品”示范村，嘉鱼县潘家湾镇被农业农村部评为“全国乡村特色产业十亿元镇”。

（咸宁市史志研究中心）

【仙桃市农业概况】 2020年，仙桃市农林牧渔业总产值164.21亿元，比上年增长5.6%；农林牧渔业增加值96.50亿元，增长1.2%；农村常住居民人均可支配收入20674元，增长3.8%。全市规模以上农产品加工企业151个，农产品加工产值突破400亿元，有农业产业化龙头企业101个，其中国家级61个。省级休闲农业示范点6家。农民合作社1761家，家庭农场1301家，社员总数超过16万人，人均纯收入2.80万元。

【仙桃市农业产业融合发展】 2020年，仙桃市推动农村一二三产业融合发展，培育“农业＋食品”“农业＋旅游”“农业＋电商”新业态。规模以上农产品加工企业151个，加工产值436亿元。沔州百万花海景区、华盛太阳能农庄、心怡家庭农场等被评为“湖北省休闲农业示范点”，渔泛村、潭湖村、杜窑村等美丽乡村建设示范村成为旅游新热点，梦里水乡生态旅游区获批省直管市首家4A级景区。全市建设农村电商服务点268个，发展涉农电子商务企业23家，全年网销农产品2.8亿元。

【仙桃市特色农业产业】 2020年，仙桃市实施农产品精品战略，“沙湖皮盐蛋”“毛嘴卤鸡”“仙桃香米”“仙桃黄鳝”等知名品牌农产品俏销市场。全市“绿色食品”认证15个，注册地理标志证明商标5件。打造稻田种养、绿色蔬菜、名特水产、生态畜禽等四大板块，带动农民增收。全年稻渔综合种养面积266.68平方千米，水生蔬菜面积100.01平方千米，设施蔬菜面积33.34平方千米，名特水产养殖面积133.34平方千米。

打造优质粮油业。全市实施绿色水稻创建，建设万亩优质水稻示范区3个、千亩优质水稻示范片12个；实施绿色油菜创建，发展油菜“345”模式＋观光旅游示范样板6个、油菜轮作试点核心示范样板9个，建设优质油菜板块466.67平方千米。

打造绿色蔬菜业。全市推广“三减三增”蔬菜种植技术，连片建设设施蔬菜区域，串联发展茄科类设施蔬菜16.67平方千米；连片建设水生蔬菜区域，发展莲藕类水生蔬菜92平方千米，培育“莲藕种植—销售—加工”合作社27家；连片建设耐寒陆地蔬菜区域，发展西兰花种植66.67平方千米，“仙桃一枝花”成为仙桃蔬菜产业“代名词”。

打造名特水产业。全年发展特色水产品种22个，打造特色水产基地71个，名特优水产比重超过80.2%。推广河蟹“3+5”养殖、黄鳝“两年段”养殖、鱼鳖混养、稻田综合种养等水产养殖新模式11个，推广面积300平方千米。扶持建设温棚寄养鳝种、工厂化循环水养殖、零排放圈养等设施渔业27家。全年名特水产品产量16.30万吨，产值60.10亿元。

打造生态畜禽业。全市推广高效生态养鸡模式，改造升级蛋鸡“124”养殖56家、120栋，发展林下生态养鸡93家，发展蛋鸡“无抗”养殖场户463家。推广标准化养猪模式，按照防控非洲猪瘟安全标准改造生猪养殖场21家，建设标准化养殖示范场30家。推广优质种牛杂交改良模式，每年向社会提供优质种公牛130多头、种母牛300多头、育肥牛500头。

【仙桃市种植业】 2020年，仙桃市粮食种植总面积1153.19平方千米，比上年下降0.5%。其中，小麦种植面积254.55平方千米，增长5.8%；小麦总产7.40万吨，增长6.3%；水稻种植面积644.30平方千米，下降2.9%；水稻总产量54.30万吨，下降4.8%。经济作物种植面积966.65平方千米，其中油料总面积554.69平方千米；总产量13.18万吨，增长6.5%；蔬菜面积305.82平方千米，总产量51.37万吨；棉花面积100.14平方千米，总产量1.34万吨。

全年发展“双水双绿”稻田综合种养面积280.01平方千米，形成稻虾共作模式万亩示范区、稻鳝共作模式千亩示范片、多个优质稻田综合示范点。开发冬闲田扩种油菜，油菜轮作试点面积20平

2020年，仙桃市剅河镇虾稻基地　　（仙桃市档案馆　供稿）

方千米。打造绿色高效模式精品示范样板，创建再生稻示范样板3个，“稻鳝共生、稻虾共作”绿色高效种养模式示范样板3个，粮棉油菜绿色高质高效示范样板8个，粮食作物高效模式示范样板2个，耕地质量提升与化肥减量增效示范样板3个。

【仙桃市水生蔬菜产业】 2020年，仙桃市种植的水生蔬菜主要有莲藕、藕带、籽莲、菱角等。分布在垸内湖区、泛水湖泊和低湖水田。截至2020年底，全市有水生蔬菜面积90.00平方千米，其中藕带45.33平方千米。以“三湖”地区为核心，辐射周边7个乡镇发展莲藕类水生蔬菜92平方千米，培育“莲藕种植—销售—加工”合作社27家。

【仙桃市水产业】 2020年，仙桃市水产养殖面积358.68平方千米，比上年增长4.6%。水产品总产量28.38万吨，下降3.1%；产值70.85亿元，下降1.4%。

受长江流域禁捕政策及洪灾、新冠肺炎疫情影响，全年捕捞产量3059吨，下降78.2%；养殖产量28.38万吨，增长1.2%。青草鲢鳙等大宗商品鱼产量普遍降幅3%—5%，占养殖总产量比重由60%下降到56%。推进尾水治理，建水产养殖尾水治理示范基地两个（80.34万平方米），在建水产养殖尾水治理示范基地5个（6.33平方千米）。推进汉江及其重点水域禁捕退捕工作，在汉江仙桃段及东荆河（含五湖黄鳝种质资源保护区）、通顺河、电排河等主要水域实行为期10年全面禁捕。

【仙桃市畜牧业】 2020年，仙桃市生猪出栏36.99万头，存栏28.45万头；牛出栏5800头，存栏1.28万头；羊出栏2900只，存栏2300只；肉类总产量3.70万吨。家禽存笼1002.8万只，出笼1017.6万只，禽蛋产量12.17万吨。推进标准化养殖。新建或改扩建蛋鸡“124”标准化养殖模式46家（累计120家）。按照防控非洲猪瘟的生物安全标准改造生猪养殖场36家，打造标准化养殖示范场30家。推广蛋鸡“无抗”养殖新模式，蛋鸡“无抗”养殖场户累计463家，“无抗”养殖率82.97%。开展畜禽品种改良工作，液氮下乡2560升，人工授精配种母牛2513头，产杂交牛犊1951头。推广生猪良种冻精精液298头份、生猪良种精液15600头份。

2020年，仙桃市张沟镇网箱养鳝 （仙桃市档案馆 供稿）

【仙桃市农业科技服务】 2020年，仙桃市推动农业发展新模式、新技术和新经验进村入户。培训新型农民、基层技术人员、农村实用人才8000余人次，发放各类技术资料4万余份。推进农机农艺结合、良种良法配套，普及水稻机械插秧、测土配方施肥、油菜小麦绿色高效技术、秸秆粉碎还田、病虫害统防统治、农机深松整地、农业产业发展思路等先进技术模式。举办各类技术推广现场会24场次。推广测土配方技术应用面积2008.10平方千米，其中，配方肥施用面积1148.27平方千米。推广农作物秸秆还田面积1033.39平方千米。水稻、小麦、油菜、大豆、果蔬等主要农作物飞防面积近913.38平方千米次，覆盖率43.8%。专业化统防统治服务组织23个。

【仙桃市农业机械化】 2020年，仙桃市农机总动力148.5万千瓦，农业机械综合水平83.3%。有植保无人机150多架。水稻、小麦、油菜、棉花四种主要农作物机

2020 年 6 月，潜江市垦区高标准农田　　（潜江市档案馆　供稿）

械耕整、机械收获水平 99.99%、83%。推广“深松＋旋耕”农机深松整地 13.33 平方千米。发放农机购置补贴资金 1837.61 万元。无人植保机、北斗米级终端和粮食烘干机为农民购机热点。

（仙桃市档案馆）

【潜江市农业概况】 2020 年，潜江市农业总产值 147.30 亿元，农业增加值 88.71 亿元，农产品加工业产值 321.65 亿元，农村常住居民人均可支配收入 18948 元。小龙虾养殖总面积 4.60 万公顷，比上年增长 7.4%；产量 11.585 万吨，增长 8.2%；产值 32.438 亿元。粮食播种面积 10.09 万公顷，增长 3.6%，总产量 64.40 万吨，增长 6.9%；油料作物播种面积 1.52 万公顷，下降 2.5%，总产量 3.40 万吨，增长 2.1%。蔬菜种植面积 2.01 万公顷，总产量 84.48 万吨、增长 0.6%。半夏种植面积 10.07 平方千米，增长 65.9%；总产量 445.45 万千克，增长 64.98%；产值 12028.12 万元，增长 61.5%。出栏生猪 36.70 万头、牛 1.44 万头、羊 1.71 万只，出笼家禽 953.33 万羽。存栏生猪 33.72 万头、牛 3.19 万头、羊 1.03 万只、家禽 509.69 万羽，分别增长 33.4%、17%、168%、11.9%。农机总动力 151 万千瓦，主要农作物耕种收综合机械化水平 84.2%。规模养殖场设施配套率 100%，粪污资源化利用率 93.3%，秸秆综合利用率 90.2%。

（潜江市档案馆）

【天门市农业产业发展】 2020 年，天门市农林牧渔业总产值 159.78 亿元，农作物种植面积 2355.58 平方千米，比上年增加 53.67 平方千米。农业机械总动力 167.8 万千瓦，主要农作物耕种收综合机械化水平 87.8%，农作物秸秆综合利用率 93.1% 以上。农村土地流转率 49.5%。新建高标准农田 6.67 平方千米。“天东双水双绿”“天西蔬菜药材”“天北四季瓜果”三大特色产业板块面积 533.36 平方千米。培育农产品冷链物流企业 21 家。各类农民专业合作社 3151 家，其中省级示范社 30 家。

【天门市新型经营主体培育】 2020 年，天门市有农业产业化市级龙头企业 81 家，其中国家级 2 家；有国家级现代农业示范区 1 个，市级及以上休闲农业示范点 25 家，其中省级 3 家。新增绿色食品 3 个（红日子公司的绿色食品豆角和黄瓜，群星泽龙合作社的绿色食品樱桃番茄）、农产品地理标志 2 个（“天门黄花菜”和“岳口芋环”）。张港镇入选“全国乡村特色产业十亿元镇”名单，红日子食品入选农业产业化国家重点龙头企业。分二十四批次担保推荐 536 家各类涉农新型经营主体申报“农担抗疫信用贷”，累计发放贷款 292 笔、2.82 亿元。

【天门市农业品牌建设】 2020 年，天门市新增“两品一标”认证单位共 4 家产品 5 个。全市有效期内的“二品一标”企业 17 家产品 29 个，认证总面积 223.14 平方千米；有“一村（镇）一品”示范村镇 3 个（张港镇、黄潭镇万场村、九真镇明庙村）。推荐 4 个产品列入湖北省厅“鄂粤同心抗疫发展”采购名单、35 个农产品与新浪网合作、12 个产品参加“扶贫 832”平台及中国社会扶贫网湖北特色馆展销。陆羽毛尖“季儿茶”和有机红茶“竟陵红”参展茶博会获金奖。庄品健、陆子、金瓒等重点粮食企业参加第三届中国粮食交易大会，签订意向协议 12.20

万吨。湖北红日子获批国家级重点农业产业化龙头企业。

【天门市农业特色产业建设】2020年，天门市打造“天东双水双绿”“天西蔬菜药材”“天北四季瓜果”高效农业板块。稻田综合种养面积200.01平方千米。提升以张港花椰菜、多宝豇豆为代表的133.33平方千米蔬菜基地标准化生产技术。以汪场半夏、蒋场菊花为集中区的中药材生产基地20平方千米，汪场镇雷场村半夏种植面积40万平方米。黄潭西甜瓜、蒋湖西瓜，桑椹、圣女果、葡萄、草莓采摘园等设施瓜果基地13.33平方千米。柑橘、梨、葡萄等水果常年种植面积超12平方千米，皂市林果面积3平方千米，何岭村果树面积73.34万平方米，引进金果、鄂双桃、518早熟油桃、春利94毛桃、新西兰猕猴桃等新优品种多个，形成一村一品的格局。

【天门市农业科技服务】2020年，天门市采取政府统一供种、供药、合作社规模种植、加工企业定单收购的方式，开展水稻绿色高质高效示范，项目实施面积85.74平方千米。促进优质品种全面推广，水稻良种普及率98%以上。推广再生稻种植技术，面积53.34平方千米，头季单产645.80千克/亩，再生稻单产238.60千克/亩。全市机械插秧面积456.69平方千米，机插率约64.3%。农业农村部以“打好粮食生产‘组合拳’交出稳产增收‘合格卷’”为主题宣传天门粮食（水稻）生产情况。5月1日，央视新闻频道《朝闻天下》报道天门市九真惠丰合作社项目区水稻集中育秧情况。

【天门市种植业】2020年，天门市粮食种植面积1589.88平方千米，增加15.87平方千米；棉花播种面积71.20平方千米，减少25.73平方千米；油料种植面积437.56平方千米，增加51.14平方千米；蔬菜种植面积203.53平方千米，增加6平方千米。粮食总产量80.06万吨，减少1.11万吨。棉花总产量6500吨，减少3400吨。油料总产量12.49万吨，增加1.22万吨。园林水果产量1.89万吨，增长2.7%。

【天门市虾稻共作产业】2020年，天门市出台小龙虾产业奖补政策，惠及新型经营主体729家。形成虾稻共作面积186.68平方千米、池塘养殖面积53.34平方千米的种养规模。全年小龙虾产量3.30万吨。培育天门市鑫天农业发展有限公司、湖北启勋食品有限公司等加工企业，年加工小龙虾能力1.60万吨。搭建天门市小龙虾交易中心交易平台，健全小龙虾产业链条。全年小龙虾总产值23亿元。加大渔业合作社、家庭农场等新型主题培育力度，提高渔业组织化、专业化程度，推进渔业产业化经营。全市水产养殖面积119.81平方千米，增殖渔业面积29.33平方千米，水产品产量11.60万吨，稻渔综合种养186.68平方千米，渔业总产值68.50亿元。全市有水产专业合作社347家、家庭渔场38家、虾稻共作专业合作社99家。探索“稻—虾”“稻—鱼”“稻—蟹”养殖新模式。赴乡镇开展技术28场次，培训水产养殖大户2000余人次。

【天门市林业产业】2020年，天门市林业产值26.70亿元，其中，一产业7.40亿元，二产业10.70亿元，三产业8.60亿元。有省级龙头企业1家、市级龙头企业7家、一定规模的加工企业56家、林业专业大户167家、林业专业合作社107家、规模以上湿地公园2处、野生动物保护区1处。天源木业、武汉鸿扬尚品家私、蒋场云腾菊业、麻洋天诚花卉苗木种植专业合作社恢复生产，经济增长迅速。张家湖湿地公园、北湖公园、知青农场等旅游产业发展迅猛。佛祖山森林旅游区、七彩田园等产业潜力显现。

（天门市文化和旅游局）

工业和建筑业

【武汉市重点工业发展】2020年，武汉市工业增加值4085.50亿元，比上年下降9.3%，降幅收窄至6.9%。规模以上工业企业营业收入12543.99亿元，下降9.9%；利润总额679.58亿元，下降17.8%；资产总计18192.23亿元，增长10.3%；负债9717.06亿元，增长11.5%。新增规模以上工业企业312个，累计总数2949个。25个重点工业企业规模以上工业产

2020年11月11日，第十七届“中国光谷”国际光电子博览会暨论坛在中国光谷科技会展中心开幕。图为在中国联通展台，智能小机器人“悟空”表演武术　　（武汉市地方志办公室　供稿）

值6479.55亿元，下降6.2%。2家企业产值稳定在1000亿以上，东风本田汽车有限公司产值1510亿元，国家电网湖北省电力公司1019亿元。全市规模以上工业综合能耗217687吨标准煤，下降13.6%；规模以上工业单位增加值能耗率下降7.2%。

十二大重点行业中，烟草业、计算机通信和其他电子设备制造业、医药业规模以上工业增加值正增长，增速分别为6.2%、2.4%、1.4%。汽车制造业下降4.1%，电力、热力生产和供应业下降6.2%，黑色金属冶炼和压延加工业下降9.5%，农副食品加工业下降10.1%，非金属矿物制品业下降11.2%，电气机械和器材制造业下降11.7%，金属制品业下降18.1%，化学原料和化学制品制造业下降22.5%，石油、煤炭及其他燃料加工业下降23.5%。

【武汉市工业投资】2020年，武汉市工业投资比上年下降20.4%，比湖北省平均水平高3.50个百分点。其中，工业技改下降20.1%，比全省平均水平高8.20个百分点。推进工业企业智能化改造，举办示范项目推广会28场，咨询诊断企业616家，项目立项285项。

推进重大项目。康宁显示科技武汉公司10.5代玻璃基板、中韩石化乙烯脱瓶颈改造（第一阶段）、武汉国家航天产业基地火箭产业园、新冠灭活疫苗研发实验室和生产车间项目建成投产；东风云峰、华为海思光工厂加快设备调试，航天科工武汉磁电有限责任公司、航天科工集团行云项目基建完成；长江存储（二期）项目开工，中国长城集团信创产线、龙芯中科技术股份有限公司、深圳迈瑞生物医疗电子股份有限公司、国家电投集团燃料电池电堆和氢能研究院等项目签约。组织实施华星光电T4第6代LTPS-AMOLED生产线二期、东风乘用车扩建等108项重大技改工程，推动实施蒙牛乳制品二期乳品生产线、精华减速机机器人高精密减速器产业化等高水平数字车间、智能车间、绿色工厂建设。打造长飞光纤、美的集团、武汉船用机械、光迅科技、武汉华星光电、武重集团、征原电气、爱帝集团、烽火科技等9个国家级试点示范项目。评选认定40家工业智能化改造示范企业，开展智能化改造“周五公开课”活动，邀请有意转型的企业走进武汉钢铁有限公司智能车间、施耐德电气制造（武汉）有限公司、博世华域转向系统（武汉）有限公司等28家不同工业智能化改造示范企业，现场观摩企业累计超300家，线上观摩单场最高5万人次。

【武汉市数字经济突破性发展】2020年，武汉市成立数字经济发展委员会，出台《武汉市突破性发展数字经济实施方案》，统筹构建数字经济政策体系，实施“573”工程（即“5”大数字新基建、“7”大数字新产业、“3”大数字新融合。具体指夯实信息网络、数据中心、城市物联感知体系、工业互联网、卫星互联网五大数字新基建；聚焦“光芯屏端网云智”七大产业，发展数字新产业；加速制造业、服务业、农业三大数字新融合）。夯实5G、工业互联网、数据中心等新基建，国家新型工业化产业示范基地（中国武汉·工业互联网）获批。引进华为长江鲲鹏、浪潮华中总部、腾讯数字产业总部、中国电子云全球总部、华为

AI算力中心、阿里巴巴华中总部等重大项目，国家工业互联网研究院湖北分院、信通院中部基地等国家级机构揭牌，光芯屏端网等数字产业集群优势进一步巩固。安全生产感知、智慧教育、“城市云脑”等一批智慧城市应用场景和对接平台加快建设。

【2020中国5G+工业互联网大会】2020年11月19—21日，2020中国5G+工业互联网大会在武汉举办。大会由工业和信息化部、湖北省人民政府主办，旨在推动5G和工业互联网在更广范围、更深程度、更高水平上融合发展，同时助力湖北疫后重振和经济恢复发展。中共中央总书记、国家主席、中央军委主席习近平向2020中国5G+工业互联网大会致贺信。中共中央政治局委员、国务院副总理刘鹤以视频连线形式宣读贺信并致辞。大会以“智联万物，融创未来”为主题，举办21场专题会议，涉及技术、网络、平台、安全、应用、产业等多个方面、多个领域，吸引5300余人次参与。其中，具有湖北武汉特色的“5G+工业互联网”湖北制造、“5G+工业互联网”湖北创新、“5G+智能网联汽车”“5G+北斗”等专题会议，对外展示湖北武汉在“5G+工业互联网”领域取得的成绩。

大会同期举办“5G+工业互联网”成果展，选取中国电信集团有限公司、中国移动通信集团有限公司、中国联合网络通信集团有限公司、中国广电网络股份有限公司、中国铁塔股份有限公司等通信企业，华为技术有限公司、中国信息通信科技集团有限公司等5G领先企业，东风汽车集团有限公司、浪潮集团有限公司等典型应用企业，共14家企业集中展示网络、场景、平台、安全、应用等方面的成果。大会发布《中国5G+工业互联网发展报告（2020年）》等7项5G+工业互联网领域重要成果。

2020年11月19—21日，2020中国5G+工业互联网大会在武汉举办

（武汉市地方志办公室　供稿）

大会期间，武汉市与华为技术有限公司商定加快推进华为武汉研究所二期、长江鲲鹏创新中心建设，落地全国首个人工智能计算中心。武汉市人民政府、武汉产业投资发展集团分别与华为公司签署合作协议，华为将融合5G、云计算和人工智能等新一代信息技术，高标准建设“武汉云”。与小米科技有限责任公司商定进一步扩大在汉投资规模，把小米科技有限责任公司和金山软件（武汉）总部项目建成超大规模研发总部。大会共收集项目29个，签约金额264亿元，其中，上台签约项目16个，签约金额189.22亿元。“星火·链网”超级节点、中国工业互联网研究院与长飞光纤战略合作、东风岚图汽车与中国联通战略合作等一批项目落地。“中国信息通信研究院中部基地”“中国工业互联网研究院湖北分院”“国家工业大数据中心湖北分中心”等一批国家级平台揭牌成立。

【武汉市光电子信息产业发展】光电子信息产业是武汉市第二大产业，也是湖北省重要支柱产业。武汉市光电子信息产业已培育形成光通信、集成电路、新型显示、智能终端、软件和信息技术服务业等特色产业集群，在全国产业链上下协作中具有重要地位。

2020年，全市光电子信息（不含软件）产业产值规模约2600亿元，规模以上企业约500家；软件和信息技术服务业完成软件业务收入约1950亿元，保持了稳定的发展态势。中国信息通信科技集团有限公司、长飞光纤光缆股份有限公司连续多年入选中国电子百强，武汉斗鱼网络科技有限公司、武汉物易云通网络科技有限公司入选中国互联网百强，中国信息通信科技集团有限公司、烽火通信科技股份有限公司等5家企业入选中国软件竞争力百强，入选企业数量创历史新高。

【武汉市“光芯屏端网”产业集群优势显现】 2020年，武汉“光芯屏端网”产业集群优势进一步显现。

在光通信领域，武汉是全球最大的光纤光缆研制生产基地，拥有66%的国内市场占有率，25%的国际市场占有率，销量跃居世界第一；是国内最大的光器件研发生产基地，拥有60%国内市场占有率；是国内最大的激光产业基地，国内市场占有率连续11年超50%；同时是国内最大的光通信技术研发基地。2020年，武汉市光通信系统和光纤光缆产业布局更加完善，以烽火通信科技股份有限公司、长飞光纤光缆股份有限公司、武汉光迅科技股份有限公司、武汉华工正源光子技术有限公司、武汉凡谷电子技术有限公司、武汉虹信通信技术有限责任公司等为代表的一大批骨干企业覆盖产业链各环节，形成了上游为光通信材料及配套元器件，中游为光通信器件等系统设备，下游为光通信终端及应用产品的产业链。

在集成电路领域，2020年，长江存储成功研发128层3D NAND闪存芯片，创造3项业界之最，填补国内技术空白。中国信科、国家信息光电子创新中心不断取得核心技术突破，涌现国内首款100G硅光商用芯片、全球首款混合集成型25G可调谐发射光器件、国内首个400G硅光模块等一批重大自主创新成果。高德红外百万像素级中波红外探测器芯片达到国际先进水平。湖北鼎汇微电子材料有限公司CMP抛光垫通过国内晶圆大厂全制程验证，已形成年产10万片产能。

在新型显示领域，武汉是全球最大的中小尺寸显示面板基地，总产能超过25万片/月。武汉市已吸引天马、华星、京东方等三大面板厂商投资近千亿元建设覆盖大中小尺寸液晶面板、中小尺寸柔性显示面板等5条产线，并集聚康宁、奇宏光电、冠捷显示、联想等上下游配套企业，还有数家致力于突破国外技术壁垒、增强国家产业话语权的上游科技公司在不断发展。

在智能终端领域，武汉基本形成以手机、电脑整机生产为主的规模化研发制造集群。联想武汉基地累计生产手机终端超过1亿部，年产值超过350亿元。武汉富士康年产值超过220亿元。华为、小米、联想MOTO、富士康等一批知名智能终端品牌研发生产企业，带动奇宏光电、裕同、新宁、慕声科技、卓翼科技等上下游配套厂商在武汉聚集。在VR/AR、无人机、智能家居、车载智能终端领域的产业化布局也颇具规模。

在软件和网络安全领域，武汉市是13座中国软件名城之一，中部地区首个中国软件名城，以及唯一一座“双特色”（互联网+、基础软件）名城。培育形成互联网+、光通信嵌入式和工业软件、地球空间信息、基础软件和信息安全4个特色产业集群。武汉达梦数据库有限公司、武汉深之度科技有限公司在数据库、操作系统领域技术储备雄厚，累计完成60多项国家级、省部级的数据库相关科研开发项目，荣获30余项国家、省部级科技进步奖。斗鱼、理工数传、传神语联网、攀升、宁美等在“互联网+直播”“互联网+出版”“互联网+语言”“互联网+PC制造”领域的用户数、销售规模以及经济社会效益国内领先。

【武汉市光电子信息技术高端产业项目布局】 2020年，武汉市光电子信息技术高端产业项目不断布局发展。长江存储项目一期产能达3.50万片/月，二期6月开工建设，厂房桩基施工完成。武汉天马G6项目二期年底落成投产。京东方10.5代线项目产能稳步提升，预计2021年6月达产，康宁玻璃基板生产线成功点火。华星光电T 4项目二期建设提速，预计2021年底达产。华为武汉研发生产项目（二期）A地块海思光工厂加速建设。长江计算智造基地项目7月建成投产，长江鲲鹏生态创新中心项目9月正式启用，武汉人工智能计算中心项目启动。阿里巴巴华中总部项目、浪潮华中总部项目、小米武汉总部二期项目、中国电子云总部和华中区域数字产业总部项目、360华中大区总部基地项目等一批重大项目签约。

【武汉市光电子信息产业前沿领域创新】 2020年，武汉市发展区块链、北斗产业，开展光电子信息业前沿领域创新。

年内，武汉市区块链产业创新发展示范区正式揭牌，区块链产业园启动筹建。市区块链协会成立，成员单位达120余家。全市新增国家网信办区块链备案项目4个，新增区块链企业115家。非旺软件入围工信部赛迪认证的全国区块链典型企业百强榜。10月，先后举办“链×云”英雄城市峰会和世界区块链大会，促进区块链技术交流与产业合作。

深入实施《武汉市北斗产业发展行动计划（2020—2022年）》。梦芯北斗导航芯片等产品在政府管控车辆、共享单车、跨江桥梁、5G基站、精准物流等领域扩大应用。武大吉奥信息技术有限公司、武汉依迅北斗空间技术有限公司入选国家工业和信息化部专精特新“小巨人”企业。2020中国北斗产业应用大会、2020中国数字经济高峰论坛、2020中国5G+工业互联网大会等行业内重要会议相继在武汉成功召开，习近平总书记向2020中国5G+工业互联网大会发来贺信。

【国家存储器基地项目二期开工】 2020年6月20日，国家存储器基地项目二期在武汉东湖高新区开工。国家存储器基地项目由紫光集团、国家集成电路基金、湖北省科投集团和湖北省集成电路基金共同投资建设，计划分两期建设3D NAND闪存芯片工厂。项目一期于2016年底开工建设，32层、64层存储芯片产品已稳定量产，2020年4月成功研制出全球首款128层QLC三维闪存芯片，实现技术突破。项目二期规划产能20万片/月，两期项目达产后月产能共计30万片。

【长江鲲鹏生态创新中心正式启用】 2020年9月1日，武汉市与华为公司深化战略合作、共同建设打造的长江鲲鹏生态创新中心，在光谷未来科技城正式启用。同日，武汉发布“鲲鹏计算产业推进计划”并签署一系列合作协议。长江鲲鹏生态创新中心将以鲲鹏处理器为核心，建设鲲鹏产业联合创新实验室等平台，加速武汉鲲鹏计算产业应用推广。

华为鲲鹏计算产业，是基于鲲鹏处理器构建的全栈IT基础设施及行业应用及服务，包括PC、服务器、存储、操作系统、中间件、虚拟化、数据库、云服务、行业应用等。“鲲鹏计算产业推进计划”将从4个方面展开：建设长江计算整机生产线，联合打造长江计算平台；由武汉工控集团与华为合作，联合政府、企业和科研院所建立的长江鲲鹏生态创新中心，为国内科技型企业和生态伙伴提供鲲鹏创新研发、迁移适配、测试验证、人才培养等相关服务；建设鲲鹏产业园，吸引上下游企业合作伙伴入驻；开展鲲鹏创新应用示范，支持市直部门优先使用鲲鹏的政务云服务，推进相关软硬件厂商对接、架构迁移。计划到2025年建成产业生态完善、核心技术领先、应用场景丰富、产业竞争力较强的鲲鹏计算产业示范区。

【国家网络安全人才与创新基地建设】 2020年，武汉市全力加快国家网络安全人才与创新基地（以下简称网安基地）建设，推进网

2020年9月1日，长江鲲鹏生态创新中心正式启用

（武汉市地方志办公室　供稿）

络安全人才、技术、产业融合发展，打造网络安全人才培养和产业发展高地。

争取国家对网安基地建设支持。依托网安基地自身优势和特点，积极申报国家新基建、国家数字化转型促进中心等国家级项目。年内，申报工作取得积极进展，"车联网网络安全国家工程研究中心"项目已由省发改委上报国家发改委审定。

打造产业示范高地。跟踪搜集企业存在的困难，服务疫后复工复产，推动企业发展。瞄准网络安全核心产业链，全力打造网络安全、大数据和信息技术服务三大产业板块。截至年底，网安基地已签约项目 65 个。其中，中金数谷武汉大数据中心项目 2 号大数据机房楼已投入运行，数字认证武汉研发运营中心项目进入装修施工阶段，国家计算机网络与信息安全管理中心湖北分中心、中国网络安全审查技术与认证中心"网络安全人才能力评价中心"、中国电子集团等国家队和腾讯等网络安全龙头企业陆续落地。

【网安学院建成投入使用】 2020 年，武汉市推进国家网络安全学院（简称网安学院）入驻办学和运营管理。网安学院于 6 月底全部竣工验收启动交付工作，秋季顺利开学。作为国家网安基地内规划建设的学历教育区和核心功能片区，网安学院用地面积 21.20 公顷，总建筑面积 28.90 万平方米。8 月，武汉大学、华中科技大学两所高校与武汉临空港经济技术开发区（东西湖区），正式签署国家网安基地网络安全学院入驻办学协议，网安学院按照"部分独立、部分共享"原则运行，在学科设置、师资力量、图书资源、实验设备方面共建共享。9 月，网安学院开学，1300 多名本硕博学生和 140 余名教职员工正式入驻。

【中国北斗产业应用大会】 2020 年 9 月 23—24 日，中国北斗应用大会暨中国卫星导航与位置服务第九届年会在武汉市举行。大会以"推进北斗应用、壮大新兴产业"为主题，旨在促进导航、遥感、通信等卫星系统技术和应用领域深入交流，推动卫星数据的共享和综合利用以及产业结构升级，拓展北斗应用新领域。会上，中国科学院院士、中国工程院院士李德仁，中国工程院院士刘经南、谭述森等，分别作《论"北斗！"和"！北斗"——从 PNT 到 PNTRC》《北斗 -3 全球导航系统的优势及其可开拓新应用方向初探》《北斗历史性成就与未来》等报告，北斗领域多位专家及企业家就卫星导航与位置服务产业发展领域的前沿科技、创新应用和趋势分析作了交流。蔚来新能源设备制造与电池服务项目、天耀宏图第二总部项目、4G 北斗物联网终端项目等 10 个项目现场签约，涉及空间信息、光电子、新能源、互联网等多个领域。大会表彰了 2020 年度卫星导航定位科技进步奖、卫星导航定位创新应用奖获奖单位和个人。中国卫星导航定位协会授牌东湖新技术开发区为"北斗产业化创新应用示范基地"。魏子卿院士获得 2020 年度卫星导航定位终身成就奖。

武汉中国·光谷是国内最早的北斗产业基地之一。在地球空间信息及应用服务方面，光谷已成为核心技术的高地、产业发展的策源地和人才培养基地，形成包括上游地球空间信息数据获取、中游数据处理加工与运营服务、下游系统集成及应用服务等在内的相对完整的产业集群，拥有梦芯科技、依迅北斗、湖北地信等相关企业 500 余家，集群核心企业总收入约 310 亿元，企业总收入年增长率超 15%。

【武汉市汽车产业】 2020 年，武汉市汽车及零部件产业总产值 3151.30 亿元，比上年下降 3.9%。乘用车整车企业 7 家，东风本田汽车有限公司生产整车 84.05 万辆，增长 6.2%；上汽通用汽车有限公司武汉分公司生产整车 48.22 万辆，下降 19.3%；东风汽车集团股份有限公司乘用车公司生产整车 6.73 万辆，下降 12.2%；神龙汽车有限公司生产整车 2.58 万辆，下降 62%。客车整车企业 4 家，汽车零部件规模以上企业 500 多家。

乘用车整车企业均投产新能源汽车，全年生产新能源乘用车 20145 辆，新能源汽车保有量超 9 万辆。示范推广燃料电池车辆 158 辆，其中，燃料电池公交车 23 辆，燃料电池通勤客车 31 辆，燃料电池物流车 104 辆。建充电桩 27.10 万个，其中，实际建成 10.50 万个，具备完全接入安装条件的

2017—2020年武汉市汽车产业基本情况统计表

项目（单位）	2017年	2018年	2019年	2020年
汽车产业产值（亿元）	3600	3200	3280	3151.3
乘用车整车产量（万辆）	189.4	170.4	154.7	141.6
乘用车整车产值（亿元）	2313.93	2039.22	2034.54	2037.85

桩位16.60万个；建充电站913座、加氢站5座；建投入新能源汽车及充电基础设施一体化的第三方监测管理平台，接入车企71家，车辆77173辆，桩企51家，充电站308个，充电桩11432个。

【国家电投氢能项目落户武汉】 2020年5月15日，在武汉市“云招商”央企专场活动上，国家电力投资集团有限公司氢能科技发展有限公司与武汉经济技术开发区签署合作协议，国家电投集团规划的华中氢能产业基地落户武汉。该项目总投资75亿元，分三期建设。其中，首期投资16亿元，建设包括氢能关键材料研究院和中试生产线、燃料电池量产线。

国家电投集团氢能科技发展有限公司是国家电投集团实施氢能产业科技创新的平台，是国家“科改示范行动”氢能行业唯一示范企业。该公司在武汉经济技术开发区建设国家电投集团华中氢能产业基地，打造氢能关键技术研发及产业化平台，将助力武汉经济技术开发区构建氢能核心产业链，建设国家级氢能技术创新中心、高端装备制造中心和氢能应用示范中心。

【国家新能源和智能网联汽车产业培育】 2020年，武汉市发放智能网联汽车道路测试通知书32张、示范应用通知书13张。武汉经济技术开发区106.06千米、东湖新技术开发区13.40千米及江汉区中央商务区5.50千米的开放测试道路和示范应用路段投入使用。整车生产企业发布新车19款。其中，东风本田汽车有限公司4款，上汽通用汽车有限公司武汉分公司6款，神龙汽车有限公司5款，东风汽车集团股份有限公司乘用车公司4款。国内首个自动驾驶主题景区在武汉龙灵山生态公园投入运营，自动驾驶出租车、观光车、售货车、环卫车、穿梭巴士19辆。

国家新能源与智能网联汽车基地完成示范区主体工程二期建设，完成78千米道路智能化改造，累计建成106千米车路协同智能化开放测试道路，全面覆盖5G信号、北斗高精度定位系统、路侧感知设备和车路通信系统，具备L4及以上等级自动驾驶测试运行条件。86.67公顷封闭测试场启动基础工程施工，同步完成测试区勘察、方案融合设计、报批报建、土地性质变更等工作，乡村测试区启动桩基施工，3条施工便道启动建设。联合华为技术有限公司、中国航天科工集团第三研究院等企业机构完成包含自动驾驶模拟仿真系统、智能车辆管理系统的仿真测试平台开发部署。开展自动驾驶公交、物流配送、共享出行、智能停车、清洁环卫等8大领域示范应用，投入运行自动驾驶车辆40多台。联合东风汽车集团有限公司建设自动驾驶“领航”项目，建立Robotaxi组成的自动驾驶运营车队。开展高精度地图与北斗导航定位研发与应用、新型毫米波

2020年4月23日，在东风汽车技术中心，工程师们正在调试东风汽车自主研发的无人驾驶汽车　　（武汉市地方志办公室　供稿）

雷达应用、车路协同设备兼容性测试等课题研究。支持东风汽车集团有限公司建设前瞻技术研究院等高端研发平台，开展智能网联汽车、关键零部件、智能控制系统等方面研发创新和科技成果转化。成立“自动驾驶城市示范与产业协同创新联盟”。

2020 年 11 月 25 日，东风汽车集团有限公司岚图汽车首款高端智能电动 SUV 预生产下线　　（武汉市地方志办公室　供稿）

【东风汽车集团有限公司】 2020 年，东风汽车集团有限公司销售汽车 345.80 万辆，销售收入 5993 亿元，比上年增长 3.2%。轻量化实现 2GPa 级高强钢行业首次量产应用，形成 BMS 开发及高压系统 EMC 评价优化能力，“五化一车四网”产业化实现 110 余项新技术搭载和应用，L2+ 级自主乘用车量产上市。与武汉经济技术开发区管委会签订“自动驾驶领航项目”，L4 级自动驾驶车型 Robotaxi 示范运行。完成 EEA3.0 电子架构研发，支持 5G 及 L3 级自动驾驶，5G 港口无人驾驶集卡投入运营，与广东佛山仙湖试验室签订氢燃料电池汽车示范运营合作协议。启动发明专利“倍增计划”，全年受理 1207 件，增长 700%；智慧生态圈创意累计突破 1000 条，8 项黑科技实现搭载测试，T 创空间开展自动驾驶芯片等技术攻关。奕炫系列搭载自主 L2+ 级别智能驾驶技术实现量产，获 2020 中国汽车场地职业联赛（CTCC）年度双料冠军。C15TDR 实现动力性、热效率等指标行业领先，先后获得“2020 十佳发动机”和“中国汽车风云盛典评委会年度特别大奖”。导入自主电驱动、磷酸铁锂电池包，降低成本 30% 以上。搭载自主快换电技术版本完成实车验证。推进模块横向协同，拓展东风小康、东风柳汽、东风岚图和东风零部件等板块共通共享。

【东风岚图品牌正式发布】 2020 年 7 月 17 日，东风汽车集团有限公司 h 事业部品牌标识“岚图”在武汉发布。独立子公司“岚图汽车科技公司”也宣布成立，采用“成熟车企 + 造车新势力”融合共创式发展新模式，将整合成东风汽车丰富造车经验与造车新势力灵活创新机制。7 月 29 日，东风汽车集团有限公司在武汉发布岚图汽车品牌战略，其首款概念车 VOYAHi-Land 全球首发。该品牌规划 9 款车型，涵盖轿车、SUV、MPV 等多个细分市场，首款车型计划在 2021 年投产上市。11 月 25 日，岚图第一台新能源汽车在岚图汽车工业园预生产下线，成为武汉诞生的首款中大型高端智能电动汽车。

【武汉市生物医药工业】 2020 年，武汉市生物医药制造业增加值增幅 1.4%，比全市平均水平高 8.30 个百分点，在 12 个重点行业中居第三位。产值过 10 亿元企业 5 户，其中远大医药（中国）有限公司全年产值 63 亿，增长 7.1%。华大生物核酸检测试剂盒成为全市首个销售收入突破 10 亿元的产品。

落实武汉大健康产业发展规划关于“一城一园三区”（光谷生物城，光谷南大健康产业园，汉阳大健康产业发展区、环同济—协和国家医疗服务区和武汉长江新城国际医学创新区）的产业总体布局，先后组织编制《光谷南大健康产业园总体规划》《光谷生物城生命健康园先导区控制性详细规划调整完善》《武汉国家生命健康创新发展示范区总体方案》《硚口“环同济健康城”产业及更新规划》。武汉生物制品研究所新冠疫苗研发实验室和生产车间综合体建成，武汉光谷核酸检测车下线。

10个集群内项目被纳入国家战略性新兴产业集群银企合作项目，6个项目获支持；武汉联影医疗科技有限公司、武汉新华扬生物股份有限公司获批国家发展改革委“国家生物试剂和菌种关键核心技术攻关工程”立项，华大基因“火眼”实验室获得国家发改委中央预算内资金支持，湖北省医疗器械质量监督检验研究院医疗器械检验综合试验楼项目获得国家发改委专项支持，武汉国家级人类遗传资源样本库通过科技部保藏审批，鼎康（武汉）生物医药有限公司成为中部地区第一家持有生物药品生产许可证的CDMO（即Contract Development and Manufacturing Organization，是一种新兴的研发生产外包组织）公司。光谷生物城规模以上工业产值133.75亿元，增长47.9%。

支持武汉大学等单位开展新药研发、仿制药一致性评价和中药经典名方二次开发，组织武汉生物制品研究所开展Sabin株脊髓灰质炎灭活疫苗(Vero细胞)的转产，支持武汉同济现代医药科技对张伯礼院士团队的中药经典名方“济川煎”“泻白散”进行关键技术研究和成果转化。开展高端医疗设备关键核心部件自主研发，争取国家发改委专项资金支持7000多万元。全年新获批国家一类新药临床研究7个，新增二类以上医疗注册证86个，兽药证书4个。加强产业机构优化升级，18个生物医药项目获得国家、湖北省、武汉市投资技改和智能化升级支持。组织五大市级工业智能化诊断平台对接服务28家药企。推进生物医药产业两化融合发展，16家企业通过管理体系贯标评定。组织第十三届中国生物产业大会和第二届世界大健康博览会，引进签约项目102个。

创新以企业为主体，联合高校和科研机构协同发展的新模式。建成生物医药国家级企业技术中心4家、省级企业技术中心24家，10家生物医药企校联合创新中心被纳入市级备案。推动人工智能技术与生物医药及医疗器械深度融合，安翰科技（武汉）股份有限公司的人工智能与健康大数据平台研发项目、联影医疗的智能重大疾病人工智能诊断项目、武汉兰丁智能医学股份有限公司的人工智能远程诊断平台等被纳入全市新基建“人工智能”领域重点项目库。推荐武汉大数据产业发展有限公司“快速应对突发公共卫生事件的5G智慧医疗云平台”项目，申报国家发改委2020年新型基础设施建设和工程（宽带网络和5G领域）；支持武汉新芯集成电路制造有限公司与量准（上海）实业有限公司、华中科技大学联合研发生产COVID-19新型冠状病毒特性检测芯片，各项生物性能指标验证成功。

2020年9月24日，第十三届中国生物产业大会在武汉召开

（武汉市地方志办公室　供稿）

【中国规模最大的生物基地落户武汉】 2020年1月20日，武汉市东湖新技术开发区与韩国生物药企业赛尔群在武汉签订合作协议，韩国赛尔群将在光谷生物城建设生物药生产基地。根据协议，韩国赛尔群项目一期固定资产投资5.50亿美元，计划2024年成品药（DP）工厂实现商业化，年产600万西林瓶，2025年大规模原料药（DS）工厂实现商业化，规模12万升。赛尔群首批将会引进在欧美已经上市的针对风湿性关节炎、强直性脊柱炎、乳腺癌、转移性胃癌、非霍奇淋巴癌等适应征的3个重磅品种，未来还将陆续引

2020 年 7 月 1 日，国药集团中国生物武汉生物制品研究所新冠疫苗研发实验室和生产车间综合体落成　　（武汉市地方志办公室　供稿）

进 10 多个生物大分子药物。光谷生物药基地将是韩国赛尔群面向国际和中国市场的主要生产基地，将成为中国规模最大、单体发酵能力最大又具备国际先进水平(同时符合欧美和中国 GMP 标准）的生物药生产基地。

韩国赛尔群成立于 2002 年，是一家全球领先的生物制药公司，主要从事生物类似药和创新药的研究、开发和生产，2019 年 12 月底市值约 214 亿美元。

【武汉生物制品研究所新冠疫苗研发实验室和生产车间综合体建成】 2020 年 7 月 1 日，国药集团中国生物武汉生物制品研究所新冠疫苗研发实验室和生产车间综合体在光谷南大健康产业园落成。该项目总投资 2.56 亿元，建筑面积约 7260 平方米，从 3 月 27 日开工建设，历时 96 天建成。新建成的生产楼主要包含细胞培养区、BSL-3 病毒培养及灭活区、纯化区及配套设施，设计产能为 1 亿剂次；新建成的实验楼主要包含 2 个 BSL-3 微生物实验室单元、1 个 ABSL-3 小动物实验室单元、1 个 ABSL-3 大动物（猴）实验室单元及配套设施。

【武汉产首台移动式核酸检测车正式下线】 2020 年 11 月 9 日，由武汉客车制造股份有限公司联合武汉华大智造科技有限公司共同研发的汉产首台移动式核酸检测车——武汉光谷核酸检测车下线暨首台政府采购签约仪式在江夏区举行。武汉光谷核酸检测车采用大型豪华客车平台，配备负压过滤系统及紫外消毒系统。车内搭载 5G 技术的车载网络通信，整合华大智造的自动化设备及实验室智能管理系统，符合 P2（二级生物安全）实验室标准，具备从样本采集，自动化样本前处理，自动化核酸提取，核酸检测，出具报告等全流程功能。该系统减少人员的操作接触，降低了操作风险，提高了检验人员的安全性。根据多次实验验证以及专家评定，武汉光谷核酸检测车能够适应各种极端恶劣环境，其快速反应能力和完善的系统设计，可以提供及时和高效的核酸检测服务，有利于满足疫情期间对核酸检测的大规模需求。

2020 年 11 月 9 日，由武汉客车制造股份有限公司联合武汉华大智造科技有限公司共同研发的汉产首台移动式核酸检测车下线

（武汉市地方志办公室　供稿）

【国家生物产业基地】2020年，武汉国家生物产业基地（即光谷生物城）完成规模以上工业总产值133.75亿元，比上年增长47.9%；完成固定资产投资16.61亿元，其中，工业投资7.10亿元；完成规模以上服务业收入50.29亿元，增长14.1%；其他营利性服务业收入38.60亿元，增长13.2%；完成限额以上批发零售业销售总额169亿元，增长0.1%。全年共有纳税100万元以上企业139家，完成纳税100万元以上企业税收16.17亿元，增长30.1%；纳税1000万元以上企业31家，实现税收总额11.33亿元，增长29.3%；新增工业"小进规"企业（微小工业企业进入规模工业企业）21户，新增服务业"小进规"企业11户。全年完成外贸进出口41.16亿元人民币，完成率300.4%。

推进双招双引（招商引资、招才引智）。全年实际到位资金总额121.53亿元，其中，实际利用外资2.42亿美元。签约引进1亿元以上项目8个，其中，过10亿元项目4个，签约总金额78.49亿元。国药创康、国药创科、光谷迈瑞医疗研究院、开立医疗华中区总部、美国迈胜医疗研发中心、德国EZAG集团核素药物研发生产基地和亚太销售运营总部、嘉必优总部基地及研发中心、重庆药友武汉肿瘤药生产基地等一批具有带动性的重大产业项目落户。推动总投资3亿元的侯惠民院士"慢性乙肝新型治疗性疫苗"、总投资2亿元的加拿大皇家科学院李明院士"单抗测序平台和个体化新抗原癌症免疫治疗平台"、总投资1.50亿元的徐涛院士"武汉纳米抗体产业技术院"、总投资1.5亿元的于金明院士"武汉光谷肿瘤新技术研究院"等项目落户。汉密顿生物科技股份有限公司、药明康德新药开发有限公司等企业的4位人才入选湖北省级人才计划。联影医疗科技股份有限公司、纽福斯生物科技有限公司等37个项目入选武汉市"黄鹤英才"计划，获得1314万元资金。108个项目通过"3551光谷人才计划"初审。

2020年5月，正在火热施工的武汉高科集团高端医疗器械产业园建筑工地（武汉市地方志办公室　供稿）

创新突破。武汉国家级人类遗传资源样本库通过科技部保藏审批，获批创建全国第五、华中唯一的国家现代农业产业科技创新中心，推进国家病毒性疾病防治诊疗产业创新中心申报。科前生物股份有限公司省级动物生物技术产业创新中心获批省级创新中心专项，人福普克药业（武汉）有限公司、天勤生物科技有限公司、奥绿新生物科技有限公司、迈特维尔生物科技有限公司4家企业获批省级企业技术中心，康圣达医学检验所获批省级工程研究中心。新认定光谷生物城公共服务平台5家，分别在动物生物安全、医疗器械、基因治疗、高端医学检验等领域形成创新支撑体系。4家企业入选"2020中国医药创新企业100强"。新认定高新技术企业100家；65家企业被认定为2020年光谷"瞪羚企业"。全年7个国家一类新药IND获批，3个一类新药IND（临床试验）受理。新增二类以上医疗注册证86个，其中，三类16个，二类70个；新增新兽药证书4个。

服务企业。承办第十三届中国生物产业大会，举办1场高层论坛和4场线上分论坛，380余万人在线收看大会直播。举办"WEBIO"品牌系列论坛21场，举办"生物创赢汇"26场。科前生物公司上市，成为光谷生物城自主培育的第3家本土上市企业；

珈创生物技术股份有限公司、华康世纪医疗股份有限公司被上海证券交易所受理科创板上市。新增兰丁医学高科技有限公司等6家报辅企业，10家企业入选省级“金种子”企业，16家入选“科创板种子”。累计获得股权投资110笔，合计71.564亿元（含美元融资1.70亿美元）；累计获得银行融资377笔，合计133.31亿元，其中，汉融通纾困资金贷款267笔，合计15.88亿元。

抗疫贡献。抗击新冠肺炎疫情期间，园区企业紧急调度和扩产疫情防控医疗物资，其中，联影医疗公司省内CT装机107台套；国药控股有限公司、人福医药集团、国药集团中科器进出口武汉有限公司等承担湖北省重要医疗物资采购和运输服务；华大生物科技有限公司、明德生物科技股份有限公司、康圣达医学检验所等开展应急科技攻关、技改扩产和第三方检测服务。园区有13家企业开展检测试剂盒产品研发、注册和生产；3家企业的5个检测试剂产品通过国家应急审批，是湖北省仅有应急获批的产品，全年累计生产销售2.20亿人份；10余家企业的产品获得欧盟CE（欧盟统一安全合格标志）或美国FDA（美国食品药品监督管理局）认证并实现出口；近20家第三方医学检验所全年提供检测服务近千万人次。在光谷生物城诞生全球首座“火眼”实验室并复制到全球多个国家和地区。

园区建设。全面推行垃圾分类，通过“撤桶并点、定时精准投”在生物创新园人才公寓E区试行居民垃圾分类定时定点收运。完成二妃湖水质治理，水质达地表水Ⅲ类标准。完成园区停车场及充电桩建设任务，其中，充电桩361个，直流充电桩4座；建成3座公共停车场，新增停车位1590个。完成生命健康园先导区32.67公顷用地控规调整，推进生命健康园控规编制并完成落图；完成前沿生物产业园选址；生物创新园二期建设进展顺利。

【武汉市装备制造工业】2020年，武汉市新增5个项目入选2020年度湖北省智能制造试点示范项目。武汉重型机床集团有限公司全年营业收入比上年增长17.5%，新签订单增长10.0%。武汉华中数控股份有限公司、武汉船用机械公司上榜2020中国智能制造企业百强榜。武汉华中数控公司参与研制的“GB/T18759.3-2009《机械电气设备开放式数控系统第3部分：总线接口与通信协议》等6项标准”获2020年中国标准创新贡献奖一等奖、数控冰刀磨床参加冰雪产业博览会。武汉船用机械公司获“中国工业大奖提名奖”。中国中铁科工集团有限公司研制的“高铁1000吨级箱梁运架搬提成套施工设备”获“中国工业大奖表彰奖”、自主研发悬挂式单轨列车完成无人驾驶试验。武汉重型机床集团有限公司“数控超重型立式车床”入选工业和信息化部第五批制造业单项冠军企业（产品）名单。中石化石油机械公司“海洋油气压裂作业系统研制”项目通过国家验收。

关键技术装备突破发展。武汉锐科光纤激光技术股份有限公司参与制定的全国激光产品首个国际标准《工业用光纤激光器参数要求和测试方法》发布。武汉船用机械有限责任公司转体球绞完成“五桥同转”，刷新世界纪录，

2020年，武汉重型机床集团有限公司“数控超重型立式车床”入选工业和信息化部第五批制造业单项冠军企业（产品）名单

（武汉市地方志办公室　供稿）

突破船用机电设备加工智能化设备和船用关键零部件装配用柔性制造设备两种短板装备。易瓦特科技股份公司参与制定的《民用无人机系统型号命名》等7项国标获批发布。武汉重工铸锻有限责任公司自主创新改进工艺，钢锭利用率提升4%。中石化石油机械股份有限公司混合钻头创下深部地层机械钻速5.68米/小时的最高施工记录，完成建厂以来最大无帽口钢锭舵筒锻造，S60曲柄成形技术研究取得突破。武汉华工图像技术开发有限公司证卡防伪材料、工艺取得突破，推动全国制卡行业的更新换代。武汉华工正源光子技术有限公司突破硅光芯片的设计核心技术，填补国内空白。武汉华中数控公司“华中8型”数控系统实现国家高档数控系统整体水平跃升。武汉重型机床集团有限公司突破大型平面在线检测的相关技术及配套技术。

重点产品研制成功。华工科技产业股份有限公司与华中科技大学共同研制出国内首台钢轨激光强化车。锐科激光公司发布工业级10000W单模块光纤激光器，光学部件100%自主研发。中国长江动力集团有限公司首台18MW中温次高压高转速汽轮机产品完成总装。武汉重工铸锻公司设计制造的国内最大回转反应炉交付。中国船舶重工集团公司709所承制的苏洼龙水电站闸门启闭机控制系统通过验收，是西藏第一个装机容量超百万千瓦的大型水电工程。中车长江车辆有限公司铁路锂电池冷藏集装箱采用新能源锂电池供电技术，取代燃油动力实现碳排放为零，为冷链运输装备行业世界首创。

【国家航天产业基地建设】 2020年，武汉国家航天产业基地续建及新开工产业项目12个、基础设施项目28个，完成总投资约39.76亿元。

推进产业项目建设。火箭总装总调中心（一期）项目完成验收并正式投产，具备年产20发火箭的生产能力。卫星产业园项目（一期）基本完工，进入设备调试阶段，具备年产240颗中小卫星的生产能力。电磁防护材料项目钢结构厂房建设基本完工。强英新材料项目已投产。行云测运控中心项目先期建成并投入使用。行云工程产业园项目启动建设。纳米新材料项目已投产。新能源船舶项目开展桩基施工。鼎甲计算机、宙通科技、繁星动力、诺亚信、中遥制图等项目入驻产业港。

完善配套基础设施。航天大道前段9.50千米路面完工，后段8.50千米半幅路面贯通。航天北路、科技展馆、学林南路、府前路明渠改造、行云项目场平、卫星开闭所、北侧景观体系、东部杆线迁改等项目完工。航天一路一期和航天北路二期开展管网及土路床施工；府前路明渠改造进入清淤及污水管埋设阶段；涨渡湖明渠开展边坡修筑、浆砌片石槽底及压顶施工及六方块施工；西部门户区开展双登等拆迁前期工作。配套项目体育中心开展内部装修；消防站完成土方回填；航天变电站完成土方回填；航天医院主体结构完工。

招商引资势头良好。全年签订正式投资协议9个，协议投资额49.05亿元。其中，1亿元以上项目7个，分别是：航天智慧应用项目（投资30亿元）、中山金马项目（投资12亿元）、纳米贵金属项目、神舟船舶项目、科虹热工项目、西安宙通项目、广州鼎甲项目。签订框架协议3个，协议投资额72亿元，分别是：火箭项目二期（投资50亿元）、电磁推进项目（投资20亿元）、中智吉云项目。

【第六届中国（国际）商业航天高峰论坛】 2020年10月19—20日，第六届中国（国际）商业航天高峰论坛在武汉会议中心举办。本届论坛以“云享商业航天，引领产业发展”为主题，首次采用线上线下相结合的新型论坛模式，设置开幕式、主论坛、专题分论坛、云对接和线上展览等活动。论坛汇聚国外航天领域专家、学者，国内有关部门领导，商业航天领军企业、科研院所、高校、社会团体和投融资领域领导和专家，共同研讨商业航天领域的前沿理念，营造商业航天产融结合发展环境，加速商业航天产业布局的形成。论坛同期举办商业航天产业线上成果展览，多维度展示商业航天产业“十三五”发展成果。

2020 年 5 月 31 日，首列“武汉造”全自动无人驾驶地铁列车下线

（武汉市地方志办公室　供稿）

【武汉产火箭搭载武汉号卫星发射成功】 2020 年 5 月 12 日 9 时 16 分，在酒泉卫星发射中心，冠名为“快舟·传祺 GS4 号”的快舟一号甲运载火箭以“一箭双星”方式，将“行云二号”01 星（命名为“武汉号”）和“行云二号”02 星两颗卫星送入预定轨道。“行云二号”01 星、02 星发射成功，标志着中国航天科工集团有限公司“五云一车”系列（指虹云、行云、飞云、快云、腾云、飞行列车工程）商业航天工程取得又一重大进展，作为中国航天科工天基物联网星座的首发星，“行云二号”正式展开在轨技术验证和应用测试。

“行云二号”01 星、02 星是“行云工程”α 阶段的两颗技术验证星，由中国航天三江集团有限公司所属航天行云科技有限公司自主设计研制，在星间激光链路技术、星载数字多波束通信载荷、空地卫星通信协议等多个重要技术领域实现自主创新。卫星进入预定轨道后，将为智能集装箱监管、极地环境监测、地质灾害监测、气象数据预报、海洋环境监测、海上运输通信等多个行业提供应用测试，并为后续天基物联网的组网奠定基础。

“行云工程”计划分 α、β、γ 三个阶段，在 2023 年前后建成由 80 颗低轨通信卫星组成的天基物联网星座，以解决地面物联网业务因蜂窝通信网络覆盖率严重不足而导致的“通信盲区”难题。

【首列“武汉造”全自动无人驾驶地铁列车下线】 2020 年 5 月 31 日，首列“武汉造”全自动无人驾驶地铁列车下线。该车由武汉中车长客轨道车辆有限公司制造，作为全自动无人驾驶地铁车辆，其启动、驾驶、停车、检测全部是自动完成，将在武汉地铁 5 号线投用。该列车具有全自动、列车自动、限制人工驾驶等 7 种驾驶模式，具备自动唤醒、自动运行、自动折返、自动回库、自动休眠以及远程控制等功能，采用国际标准之中最高自动化等级的全自动运行系统和最先进的全自动驾驶技术，具备完全自主知识产权。该列车为“四动两拖六辆编组”，长约 140 米，高 3.80 米，宽 3 米，最高运营速度为 80 千米 / 小时，每列车定员载客 1896 人，超员载客 2640 人。车体采用铝合金轻量化车体，牵引系统采用直流 1500V 第三轨受电，通过变压变频（VVVF）系统，给三相交流牵引电机提供动力进行牵引。

【武汉船舶工业公司制造的“海巡 173”轮交付列编】 2020 年 7 月 22 日，大型航标船“海巡 173”轮列编交通运输部南海航海保障中心广州航标处。“海巡 173”轮总长 73.34 米，船宽 14 米，排水量 2228 吨，设计航速 15 节，采用双主机、双舵推进系统，配备航标综合业务系统、VSAT 卫星通信系统、北斗定位装置、船舶动态监测系统、光电追踪等多个先进信息化系统。是中国交通运输系统规模最大、装备最先进的航标船，承担中国南海海区导航助航设施维护保养和航海保障应急反应职能，重点值守粤港澳大湾区，并承担西沙、南沙水域航海保障重点值守任务。

【宝钢股份武汉钢铁有限公司】 2020 年，宝钢股份武汉钢铁有限公司生产铁 1402 万吨、钢 1507 万吨、材 1440 万吨，利润总额

2020年7月22日，大型航标船“海巡173”正式列编交通运输部南海航海保障中心广州航标处（武汉市地方志办公室 供稿）

15.55亿元。163项技术经济指标，改善率75%，刷新率70%。铁钢比从年初挑战0.93到年底降至0.85，实现“五吨铁水六吨钢”，在宝钢股份四大基地（上海宝山、武汉青山、湛江东山、南京梅山）中居第二位，在中国宝武内降幅位列第一位。精品钢材薄板坯连铸连轧（CSP）薄材、冷轧热镀纯锌外板（GI）外板、高牌号无取向硅钢原品种成材率分别比上年增长1.2%、3.8%、4.3%。高速重轨市场份额居全国铁市场第一位，获卡特彼勒亚太地区唯一银级优秀供应商。高效高牌号硅钢产量30万吨。承担和参与国家课题16项，获冶金行业、省级和中国宝武科技进步奖17项，申请发明专利280件，专利创效3973万元。

推进智慧制造。38个续建智慧制造类技改项目中完成实物交接项目29个。集中53个操作室，134个岗位由手动作业提升为自动作业。“四个一律”（现场操控室一律集中，操作岗位一律用机器人，运维监测一律远程，服务环节一律上线）综合指数在中国宝武居第四位，综合提升率居宝钢股份四大基地第二位。“5G+MEC（边缘计算）”智慧工厂项目入选2020中国5G+工业互联网大会发布29项5G+工业互联网典型应用，是唯一入选的在汉项目。

推进绿色发展。投入使用重点环保项目15个，主要污染物排放总量下降12.8%。厂区废水排放量减少805立方米/小时，实现北湖方向雨污分流及一号烧结、四号烧结、五号烧结、自备电厂排口区域废水零排放。绿色指数从年初49分提升至72分。碳排放量、碳排放强度分别下降7.5%、5.2%。

【武汉产高铁耐腐蚀钢轨全球首发】 2020年，宝钢股份武汉钢铁有限公司生产的高速铁路用耐腐蚀钢轨U68CuCr实现全球首发，成功应用于世界首座设计时速350千米高铁海底隧道。耐蚀钢轨U68CuCr具有较强耐蚀性、良好耐磨性及高强性，在产品的开发过程中形成了基于锈层稳定性控制的钢轨耐腐蚀技术、高强耐腐蚀钢轨成分设计及组织微细化控制技术、耐腐蚀钢轨表面质量高精度控制技术等一系列工艺技术，以及一整套涵盖钢轨生产、焊接和应用的成套解决方案，形成发明专利3项。2019年11月，该钢轨产品成功在广深港高铁狮

2020年，武汉钢铁有限公司热轧操控中心一角

（武汉市地方志办公室 供稿）

子洋海底隧道上进行左右两道各5000米的试铺。中国铁道科学研究院周期浸润腐蚀试验、各种环境下的大气暴晒对比试验以及实际线路应用情况分析显示，其耐蚀性能比传统U75V钢轨提高30%—50%。这是中国首次将钢轨新产品应用于客运高速铁路，同时填补耐腐蚀钢轨产品在客运高速铁路应用的国际空白。经过订单积累和应用，该产品被认定全球首发。

2016年，中国国家铁路集团就广深港高速铁路上钢轨的腐蚀问题，提出对耐腐蚀钢轨的需求。广深港高铁狮子洋隧道是中国首座铁路水下盾构隧道，也是当时中国里程最长、建设标准最高的水下铁路隧道，水文地质环境异常复杂，对钢轨的耐腐蚀性能要求极高。经过3年努力，武汉钢铁有限公司攻克核心技术难题，实现高速铁路用耐腐蚀钢轨的工业试制并通过相关技术审查，各项性能均满足中国最高等级铁路标准要求。

【中国首例医疗污泥掺烧项目在武钢试点】 2020年6月5日，武汉钢铁有限公司钢电公司启动全国首例医疗污泥掺烧试验。经环保部门及相关科研机构研究认定，武汉钢铁有限公司钢电公司的大型燃煤电厂锅炉有良好的设备优势和技术优势，具备无害化处理大量医疗污泥的载荷能力，成为全国唯一获得医疗污泥处置许可单位，准予开展武汉市医疗污泥联合处置试点工作。

医疗污泥是指医疗机构污水处理过程中产生的污泥，属于危险废物，尚无较好处置方式，已经成为影响大中型城市发展建设环境的重要瓶颈。仅武汉一市，年产医疗污泥达9000至10000吨。

【武汉市石油化学工业】 2020年，武汉市石化行业产值417亿元，比上年下降39.5%。其中，中韩（武汉）石油化工有限公司（简称中韩石化）产值292亿元，下降38.1%；原料油加工量652万吨，下降25.7%；乙烯产量70万吨，下降21.3%。累计利润总额减少12.22亿元，产品销售收入284.49亿元，产品纳税80.92亿元，工业总产值291.75亿元。

中韩石化推进炼油结构调整和乙烯脱瓶颈改造两大项目建设。280万吨/年催化装置完成烟气脱硫技术方案论证，完成长周期设备订货，装置现场完成拆除排障工作；11万伏变电站改造投用，化学水全面交付安装；110万吨/年乙烯装置改造项目一次投产成功。化工新产品、专用料产量完成中国石油化工集团公司总部下达计划的109%，占总产量比例66.7%，较年初制订的目标超出5.7%，增效5253万元。科技开发项目取得新成效，其中，获中国石油化工集团公司科技进步一等奖2项，获中国石油和化学工业联合会科技进步二等奖1项。加强炼油化工信息化融合，完成EO/EG装置、苯乙烯装置数字化建设，建成投用裂解炉、STPP装置APC项目，启动乙烯装置APC项目建设。完成化工厂区无人地磅项目试点和智慧物流的投用，启动炼油部分智慧物流的建设，实现从网上预约到车辆出厂的全流程业务闭环管控。推进工艺平稳性管理体系试点建设，形成以1个平台（工艺平稳性管理平台）、10项制度和3个信息化应用工具（报警管理、控制回路评估、PID整定）为核心的体系架构。15套装置自

2020年，中韩（武汉）石油化工有限公司化工厂区大修改造夜景

（武汉市地方志办公室　供稿）

控率从76.9%提升至98.7%，平稳率从79.8%提升至98.6%；推进VOCs综合整治，建成并投用厂界大气监测站7座。

【武汉市轻纺工业】 2020年，武汉市1亿元以上轻工企业中，纺织服装行业企业产值比上年下降约38.0%，日用轻工行业下降约20.0%，食品烟草行业增长约3.0%。生产机制纸及纸板（外购原纸加工除外）63.93万吨，下降5.1%；生产房间空气调节器1760.31万台，下降18.0%；生产布4135.80万米，下降9.4%；生产服装5484.87万件，下降26.7%；生产饮料366.52万吨，增长22.3%。光明乳业股份有限公司、湖北周黑鸭企业发展有限公司、益海嘉里金龙鱼粮油食品股份有限公司、武汉市葆春蜂王浆有限公司、武汉市金汇泉食品饮料有限公司等5家武汉企业入选第29届中国食品博览会暨2020食品工业“三品”（增品种、提品质、创品牌）成果展。武汉裕大华纺织服装集团有限公司获2020年度中国智能制造最佳实践奖，被评为全国纺织工业100强。

【湖北中烟武汉卷烟厂】 2020年，湖北中烟工业有限责任公司武汉卷烟厂生产卷烟132.09万箱，销售鄂烟85.56万箱，其中，黄鹤楼63.01万箱，比上年增长2.0%。推进数字化转型，全面上线辅助分析决策系统，厂长驾驶舱、生产调度看板、质量综合看板、设备管理看板等7个数字化看板投入运行。10个业务管理部门的29个应用模块、100个业务功能实现数字化转型。创新建设“融合创新联合实验室”，上线创意项目22个，其中进入孵化环节项目8个。10月，通过“两化融合”（即信息化和工业化融合）管理体系第三方评审，获“两化融合管理体系评定证书”，成为湖北省首家通过“两化融合”管理体系评定的卷烟工业企业。创新生产技术，全年申报专利47项，其中39项获授权，增加18项。推进物流车间化改造，形成3个业务域、20个三级流程、66个四级流程、6个五级流程的流程体系。建立3个运行班和8个生产保障组，物流成本整体减少786万元，单箱物流费用246.80元（以产量计算），下降5.0%。

【武汉市电力工业】 2020年，武汉市全社会用电量568.79亿千瓦时，比上年下降7.6%。发电量217.52亿千瓦时，下降19.6%。全市完成售电量497.66亿千瓦时，比上年下降7.8%；售电均价578.49元/千千瓦时，下降31.63元/千千瓦时；综合线损率3.5%。发电量217.52亿千瓦时，下降19.6%。武汉电网地区供电量515.82亿千瓦时，下降7.5%。电网装机容量630.74万千瓦。全年完成保电任务284项，保电线路2256条次；完成投资17.01亿元，新开工10项，投产13项，新建、扩建110千伏及以上变电站21座。电网最大负荷和单日最大电量出现在8月5日，分别达1241.16万千瓦和2.486亿千瓦时，分别下降2.8%和5.0%，城区配网最大负荷达730.23万千瓦，下降1.1%。

【武汉市智能建造产业】 2020年，武汉市推动建筑行业复工复产，建筑业生产逐步向好。有

2020年，湖北中烟工业有限责任公司武汉卷烟厂制丝车间全景　（武汉市地方志办公室　供稿）

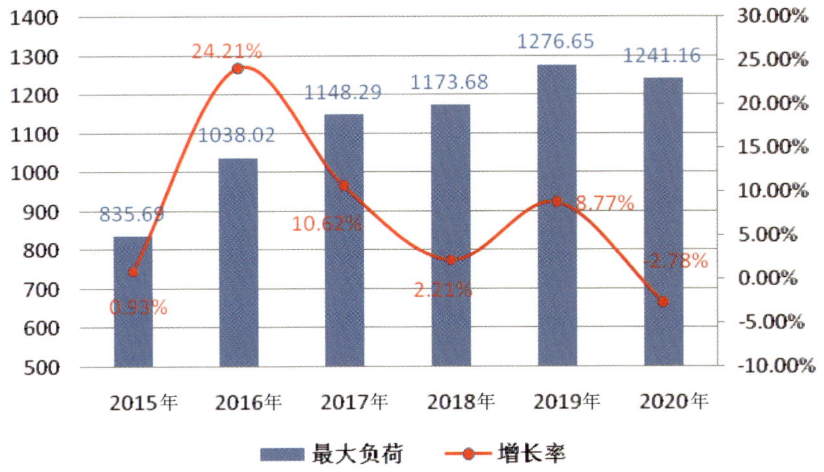

2015—2020 年武汉电网最高负荷及最大日供电量情况示意图

总承包和专业承包资质等级的建筑业企业 1475 家，建筑业总产值 10591.59 亿元，占全省比重 65.6%，提高 4.40 个百分点，增长 2.1%。出台《关于落实促进建筑业平稳健康发展有关措施的通知》及 4 个配套细则。1510 家入库的建筑业企业全部复工。从业人员到岗率 103.9%。城建重点工程质量合格率 100%。6 项工程入选鲁班奖公示名单（含沌口长江大桥），数量居全国第二位；8 项工程入选国家优质工程奖公示名单，其中，轨道交通 6 号线一期工程获国家优质工程金奖，实现湖北省房屋市政工程国优金奖零突破。

发展绿色建筑。全年建绿色建筑 922.13 万平方米，超计划完成年度目标任务。武汉市入选住房和城乡建设部公布的第二批装配式建筑范例城市名单。全市装配式建筑产业基地 18 家，建成 15 家，在建 3 家。设计产能 1300 万平方米，占全省产能近 90%。新建装配式建筑面积 549.45 万平方米，占全省的 60% 以上。

【中国建筑科技馆开馆】 2020 年 8 月 19 日，中国建筑科技馆在武汉东湖新技术开发区开馆。该馆由中建三局投资建设并运营，建筑面积 1.90 万平方米，外形酷似正在发芽的“种子”。科技馆展馆展陈面积约 6000 平方米，包括常设展、主题展、临展。其中常设展厅分为古代厅、荆楚厅、现代厅及未来厅四大展厅，展现中国古代建筑文化、荆楚建筑成就、现代建筑科技及未来建筑展望。

（武汉市地方志办公室）

【黄石市主导工业产业】 2020 年，黄石市九大主导产业产值 1760.38 亿元，占工业总产值的 91.2%，下降 4.9%。其中，电子信息产业增长 38.5%；能源、建材、黑色金属、化工医药、有色金属、食品饮料和纺织服装产值比前三季度分别增长 11.8%、8.9%、7%、5.6%、5.6%、4.5%、3.6%。全市有规模以上工业企业 732 家，实现规模以上工业总产值 1931.30 亿元，比上年下降 4.9%；规模以上工业增加值下降 5%，比湖北省平均水平高 1.10 个百分点。规模以上工业营业收入 1910.30 亿元，下降 8.1%；工业利润 111.10 亿元，下降 10.9%，低于湖北省 2.60 个百分点；企业亏损面 19%，亏损 10.17 亿元，下降 5.1%，低于湖北省平均水平 41.80 个百分点。重点监测企业（50 家）完成产值

2020 年 8 月 19 日，中国建筑科技馆在武汉东湖新技术开发区开馆

（武汉市地方志办公室　供稿）

2020年6月16日，宝钢黄石新港（物流）工业园项目二期开工

（黄石市档案馆　供稿）

1198.7亿元，占规模以上工业总产值的62.1%，下降1.8%。其中，正增长企业20家（增速10%以上的企业13家）。湖北省支柱产业细分领域隐形冠军企业96家，占湖北省比重6%。其中，示范企业19家，科技“小巨人”企业28家，隐形冠军培育企业49家。

【黄石市工业投资】 2020年，黄石市工业投资比上年下降21.1%，比湖北省高2.80个百分点。推进“双十”（十大技改项目、十大新建项目）项目建设，市级“双十”项目总投资1040.90亿元，七大技改项目、十大新建项目均已开工。新港园区4大工业项目（大冶有色40万吨阴极铜、宝钢新港二期、新兴管业绿色铸造产业园、湖北优科精密铸造）、华新亿吨机制砂等百亿级项目开工。宏和电子、新冶钢高炉、烧结项目和华新水泥智能装备制造和绿色建材产业园等重大项目建成投产。实施“百企技改工程”，收集工业技改项目229个，总投资870亿元，工业技改投资下降38.4%，低于湖北省10.10个百分点。抓产业链条招商。完成新签约项目7个、新注册项目2.50个、新开工项目4个，总投资额29.20亿元。

【黄石市工业污染防治】 2020年，黄石市推进污染防治攻坚战、中央、省环保督察反馈问题整改及长江大保护十大标志性战役各项工作，16家沿江化工“关改搬转”企业全部完成工作任务，15家通过验收。全市7家水泥熟料生产企业共10条生产线（3条协同处置生产线和7条非协同处置生产线），全年错峰872天，超额完成错峰520天的工作任务；8家危化品生产企业搬迁改造工程全部完成并通过验收。

【黄石市电力工业】 2020年，黄石市发电总量达到202.56亿千瓦时，比上年增长41.9%。其中，火电发电量102.48亿千瓦时，下降19.41%；水电发电量1.76亿千瓦时，增长68.4%；企业余热余压发电量4.59亿千瓦时，下降52.9%；生物质发电量1.55亿千瓦时，增长4.2%；光伏发电量1.34亿千瓦时，增长15.7%；风力发电量为1.86亿千瓦时，增长9.4%。全年全社会用电144.80亿千瓦时，同比下降2.4%。

2020年1月7日，华电湖北发电有限公司黄石热电分公司209号机组锅炉框架、汽机房爆破，209号机组全部拆除完成

（黄石市档案馆　供稿）

【黄石市工业企业退城入园行动】 2020年，黄石市贯彻落实《黄石市工业企业退城入园五年行动计划》。6月，三环离合器铁流汽车传动系统零部件产业园一期项目建成投产，老厂区整体搬迁至山南。6月16日，宝钢黄石公司新港二期工程开工。10月15日，新兴管业绿色智能制造产业园项目开工，项目建成后，新兴管业从下陆区整体搬迁至新港园区。12月23日，华新黄石分公司4、5号窑永久性关停，华新水泥在黄石城区的生产线全部退出。

【黄石县域工业经济】 2020年，大冶市完成地区生产总值556.04亿元，比上年下降5.9%；阳新县完成地区生产总值249.65亿元，下降7.9%。大冶市规模以上工业增加值下降3.9%，阳新县规模以上工业增加值下降21%。县域财政总收入68.88亿元，下降32.2%。大冶市固定资产总投资下降18.3%，阳新县固定资产总投资下降18.6%；社会消费品零售总额374.50亿元，下降16.6%。

【黄石市建筑业】 2020年，黄石市建筑业产值405.89亿元，比上年下降17.2%，产值总量居湖北省第六位。新增湖北重点培育建筑企业4家。新建装配式建筑45万平方米，在建装配式生产基地1家，招商引进装配式生产基地1家。工程项目结算备案14项，建筑面积116.69万平方米，工程结算总造价19.98亿元。全年立案查处违法案件40起（含违法分包案件35起），处罚金额49.94万元，立案查处率100%，结案率85%。开展建设领域执业人员“挂证”、房地产和建筑市场等5次综合执法行动，抽查在建项目72个，下达各类执法文书67份。受理全市拖欠企业工程款及欠薪投诉23起、2.11亿元，协调信访件13起，清偿拖欠资金1.13亿元，受理拖欠企业工程款投诉下降21%。黄石奥林匹克体育中心—体育场工程获2019—2020年度中国建设工程鲁班奖（国家优质工程），鄂旅投正信花园一期项目（B区）B4#、B5#、B6#楼等12个工程被评为2019—2020年度湖北省建设优质工程（楚天杯）。

【黄石市新型墙材生产】 2020年，黄石市有新型墙材生产企业57家，主要以蒸压加气混凝土砌块、混凝土小型空心砌块、混凝土砖、页岩空心砖为主，生产能力22亿标块，墙材总产量6.50亿块标砖，节约土地31.07万平方米，节约能源4.03万吨标煤，利用工业废渣47.66万吨，新型墙材应用率100%，自给率100%。新型墙材应用水平由原来B06级加气块向B05级加气块、高性能砂加气块升级。新墙材企业改用生物质燃料，逐步使用天然气燃料，减少污染物排放。有9家企业分别获国家绿色建材、绿色生产标识，其中4家墙材企业获三星级绿色建材标识。

【黄石市绿色建筑】 2020年，黄石市有省级认定绿色建筑面积389.52万平方米，获绿色建筑标识的面积40.92万平方米。新增城镇竣工面积346.67万平方米，其中，绿色建筑竣工面积173.04万平方米，可再生能源建筑应用竣工面积96.99万平方米。获5个绿色建筑标识和1个绿色建筑集中示范。

（黄石市档案馆）

【鄂州市工业概况】 2020年，鄂

2020年9月18日，鄂州城市大脑项目合作签约仪式

（鄂州市档案馆　供稿）

州市规模以上工业增加值增速比上年下降12.5%；工业技改投资下降63.1%；工业用电量下降5.98%；工业增值税增长5%，比全省平均水平高35.80个百分点。钢铁、建材、电力、医药、化工、通用设备制造行业增加值分别比上年下降0.5%、14%、3%、27.3%、3.2%、18.7%；电子信息、采矿业分别增长19.1%、8.5%。

全市15个重点企业产值422.40亿元，增长2.2%，比全市平均水平高15.40个百分点。85个工业企业实施技改投资300亿元。鄂钢公司获工信部第五批“绿色工厂”称号，5G智慧钢厂项目入选5G+工业互联网十大标杆应用（入选工信部、湖北省5G应用标杆项目）。湖北省现代中药制造业创新中心、湖北省人造金刚石制造业创新中心纳入省级制造业创新中心培育名单。13个沿江化工企业完成“关改搬转”工作。华工法利莱、杜肯索斯、枫树线业入列工信部第二批专精特新“小巨人”企业。新增省级隐形冠军企业18个，累计达52个。新增省级两化融合试点示范企业11个，累计达68个。武汉法利莱、容百锂电分别成功申报国家首台套重大技术装备保险补偿试点、国家重点新材料首批次应用保险补偿试点。33个企业享受进规奖励资金325万元。

【鄂州市数字经济发展】2020年，鄂州市出台《鄂州市加快5G产业发展实施方案（2020—2022年）》，建成5G基站851个，建成中部第5个、湖北省内第3个区域性工业互联网标识解析二级节点。推动华中科技大学、湖北省质检院、湖北联通公司联合组建鄂州市工业互联网研究院。5G智慧机场、三江港5G智慧港口、红莲湖大数据云计算产业园、医药行业工业互联网平台等一批数字融合赋能项目开工建设。

【鄂州市工业互联网标识解析二级节点正式上线】2020年9月4日，以“5G+工业互联网·携手领航·赋能未来”为主题的工业互联网标识解析二级节点（鄂州）上线仪式在凤凰山庄举行。湖北省质检院、爱民制药、枫树线业、兴欣科技等8个单位签订二级节点接入协议，华中科技大学、省质检院、鄂州联通公司签约联合成立鄂州市工业互联网研究中心。

2020年9月4日，工业互联网标识解析二级节点（鄂州）上线仪式

（鄂州市档案馆　供稿）

【鄂州市中小企业公共服务平台上线】2020年11月10日，鄂州市中小企业公共服务平台上线，开启中小企业“七全”服务模式（服务内容全覆盖，服务方式全方位，服务流程全链条，企业诉求全处理，惠企政策全公开，服务绩效全评价，最新成果全展示）。平台整合“双千”平台，整合非公有制企业投诉平台，对接“12345市长热线”，开通“96500企业热线”，开辟平台企业诉求板块，对接政策对接微信群，打通整合五个企业诉求路径。推行“一门受理”“多向链接”，实现闭环管理，打造全链条服务。

【鄂钢专用钢成功应用于世界首台千吨级运架一体机】2020年6月22日，由中铁十一局汉江重工与中国宝武中央研究院共同研发、主梁采用鄂城钢铁专用钢GT785D高强度钢板焊接新工艺制作而成的世界上首台1000吨级、40米大跨度高铁箱梁运架一体机完成首孔箱梁架设作业。40米高铁运架一体机的成功研制与应用，可在高铁线路建设过程中减少20%

桥墩的数量，不仅提高了修建速度，更可大大节约建设成本。鄂城钢铁专用钢GT785D高强度钢板性能高，既能满足延长跨度的强度和韧性，同时兼顾焊接性能。

【鄂州市建筑业】 2020年，鄂州市94个在库建筑业企业产值103.56亿元，比上年下降49.6%。新增湖北省重点扶持企业1个。全市共有建筑业企业543个，其中，施工总承包企业201个（一级资质11个，二级资质52个），专业承包企业185个，劳务分包企业157个。推荐鄂州市广安建筑工程有限公司等3个企业为湖北省建筑业重点培育企业。葛店新城、城南、英山、月陂等项目采用装配式建设，策划融创小区和城南安置小区为省级质量观摩活动项目。1个项目被纳入湖北省绿色建筑集中示范项目，1个项目申报省级绿色建筑创新奖，1个单位申报建设科技计划项目。完成新增节能建筑、绿色建筑发展、可再生能源应用、散装水泥供应、预拌混凝土供应、预拌砂浆供应等绿色建筑及节能指标。

（鄂州市档案馆）

【孝感市工业概况】 2020年，孝感市规模以上工业增加值增速下降5.3%，比湖北省平均水平高0.80个百分点；工业投资增速下降31.4%；工业技改投资增速下降26.2%，比全省平均水平高2.10个百分点；新增规模以上工业企业110家，规模以上企业总数1189家。汉川入选全国县域经济百强，居第九十七位。

推进重大项目建设，实施工业项目556个，新开工工业项目221个，新投产工业项目286个。滚动实施千企千亿技改工程，技术改造投资占工业投资比重44%，比全省水平高近7个百分点。6个项目被列入2020年技术改造专项中央预算内投资项目。实施工业技改项目270个，新开工工业技改项目107个。

【孝感市工业科技创新】 2020年，孝感市加大“小进规”“新进规”政策力度，新增规模以上工业企业110家，比上年增加45家；退出81家，减少21家。推进科技创新动能，高新技术企业突破300家，科技型企业突破1000家。创新品牌加快培育，6家企业获国家级和省级专精特新“小巨人”称号，4家企业获批2020年省级技术创新示范，3家企业获批省级智能制造试点示范，3家企业产品入列《2020年湖北省创新产品应用示范推荐目录》名单，1家企业入列全国和湖北省2020年工业质量标杆名单，“孝感米酒”入列2020年工业质量品牌建设重点项目，43家企业申报省级隐形冠军。

【孝感市工业企业“两化融合”推进】 2020年，孝感市促进“两化融合”（工业化、信息化融合），孝感工业互联网标识解析二级节点上线试运行，首批注册企业200家以上。米婆婆智慧工厂项目入选“2020中国5G+工业互联网”优秀案例。建5G基站1696个，主城区实现5G连片优质覆盖。孝感市获批2020年电信普遍服务试点城市，新建4G基站31个，项目总投资1270万元，完成塔基建设15个。全市10家企业获批省级“两化融合”试点示范企业。

【孝感市工业污染防治】 2020年，孝感市统筹推进“改搬转”，省级8家沿江化工生产企业及7家危化品生产企业任务目标全面完成。开展国家重大工业节能专项监察活动，督导湖北双环、新都化工、黄麦岭、大展钢铁、金达钢铁等5家企业开展专项监察自查，加快整改落实。化解过剩产能。严控磷铵、烧碱、纯碱等七类化工过剩行业新（改、扩）建及搬迁改造建设项目，严控违规新增产能。湖北省白兆山水泥有限公司纳入湖北省水泥企业错峰生产计划，施行全年停窑60天的错峰生产方案。构建绿色制造体系。中再物产、鑫合达入列工信部第八批《废钢铁加工行业准入条件》企业名单，国电汉川发电有限公司获批湖北省工业节水型企业，易生新材料绿色设计产品通过复核。

【孝感市食品工业】 2020年，孝感市规模以上食品企业172家，总资产168.21亿元，行业用工人数23103人。销售收入351.53亿元，比上年下降10%，其中，农副产品加工业销售收入239.36亿元，食品制造业销售收入74.34亿元，酒、饮料和精制茶制造业销售收入 37.82 亿元。利润 11.47 亿元，增长 24.4%。税金 7.54 亿元，下降 16.7%。

孝感市食品工业发展为 4 个聚集区。汉川聚集区有食品加工业规模以上工业企业 48 家，资产总额 80 亿元，从业人员超 2 万人，湖北省内食品产业集群中居第二位。银鹭食品的“银鹭”、达利集团的“达利园”、晋江福源的“盼盼”为中国驰名商标；银鹭系列产品、达利系列产品为“中国名牌产品”。大地米业有限公司“老灌湖”商标等被评为湖北省著名商标，汈汊湖绿色水产等企业的 17 个产品被中国绿色食品发展中心认定为“绿色食品”。安陆聚集区有企业 60 家，其中，规模以上企业 16 家。形成以宝迪、禾丰、神丹、岑铭堂为龙头，以花中花米业、农腾饲料、潮汕食品为支撑，以永祥、东方红、天星粮机为产业协作配套的优势产业集群。孝感麻糖米酒产业聚集生产企业 65 家，其中，高科技技术企业 7 家，获准使用地理标志企业 32 家。有中华老字号 1 件、中国驰名商标 2 件、湖北省著名商标 9 件。孝感米酒为省级非物质文化遗产，入选中欧地理标志。云（梦）应（城）地区素有“膏都盐海”之称，汇集食盐定点生产企业 8 个。

【孝感市冶金工业】 2020 年，孝感市冶金行业产值 19.20 亿元，税收 1.43 亿元。企业主要有孝感金达钢铁有限公司和湖北大展钢铁有限公司，主要产品有连铸坯、棒材、热轧钢筋、热轧型钢和热镀锌钢材等。

孝感金达钢铁有限公司产值 13.89 亿元，销售收入 13.86 亿元，上缴税金 9899 万元。其中，钢坯产量比上年增加 3.68 万吨，增长 12.6%；热轧型钢产量增加 4.30 万吨，增长 14.96%。高附加值热镀锌型钢产量 13.19 万吨，高附加值钢材产量占比 39.9%。获“一种电炉废钢预热水平连续加料系统”实用新型专利证书，是湖北省唯一一家热轧型钢生产企业。

湖北大展钢铁有限公司产值 5.31 亿元，税收 4416.61 万元，总资产 3.95 亿元，职工 450 人。具备年产连铸坯 50 万吨、棒材 50 万吨的生产能力。

【孝感市汽车机电产业】 2020 年，孝感市机械汽车机电产业有规模以上企业 101 家，主营业务收入 142 亿元，比上年下降 15%；利润 5.36 亿元；税金 5.48 亿元，下降 11.6%。

特种汽车机械产业集群有万山特种车、三江瓦力特、航天重工等特种车辆整车生产企业及华中马瑞利、湖北小糸车灯和孝感矢崎等 30 余家零部件企业，是全国最大的重型平板车生产基地。万山公司的重型平板车、三江瓦力特的重型越野车和底盘达到世界一流水平，重型平板车和越野车底盘分别占国内市场的 50% 和 60%。

粮油机械产业集群有企业 24 家，其中，规模以上企业 11 家，形成以永祥、东方红、天星、碧山等企业为龙头，成鑫机械、智丰数控等企业配套协作的产业集群。24 家粮机企业中，生产企业 14 家，配套协作企业 10 家。在全国建销售网点 300 多个。取得自营出口权的企业 7 家，产品出口 36 个国家和地区。“永祥”牌 CM 系列大米抛光成套设备被评为“湖北省名牌产品”“永祥”牌碾米机械被全国粮食行业协会授予“全国小品种粮油、粮机知名品牌”称号。

新能源汽车项目获传统能源整车生产资质 1 个、新能源整车生产资质 3 个及汽车产品公告 7 个。新能源大中型客车项目完成投资 3.80 亿元，焊装、涂装、总装等“四大工艺”生产线建成并量产，下线交付 418 辆，实现产值 25 亿元。新能源物流车及电动牵引车完成样车制造，取得资质与公告。

【孝感市盐磷化工产业】 2020 年，孝感市盐磷化工产业规模以上工业企业有 94 家，主营业务收入 309 亿元，比上年下降 7.4%，占全市 12.5%。利润收入 5.60 亿元，下降 41.42%。税金收入 7.50 亿元，下降 3.18%。

应城盐化工产业有骨干企业 13 家，上市企业 2 家（双环、新都），总资产 146.30 亿元，原盐产能超 560 万吨 / 年，其中，品种盐产能 180 万吨，纯碱产能 160 万吨 / 年。有食盐定点生产和批发许可证 6 张，占全省 60%。年内，应城东城工业园、赛孚工业园、盐化工业园区签约引进项目 11 个。

云梦盐化工产业园规划面积 16.50 平方千米。落户企业 36 家，总投资 77.55 亿元。广盐蓝天是国家食用盐定点生产企业，年内产值

2.08亿元，税收42.10万元。华祥化学有限公司年内产值1.43亿元，税收672万元。华欣有机硅年内产值1.55亿元，税收182.50万元。

【孝感市纺织服装产业】 2020年，孝感市有规模以上纺织企业256家，总资产177.59亿元，行业用工人数47284人。销售收入594.36亿元，比上年下降2.5%。其中，纺织业销售收入374.38亿元，纺织服装、服饰业销售收入108.71亿元，皮革、毛皮、羽毛及其制品、制鞋业销售收入111.27亿元。利润27.07亿元，下降4.2%；税金24.45亿元，增长3.8%。

【孝感市食品工业】 2020年，孝感市有规模以上食品企业172家，总资产168.21亿元，行业用工人数23103人，实现销售收入351.53亿元，比上年下降10%。其中，农副产品加工业实现销售收入239.36亿元，食品制造业实现销售收入74.34亿元，酒、饮料和精制茶制造业实现销售收入37.82亿元。实现利润11.47亿元，增长24.4%；实现税金7.54亿元，下降16.7%。年内，孝感米酒入选中欧地理标志。

【孝感市纸制品产业】 2020年，孝感市规模以上造纸和纸制品企业27家，总资产129.67亿元。销售收入99.57亿元，比上年下降8.8%。利润12.40亿元，增长5.3%。税金2.74亿元，下降7.7%。纸制品产业在全市一季度工业产值较上年整体下滑的情况下，生活用品和卫生用品需求不降反升，包装、纸箱生产企业面临订单受损、需求下降。

【孝感市建筑业】 2020年，孝感市建筑业总产值349.23亿，比上年下降27.4%。外出从事建筑劳务人员约40万人。具有总承包和专业承包资质的建筑企业922家，其中，一级总承包资质企业24家（全年新增3家），二级总承包企业91家，劳务企业77家。一级资质企业实现了各县（市、区）层面的全覆盖。落实《孝感市本级产业发展资金管理办法》，指导2家建筑业企业申报奖项5项，获奖励55万元。推进建筑产业现代化发展，有装配式生产企业5家。新开工装配式建筑项目6个，总应用面积约94.30万平方米。

【孝感市绿色建筑发展】 2020年，孝感市有市直及三区获绿色二星设计标识的项目4个，总面积75.24万平方米；申报二星绿色建筑的项目3个，总面积66.7万平方米。老澴河改造项目共9个安置区，面积220万平方米，所有建筑按照绿色建筑标准规划设计施工，公共建筑部分达到二星级绿色建筑标准，可再生能源光伏应用面积13441.5平方米，投入使用后预计年发电138.20万度。

（孝感市史志研究中心）

【黄冈市规模以上工业企业发展】 2020年，黄冈市规模以上工业企业1264家，总产值1536.30亿元；营业收入1387.20亿元，利润82.80亿元，缴纳利税34.3亿元。工业用电量77.20亿千瓦时，比上年增长0.9%，比湖北省高4.30个百分点。36个行业类别中15个行业产值正增长。三大门类“一升两降”。其中，采矿业产值51.70亿元，增长18.9%；制造业产值1429.30亿元，增速下降7.7%；电力、热力、燃气及水生产和供应业产值55.30亿元，增速下降3.2%。

全年新增规模以上企业81家，其中，新投产进规企业21家，产值26.60亿元，拉动全市产值增长1.60个百分点。正增长企业418家，占规模以上工业企业总数33.1%，完成产值765.20亿元，拉动全市产值增长8.80个百分点。产值过亿元企业370家，完成产值1178.10亿元，占总产值76.7%；产值过5亿元企业35家，完成产值554.10亿元，占总产值36.1%；过10亿元企业17家，完成产值424.60亿元，占总产值27.6%。

【黄冈市主导产业】 2020年，黄冈市五大主导产业产值1150.10亿元，比上年下降8.1%。其中，食品饮料业产值239亿元，下降10%；纺织服装产业产值99.90亿元，下降22%；医药工业产值255.50亿元，增长1.5%；建筑建材产业产值392.10亿元，下降9.8%；机械电子产业产值163.60亿元，下降4.1%。

【黄冈市高新技术产业】 2020年，黄冈市有高新技术企业391家，实现高新技术产业增加值242.30

2020 年，黄冈市团风胜阳回龙山 120MW 渔光互补光伏发电项目（一期）

（黄冈市史志研究中心　供稿）

亿元，占生产总值 11.2%。高新技术制造业增加值增长 3.4%。科峰传动获批国家专精特新“小巨人”企业，亚东水泥、泰山石膏、民本矿业获批国家绿色示范工厂，祥云化工 8 个产品获评国家绿色设计产品，鲁班药业、亿诺瑞生物、蕊源电子、三行科技获批省级专精特新“小巨人”企业，祥云化工、中船贵金属、稳健医疗、索菲亚家居获批省级隐形冠军示范企业，星晖汽车、海成电子获批省级智能制造试点示范企业，伊利、稳健医疗、中粮等 19 家企业获批省级两化融合示范企业。新增上云企业 1593 家，累计 2000 家。建成新型研发机构 112 家。其中，市级企校联合创新中心 68 家，省级企校联合创新中心 43 家，省级产业技术研究院 1 家。新认定省级星创天地 7 家、市级星创天地 13 家、国家级众创空间 1 家、省级众创空间 2 家。新引进科技副总（创新团队）80 人，科技特派员 476 人，新建科技特派员示范基地 31 个，创办企业 23 家，建立经济合作组织 36 家。

（黄冈市史志研究中心）

【咸宁市工业概况】 2020 年，咸宁市实现工业增加值 541.11 亿元，比上年下降 8.1%。其中，规模以上工业增加值下降 5.5%。规模以上工业企业 992 家，增加 16 家。规模以上工业增加值比重较大的行业中，非金属矿物制品业下降 11.4%，酒、饮料和精制茶制造业下降 12.7%，纺织业下降 23.1%，化学原料和化学制品制造业增长 8.9%。废弃资源综合利用业、医药制造业、文教工美体育和娱乐用品制造业、化学纤维制造业等传统产业比分别增长 110.5%、41.2%、24.5%、21.4%。六大高耗能行业增加值下降 7.6%，增速下降 14.90 个百分点，占规模以上工业的比重 37.0%，下降 0.2%。规模以上工业企业产销率 97.4%，营业收入 1728.60 亿元，下降 7.4%；利润总额 125.40 亿元，下降 0.9%。全市高新技术产业增加值 252.94 亿元，占 GDP 比重 16.6%，提高 1.60 个百分点，其中，规模以上高新技术产业增加值251.86亿元，增长2.8%。

【咸宁市电子信息产业】 2020 年，咸宁市有规模以上电子信息制造业企业 76 家，产值 130 亿元，占全市规模以上工业总产值的 6.5%；主营业务收入 126 亿元，占规模以上工业企业主营业务收入的 6.6%；利润总额 10 亿元，占规模以上工业企业利润的 8.4%；企业用工人数 14884 人，占规模以上工业企业总用工人数的 12.8%。电子元器件制造、组件制造等企业数量增多，规模不断扩大。光电子信息产业集聚瀛通通信、南玻光电、维达力、三赢兴电子等重点企业。

【咸宁市医药工业转型升级】 2020 年，咸宁市 12 家规模以上医药工业企业完成技术改造投资 5.40 亿元。为咸宁爱科医疗用品有限公司一次性医用口罩生产线技术改造项目奖补 52.74 万元、厚福医疗装备有限公司车间生产线及附属设施改造奖补 38.31 万元；为湖北宝仕康药业有限公司医药综合制剂、口罩、熔喷布及消毒液生产线改扩建项目奖补 31.49 万元。疫情期间，为咸宁市福达医疗用品股份有限公司手术衣及手术包生产线技术改造升级项目奖补 20.14 万元、厚福医疗装备有限公车间生产线及附属设施改造项目奖补 63.76 万元、湖北五湖医疗器械有限公司购置新冠肺

2020年，仙桃市彭场镇共同工业园　　（仙桃市档案馆　供稿）

炎防护用品生产设备奖补36.74万元；为湖北金杏科技发展有限公司一次性采血针、采血管生产线扩建项目奖补20.67万元；为湖北宝仕康药业有限公司医药综合制剂、口罩、熔喷布及消毒液生产线改扩建项目奖补205.4万元。

【咸宁市建筑业】 2020年，咸宁市建筑业总产值202.34亿元，比上年下降7.6%；增加值88.07亿元，下降8.5%；建筑业产值占GDP比重5.2%。有建筑业企业700家，其中年产值8亿元以上的企业4家。资质以内建筑业企业198家，增加23家。房屋竣工面积596.32万平方米，下降19.3%。联合建行咸宁分行、工商银行咸宁分行分别搭建"建筑业支持与纾困计划"合作平台和咸宁市建筑业"春润行动"合作平台，47家建筑业企业获信贷资金约12.50亿元。

（咸宁市史志研究中心）

【仙桃市工业概况】 2020年，仙桃市有规模以上企业417家，工业总产值1098.30亿元，主营业务收入1079.12亿元。税收过500万的工业企业153家，外贸出口255.51亿元。工业用电量195778万千瓦时，增长0.8%。全市外贸出口1437.81亿元，增长313.5%。非织造布、智能装配制造、电子信息技术、食品加工、新能源新材料、服装加工等六大主导产业产值959.62亿元。规模以上重点工业企业（40家）销售289.99亿元，利润44.71亿元。工业投资下降49.4%。工业技改投资下降64.8%。实施工业项目203个，计划总投资613亿元。

【仙桃市食品产业】 2020年，仙桃市食品产业产值151.23亿元，比上年下降22.6%；营业收入147.54亿元，下降22%；利润总额9.70亿元，下降19%；出口额7.48亿美元。规模以上食品加工企业62家，从业人员13850人。有中国驰名商标和知名品牌企业35个。"仙桃香米""郑场豆豉""沔城藕""张沟黄鳝"获地理标志商标认证；仙粮机械、慧狮塑料、顾大嫂食品生产及配套企业被认定为湖北省高新技术企业，食品产业获国家专利177件。被湖北省授予"国家农业科技园"称号，是湖北省农产品加工示范园。

【仙桃市汽车零部件产业】 2020

2020年3月25日，在富士和机械工业（湖北）有限公司铸造车间内，工人紧盯自动化设备生产　　（仙桃市档案馆　供稿）

年，仙桃市汽车零部件产业产值103.30亿元，占全市工业产值9.4%。规模以上企业47家，集聚摩擦一号、日本京滨、法国百炼、台湾富士和、六和金属等一批汽配企业。产业配套带动，形成集铸造、锻造、模具、高档数控机床、基础制造装备、电子电路等30多个系列产业链，主要生产涡轮增压器、刹车盘、刹车毂、曲轴、转向节、飞轮齿圈、刹车片、车架总成、活塞环、卡钳、配件铸件等系列产品，供货给东风、神龙、大众、宝马、奔驰、通用、日产等汽车公司，全国市场占有率90%以上。

【仙桃市电子信息技术产业】 2020年，仙桃市电子信息技术产业产值50.75亿元，比上年下降14.1%。主要生产印刷电路板、电源供应器、LED、电子元器件、四氯化钛等电子产品及电子材料。健鼎（湖北）电子有限公司是苹果、三星、联想、戴尔、华为、小米主要供应商，有授权专利25项、发明专利3项。康舒电子（武汉）有限公司产品主要用于富士康、联想、惠普、戴尔等一线品牌计算机商。

【仙桃市无纺布产业】 2020年，仙桃市无纺布产业产值446.87亿元，比上年增长51.8%，占全市工业生产总值40.7%；出口193.12亿元，占全市85.6%，比上年增长564.6%；规模以上企业145家，从业人员5万多人；口罩机生产企业62家，无纺布生产线增加40多条，累计127条，年产能90万吨。推进无纺布“四基地两中心”建设，集聚新发公司、恒天嘉华、新鑫、裕民、宏昌等无纺布龙头企业。仙桃市是国内最大的无纺布加工基地，先后获“中国非织造材料供应基地”“中国非织造布制品生产基地”称号，被列入“世界非织造布产业集群培育单位”。

【仙桃市纺织服装产业】 2020年，仙桃市纺织服装产业产值90.48亿元，比上年下降11.7%。毛嘴形成占地61.34万平方米，新建标准化厂房50万平方米，有企业200多家、职工15000人，实现农民就地就业26000人、年产值达50亿元的服装产业园。湖北朵以服饰有直营特许专卖店2300家，遍布全国1000多个大中小城市。

2020年5月12日，仙桃市非织造布特色小镇基础设施建设项目举行开工仪式
（仙桃市档案馆　供稿）

【仙桃市新材料及医药制造产业】 2020年，仙桃市新材料及医药制造产业产值116.94亿元，比上年下降11.8%。生物医药企业60家，其中，规模以上企业50家。生物药品制造企业8家，生物医疗制品设备制造企业30家。医药化工行业集聚德国拜尔日化、新蓝天、绿色家园、信达化工等骨干企业。新蓝天公司新上10万吨硅烷密封胶项目投产，产值12.83亿元，增长10.5%。绿色家园新上50万吨环氧新材料项目投产。获发明专利11项、实用新型专利权及其他多项技术成果71项。

【仙桃市建筑业】 2020年，仙桃市有资质以内建筑企业47家，比上年增加2家。建筑企业从业人员18440人，减少4.3%。总产值112.93亿元，减少15.3%。房屋建筑施工面积518.80万平方米，减少10.1%；筑竣工面积365.50万平方米，减少13.5%。在建工程项目119个，面积约560万平方米。9项工程获省级结构优质奖，3项工程获省级安全文明施工现场，1项工程获“楚天杯”。

新增节能建筑 127.90 万平方米，预拌混凝土供应量 154.01 万立方米，发展绿色建筑任务 191 万平方米。督促引导 20 家预拌混凝土企业实施升级改造，11 家企业获绿色生产、绿色建材证书，其中市政公司搅拌站获三星级绿色生产证书。

（仙桃市档案馆）

【潜江市工业概况】 2020 年，潜江市谋划推进工业项目建设。支持传统产业改造升级，年内获批省级制造业高质量发展专项资金 1600 万元。争取央企合作项目，与赛迪公司合作，制定潜江市制造业高质量发展“十四五”规划和潜江市新一代信息技术产业发展“十四五”规划。谋划军民融合产业园、服装产业园等领域项目 100 多个，计划投资 2100 亿元。报送与央企意向合作项目 11 个。其中，与中粮集团意向合作项目 3 个，与中国建筑意向合作项目 1 个，与华润集团意向合作项目 4 个，与国药集团意向合作项目 3 个。

【潜江市建筑业】 2020 年，潜江市有资质以内建筑企业（在库）53 家，比上年减少 1 家；建筑业企业从业人员 1.79 万人；建筑业总产值 151 亿元，增长 3.1%；建筑业增加值 34.38 亿元，与上年持平。全年核发施工许可证 66 个，发布材料信息价格 16 期。建筑工程质量安全监督覆盖率 100%，全年未发生建筑安全生产事故。组建消防审查验收机构，下发验收合格意见书 14 份。

（潜江市档案馆）

【天门市工业概况】 2020 年，天门市工业经济运行平稳。规模以上工业增加值比上年下降 6.4%；技改投资下降 15%；工业增值税 3.72 亿元，下降 15.5%；工业用电量 5.65 亿千瓦时，下降 7.9%。实施“百企百亿”技改工程，26 个技改扩规项目投产。新增规模以上工业企业 35 家、隐形冠军企业 5 家、湖北省“两化融合”试点示范企业 5 家，成功申报省级专精特新“小巨人”企业 2 家。推进智能化改造试点企业 10 家。税收过千万元企业 9 家，减少 2 家；过百万元企业 61 家，减少 35 家。新签协议项目 210 个，计划投资 510 亿元，实际到位资金 282 亿元。亿元以上项目入库个数、资金到位率等五项指标综合居全省第六位。开工建设工业项目 155 个，竣工工业项目 89 个，推进芯创电子信息产业园一期、远景风电等湖北省重点项目投产。盘活 6 家困难企业，“关改搬转”沿江化工企业 5 家。

2020 年 10 月 26 日，金澳科技监利至潜江输油管道项目开工

（潜江市档案馆　供稿）

【天门市建筑业】 2020 年，天门市有各类建筑企业 108 家，其中，施工总承包企业 63 家（特级企业 1 家、一级企业 2 家），专业承包企业及劳务分包企业 45 家。总产值 141.48 亿元，增速比上年下降 0.4%。增加值 31.97 亿元，增速下降 3.4%，对 GDP 贡献率 5.2%。新开工房屋建筑工程 70 项，建筑面积 156.80 万平方米，造价 28.45 亿元；新开工市政工程 3 项，造价 6419 万元。往年续建房屋建筑工程 225 项，建筑面积 654 万平方米，造价 118.20 亿元；往年续建市政工程 15 项，造价 2.07 亿元。竣工工程 36 项。10 个项目被评为湖北省建筑结构优质工程，5 个项目获湖北省安全文明施工现场称号。建筑工程质量监督覆盖率市区 100%、乡镇 95% 以上，工程一次竣工验收合格率

100%；具备备案条件的工程备案率100%；住宅工程质量通病防控任务书签署率100%，质量通病防控技术措施落实率100%，质量通病防控达标率75%以上。

【天门市绿色建筑发展】 2020年，天门市新增建筑节能能力1.06万吨标煤。完成绿色建筑项目7个，建筑单体21栋，总建筑面积28.08万平方米，占年计划的165.2%。获绿色建筑一星级设计评价标识项目1个，建筑面积25.30万平方米。新增节能建筑竣工项目26个，总建筑面积69.08万平方米，占年计划的121.2%。既有建筑节能改造项目4个，总建筑面积3.50万平方米。其中，既有居住建筑节能改造项目2个，建筑面积1.70万平方米；既有公共建筑节能改造项目2个，建筑面积1.80万平方米。有可再生能源建筑应用项目4个，总建筑面积58万平方米，折合应用面积29万平方米，占年计划的138.1%。

（天门市文化和旅游局）

现代服务业

【武汉市商贸服务业】 2020年，武汉市社会消费品零售总额6149.84亿元。按经营地统计，城镇5989.77亿元，乡村160.07亿元；按消费类型统计，商品零售5891.12亿元，餐饮收入258.73亿元。

疫情期间，应急创建市场供应监测体系，出台蔬菜限价销售（一元菜）补贴、社区团购“两个全覆盖”等政策方案。以“武汉购”为主题，按照仲夏、金秋、跨年三个阶段开展消费促进系列活动。同步开启2020“武汉购”仲夏消费季和打造“夜江城”系列消费促进活动。组织22家商超、家电、文化体育、本地知名品牌生产企业和大型商贸综合体的企业代表集中发布促销让利信息，企业累计让利逾15亿元。举办2020武汉啤酒节，码头潭公园、吉庆民俗街等28个活动，吸引客流达257万人，实现总销售超1.70亿元。市商务局联合武昌区人民政府主办2020武汉网络购物节，超15万商户参加活动。

2020年3月，武汉市开展社区十元爱心菜等物资保障活动

（武汉市地方志办公　供稿）

【武汉市电子商务】 2020年，武汉市电子商务交易规模达到10976.99亿元，比上年增长9.7%。其中，网络零售交易规模2771.16亿元，增长9.8%；大型企业B2B交易规模3342.36亿元，增长20.2%。全年活跃电商店铺数量20.80万个，吸纳从业人员33万多人。

【武汉市直播带货活动】 2020年4月8日，武汉市开展“湖北重启，‘抖’来助力——市长带你看武汉”直播活动，直播间参与人数252万人次，现场销售额达1793万元。5月10日，“百星·百亿助力武汉”直播公益活动在武汉启动，全市14个区共80家企业、210余品种本地产品参加直播活动，当天直播间参与人数1042万人次，现场销售额达4055万元；至5月26日，有7000余个品种参与，销售商品47.66万件，销售额近6亿元。

【“武汉消费券”投放】 2020年4月19日—7月31日，武汉市商务局组织向全体在汉人员投放“武汉消费券”5亿元。其中，1756.67万元定向发给全市低保、特困和建档立卡贫困人口；4.82

亿元通过支付宝、微信、美团（大众点评）三大平台投放。包含餐饮、商超、超市（便利店）和文体旅游四类消费券，每周投放1次，共计投放15周。其间累计投放“武汉消费券”4522.12万张，核销资金4.72亿元，综合拉动消费56.41亿元，拉动杠杆率1∶11.95。其中，直接拉动消费（累计核销订单金额）26.97亿元，直接拉动比例1∶5.72。

【武汉市会展业】2020年，武汉市举办展会节事活动338场。其中，重点赛会节展76场，规模以上展会32场。疫情期间，全市展会活动全部停办，招展引会活动全面中断。会展企业积极投身抗疫工作，不仅提供资金与物资援助，还提供展馆作为抗疫场地，四大展馆改造为方舱医院，全市酒店等会议场所许多成为隔离点或医护人员住宿点。全市疫情防控进入常态化，会展行业才逐步复工复产。8月起，全市会展业迎来全面复苏，相继举办华中国际车展、亚布力论坛、中国品牌节年会、武汉啤酒节、水上电音节、中国北斗应用大会、中国生物产业大会、全球资本大会、健博会、机博会、汉交会、食博会等一系列重大会展活动。特别是高端会议论坛活动明显增多，亮点纷呈。武汉市获评2019—2020年度“中国十佳会展城市”，并再获“中国十大会展名城”大奖，国博中心等3家场馆荣获“抗疫”特别致敬团体奖。

【2020年中国国际工业设计博览会】2020年12月11—13日，2020年中国国际工业设计博览会在武汉举办。博览会展示了来自全国28个省（区、市）的354家企业最前沿、最科技的创新设计产品，汇聚100多名全国顶尖设计大师，集聚国家级工业设计中心88家。浪尖设计集团有限公司牵头制定的全国首个工业设计行业团体标准《全产业链设计创新服务导则》在博览会期间发布。天扬光电超大尺寸显示模组、金达利汽车转向系统关键零部件华中总部生产基地、苏州维卡汽车设计、泽塔云总部等20个、总金额82亿元的先进制造业和生产性服务业项目在博览会上签约。三维五轴激光切割机、高层逃生装置平台、MIFON电竞路由器、全自动红外热成像测温告警系统等4件创新产品获评最具价值“优秀作品”奖。

2020年10月29日，第六届武汉国际电子商务暨“互联网+”产业博览会开幕

（武汉市地方志办公室　供稿）

【武汉市金融业】2020年，武汉市金融业增加值1628.48亿元，比上年增长6.2%，占全市GDP比重10.4%，提高1.20个百分点。金融机构人民币存款余额30329.15亿元，较年初增加2300.96亿元，增长8.4%；人民币贷款余额35491.87亿元，较年初增加4902.41亿元，增长16.1%。人民币存贷款增长12.4%。武汉市银行、证券、保险机构的数量分别为38家、55家和83家（含法人及省级分公司）。地方金融机构478家，经批准设立的交易场所在营19家，资产总额合计26.78亿元。全年挂牌及过审企业10家，新增报审企业11家、报辅企业23家，总在辅企业25家。疫情期间，良品铺子成为上交所第一家远程视频上市企业。9月18日，福禄控股登陆港交所。9月22日，科前生物、路德环境在科创板挂牌上市。全年保险业保费收入835.66亿元，增长8.9%。全市有各类保险机构578家，新增财产险省级分公司1

2020年9月28日，2020湖北高质量发展资本大会在武汉国际会议中心开幕 （武汉市地方志办公室 供稿）

家、人身险省级分公司1家、中心支公司1家、支公司6家，减少营业部3家、营销服务部17家。专业保险中介法人机构50家（新增2家），保险中介分支机构393家（新增13家），兼业代理持证机构91家（减少10家）。

【武汉市落实金融纾困专项工作】2020年，武汉市金融部门起草《关于印发武汉市应对新冠肺炎疫情中小微企业纾困专项资金使用管理办法的通知》和《关于印发武汉市应对新冠肺炎疫情影响个体工商户纾困专项资金使用管理办法的通知》，并及时发布管理办法的配套政策解读。各银行机构通过"汉融通"平台累计发放中小微企业和个体工商户纾困专项贷款超过31000笔，贷款总额1018亿元。拨付中小微企业纾困专项贷款贴息资金共计5.78亿元，惠及企业17571户（次）。推动中国农业银行、汉口银行、武汉农村商业银行、众邦银行建立全线上、纯信用的"301"贷款模式，提高信用贷款比例，累计放款过亿元。截至年末，武汉市银行业国标口径小微企业贷款余额6468.24亿元，较年初增加868.37亿元，增速15.5%。国标口径小微企业贷款户数19.68万户，增加4.89万户。

【武汉市金融改革创新】2020年，武汉市持续推进金融改革创新。10月9日，中国银保监会会同湖北省人民政府正式印发《东湖科技保险创新示范区总体方案》，同意在武汉东湖新技术开发区建设东湖科技保险创新示范区。这是全国首个获批的国家级科技保险创新示范区，也是武汉市保险业首次纳入国家级试点的项目。东湖科技保险创新示范区致力于服务科技创新企业融资，计划在3—5年内，实现"五个一"目标，持续推进保险创新。12月6日，由中国保险行业协会和武汉市人民政府共同举办的中国保险创新发展大会在汉召开。会上发布《农业保险助推脱贫攻坚蓝皮书》和《东湖科技保险创新示范区总体方案》，17个保险资金支持武汉实体经济项目集中签约，总投资达500亿元。

科技金融改革创新纵深发展。印发《关于进一步深化科技金融改革创新工作实施意见》。大力发展绿色金融，严格控制"两高一剩"行业信贷投放。编制《武汉大健康金融发展规划（2020—2035年）》，组织优选金融机构参展大健康博览会，推进大健康金融产业发展。统筹自贸区金融改革试点任务工作，充分利用供应链金融服务实体经济功能，探索开展知识产权证券化业务。

投贷联动等创新产品规模扩大。截至年末，三家投贷联动试点银行与40家内外部投资公司开展合作，支持科创企业204户，投贷联动贷款余额27.15亿元，比上年增长69.0%；对应投资总额47.5亿元，增长20.0%。推动科技保险创新，全面推广"科保贷"业务，全年参与"科保贷"业务备案银行共有15家，新增受理科技型企业认定372家；新增科技型企业保证保险贷款161笔，新增贷款3.99亿元，累计761家企业获得科技型企业保证保险贷款17.76亿元。

【武汉市交通运输业】2020年，武汉市交通运输行业交通固定资产投资457亿元；交通运输换算周转量4539.81亿吨千米，比上年下降7.1%；交通货运量63643.84万吨，下降5.8%；货物周转量4050.54亿吨千米，增长 3.9%；港口货物吞吐量 10539 万吨，增长 15.1%，其中，集装箱吞吐量 196.30 万标准箱，增长 15.2%。全年客运量 10656.08 万人，下降 58.2%；旅客周转量 582.94 亿人千米，下降 53.1%；航空港旅客吞吐量 1280.21 万人，下降 52.9%。邮政业业务总量 243.42 亿元，下降 6.4%；业务收入 131.82 亿元，下降 5.1%。其中，邮政服务业务量累计 32.10 亿元，下降 7.8%；快递服务企业业务量累计 10.99 亿件，下降 2.7%。快递业务收入累计 110.16 亿元，下降 4.1%。

【武汉市轨道交通 8 号线二期建成通车】 2020 年，武汉轨道交通建成 8 号线二期，全长 17.60 千米，均为地下站，起自 8 号线一期终点梨园站，顺沿二环线，经水果湖行政区，止于野芷湖站，连接已通车的 8 号线一期、三期，设站 12 座，其中，换乘站 4 座，分别为街道口站与 2 号线换乘，马房山站与在建的 11 号线换乘，省农科院站与规划的 13 号线换乘，野芷湖站与 7 号线换乘。设野芷湖停车场 1 座，与 7 号线车辆段共址，控制中心设置在既有铁机路线网管理服务中心内，与 4、5 号线控制中心共址。全线设 4 个特色站——省博湖北日报站、洪山路站、街道口站、省农科院站。线路标志色为编钟青。

【武汉市物流业】 2020 年，武汉市社会物流总额 3.68 万亿元，比上年下降 8.5%；总费用

2020 年武汉市综合交通运量统计表

指标（单位）	合计	其中			
		铁路	水运	公路	航空
客运量（万人）	10656.08	9052.1	—	802.85	801.13
旅客周转量（亿人千米）	582.94	480.1	—	9.74	93.09
货运量（万吨）	63643.84	7999.7	23908.72	31724.91	10.51
货物周转量（亿吨千米）	4050.54	1270.8	2304.58	471.06	4.11
货物吞吐量（万吨）	10557.94	—	10539	—	18.94

2020 年武汉市轨道交通客运量统计表

单位：万乘次

线路	全年客运量	日均客运量	日最高客运量
1 号线	6993.17	19.11	42.72（12 月 31 日）
2 号线	16953.39	46.32	121.25（12 月 31 日）
3 号线	7931.2	21.67	46.24（12 月 31 日）
4 号线	11631.77	31.78	68.64（12 月 31 日）
6 号线	6848.49	18.71	42.92（12 月 31 日）
7 号线	6963.96	19.03	43.72（12 月 31 日）
8 号线	2829.85	7.73	18.09（12 月 31 日）
11 号线	929.4	2.54	7.02（12 月 31 日）
阳逻线	1078.87	2.95	7.27（12 月 31 日）
线网	62160.1	169.84	397.88（12 月 31 日）

2020 年，新建成的武汉市轨道交通 8 号线二期特色站——省农科院站站厅

（武汉市地方志办公室　供稿）

2020年，武汉市冷链物流车为居民配送物资（武汉市地方志办公室　供稿）

2063.09亿元，下降6.9%。物流业增加值1409.83亿元，下降9.0%；总收入1525.59亿元，下降9.8%。物流业增加值占GDP比重9.0%，占第三产业增加值比重14.6%；社会物流总费用与GDP的比率13.2%，减少0.44个百分点。全市物流业景气指数（LPI）平均值50.3%，减少4.50个百分点。

推动物流项目建设。全年完成物流建设投资85亿元。推进国家多式联运示范工程建设，新开辟典型联运线路2条。全年铁水联运示范工程多式联运量突破3.30万标准箱。新增A级物流企业29家，升级10家。全市A物流企业总数201家。提升中欧（武汉）班列市场化运营水平，新开辟国际铁路货运线路2条。全年中欧班列（武汉）发运230列、15306标准箱，80%承运货物是湖北本地产品。

物流配送多元发展。推进“中央+区域”多级分拨配送体系。各连锁经营龙头企业整合上游供应商、下游连锁网点和消费者资源，形成农产品流通领域“基地+总仓+门店”配送模式。医药流通领域初步形成“线上线下一体化配送+全国三级物流体系”模式。

【天河机场国际门户枢纽建设】2020年，武汉市加快推动天河机场国际门户枢纽建设。1月9日，湖北机场集团与普洛斯中国控股有限公司在汉签署合资公司股东协议，加速航空物流改革发展。1月15日，《武汉天河国际机场总体规划（2019年版）》获国家民航局正式批复，为机场新一轮提质扩容奠定基础。3月12日，武汉天河机场进境肉类指定监管场地获海关总署批复，成为全功能航空进境口岸。12月30日，国家民航局同意将武汉天河机场高峰小时容量标准由39架次调增至42架次，自2020年冬航季起执行。

年内，武汉天河机场航空物流服务中心、C4国际库等续建项目建成，全覆盖5号机坪扩建项目正式开工；新建第三跑道及配套机坪项目、T2航站楼改造、旅客服务综合体等重点建设项目按计划推进。天河机场在全国首推抵港航班客舱行李播报服务；国内行李直挂功能系统上线运行，实现“响应式”后台行李转运功能。

【武汉市通用航空产业发展】2020年，武汉市争取国家有关部门支持，推进汉南通用机场低空空域开放改革试点。10月14日，空

2020年4月8日，武汉天河机场以“过水门”仪式迎接“解封”后首个进港航班——厦航MF8095航班　（武汉市地方志办公室　供稿）

军武汉基地组织召开军民航协调会议，同意为汉南通用机场划设3个临时飞行空域，支持汉南通航产业发展。年内，武汉经济技术开发区（汉南区）启动汉南通航机场飞行区扩建项目，拟投资21.66亿元，新建2400米×45米跑道及配套机坪、航站综合楼、航空训练大楼、机库以及配电站、特种车库、塔台、导航台等设施，全年完成投资4.40亿元。

【武仙城际铁路正式开通运营】 参见“重要活动和重大项目建设”，第62页。

【长江沿岸铁路集团股份有限公司落户武汉】 2020年12月20日，长江沿岸铁路集团股份有限公司揭牌暨沿江高铁武汉至宜昌段、西安至十堰高铁湖北段建设动员大会在武汉召开。

长江沿岸铁路集团股份有限公司由国家铁路集团与四川、重庆、湖北、安徽、江苏和上海等沿江6省市共同出资设立，总部设在武汉，负责统筹沿江高铁和铁路货运基础设施建设，以及资产经营管理、投融资改革等工作。长江铁路公司注册资本1346亿元，当前阶段拟建铁路项目里程2015千米，投资估算4614亿元。沿江高铁武汉至宜昌段，东起汉口站，经汉川、天门、荆门至宜昌，全长约313千米，总投资约522亿元。

【长江中游新洲至九江河段航道整治二期工程建成】 2020年5月29日，长江中游新洲至九江河段航道整治二期工程（简称“新九二期工程”）通过交工验收，提前4个月投入试运行，新洲至九江河段6米水深初步贯通。

新九二期工程河段上起葫芦山、下迄九江港客运码头，全长约35千米，主要建设内容包括徐家湾边滩守护工程、鳊鱼滩洲头守护工程、新洲右缘护岸工程、蔡家渡护岸工程、新洲浅区疏浚工程、航标工程6个单位工程和鳊鱼滩生态固滩工程。工程于2018年9月开工，经过20个月的建设，提前完成全部建设任务。工程建设中落实生态航道建设措施，在水、岸、滩建设中大规模应用生态环保新工艺、新结构，建成总长约5.10千米的生态护岸，综合利用疏浚弃土“变废为宝”，营造约8.40万平方米的长江航道首个生态固滩工程。

长江水道航道整治工程（即“武汉至安庆6米水深、武汉至宜昌4.50米水深航道整治工程”，简称“645工程”）是国家重点工程。新洲至九江河段位于长江干线航道武汉至安庆段的中下段，是长江干线航道中承上启下的关键节点，因九江水道上下深槽呈交错分布，航道条件较差。经整治后，万吨级船舶将不再受限于长江枯水季，可常年通达武汉。

2020年12月20日，长江沿岸铁路集团股份有限公司在武汉揭牌

（武汉市地方志办公室　供稿）

【中欧班列（武汉）首次实现出口邮件】 2020年6月20日，X8015/6次中欧班列（武汉）从武汉吴家山站发车，搭载10710件、2.75吨测试邮件，包括家居用品、汽车用品和饰品等，由新疆阿拉山口口岸出境，13天后抵达波兰马拉舍维奇站，再由波兰邮政分拨至英国、法国和德国。实现了中欧班列（武汉）出口邮件“零的突破”，标志着武汉国际邮件陆路运输通道迈出坚实一步。

【武汉市文旅产业发展】 2020年，武汉市接待游客总量2.59亿人次，实现旅游总收入2906.29亿元，

2020年12月12日，日本货物首乘中欧班列（武汉）前往欧洲

（武汉市地方志办公室　供稿）

旅游总收入占全市GDP比例达到18.6%。全市共有A级旅游景区47家，其中5A级旅游景区3家。凤娃古寨景区、花博汇景区成功创建国家4A级旅游景区，武汉园博园、木兰水镇景区通过省文化和旅游厅4A景观质量评价，汉阳区叶开泰中医药文化园、江夏区扬子江非遗文化馆成功创建国家3A级旅游景区，江夏区龙湾半岛景区、黄陂区野村谷景区、新洲区花朝河湾景区、新洲区香草伊甸园景区通过3A级验收。

全市有各类旅行社426家，已备案旅行社分社132家、旅行社服务网点1885家。全年新设立旅行社20家，注销旅行社13家，吊销旅行社3家。有星级饭店57家，客房数12452间，床位数19786张，星级饭店行业从业人员1万人。武汉市获评"首批国家文化和旅游消费示范城市""2020年夜经济影响力十强城市"，获文旅类国家级奖项52个。

全年全市组织实施网络直播、客源地推介、全国旅行商来汉踩线等31场次市场开发与推广专项活动。推出包括"长江两岸游""人文荆楚游""武昌古城游""红色文化游——毛泽东与武汉"等在内的"打卡大武汉"10条特色旅游线路产品，组织全国24个省份、109个城市的400余名旅行商来汉参加"百城旅行商　打卡大武汉"踩线活动专场推介会，相继在南京、上海、杭州等客源地开展3场"打卡大武汉　开启新旅程"武汉文旅产品推介会活动。在重庆举行"武汉秋冬季旅游产品"推广，推介旅游线路产品，发布奖励政策，招徕重庆游客来汉旅游。参加2020年武汉民航省内推介会，组织9家单位参加2020中国红色旅游博览会，宣传并推介武汉红色旅游线路。"花点时间游武汉"主题营销活动入选文旅部国内旅游营销优秀案例。

【"惠游湖北·打卡大武汉"活动】 2020年8月8日至12月31日，武汉市开展"惠游湖北·打卡大武汉"活动，包括"惠游湖北·打卡大武汉"A级景区免费游活动、"48小时打卡大武汉"活动、2020武汉乡村文化旅游节、"高铁之心武汉旅游嘉年华"活动、"四面八方自驾游武汉"活动、"白衣天使健康武汉行"活动、"畅游英雄武汉"国庆中秋欢乐汇、2020武汉电竞旅游节、第九届琴台音乐节、"英雄武汉　炫耀长江——2021迎新跨年倒计时"活动等10项内容。活动期间，黄鹤楼、欢乐谷等30家收费旅游景区免门票开放，累计预约游客1931.28万人次，核销入园1402.28万人次，其中，接待省外游客350.33万人次。27家景区的游客接待量达到或超过上年同期水平，平均增长率近50%。

【武汉市"与爱同行　惠游湖北"活动】 2020年，武汉市响应贯彻"与爱同行　惠游湖北"活动各项要求，引导旅行社组织旅游团队来汉。率先与中国康辉、中青旅、中国旅游集团等3家大型旅游集团签订"引客入汉"协议。活动期间，共对186家次旅行社共计拨付奖励资金10121.39万元。全市旅行社复工率93%。在旅行社预约平台上注册的旅行社338家，其中，武汉市的旅行社209家，全市开展地接业务的旅行社达124家。累计接待来汉过夜团队游客280.99万人次，日均接待1.92万人次，比2019年日均国内旅游接待人次数增长了5.40倍。在湖北省文旅厅"惠游湖北"活动评定的全省20家组团贡献奖中，武汉市10家旅行社上榜。

【"感恩有你 邀游江城"国庆中秋系列活动】 2020年国庆中秋期间，武汉市以"感恩有你 邀游江城"为主题，开展国庆中秋系统活动，活动由"英雄武汉 炫彩长江"嘉年华、"我在东湖等你"嘉年华、"乡约武汉"美丽乡村嘉年华、"打卡江城 武汉有礼"系列惠民活动、"艺术盛宴 江城有戏"文化嘉年华及"英雄城市 红色传承"主题展6大板块构成。活动期间，全市纳入活动的44家景区共接待游客2148.74万人次，超上年同期463.07万人次，比上年增长27.5%；星级旅游饭店营业收入从10月起实现正增长，四季度比上年同期增长17.1%；旅行社累计接待来汉过夜团队游客280.40万人次，与上年同期增长5.40倍。

【武汉市旅游宣传产品开发】 2020年，武汉市设计制作多语种《武汉文旅指南》、《武汉旅游地图》中英文版，以及《2020国庆中秋文旅活动指南》《武汉文化旅游体育会展活动指南》月刊等宣传资料，在全市窗口行业和对外宣传活动中发放。摄制《云游·春光中的武汉》《武汉，你好！》《云上剧场》3个系列27部短视频，《大城匠心·寻回》《大城匠心·承载》《大城匠心·融合》系列宣传视频，"打卡大武汉"系列宣传片，"相乐武汉音为爱"第九届琴台音乐节宣传片等主题宣传片，展示武汉城市形象和特色文旅资源。其中，《云游·春光中的武汉》21场系列直播，线上观看达2.30亿人次。在微博、百度、抖音、头条等平台推出的"英雄武汉依然花开""晒晒我家的春天"等相关话题，阅读量超4.50亿人次。

（武汉市地方志办公室）

【黄石市商贸服务业】 2020年，黄石市社会消费品零售总额758.81亿元，比上年下降26.1%。建成分布式社区肉菜店30家，启动农贸市场改造43家。推动消费活动创新，在抖音、阿里、拼多多等平台直播带货，相关企业开通直播权限。全市直播带货近千场，直接带货近亿元。开展扶贫农产品"五进"（进机关、进企业、进商超、进高校、进平台）行动，覆盖31个乡镇、186个村、451个品种，累计签订订单合同2.70亿余元，落实合同2亿余元。统筹协调解决滞销扶贫农副产品近百万元。3家企业获评省级电子商务示范企业。大冶市成功申报国家级电子商务进农村综合示范县。

【黄石市金融业】 2020年，黄石市本外币各项存款余额2021亿元，比年初增加179.90亿元，增长9.8%。各项贷款余额1569亿元，比年初增加198.90亿元，增长14.5%；余额存贷比76.3%，增量存贷比93.8%。制造业贷款余额218.49亿元，比年初增加27.89亿元，增长14.6%。其中中长期制造业贷款余额66.63亿元，增长43.8%。普惠小微贷款余额198.92亿元，增长20.5%；普惠小微贷款余额户数3.99万户，增长13.6%。涉农贷款余额638.07亿元，增长15.8%。民营企业贷款余额323.50亿元，比年初增加43.19亿元，增长15.4%。社会融资规模增量413.45亿元，增长22.8%。其中，本外币贷款增加199.33元，表外融资（未贴现的银行承兑汇票、委托贷款）减少

2020年9月12日，黄石粮食现代物流中心二期项目工程

（黄石市档案馆 供稿）

41.37 亿元，直接融资（企业债券融资）增加 149.90 亿元，其他融资增加 105.59 亿元。

【黄石市交通运输业】2020 年，黄石市公路总里程 8128.60 千米（高速公路 241.02 千米，一级公路 433.75 千米）、路网密度 177.37 千米 / 百平方千米。内河航道通航总里程 186.80 千米（不含长江 60.80 千米）。全市有客运站 28 个，道路客运量 1227.16 万人次，比上年下降 53.3%。旅客周转量 8.83 亿人次千米，下降 45.9%。道路货物运输量 4299.95 万吨，下降 20.4%。货物周转量 34.44 亿吨千米，下降 27.7%。公共交通客运量 12960.20 万人次，下降 41%。出租车客运量 6619.60 万人次，下降 26.9%。道路旅客运输企业 38 家，运输经营户 49 家。

全市邮政业务总量 13.96 亿元，增长 4.2%。服务制造业业务量超 2500 万件，支撑产值超 2.80 亿元。建成智能快件箱 730 组，投递格口 23360 个；建成社区、校园快递驿站 100 余个。实现快递服务进农村 671 个，覆盖率 85%。寄递服务农产品业务量超 360 万件，帮助销售农产品超 5800 万元，带动贫困农村增收超 320 万元。

【黄石市旅游业】2020 年，黄石市仙岛湖景区 4A 级景区复牌。乡村旅游标准化建设实现县—镇—村三级联创。大冶市通过“荆楚文旅名县”审核，王英镇、沼山村获评“湖北旅游名镇名村”，阳新南市村、大冶沼山村获评“国家旅游重点村”。旅游厕所（222 座）全部完成百度地图标注工作。举办“中国旅游日”景区推介活动，推广“黄石人游黄石”活动。开展“惠游湖北 畅行黄石”大型文旅惠民活动，推出精品旅游线路 6 条；开展“感恩江苏”系列交流合作活动，签订《苏州 黄石市旅游发展战略合作协议》，苏黄两地“游客互送资源共享”。召开以“矿世云展 晶彩黄石”为主题的第四届中国（黄石）地矿科普大会。举办第五届中国（黄石）国际矿物宝石博览会、地矿科普研学论坛、跟着院士来研学、全国中小学生地学科普作品大赛、“矿晶 +”时尚秀等活动（14 项），参展展位 111 个，吸引近 6 万人参观选购。举办 2020 年“文化和自然遗产日”黄石市非物质文化遗产推荐直播活动。线上宣传推介黄石地区特色非遗项目，线下开展非遗食品优惠展销，当日成交额近 8 万元。开展黄石市非遗进景区展览展演活动 8 场。

（黄石市档案馆）

2020 年，第四届中国（黄石）地矿科普大会开幕

（黄石市档案馆 供稿）

【鄂州市商贸服务业】2020 年，鄂州市实现社会消费品零售总额 326.57 亿元，比上年下降 26.4%。其中，限上商贸企业零售额 147.84 亿元，下降 34.2%；住宿业零售额 1.65 亿元，下降 38.8%；餐饮业零售额 26.76 亿元，下降 27%。粮油食品类限上商品零售额增长 4.1%，饮料类限上商品零售额增长 2.6%。限额以上单位通过公共网络实现商品零售额 125.00 亿元，下降 34.4%。新进库商贸企业 16 个，限上商贸企业 113 个。推动电子商务发展，指导葛店开发区申报国家电子商务示范基地，获 2020 年国家电子商务示范基地。推动鄂城区和梁子湖区省级电子商务进农村示范区建设。启动鄂州市市级电子商务示范企业创建工作。通过开展市长抖音直播活动、参加“6・18 湖北专场”直播带货活动、支持惠生活开设线上线下鄂州消费扶

2020年，鄂州市构建"商超+基地+农户"新模式，在超市开设消费扶贫专区

（鄂州市档案馆　供稿）

贫馆、引导武商和新亚太设置线下爱心扶贫农产品专柜等方式，推动鄂州市特色农产品线上线下销售。推进"荆楚优品"工程建设，2个企业入选湖北省公共区域品牌"荆楚优品"目录。

【鄂州市金融业】 2020年，鄂州市有银行业金融机构10个、银行网点138个，从业人员2245人。银行资产规模1028.64亿元，负债1003.74亿元。金融机构纳税总额2.79亿元，证券业机构2个，保险业机构26个，类金融机构4类12个。

全市金融机构各项存款余额897.66亿元，比上年增长16.3%。各项贷款余额708.80亿元，增长18.8%。金融机构不良贷款余额8.11亿元，不良贷款率1.1%。银行业金融机构小微企业贷款余额176.65亿元，增长18.6%；普惠小微贷款余额62.59亿元，增长40.4%；小微企业信用贷款增长44.7%。

【鄂州市产业融资服务】 2020年，鄂州市人民政府与湖北省再担保集团、11个省级和地方法人银行机构签订《湖北省政银担合作框架协议》，率先在全省推行"4321"新型政银担合作机制，鄂州市担保公司成为全省首批融入再担保体系的政府性融资担保机构。市农发投公司对市担保公司增资1亿元，资本金规模增至2.93亿元。全年在保余额突破10.28亿元，比上年增长27.1%，在保项目202个；与湖北省再担保集团按照"4321"风险分担合作机制累计发放237笔再担保贷款8.81亿元。

鄂州市农发投（昌达）公司通过股权投资、融资担保、续贷周转金和小额贷款保证保险、技改"助保贷"等业务方式，为289个企业提供总额19.47亿元的融资服务，其中通过"股权+债权"等方式签约3个投资项目3.55亿元，为366个（次）中小微企业提供担保10.31亿元，为91个企业提供续贷周转金8.79亿元，运用小额贷款保证保险等业务专项风险补偿资金促成银行为42个实体

2020年鄂州市金融机构人民币信贷收支统计表

单位：万元

项目名称	2020年末余额	比年初增减额	
		2020年	2019年
一、各项存款	8977819	1256457	454346
（一）境内存款	8976732	1256550	454248
1. 住户存款	5058896	617979	454211
2. 非金融企业存款	2057543	239581	234912
3. 广义政府存款	1798195	387014	-234875
4. 非银行业金融机构存款	62099	11976	0
（二）境外存款	1086	-94	98
二、各项贷款	7087920	1121955	730691
（一）境内贷款	7087114	1122000	730207
1. 住户贷款	3500365	556121	592280
2. 非金融企业及机关团体贷款	3586749	565880	137927
（二）境外贷款	806	-46	484

2020 年 7 月，鄂州市人民政府与湖北省农业信贷担保有限公司签署《省市共建农业信贷担保体系合作协议》　（鄂州市档案馆　供稿）

经济发放贷款 7400 万元。

【鄂州市交通运输业】 2020 年，鄂州市公路通车里程 3977.74 千米，公路密度 249.08 千米 / 百平方千米。内河航道通航总里程 102.10 千米。已建、在建码头 31 个，生产性泊位 66 个（3000 吨级及以上泊位 36 个）。全市有客运站 5 个、公交运营线路 40 条、车辆 413 辆，从业人员 500 余人。营运线路里程总长 681.30 千米，公交客运量 1818.30 万人次。水运企业 13 个，总运力 13 万载重吨。全年道路运输客运量 518.35 万人，比上年下降 65%；旅客周转量 2.88 亿人千米，下降 67.7%；货运量 1087.34 万吨，下降 20.3%；货物周转量 4.24 亿吨千米，下降 27.7%。水路货物运输量 748.23 万吨，货物周转量 39.33 亿吨 / 千米。

全市邮政行业业务总量 16.42 亿元，增长 65.9%；业务收入 7.17 亿元，增长 40.2%（其中，快递业业务量完成 6751.96 万件，增长 64.7%；快递业务收入完成 5.08 亿元，增长 66.04%）。国家邮政局授予鄂州市“中国快递示范城市”称号。

【鄂州市物流业发展】 2020 年，鄂州市出台《鄂州市现代物流业发展促进条例》及贯彻实施方案，发布《鄂州市现代物流业发展中长期规划（2021—2030 年）》。重点推动多式联运体系建设、标准化和产业转型升级，促进物流规划和“十四五”规划融合发展，湖北长港智慧物流园和鄂州市应急物流中转调运站项目已申报纳入省“十四五”重点项目库。推进银企对接，帮助“双千”企业争取贷款 1400 万元，帮助 24 个物流企业获纾困贷款 1.77 亿元，助力富春网营申请企业信贷 2.30 亿元；聚焦企业关切，指导 2 个物流企业在武汉新四板上市。评定国家 3A 级物流企业 2 个，申报湖北省重点物流企业 4 个，申报物流领军人才 4 名。

【鄂州市旅游业】 2020 年，鄂州市接待国内外游客 490.39 万人次，比上年下降 38.3%。国内旅游收入 29 亿元，下降 52.5%。结合编制“十四五”规划，谋划文旅重大项目 36 个，总投资 1114.47 亿元。举办中国旅游报“百城千县”旅游新媒体扶持鄂州首场直播活动。开展“与爱同行　惠游湖北　走进鄂州”活动。举办“山河无恙　静待君归　感恩贵州　惠游鄂州”2020 鄂州文化旅游贵阳推介

2020 年，鄂州市获“中国快递示范城市”　（鄂州市档案馆　供稿）

专场活动。实施五级联创工程，环梁子湖历史文化景观工程被列入湖北省资助项目名录，涂家垴镇获评第二批“湖北避暑旅游目的地”，梁子镇创建“国家全域旅游示范镇”，涂家垴镇、汀祖镇、段店镇创建“荆楚文旅名镇”，万秀村、武圣村被评为“全国乡村旅游重点村”。

（鄂州市档案馆）

【孝感市商贸服务业】 2020年，孝感市社会消费品零售总额981.24亿元。22家商贸流通企业向属地及市商务部门报送流动资金贷款3.81亿元。农贸批发市场、农产品仓储冷库等在建或即将开工项目13个，其中2个纳入“省疫后重振补短板强功能‘十大工程’三年行动方案项目库”。组织企业参加网上农产品产销对接扶贫活动、长三角地区农产品线上线下对接活动、第29届食博会等。湖北海王医药集团有限公司获“全国商贸流通服务业先进集体”。组织县市区商务系统开展6月欢购节活动。引导本土电商企业开展网上订购、团购服务，形成“无接触配送”“生鲜电商+冷链宅配”等消费新模式。云梦获国家级电子商务进农村综合示范县。组织21家企业参加第六届武汉电博会。直播带货扶贫产品5000余万元，农产品网络零售额3亿元。“神霖牌”麻糖米酒、云梦鱼面、神丹蛋品、德春藕粉等成为知名电商品牌。

【孝感市金融业】 2020年，孝感市有金融市场主体125家。银行业金融机构各项存款余额2860.24亿元，比年初增长10.3%；各项贷款余额1601.70亿元，增长16.4%。从累计增量看，银行业各项贷款比上年增加114.19亿元。落实“金融稳保百千万”工作，金融支持省级56家、市级104家优先保障和重点保障企业及数千家小微企业。督办银企对接合作签约34.70亿元全面履约。协调7个县市区开展银企对接活动25场，签约企业608家，履约金额91.88亿元。

【孝感市资本市场发展】 2020年，孝感市有上市企业4家，新三板企业11家。全市过会企业1家，报会企业1家，报辅企业2家。新增新四板挂牌企业34家，累计新四板挂牌企业324家，其中在武汉股权托管交易中心“股份企业板”挂牌企业达288家。全市直接融资61.65亿元，其中，市城投融资35亿元，高创投融资24.60亿元，区域股权市场融资2.05亿元。

为拟上市企业实施“绿色通道”。出台《关于建立全市重点上市后备企业联系包保制度的通知》《关于加快推进企业上市工作的意见》。为6家省级上市后备“金种子”企业、18家省级上市后备“银种子”企业开展联合调研和辅导培训。

【孝感市交通运输业】 2020年，孝感市公路总里程18616千米(含高速公路),公路密度209千米/百平方千米。内河航道通航总里程546.80千米，县级以上港口5个、港区8个、泊位19个，渡口138个。全年公路客运量2139.41万人，比上年下降63.1%；旅客周转量102068.53万人千米，下降60.1%；公路货运量3676.14万吨，下降20.4%；货物周转量496771.27万吨千米，下降27.7%。全市邮政业务收入18.40亿元，增长6.9%；业务总量29.70亿元，增长15.3%。

【孝感市物流业】 2020年，孝感市建成物流园区10个，投入运营物流园区（中心）19个。A级以上重点物流企业8家。其中4A级物流企业2家。注册登记的物流市场主体8227家。其中以企业形式存续2018家。以企业形式登记在册的物流市场主体中，主要以公司制形式存续经营有1765家。

推进无车承运、甩挂运输、多式联运发展，形成以大型商贸和提供专业化物流服务为核心的商贸物流综合体；推进“立项争资”大项目，纳入湖北省“十大工程”三年行动冷链物流设施工程项目库、省“十大工程”三年行动冷链物流设施工程储备项目库、省交通补短板储备项目库的交通物流项目分别有3个、6个、5个。谋划上报省交通运输厅“十四五”综合交通规划物流项目35个。

【“与爱同行 惠游湖北——2020相约孝感”活动】 2020年8月

7日，孝感市组织开展“与爱同行 惠游湖北——2020相约孝感”活动。参加活动的10家A级景区累计入园量1716117人次，9家A级景区超过上年同期接待量，其中，金卉庄园、大悟十八潭、白兆山、楚珍园远超去年同期接待量1倍以上。截至年底，A级景区免门票兑现奖励资金2373.25万元。

【孝感市农旅养融合发展】 2020年，孝感市有农旅养融合试点56个，完成投资13.20亿元，接待游客242万人次，实现旅游综合收入2.56亿元。全市在建文化旅游及农旅养项目62个（续建项目55个，新开工项目7个，农旅养项目22个），计划总投资1007.20亿元。

加快农旅养融合发展。孝南制定《孝感市孝南区农旅养产业发展规划纲要》;汉川市、云梦县、大悟县编制全域旅游规划;孝昌和安陆出台《促进文化旅游业发展支持政策和奖励办法（试行）》。大悟十八潭、卓尔小镇桃花驿通过国家4A级旅游景区景观质量评审;天屿湖、汤池温泉被评为省级旅游度假区;安陆市碧山村被评为“全国第二批乡村旅游重点村”。全市新增国家3A级旅游景区4家、研学营地（基地）11家。全年新建、改扩建旅游厕所54座，大悟金岭村汽车露营地、双峰山途居露营地投入使用。观双线、丰周线旅游道路上建成多个旅游驿站，大悟、应城、云梦建成旅游集散中心。

（孝感市史志研究中心）

【黄冈市商贸服务业】 2020年，黄冈市社会消费品零售总额1150.13亿元，比上年下降21.8%。新增进限企业169家，累计限上企业807家。开展2020年消费促进和商业消费疫后重振半年专项行动，引导商贸企业开展线上线下促销、展销活动；举办2020年湖北省板栗交易会开幕式暨首场产销对接活动，签约项目28个，成交金额5400万元；建大别山网红直播基地和大别山网商培训基地。举办“抖音援鄂复苏计划 市长带你看黄冈”、“五一”地标优品县市长网红大联播、“与爱同行 惠购优品”地标优品直播销售等系列活动，线上销售额过亿元。组织近百家企业参加广交会、湖北云展等系列线上展会，组织47家企业参加第三届进博会，成交额9754.97万元。黄商集团“荆楚优品（黄冈）出口转内销专区”展销8家地标优品目录企业产品。

【黄冈市金融业】 2020年，黄冈市金融机构各项贷款余额2168亿元，比年初增加309亿元，比上年增长16.6%，比湖北省平均增速高1.18个百分点；各项存款余额3995亿元，比年初增加389亿元，增长10.8%。

争取政策支持。中国人民银行黄冈市中心支行争取各项优惠政策和专用额度88.27亿元。其中，发放疫情防控专项再贷款121笔23.64亿元，加权平均利率2.6%，融资成本1.3%；利用再贷款、再贴现专用额度引导发放支农支小贷款1.70万笔70.34亿元，加权平均利率4.8%；利用贷款延期还本付息政策支持普惠小微企业15564户合计本息48.49亿元；运用信用贷款支持计划对普惠小微企业发放信用贷款19783笔18.21亿元。

支持实体经济发展。全市金融部门通过降低利率、减少收费、贷款延期还本付息等措施，帮助市场主体减负20亿元。制定“金融

2020年黄冈市主要金融指标统计表

项目	金额（亿元）	比上年增减幅度（%）
金融机构各项存款	3995.03	10.8
住户存款	2900.92	12.7
非金融企业存款	482.07	-3.8
机关团体存款	525.52	11.1
金融机构各项贷款	2168.25	16.6
住户贷款	973.59	13.9
非金融企业及机关团体贷款	1194.64	18.9
现金投放（+）回笼（-）	-7.5	-75.8

稳保百千万”实施方案，扩大企业融资覆盖面，降低企业融资成本，提升企业生存率。全市银行机构走访企业35517个，落实贷款企业14694家，解决融资需求303.40亿元。

【黄冈市交通运输业】 2020年，黄冈市全年客运量2240.90万人，旅客周转量11.59亿人千米；道路货运量10814万吨，货物周转量105.20亿吨千米。公路通车总里程32925千米，公路密度每百平方千米189.20千米。内河航道通航里程698千米。全市有港口码头泊位130个、生产用泊位110个、非生产用泊位22个。有船舶512艘，比上年下降19.4%，总净载774465吨，增加5.3%。水路货运量5308万吨，增加59.8%。内河港口货物吞吐量6102万吨，增加13.3%。铁路营运里程429.50千米，有营运汽车19788辆，减少27.8%。城市公交车1576台。邮政系统业务收入7.10亿元，增长6.5%。

【黄冈市旅游业】 2020年，黄冈市全年接待游客3491万人次，旅游综合收入241.60亿元。新建改建旅游厕所46座、旅游交通标识标牌323处、乡村旅游停车场71处、游客中心及旅游咨询点54处。完成黄冈“文旅云”公共服务平台和手机客户端建设，上线“一部手机游黄冈”业务。开展“惠游湖北 乐游黄冈”活动，25家收费A级景区累计预约入园356万人次。53家景区游客量恢复到上年的100%，已开放的A级景区恢复80%以上。出台《关于加快文化旅游业恢复发展若干措施的通知》，提出16条措施帮助文旅企业纾困减负。落实《黄冈市文旅产业高质量发展三年实施方案》，制定《2020年文旅产业发展十大行动方案》，编制“十四五”文化和旅游发展规划，谋划文旅项目420个。全年重点推进文旅产业项目85个。其中，在建项目67个，总投资1206亿元；纳入省重点项目调度库37个；计划新建项目14个，预计投资金额502亿元。红安恒大文化旅游康养城等项目开工建设。

打造特色研学实践线路，评定“黄冈市中小学生研学实践教育基地”11家。发展乡村旅游，打造休闲农业示范点20家，推进全市50个重点乡村文旅项目建设。参与组织全国第六届挺进大别山自行车赛，举办首届黄冈大别山世界地质公园文创设计大赛。英山县通过国家全域旅游示范区创建验收；罗田县、红安县、麻城市加快示范区对标创建；蕲春县国家中医药健康示范区创建工作进入验收阶段。新增国家4A级景区1家、湖北旅游名镇1家、旅游

2020年黄冈市综合交通运量统计表

指标（单位）	合计	公路	水运
客运量（万人）	2240.90	2240.90	—
旅客周转量（亿人千米）	11.59	11.59	—
货物运输量（万吨）	16122	10814	5308
货物周转量（亿吨千米）	105.20	105.20	—
港口货物吞吐量（万吨）	6102	—	6102

2020年，黄冈市麻阳高速武穴南互通（黄冈市史志研究中心 供稿）

2020 年，黄冈市麻城市龟峰山景区　（黄冈市史志研究中心　供稿）

名村 2 家、旅游名街 1 家。组织评选首届“十佳旅游民宿”，评定 3A 级旅游景区 6 家、四星级农家乐 12 家。

（黄冈市史志研究中心）

【咸宁市商贸服务业】 2020 年，咸宁市社会消费品零售额 604.04 亿元，比上年下降 14.7%。按消费类型统计，批发零售业 491.49 亿元，下降 14.0%；住宿餐饮业 112.55 亿元，下降 17.6%。限额以上商品零售额 126.42 亿元，下降 6.7%。其中，粮油食品类增长 7.6%，日用品类增长 8.7%，中西药品类增长 2.2%；建筑及装潢材料类下降 2.1%，家用电器和音像器材类下降 7.1%；汽车类下降 3.1%，石油及制品类下降 27.9%。通过公共网络实现的限额以上商品零售额 3.64 亿元，增长 43.4%。

【咸宁市金融业】 2020 年，咸宁市金融机构各项存款余额 1797.12 亿元，比年初增加 202.42 亿元。其中，住户存款 1090.63 亿元，增加 139.49 亿元。各项贷款余额 1288.80 亿元，增加 181.32 亿元。其中，非金融企业及机关团体贷款 780.85 亿元，增加 119.94 亿元。全市保费收入 50.03 亿元，比年初下降 13.3%。各项赔款和给付金额 16.01 亿元，赔付率 32%。支持实体经济发展。向 86 家国家和省级重点防疫企业发放抗疫专项再贷款 15.84 亿元；向 5200 多家涉农、小微和民营企业发放支农、支小优惠贷款 32.8 亿元。聚焦民营小微企业融资，全市金融机构小微企业信用贷款余额 65.64 亿元，净增 18.21 亿元，增长 38.4%。

【咸宁市交通运输业】 2020 年，咸宁市公路通车里程 16894.26 千米，公路密度按土地面积计算 173.26 千米 / 百平方千米，按人口计算 66.29 千米 / 万人。等级公路 16133.44 千米，内河航道通航总里程 442.75 千米，港口 2 个，生产性码头泊位 11 个，渡口 98 个。汽车客运站 52 个。全市邮政业务总量 11.08 亿元，比上年增长 1.9%。业务收入 7.08 亿元，增长 6.4%；快递业务收入 2.90 亿元，增长 8.8%。

【咸宁市旅游业】 2020 年，咸宁市接待游客 6840 万人次，旅游总收入 355 亿元。全市上线景区核销入园 259.73 万人次。通山县成功创建“国家全域旅游示范区”，崇阳柃蜜小镇成功创建国家 4A 景区，浪口温泉创建省级旅游度假区，松鼠部落森林假日公园、赤壁市万亩茶园 · 俄罗斯方块小镇、通城县内冲瑶族村、嘉鱼县光年城堡景区、通山县闯王陵景区 5 家景区被评为国家 3A 级景区。争取央视“品牌强国工程”援鄂抗疫公益计划支持，咸宁城市形象宣传片在央视多个频道播出；争取央视网、人民网等“云旅游”、直播带货支持。推出品质旅游精品线路 3 条（度假避暑、历史探源、乡村休闲）。赤壁市羊楼洞获“2019 中国人气文旅小镇”，九宫山风景区获第二届“湖北避暑旅游目的地”。

（咸宁市史志研究中心）

【仙桃市商贸服务业】 2020 年，仙桃市社会消费品零售总额 381.93 亿元，比上年下降 14.2%。限上批发业零售额 37.84 亿元，下降 3.9%；限上零售业零售额 157.53 亿元，下降 7.8%；限上餐饮业零售额 6.01 亿元，下降 3.7%；限上住宿业零售额 1.25 亿元，下降 30.7%。年内新增限额以上商贸企业 18 家，245 家限额以上商贸企业零售额 208.12 亿元，下降 7.3%，占全口径 54.5%。

推进品牌建设。组织 15 家食品生产企业和农产品加工企业参加第 29 届中国食品博览会暨中国（武汉）食品交易会。组织餐饮企业参加第三届楚菜美食博览会、2020 年湖北“工匠杯”楚菜职业技能大赛。开拓消费市场。组织仙桃 15 家农产品流通企业和电商企业参加第六届电商博览会、上海湖北省“荆楚优品”推介会、全国农产品产销对接扶贫行（咸宁站）等活动。开展消费扶贫。为 30 家扶贫产品企业和 20 家大型商超、电商企业和市沔阳三蒸协会、中和农产品大市场及批发商搭建购销平台，签订农产品购销战略合作协议。建网上消费扶贫专馆、专区，网销扶贫产品 8000 多万元。

【仙桃市金融业】 2020 年，仙桃市各项存款余额 979.59 亿元，增加存款 210.71 亿元，比上年增长 27.7%。各项贷款余额 422.12 亿元，增加贷款 73.03 亿元，增长 20.9%。不良贷款余额 5.13 亿元，增加 5344 万元，不良率 1.2%。

支持复工复产。开展“百名行长进千企”活动，举办三轮银企对接会。10 家银行机构与 287 家企业签订融资协议 111.70 亿元。全年发放企业贷款 98.49 亿元，加权平均利率 4.6%，下降 1.48%。召开规模以上企业融资需求对接会，为 51 家规模以上工业企业融资 2.30 亿元。服务“三农”。全市银行机构累计向新型农业经营主体（含以个人名义申请贷款）发放贷款 13.99 亿元。推进企业金融服务方舱建设，帮助受疫情影响产生暂时性困难的企业恢复正常经营能力。入舱企业 118 家，获各类融资支持 4.50 亿元。加大产品创新力度，提高中小微企业融资满足率。工行仙桃分行创新推出“税务贷”，农行仙桃支行推出“惠农 e 贷”，建行仙桃分行推出线上产品“云义贷”等。推进资本市场建设。有上市“金种子”企业 3 家、“银种子”企业 12 家。

2020 年 4 月 1 日，仙桃市举行一季度重点招商引资项目集中签约暨银企对接活动 （仙桃市档案馆 供稿）

【仙桃市交通运输业】 2020 年，仙桃市公路通车里程 4535.66 千米，路网密度 178.71 千米 / 百平方千米。航道通航里程 82 千米。全年完成道路客运量 369.09 万人次，旅客周转量 1.36 亿人千米，货物运输量 1205.01 万吨，货物周转量 19.90 亿吨千米。港口运输完成货物吞吐量 75 万吨，货物周转量 3.75 亿吨千米，集装箱运输 3.50 万标箱，比上年增长 10.3%。加大城乡公交化改造力度，推进全域新能源公交，购置新能源客车 39 台，升级改造三伏潭、沙湖、福星及天门南火车站 4 条城乡公交一体化线路。全市邮政业务营业收入 9.86 亿元，比上年增长 6.7%。

【仙桃市旅游业】 2020 年，仙桃市接待游客 415.60 万人次，比上年下降 23.9%；旅游总收入 21.08 亿元，下降 38.0%。其中，入境旅游人数 1236 人次，下降 68.2%；旅游外汇收入 587.72 万元。全市有星级饭店 3 个、客房总数 369 间，下降 66.6%。风景名胜区 1 个（排湖风景区）。7 个重点文旅项目复工复产，累计投资 28.60 亿元。荆楚云天海世界试营业，沔阳小镇商业街开街，排湖风景区核心项目开业，军拓研学旅行及示范性综合实践基地开工建设，渔泛古村落项目建成游客驿站。开展“千古荆楚地 云上看沔阳”活动、“与爱同行 惠游湖北”活动，实行A级旅游景区梦里水乡文化旅游区门票免费优惠活动，推出荆楚云天海世界、京久庄园、九合兰园、百万花海、沔阳小镇、阿尔迪有机生态园6个乡村旅游网红点2万余张免费门票（消费券）。

（仙桃市档案馆）

【潜江市商贸服务业】 2020年，潜江市完成社会消费品零售总额248.90亿元，比上年下降14.6%。潜江市被商务部评为“2020年电子商务进农村综合示范县”。

【潜江市金融业】 2020年，潜江市银行业金融机构存款余额777.72亿元，比年初增加59.55亿元、增长8.3%；贷款余额341.44亿元，增加43.90亿元、增长14.5%；余额贷存比44.51%，增加2.42个百分点；增量贷存比73.7%，增加9.17个百分点。全市在四板挂牌企业44家，其中年内新增4家。在“潜江板块”下形成“潜江高端家居建材板块”“潜江小龙虾板块”；2家融资性担保公司为企业提供担保4.18亿元，在保余额6.40亿元，在保企业82家。

【潜江市交通运输业】 2020年，潜江市公路总里程3745.06千米，路网密度186.88千米/百平方千米。有港口3个、生产码头泊位13个；汽车客运站16座。完成道路客运量153.25万人次，比上年下降88%；旅客周转量7221.45万人千米，下降87%。货运量1055.1万吨，下降69%；货运周转量15.35亿吨千米，下降79%。完成港口吞吐量73.20万吨，下降43.3%。水路货运量58万吨，下降57%；水路货运周转量2.54亿吨千米，下降46.9%。有道路客运班线51条，公交车辆390辆，码头泊位13个，渡口50个，运输船舶50艘4.10万吨。

【潜江市旅游业】 2020年，潜江市全年接待游客200万人次，实现综合旅游收入16亿元。出台《全域旅游规划》，签约楚国盐泉项目。世博湖北馆新馆、律动音乐水幕秀开业。推进景区标准化建设，龙湾国家考古遗址公园、曹禺文化旅游城创建国家3A级旅游景区。生态龙虾城入选“湖北旅游名街”名单，潜江皇庄垸办事处入选全省31个乡村旅游重点村名录，返湾湖自驾旅游线路入选国家体育总局、文旅部“2020年国庆黄金周体育旅游精品线路”。开拓线上文旅营销渠道，参加“山河无恙 感恩有你”系列爱心义卖直播大会、“一条路，一条心，一条公路的启示”潜江站抖音直播活动。组织开展“与爱同行 惠游湖北 爱上潜江”活动，举办“非遗进景区”“广场舞进景区”“花鼓戏进景区”“徒步百花岛”“骑行章华台”“电音节”等系列文化、体育、旅游活动。发放4万张惠民券，扶持特色旅游农庄和餐饮店，发展乡村采摘游和小龙虾美食游。

（潜江市档案馆）

【天门市商贸服务业】 2020年，天门市社会消费品零售总额289.76亿元，比上年下降24.7%（收窄1.80个百分点）。新增限额以上商贸企业24家，培育农产品冷链物流企业21家，建电商示范乡镇2个、电商特色村5个。

强化农商互联，加快冷链物流业发展。支持15家农业产业化龙头企业实施线上线下融合的产销模式。打造张港“和玉牌”花

2020年，潜江市举办第四届中国（潜江）曹禺文化周经贸招商活动

（潜江市档案馆 供稿）

2020 年，天门市开展“菜蒸天下”活动 （天门市文化和旅游局 供稿）

椰菜、红日子“北极源”泡菜、多宝“小花生”等 8 个区域性农产品公共品牌。

强化消费拉动，组织线上线下促销活动。举办“‘吃’援湖北、得天独‘侯’——市长带您看天门”直播活动，开展每周三“乐购天门”直播带货活动、家电补贴活动、汽车展销活动，举办 2020 年消费扶贫赶集会和“消费促进月”活动。组织优质企业入库保消费，入库限额以上商贸企业 56 家。

【天门市农村物流配送中心建成】 2020 年，天门市有城区配送网点 2 个，乡镇物流配送站点 26 个，乡镇覆盖率 100%。建成覆盖 300 多个行政村的村级站点，村级覆盖率 50% 以上。利用九真、黄潭镇农村综合服务站、农村小卖部、小型超市，建立站点，构建物流配送实体网络。融合交通、商务、农业、供销、邮政等各方资源，打造“一点多能、一网多用、深度融合”的农村物流发展新模式，构建集智能、共享、集约为一体的物流配送融合发展平台。

【天门市金融业】 2020 年，天门市各项存款余额 747.16 亿元，比年初增加 62.26 亿元，增幅 9.1%；各项贷款余额 310.27 亿元，增加 30.85 亿元，增幅 11%；余额贷存比 41.5%，新增贷存比 49.6%。

搭建银企对接平台，落实银企对接额度 140 亿元，占全年计划的 100%。落实抗疫金融政策。全市 9 家银行业金融机构为 154 家企业办理延期还本付息贷款 7.29 亿元。建行天门分行与市经信局搭建“企业养舱”，入舱企业 268 户，投放 145 户，贷款余额 28483 万元。促进资本市场发展，推进 4 家企业挂牌全国中小企业股份转让系统、112 家企业挂牌武汉股权托管交易中心。

【天门市金融创新】 2020 年，天门市分别与 7 家银行业金融机构合作，开发“助保贷”“互保贷”“助农贷”“集合贷”“政银通宝”“助力贷”“汇保贷”7 个政银合作增信贷款产品。采取“政府增信、企业抵质押缩小、银行比例放大”的方式（放大比例为 1∶5 或 1∶10），市财政调剂 1.2 亿元的风险补偿资金，形成 10 多亿元的贷款规模。7 个产品年内投放 16 笔，金额 8048 万元。与省农担公司合作开展“楚农贷”业务，在保新型农业经营主体业务 336 笔，金额 2.95 亿元。推进应收账款融资工作，成交 36 笔，金额 30.51 亿元。推进银税互动工作，签约企业 216 家，实际投放 181 笔，金额 19692.92 万元。

【天门市交通运输业】 2020 年，天门市通车公路总里程 5009.94 千米，其中等级公路 4874.77 千米。公路客运量 547.31 万人次，比上年下降 74.1%。客运周转量 35760.31 万人千米，下降 60.9%；货运量 1013.06 万吨，下降 20.4%。货运周转量 15.92 亿吨千米，下降 10.2%。水路货运量 136.20 万吨，增加 35.7%。货运周转量 93820 万吨千米，增加 33.7%。交通综合运输货运周转量 25.66 亿吨千米。全市邮政业务总量 3.94 亿元。

（天门市文化和旅游局）

编辑：卢永会

校对：王　伟

开发区（功能区）建设

国家级开发区

【武汉东湖新技术开发区】 2020年，武汉东湖新技术开发区实现生产总值2001.85亿元，比上年增长5.1%，GDP（国内生产总值）总量和增幅、工业投资总量和增幅、招商引资到位资金总额等7项指标居全市第一位。出台专项扶持政策，减税降费107.10亿元，兑现22条政策专项资金超20亿元。全年完成工业投资448.80亿元，增长32.3%。举办亚布力论坛、光博会、中国生物产业大会等活动。新签约小米总部二期、迈瑞医疗生产基地等项目。全年进出口总额增长12.3%，实际利用外资21.60亿美元。

科技创新突破。全面提速光谷科技创新大走廊核心承载区、光谷科学岛建设。新获批武汉国家人工智能创新发展试验区核心集聚区、国家高校科技成果转移转化基地（国家级高新区首家）、国家工业互联网新型工业化示范基地。加快建设精密重力测量、东湖实验室等创新平台。新增国家众创空间10家、国家专业化众创空间2家、国家级孵化器4家。做强“3551”（2009年启动的引才计划，原指未来3年内，以高新技术产业化为主题，以海外人才为重点，以企业为载体，在光电子信息等五大重点产业领域，引进和培养50名左右掌握国际领先技术、引领产业发展的领军人才，1000名左右在新兴产业领域内从事科技创新、成果转化、科技创业的高层次人才。2012年后，成为常态性引才计划）人才工作品牌，举办中国光谷“3551”创业大赛。新引进国家级高层次人才2名、省级高层次人才18名、“3551”人才305名。全年净增高新技术企业超800家，认定瞪羚企业460家，小药药医药科技有限公司等4家企业入选“中国独角兽企业”榜单。新增上市公司4家、国家制造业单项冠军企业2家。发明专利突破1.90万件，10家企业入选中国专利500强。新增全球首款128层三维闪存存储芯片、中国首个激光产品国际标准等一批重大创新成果。

推进深化改革。“股权转让登记远程确认服务”等改革在全国自由贸易试验区复制推广，在全国首创“保税物流货物触发申报”监管创新模式，启动中国（湖北）自由贸易试验区武汉片区扩区计划。湖北省首创企业服务分中心可为企业办理业务370项。出台“项目建设提速十条”，探索“拿地即开工”模式，实施科技成果转化“四个有奖”［科技人员有

2020年武汉东湖新技术开发区经济指标统计表

指标名称（单位）	数量
国内生产总值（亿元）	2001.85
产业投资（亿元）	471.93
基本建设投资（亿元）	226.31
财政收入（亿元）	337.29
实际利用外资（亿美元）	21.60
出口额（亿美元）	659.98
引进内资（亿元）	707.32
年销售收入过1亿元企业（个）	443
年销售收入过10亿元企业（个）	89
高新技术企业累计（个）	3100

奖、转化人员（红娘）有奖、承接企业有奖、技术转移企业有奖］，推动高速光纤光栅波长解调系统等技术在光谷转移转化。支持中国航天三江集团公司、华工科技产业股份有限公司等企业建立长期激励机制。出台支持在线经济20条、在线教育服务10条政策。全年新增市场主体2.5万户，累计总量14.5万户。

加强城市建设。加快推进武汉东站建成投用，高新大道综合改造工程实现主道通车，10项“四水共治”（防洪水、排涝水、治污水、保供水）项目、2座变电站等多项水电气配套工程投用，地铁19号线、光谷中心城地下综合空间和综合管廊、光谷国际社区等项目加快推进。建成5G基站992个，接入工业互联网顶级节点的二级节点17个、标识注册量超过25亿；建成充电桩4769个，投入试运营加氢站1座。光谷中央生态大走廊水道、绿道贯通，空中轨道完成桩基预埋，建绿地总面积29.1平方千米、绿道21千米；建成鸡公山、新月溪等3个公园。

2020年武汉经济技术开发区（汉南区）主要经济指标一览表

指标名称（单位）	数量
地区生产总值（亿元）	1650.3
地区生产总值增幅（%）	-1
其中：第一产业（亿元）	15.9
第二产业（亿元）	1089.70
第三产业（亿元）	544.70
固定资产投资总额增幅（%）	-5.7
财政收入（亿元）	446.60
其中：一般公共预算总收入（亿元）	259.10
地方一般公共预算收入（亿元）	123.20
招商引资实际到位资金（亿元）	830
实际利用外资（亿美元）	21.5
出口总额（亿美元）	20.05
社会消费品零售总额（亿元）	128.80
城镇常住居民人均可支配收入（元）	43902
农村常住居民人均可支配收入（元）	23120

【武汉经济技术开发区（汉南区）】

2020年，武汉经济技术开发区（汉南区）实现生产总值1650.31亿元。其中，第一产业增加值15.94亿元，第二产业增加值1089.70亿元，第三产业增加值544.66亿元。

促进经济复苏。组建“东风专班”，促进东风汽车集团有限公司及其500余家配套企业复工达产，东风本田汽车有限公司、东风汽车集团股份有限公司乘用车公司、美的集团武汉制冷设备有限公司、格力电器（武汉）有限公司等重点企业产能利用率超100%。出台抗疫18条政策和优化营商环境26条措施，减免税费18.9亿元；兑现惠企产业政策，拨付868家企业资金2.44亿元。争取新增债券资金60.7亿元。举办银行企业、供需对接企业2000多家，融资超500亿元。

推动产业发展。全年招商引资项目签约总额564.6亿元，实际到位资金总额830亿元。引进菜鸟网络跨境区域中心、T3出行华中总部、路特斯全球总部、东风物流总部、正通汽车后市场等现代服务业项目，国电投氢能产业园、图达通激光雷达、东风自动驾驶领航、武汉中科先进院新材料研发及应用等下一代汽车和新能源、新材料项目，中国电子数字产业园、浪潮华中总部、京东云、科大讯飞华中总部及研究院、国际设计产业园等数字产业项目。

加快项目建设。东风云峰一季度投产，吉利路特斯主要车间封顶，东风新能源汽车产业园2号园区项目基础设施基本建成，东风岚图汽车首款SUV车身下线，推进国电投氢能产业园、人工智能科技园等项目。国家新能源与智能网联汽车示范区一期完成验收，二期77.60千米开放道路基础设施完工。建成5G宏站610个，5G信号重点区域深度覆盖。建国内首个自动驾驶主题景区——龙灵山自动驾驶主题景区，推进奥山冰雪小镇等重点文旅项目。恒大现代农业园基本建成，“中国种谷”项目开工建设。

实施创新驱动。推进国家知识产权示范园区建设，中国武汉（汽车及零部件）知识产权快速维权中心完成验收。引进中国科技开发院、东风前瞻技术研究院、东风PNP创新中心、英伟达孵化中心等创新平台。认定高新技术企业162家、瞪羚企业33家，科技型中小企业入库57家，企业发明专利申请量超2700件。经开智造科技企业孵化器获批国家级科技企业孵化器，实现国家级孵化器零的突破。获评各类人才40人，认定技能人才44人，兑现项目资助3915万元，新增就业大学生1.7万人。落实院士专家引领高端产业发展行动计划，推进樊明武院士团队武汉电子辐照装置及应用技术研究院和熊有伦院士团队高端装备产业项目落地建设。推动发展“四不像”新型研发机构（指不完全像大学、不完全像科研院所、不完全像企业、不完全像事业单位）以及武汉中科先进技术研究院、哈工大机器人武汉创新研究院、武汉大学“三院”（重离子医学中心、生物医学工程学院和智慧医疗装备研究院）、武汉理工大学“三院”（新能源汽车工业技术研究院、人工智能产业技术研究院及人工智能研究生院）等创新项目。同济现代医药科技股份有限公司、万邦激光金刚石工具有限公司获批科技部“科技助力经济2020”重点专项，节能与新能源智能网联汽车产业集群获批工信部“先进制造业集群”。

加大改革开放力度。推行商事登记电子化，新设企业1个工作日可开办。实施“告知承诺制”，试点工业项目“拿地可开工”。推进“一网通办”建设、政务服务事项共享复用和电子证照应用。实行重大项目包保、帮代办服务机制，构建全生命周期企业服务体系。推进国资国企改革，实施国企三年行动方案，引导区属国企引进国有“混改”项目。完成农村集体产权制度改革，推进农村土地“三权分置”（所有权、承包权、经营权三权分置）改革和农垦体制机制改革。打造国内大循环重要节点和国际国内双循环重要连接点，实际利用外资约137.08亿元，进出口总额245亿元；新增外资企业注册资本23.5亿元。汉南港区一类口岸通过国家验收。受邀参加第三届数字中国建设峰会并发表主题演讲，承办湖北高质量发展资本大会数字经济论坛、中国汽车蓝皮书论坛、中国汽车供应链峰会等全国性重大活动。

2020年11月19日，东风汽车集团有限公司自动驾驶汽车Sharing-Van（氢燃料电池版）亮相2020年中国5G+工业互联网大会

（武汉市地方志办公室　供稿）

推进城乡建设。地铁16号线5个地下车站主体结构完工，推进长江左岸大道经开段、沌（口）纱（帽）快速路一期等工程，建成停车位1.80万个、充电桩4500个、加氢站1座。建成武汉首座智能换电站，新建城市一级消防站7座。启动建设棚户区改造1000套、36个老旧小区改造，加速推进郭徐岭片区升级改造、神龙一厂区域城市化改造。推进固体废弃物项目和枫树五路资源回收中心建设。改善农业基础设施，建高标准农田3500公顷，农机化综合作业水平达83.0%。建成郧阳、汉江两个美丽乡村。开展防汛减灾工作，确保154.2千米江河民垸堤防安全，实现城市无内涝。

深化生态文明建设。完成20家沿江化工企业“关改搬转”验收。实施长江禁捕禁渔，退捕水域渔船全部拆解。推进长江造林、增绿提质，植树造林69.33公顷。实施“蓝天行动”，综合整治“散乱污”企业（指不符合产业政策，不符合当地产业布局规划，未办理工信、发改、土地、规划、环保、工商、质监、安监、电力等相关审批手续，不能稳定达标排放的企业）。实施“碧水工程”，26个湖泊基本脱除劣Ⅴ类水体，万家湖被评为省级示范河湖。完成周家河、乌金、东城垸等泵站新改建工程，推进马影河综合整治工程，加快建设沌口第二污水处理厂、汉南第二污水处理厂。实施“净土计划”，控制农业面源污染。

【武汉临空港经济技术开发区】2020年，武汉临空港经济技术开发区实现地区生产总值1370.2亿元。其中，第一产业16.25亿元，第二产业740.55亿元，第三产业613.37亿元。地方一般公共预算收入103.4亿元，社会固定资产投资601.9亿元，社会消费品零售总额425.6亿元。全年进出口总额188.86亿元，比上年增长3.3%。市场主体13.10万户，其中，内资企业7.2万户，外资企业404户，个体工商户5.9万户。在2020年国家级经济技术开发区综合发展水平考核中居第41位，比上年前进66位。

促进复工复产。落实“一企一策”“一问题一方案”，开展产供销、政银企对接活动。落实湖北省、武汉市惠企政策，减免税收近5亿元，减免养老、失业、工伤三项社保费近12亿元，减免国有资产类经营用房租金超4000万元。组织企业通过“汉融通”获贷超100亿元。

加强招商引资。全年招商引资签约项目52个，协议投资总额803.94亿元。新增限额以上商贸企业8家。参加“云签约”“云招商”等专场活动8场次。组织企业参加荆楚优品、直播带货等线上云展览、销售10余次。组织163家企业参加中国进出口商品交易会（广交会）、中国国际进口博览会等活动。海天调味品华中生产基地、必康医药、创想三维3D打印、航天科工信息安全研究院、山石网科华中总部等项目顺利签约。

加快重点项目建设。推进1亿元以上重大项目245个。开展“批前提速”，江丰电子、中轻世嘉动漫城、名创优品等46个重点产业项目开工。推进115个续建产业项目，京东方10.5代线产能逐步提升，康宁玻璃基板生产线成功点火。东西湖万达广场开业，航达航空产业园投入运营，顺丰电商产业园、蒙牛低温乳品厂一期等43个项目完工。

强化科技创新与人才引进。高新技术企业达到318家，全年专利申请总量6316件，其中，发明专利申请1787件；企业转化应用科技成果525项，成交24.69亿元。举办科技成果转化活动6场，签约项目24项。建有院士工作站7个，有市级科技特派员5个，国家级孵化器1家、省级众创空间2家。31名人才入选2019年度“武汉黄鹤英才”计划，拨付资助资金470万元。完成第三批“金山英才”中期评审工作，资助41个人才项目792万元。推进“助企引才”工程，累计受理企业人才薪酬补贴申请5777人次，发放补贴2212万元。

提升开发区功能。推动行政审批“一门、一网、一次”办理，全面推行工业项目“告知承诺”“先建后验”，开展“一事联办”集约服务。扶持中小企业，推荐64家工业企业纳入全市重点产业目录。良品铺子股份有限公司、武汉回盛生物科技股份有限公司、武汉菱电汽车电控系统股份有限公司上市。成立武汉临空港外贸企业综合服务中心。8月26日，武汉临空港经济技术开发区成立临空港外贸企业综合服务中心，开展对外贸易的企业提供咨询、进出口相关资质申领、退税、核销、物流、报关、报检、结汇、信保、融资、培训等服务。

推进国家网络安全人才与创新基地建设。国家网络安全人才与创新基地（以下简称网安基地）强化对一期4平方千米产教融合核心功能区的建设，重点布局学历教育区、在职培训区、研究院区、产业发展区、共享服务区五大片区，筹措超75亿元资金完成网安学院、培训中心、展示中心等主要项目建设。9月29日，网安基地网络安全学院开学，武汉大学、华中科技大学1400名师生入驻。学院总投资26.30亿元，占地面积21万平方米，总建筑面积28.90万平方米，配备攻防实验室、智慧教室、电子图书馆、智能化宿舍等教学生活设施，按照师资、课程、设施“部分独立、部分共享”的原则运行。网安基地一期转入运营发展期，二期创新产业园区（17.3平方千米）引进优质网络安全企业。网安基地培训中

2020年12月19日，武汉临空港经济技术开发区国家网络安全与人才创新基地推介招商专场活动（武汉市地方志办公室　供稿）

心攻防实验室建成投用，中金数谷武汉大数据中心部分机房投入运行，启迪网安基地孵化器、天融信网安创新园主体结构封顶。举办第十三届全国大学生信息安全竞赛、武汉网安人才培养高峰论坛、2020年“黄鹤杯”、网络安全师资竞赛、“网安大讲堂”、智能协同云技术与产业发展高峰论坛、2020年国家网安基地推介招商专场等活动。

（武汉市地方志办公室）

【黄石经济技术发区·铁山区】

2020年，黄石经济技术开发区·铁山区地区生产总值、规模以上工业增加值、服务业增加值和外贸出口总额增速分别比上年增长1.0%、2.0%、0.5%、6.0%，全社会固定资产投资、地方一般公共预算收入、社会消费品零售总额分别下降18.0%、12.4%、23.0%。2020年在全国国家级经开区中位列第65位。

确保经济发展。疫情期间，成立企业工作组指导企业抓防控，保障14家企业持续生产。出台惠企“暖心十条”支持企业复工复产，规模以上企业复工复产率达100%。开展“双千”活动，解决企业难题151个，为企业减税降费3.60亿元、减免租金700余万元、协调落实贷款8.32亿元、招工1.60万人。创新云招商、离岸招商，先后在苏州、深圳等地举办专题招商推介会5次。全年新签约项目71个，总投资额356.70亿元，分别增长42.0%、25.0%。其中，5亿元以上项目16个，10亿元以上项目8个。12个项目签约、注册、开工。成立“1+10”指挥部，落实“724”包保制，开展“一赛两评”擂台赛，谋划实施项目246个，举办重大项目集中开工投产活动3次，建成投产宏和电子玻纤纱、华盛新人造板、铁流离合器等工业项目33个。争取中央特别国债、中央预算内投资和地方政府专项债券资金8.46亿元。

推进改革创新。推行“四零”改革，提升审批效能，加速融合线上线下审批，“一网通办”“一窗通办”顺利实施，承诺件办理时限缩减50%。推进融资平台转型改革，磁湖公司升为市级平台，通过ISO9001国际质量体系认证，全年营业收入增长55.3%；铁山城投重组基本完成。实施上市公司倍增计划，新增“金种子”“银种子”企业5家，新增A股上市公司1家。实施东贝机电、欣益兴等重点技改项目15个，总投资15.2亿元。规模以上企业研发中心覆盖率79%，省级以上研发平台总数居全市第一位。“黄菁汇”品牌打响，全年认定“四高人才”80名，发放补贴500万元。

加快城市建设。有轨电车、湖北工程职业技术学院新校区等项目开工建设，园博大道东延建成通车，科创中心一期封顶，市福利中心投入使用，麦当劳、小米生活、中影烽禾影城等商业品牌落户。投入资金2.44亿元，推进铁山老旧小区改造，立面整治房屋474栋、30万平方米，改造特色街、历史街6条，新增路灯、停车位各368个，建成社区综合服务站4个、口袋公园8个、体育场3个，新建污水管网6千米。全面启动106国道铁山段、铁贺路延伸线改造工程，加快提档交通外环线。完成全区国土空间总体规划编制，铁山临空经济产业园、太子生命健康产业园控制性规划形成初步成果。全年报批土地2.93平方千米，处置闲置低效用地1.33平方千米。金山、汪仁等镇街完成园区拆迁4780户、腾地4.33平方千米。汪

2020 年黄石经济开发区·铁山区基本情况统计表

项目（单位）	数量
生产总值（亿元）	177.21
财政收入（亿元）	—
规模以上工业产值（亿元）	—
增加值（亿元）	114.97
固定资产投资（亿元）	170.94
企业数量（个）	—

2020 年黄石大冶湖高新区基本情况统计表

项目	单位	数量
地区生产总值	亿元	230
第一产业增加值	亿元	2.90
第二产业增加值	亿元	126.50
第三产业增加值	亿元	100.60
财政收入	亿元	9.93
一般预算收入	亿元	7.22
企业数	个	2537
其中工业企业个数	个	368
企业营业收入	亿元	720
企业利润总额	亿元	43.26
企业纳税总额	亿元	20.54
完成技改项目	个	20
技改投入	亿元	22.66
当年投产竣工企业	家	37

仁电子信息产业园新增净地 66.67 万平方米。推进钟山大道华新段、新 315 省道、铁山西区路网等 70 个交通项目，章山新材料产业园路网基本形成，铁山工模具产业园二期全面完工，铁山临空经济产业园挂牌运行。

【黄石大冶湖高新技术产业园】2020 年，黄石大冶湖高新技术产业园完成规模以上工业总产值 319.46 亿元，固定资产投资 125.80 亿元，限上商贸业 68.91 亿元，外贸出口 16.98 亿元，财政收入 9.93 亿元（不含劲牌公司）。

全年新签约祥邦光伏胶膜、展旺碳素材料等 35 个项目。新开工佰鲜都、融通高科二期等 27 个项目。新投产华晨铝业、汇朗科技等 24 个项目。净增高新技术企业 23 家，累计达到 100 家。授权专利 920 余件（其中发明专利 29 件），比上年增长 118.0%。规模以上企业研发平台占比 87.0%。融通高科企校联合创新中心、普罗格院士专家工作站等 5 个研发平台获批。5000 万元大中小企业融通发展资金全部发放，惠及园区 100 多家企业。与湖北理工学院深入合作，在全省率先启动大学科技园建设。持续推进高新投公司市场化转型，公司总资产达 202 亿元。发行 11 亿元绿色债券，全年融资到位资金 40 亿元，为融通高科等市级重点项目提供 3.95 亿元融资支持。与省高投合作，组建 10 亿元产业转型升级基金，分别给予楚天香妆和祥邦光伏胶膜项目 5000 万元的股权投资。完成迪峰换热器、融通高科等 8 家企业尽调。完成征地 2.53 平方千米，拆迁 430 余户，土方平整 205 万平方米；完成园区 4 号路、武九支路等 10 项道路及管网配套设施工程建设；完成两湖一园、双港 C 等 30 万平方米还建楼建设；西北片区扩园工程开工建设。

全年帮助企业解决问题 136 个，销号率达 98.5%。通过“春风贷”为 70 家企业提供融资 1.3 亿元。华兴玻璃等 6 个项目完成技改，总投资 16 亿元。完成冠牌光电收购，引进人才超市、大学科技园等机构入驻。通过收储、引进等方式，盘活利达纺织二期、赵哥食品、鑫聚利、鑫江塑胶、中亚产业园等闲置厂房和土地。

（黄石市档案馆）

【鄂州葛店经济开发区】 2020年，鄂州葛店经济开发区实现规模工业总产值513.7亿元。全年新签约亿元以上项目28个，总投资167亿元，其中，50亿元以上项目1个（华润万象汇）、10亿元以上5个、5亿元以上2个。引进省外资金86亿元。储备在谈项目28个，其中10亿元以上12个。开发区电子商务基地获批“国家级电子商务示范基地”，汇聚唯品会、万吨冷链等100余个电商企业。在全国国家级经济技术开发区综合考评中居第33位。

增强发展新动能。全年拆除房屋1038户，拆除面积21万平方米。完成征地面积113.33公顷，争取用地指标106.67公顷。组织银企对接，为区内企业授信贷款近20亿元。对接长江产业基金合作破解资金难题，帮助11个企业纳入国家疫情重点保障名单。三安光电部分建筑封顶。容百锂电五期1#车间完工，新增产能2万吨。推进光谷联合科技城三期。全区全年新开工项目25个，总投资234亿元，其中50亿元以上项目3个，包括总投资72亿元的容百年产7万吨锂电正极材料生产基地、总投资70亿元的华润万象汇、总投资50亿元的双创谷产业园等。

深化“放管服”改革。落实中央支持湖北一揽子政策，贯彻“省优化营商环境30条”，落实市委“双千工程”，为140个重点企业复工复产跟踪包保服务。全面推行“一站、一门、一网”办结，压缩工程建设项目审批时限，推进工程建设项目“并联审批”“联合验收”。降低企业经营成本，减免水、电、气费用1614万元。快速推进城市建设。武汉地铁11号线葛店段全线贯通。投资26亿元建设3条主干道，投资11.20亿元完成10条断头路联通工程。完成临水临崖道路防护栏工程21.20千米。

（鄂州市档案馆）

鄂州葛店经济开发区三安光电一期项目主体建筑封顶施工现场

（鄂州市档案馆　供稿）

【孝感高新技术产业开发区】 2020年，孝感高新技术产业开发区持续推进一区四园发展，核心园区、孝南园区、应城园区、云梦园区主要经济指标趋稳回升，展现良好发展态势。

核心园区新增规模以上工业企业10家，产值16.20亿元。全年实现规模以上工业总产值126.80亿元，比上年增加8.30亿元、增长7%，增加值增幅7.6%，工业产销率102.9%。新申报高新技术企业35家。出台促进招商引资二十条措施和招商引资项目管理办法，签约引进项目31个，合同引资额173.10亿元，其中亿元以上项目24个。争取中央预算及专项资金3.70亿元，发行政府专项债券12.30亿元、企业专项债券34.60亿元。东部产业园基础设施项目由湖北省财政厅审批发行2亿元政府专项债券。项目建设井然有序。纳入“五化”平台管理项目70个、年度计划投资251亿元。在建工业项目42个，总投资120亿元。其中，省级重点项目4个，总投资68.80亿元；市级重点项目3个，总投资27.40亿元。威佳电子、华中光电等已投产和即将投产项目15个。推进诸赵北、董永北、日商产业园生活配套区等11个重点储备项目。组织产需对接活动4场，参加企业152家，签订合作协议12家，达成合作意向36家。实施企业“倍增”计划，申报“科技助力经济2020”重点项目14个。组织华工高理、东电化电子等20余家获财政资金，瑞莱特照明、三江船艇等14个项目获专项奖补资金支持。落实惠企政策，税收惠企涉及资金6.82亿元。

孝南园区实现规模以上产值125亿元，下降0.8%；固定资产投资57.9亿元，增长25.9%；完成限额以上社会销售总额19.8亿元，增长7.0%。税收10.12亿元，下降1.7%。维达、恒安、中顺、金红叶、金凤凰等纸品龙头生产线满负荷运转，中顺产能增至10万吨，丽邦纸业年产能5万吨，欣柔新增生产线2条，恒安增加生产线3条。加快15个重点工业项目建设，其中，洁伶、易生等扩能项目建成投产，维达、中顺等项目加快推进。槐荫大道东延伸线全线贯通，高新区横一、横三路进场施工，新华建一街启动清障拆违准备工作。鲁铺学校主体工程封顶，加快推进甘山二期还建房、槐荫站周边开发建设、云孝大道等项目。

应城园区实现一般公共预算收入1.88亿元，工业产值33.82亿元；固定资产投资23.37亿元，增幅11%；完成社会消费品零售总额11亿元，增幅25%。全年新增规模以上工业2家、限额以上商贸企业8家。签约和引进舒欣卫生用品、永泰波纹管、毅铭兴源绿色装配式建筑等工业项目12个，协议投资额52亿元。跟踪对接嘉华卫生用品、卡伊娜洗护品等项目。好特家、舒欣2个项目投产，加快推进回盛2000吨泰乐菌素等15个工业项目建设。伏虎路东延伸、大港渠和幸福港桥梁、园区配套管网等项目完工，污水处理厂扩能工程建设、循环化试点改革完成进度任务。

云梦园区完成规模以上工业总产值64.28亿元，实现固定资产投资10.89亿元，财政税收2.69亿元。全年开展招商活动62场次，签约引进福晨医疗器械、泊瑞高分子新材料、视科光电产业园等19个项目，总投资32.53亿元。在建重点项目32个，东风盛兰、玖隆科技、中再循环经济产业园等7个项目开工，美林药业扩能、开特电子扩能、合赢光电等13个项目基本建成投产。协调解决项目落地过程中环评、土地、规划、建设、消防、电力方面等22类69个突出问题。

（孝感市史志研究中心）

【黄冈高新技术产业开发区】 2020年，黄冈高新技术产业开发区实现地区生产总值55.07亿元，比上年增长4.0%；规模以上工业总产值124.64亿元，增长8.6%；规模以上工业增加值28.37亿元，增长7.3%；固定资产投资总额46.02亿元，下降4.3%。全口径税收15.4亿元，减少1.14亿元。

加强招商引资。全年新签约项目24个，协议投资额222.85亿元，完成年度目标的323.0%。其中，10亿元以上项目完成5个，30亿元以上项目3个。投资55.4亿元的格罗夫氢能生态产业园、投资35亿元的志高智能家电项目相继落户。新开工亿元项目21个，重点推动中粮家佳康、锦远铝业、超导标识等重大项目建成投产。协调解决格罗夫、楚焙咖啡、户外家居、仙津饮料等项目工程土地平整、用水用电、移植绿化带、迁移电线杆、拆除路灯等保障问题。推进燕矶大桥建设、晨鸣二期建设、遗爱湖水环境治理等市级重点项目。对接中央支持湖北一揽子政策，申报债券项目11个，到位资金2.5亿元。

加强科技创新与校企合作。实施创新驱动战略，培植高新技术企业25家，申请专利586件，新增孵化器2家、省级科研平台3个，完成高新技术产业增加值20.27亿元，占GDP比重达36.8%，R&D经费投入占GDP比重达5.1%。推进“千企联百校”，引导正茂等企业与武汉理工大学等高校签约产学研项目10个。成立高新区科协组织，吸纳科技人才79名。帮助晨鸣、稳健、索菲亚、伊利等8家企业9个技改项目兑现专项补助资金359万元，争取省级技改补助资金600万元，撬动企业投资2.4亿元。首创全省“专项债+PPP”模式，推进黄冈市大学科技园建设。激发中科产业研究院创新活力，孵化企业2家，帮助鸣利来等企业转化科研成果5项，获省级科学技术进步奖3项。落实“人才新政22条”，引进急需紧缺人才12人。加大科技创新奖补助

2020年黄冈高新技术产业开发区基本情况统计表

项目（单位）	数量
生产总值（亿元）	55.07
财政收入（亿元）	7.82
规模以上工业产值（亿元）	124.64
增加值（亿元）	28.37
税收收入（亿元）	15.40
固定资产投资（亿元）	46.02
实际利用外资（亿元）	—
出口交货值（亿元）	—
企业数量（个）	1403

2020年10月30日，由中国科学院科技促进发展局、湖北省科学技术厅、市政府、中国科学院武汉分院主办的黄冈市“千企联百校”暨中国科学院科技成果云服务活动在黄州举行　（黄冈市史志研究中心　供稿）

力度，帮助50家企业兑现专利、高层次人才、科研平台等科技补助资金2000万元。

（黄冈市史志研究中心）

【咸宁高新技术产业开发区】 2020年，咸宁高新技术产业开发区完成财政总收入20.1亿元，一般公财收入10.7亿元，税收占比94%。规模以上工业总产值192亿元，比上年增长7.7%；规模以上工业增加值增长1.1%。固定资产投资114.5亿元，其中，工业固定资产投资占总投资比重65.2%。新入规企业22家，新增高新技术企业13家。完成高新技术产业增加值28.6亿元，占GDP总量的10%以上。

项目建设。全年跟踪推进省重点项目3个、市重点项目19个、季度开工项目70个、新投产项目35个，累计完成固定资产投资98亿元。组织全市重大项目集中开工主会场活动3次，组织开展“早茶汇”16次，推动解决80余家企业问题300余个。做好国家重大建设项目库、省预算内固定资产投资项目库，储备库、建设库、竣工库、达效库等项目库的每月运行调度。截至年底，高新区有储备库项目49个、总投资562亿元；有建设库项目62个，总投资348亿元；有达效库项目38个，总投资30亿元。编制“十四五”规划重大项目库，重点谋划新建、续建、前期储备等3大类共362个项目，总投资2900亿元。其中，亿元以上项目239个，总投资2638亿元。投资260万元，完成高新区路灯变压器安装工程（7处）、纵一路与横沟大道路口10千伏入地、三期横一路渠化10千伏架空线入地工程三个电力项目建设；投资77万元，完成数字化城管10千伏配电工程、市政消火栓修缮保养工程、规划一路自来水管改造工程；投资583万元，推进三期污水厂门前道路市政工程、三期污水处理厂景观绿化及门前道路绿化工程、规划一路项目建设；投资1500万元，启动金融信息港三路一通道、香城大道市政改造工程建设；投资250万元，推进黑臭水体整治；投资近2亿元，加快推进官埠大道等多条三期主干道路网建设。加快推进高投集团投资的智能制造、双创、甘鲁棚改、孙祠棚改和职教园学

咸宁国家高新区　　（咸宁市史志研究中心　供稿）

生2号宿舍楼7个项目。策划“智慧园区”、冷链物流、供热管网、停车场建设、生态田园文旅康养综合体建设、产教融合示范基地建设6个投资项目。

招商引资。全年组织出差考察近100批次，接待客商200余批次，开展招商活动30余次。新签约项目88个，其中，工业项目78个，占比89.0%；10亿元以上项目2个，1亿元以上项目26个，协议投资134.5亿元，到位资金86.5亿元；拟签约项目15个；重点跟踪在谈项目128个。开展“网上对接”“网上谈判”“网上签约”工作，举办2020年咸宁国家高新技术产业开发区云招商推介会暨视频签约活动。出台《咸宁高新区关于进一步加强招商引资体系建设的实施意见》《咸宁高新区关于进一步完善招商引资项目全生命周期管理体系的实施办法》。对接长江产业基金、宏泰基金、联星资本等基金公司，引进里得电科、逸飞激光等基金公司投资的项目。加大与东科创星等国家级孵化器合作，储备华引芯科技、尚赛光电、敢为科技、风脉能源、小驴机器人、锐颖新材料等优质项目。策划食品饮料产业园、汽车零部件产业园、新材料产业园、多式联运物流产业园、人工智能互联网产业基地、医疗保健检测中心6个综合性产业园。

创新驱动。咸宁高新技术产业开发区获批科技部“百城百园”项目，获200万元中央财政资金支持，已到位资金100万元；获批财政部、工信部、科技部的科技资源支撑型创新创业特色载体项目，获5000万元中央财政资金支持，已到位资金3500万元；入选全国“科创中国”项目首批22个试点之一，纳入湖北省光谷科技创新大走廊（武鄂黄黄咸）发展战略规划。南玻光电、南玻节能2家企业入选工信部第五批绿色制造名单，获批国家级“绿色工厂”。福人金身药业、武汉地震等5家企业分别获省科技型中小企业创新奖、省科技进步三等奖。南玻光电获批省级院士专家工作站。湖北香城智能机电产业技术研究院有限公司、湖北翔盛高新技术创业服务有限公司获批省级中小企业公共服务示范平台。华源包装、立邦涂料2家企业被评为省级“两化融合”试点示范企业。组织14家企业申报省级高新技术企业，通过审核并公示13家，高新技术企业累计71家。全年完成科技成果登记35项，转化科技成果19项，技术合同成交额26亿元。组织福人金身、海威材料、百米生物等5家企业备案省级企校联合创新中心。认定市级工程技术研究中心、校企共建研发中心12家，市级及以上科技创新平台达到60个。园区省级院士专家工作站总数达12家。指导海威复合材料申报省揭榜制项目并获100万元科技创新资金支持。厚福医疗、方片互动、金杏科技等6家企业申报科技部“科技助力经济2020”重点专项，每家企业获50万元科技项目资金支持。华源包装等4家企业获批市级隐形冠军示范企业，共获奖励资金80万元。湖北香城智能机电研究院在全省16个省级产业技术研究绩效评价中居第四位，获“优秀”等级和100万元资金支持。协助三环方向机等8家企业申报省级隐形冠军示范企业、厚福医疗等5家企业申报省级专精特新“小巨人”企业、华源包装等3家企业申报省级智能制造试点示范企业、合加新能源申报省级企业技术中心、黄鹤楼酒业申报省级工业设计中心。组织启迪之星申

咸宁高新技术产业开发区政务服务大厅综合窗口为市民提供“一窗通办”服务　　（咸宁市史志研究中心　供稿）

报国家级孵化器、津晶城申报省级孵化器、智能研究院机电创新工场申报省级众创空间。

营商环境优化。推进“网上办”“马上办”，组织25个大厅窗口部门完成国家和省级政务服务事项核对认领工作，实现国家和省级政务服务事项100%认领到位，同步完成目录和指南的标准化工作。组建综合窗口实现工业项目审批“一窗通办”“一事联办”，实现“一个窗口叫号、一套资料共享、一张证照管总、一个窗口取件”服务新模式。出台工业项目审批“大瘦身”方案，将用地规划许可证审批时间压缩至1个工作日，率先在全省实现社会投资类工业项目10个工作日获施工许可。在全市领先完成环境影响评价、节能评价、水土保持等9大区域性评价。出台《咸宁高新区优化营商环境2020年重点任务责任清单》《咸宁高新区优化营商环境联席会议制度》《咸宁高新区弘扬“店小二”精神，严格执行“十必须十不准”工作方案》《咸宁高新区“企业宁静日”制度实施办法》等文件。

（咸宁市史志研究中心）

【仙桃高新技术产业开发区】 2020年，仙桃高新技术产业开发区（以下简称仙桃高新区）实现规模以上工业总产值736亿元，高新技术产业产值357亿元，分别比上年增长1.4%、2.6%。完成规模以上工业增加值241亿元，高新技术产业增加值92亿元，分别增长0.7%、1.1%。实现税收38亿元，出口总额达206亿元，分别增长30.9%、313.0%。招商引资新签约项目计划总投资109亿元，其中实际利用外资3343万美元。

全年组织外出招商33批次、专场招商推介2场（次），接待考察客商45批次。签约落户全康智能家电、进成智能家居、竞衡智能仓储、灵动新能源电池、青岛海瑞德模具、国网通航外载荷基地、车联天下等7个项目，其中，过亿元项目6个，协议引资共31.70亿元。跟踪项目25个，其中意向签约过亿项目4个。

全年完成龙昌北路一期、创业路东西段、西大沟路建设及排水工程。幸福渠拓宽工程基本完工。持续推进龙昌北路二期、西大沟路、长甲路、2号路东段建设以及迎宾大道、东城大道亮化工程等基础配套设施建设。加快建设项目落户平台，西大沟平台入驻项目3

仙桃国家高新区　　（仙桃市档案馆　供稿）

2020 年仙桃高新技术产业开发区基本情况统计表

项目（单位）	数量
生产总值（亿元）	306
财政收入（亿元）	38.89
规模以上工业产值（亿元）	819.68
增加值（亿元）	241
税收收入（亿元）	37.78
固定资产投资（亿元）	235
利用外资（万美元）	3343
进出口总额（亿元）	256
企业数量（个）	3899

个，完成选址，开展征地、场地平整工作。年内，黄荆大桥提前通车，318 国道拓宽工程按期完工，港口待泊区建设提前竣工验收，龙昌大桥开工建设。

（仙桃市档案馆）

中国（湖北）自由贸易试验区武汉片区

【概况】 2020 年，中国（湖北）自由贸易试验区武汉片区新设企业 11475 家，进出口总额比上年增长 10.0%，固定资产投资增长 10.0%，跨境人民币结算金额增长 41.0%。

中国（湖北）自由贸易试验区武汉片区创新的“股权转让登记远程确认服务”入选国务院发布的自贸试验区第六批改革试点经验，在全国推广；“证照分离”改革试点相关信息素材被国务院办公厅《专报信息》采用；“产融加速计划”“中小企业债权融资风险补偿”等 24 项改革成果在全省推广。在“中国自由贸易试验区制度创新指数”排名中连续 3 年名列前茅、第三批自贸片区中居领先地位。

【营商环境优化】 2020 年，中国（湖北）自由贸易试验区武汉片区在全国率先推出免费的“疫情不可抗力事实证明公证”，深化工程建设项目审批制度改革，出台《光谷项目建设全流程提速十条》，探索“拿地即开工”审批模式。在全省率先试点全程电子化在线帮办系统，首创线上企业登记帮办服务，企业开办网办率达 95% 以上。开展“一事联办”改革，推出“开餐馆”“开药店”“开便利店”等主题式套餐 15 个。进一步完善企业简易注销登记改革，简易注销公示期压缩至 20 天，全年简易注销企业 3200 多户。智慧光谷事中事后综合监管系统创建 68 个双随机抽查计划，抽查事项覆盖率 100%。创新推出“非接触式”办税服务，受理业务申请近 10 万笔。在全省首创“在线无接触式辅助审查 + 视频核查”模式，累计完成 80 家药品零售企业换证核查。

【市场化配置改革】 2020 年，中国（湖北）自由贸易试验区武汉片区深化市场化配置改革，推进要素自主有序流动。制定实施重点企业高端人才专项奖励政策，加快集聚高端人才资源。探索深化产业用地市场化（M0）配置改革，形成工业用地配套设施规划审批和创新型产业用地管理框架。优化金融服务支持实体经济发展方式，在全省率先落地外债便利化额度试点政策，推动 2 家企业开展试点。强化企业上市辅导工作，武汉片区兴图新科等 4 家企业成功上市。创新孵化载体的政策支持和评价管理机制，完成中小企业创新创业特色载体绩效考核，获财政部奖励资金 1000 万元。实施科技成果转化“四个有奖”，全年支持高校院所成果转化项目 102 个、产学研合作项目 81 个、技术转移企业 224 个。全年新增高新技术企业 492 家，比上年增长 30.0%。推进股权激励改革，支持华工科技等 2 家企业、49 人实施股权激励。

【外向型经济发展】 2020 年，中国（湖北）自由贸易试验区武汉片区研究出台《关于促进对外贸易创新发展的若干措施》，推出 12 条支持措施。推动外贸基地提档

2020年8月，中国（湖北）自由贸易试验区武汉片区“一事联办”服务窗口　（武汉市地方志办公室　供稿）

升级，武汉国家科技兴贸创新基地通过商务部考核，被认定为国家外贸转型升级基地。创新海关税收担保模式，全省首家“企业集团财务公司担保”落地，为企业节省开立保函成本2600万元。加快发展保税维修、跨境电商等新业态，巧研电子保税维修货物进出境额达810万美元。在全省率先启动“跨境电商B2B出口”监管试点，首推跨境保税“自提”业务模式，全年完成跨境电商273万票，总货值12.63亿元，比上年增长38.8%。开展服务贸易创新发展试点，直播优选、福禄网络等互联网企业登陆境外资本市场。

【优势产业集聚】 2020年，中国（湖北）自由贸易试验区武汉片区围绕“光芯屏端网”、生物医药和医疗器械两大重点产业，开展全产业链创新发展研究。霍尼韦尔公司新兴市场总部及创新中心在武汉片区成立，国务院总理李克强致贺信。引进韩国生物制药巨头赛尔群生物药生产基地、迈瑞医疗武汉生产基地、长江鲲鹏生态创新中心鲲鹏计算产业研发等重大产业项目。聚焦服务“光芯屏端网”产业集群高质量发展，启用“两步申报”业务模式，推动建设自贸区跨境生物材料进出口公共服务平台。出台加快发展“在线新经济20条”“在线教育服务10条”等系列政策，发布2批75项“无接触”产品及服务项目清单，加快发展直播电商、电子竞技等非接触经济。获批设立全国第四个应对贸易摩擦工作站，提升企业应对贸易摩擦能力，促进地区产业链供应链稳定。

【疫后重振和高质量发展】 2020年，中国（湖北）自由贸易试验区武汉片区通过推进复工复产、加强企业服务等举措，推动14家生物企业研发生产的新冠检测试剂获CE认证或FDA使用受理，并列入商务部医疗物资和非医用口罩出口白名单。出台疫情期间水电气减免方案，企业电费下降5%，工业水、气价格下调10.0%。出台电费补贴办法，累计兑现补贴逾千万元。协助开展境外专家包机来汉工作，共接回10批次1438名外籍专家。设立10亿元东湖光控科技金融创新基金，援助在疫情中受影响的中小企业。统筹各类资金支持，全年累计帮助3385家企业获纾困资金贷款134.7亿元。

（武汉市地方志办公室）

位于中国（湖北）自由贸易试验区武汉片区的小米武汉总部大楼

（武汉市地方志办公室　供稿）

省级经济开发区

【武汉阳逻经济开发区】 2020 年，武汉阳逻经济开发区完成全口径财政收入 11.39 亿元，全社会固定资产投资 132.6 亿元，工业投资 58.1 亿元。规模以上工业（年主营业务收入 2000 万元及以上工业企业）总产值 174.1 亿元，限额以上批发零售住宿餐饮业（年主营业务收入 2000 万元及以上的批发业企业、500 万元及以上的零售业企业、200 万元及以上的住宿餐饮企业）零售额 288.8 亿元。

招商引资。全年签约项目 12 个，签约金额 411 亿元，实际到位资金 314 亿元，实际利用外资 5.19 亿美元。其中，投资额 30 亿元以上的项目 6 个。正威华中总部（投资 600 亿元）签约。万达奥莱小镇、中庚国际学校、阳逻宝龙城项目、稳健医疗第二总部、金科·乐活健康城、正威、中电光谷制造中心（阳逻）、金三发新型医疗卫生材料及用品华中区域总部项目落户。

项目建设。蓝玉项链生态湿地公园基本建成，完成绿道 10 千米、水系 4.7 千米绿化建设，栽种乔木 2 万棵，完成配套公园景观路灯及附属设施建设。阳逻之心施岗路、七架路等 10 条续建道路完成路面刷黑、配套电力、电信、雨污水、绿化设施建设。金台大道、袁榨路等 4 条新建道路完成地下管网和水稳层施工，部分标段完成沥青路面刷黑。建成柴泊大道主供水管网 2.2 千米，启动京东大道、翔飞路升级改造工程及金台片区“一纵四横”路网建设。加快万达广场、物联商务区、华发公园首府等项目建设。推进航油管道、国防光缆、35 千伏高机线、老机场路等设施迁建。

深化改革。阳逻经济开发区与阳逻街道、仓埠街道完成 29 个村、社区的工作交接，启动核心区全面托管、实体运行。组建管委会 6 个内设机构、4 个下设事业单位、6 个部门派驻开发区工作机构，9 家窗口单位窗口工作人员进驻开发区审批服务中心。全面清理核实历史债务，编制财政预算。完善政策落实、环境打造、流程再造等制度机制，推进区域性统一评价工作，实施投资项目审批备案制，试行园区企业科学评价和分类管理，落实“承诺即开工”，开展“企需我应”全程帮办工作。

2020 年 3 月，俯瞰武汉港阳逻港区　（武汉市地方志办公室　供稿）

2020 年阳逻经济开发区基本情况统计表

项目（单位）	金额
财政收入（亿元）	11.39
规模以上工业总产值（亿元）	175.15
规模以上工业增加值（亿元）	58.10
税收收入（亿元）	11.88
固定资产投资（亿元）	132.58
实际利用外资（亿美元）	5.19
引进企业（个）	13

【武汉盘龙城经济开发区（临空经济区）】 2020 年，武汉盘龙城经济开发区（临空经济区）完成生产总值 158.38 亿元，工业总产值 135.18 亿元，规模以上工业完成总产值 109.66 亿元，限额以上企

2020 年，远眺武汉盘龙城经济开发区（临空经济区）

（武汉市地方志办公室　供稿）

业社会消费品零售额 29.18 亿元，限额以上企业（年主营业务收入 2000 万元及以上的批发业企业、500 万元及以上的零售业企业、200 万元及以上的住宿餐饮企业）销售额 31.72 亿元。税收 19.71 亿元，工业投资 4600 万元。引进内资 140.01 亿元，实际利用外资 0.57 亿美元，进出口总额 1.63 亿元。卓尔控股有限公司、武汉市盘龙明达建筑有限公司、湖北恒泰天纵控股集团有限公司 3 家企业获评 2020 湖北民营企业 100 强。

商业经济发展。百联奥特莱斯广场二期开业，新增营业面积 4.4 万平方米，经营规模居全国第六位、华中第一位。武汉盘龙城万达广场开业。星品惠直播电商数字产业基地项目落户。

企业复工复产。完成 17 家限额以上商贸企业、61 家规模以上企业的复工复产审批及 600 余家规模以下企业、300 余家限额以下商贸企业的审批。组织企业参加各类培训 5 次，政企、民企对接会 4 次，发放各类补贴近 100 万元。加快项目落地，航发智慧城主体封顶，海航黄陂新基地动工，法国罗兰加洛斯网球落户。

城市基础设施建设。完善区域交通路网。岱家山大桥及两岸接线、府河大桥拓宽，机场高速刘古塘立交、机场南环线、航城大道等交通枢纽工程新（改）建通车，巨龙大道、盘龙大道完成改造，腾龙大道延长线贯通刷黑改造，地铁 7 号线（前川线）开建，北四环线通车。加快建设航空总部区，建成市政道路 10 条、公园 2 座，规划展示中心 1 座、羽毛球馆 1 座。筹备建设国际商贸城，武汉天河国际会展中心、武汉空港体育中心开工建设。长江青年城交付，卓尔青年汇小游园启用，盘龙城遗址博物院新馆开放，中共湖北省委党校新校区启用，府河西堤除险加固竣工，武汉市第一医院盘龙院区动工兴建，新建临空新城育才学校、盘龙城外国语小学和盘龙城实验学校。

【江岸经济开发区】 2020 年，江岸经济开发区完成固定资产投资 3.7 亿元，完成目标的 123.0%。规模以上工业产值 3.04 亿元，企业纳税 1.50 亿元。企业 677 家（黄浦科技园 407 家，岱家山科技创业城 270 家），其中，上市企业 4 家，规模以上工业企业 14 家，高新技术企业 88 家，国家级孵化器 1 家，省级孵化器 3 家，国家级众创空间 1 家，省级众创空间 4 家，小型微型企业创业创新基地 3 家，武汉市科技“小巨人”企业 59 家。

营商环境建设。黄浦科技园新建“当代梦工场·创”文创园区，总面积 1.30 万平方米。新引进科技型企业 11 家。委托武汉恒诺市场研究有限公司建立开发区企业台账 5 本。增设黄浦科技园、岱家山科技创业城两个小型政务服务中心，集行政审批、外贸服务与公共法律服务于一体，基本实现企业“办事不出园”。建停车泊位 100 个，充电桩 101 个。协调财政资金 236 万元，修缮升级黄浦科技大厦车库、地下供水管网、绿化、路灯等基础设施。协助创立方产业园招商，打造“应急产业园 +”。为武汉蓝翔建筑装饰公司等 30 多家小微企业争取银行贷款 8109.6 万元。

招商引商。引进“应急保障 +”产业园、当代梦工厂、上海建工、鼎吉建筑、金鹏科技等特色项目。平安好医、中航长江、银江孵化器等企业落户黄浦创立方。创高幕墙、金鹏信息、上海建工、市园林规划设计院等企业入驻。形成以征原电器、金运激光、灵通纵横为

2020 年江岸经济开发区基本经济指标统计表

项目（单位）	数量
注册企业年末数合计（个）	407
开发区企业数（个）	407
其中：规模以上工业企业（个）	5
高新技术工业企业（个）	4
产值过亿元企业（个）	1
企业从业人数（个）	11000
技工贸总收入（万元）	76000
工业总产值（万元）	76000
规模以上工业总产值（万元）	30400
规模以上工业增加值（万元）	7600
全口径税收（万元）	15433
单位面积全口径税收（万元 / 亩）	4662
实际引进投资 500 万元以上企业数（个）	—
其中：工业项目（个）	—
实际引进内资额（万元）	—

代表的智能制造产业集群；以正华设计、创高建装、蓝祥建筑为代表的建筑设计产业集群；以平安好医、千麦医疗、吉星医疗为代表的医疗健康产业集群；以湖北金鹏、六合天地、毳雨环保为代表的信创产业集群；以武汉出版集团、享趣设计、纵贯展览为代表的文创出版产业集群。

【江汉经济开发区】 2020 年，江汉经济开发区实现技工贸总收入 200 亿元，固定资产投资 13.35 亿元，社会消费品零售总额 20.6 亿元。引进内资 25.95 亿元、外资 1450 万美元。营利性服务业考核增幅比 12.0%。有科技孵化器（众创空间）14 个，其中，国家级科技孵化器 3 个，国家级众创空间 1 个，省级科技孵化器 2 个，省级众创空间 1 个，市级众创空间 2 个，区级科技孵化器 5 个。入驻企业 400 余个，其中，高新技术企业 75 个，主板上市 1 个，三板上市企业 5 个。园区科技企业知识产权 1299 项。

招商引资。启动国泰·汉口科创中心项目。深圳设计联盟武汉基地落户圈外数字产业园，带动林同棪国际工程咨询、华思广告、另起一行创意等设计企业聚集发展。增强深交所资本市场培育基地品牌辐射作用，第一创业证券、复朴投资、挑战者股权投资、鑫湖股权、宏泰海联等投资机构入驻。引进中国联通云启智慧、华中区块链科技融合创新中心、武汉大数据产业发展有限公司、5G+ 数字经济展示中心等项目，吸引智慧教育、区块链应用场景、5G+ 应用、大数据等关联企业入驻。推动数字经济产业创新发展，北京硬核聚视、乐淘购、爱黑马、全心联网络等经济项目落地。

重点项目建设。支持解决红 T 规划园林验收、兰新公司土地权属争议等项目建设问题。咸亨赛孚城国际应急教育体验中心主体建成，推进汉口创业中心一号楼改造升级、武汉市信息增值服务产业化基地等项目。推进太和区块链创新产业示范区项目建设，江通动画产业园完成收购储备工作。推进老旧工业厂房改造升级，俊源科技工业园联合思维同创公司打造 We3 新创办公空间，银翔商贸工业园联合武汉合亿达公司打造全新众创空间，俊源美佳产业园启动产业配套，完善周边商业服务功能。

科技服务。深化“江汉创谷”建设成果，推广“互联网创业培训”，宣传江汉人才计划、奖励制度、服务配套措施。新金孵化器申报国家级孵化器。武汉四维空间、高投慧融众创空间获武汉市、江汉区两级众创空间认定。磁空间科技企业孵化器、思创空间孵化器获区级孵化器认定。39 个企业申报高新技术企业认定，专家评审通过 35 个，通过率 89.7%。武汉力龙信息科技股份有限公司等 11

2020 年江汉经济开发区基本情况统计表

项目（单位）	金额
生产总值（亿元）	—
财政收入（亿元）	16.14
规模以上工业产值（亿元）	12.97
规模以上工业增加值（亿元）	3.19
税收收入（亿元）	16.14
固定资产投资（亿元）	13.35
实际利用外资（万美元）	1450
出口交货值（亿元）	0.42
引进企业（个）	73

个公司获评 2020 年江汉区“小巨人”企业，欣欣中信孵化器获评国家级科技企业孵化器（B 类）。

企业服务。搭建和完善园区公共服务平台。全年兑现招商引资奖励资金 1000 余万元。帮助困难企业加入江汉“企业方舱”计划，提供“政银企”金融服务。联合武汉市司法局成立“法律援助站”，为 40 余个园区企业提供法律咨询服务 200 余次。

基础设施建设。实施路段亮化工程，为江旺路、江发路、江达路等路段亮化工程增设集中控制系统。升级改造发展二路北段（江兴路至江振路）人行道、花坛。解决园区电动汽车充电难题，全年安装充电桩 109 个。

【硚口经济开发区】 2020 年，硚口经济开发区完成规模以上工业企业（年主营业务收入 2000 万元及以上工业企业）总产值 20.92 亿元，比上年增长 13.3%；营利性服务业营业收入 19.34 亿元，下降 12.0%；社会消费品零售额 10.17 亿元，下降 5.0%；限额以上批发（年主营业务收入 2000 万元及以上的批发业企业）销售额 34.33 亿元，下降 1.4%；限额以上零售业（年主营业务收入 500 万元及以上的零售业企业）销售额 10.2 亿元，下降 4.3%。

全年完成招商引资 14 亿元，引进重点产业项目 10 个。新登记市场主体 525 家，完成主题特色园区 2 个。新引进电子商务企业 70 家，国家电子商务示范基地集聚电子商务及相关企业近 1500 家。基地综合评价居全国前八、全省第一位。完成汉江湾生态综合治理 PPP 项目 49 个子项目的规划手续办理及可研批复、10 个子项目的初设批复，获国家开发银行贷款授信 33 亿元，固定资产投资 6.39 亿元。

【汉阳经济开发区】 2020 年，汉阳经济开发区有注册企业 882 个、税收过 100 万元企业 73 个。其中税收过 1000 万元企业 12 个。完成规模以上工业总产值 106.83 亿元，比上年下降 9.9%；规模以上工业增加值 27.46 亿元，下降 11.3%。全口径财政收入 18.68 亿元，下降 18.8%；社会消费品零售总额 361.1 亿元，增长 2.9%；

2020 年 10 月 29 日，第六届武汉国际电子商务暨“互联网 +”产业博览会在武汉国际博览中心举行。图为硚口区电子商务示范基地展台

（武汉市地方志办公室　供稿）

完成固定资产投资8.06亿元，下降32.8%；招商引资59.76万元，增长13.7%。工业企业“小进规”（小微工业企业成长为规模以上工业企业，年主营业务收入2000万元及以上工业企业）净增4个，规模以上工业企业21户，限额以上商贸企业54户。

现代服务业集聚区形成以医药健康、汽车贸易、商贸服务为主导，年销售规模突破1000亿元。医药健康业销售收入1213亿元。汽车服务业有武汉恒信雷克萨斯汽车销售服务有限公司等34个汽车贸易企业，销售收入82亿元。商贸服务业以百威（中国）销售有限公司、福达坊集团批发城为代表，销售收入258亿元。

智能制造业集聚区形成以黄金口工业园食品医药、新型材料等先进制造业为主导，年产值过100亿元。其中，食品医药产业以百威（武汉）啤酒有限公司扩产、味好美（武汉）食品有限公司为龙头企业，产值30.3亿元，占汉阳开发区工业总量的28.4%；轻工电子产业以武汉苏泊尔炊具有限公司为龙头，产值37.45亿元，占汉阳开发区工业总量的35.1%；新型材料制造产业以武汉金牛经济发展有限公司为龙头，产值34.59亿元，占汉阳开发区工业总量的32.4%。专用设备制造产业以武汉显捷电子有限公司、武汉西高电器有限公司、武汉齐达康环保科技有限公司为龙头，产值4.47亿元，占汉阳开发区工业总量4.2%。

2020年汉阳经济开发区基本情况统计表

项目（单位）	数量
生产总值（亿元）	242.91
财政收入（亿元）	18.86
规模以上工业总产值（亿元）	106.83
规模以上工业增加值（亿元）	27.46
税收收入（亿元）	18.86
固定资产投资（亿元）	8.06
实际利用外资（万美元）	6100
引进企业（个）	250

2020年10月21日，汉阳经济开发区举办“学子留汉 才聚汉阳”企业进高校政策宣讲活动　　（武汉市地方志办公室　供稿）

加强“新两园”（新现代产业园区和科创小微企业园区）建设。建立健全产学研一体化体系、一条龙服务平台，实现“五集三化”（企业集聚、要素集约、技术集成、产业集群、服务集中，功能化、智慧化、绿色化）。与中国电信公司开展全方位战略合作，推进园区5G示范应用建设，一期建微站52个、宏站11个、5G展厅。与智慧园区结合，升级打造黄金口5G工业园。加快运营商与重点企业、项目的合作，加速推广5G技术的应用。

推进“双招双引”（招商引资、招才引智）。整体谋划13.87公顷工业用地，接待项目100余批次，重点对接鹏博士大数据有限公司、北京易华录信息技术股份有限公司、联想（北京）有限公司等企业10余家。引进武汉誉城千里建工有限公司、尚恩光暖（武汉）科技有限公司、武汉5G智能检验检测基地等项目。宣传推介存量厂房空间，协调联东U谷、加华科技产业园、嘉盛5.5智造园等“园中园”稳商留商招商。5.5智造园与武汉钢铁集团汉阳钢厂有限公司合作，打造大宗商品新电商钢贸基地和交易平台。引导帮助企业加强人才培育，获批“黄鹤英才”产业领军人才3名、优青人才3名。推进大学生留汉工程，筹备大学生就业岗位6000余个。组织开展“新汉阳造”品牌走进非洲、“学子留汉 才聚汉阳”企业进高校政策宣讲、“企业问计·人才工作怎么做”调研座谈会、“汉阳造、新汉阳”直播带货等活动。

【青山经济开发区】 2020年，青山经济开发区完成工业总产值122.80亿元，比上年下降10.6%。其中，高新技术产业工业总产值72.49亿元，增长4.2%。规模以上工业增加值32.9亿元，下降13.1%；规模以上工业主营业务收入143.89亿元。固定投资7.21亿元。年产值过亿元的工业企业8个，年产值规模过5000万元的工业企业14个。累计引进国内资金14亿元，投资总额在亿元以上的项目5个。

重点项目建设。宝湾物流园项目累计完成投资3.5亿元，春笋新厂房建设项目累计完成投资2.4亿元。北湖水生态综合治理一期PPP项目的4个子项目动工兴建（总投资5.1亿元）。启动都市工业园综合整治，重点开展疫情防控、生态环境、违规搭建、交通秩序、安全生产、产业提升六项专项治理活动。完成武汉钢福盛科技有限公司高频振荡除藻仪项目供地0.93公顷、武汉松叶包装印务有限公司大型幅面印刷项目供地0.95公顷、武汉聚集精化工有限公司50万吨煤焦油项目供地29.6公顷的土地挂牌。

营商环境优化。制定《2020年度开发区优化营商环境工作方案》。投资450万元，升级改造都市工业园电力系统和监控系统；投资776万元，安装武东装备园路灯；投资5.1亿元，修建焦沙东路、康宁路、绿色支路、绿色二路、焦沙支路。成立“都市工业园政务服务帮办中心”，安排专人为企业提供帮办、代办服务。安装24小时政务服务自助终端设备，实现70多项行政审批业务帮办服务不出园区。落实办理建筑许可提速增效措施，聘请专业公司编制《环保科技产业园地质灾害危险性评估报告》《环保科技产业园压覆矿报告》，简化企业项目落地手续。

【洪山经济开发区】 2020年，洪山经济开发区完成招商引资30亿元，新进工业规模以上企业1家（武汉医佳宝生物材料有限公司），新进服务业规模以上企业3家（武汉卡司互娱传媒有限公司、湖北通衢人才服务有限公司、中晟地理信息有限公司）。完成固定资产投资1.53亿元。

助力文化创意企业。组织协助武汉创意天地园区及北港园区多家文化企业开展文创产业认定及市、区扶持资金申报工作。协助指导创意天地确定“十四五”产业发展方向，重点打造以游戏动漫、网红直播、影视孵化为主的文创产业。引进团团互娱、卡司互娱等企业入驻创意天地园区。解决企业生产经营实际问题，走访企业148家次，帮助解决问题40余件。

推进园区土地二次改造升级。成立项目服务专班，帮助企业开展规划报建、土地招拍挂等工作。湖北天辉生物材料产业园项目一期工程竣工投产。加强绿洲云网ICT产业基地、利德测控综合楼、雷泰检测和健康产业园、能事达智能芯片研发大楼及智能制造产业园等7个二次改造项目跟踪服务，启动前期规划报建。

建立湖北影视孵化基地。湖北影视孵化基地由中共湖北省委宣传部挂牌成立、影视专项孵化器运营公司湖北蜂影孵化管理有限公司投资运营，通过建立全省影视产业服务平台，孵化优质影视内容，引进影视、新媒体、短视频等行业高端人才，配合全省影视传媒产业发展。年内，影视孵化基地创意天地站点登记入驻华夏银河、银华基金、苍狼影视、天郢传媒、松田影视、鲁班影视、华彩尚映等20余家影视公司及周边上下游企业，意向入驻企业达30余家，入孵项目包括复星影业《毕业歌之武汉大撤退》、北京文化《沐浴之王》、郭晓冬导演处女作《中北路空无一人》等20多个，入驻率90%。基地开设的直播孵化运营板块，已对接53所本地影视传媒专业院校和全品类会展平台。

【江夏经济开发区】 2020年，江夏经济开发区招商引资实际到位393.75亿元。完成固定资产投资159.89亿元，比上年下降36.8%；工业投资133.94亿元，下降32.4%。实现规模以上企业总产值897.27亿元，下降21.4%；社会消费品零售总额85.85亿元，下降12.9%。实际利用外资3.25亿美元。完成进出口总额16.77亿元。完成一般公共财政收入68.26亿元，下降20.6%。

全年新签约项目9个，总投资66亿元，其中，30亿元以上项目1个。9个项目中，工业项目8个，总投资21亿元；住宅项目1个，投资45亿元。全年实施市政类项目37项，完工23项，在建14项。其中，大桥实施建设16项，已完工7项，在建9项。庙山实施建设21项，已完工16项，在建5项。建成停车车位1000个、足球场3块、充电桩245个。

2020年江夏经济开发区基本情况统计表

项目（单位）	金额
财政收入（亿元）	68.26
规模以上企业总产值（亿元）	897.27
固定资产投资（亿元）	159.89
招商引资（亿元）	393.75
实际利用外资（亿美元）	3.25
工业投资（亿元）	133.94
社会消费品零售总额（亿元）	85.85

2020年蔡甸经济技术开发区基本情况统计表

项目（单位）	数量
生产总值（亿元）	141.11
财政收入（亿元）	17.18
规模以上工业总产值（亿元）	466.97
规模以上工业增加值（亿元）	94.35
税收收入（亿元）	17.18
固定资产投资（亿元）	144.42
实际利用外资（亿美元）	3.74
进出口（亿元）	46
企业数量（个）	2174

【蔡甸经济开发区】 2020年，蔡甸经济开发区分沌口和常福工业园两个片区，"常奓沌"（常福、奓山、沌口）一体化运行后，管辖面积123.74平方千米。完成固定资产投资144.42亿元，工业投资83.32亿元，规模以上工业总产值466.97亿元，限额以上社会消费品零售总额71.37亿元，比上年增长47.6%。实际利用外资3.74亿美元，增长13.4%；进出口产值46亿元，增长19.2%。财政收入17.18亿元。初步形成以装备制造、新能源汽车及关键零部件、光电子信息、日用轻工、现代物流等为支撑的产业格局。

加大招商引资力度。全年签约金额277亿元，新引进项目24个，其中，工业项目17个。引进的新项目中，30亿元以上项目1个，10亿元以上项目1个，产业研发机构1个。新增规模以上工业企业20家，完成"小进限"（中小限额以下商贸企业成长为限额以上商贸企业）8家，新增市场主体3043个，"个转企"（个体工商户转成企业发展）5家，新开工1亿元以上项目52个，净增高新技术企业57家，总数达到134家。

提档升级园区基础设施。58个政府投资项目中，九年一贯制学校、园区道路景观提升，沌口小区、奓山集镇、大东片区雨污分流改造等56个项目开工建设。重点项目中，中德产业园区域及周边"七通一平"（指道路通、给水通、电通、排水通、热力通、电信通、燃气通及土地平整）基本完成，德国企业之家主体结构封顶，西门子工业互联网赋能中心项目及莱茵科斯特、斯尼汶特项目落户中电光谷数字经济产业园。加快"常

2020 年 1 月 6 日，蔡甸区重大项目集中开工暨立中集团铝合金新材料项目举行开工仪式　　（武汉市地方志办公室　供稿）

福之心”区域区间路网建设。武汉常福医院主体结构封顶。全年累计完成征地 23.2 万平方米。

（武汉市地方志办公室）

【鄂州市花湖开发区】 2020 年，鄂州市花湖开发区实现地区生产总值 28.33 亿元。其中，第一产业增加值 7.23 亿元，占比 25.5%；第二产业增加值 10.54 亿元，占比 37.2%；第三产业增加值 10.56 亿元，占比 37.3%。全年固定资产投资 6.10 亿，财政收入 13289 万元，税收收入达 12826 万元。完成工业总产值 43.55 亿元（其中规上工业总产值 40.51 亿元）、规上工业增加值 10.54 亿元。全市农村常住居民人均可支配收入 21768 元，比上年增加 3.75 元 / 人。

全年引进省外资金 4000 万元，签约亿元以上项目 1 个，新开工项目 1 个。协调铠尔慷智能装备制造项目完成二期项目总体规划设计方案、二期临时排水管网、地勘等工作，获图审合格证书、用地规划许可证等。协调普路福汽车零部件制造项目获容缺办理及规划两证及施工许可证，完成施工方招投标、1# 厂房钢结构主体、2# 厂房钢构主体、辅助用房 2 层混凝土结构、门卫室基础砼、土地挂牌公示。谋划临空产业园、长江容器项目等重大项目，助力浩然化工企业转型升级。

基础设施建设加快推进。花湖实验学校主题教学楼已完工 4 层。引进鄂州昆仑燃气公司，解决天然气供气不足问题。加快推进环城中路、杭州西路等断头路打通工程。分别投资 65.8 万元、29.2 万元建设临空产业园区普路福临时道路、华山大道花坛。建设污水处理厂，新建滨都、鲜兴集贸市场。开展农村人居环境整治。投资 38.12 万元，治理刘钊村、白龙村山体滑坡地质灾害；通过建立农村生活垃圾集中清运处置体系、实施村内主要道路绿化工程及主要道路硬化工程全覆盖，改善村容村貌；开展乡村规划编制，进一步优化乡村空间布局。

（鄂州市档案馆）

【湖北汉川经济开发区】 2020 年，湖北汉川经济开发区实现规模以上工业产值 361.9 亿元，社会消费品零售总额 3.06 亿元，乡镇本级财政收入 4.35 亿元。新增规模以上工业企业 23 家、限上商贸企业 1 个、大个体户 14 个、私营企业 292 个。完成招商引资 205.99

2020 年 6 月 16 日，鄂州市花湖开发区花湖试验学校项目开工

（鄂州市档案馆　供稿）

亿元，引进各类项目30个。其中，电厂四期扩能108.95亿元，雪榕生物15.5亿元，银易达项目12亿元。24个项目纳入孝感、汉川“五化”管理。推进“电子政务一张网”工作。浙商产业园、德州产业园水电直供整改完成，加快推进汉正服装城、裕华工业园建设。

【湖北安陆经济开发区】2020年，湖北安陆经济开发区签约项目7个，引进资金44.4亿元。其中，华美智造产业新城项目15亿元，煌盛钢骨架管材项目10亿元，年产10000吨高性能电子铜箔项目7亿元，泰科盛智汇电子项目5.5亿元，汇联汽车配件项目3亿元，武际智能装配项目2.4亿元，宏凯机械制造项目投资1.5亿元。推进慧显光电产业园、中科4期扩能、元彬禾管道、康正药业、宏凯机械、永捷粮机扩能塑袋实业、国际汽贸城等8个项目（总投资29.2亿元）建设。争取湖北省预算资金150万元用于园区道路建设。

【湖北大悟经济开发区】2020年，湖北大悟经济开发区推进企业复工复产，加快重点项目建设。签约睿奥智能充电宝、鑫普润胆固醇、粤深园数码科技等8个项目，协议引资12.7亿元。对接卓尔大悟“城市客厅”、上海电气环保产业园、深圳万唯科技等10个项目，总投资51.5亿元。京华彩印扩能、智珅纺织、中弘电子等11个项目建成投产。全年新增规模以上企业3家、新增高新技术企业6家。

【湖北孝昌经济开发区】2020年，湖北孝昌经济开发区实现工业总产值21.93亿元，比上年下降38.2%；税收2.16亿元，下降28.5%；固定资产投资22.48亿元，增长5.3%。全年新签约项目10个，投产企业88家，其中，规模以上企业21家。在建项目33个，总投资128亿元。五金机电城、全成信、龙族百年等重点项目建设进展顺利。全成信一期规划建设项目全部开工，龙族百年一二期主体工程建设全部完成。推进和丰机电、固力紧二期、宇辉二期、平畅钢材等项目建设。

（孝感市史志研究中心）

【黄州火车站经济开发区】2020年，黄州火车站经济开发区园区完成固定资产投资10.3亿，产值41.4亿。签约项目5个，总投资190.58亿元。新开工项目10个，新入库项目9个，新入规项目6个。

加快园区基础设施建设。推进道路管网工程施工，完成黄上公路慢车道改造工程80%；完成外环路穿黄上公路顶管工程顶进工作基坑施工、污水处理厂提标升级改造工程、周顶湾110千伏电力铁塔塔基边坡抢险工程、巴河给水管道穿越工程等基础设施施工，完成杨鹰岭中心学校预算、投评及招标工作，完成张杨路（鹰岭二路—外环路）、外环路道路及其排水工程投评及招标工作。

加强招商引资。制作招商推介PPT、短片等宣传资料，通过网站、新闻、推介会等方式发布招商信息。先后引进广东巴德富外墙乳液生产基地项目（总投资20亿元）、黄冈新普生药业项目（总投资5亿元）、人福集团（总投资20亿元）、晨鸣纸业（二期）项目（总投资126亿元）、黄冈静脉产业园项目（总投资22.58亿元），洽谈武汉科达云石项目报市招商引资

2020年黄州火车站经济开发区基本情况统计表

项目（单位）	数量
生产总值（亿元）	82.10
财政收入（亿元）	0.58
规模以上工业产值（亿元）	56.70
增加值（亿元）	12.80
税收收入（亿元）	7.20
固定资产投资（亿元）	10.3
实际利用外资（亿元）	0.35
出口交货值（亿元）	0.52
企业数量（个）	76

领导小组审批(总投资13.5亿元)。

（黄冈市史志研究中心）

【咸安经济开发区】2020年，咸安经济开发区规模以上工业企业完成产值130亿元，实现出口创汇4.50亿元，上缴税收2.6亿元，完成固定资产投资68亿元。分别比上年下降10.0%、下降30.0%、下降25.7%、增长13.0%。全年新上技改项目20个，入库资金30亿元；新入规企业10家，新入限企业2家。全市登记在册租赁企业66家，出租厂房17.18万平方米，12家企业待租余量厂房2.69万平方米。

招商引资及项目建设。招商引资落户项目21个，其中，亿元以上项目15个；协议投资额20.52亿元，到位资金9.2亿元。引进的项目中，征地项目15个，租赁项目6个。建设项目34个，已投产项目4个，在建项目23个，前期准备工作项目7个。精华纺织投资6亿元，建设全自动高效纺纱项目（10万锭）一期厂房主体完工；巨宁竹业投资450万元购置设备，提高产品附加值和生产率；赛尼尔机械投资2000万元，购置智能化机械设备；嘉仑文化投资1100万元，新上胶装联动线和海德堡四色机；汉邦木业投资200万元，购置环保除尘设备；博尔雅投资400万元，升级改造生产线；广绅电器投资150万元,用机器人开展焊接、折弯等工艺;爱鑫项目投资1亿元,延伸无纺布产业链；华仕欣项目投资1.3亿元，生产无纺布等医用卫生材料、口罩等；咸宁公路港项目总投资5亿元，补齐咸安物流基础设施的发展“短板”。申报高新技术企业18家、市级工程技术研究中心企业3家、市级校企共建研发中心企业8家，登记科技成果6个。真奥研究院投入使用，真奥药业入选工信部第二批专精特新“小巨人”企业名单。华宁防腐二期投资1.46亿元上新项目和建设防腐耐磨研究院（投资3000万元）。天意模型科技公司自主研发农用无人机，产值达到千万元。引进钢化玻璃行业，并建成投产；协调中港二期项目租赁特钻厂房，建设幕墙铝单板项目，年内完成租赁合同签订。

营商环境优化。园区150家企业收到纾困惠企资金3712万元，兑现58家规模以上企业疫情防控物资补助58万元。取消招商合同保证金，退还大地嘉和、天安等9家企业涉企保证金536万元。协助人社部门发放稳岗补贴380万元及一次性就业奖补资金42.7万元。退还真奥药业增量留抵税561.9万元；支持疫情防控捐赠货物企业，免征21家企业增值税、消费税87.68万元；减免79家困难企业城镇土地使用税、房产税946.72万元；免征107家企业基本养老保险、失业保险、工伤保险913.67万元；减免企业水费约10万元、电费约155万元，天然气费约20万元。支持敏实项目建设，兑现契税奖励120万元及减免过渡期厂房租金156万元。搭建融资平台，为20家企业提供银行贷款授信金额2.22亿元，放款贷款1.9亿元。帮助企业疫后重振，减免九灵草、巨宁竹业、中港金属3家企业政府借款延期利息及滞纳金200余万元。协调减免三山川、邦佳科技、旭腾精工3家企业土地出让金尾款的滞纳金及利息100余万元。引进卓贸通咸安公司，为企业提供全程指导和服务。为34家企业职工落实23套公租房新租、112套公租房续租。申报生物医药产业人才倍增计划，组织真奥药业、健翔生物、三九生物三家企业与高校对接，建立校企合作平台，落实高校人才实践教学基地，

咸安经济开发区管理委员会　　（咸宁市史志研究中心　供稿）

与湖北科技学院、华中科技大学、咸宁职业技术学院等院校签订人才合作协议。

【嘉鱼经济开发区】2020年，嘉鱼经济开发区实现规模以上工业增加值112.43亿元，比上年增长3.0%；固定资产投资73.77亿元，下降14.9%；上缴税收7.88亿元，下降26.1%；外贸出口总额6717.38万美元，下降7.3%。全市高新技术企业达到42家，比上年净增11家；高新技术产业增加值42.84亿元，增长8.3%。规模以上工业利润总额33.14亿元，增长24.3%。单位工业增加值能耗降低率10.06个百分点。

加大纺织行业、电子终端产品、生物医药、新能源、新材料、汽车及机械制造等产业的引资力度，全年新签约项目68个，签约总额56亿元。突出产业招商、区域招商，落实“七通一平”，满足引进项目用地需求。围绕重点项目、重点产业招商，加大跟踪督办力度，签约落地项目实行“店小二”服务，落实在建工程项目第一联系人“六包到底”（包办手续、包平整土地、包建设进度、包安全质量、包建成投产、包经营服务协调）。全年14个重点项目中，8个投产运营。落实六保六稳，盘活闲置资产，推动转型发展，12家停产半停产企业经过租赁、重组、并购、破产等措施，实现“腾龙换鸟”，盘活7家。利用闲置厂房招引项目11个，签约总金额8.6亿元。

【赤壁高新技术产业园区】2020年，赤壁高新技术产业园区实现固定资产投资入库98.49亿元，在全市占比68.1%；规模以上工业总产值345.43亿元，规模以上工业增加值93.26亿元，在全市占比60.1%，比上年增长1.2%。全年全市规模以上企业完成税收8.34亿元，有税收企业亿元以上2家，千万元以上9家，具备百万纳税能力的企业超过40家。就业15900人，比上年增加2000人以上。年内，“新进规”“小进规”企业16家，园区投产企业达141家。

全年签约项目33个，协议引资91亿元。其中，10亿元以上项目3个，1亿元以上项目12个，5000万元以上项目18个；投产10个，开工10个，按时序进度推进项目13个。跟踪在谈工业项目8个以上，重点跟踪华润电力三期、长城炭素三期。开展“十四五”经济发展规划编制工作，完成应急、电子信息、电力能源3个产业，供电、燃气、供水3个专项，路网、水系保护专项规划；推进调区扩区，规划面积调扩至“一区三园”18.06平方千米。开展区域性统一评价试点，在湖北省率先推进“多规合一”。加强建设路网基础。中伙板块“三横六纵”路网全线贯通，相关配套完成90%；赤马港板块“三横十六纵”路网框架成型。推进北山大道施工建设，加快建设陆水板块新修改建南渠南路、南渠东路、纬三路，电厂运灰桥等节点工程。全年征地73.97万平方米，土方平整75.2万平方米。土地摘牌29宗76.48万平方米，增加69.18万平方米。完成维达力四回35千伏供电专线建设和8回10千伏迁建，加快丁毋山、蛟龙桥两个变电站建设，建成维达力2800立方米蓄水池。为企业配套公租房、周转房700套，新建停车场2个，推进中伙园区夜市等配套生活设施建设。万津实业实际投资35亿元，建成14.3万平方米厂房及配套，其中，3号厂房按期投产；维达力总投资达60亿元，就业6000人以上；住方科技实际投资12亿元，建成11万平方米单体厂

赤壁经济开发区　（咸宁市史志研究中心　供稿）

房和办公楼，12 月试投产。华舟二期搬迁后订单充足，年产值 10 亿元以上。思贝林一期厂房设备安装调试，车间小批量生产；二期荟海药业基础施工，思贝林健康产业园初步成型。全年新开工项目 35 个，投产或试投产项目 32 个。政府性工程投入 1.01 亿元，20 多个市政工程按期完工。

新引进赤壁高研院落户高新区，入驻专家 30 人，组成新材料、电子信息、应急产业等 5 个专业服务团队。省级以上创新平台 5 家，其中，国家级孵化器 1 家，国家级企业技术中心 1 家，省级工程技术中心 3 家。实施“隐形冠军”培育工程，成功申报省级隐形冠军科技“小巨人”4 家、省级服务型制造业示范企业 1 家、咸宁市隐形冠军示范企业 2 家。加快高新培育，全年复审和新认定高新企业 12 家，累计 40 家，高新技术企业增加值 GDP 占比 14%。加快落后产能改造升级。技改入库项目 27 个，技改投入 43.29 亿元。40 家以上企业主动实施生产技术、工艺流程和机械设备升级换代。支持闲置资产盘活增效。众创空间、发展新空间、新材料产业园，引进项目投产 23 个，48 栋厂房重新投入使用，政府性资产使用率 85.7%；引导企业招商重组或租赁厂房，盘活企业 14 家。

及时兑现优惠政策，为企业降本减负 2600 万元以上、减免税负 4600 万元以上，为符合优先发展产业 6 宗工业用地降低成本 1198.53 万元。简化项目审批流程，实行“先照后证”，工业项目“先建后验”办结时限缩减至 16 天。“先建后验”项目 5 个，工业项目审批时间低于湖北省规定（40 天）。25 家企业产品纳入市政工程优先使用名录，争取电子信息产业 2 亿元专项债。推动信贷纾困，99 家企业贷款余额 8.11 亿元，全年新增贷款 5.44 亿元。

【通城经济开发区】2020 年，通城经济开发区实现规模以上工业总产值 84.6 亿元，比上年下降 5.5%；规模以上工业增加值减幅 2.6%；规模以上企业营业收入 55 亿元，下降 3.0%。

乡镇产业园区建设。石南、关刀、麦市等乡镇工业园纳入通城经济开发区统筹管理，打造“一区多园”发展格局。坪山高新技术产业孵化园规划用地面积 226.67 公顷，计划总投资 39.06 亿元，累计征收土地 186.67 公顷，完成投资 20 亿元，建成投产企业 9 家，在建工业项目 8 个；园区年内完成与中交路桥、中建基础两家央企签约，启动经开污水处理厂和坪山孵化园 2 个 PPP 项目建设。砂布特色小镇规划用地面积 367 公顷，依托玉立集团打造华中首个集“绿色生态、城乡统筹、创新共享”于一体的特色小镇，年内新征土地 30 公顷，引进工业项目 3 个。11 月，砂布小镇入选湖北省第三批特色小镇创建名单。关刀工业园一期基本建成，二期完成土地征收 18 公顷，年内新引进工业项目 3 个。麦市食品工业园规划用地面积 13.34 公顷，打造幕埠山绿色旅游集散中心和市级农业产业化龙头园区，已完成征地 7.20 公顷，引进军辉度假酒店、兴农生态农产品加工和湖北优美生物科技 3 个项目。其中，兴农生态农产品加工项目完成 4600 平方米厂房及四层约 4500 平方米综合楼建设，厂房装修基本完成；湖北优美生物科技项目开展前期建设准备。

重大项目建设。叶亮家居、永豪电业、万雅国际、炳彰科技二期、百利恒、关刀工业园丰德伟业、亿彩新型材料、众鹏装饰材料等 8 个项目相继投产。园区在建项目 8 个，其中，续建项目 6 个，分别是三赢兴汽车影像、万雅二期、平安二期、中天云母、鼎通研磨、坪山孵化园，三赢兴汽车影像、万雅二期同时也是省重点建设项目。积极培育电子信息产业。12 月 30 日，组织召开全国性招商大会，现场签约 10 余家电子线材产业链项目落户于坪山孵化园，协议投资金额 5.9 亿元。实施产业“倍增工程”，制定专项产业优惠政策，着力培育和引进一批上下游产业企业，打造涂附磨具、云母制品、医药健康三大百亿级产业工程。

环境管理体系建设。制定《通城县工业园区全域绿化工作实施方案》。高标准完成通成新材料、炳彰科技、施普惠等园区企业厂区绿化；坪山孵化园一纵三横路网绿化；各乡镇产业园区绿化。制定陶瓷产业园道路景观绿化改造设计方案，联系相关职能部门开展联合巡查，加强废水、废气、废物处理。提高污水处理厂运行能力。污水处理厂于 5 月份开始试运营，集中处理陶瓷产业园及其他部分企业的工业污水，对于企业自建污水提升泵站的实行奖补，确保企业废水稳定达标排放。有序推进区域性统一评价工作。制定《区域性统一评价工作实施方案》，完成园区内环境影响、水土保持、矿产压覆等8个事项的评价工作。

【崇阳经济开发区】2020年，崇阳经济开发区实现工业总产值85亿元，税收3亿元，吸纳8600人就业。开展产业链招商，自主引进崇德无纺布、皓天紧密机械、鼎正纺织三个产业配套项目，合同引进资金3.3亿元。全年建成投产工业项目15个，帮助16个新签约项目成功落户。帮助美尔、天南星、京美等8家企业新上应急物资生产线，稳健、中健全面扩能。持续完善基础设施配套。工业污水处理厂建成投用并通过验收，金城大道雨污分流管道全面完成，横亘园区的明渠工程化身绿色滨河走廊，岗水塘上游涵洞贯穿，产业大道、兴业路路网建设全面铺开。启动青山工业园基础设施、太和路升级改造工程。发展大道、丰日大道沿线绿化、亮化架设全部完成。推进金城大道道路和绿化、亮化。建成岗水塘公园、吴婆塘游园，完成吴婆塘游园环境改造。全面提升政务服务水平。加强与职能部门沟通对接，帮助企业减税降费8350万元，新增企业贷款19.3亿元，比上年增长82.1%。新增担保贷款1.5亿元，增长31.3%。

【通山经济开发区】2020年，通山经济开发区实现工业总产值49.58亿元，比上年增长20.0%。规模以上工业增加值达8.39亿元，增长21.6%；完成固定资产投资18.15亿元，规模以上工业企业达到37家，净增企业6家。

加大招商引资力度。运用网络云端、微信群等网络平台推介南林工业园、科奥工业园。引进智晟科技、盛之康医疗保健等项目，引导创盛光学公司转型生产医用护目镜，填补县医疗物资生产企业的空白。组织专班赴江苏省、浙江省、深圳市等地开展项目对接和专题招商，签约禾佳医疗、纳克汽车配件、岱崎机械模具制造等项目16个，协议资金11.20亿元。重点跟踪创圣鞋业、丁腈手套等5个意向投资项目。建立总部企业“绿色通道”，实行“一站式”服务和全程跟踪服务。通过试点改革采取平台公司运作模式，完成总部经济税收2亿元。

加快产业转型升级。星光玉龙机械公司升级改造农用打捆机产品，引进开发免耕播种机、油菜播种机等新产品。加大技术研发，星火原实业公司拓展国内外市场；洪茂木业公司采取线上销售模式，企业订单逆势上扬；景源生物公司延伸产业链条，新上消毒液项目；永强富科技公司顺应市场变化，扩大血氧线、心电线等医疗数据线生产规模，产能增加50%。

（咸宁市史志研究中心）

【潜江经济开发区】2020年，潜江经济开发区实现规模以上工业总产值138.8亿元，比上年下降20.3%；固定资产投资31.5亿元，下降28%；招商引资到位资金36.2亿元，下降3.6%，占全年总任务的103%；入库税收2.5亿元，下降34.3%。全年新签约项目12个，新开工项目3个，招商引资到位资金36.2亿元。全年纳入区调度范围的重点项目27个，总投资175.4亿元。其中，试运行即将投产项目3个，总投资7.2亿元；重点在建项目8个，总投资81.3亿元；签约在谈项目12个，总投资80.4亿元；园区公共配套设施在建项目4个，总投资6.5亿元。深化“互联网+政务服务”改革，发布完善网上代办事项1300余项，完成网上办理事项800余项。加强与相关部门协调，争取园区企业在税收、补贴等方面的优惠政策落地。

（潜江市档案馆）

【天门高新技术产业园】2020年，天门高新技术产业园完成工商税收1.95亿元，固定资产投资91亿元，规模以上工业总产值增速4.0%；新签约项目37个，协议投资额131亿元；新开工项目26个，竣工投产项目25个，入库项目38个；新增规模以上工业企业7家，各类市场主体1357户。

全年外出招商58次，接待客商167批次，引进环明电子、优光科技等一批项目。其中，5000万元及以上投资额项目入库38个；亿元以上投资额项目入库24个。锦泰木业、汇宇机械、鑫福食品、景天棉纺股份、峰昌木业、韩天纺织、信创电器7家企业进入规模以上工业企业行列。高新技术企业新增2家。全年签约项目37个，协议投资额156.60亿元，其中，10亿元以上项目5个，5亿元以上项目6个，亿元以上项目26；新开工项目26个，竣工项目25个。优化园区发展平台。加快民生补短板工程凡店、候口、陈方安置房建设。新开工建设纬五路、候官口大街等4条道路。候口卫生院、中心小学等民生补短板项目动工兴建。开展杨家新沟截污、雨污分流查漏补缺、黑臭水体整治，完成20件中央环保督察“回头看”、省级环保督察问题整改销号，查处并关停环保违法行为企业3家。

（天门市文化和旅游局）

特色园区

【武汉东湖生态旅游风景区】 2020年，武汉东湖生态旅游风景区（简称东湖风景区）接待游客1386.79万人次，旅游综合收入25.41亿元，分别完成全年目标的165.5%、150.3%。完成地方一般公共预算收入9.70亿元，固定资产投资17.60亿元，分别完成年目标的104.2%、101.7%。出台《武汉东湖生态旅游风景区关于进一步优化营商环境的实施方案》等文件，推行“网上办”“线上办”“码上办”“掌上办”“上门办”，拓围升级“银税互动”，帮助辖区中小微企业获纾困资金7183万元。

基础设施建设。发行30亿元30年期“东湖绿心生态保护与综合提升”专项债。6月中旬，首期12亿资金到位。策划实施山体修复、湿地保护、中国花谷、绿道综合功能提升等工程。加快两湖隧道、湖北省博物馆三期、东湖水环境治理、碧波宾馆改造等项目建设。完成沙湾路（鲁磨路—八一路）维修改造工程，完成磨山樱花园、荷园景观改造工程，完成东湖新城社区内部道路提升工程、森林防火基础设施建设。实施绿道九女墩等12座旅游厕所改造，完成52座旅游厕所复核工作。

生态环境优化。推进创建全国示范河湖工作，持续改善东湖水环境，11月12日，高分通过水利部验收。总面积24.70公顷的听涛内湖水域建成水下森林。完成新沟渠节制闸、湖溪河排水通道、九峰连通渠三大水利主体工程，提升东湖流域的水系调度、防洪调蓄、水位调控科学精准化水平。开展大气和土壤污染防治，在全市率先完成固定污染源清理整顿和排污许可发证登记工作“双清零”，彻底清除官桥湖水域小游船448条。加大“散乱污”企业整治力度，东湖单月水质达标率比上年增长12.8%，总磷超标倍数下降，其他主要污染物全部达标。全年空气质量测点PM10均值浓度53微克/立方米，下降18.5%；PM2.5均值浓度39微克/立方米，下降13.3%；NO_2均值浓度29微克/立方米，下降14.7%；空气质量优良率84.0%，增加13.30个百分点。

文旅融合发展。国庆黄金周期，推出“我在东湖等你”嘉年华系列活动，8天假期接待游客158.63万人次，达到2019年的91.9%；实现综合旅游收入1.70亿元，达到2019年国庆黄金周的93.9%。举办2020武汉水上马拉松、2020年武汉市全民健身运动会帆船比赛暨第三届中国家庭帆船赛（武汉站）、2020年武汉市全民健身运动会皮划艇马拉松赛等赛事活动和第九届琴台音乐节

2020年11月12日，东湖通过水利部组织的全国示范河湖建设国家验收。图为清澈见底的东湖湖边塘 （武汉市地方志办公室 供稿）

2020 年 8 月 18 日，武汉东湖磨山景区“东湖之眼”摩天轮正式面向市民开放

（武汉市地方志办公室　供稿）

极光音乐会、长天楼周末音乐会及欢乐谷电音节、万圣节等主题节庆活动。推介东湖之眼摩天轮、落雁九曲桥仙境、时见鹿书吧等网红景点及湖畔婚典、草地婚礼、民宿婚庆、生态婚宴等各类婚庆模式，中央电视台《新闻直播间》等栏报道“东湖水上婚礼”等特色活动 6 次。发展智慧旅游。联合携程打造“武汉东湖文旅旗舰店”，加快智慧景区建设。开发八大功能模块，通过“武汉东湖”微信公众号线上入口，提供一键预约、一机导览、一键投诉等功能。结合高精度卫星图数据和三维航拍数据，形成“东湖智慧管理平台”，实现“一部手机管东湖”。旅游主题营销。开展“我在东湖等你”主题宣传营销，推出《东湖 24 小时》达人打卡旅游宣传片，启动为期一个月的“2020 东湖旅拍嘉年华”，微博话题阅读量 5302.60 万，抖音话题浏览量 6800 万。8 月中旬，举办武汉玛雅公园水上千人派。10 月，武汉欢乐谷登陆《华尔街日报》。11 月 7 日，东湖风景区单日接待游客首次突破 40 万人次。

【武汉新港】 2020 年，武汉新港完成集装箱吞吐量 193.30 万标准箱，超目标 14.0%，比上年增长 14.4%，超过五年平均增长率（12.8%），占湖北省总量 85.0%，占长江中上游港口（9 个）吞吐量的 40.3%，居全国港口第 23 位，是唯一入围的内陆港口。空港综合保税区进出口货值 22.3 亿美元，超目标 48.6%。武汉航运交易所完成交易额 75.9 亿元，增长 4.3%。电子口岸通关业务 57.9 万笔，超目标 16%，增长 28.6%。

规划编制。《武汉长江中游航运中心发展规划纲要（2019—2035）》获国家发展和改革委员会函复原则同意；《关于推动将武汉建成中部地区枢纽港实施方案》通过市政府常务会审议。编制《关于武汉航运中心新型基础设施建设三年实施方案》，明确“智慧港口、智能船舶、智慧物流、智慧交易、智慧口岸”五大工程，以新基建赋能武汉航运中心高质量转型升级。

阳逻水铁联运项目建设。8 月 1 日，阳逻水铁联运二期项目开工建设。武汉新港管委会协调完成取水口搬迁、征地拆迁、水源保护区调整、港区用地出让、香炉山站改造等问题，完成 34 项部省市级行政审批事项和 45.80 公顷项目征收供地，水域、陆域、铁路站场全面开工建设。阳逻水铁联二期项目在 2022 年全面建成达产后，水铁联运作业能力将超 100 万标箱。

新通道建设。5 月，武汉—日本关西近洋集装箱直航航线正式班轮化运输，成为中华人民共和国成立以来内陆地区首条集装箱班轮航线，全年运行 55 个航次，准班率 100%。12 月，推动日本直航航线对接中欧班列（武汉），首次在汉实施集装箱国际中转联运，形成东北亚—武汉—西亚、欧洲的国际贸易新通道，武汉港一年内实现向国际港和国际枢纽港的两步跨越。国际中转新通道运输时间相比传统海运通道由原来的 45 天缩短至 22 天左右。依托新通道开辟拟定《中国湖北—日本关西江海联运带路互通合作项目协议》，做好与日方签约准备工作。开通阳逻港至经开港、金口港、花山港“水上穿巴”，打通东西港区“最后一千米”，提高全市“1+3”集装箱港口集群分工合作水平。10 月、11 月，相继开通武汉至徐州、武汉至淮安集装箱班轮航线，实现长江中游地区与淮海经济圈互联互通，首开长江流域连通运河的直航航线。

航运综合服务。扩大保税加工新业态，湖北省首家木材保税加工项目运营投产，实现综保区“加工制造中心”零突破。湖北省首家粮食保税加工项目开工建设，进口粮食保税物流分拨中心挂牌。全球最大聚烯烃综合生产企业博禄公司落户阳逻园区，聚烯烃博禄武汉分拨中心、中外运阳逻保税仓正式开仓挂牌。完善交易体系，开拓航运招标业务、公共订舱服务，新开特定航线船员培训班，提升海事法务服务水平，提档升级航运交易服务能级。完成长江中游航运市场关键业务指数体系的构建，12 月对外发布武汉航运中心铁矿石运输综合运价指数、中国长江煤炭运输典型航线运价指数等两项指数。发布国内首个长江（内河）航运标准合同，填补市场空白。跻身武汉海事法院第一批特约调解机构，成为高端航运服务新平台。

优化电子口岸平台功能。武汉电子口岸公司新增保税业务综合分析功能、转关单核销查询功能，开发理货、邮快件导入功能，实现“智能导入”、一键订阅、主动推送、全程跟踪等服务，节省人工成本约 75%。推广“单一窗口”模式，拓展平台覆盖服务范围。实行“零接触”服务，出台“周末直通车”“预约服务”等便企措施。武汉电子口岸服务企业 2540 家，占全市同类企业 90% 以上。全年办理业务 57.9 万笔，为年度目标的 116%，比上年增长 28.6%。研究形成“智慧口岸”建设方案，研发区港联动专属模块，改造阳逻港保税园区主卡口，打通阳逻港一期、二期与综保区信息壁垒，实现区港协同“一体化”、货物通关“无感化”、业务全程“无纸化”，外贸货物平均口岸提离时间缩短 2—3 天。

产业项目升级。港口岸电项目形成多种新型岸电装备产品，实现武汉市集装箱码头、滚装码头岸电全覆盖，成为长江内河港口岸电示范工程。港船监测项目完成港口起重装备监测系统、船舶智能靠泊辅助系统和起重机群防撞预警系统研发。LNG 产业项目完成长江中游水上 LNG 储运体系建设推进方案、长江干线 LNG 运输船型论证测试，研发设计 2 艘武汉—近洋船舶和 5 艘武汉—洋山江海直达船并投入营运。智能港航项目开展长江绿色智能船舶“一平台、五智能、四绿色”十大系统研发，完成“气层减阻系统”“航行眼”两项技术落地并进入专利申报程序，成为智能港航技术新平台。

【武汉长江新城】 2020 年，武汉长江新区起步区“两路一厂”（新区大道、谌家矶大道，谌家矶再生水厂）开工建设，国华城市康养综合体、国药大健康产业总部基地、中国铁建区域总部等项目实现供地。30 亿元棚改债获批，完成城建投资 101 亿元，新增土地收储 72.6 公顷，新增供地 43.53 公顷，招商引资实际到位资金超 41 亿元。

改革创新。武汉长江新区国家级新区申报被湖北省、武汉市列入争取中央支持事项，获国务院领导专门批示。新区总体方案按照拓展功能定位、发展空间和开发边界的要求，进一步优化完善并上报国家发展和改革委员会。武湖蓄滞洪区优化方案纳入水利部、长江水利委员会决策日程，武湖清淤工程启动前期工作。生命健康创新发展示范试验区总体方案已由湖北省人民政府上报国务院，国家发改委、国家卫生健康委员会、科技部、工业和信息化部等部委的意见征求工作完成。争取重大生产力布局取得新突破。RISC-V 开源芯片产学研基地得到中共中央网络安全和信息化委员会办公室、中国科学院计算技术研究所支持，沿江高铁长江新区站选址基本确定，长江新区大学城选址加快研究。推进长江新区“十四五”规划编制，多个重大事项申请纳入省市“十四五”规划重大项目库备选项目。

起步区建设。推进谌家矶片区省市企业土地征收，完成重点产业项目供地，启动大小南湖、青龙工业园房屋征收前期研究和新增建设用地增减挂钩指标异地补偿购买工作，推动土地污染治理。谌家矶再生水厂开工建设。推进府澴河出口河段综合整治工程一期、滠水河东路、和谐大道、谌家矶片供电通道迁改、十大家 110 千伏、张湾变电站等重点项目建设。“四村”（朱家河村、先锋村、新建村、平安铺村）还建房项目进入施工阶段，国有土地还建房项目整体封顶，育才实验学校项目主体工程完工交付。武湖片供水管网改造

2020 年 5 月 21 日，湖北省重大项目集中开工活动武汉分会场暨长江新城起步区基础设施一期工程开工仪式在长江新区举行

（武汉市地方志办公室　供稿）

工程、水厂二期配套支管工程等 9 个民生工程开工建设。推进 30 亿元棚改债获湖北省、武汉市财政部门批准。

规划编制。完善“一总八专”规划体系（以长江新城总体规划为纲，同时开展土地利用总体规划、生态环境保护规划、水系统专项规划、交通系统专项规划、产业布局发展规划、综合能源专项规划、地下空间利用专项规划、智慧城市专项规划，形成“1+8”规划体系）。推进谌家矶片区水环境精细化治理、TOD 核心区地下空间集约利用、起步区智慧电网等专项规划编制。启动规划编制工作全流程管理，完善规划建设管理“一张图”平台。完成起步区重点地块控制性详细规划维护工作，制定起步区土地储备成本管理暂行办法。

招商引资。推进高端高新产业发展，与中国中铁、中国铁建、国药集团、中国中化、中粮集团、中国电建、湖北省交通投资集团、香港金马凯旋集团、卓尔集团、国华人寿保险股份有限公司等 150 余家企业保持商务对接，签订金茂长江 TOD 综合体项目、长江国际医学中心项目、长江高科芯城项目、湖北省交通投资集团合作项目战略合作框架协议。承办第二届世界大健康博览会长江新区展馆，中国高校（华中）科技成果转化中心挂牌运营。

【武汉化学工业区】 2020 年，武汉化学工业区综合实力居全国 800 多个化工园区第 26 位，连续六年获“全国化工园区 20 强 /30 强”。完成规模以上企业总产值 339.51 亿元，固定资产投资 33.83 亿元，招商引资总额 109.34 亿元。完成地方一般公共预算收入 10.47 亿元，比上年增长 3.4%。

产业发展。推进中韩（武汉）石油化工有限公司炼油老厂搬迁入园并扩能升级，实现从“炼油型”向“化工型”升级转型，打造炼化一体化基地。烽火锐拓科技有限公司、东进世美肯科技有限公司等产业项目投产。中彭化学科技有限公司一期厂房封顶，恒阳化工储运有限公司二期码头建设完工，危化品船舶洗舱站建成投产。推进中韩石化公司乙烯脱瓶颈项目建设，武汉有机实业有限公司苯甲酸升级改造、鲁华泓锦新材料有限公司二期基础施工完成。

2020 年 11 月 18 日，东风嘉实多润滑油工厂项目奠基仪式在武汉化学工业区举行

（武汉市地方志办公室　供稿）

招商引资。全年签约项目8个，协议投资总额109.30亿元。其中，1亿元以上项目7个，世界500强项目3个，中国500强项目1个，区域性总部项目1个。策划包装化工新材料及高端专用化学品、新能源、乙烯及下游产业3个主导产业，择优筛选13个优质项目报武汉市人民政府集中推介，作为全市统筹编制产业招商地图的基础和依据。与广东天承科技股份有限公司、上海新阳半导体材料股份有限公司、深圳光华伟业股份有限公司等30余个高端电子化学品、新材料及生物医药项目开展洽谈工作。

营商环境优化。成立园区前线指挥部，提升管理服务效能。建立日报告、周调度、月通报督办协调机制，协调解决企业落户、项目推进、土地供应、征地拆迁等问题200余个。争取湖北省、武汉市纾困帮扶政策，为企业减免税费7000余万元。争取纾困专项贷款5400多万元。

基础设施建设。八吉府大街项目建设批复，加快推进联丰大道、青江大道、清潭路、绿色大道、外环南路、吴沙路等道路建设及绿化提升工程。管廊二期主体建成，北湖泵站、北湖闸泵站完工试运行。

环境保护。加大区域重点企业截污控污力度，启动“中法水务”等污水处理提标改造工程建设。集中推进湖渠综合治理，开展引进项目环境评估，实时对外公示重点企业厂界周边土壤、排污、大气监测数据。推动企业开展低氮改造和节能减排，督促企业发布年度社会责任报告。

2020年11月12日，中法生态新城生态大道（新天南路）及地下综合管廊施工现场　　（武汉市地方志办公室　供稿）

2020年中法武汉生态示范城基本情况统计表

项目（单位）	数量
财政收入（亿元）	7.20
规模以上工业总产值（亿元）	121.60
税收收入（亿元）	7.20
固定资产投资（亿元）	94
利用外资（亿美元）	1.87
出口创汇（万元）	6900
企业数量（个）	1866

公共设施建设。白羊佳苑一期2132套房屋主体和室外房屋配套竣工，二期项目部分主体结构完成。制定《化工区打造成全市公共服务设施建设样板区的工作方案》，申请政府专项债，结合北湖产业生态新城和新集还建社区建设时序，与20个村的“城中村”改造同步规划、同步建设、同步完成，实行分区域、分步骤、分阶段、分类别推进。

【中法武汉生态示范城】 2020年，中法武汉生态示范城招商引资实际到位资金126亿元，完成社会固定资产投资94亿元。累计帮助95家企业申请纾困资金2.69亿元，贴息700余万元。为300余家企业和个体工商户减免租金及电费1117万元；行政审批项目31个，投资金额59.54亿元；完成征地268.13公顷；接待游客250万人次，实现旅游综合收入5亿元。

规划编制。制定完成《中法武汉生态示范城国民经济和社会发展第十四个五年规划和2035年远景目标》。编制完成生态城场地竖向和土方平衡研究方案，开展华中文谷西侧和健康谷东侧两个地块的生态准入论证。

招商引资。引进中粮武汉小麦加工、金地中法SE国际中心、城市综合体、好利来食品工厂等一批优质项目，招商引资协议金额108.2亿元。推进中法半岛小镇建设，启动土地的报批和拆迁。12月7日，举办武汉·中法半岛小镇首批项目签约活动，26家企业签署意向入驻协议。推进中法生态科技谷建设，完成初步规划设计方案，一期项目供地18.13公顷，同步启动项目招商。

项目建设。高罗河一期、香河生态廊道整治工程基本完工，马鞍山人居环境整治工程完成初步规划设计方案，能源站附属建筑主体结构完工。规划总长8.10千米地下综合管廊主体结构全部完工，生态城大道和琴润大道的主干道完成主体工程。知音城、新天、黄陵三大还建社区完成52万立方米主体结构施工。启动中建·中法之星、中交·中法之窗建设，优炫信息安全产业园一期项目主体结构封顶。3个项目53.50亿元政府专项债务申报入库，发行债券20亿元。完成约268.13公顷的土地征收工作，726.67公顷国有土地报批，供地34.45公顷。

【武昌华中金融城】2020年，武昌华中金融城招商引资到资额66.17亿元。完成项目投资协议3个，签约项目总投资37.50亿元。其中，长投生态中心项目投资21亿元，高投资本大厦项目投资3.50亿元，融创中心K6+洪棉项目投资13亿元。

土地出让与收储。出让电视机厂还建、省六建宿舍和洪棉宿舍等3宗地块，规划用地面积约5.51万平方米，规划建筑面积约27万平方米。新启动积玉桥C扩大项目，续拆电车二公司南侧地块项目，签约757户。累计完成地铁C35、青鱼嘴、武重B、省六建、省六建扩大、电视机厂、滨湖电子二期、滨湖电子二期扩大、岳家嘴无线电二厂、广泽中心南、洪棉宿舍11个项目征收（拆迁）验收。

项目建设。天风大厦项目装修工程收尾，襄阳大厦项目安装幕墙，铁投·碳汇大厦项目安装幕墙及电梯，方正金融中心项目内支撑施工，湖北金控大厦项目主体结构施工。亘星·国际项目桩基施工，华中科创产业园项目地下室施工，长投生态中心项目桩基施工，民主一路11号项目开挖土方，平安幸福中心项目住宅部分主体结构施工，公建部分桩基施工完成。

（武汉市地方志办公室）

【黄石新港（物流）工业园】2020年，黄石新港（物流）工业园规

2020年黄石新港（物流）工业园基本情况统计表

项目（单位）	数量
生产总值（亿元）	—
财政收入（亿元）	11.5
规模以上工业产值（亿元）	—
增加值（亿元）	7.79
固定资产投资（亿元）	36.53
企业数量（个）	—

2020年9月25日，黄石新港现代物流园正式开园

（黄石市档案馆　供稿）

模以上工业增加值、重点服务业营业收入比上年分别增长8.0%、0.1%。完成固定资产投资36.53亿元，增长0.5%，其中，工业投资22.70亿元，增长7.3%。实现财政收入11.5亿，增长44.5%。新进规模以上企业3家，净增5000万元以上入库项目15个，新开工亿元以上项目7个。

推进项目建设，全市实施重点项目45个，计划总投资约642亿元。其中，续建项目22个，计划总投资约235亿元；新建项目23个，计划总投资约418亿元。黄石新港（物流）工业园启动区开园，海洲大道北延、新港大道北延、棋盘洲长江公路大桥及连接线等重大疏港通道通车，弘盛铜业、海越麦芽、秦河新材料等产业项目开工建设。全年签约项目19个，签约投资额156亿元，注册项目15个，开工项目8个，投产项目4个，实际到位资金约43亿元。创新体制机制，完成金海管理区、韦源口镇、海口湖管理区托管过渡。园区管委会内设机构及所属事业单位完成调整组建；承接阳新县下放权利638项，明确财税管理及利益分配。深化要素保障和协调服务，全年完成筹融资27.7亿元，征地约3.47平方千米，保障一批重大工程、项目的顺利推进。

黄石临空经济区还地桥镇三山湖生态园　　（黄石市档案馆　供稿）

2020年黄石临空经济区基本情况统计表

项目（单位）	数量
生产总值（亿元）	—
财政收入（亿元）	2.9
规模以上工业产值（亿元）	69
增加值（亿元）	—
固定资产投资（亿元）	16
企业数量（个）	—

【黄石临空经济区·还地桥镇】 2020年，黄石临空经济区·还地桥镇完成固定资产投资16亿元，实现规模以上工业总产值69亿元，限额以上社会消费品零售总额4亿元，农村常住居民人均可支配收入21400元，财政总收入2.9亿元。全年新开工项目6个，新投产项目8个，在建项目到位资金15.3亿，新增项目用地59.02万平方米。

产业发展。初步形成以北部三山湖生态农业有限公司、南部三华生态农业有限公司、西部三强生态农业有限公司为主导的水果采摘、休闲垂钓的乡村旅游发展项目；以西南部葫芦山旅游风景区为主导的康居养老项目；以黄金湖国启生态农庄、在水一方休闲农庄、黄金湖螃蟹养殖基地为主导的休闲垂钓及水产品加工项目。通过发展优势特色产业，提高农业区域化布局、专业化生产、产业化经营的水平。培育绿色地理标志农产品，打造“桃花旅游节”。推动农旅融合，促进一二三产业融合发展。

生态建设。推进厕所革命，全年完成改厕2258户，新建公厕13个。完善垃圾清运处理机制，农村生活垃圾无害化处理率达100%。成功建立“小三园”模式，拆除农村破旧废弃房屋、厕所。坚持“共管、共治、共享”管理理念，强化跨区治理，全年三山湖水质长期保持在Ⅲ类以上。建立“领导＋专班＋河长＋巡查员”四级联合巡查制度，全年开展联合督查6次，督办整改落实问题12个。开展植造绿化，全年累计完成绿化造林85.33公顷。开展创建森林城镇工作，全年水岸绿化4千米，镇村绿化、精准灭荒、农田联网等工作全部达标；开展环境执法，全年抽查企业72家，下达责令改正违法行为决定书9份，立案查处6起；开展“散乱污”企业整治，14家“散乱污”企业完成销号。全年巡查停产露天采石场企业（含非法采石点）148次，开展“打非治违”联合执法行动3次，矿山地质环境治理示范工程项目及开山塘口生态修复项目进展顺利。

改革发展。黄石空港建设投资开发有限公司、黄石临空建设管理有限公司、黄石屏峰资源开发有限公司、黄石锦湖生态旅游开发有限公司等组建成立黄石临空建设投资开发有限公司，总资产约80亿元，为临空区建设发展提供全方位支撑。其中，空港城投主要负责满足临空区建设发展融资需要；临空建管主要负责规范临空区工程项目的实施和管理；屏峰资源公司主要负责整合开发临空区优质矿产资源；锦湖生态旅游公司主要负责整合优质生态旅游资源，发展临空旅游产业。

（黄石市档案馆）

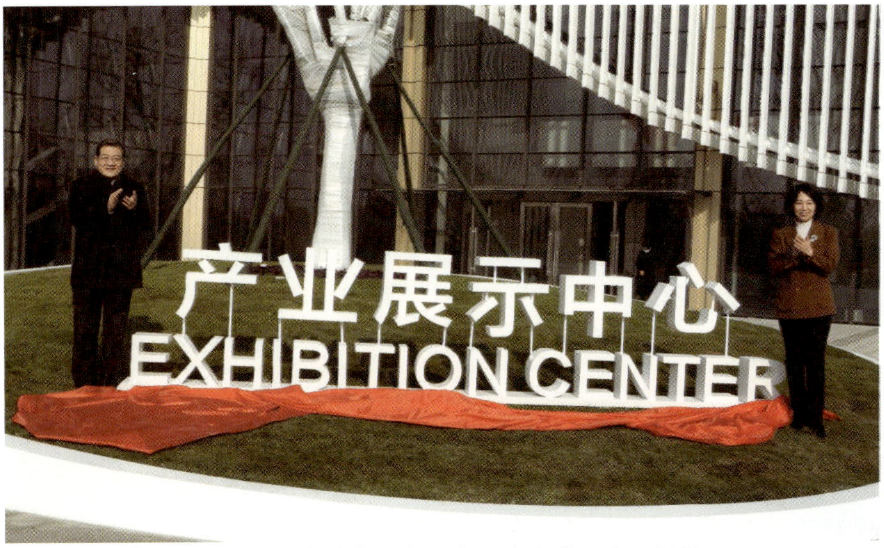

2020年12月22日，鄂州市临空经济区产业展示中心揭牌

（鄂州市档案馆　供稿）

【鄂州市临空经济区】鄂州市临空经济区于2019年12月8日正式挂牌运行。2020年，鄂州市临空经济区发挥区位优势，利用土地资源，初步形成“一港、两区、三园、四点、五横、六纵、七个强功能项目、八大产业集群、九项工作创新”的发展规划。聚焦发展目标，确定智能制造、医疗健康、航空物流、光电子4个主导产业，打造四大产业园区，建设九大产业集群，形成“三级三主导＋四园九集群”的产业体系。与顺丰集团通过PPP合作，总投资38亿元、占地面积10平方千米的航空物流产业园项目开工建设；总投资40亿元、首期投资15亿元的金龙机电智能制造项目签约落户；新科宇航与顺丰公司签订合作协议，投资21.82亿元新建飞机维修项目。协同市商务、海关等部门落实鄂州机场综合保税区规划选址及可行性研究报告编制、城市规划和口岸作业区详规编制，通过市委、市政府审议。积极协助争取湖北自贸区向鄂州延伸，完成《鄂州机场片区加入自贸区的可行性研究报告及实施方案》，拟将“一区四园”（空港综合保税区、智能制造和航空物流产业园、医疗健康产业园、光电子产业园、顺丰产业园）纳入扩区计划。推动鄂州机场复工复产。完成机场核心区6000余户民房、22个企业拆迁，提前交付机场建设用地11.33平方千米。

统筹策划“五横六纵”道路、医院、学校、综保区（国际货站）等基础设施和产业园区配套项目。推进S203、机场高速、花马湖水系综合治理、再生水厂、双回路供电、燕矶杨叶安置小区（二期）、供气等机场重要配套工程实施。5月，吴楚大道东段通车。临空产业展示中心3月启动征地拆迁，12月22日揭牌开馆。9月，新建临空经济区人民医院动工建设。9月28日，鄂州市公共卫生临床中心项目动工兴建（总投资30余亿元）。加快项目用地报批，疫后批回建设用地3.54平方千米（不包含鄂州机场及其配套工程）。探索采用“政府授权 + 投资合作 +EPC”模式，鄂州临空集团公司通过“投资人 +EPC”招标方式，引入社会资本共同成立项目公司，以项目公司为主体开展城市建设、运营。

（鄂州市档案馆）

【孝感云梦隔蒲潭工业园】 2020年，孝感云梦隔蒲潭工业园管廊管架基本完工。盐化工园区基础设施 PPP 建设项目动工建设。园区 14 个落户项目所需征地 77.34 万平方米，完成征地 63.67 万平方米。永红渠桥建成通车，加快推进路网等相关配套项目建设。全年开展招商活动 7 次，接待企业客商考察洽谈 53 次，签约天翔矿业科技选矿药剂、三永纯化电子级双氧水、湖北同源新材料等 5 个项目，总投资 9.8 亿元。重点跟踪洽谈北京奥得赛化学与华祥化学战略合作、山东威高药业生产原料药及辅料、湖北万知医药化工替米沙坦生产线等 7 个项目。易普乐生物、梦邦阳新材料、华隆纳米等项目开工建设；菱永电子、浙龙药业完成环评等前期工作；弘晟化工、宇水新材料推进编制环评、安评和规划设计。

（孝感市史志研究中心）

【黄冈临空经济区】 2020 年，黄冈临空经济区新签约项目 5 个，协议投资 272 亿元；洽谈跟踪项目 11 个，总投资 155 亿元。全年完成市政基础设施类项目 7 个、绿化类项目 4 个、安全设施及配套附属设施类项目 7 个。

招商引资与项目谋划。推进顺丰培训中心、顺丰生活配套中心、大别山（黄冈）国际博览中心等项目落户；推进中医院迁建、重大疫情救治基地、疾控中心 3P 实验室、市卫生应急调度保障指挥中心等医疗设施补短板项目开工。12 月 28 日，黄冈师范学院东校区开工建设。引进阿里巴巴客服中心、三盟科技、中骏世界城、中科长江实验室等项目；洽谈黄冈未来科技城、黄冈“中书文谷”、大别山（黄冈）体育主题公园、大型城市商业综合体、东湖高新应急医疗产业园等一批单体总投资 20 亿元的产城复合型项目。谋划续建政府投资类项目 15 个，总投资 11.56 亿元；新建政府投资类项目 10 个，总投资 3.375 亿元；起步区合作共建项目 6 个，总投资 6.54 亿元；续建亚行贷款项目 7 个，总投资 1.95 亿元；新建亚行贷款项目 5 个，总投资 1.05 亿元；实施产业项目 14 个，总投资 22 亿元。

央企合作与开发管理。推进与中国铁建合作共建，创新采用“F+EPC”模式开发合作，引入中国铁建集团，打造临空产业新城。5 月 8 日，与中国铁建联合体签订《黄冈临空经济起步区开发建设项目投资协议》，组建中铁建投黄冈建设开发有限公司，协议总投资 220 亿元，其中第一标投资 103 亿元。出台《关于成立黄冈临空经济起步区项目开发建设服务工作领导小组及工作专班的通知》《关于明确黄冈临空经济起步区项目开发建设工作职责分工的通知》，经报市政府同意下达《黄冈临空经济起步区第一时序实施项目建设计划》，总投资 36 亿元。推进陶巴 G347 接线工程、鄂州燕矶长江大桥、三台河生态治理（二期）等重大基础设施项目开工建设。完成《黄冈白潭湖片区控制性规划修编》《黄冈临空区核心区概念性

2020 年黄冈临空经区基本情况统计表

项目（单位）	数量
生产总值（亿元）	—
财政收入（亿元）	8.67
规模以上工业产值（亿元）	—
增加值（亿元）	—
税收收入（亿元）	0.58
固定资产投资（亿元）	23.9
实际利用外资（亿元）	0.46
出口交货值（亿元）	—
企业数量（个）	21

规划》《黄冈临空区核心区产业规划》等方案起草工作，推进片区单体项目前期设计和行政审批工作。

（黄冈市史志研究中心）

【仙桃工业园】 2020年，仙桃工业园完成工业总产值190亿元，总量居全市第一位；固定资产投资17.64亿元，上缴税金4.93亿元；外贸出口11.67亿元，社会消费品零售总额23.65亿元，外贸出口和社消零总额分别比上年增长10.0%。新增规模以上工业企业1家、限上商贸企业2家。新签约康悦卫材项目、深圳好锦通联项目等亿元以上项目6个，总投资6.7亿元。推进健鼎二期（三厂、四厂）项目（投资50亿元，建筑面积24万平方米）、同辉和恒升医疗产业园项目（投资2.3亿元）、亲亲食品项目（投资3.8亿元）早投产、落地、受益。投资2.5亿元的六和天轮扩规项目、投资8000万元的摩擦一号扩规项目竣工投产。

（仙桃市档案馆）

2020年4月，仙桃工业园健鼎二期项目　　（仙桃市档案馆　供稿）

2020年仙桃工业园基本情况统计表

项目（单位）	数量
生产总值（亿元）	—
财政收入（亿元）	2.12
规模以上工业产值（亿元）	190
增加值	—
税收收入（亿元）	4.93
固定资产投资（亿元）	17.64
出口总额（亿元）	11.67
企业数量（个）	26

【天门工业园】 2020年，天门工业园完成税收收入2.03亿元，固定资产投资额70.59亿元，新增5000万元及以上项目35个，规模以上工业产值95.42亿元，新增规模以上工业企业7家，工业用电量13983万千瓦时，比上年增长15.0%。

全年外出招商44次，接待客商456次。引进签约项目33个。开工项目24个，竣工项目22个。通过“先建后验”缩短建设工期，累计为30家企业出具各类规划图纸近50宗。代办建设用地规划许可证、土地证等证照62件，其中，富和冠电子二期、他她爱乳胶、格韵无纺布等项目实现当年开工、建设、投产。盘活僵尸企业4家，采取收购重组方式，引进卓乐医疗成功收购健颐卫生用品股份有限公司。通过政府回购方式回购金信力禾土地，引进新阳防护项目。协调华瑞升项目收购必高农业闲置土地，湖北小辣椒收购泰尔生物内两宗土地。全年协调各类矛盾纠纷近50起，兑现惠企政策61笔，兑现资金1.13亿元。

【天门市岳口工业园】 2020年，岳口工业园新增规模以上工业企业6家，累计达到48家。规模以上工业全年实现产值148亿元。稳健医疗、成宇制药、诚鑫化工、延安药业、科田药业5家企业名列“天门工业企业二十强”。

全年接待客商62批次，外出招商35批次，新签约项目16个，其中，10亿元及以上2个、5亿元及以上1个、亿元及以上13个。推进困难企业兼并重组，盘活闲置资产，促成优普生物收购诺邦二期中泰锂能13.87万平方米项目用地，清退富默科、迈泰等长期征而不动项目。全年开工项目16个、投产项目14个、项目入库12个。解决企业融资困难，对接湖北银行、农商行、邮政储蓄等金融机构，服务顺康纸业、润驰环保、君扬科技等12家企业融资3000余万元。完成园区10#路西延、20#路新建和14#路东延建设，完善供水、供电等基础设施。园区招商安商服务中心综合办公大楼完成装修并投入使用。积极扩展园区，完成园区7.35千米规划修编工作，完成征地80公顷。

（天门市文化和旅游局）

编辑：卢永会

校对：王　伟

城乡建设

市政建设

【武汉市城市基础设施建设】 2020年，武汉市建成轨道交通8号线二期、11号线三期葛店段、丁字桥南路、仙女山路等基础设施项目。“两湖”（东湖、南湖）隧道首开段、轨道交通12号线、19号线等重点工程动工建设。建设综合管廊32千米，完成海绵城市建设56平方千米。分三批改造提升道路功能照明，新更换路灯约3.30万余盏。出动车辆6740台次、人员18960人次，巡查路灯685620余盏，发现设备缺陷34笔，处理故障14711笔，实现全市平均实际亮灯率99.3%，其中，主要街道99.5%，一般街道98.9%，里巷99.4%。建成过长江通道9座、过汉江通道7座，推进江汉七桥建设，形成“间距合理、疏解完善”的过江交通系统。完成“建成80条微循环道路，打通10条断头路”目标；完成兴业路、复兴三路、韩家墩路、向阳东路、丁字桥南路、桂元西路、三号路、新竹路等项目建设；完成“整治提升一环、全面完善二环、综合改造三环”任务；完成放射线12条，推动友谊大道中段和北段开工建设。快速路里程增至281千米，年均增加约10千米，基本形成“环射成网、循环联通”的快速路网体系。

汉江汉阳江滩三期　　（武汉市地方志办公室　供稿）

印发《2020年市级城建项目与建设世界一流城市电网电力通道共建项目清单（第一批）》。开工电网项目85个（其中，新模式58个，常规模式27个），开工建设电力通道79千米，实现市级共建项目开工率100%。发布《武汉市建设世界一流城市电网电缆通道实施细则（试行）》，开展“武汉市建设世界一流城市电网与相关道路统筹建设”课题研究，并通过专家评审。

【武汉市城建重点工程推进】 2020年，武汉市城建部门为加快城建重点工程项目建设，制定印发《关于加强城建重点工程统筹推进机制的工作方案》，构建市城建重点工程领导指挥体系，建立市级行业主管部门、各区和市级平台公司共同参与的城建工作联席会议制度，以城建项目推进过程中存在的问题为导向，履行城建项目全过程、全周期协调服务职能，重点研究和协调解决城建项目方案编制、资源配置、资金筹集、前期审批、行政许可、实施推进等具体问题。

【武汉市轨道交通工程建设】 2020年，武汉市建成8号线二期、11号线三期葛店段。黄家湖西路（青菱车辆段—丽水北路）工程建成通车。全市轨道交通运营里程达339千米，居全国第六位，形成“主城成网、新城通线”的轨道交通系统。10月6日，12号线工程PPP项目完成社会资本政府采购开评标工作。11月30日动工兴建。12号线工程项目是世界排名第二、国内最长的城市地铁环线，全长59.90千米，共设站37座。

【武汉市过江通道建设】 2020年，武汉市江汉七桥实现结构合拢。“十三五”以来，武汉主城区建成了杨泗港长江大桥和三阳路过江通道2座过长江通道、江汉四桥1座过汉江通道。主城区9座过长江通道已全部建成，8座过汉江通道已建成7座，仅余江汉七桥正在建设中，11月26日主拱合拢，预计2021年通车，主城区“间距合理、疏解完善”的过江交通系统已经初步形成。

【武汉市城市快捷路建设】 2020年，武汉市加快推进城市快速路建设。武汉市“十三五”规划提出的“完成汉江大道、墨水湖北路、雄楚大街改造、江北快速路等4条放射线”全部实现，主城区“三环十三射”快速路网体系中，“整治提升一环、全面完善二环、综合改造三环”任务全面完成。全市13条放射线已完成12条，仅剩的放射线友谊大道中段和北段已开工。快速路里程由2015年的233千米增长至2019年的281千米，年均增长约10千米，快速路规模超过上海（207千米）、杭州（240千米）、广州（253千米）等城市，“环射成网、循环联通”的快速路网体系已经基本形成。

【武汉市海绵城市和综合管廊建设】 2020年，武汉市优先完成内涝和水环境问题突出片区海绵改造，累计面积179平方千米，全市建成区20.0%面积达到海绵城市目标要求。按照“集中示范、分区试点、全市推进”的思路推进海绵城市建设，全年完成龙阳湖、三角湖等汇水区56平方千米改造建设。经夏季入梅后的强降雨检验，武汉市海绵城市建设取得成效，内涝问题明显改善，渍水点数量和积水时间大幅减少，居民生活环境质量得到改善。10月27日，住建部实地考察武汉市海绵城市建设情况并专报中办、国办，武汉市关于海绵城市建设的经验和取得的成效得到中央领导肯定。创新示范案例，以粉煤灰堆场改造的戴家湖海绵公园获“中国人居环境范例奖”，青山江滩堤防综合整治工程获C40城市奖“城市的未来”奖项，编制的《武汉市海绵城市系统方案》受到住建部专家肯定，并被列为首批16个试点城市模板。

【武汉市火神山医院和方舱医院管网建设】 2020年，武汉市城建部门负责火神山医院的供电设施、供水设施、排水设施、供气设施、通信设施等管网建设。组织安装58台低压ATS双电源切换装置，迁移敷设高压电缆8000米；安装消火栓、阀门、倒流器、加压供水装置，完成供水管道铺设1274米（其中，PE250管道1018米，PE100管道256米）；组织清理管道3900米、雨水井260个、淤泥18吨，完成Φ110污水管道铺设1880米、Φ315雨水管道铺设940米；累计迁改燃气管路长度530米；建成5G基站6个、4G基站5个，开通2条1G智慧云光纤、4条10G互联网专线、1条医保专线、2条视频会诊专线，

武汉市江北快速路实景图　（武汉市地方志办公室　供稿）

2020年2月2日，火神山医院图　（武汉市地方志办公室　供稿）

建设医院信息化应用云平台。

在此期间，市城建部门参与方舱医院建设，制定优化建设方案40多次，现场督导46次，提供技术指导154项次，协调解决施工现场电力、管网污水、通风系统、卫浴设施、技术复核、人员和车辆通行等相关问题，完成了市防疫指挥部下达的任务。

【武汉市建设世界一流城市电网】2020年，武汉市城建部门将世界一流城市电网项目纳入全市城建计划，印发《2020年市级城建项目与建设世界一流城市电网电力通道共建项目清单（第一批）》。全市计划到2022年完成151个电网项目建设，2020年实际开工项目85个（其中，新模式58个，常规模式27个），开工建设电力通道79千米，实现市级共建项目开工率100%。其中，硚口区独立开工1.4千米，东湖高新区、武昌区分别结合区级城建项目共建电力通道9.1千米、7千米，其余均结合市级城建项目开工。发布《武汉市建设世界一流城市电网电缆通道实施细则（试行）》，开展“武汉市建设世界一流城市电网与相关道路统筹建设”课题研究，并通过专家评审。

【武汉市城际铁路建设】2020年12月26日10时50分，武汉至仙桃城际铁路（D5202）开通，是湖北省第五条城际铁路。线路自汉宜铁路汉川站至天门南站间的大福村接轨引至仙桃站，新修路段近17千米，共用汉宜铁路71千米，仙桃至汉口全程88千米，双线城际铁路，设计行车速度200千米/小时，是全国首条采用EPC模式（Engineering Procurement Construction，工程总承包模式之一，指公司受业主委托，按照合同约定对工程建设项目的设计、采购、施工、试运行等实行全过程或若干阶段的承包。通常公司在总价合同条件下，对其所承包工程的质量、安全、费用和进度负责）建设的城际铁路。

（武汉市地方志办公室）

【黄石市重点市政工程建设】2020年，黄石市编制《黄石市2020年城建基础设施项目建设及资金计划》，包含五大类、75个建设项目。计划投资96亿元，实施两区融合、对接顺丰、完善

2020年，黄家湖大道综合管廊施工现场　（武汉市地方志办公室　供稿）

2020 年，磁湖路湖师门前施工现场　　（黄石市档案馆　供稿）

功能、提升形象、保障民生五大类基础设施建设工程。全年城建基础设施项目开工 67 个，开工率 89.0%，实际投资 87.20 亿元，投资率 91.0%。重点实施黄石城区长江段岸线综合治理（沿江大道）和黄石现代有轨电车两大重点工程。对接顺丰机场的苏州路西延工程，两镇一区污水处理工程一期通过湖北省政府验收，城市综合管廊二期开工建设，花湖污水处理厂二期试运行，完成二三级管网敷设 69.70 千米，新建城市口袋公园 14 个，完成天津路改造和武汉路人行天桥、奥体大道西延和智慧停车设施建设。“刷黑”改造背街小巷 37 条，完成南京路、大智路等 33 个老旧小区改造。

【黄石市地下综合管廊建设】2020 年，黄石市大冶湖生态新区核心区地下综合管廊 PPP 项目被湖北省列为第一批 PPP 示范项目、被国家发展改革委列为第二批 PPP 推介项目、被财政部列为第三批 PPP 示范项目。总建设规模约 34.56 千米，总投资 16.04 亿元。其中，一期工程包含 10.76 千米管廊和控制中心 1 座；二期工程包含 3.23 千米管廊；三期主要为缆线管沟管廊。6 月，一期工程投入运营，自来水、电力、燃气、楚天视讯、移动、联通、电信、污水 8 类管线入廊基本完成，累计管线入廊 52 千米，控制中心启用。二期工程完成 300 米管廊主体结构。

（黄石市档案馆）

【鄂州市市政工程建设】2020 年，鄂州市主城区实施市政工程建设项目 32 个，其中，续建项目 16 项，在建 16 项，新开工 16 项，已开工 13 项。计划建设 32 项工程中，完工项目 7 项。累计投资 36.60 亿元，比上年下降 5.3%，其中，道路桥梁工程投资 6.04 亿元，生态景观工程投资 7.06 亿元，公用设施工程投资 21.67 亿元，城管基础设施工程投资 1100 万元，房产工程投资 1.25 亿元，其他前期及应急工程投资 5000 万元。主城区基础设施建设投资 35 亿元，14 个项目列入湖北省市疫后重振补短板强功能“十大工程”。雷山医院建成投入使用，樊口公园一期建成开放，城市展示馆、美术馆交付使用，会展中心、机场海关和公安业务大楼开工建设，寿昌大道西段建成通车。

2020 年 9 月 18 日，鄂州城市大脑项目合作签约仪式

（鄂州市档案馆　供稿）

完成主城区13个交通整治交叉口改造、莲花雅苑周边配套道路、寿昌大道和文苑路刷黑改造等文明城市创建工程。推进孙权大道及地下综合管廊、马鞍山路及地下综合管廊、新港路重载车道、滨江四期、东洋澜湖湿地公园二期等项目工程建设。

【鄂州市城市建设投资】 2020年，鄂州市落实“智慧城市”项目建设，成立“智慧城市”项目工作专班，邀请长江云通、阿里云湖北分公司、华为武汉研究所、中国信科（烽火科技）等信息化建设公司研讨“智慧城市”建设。与湖北省数字产业集团签订合作协议，成立鄂州城市大脑运营管理有限公司，专项负责鄂州市智慧城市建设。推进中建三局商混公司合作，开发绿色产业园项目。提供疫病防控应急医院项目2.60亿元连带责任担保。与土地储备中心签订红莲湖4宗土地置换协议，出让挂牌置换的7宗土地。完成洪港3宗土地内全部拆迁工作；完成洪港东区安置地块网上拍卖、土地报价、签订成交确认书、缴纳指标价款、缴纳土地价款办理挂钩指标证书、出具宗地图、权属调查等工作；完成主城区4处菜场门前停车场建设；完成祝家湾农贸市场、李家下湾农贸市场、明堂农贸市场北门、官柳农贸市场门前停车场建设，占地面积约5000平方米，停车位86个，总投资约60万元。

（鄂州市档案馆）

【孝感市市政工程建设】 2020年，孝感市加快城市道路“主动脉”建设，澴川路强电、弱电、市政管网配套等系列工程完工，黄陂东路拉通工程、航空南路拉通工程建成。董永北路立交桥动工兴建。推进槐荫大道东延伸线、老澴河安置区周边道路市政配套工程建设；推进“微循环”建设。改造提升后湖西路、金贸路等背街小巷。临空区地下综合管廊工程一期（11.60千米）和二期（10千米）主体工程基本完成。推进107国道孝感南段给水管线迁改工程，八一水厂至二水厂联通工程中107国道段全部安装完成。三水厂扩建工程、汉江原水管道复线工程动工兴建。推进社区足球场地建设，新增6处10片社区足球场地。出台《孝感市城镇居民住宅二次供水管理办法》（孝感市人民政府令第3号）。印发配套文件《孝感市城镇居民住宅二次供水工程技术导则》，并同步实施；印发《孝感市饮用水水源地环境保护实施意见》。二水厂沦河取水头改造、沦河泵站设备改造、沦河和汉川水源地保护、城区供水改造等工程完工，城区供水保障工程（总投资约10亿元）动工兴建。城区供水、供气用户分别新增1.80万户、1.90万户，用水报装服务先后进驻市民之家与区便民服务中心，实行供水供气过户缴费等业务联合办理，高新区、临空区实现企业红线外接水“零费用”。完成西郊路排水箱涵、熊咀二路排水管道。

（孝感市史志研究中心）

【黄冈市市政工程建设】 2020年，黄冈市推进绿色发展三年行动，出台《黄冈市城市建设绿色发展三年行动实施方案》，专人负责，建立城市建设绿色发展三年行动项目库，组织开展自评和县（市、区）考评。推荐武穴市、黄梅县参加第七届楚天杯评选。出台《黄冈市区海绵城市建设管理暂行办法》，海绵城市建设指标纳入规划条件和项目审查环节。开展江河、湖泊、湿地等水体生态修复，建设湿地公园、雨水花园等海绵绿地，推进老旧公园提质改造。累计投资11.67亿元，开工建设海绵城市项目16.19平方千米。

（黄冈市史志研究中心）

【咸宁市市政工程建设】 2020年，咸宁市排水防涝项目38个，总投资52.24亿元；污水收集处理44个，总投资92.22亿元；生活垃圾收集处理项目13个，总投资24.24亿元；供水供气补短板项目32个，总投资51.94亿元；地下综合管廊补短板项目2个，总投资8.46亿元；道路交通补短板项目109个，总投资187.82亿元；体育事业发展项目9个，总投资20.45亿元；应急避难场所建设项目5个，总投资4.48亿元。

推进咸宁市第二人民医院、教育路市政道路工程、十六潭公园东入口建设工程、咸宁市档案馆、猫山路道路工程等重点民生项目。完成污水排口整治136个，新建截污主管网13.79千米，整治黑臭水体排查入库的22.60千米河道及延伸段15.11千米，淦河水质主要指标达地表水Ⅲ类标准。启动温

2020 年 6 月，相山书院项目完工　（咸宁市史志研究中心　供稿）

泉永安污水处理厂管网连通工程、咸宁大道东片区雨污分流改造工程等项目建设；启动浮山新村、双泉村、旗鼓二五组等三个城中村污水管网空白区建设工程。改造雨污合流管网 21.76 千米。开展管网详查、管网改造、中水利用工作。汛期累计排查雨水篦、落水仓约 2590 个，清理淤堵 504 个，恢复冲翻窨井盖 30 余个、松脱窨井防坠网 28 个。锁定 88 个积水点并纳入“一点一策”管理。投入 366 万元，改造积水点 4 个。

（咸宁市史志研究中心）

【仙桃市市政工程建设】 2020 年，仙桃市启动、完成市政工程项目 82 个，投资 6.50 亿元。实施钱沟北路、杨岗大道西段、沔街大道西段等 6 条主次干道路建设，完成黄金大道与何李路交叉口、刘口高架桥东侧辅道、黄金大道南侧辅道等堵点改造；实施纺织路、何李路等 36 条主次干道改造提升，总长约 36 千米。新建雨污分流管道 16.68 千米，刷黑 18 条主次干道及背街小巷 16.56 千米，改造人行道 22.30 万平方米，改造路牙 5.30 万米。新建盲道 3.40 万米、无障碍坡道 841 处，埋设通信排管 19.70 千米。新建公共管沟 886 米、树池 1221 个，改造树池 1469 个。安装座椅 320 个，改造公交站台 50 个。完成城区 75 条背街小巷综合改造。

（仙桃市档案馆）

【潜江市市政工程建设】 2020 年，潜江市实施生态环境提升类市政项目 20 项，总投资 17.15 亿元。月波河综合整治工程完成污水管网建设工程量的 25.0%、护岸工程量的 75.0%、排水闸工程量的 35.0%，实现投资 800 万元；四支渠黑臭水体整治工程完成招投标工作，施工单位进场；全兴河黑臭水体整治工程完成土方及清淤 16538 立方米、浆砌石挡土墙 6136 立方米，建设污水检查井 63 座，完成草坪铺设 1854 平方米，拉升钢板桩 1143 米，实现产值 1800 万元；汉南河环境综合整治第二期工程完成全段 67 千米管网建设，实现投资 6000 万元；运粮湖西六支渠流域水环境综合治理工程完成垃圾压缩站主体工程建设，完成工程量的 70.0%，实现投资 1280 万元；园林绿化工程完成植物扎景工程施工，实现投资 500 万元。县河、城东河、百里长渠生态修复、一五渠、三支渠、六支

2020 年，仙桃市改造升级纺织大道　（仙桃市档案馆　供稿）

2020 年，潜江市第一季度集中开工仪式　　（潜江市档案馆　供稿）

渠黑臭水体整治等工程均完成前期工作。

实施道路畅通优化类项目 31 项，总投资 22.86 亿元。完成兴盛路东延、兴盛路西延等工程，实现产值 4.80 亿元；完成园林城区 13 条主次干道的刷黑工程，实现产值 1 亿元；完成城东河路工程，实现产值 4200 万元；完成红梅路东延路基工程，实现产值 500 万元；完成群英路、平安路工程量的 40.%，实现产值 2300 万元。紫光南路工程完成一支渠桥梁建设工程，实现投资 500 万元；完成三江路改造工程及纵支三路、三渠、纵支四路、四渠、广华二路、广王路东延等工程均前期工作。

实施功能设施完善类项目 9 项，总投资 6.96 亿元。城南河东侧污水管网建设工程保驾路至紫月路段完工，城南河污水管网建设完成 2 千米，下穿铁路段开工建设，累计实现产值 5000 万元；汉南河沿线污水管网建设完成工程量的 30.0% 和 2 座沉井建设；推进集镇污水管网招标工作，实现投资 300 万元。

（潜江市档案馆）

【天门市市政工程建设】 2020 年，天门市城区新建停车场 3 个，新增停车位 252 个。投资 1.40 亿元，启动城区应急备用水源吴岭水库供水工程。完成乡镇污水收集管网建设 545.80 千米，20 个乡镇生活污水厂日处理能力达 2.55 万吨。启动沿江高铁在天门城区站沿线征地拆迁工作。新建一级公路 33.74 千米、二级公路 15.50 千米，完成国省干线公路大修 25 千米、"四好农村路"建设 377 千米。黄潭镇创建省级"四好农村路"示范乡镇。开通城区至岳口公交线路。投资 750 万元，完成汉北桥东桥头整治、无开发商小区人行道维修、创文点位周边市政设施维修改造等五项工程，维修改造面积近 15000 平方米；投资近 430 万元，完成人民医院东侧停车场、曾家河泵站前停车场、城西中学旁停车场建设，新增停车位 252 个。开展 18 个低水压小区改造，惠及居民 1461 户。完成 7 座桥梁常规检测。

（天门市文化和旅游局）

城乡规划

【武汉市城市规划编制和管理】 2020 年，武汉市完成火神山、雷神山医院选址和规划论证。推进 22 处方舱医院选址规划，完成隔离点选址 257 处。制作全市"疫情地图"，实现患者分布实时更新。《武汉信息化助力社区疫情防控与规划治理》案例被评为全国城乡社区疫情防控优秀案例。9 月，完成《武汉市疫后重振规划（三年行动规划）》，构建"1+5+X"规划框架，具体落实形成 6 个三年行动计划、"疫后重振作战图"。推动高铁进机场、长江过江通道等项目的策划申报和落地实施。研究提出 17 项疫后重振政策并上报自然资源部。出台《加强土地资源要素保障支持加快恢复我市经济建设发展若干措施》。完成《武汉市国土空间总体规划（过渡版）》，并上报备案；完成重大功能片区体系规划。

探索开展工程建设领域"承诺可开工""多测合一"和"3 个工作日内完成许可验发"新模式，完成建设工程规划许可面积近 9000 万平方米。开展"五减"（减

2020 年 10 月 24 日，“2020 指尖城市”网络主题活动湖北首站来到武汉市民之家　　（武汉市地方志办公室　供稿）

事项、环节、材料、时限、跑动次数）行动，实现审批服务“无差别受理、同标准办理”。推进“审批大集中”，构建“一门式”集中服务大平台。推进不动产登记提质增效，建设不动产登记网上办事大厅，33 个不动产登记事项全流程“网上办”，实现一般登记事项一日办结，部分登记事项“同城通办”“跨省可查”。

【武汉市重大功能片区规划】 2020 年，武汉市以高水平规划引领沿江重点片区建设工作。开展城市色彩管理评估，划定武汉滨水天际线管控区域。优化 17 个城市重要出入口和 34 个重点路段景观，提升城市门户形象。实施微型公共空间规划建设三年行动计划，推动精致武汉建设。加快推进三阳设计之都、大归元、中法半岛小镇、空港国际商务新城、杨春湖商务区等一批承载城市重要功能的项目规划建设。相关项目获得全国优秀城乡规划设计奖一等奖、中国地理信息产业优秀工程金奖等多个国家奖项。

【武汉市规划实施创新】 2020 年，武汉市开展城市色彩管理评估，划定武汉滨水天际线管控区域。优化 17 个城市重要出入口和 34 个重点路段景观，实施微型公共空间规划建设三年行动计划，推动精致武汉建设。加快推进三阳设计之都、大归元、中法半岛小镇、空港国际商务新城、杨春湖商务区等项目规划建设。编制自然资源管理底图、《武汉市国土空间生态修复专项规划（2020—2035 年）》，形成六大类、150 余项生态修复项目库。汉江生态经济带（武汉段）项目入选国家生态修复项目库。规划制定《耕地破坏程度鉴定》并发布，规划完成《武汉市城区建筑外立面管理条例》等 3 项立法调研。

【武汉市智慧城市建设】 2020 年，武汉市加快推进重点领域数字化应用，加速新型智慧城市建设，打造城市大脑综合治理体系。创新推出“智慧交管”“智慧消防”“智慧水务”“智慧城管”等平台建设，推动实现城市精准治理、执法智慧监管、人居环境改善、公共安全保障。完成新型智慧城市建设规划，编制《武汉市新型智慧城市顶层规划》，形成未来三年全市信息化发展的时间表和路线图；编制《武汉市加快推进新型智慧城市建设实施方案》，确定建设智慧城市八大核心工程和各领

光谷大道（珞喻东路—三环线）快速化改造

（武汉市地方志办公室　供稿）

域建设任务。完成智慧武汉基础平台（一期）工程建设项目招标。规划建设大数据、人工智能、区块链、应用支撑四大中枢平台及政务服务“一网通办”、政府办公“一网协同”、民生服务“一码互联”、社会治理“一网共治”、城市运行“一网统管”、企业服务“一站直通”“六个一”重点应用的智慧城市基础平台。

【武汉市“设计之都”建设】 2020年，武汉市城建部门制定《武汉设计之都建设政策措施实施细则》，开展创意社区和创意示范园区认定工作。结合全市老旧社区改造工作，认定60个创意社区和6个设计之都示范园区，形成各具特色的设计之都建设载体，推进城市可持续发展。武汉设计日活动围绕“疫后重振，老城新生”主题，在中建光谷之星、红T时尚创意街区、翟雅阁、卓尔美术馆、湖北工业大学等多地共举办7场论坛、10场展览、26个相关活动。活动采用论坛、发布、展会、VR等方式，线上线下同时举办。院士学者，国家行业协会、武汉城市圈代表，在汉大专院校、科研机构、设计企业、“两山”医院建设单位的代表，来自11个国家的创意网络城市、14个中国创意网络城市代表，通过线上线下的方式参加活动，活动人数超过260万人。活动展示了武汉作为联合国教科文组织创意城市网络设计之都，在抗击疫情和全球创意建设中的创新经验和突出贡献。参加第三届联合国教科文组织创意城市北京峰会和设计之都网络年会，武汉市当选设计之都副召集人。

（武汉市地方志办公室）

【黄石市国土空间总体规划编制】 2020年，黄石市加快建立国土空间规划体系，编制完成《黄石科技城综合规划》《大冶湖生态新区西区控制性详细规划》。组织编制矿产资源总体规划，开展城市十五分钟生活圈规划研究。先后编制完成《黄石市临空经济区总体方案》《光谷科技创新黄石功能区总体发展规划》《临空跨境电商产业园控制性详细规划》《河口临港产业新区控制性详细规划》。

【黄石市规划管理】 2020年，黄石市城区（含开发区·铁山区）办理建设项目工程规划许可41项，总建筑面积554.51万平方米，计容建筑面积434.58万平方米，收取城市基础设施配套费1.36亿元；办理市政交通类113项、市重点项目18项。规范项目审批流程，制定实施《建设工程设计方案（建筑类）册编制要求（试行）》《建设工程设计方案（建筑类）规划审批（工作手册）》；激发市场活力，制定实施《黄石市自然资源和规划局关于公布建设工程规划许可豁免清单》；规范临时建筑建设行为，制定实施《黄石市城区临时建筑规划管理暂行规定》；推进生态宜居城市建设，制定实施《关于开展城市森林花园建筑（第四代建筑）试点的通知》。完成城区（含开发区·铁山区）长江岸线综合整治工程、大广高速连接线拓宽改造工程、苏州路西延工程、现代有轨电车一期项目配套工程、磁湖南岸道路工程、法治文化公园、对接鄂州花湖机场南北通道工程等项目的规划审批或审核工作。制定实施《水电气接入外线工程并联审批实施方案》，实现“一网通办、一事联办”。全年办理建设工程规划条件核实项目47项，组织建设项目现场放线24项、验线41项。制定实施《黄石市建设工程后竣工规划条件核实管理办法（实行）》。

（黄石市档案馆）

【鄂州市国土空间规划编制】 2020年，鄂州市启动《鄂州市国土空间总体规划（2020—2025年）》编制工作，完成资料收集、调研座谈、公众意见征集等工作，形成“现状一张图”，完成“双评价一评估”。同步开展人口、产业、乡村治理等工作；开展鄂州民用机场净空保护、光谷科创大走廊鄂州段、市域国土空间拓展、城乡融合发展等规划研究。参与武汉大都市区基础设施规划；组织开展《自然资源保护与开发十四五规划》《矿产资源十四五规划》《基础测绘十四五规划》等编制工作。推进12个省级试点的村庄规划工作。《鄂州市城乡总体规划过渡性总图》获市政府批复。完成《鄂城区土地利用总体规划》《华容区土地利用总体规划》修改工作。开展鄂州至咸宁高速公路、武汉至阳新高速公路、新港高速等建设项目生态保护红线不可避让论证工作，获湖北省人民政府同意。

（鄂州市档案馆）

2020 年 12 月 28 日，黄冈市对面墩汉墓遗址博物馆建成开馆

（黄冈市史志研究中心　供稿）

【孝感市国土空间规划编制】 2020 年，孝感市国土空间规划编制工作领导小组印发《孝感市国土空间总体规划（2020—2035 年）编制工作实施方案》。完成《2019 年孝感市国土空间开发保护现状评估》工作。通过省级审查报自然资源部汇总，实现在自然资源部国土空间规划"一张图"实施监督信息系统中成果应用。开展资源环境承载能力和国土空间开发适宜性评价（"双评价"）。在市政府官网、微孝天下、市自然资源、规划局"两微一端"上发布"孝感市国土空间总体规划 2020—2035 年公众问卷调查"，回收反馈问卷 600 余份。推进生态保护红线评估和自然保护地整合优化工作。生态保护红线面积提高至 370.35 平方千米，占全域国土面积的 4.1%。编制《孝感市京广铁路西片区控制性详细规划》，启动《"两湖"保护绿线规划调整设计》编制研究，开展《老澴河沿线景观提升及两岸立面改造规划》《汉孝城际铁路沿线绿化控制规划》编制工作。组织规划方案专家评审会 4 次，规划设计方案报城市规划委员会审查和市人民政府审批 7 个，项目规划许可前公示 18 个，出具地块规划技术指标 23 个。编制（修订）村庄规划季度考核指标评分细则。完成湖北省定村庄规划编制工作任务 90 个。制作《以高质量的村庄规划助力美丽乡村建设》专题宣传片，向湖北省国土空间规划局推荐优秀村庄规划案例 3 个，均入选全省典型案例。

（孝感市史志研究中心）

【黄冈市国土空间规划编制】 2020 年，黄冈市开展国土空间规划编制工作。完成资源环境承载能力和国土空间开发适宜性评价工作（简称双评价）和国土空间开发保护现状评估和未来风险评估工作（简称双评估）。加强规划地类对接，形成多要素合一的国土空间现状图和数据库。专项研究城镇开发边界划定、永久基本农田划定、区域协调与城乡统筹、黄团浠区域一体化空间发展战略研究、城乡建设用地规模和城乡空间布局结构、总体城市设计和城市特色风貌研究、特色文化传承与保护研究等。强化指引涉及国土空间利用专项规划，落实专项规划成果内容，对接临空经济区概念规划、光谷黄冈产业园概念规划，衔接教育专项规划、电力布局专项规划、交通设施专项规划等空间利用规划。加强"疫后"治理思路，规划研究建立"平战结合"应急保障体系，构建城市安全应急空间单元。建立公共卫生防护网，完善应急医疗救援设施，规划市级医疗救护中心 1 处、分区医疗救护中心 4 处、社区医疗救护中心 8 处。在中心城区用地布局中预留防灾备用地，增加建设用地弹性。

（黄冈市史志研究中心）

【咸宁市规划编制管理】 2020 年，咸宁市编制《咸宁市自然生态公园城市专项规划》，完成《公园化特色小镇建设导则》《公园化美丽乡村建设导则》，启动《咸宁市北部空间城市设计》《咸宁市主城区城市色彩专项规划》编制工作。承办市委"六大"活动自然生态公园城市建设专项工作，编印学习资料1000册，举办专题讲座3场，形成《打造自然生态公园城市新名片》等88篇调研成果，在《湖北日报》等媒体推出宣传报道20多篇。完成国土空间基础信息平台（业务版）和天地图·咸宁（公众版）部署，发布数据服务174个。提供基本农田坡度分析、土地利用现状分析等12项辅助分析功能。初步完成土地市场动态监测与监管系统等10个应用系统整合，实现三维辅助决策系统和移动端云供地上线运用，提供共享服务115次、数据查询服务93次。升级改造自然资源和规划管理信息系统，覆盖业务事项73个，与湖北省政务服务网、省厅政务云平台、市工改系统无缝对接，全年办结各类网上审批事项1092件。投入4753.83万元，开展“四全测绘”建设，完成全市9861平方千米0.1米正射影像等数据采集工作。制定《咸宁市自然资源管理通用底图标准》。“测整”分离“多测合一”模式，在湖北省基础测绘“十四五”规划编制现场会推广。

（咸宁市史志研究中心）

【仙桃市规划编制管理】 2020年，仙桃市开展《仙桃市国土空间总体规划》编制工作，初步完成“双评价”、国土空间布局优化等7个专题研究工作。生态保护红线成果初步通过省级审查。编制完成高新区、非织造布特色小镇控制性详规。全年编制完成17个省级美丽乡村规划。修改土地利用总体规划，涉及规模5.27平方千米。调整土地利用总体规划涉及40个批次，建设规模2.26平方千米。搭建国土空间规划实施评估指标库、国土空间规划审查模型库、国土空间基础信息平台框架、国土空间规划“一张图”实施监督信息系统框架。编写规划数据标准规范3份及需求说明书，完成123个专题国土空间规划数据资源（包含4大类、21中类、61小类数据）信息录入。

（仙桃市档案馆）

仙桃市城南新区实景图　　（仙桃市档案馆　供稿）

【潜江市规划编制管理】 2020年，潜江市自然资源和规划局持续开展各类规划编制工作。先后完成潜江市生态保护红线评估和国土空间开发保护现状评估，形成《潜江市国土空间规划2020—2035年》初步成果；完成市域村庄规划布局工作，指导各区镇完成17个美丽乡村示范村方案编制工作；优化园林老城区、高铁片区、紫月湖片区等控制性详细规划成果；开展《潜江市集中建设区（东部片区）城中村保留与更新规划》编制工作。组织编制《潜江市南片智能制造聚集区规划》。完成沿高铁、高速11.70千米及森林公园片区生态综合体项目规划编制工作。

逐步实行建设项目工程审批“一网通办”，推行规划审批、规划许可、规划核实网上审批。清理优化项目审批流程、申报材料、审批时限等内容，压缩审批时限，工业项目审查环节缩减至2个，提交资料缩减至4项，办理时限缩减至3个工作日。印发《市自然资源和规划局关于推行工程建设项目审批告知承诺制的通知》，建立工程建设项目承诺制度。召开城市规划会议6次，审查议题43个，出具“规划条件通知书”88份，完成《修建性详细规划》审查117份，发放“建设工程规划许可证”75份、“建设工程竣工验收规划条件核实证明”36份。

（潜江市档案馆）

【天门市规划编制管理】 2020年，天门市启动《天门市国土空间总体规划（2020—2035年）》编制工作，同步推进信息平台建设工作。完成调研与资料搜集、前期研究与初步方案与意见征询等工作；完成天门市市域村庄布局规划。组织召开城市规划会议4次，研究武天高速、市域供水、垃圾焚烧发电厂等规划方案。完成工业用地征地红线图及控制性详细规划图263份，规划总平面图121份；完成非工业用地征地红线图、控制性详细规划图324份，规划总平面图134份，市政类规划102项，建筑红线图125份。编制完成节水规划、综合管廊规划；配合完成幼儿园整治、停车场建设、学校建设、医院建设、旧城改造等民生补短板规划工作。

落实项目审批和服务工作，建设项目用地预审与选址意见书、用地许可、工程许可、规划核实审批时限压缩至3—5天；报建资料齐全规范的审批时限压缩至2个工作日，重点项目特事特办、专人负责，1个工作日内办结。规划窗口通过市工程建设项目审批平台依法核发“建设项目用地预审与选址意见书”42个、“建设用地规划许可证”63个、“建设工程规划许可证”128个、“建设工程竣工验收规划条件核实”42个，共275个。推进水电气接入外线工程并联审批工作，印发《天门市水电气接入外线工程并联审批实施方案》（天自然资规发〔2020〕4号），建设完成天门市水电气接入外线工程并联审批平台。

（天门市文化和旅游局）

村镇建设

【武汉市农村基础设施建设】 2020年，武汉市不断提升农村基础设施“六通”（通安全用水、通路、通电、通网、通气、通商）水平。农村集中供水率98.0%以上，自来水普及率95%以上，供水保证率96%以上，水质合格率90.0%以上。农村通路水平提档升级，累计完成320千米，改造农村公路危桥20座，建成通湾公路151千米，创建美丽农村路307千米，实施农村公路安防工程767千米。有序推进农村通电工程项目，农网“两率一户”（供电可靠率、综合电压合格率、户均配变容量）分别达99.9%、99.997%、3.24千伏安/户，达到国家能源局为新一轮农网改造升级制定的建设目标。农村所有自然村和公路沿线实现4G网络覆盖。农村通气规划提标，实现瓶装液化石油气全覆盖，农村通气提档升级工作纳入燃气专项规划（2020—2035年）编制内容。推进农村通商工作，标准化菜市场改造318家。

【武汉市美丽乡村建设】 2020年10月13日，武汉市发布《武汉市推进美丽乡村建设三年行动计划（2021—2023年）》，实施美丽乡村“23456”重大行动（通过三年时间努力，力争打造2个以上美丽乡村示范区、30个以上美丽乡村示范片带，建设40个以上乡村休闲游示范村、50个以上精致农业示范点和600个以上美丽乡村示范村）。分类完善奖补政策，推进乡村科学化布局、适度规模化建设、集约化片带发展。新城区围绕示范带建设策划实施美丽乡村项目50个，惠及农户3219户。

2020年，武汉市黄陂区大余湾　　（武汉市地方志办公室　供稿）

2020年，武汉市木兰水镇景区　　（武汉市地方志办公室　供稿）

组织各新城区落实美丽乡村三年行动计划项目策划，入库示范村项目600个。完成乡村振兴示范带通道绿化100余千米。

【武汉市乡村振兴示范带】2020年，武汉市探索脱贫攻坚与乡村振兴有效衔接、融合发展。安排专项奖补资金1亿元，支持、带动各新城区投资4亿元以上，开展“擦亮小城镇”行动和“共同缔造”示范村建设，打造乡村振兴示范带。黄陂区木兰乡、蔡甸区索河街入选全省“擦亮小城镇”行动试点镇。开展汪集美食一条街、永安炉房村等道路改造和环境整治。打造新洲区仓埠街项山村、潘塘街罗杨村，黄陂区姚集街杜堂村、六指街甘铺村，蔡甸区玉贤街岗岭村朱家大湾、侏儒山街阳湾村、张湾街上独山村、永安街炉房村、大集街西湾村，江夏区乌龙泉街新建村及东西湖区慈惠街打网台村等美丽乡村。促进黄陂蔡官田村（国家级传统村落）、新洲陈田村（市级历史文化名村）等村庄的保护发展，传承乡村文脉。

【武汉市农村人居环境综合整治】2020年，武汉市完成“四三行动”（2018年启动，通过实施农村生活垃圾收集处理、农村“厕所革命”、农村村庄生活污水治理，以及农村人居环境综合整治四个三年行动，改善农村人居环境，补齐乡村生态短板，增强农民获得感和幸福感）计划任务。疫情期间，严格管控农村公厕、村湾环境、农村公共场所，强化公共环境卫生消毒消杀。转入常态化防疫阶段后，召开专题会和视频会3次，推进农村人居环境三年整治工作，验收全市农村“厕所革命”完成情况，保障新建改造的农户厕所（21.5万户）、乡镇公厕（259座）、农村公厕（1895座）、农村旅游厕所（161座）、农村交通厕所（5座）使用。推进全市行政村（156个）生活污水治理工作，持续优化“户分类、组保洁、村收集、街转运、市及区处理”农村生活垃圾收运处理体系。发挥监督作用，选取第三方测评机构，每月检查考核区、街、村，现场督办突出问题。开展农村生活垃圾治理，推进农村生活垃圾分类试点，组织区、街、村三级开展农村环境卫生大扫除村庄清洁行动，基本建成村庄常态化保洁体系。全年开展周末大扫除活动29次，覆盖1824个行政村，出动志愿者、保洁员8万余人次、车辆8600余

2020年，武汉市利用生态池塘集中收集净化农村生活污水

（武汉市地方志办公室　供稿）

台次，清理各类垃圾6000余吨。至年底，全市农村生活垃圾收运处理体系实现行政村全覆盖，农村生活垃圾无害化处理率90.0%以上；畜禽养殖废弃物资源化综合利用率96.8%，规模养殖场粪污处理设施装备配套率98.3%；实施森林质量精准提升693.33公顷，抚育管理精准灭荒林1493.33公顷，完成枯病死松树处置65.20万株。

【武汉市农村危房动态监测】 2020年，武汉市重点开展查遗补漏工作，确保四类重点对象中动态新增贫困户危房全部清零。建立村—街（乡镇）—区住建局等部门“持续联动、立查立改”的农村危房动态监测机制。全年农村危房动态新增的危改户（42户）列入国家和省、市改造计划。6月上旬，全部提前完工。投入各级财政补助资金161.79万元，拆除危旧（闲置）房屋1517栋，张贴危房警示标识标牌19041个。发现并解决农村住房安全问题24户。严格落实国家住建部、国务院扶贫办脱贫攻坚住房安全排查录入和现场核验工作要求，严密组织并提前完成32682户建档立卡贫困户档案信息系统的逐户登录核验工作。

（武汉市地方志办公室）

【黄石市村镇建设】 2020年，黄石市完成“四类重点对象”农村危房改造372户，其中，C级危房75户，无房户和D级危房297户。各级财政投入补助资金1033万元，农村贫困人口住危房清零。核验42357户建档立卡贫困户住房。大冶市陈贵镇、灵乡镇、还地桥镇和阳新县王英镇入选湖北省擦亮小城镇试点名单。制定实施《黄石市“擦亮小城镇”三年行动实施方案（2020—2022年）》，指导各试点乡镇编制“擦亮小城镇”整治方案。大冶市金湖街办的姜桥村、大箕铺镇水南湾村和大王镇金寨村等13个村入选“中国传统村落名录”。阳新县龙港镇入选“中国历史文化名镇”。大冶市金湖街办上冯村、大箕铺镇柯大兴村、阳新县排市镇下容村和大王镇金寨村4个村入选“中国历史文化名村”。创建2020年度“黄石市美丽宜居示范村”18个、市级“改善农村人居环境示范村”20个、市级“美好环境与幸福生活共同缔造示范村”10个。

（黄石市档案馆）

【鄂州市村镇建设】 2020年，鄂州市推进“擦亮小城镇”行动。汀祖、太和、华容、蒲团、庙岭、涂家垴、葛店7个乡镇完成整治建设规划编制。整治主次干道、集贸市场、居民小区等重点区域的环境卫生。集中清理背街小巷、房前屋后存量垃圾。梁子湖区创建全国城乡生活垃圾分类和无害化处理示范区。建乡镇生活污水处理厂9座、污水管网388千米，处理规模9500吨/日，实现乡镇生活污水治理全覆盖。拆除违法建设400余处、2万余平方米。增设停车位2000余个，施画道路交通标线4万余平方米，整治出店经营5000余处。计划投入6000万元，改扩建乡镇卫生院；投资1.50亿元，提升21个乡镇综合文化服务中心。泽林、杜山、华容、太和、沼山5个乡镇提档升级集贸市场。

加快推进美丽乡村建设。碧石渡镇李家境村、临江乡黄岭村、沼山镇湖瓢村、涂家垴镇上鲁村列入省级美好环境与幸福生活共同缔造活动示范村，各示范村投入资金均超300万元。宣传推广湖北省乡村建筑风貌图集（鄂东南片区），加强村镇建筑风貌引导管控，编制《鄂州市农村住房推广图集》。指导加强农村建筑工匠培训，加强质量安全管理，提高农房设计和建造水平。

（鄂州市档案馆）

【孝感市乡村生活垃圾治理】 2020年，孝感市形成“村组保洁收集、乡镇清运压缩、县市转运处理”的链条式闭合管理体系。有卫生填埋场7座、水泥窑协同预处理厂1座、医疗废物等有毒有害垃圾处理厂1座。各乡镇新建压缩式垃圾中转站119座，有清扫保洁清运人员1万余人，年收集处理垃圾超70万吨，无害化处理率超95.0%。69处非正规垃圾堆放点全部整治销号。推进垃圾分类工作，9个试点乡镇的91个示范村开展垃圾分类试点，15个村被湖北省住建厅评为先进示范村。建立长效管理机制，垃圾治理市场化覆盖70.0%以上乡镇。

【孝感市村镇建设】 2020年，孝感市拟定《孝感市“擦亮小城镇”

建设美丽城镇三年行动实施方案（2020—2022年）》，各县（市、区）制定实施方案。推荐汉川市沉湖镇、云梦县义堂镇、安陆市烟店镇、孝昌县小悟乡入选省级“擦亮小城镇”行动示范。应城市、安陆市以“擦亮小城镇”示范镇为范例，推进小城镇、农村人居环境综合整治。2018—2020年，建成乡镇公厕301座，其中，新建276座，改建25座。全市乡镇公厕每万人3.80座。农村危房改造实行动态管理，排查锁定上报新增四类重点对象危房286户。开展四类对象住房安全保障情况认定工作，出具“住房安全有保障认定表”18万户。实地勘察记录112222户，完成核验并录入住建部“脱贫攻坚住房安全有保障信息平台”。

农村危房改造。全市改造完工新增四类重点对象危房286户。开展四类对象住房安全保障情况认定，出具“住房安全有保障认定表”18万户。孝南区、应城市、云梦县在认定房屋上挂牌标识，其中，实地勘察记录112222户建档立卡贫困户住房安全保障情况，并录入住建部“脱贫攻坚住房安全有保障信息平台”。

乡镇厕所革命。至年底，全市三年累计建成乡镇公厕301座，其中，新建276座，改建25座。采取奖补改造和维护管理措施，开发了一批单位、庭院厕所。全市乡镇拥有公厕达到每万人3.8座规划目标。公厕维护运行管理措施基本配套，形成了从建设运营到服务全过程的链条式管理体系。

（孝感市史志研究中心）

【黄冈市村镇建设】 2020年，黄冈市制发《黄冈市2020年美丽乡村建设实施方案》《黄冈市2020年农村人居环境整治工作方案》等10余类文件。开展村庄清洁行动及灾后农村环境集中整治活动，参与联合调研、跟踪督办5次，建改农户无害化厕所57.80万座、农村公共厕所5665座。实施垃圾分类试点行政村456个，垃圾治理达“五有”标准的行政村4108个。入选2020年省级“美丽乡村建设示范村”169个，入选省级整治村656个。国家、湖北省农村人居环境整治工作简报先后推介黄冈治理经验10次。

（黄冈市史志研究中心）

2020年，黄冈市蕲春县雾云村高山梯田风光

（黄冈市史志研究中心　供稿）

【咸宁市美丽乡村建设】 2020年，咸宁市小城镇建设纳入“咸嘉生态文化城镇带”和“幕阜山绿色产业带”建设等市级发展战略，推进乡镇污水处理厂及配套管网建设、生活垃圾收转设施、公共厕所及供水等设施建设，立面改造部分乡镇临街建筑，建设街心公园、文化广场。出台《咸宁市“擦亮小城镇”建设美丽城镇三年行动实施方案》，推进“建立整治项目库、加强垃圾治理、加强污水治理、整治城镇秩序、完善基本公共服务”等16项工作。有乡镇生活污水治理项目61个，设计污水处理总规模3.92万吨/天，总投资约15.31亿元，其中，新建项目57个（包括厂网同建项目48个、只建管网项目9个），续建项目4个。8月，乡镇污水处理厂先后通过省级验收。全市60个农村乡镇建成垃圾压缩站73座，日压缩能力2768吨。配备农村保洁员约10500名、垃圾桶21.50万个、垃圾转运车辆450台，村庄垃圾治理全覆盖，完成行政村生活垃圾无害化处理全达标任务。推进农村垃圾分类试点工作，在市、县两级88个试点村配置分类投放设施。开展非正规垃圾堆放点现场核查工作，出台《咸宁

2020 年 10 月 28 日，湖北省“擦亮小城镇”推进美丽城镇建设现场会在仙桃市召开　　（仙桃市档案馆　供稿）

市农村生活垃圾治理条例》。改造危房 111 户，其中，动态新增“4 类重点对象”危改户 110 户，贫困边缘危改户 1 户。8 月，完成 8 户因灾受损农房的恢复重建工作。

（咸宁市史志研究中心）

【仙桃市村镇建设】 2020 年，仙桃市出台《仙桃市“擦亮小城镇”行动实施方案（2020—2022 年）》《仙桃市美丽乡村暨擦亮小城镇行动观摩拉练考评办法》。指导 15 个镇投资 6.07 亿元，完成建设项目 290 个，建成示范街道 40 条，形成“五美”（人文美、产业美、环境美、秩序美、功能美）融合、各美其美的小城镇。所有镇办场园全部建成生活污水处理厂（18 座），并通过工程竣工验收和环保验收。各厂区进水 COD 浓度指标基本达到 100 毫克 / 升，日实际处理污水约 2 万吨，出水水质综合达标率达到国家一级 A 排放标准。每年筹资 8500 万元，推进农村清洁工程“一把扫帚扫到底”工作，建垃圾压缩中转站 56 座、有机垃圾处理中心 2 个、可回收再生资源利用中心 2 个。配备各类转运车 372 辆、保洁员 6000 多人。全年处理农村生活垃圾 17.80 万吨，治理率达 100%，无害化处理率达 96.0%，行政村垃圾分类覆盖率达 80.5%。

完成 617 个行政村、23.06 万户农房信息采集，送达 4 类重点对象住房安全有保障认定通知书 43235 份，改造或异地安置 287 户动态新增危房，核验及保障全市 26040 户建档立卡贫困户住房安全。完成农房建设图集编制工作，西流河镇合丰、挖口、鄢沟和竹林 4 个村开展农房建设试点。推进美丽城镇建设。投入 9.72 亿元，完成项目 410 个，建成示范街道 54 条、运动公园和文体广场 67 个。探索推行“网格化 + 路（街）长制”，引导群众自建自管“家门口”，共建共治“小城镇”，实现小城镇基础设施、建设程序、交通秩序、经营行为、公共服务“五个规范”。

（仙桃市档案馆）

【潜江市村镇建设】 2020 年，潜江市推进农村住房建设试点工作。确定返乡创业园服务区光纤电子产业园还建小区项目为全市农村住房建设试点项目。计划总投资 1 亿元，占地 14.46 公顷，拟建设一户一基的还建房 242 套及其配套基础设施，分两期完成。其中，一期建设 134 套，二期建设 108 套，每户设计面积 246.76 平方米。至年末，一期项目主体工程基本完

2020 年 4 月，潜江市高石碑镇窑岭村　　（潜江市档案馆　供稿）

成，二期基础施工。确定4类重点对象危房存量台账121户，完成4类重点对象危房改造，并通过“一卡通”发放补助资金。推进擦亮小城镇行动试点第二期项目建设，涉及14个区镇处，总投资4.58亿元。组织14个区镇完成试点项目策划，并向上申报。全市完成试点项目投资约5500万元。推进乡镇污水处理设施建设和污染减排工作，建成乡镇生活污水处理厂12座、污水收集管网662千米，并全部运营。扩大污水收集范围，加大污水处理厂巡查、监督力度，确保各厂区进水负荷率均达60.0%以上。

（潜江市档案馆）

【天门市村镇建设】2020年，天门市小城镇建设以奖代补项目竣工90个，完成投资8481万元。开展美丽城镇建设，印发《天门市“擦亮小城镇”建设美丽城镇三年行动实施方案（2020—2022年）》。启动“擦亮小城镇”工作，推动汪场、马湾、蒋场等乡镇“擦亮小城镇”项目立项、设计等前期工作。全市所有乡镇镇区实现天然气管网全覆盖。同时，组织燃气公司推进管网向村组延伸，新增通天然气行政村210个，累计完成管网建设920千米。乡镇生活污水治理完成投资6.82亿元，其中，厂站投资1.70亿，管网投资5.12亿。新建乡镇污水处理厂20个，配套建设23个乡镇污水收集管网552.70千米，完成接入72568户（总79865户），乡镇镇区管网覆盖率90.9%，进水总量1.65万吨左右，占设计总规模64.7%，进水COD平均浓度约94毫克/升，出水水质达一级A标准。

【天门市农村危房改造】2020年，天门市组建4个督战专班，完成危房改造379户，实现农村“四类重点对象”住房安全有保障。明确住房动态监测机制、日常巡查机制、动态管理流程，建立村级巡查、镇级核实、部门鉴定三级联动机制，新增一户、改造一户、资料完善一户，确保天门市贫困户住房安全长效有保障。出台《天门市2020年农村“非四类重点对象”危房改造资金补助标准和管理办法》，认定并完成“非四类对象”边缘户危房改造33户。获湖北省人民政府督查激励经费50万元及省级城乡建设与发展奖补资金50万元。启动农村房屋安全隐患排查整治工作，确保农村房屋安全。

（天门市文化和旅游局）

2020年，天门市多宝镇镇区远眺　（天门市文化和旅游局　供稿）

水务建设

【武汉市排涝抗旱】2020年，武汉市建立部门协同作战的排涝保畅联动工作机制，形成市、区、街、社区共同参与的应急抢排救灾机制，落实城市排涝工作，确保强降雨期间城市正常运转和高考、中考考生安全出行。汛前，疏捞维护排水管网5028千米，更换维护井盖20余万个，中心城区湖泊腾空库容约1亿立方米。排查锁定59个易涝（风险）点，制订“一点一策”。修订完善东沙湖等重点水系调度方案和12个水系排涝预案。强降雨期间，采取联排联控、分区调控、重点保障的综合措施开展排涝工作。及时发布雨情、涝情信息，提醒市民有效避险。驻守重要易涝点，采取抢挖集水坑、抽调龙吸水等方式抢排，全市9成以上积水点实现雨停水退。梅雨期（8轮强降雨期间），出动人员12000余人次、各类设备车辆3200余台次参与联排联控。51座大中型外排泵站全年总排水量50.62亿立方米。统筹落实抗旱工作，发挥水利工程综合减灾效益，科学调配水源，确保新城区居民生活用水安全和农业灌溉需求。梅雨期后，全市水库灌溉放水约1.10亿立方米。

2020年，武汉市北湖污水处理施工现场（武汉市地方志办公室　供稿）

【武汉市“四水共治”工程建设】 2020年，武汉市统筹实施“四水共治”（防洪水、排涝水、治污水、保供水）项目406个，其中，新建项目239个，续建项目167个，实际完成投资417.03亿元。

实施防洪水项目47个。推进武汉百里长江生态廊道项目(长江大保护示范工程）开工建设，完成汉江汉阳江滩三期、汉江硚口江滩四期防洪与环境综合整治工程建设，加快长江洪山武金堤江滩、长江武昌八铺街堤江滩防洪与环境综合整治工程建设。推进中小河流治理和涵闸除险加固工程建设。完成黄陂区夏家寺河、蔡甸区庙五河治理工程建设；推进黄陂区界河、江夏区新河、新洲区东河、鄢家河4个治理项目建设；推进三峡后续工作长江中下游影响处理湖北武汉段河道整治工程二期工程建设。完成大型灌区续建配套与节水改造、农村排灌港渠整治和水库除险加固等项目建设。

实施排涝水项目72个。重点实施排涝泵站新建、泵站双回路改造、九峰渠连通、沙湖港及周边环境综合整治等工程。汛前，完成38座中小型泵站双回路改造工程建设。推进新城区大中型排涝泵站建设，其中，黄陂区童家湖、武湖二泵站、新洲区武湖三泵站、江夏区金口二泵站、武汉经济技术开发区（汉南区）周家河泵站、东西湖区46千米、李家墩泵站7座新城区泵站投入运行。加快推进黄陂区盘龙城泵站、新洲区挖沟泵站、武汉经济技术开发区（汉南区）汉银泵站等排涝泵站新建工程复工建设。

实施治污水项目237个。大东湖核心区污水传输系统工程PPP项目通水试运行（全国首条深层污水传输隧道）。完成北湖污水处理厂新建工程、汤逊湖污水处理厂扩建工程(三期)等工程建设，推进黄家湖污水处理厂扩建工程（三期）等工程建设。新增城市污水处理能力85万吨/日，新增污水收集管网290余千米。建成北湖污水处理厂配套污泥项目。加快推进乡镇污水处理工作，新洲、蔡甸、黄陂等区完成污水厂和配套主支管建设，并通水运行。推广城镇污水处理厂污泥运输监控系统和管网隐患排查数据库运用。

实施保供水项目50个。完善提升供水保障系统，完成白沙洲水厂取水改扩建工程及配套取水、管网建设，加快推进阳逻二水厂新建、蔡甸城关水厂迁扩建等工程建设。实现中心城区向蔡甸地区、黄陂盘龙城区域、新洲区局部地区统筹供水。实施居民住宅二次供水设施改造，落实《武汉市中心城区居民住宅二次供水设施改造实施方案》，推进中心城区居民住宅内二次供水设施改造工作，完成改造601处，受益居民约87万人。完成农村饮水安全巩固提升工程三年行动计划，恢复汛期被洪水毁坏的农水设施。

【武汉市河湖长制治理创新】 2020年，武汉市全面强化官方河湖长、民间河湖长、数据河湖长“三长联动”。推进官方河湖长履职考核，考核市、区、街（乡镇）、村（社区）四级河湖长2512人。加强民间河湖长能力建设，聘请市级民间河湖长95人、河湖长志愿者5000余人。提高数据河湖长信息化水平，完善河湖长巡查App，拓展数据河湖长应用功能。武汉市河湖长制工作在全国首届经验研讨会作主旨交流。

东湖创建全国首批示范河湖，是入选河湖中唯一的城中湖。开展“示范建设行动”遴选活动，全市14个河湖、3个区、42家单位、92个个人或团体入选省级示范成果名单。市级遴选推出示范典型136个，其中，示范河湖15个，示范单位45个，示范个人76个。区级共选树各类典型982个。全面清理整治河湖管理范围内“四乱”（乱占、乱采、乱堆、乱建）问题，发挥河湖长制平台作用，清“四乱”纳入各级河湖长巡查工作重点，建立联动机制和长效管控机制，统筹推进清理整治各项工作。全面整改销号纳入水利部河湖清“四乱”管理系统的348个问题。完成规模以上河流、湖泊、大中型灌排泵站、水库、大型灌区、大中型水闸等河湖及水利工程划界工作任务。开展小微水体数量、地理坐标、规模、类别等基础信息复核，初步形成小微水体信息库。各区完成小微水体评估，开展集中整治，完成小微水体整治年度任务。

2020年，武汉市水务执法艇“鄂水政55号”投入使用

（武汉市地方志办公室　供稿）

【武汉市涉水规划】2020年，武汉市开展《武汉市水务发展“十四五”规划》编制工作，完成征求意见稿，明确17个水务发展规划指标，形成“十四五”水务项目库及第一批前期工作项目库。推进166个列入名录的湖泊保护规划编制工作，完成各区湖泊保护总体规划和166个湖泊保护详细规划编制。推进《武汉市“十四五”农村供水规划》《武汉市水土保持规划（2021—2030年）》《武汉市污水收集与处理专项规划》等专项规划编制、修订工作；推进区级流域水环境治理规划编制工作；推进制定、修订水务标准10项，其中，制定完成《新型冠状病毒肺炎疫情防控市政排水运行管理技术导则》《武汉市暴雨强度公式及设计暴雨雨型》并按程序发布，加快8项标准的制定、修订。

【武汉市水务管理执法】2020年，武汉市优化水务行政审批服务，水务服务窗口受理完成审批服务事项540件。开展“四办四减”行动，梳理权责清单。组织开展“承诺可开工”试点。推进“一网通办”建设，归集电子证照655份，依申请事项网办率100%，数据申请审批通过率100%。落实一次性告知制度，提供周六延时服务。

健全完善水务综合执法体制机制，市、区两级办理水行政处罚案件170件，市级出动湖泊管理执法检查人员826人次，违法填湖及时发现率100%，处置率100%。开展许可检查54次，勘测占湖还补或临时设施清除地段（6个项目）。组织开展禁养湖泊“三网”（围网、拦网和网箱）设施专项检查。推进河道采砂执法能力建设，投入运行执法艇达10艘。在长江、汉江涉砂石重点江段和重点水域建视频监控点53个。出动采砂执法人员47582人次、执法艇4613艘次，办理行政案件32起，查处率、办结率均100%，向公安部门移交涉嫌刑事案件线索8起。市级出动排水管理执法人员788人次，巡查里程14026千米，发现各类问题107个（件）。检查中心城区供排水执法单位95次，开展中心城区区级排水许可工作检查133次；检查中心城区11个污水厂135次、污泥处置单位54次，立案查处违法排污典型案件2件。

（武汉市地方志办公室）

【黄石市城乡污水治理工程】2020年，黄石市城市污水处理率95.0%，污泥处置率100%。10条黑臭水体全部消除黑臭，消除建成区生活污水直排口3个。建设截污管网107.62千米，整治排口411个，建设分散式污水处理设施2座，累计投入资金3.15亿元。执行污泥转运“联单制”，污泥处理处置全程监管，污泥运输车统一安装GPS监控。全市生活污水处理厂（9座）产生的污泥，少量用于污泥接种培养，其余全部焚烧处置，污泥无害化处理率100%。乡镇建设污水处理厂21座，总处理规模5.75万吨/日。完成干支管网605千米，接户管网299千米，接户数量73127户，接户占比超95.0%。

【黄石市安全饮用水工程】2020年，黄石市坚持水质定期检测公示制度，专项检查二次供水设施230座，为部分二次供水储水池安装防护设施。完成新增5家省级节水型企业、新增5家市级节水型小区的创建工作，节水型器具普及率100%；完成应急备用水源项目工程建设。实行非居民用水户信息化管理全覆盖，全面推行居民用水阶梯水价及非居民用水超定额累进加价制度。

（黄石市档案馆）

【鄂州市水利工程建设】2020年，鄂州市建成樊口二站5台机组，工程设计流量150立方米/秒；建成花马湖二站6台机组，工程设计流量75立方米/秒；更新改造杜沟泵站5台机组，工程设计流量16立方米/秒。加固整治夏大湖圩垸大堤、广家洲大堤、三山湖南北大堤、梁子湖区东井南北洼大堤、梧桐湖北大堤31千米。完成上中湖连通，退垸还湖4.42平方千米。推进航空都市区水环境综合治理项目。洋澜湖生态补水工程通水运行，武汉东问题管网整治90.0%。组织编制花马湖、洋澜湖、南迹湖流域的超标洪水防御预案，配合湖北省水利厅编制长江和梁子湖的超标洪水防御预案。制定梁子湖、红莲湖、梧桐湖、花马湖、洋澜湖、五四湖、三山湖水情分析方案和极端情况时的应对措施。修编《鄂州市2020年防洪工程调度预案》，指导全市水库管理单位完善《水库汛期调度运用计划》《水库防洪抢险应急预案》。

【鄂州市污水处理设施建设】2020年，鄂州市规划建设污水处理厂17座，其中15座污水处理厂投入运营。梧桐湖新区污水处理厂通水调试，临空经济区再生水厂主体工程完成20.0%。乡镇生活污水治理配套建设污水干支管400余千米，入户管网累计接入21540户，覆盖率90.0%以上。通过湖北省住建厅、湖北省生态环境厅及第三方评估机构专家组验收。推动村垮污水治理，在200人以上村垮建成424座农村污水处理站点，基本实现城乡建成区生活污水收集处理全覆盖（不含机场区域2个乡镇），总处理规模21.60万吨/日。开展区级建成区（区政府所在地）黑臭水体排查和主城区4个街道8条主要港道水体情况复核工作。完成五丈港、新港（三水源）、余寿港、汀桥港4条黑臭水体控源截污、垃圾清理、清淤疏浚、生

鄂州市樊口二站　　（鄂州市档案馆　供稿）

2020年鄂州市水利基础设施建设项目统计表

项目名称	工程概况	总投资（万元）
续建项目（11个）		
花马湖水系综合治理近期工程	河道整治工程、闸站工程、水系连通工程、退垸还湖工程4个部分。其中，河道整治工程主要包括新农村港治理整治长度9.23千米、鸭畈港治理整治长度7.91千米、青山截流港治理整治长度4.30千米；闸站工程包括新建燕矶泵站、新建连通港节制闸；水系连通工程为新建上一中湖连通工程；退垸还湖工程包括曹家坝湖、周家坝湖、黄田湖等圩垸退垸还湖（湿），总面积31700平方千米	203222
曹家湖垱网湖退田还湖还湿工程（二期）	水系连通工程:加固堤防约6千米、新建五四湖水闸1座(含管理用房)、拆除螺丝径闸1座、新建人行桥1座、拆除重建桥梁1座、扩建大头海至栈咀湖连通港、内部部分圩堤拆除、南大堤堤顶路面硬化。水生态修复工程：实施湖泊水质维护及改善试点工程（含湖泊水质净化)、实施湖泊保护范围内湖泊形态修复、实施湖泊栖息地及生物多样性修复等工程	22000
城东水厂工程	新建20万吨/日净水厂，取水工程、净水工程、配套管网一次完成	33922
城乡供水管网工程	敷设管网总长85.80千米。其中：老城区管网改造管道18.70千米，新建花杨路、华容临港新城、梧桐湖、沼山镇等供水管网67.10千米。建设加压泵站8座，供水规模42万吨/日，其中扩建韩畈、庙岭、刘斌加压泵站3座，新建城南、红莲湖、汀祖、燕矶、杨叶加压泵站5座	32697
航空都市区水环境综合治理项目	航空都市区水环境综合整治工程，包含3个子项目：1. 花湖开发区污水处理厂及配套污水管网新建工程；2. 航空都市区污水处理厂；3. 小桥港、中沟套、锁泉港（葫芦港）水环境综合整治工程	163001
梁子湖水系连通工程	新建梁子湖至梧桐湖连通通道，连通渠长2.90千米，新建节制闸1座，新建桥梁3座，滨岸带治理及水生态保护与修复；新建梧桐湖至红莲湖连通通道，连通渠道长2.34千米，新建节制闸1座，新建桥梁1座，滨岸带治理及水生态保护与修复	49767

续表

项目名称	工程概况	总投资（万元）
长港河系统治理工程	对长港河未治理部分干流以及沿线支流治理治理段河道总长（中心线）为 44.27 千米，其中长港河干流治理河段总长为 34.14 千米，支流治理河段总长度为 10.12 千米，另外拆除重建小（1）排涝泵站 1 座	12820
武城湖水系连通工程	水系连通工程。通过退田还湖、圩堤拆除等措施使武城湖湖泊面积达到《湖北省湖泊保护名录》的面积，并实现武城湖与五四湖、尤汉湖等周边湖泊的连通。通过湖滨带新建生态护岸工程，提高环湖湖岸防洪能力。防洪排涝工程。武城湖—五四湖大堤加固工程、武城湖节制闸工程。水生态修复工程。水资源保护。针对武城湖内、外源污染，本阶段提出点源、线源、面源污染防治工程措施	29800
杜沟泵站更新改造工程	对杜沟泵站进行更新改造，设计标准为 20 年一遇最大 24 小时暴雨 24 小时排完，设计流量为 16.37 立方米 / 秒，泵站等级Ⅲ等，规模为中型	2040
三峡后续工作鄂州段一期河道整治工程	护岸工程范围：对应粑铺堤桩号为 K117+820–K123+285, 实际守护长度为 4460 米，垂直堤线方向：临水侧对应粑铺大堤的滩地、沙洲、水域；护岸工程监控范围：横向宽带从护岸控导工程的顶缘线和坡脚线起分别向内、外侧延伸 50 米，纵向长度从工程两端点向上下游延伸 50 米。主要工程项目包括岸坡开挖、干砌石护坡、雷诺护坡及水下抛石护脚	8279
樊口二站（含樊口二站和民信闸穿衣戴帽工程）	本工程为新建樊口二站及其配套设施、工程管理设施等，配套建设 2 座交通桥，其中新建 1 座武昌大道桥，拆除重建 1 座民生桥。泵站设计流量为 150 立方米 / 秒	47679.65
新开工项目（2 个）		
武汉东区域问题管网整治项目一期工程	鄂东大道污水干管清淤修复及周边雨污分流改造、新建城东污水处理厂污水前池	6826
鄂城区新港河治理工程	1. 对支流三水源港道（鄂钢厂区下游段）进行清淤，长 0.80 千米，同时设置 2 处滚水坝 2. 重建和改造 5 处河岸建筑物，其中包括 2 处排涝站（碧石湖电排站、火烧坝电排站）配套检修闸和拦污栅，拆除重建 3 处排涝站（夏兴湖电排站、村洲湖电排站及孙家塘排涝闸站）	2296

2020 年，鄂州市城东自来水厂　　（鄂州市档案馆　供稿）

态修复等整治措施，均达不黑不臭标准。

【鄂州市安全饮水工程】 2020 年，鄂州市推进城乡一体化供水工程建设。城东水厂（规模 20 万吨 / 日）完成主体工程建设。城乡供水管网建设工程完成刘斌泵站、庙岭泵站、梧桐湖至沼山段、高新六路、新城大道 5 千米、三号路及 9 条主城区老旧管网的改造。鄂钢“三供一业”工程全部竣工。推进主城区供水管网及老旧小区供水设施改造工程，完成初步设计报告审查。应急备用水源工程确定取水口，完成可行性研究和初步设计报告编制。二次供水设施改造工程完成洋浦、湖滨绿苑小区二次供水设施改造试点。核查建档立卡贫困人口饮水安全现状，落实饮水安全管理“三个责任”，网上公示，印发农村饮水安全用水户“明白卡”。开展城镇水厂管网延伸和改造，推进华容农村饮水安全巩固提升工程。争取中央水利发展资金 167 万元，维修养护农村饮水工程。全市农村自来水普及率 99.0%。

（鄂州市档案馆）

【孝感市防汛抗旱】 2020 年，孝感市制发鄂孝水文〔2020〕1 号文《关于认真扎实做好 2020 年汛前准备工作的通知》，部署汛前准备工作。组织市水利和湖泊局技术委员会审查通过 16 个河道站、堰闸站（水库站）、水文（位）站水文监测超标准洪水预案。参与湖北省洪水预报方案修编工作，完成率 100%；审查修订“2020 年测站任务书”，明确测站岗位责任制清单，修订完善各站测报方案，制订突发水情事件应急预案。组建应急测洪突击队，开展应急测洪演练和水情预报演练，执行汛期 24 小时值班值守制度。办理疫情期间车辆通行证，组织专班，巡检运维安陆、大悟、孝昌山洪站，维护山洪设备。

梅雨期间发送情报 23.60 万份，其中 30 分钟内情报 23.30 万份，到报率 98.7%，居全省第三位。先后发布洪水预警 10 期，编写水情简报 10 期、水情月报 4 期、水情会商材料 32 份、各类总结性材料 6 份，发布洪水预报 24 期（44 站次），日常化预报 43 站次，向各级防办、县（市、区）水利和湖泊局发送水雨情短信 40027 条。洪水预报合格率 90.0% 以上，关键场次、站点的预测预报准确率 100%。

【孝感市水利工程建设】 2020 年，孝感市完成鲢鱼地泵站、东闸泵站、河口泵站建设改造；城西排水泵站、王家潡提升泵站建设；完成水功能区、3 个湖泊、4 个县界等 36 处的水质监测工作。提供河湖长制划界确权、岸线测量及洪水影响评价、全市取水工程（设施）核查登记整改提升、湖北省用水统计系统注册及数据填报等技术服务。完成花园水文站、汉川勘测队改造和东山头站水毁修复项目，推进应城水文站改造提升和水毁修复工作。市级水文巡测基地项目获“国有建设用地划拨决定书”“建设用地规划许可证”。建成“一江三河”515 个水文自动监测站点，在 6 处水文站新增“超标洪水视频监测系统”，升级山洪站点 67 个，每 5 分钟采集更新一个数据。

【孝感市乡镇生活污水治理】 2020 年，孝感市乡镇污水处理项目全部投产。新改建污水处理项目 96 个，其中，新改建污水处理厂 95 座，进入城市污水厂管网项目 4

个。污水处理厂总规模19.78万吨/日，主支管网总长1032千米，概算总投资27.40亿元。污水处理覆盖22.50万户、77万人。污水处理厂进出水指标合格，负荷率达到设计要求，污水处理厂年处理污水5000万吨左右，污泥处理处置达到规范要求。10月中旬，通过湖北省住建厅、湖北省生态环境厅联合验收。

（孝感市史志研究中心）

【黄冈市水利工程建设】 2020年，黄冈市华阳河蓄滞洪区西隔堤加固工程、华阳河蓄滞洪区安全区建设、蕲春县蕲水灌区等3个水利项目纳入全国150项新开工重大水利工程实施方案项目；纳入湖北省疫后重振补短板强弱项提功能“十大工程”行动方案项目66个；纳入三峡后续规划2021—2023年实施项目10个；纳入长江经济带项目49个。组织编制“十四五”水安全保障规划，系统谋划水利项目611个，总投资1345亿元。10月9日，长江岸线综合治理工程项目开工建设。推进水利重点项目建设149处。10月19日，华阳河蓄滞洪区西隔堤加固工程项目开工建设，累计投资2.72亿元，占年度计划90.5%。全年水利投资计划执行109.1%。

加强堤防与泵站建设。修编各项水利工程方案、预案2000套。梅雨期间，调度49座大中型水库、1188座小型水库开展泄洪作业，削减洪峰36.0%。6月20日，万福泵站首台机组投入排涝200台时，排水720万立方米。7月6日，白莲河水库开启8孔泄洪排涝，最大下泄流量2300立方米/秒。开启沿江21座大型泵站放水排涝，累计排水12.05亿立方米。建成市县两级水旱灾害防御技术专家库，成立市级技术指导组4个、防汛应急抢险突击队（80人）。指导全市江河湖库巡查抢险，派出50批次200余名防汛技术专家支援现场解决技术问题，指导处理重大较大险情188处。投入资金11.60亿元，修复水毁设施1.27万处。

【黄冈市城乡污水处理设施建设】 2020年，黄冈市投入4.40亿元，完成11个县（市、区）13座城市污水处理厂提标升级建设，全部达一级A排放，污水处理能力增加4.50万吨/日。城市生活污水一级A处理能力达43.60万吨/日。编制污水管网规划和改造计划，推进雨污分流改造。加大老旧小区污水管网改造力度。累计完成管网建设272.66千米。各县（市、区）排查黑臭水体19处，完成一水一策整治方案编制19个，计划实施整治项目22个，全年完工7个，开工15个。

（黄冈市史志研究中心）

【咸宁市水利工程建设】 2020年，咸宁市争取水利项目124个，总投资76934万元。包括长江后续工作长江中下游影响处理湖北嘉鱼段河道整治工程、中型水库除险加固工程、中小河流治理工程、中型灌区续建配套工程、水利工程维修养护项目、小流域治理水土保持综合治理工程、移民后扶、美丽家园、避险解困等类型。谋划申报新一轮水利补短板工程，纳入湖北省水利补短板实施方案内的项目28个，总投资32.33亿元。

健全河湖长制组织体系，河湖长制工作居全省第四位。推进斧头湖、西凉湖退垸还湖工作，超额完成省定的斧头湖、西凉湖退垸还湖任务；推进斧头湖流域湖堤加固、黄盖湖综合治理等重点水

2020年，咸宁市簰洲湾防汛大堤　（咸宁市史志研究中心　供稿）

利项目建设；推进湖泊勘界立桩和确权工作，全市 39 个湖泊完成界桩 2578 根、湖泊确权 39 个，完成率 100%。

（咸宁市史志研究中心）

【仙桃市水利工程建设】 2020 年，仙桃市推进水利工程建设。投资 3896 万元，新建北坝泵站；投资 1.26 亿元，续建泽口灌区配套工程；投资 907 万元，完成沙湖泵站电排河治理工程；投资 607 万元，完成中小河流治理陈场项目区工程；投资 1000 万元，完成联合垸重点中型灌区节水配套改造项目；投资 282 万元，完成水土流失综合治理工程郭河镇刘家河小流域项目；投资 601 万元，完成农业水价改造项目；投资 600 万元，完成泽口闸站改造项目管理设施第二期工程；投资 2400 万元，完成曲湖泵站主体工程；计划投资 1.50 亿元，推动彭场“四基地两中心”第一期水利配套工程建设；投资 5000 万元，推进潮兴垸泵站建设。完成大垸子泵站在主泵房工程、拦污栅桥兼 S321 省道交通桥涵以及泵站引水渠开挖项目，推进其他配套项目建设。通顺河综合治理工程、沙湖泵站更新改造工程、杨林尾泵站更新改造工程、联丰泵站重建工程、王市口闸除险加固工程、东堤闸除险加固工程、袁家口闸重建工程、泽口灌区续建配套与现代化改造、冯保重点中型灌区节水配套改造、汉江生态经济带建设引隆补水工程、杜家台分蓄洪区配套建设工程纳入湖北省水利建设三年补短板计划。

（仙桃市档案馆）

【潜江市水利工程建设】 2020 年，潜江市推进中小河流治理、重点中型灌区节水改造、农村饮水工程维修养护、农业水价综合改革、小型农田水利设施维修养护、老新二站重点区域排涝能力建设、杨市泵站重点区域排涝能力建设等项目实施。完成灌区续建配套与节水改造、农业水价综合改革、田关至张金供水主管网建设等项目建设，总投资 1.57 亿元。实施兴隆河泵站新建、潜江市借粮湖垸堤加固、四湖流域骨干河渠堤防加固、潜江市田关河周矶段治理及潜江市农村供水设施改造等重点水利补短板项目，投资 7.54 亿元。向上争取兴隆灌区续建配套与现代化改造、泽口灌区（潜江部分）续建配套与现代化改造等项目资金 10.67 亿元。组织编制《“十四五”水安全保障规划》《潜江市“十四五”农村供水保障规划》《潜江市移民“十四五”规划》《潜江市兴隆灌区续建配套与现代化改造可行性研究报告》《潜江市泽口灌区（潜江部分）续建配套与现代化改造可行性研究报告》及农业综合水价改革实施方案等规划及方案，开展 2021 年移民项目库项目上报工作。筹措 1.20 亿元，启动张金至田关水厂管网改造工；投资 69 万元，兴建老新水厂水泵船 1 艘。为全市供水单位提供维修管材 102 万元。开展农村供水工程水质监督检测，完成农村集中供水工程水费收缴工作。

（潜江市档案馆）

2020 年，仙桃市杜台汉江分洪闸　　（仙桃市档案馆　供稿）

【天门市水利工程建设】 2020 年，天门市续建和新开工水利项目 16 个，下达投资计划 4.02 亿元，到位资金 3.38 亿元。完成农村饮水安全巩固提升、汉江堤防加固重点工程（汉北河天门段）、汉北河防洪治理二期工程、彭麻重点中型灌区节水配套改造工程建设。推进沉湖二泵工程、引汉灌区续建配套与节水改造工程剩余项目建设。谋划疫后重振水利补短板强功能“双十工程”三年行动方案，拟实施十项工程，推动十项工程。城市备用水源工程、老龙堤闸除险加固开工建设，完成投资3800万元。

加强水利工程招标投标管理、项目开工备案管理、验收管理、水利建设市场监管、信用体系建设。20个项目招投标实施备案，7个新开工项目实施开工备案管理。72个项目完成水利工程竣工验收，推进21个项目竣工验收。加强在建水利工程质量监管，落实农村饮水安全巩固提升工程、引汉灌区续建配套与节水改造工程规划剩余项目、汉北河防洪治理二期工程等10多个项目的建设质量行政监管。清查近5年水利建设项目，重点清查病险水库除险加固等防洪保安项目和农村饮水安全等35个民生项目。开展7个在建项目年度水利建设质量工作考核。创建水利工程建设监督管理平台，实时掌握建设动态、定期评估建设效果、及时预警建设行为。

【天门市城区雨污水分流管网建设】2020年，天门市加快实施城区雨污分流改造。投资约2.50亿元，新建污水管网6.30千米，建设单位小区内部雨污水管网40千米。改造城区70余个老旧小区和21个社区，推进其他片区及私房雨污水管网改造；投资1000万元，排查24条城区重点路段排水管网，完成整改问题约184处；投资4040万元，完成谌桥河、汉北河水系连通。推进西湖与北湖生态补水和水系连通工程，完成小南湖二期建设。完成东、西湖水循环8次，共21天。投资1000万元，完成西寺路雨水管网过街通道，推进老棉花公司及星星大街（经三路—公园泵站）排水管网改造工程，计划新建雨水管道约1230米。清疏雨水管40.80千米、污水管210.80千米，清掏雨水井1507座、污水井3642座。

（天门市文化和旅游局）

房地产开发

【武汉市房地产开发】2020年，武汉市落实“因城施策”“稳地价、稳房价、稳预期”的长效管理调控机制，房地产市场向上向好趋于稳定。主要指标均居19个副省级以上城市前列，商品房销售面积居第三位，新建住房销售面积居第一位，供应面积居第三位，房屋新开工面积居第二位，房屋施工面积居第四位，土地成交面积居第四位，房地产开发投资居第八位。

全年房地产开发投资2777.15亿元，比上年下降6.4%，占固定资产投资33.0%。其中，住房开发投资1959.80亿元，下降10.3%。房屋施工面积15568.86万平方米，增长14.8%，其中，住房施工面积10744.82万平方米，增长13.3%。房屋新开工面积3667.94万平方米，增长6.9%，其中，住房新开工面积2476.96万平方米，增长1.5%。房屋竣工面积777.95万平方米，增长11.5%，其中，住房竣工面积611.59万平方米，增长27.7%。房地产业税收471.25亿元，下降26.3%，占全市税收收入21.7%。

【武汉市商品房供应销售】2020年，武汉市商品房批准预售面积2893.23万平方米，比上年下降8.1%；供应套数257946套，下降7.0%。其中，新建住房批准预售面积2357.36万平方米，下降10.9%；供应套数203404套，下降11.2%。商品房网签销售面积2469.44万平方米，下降5.9%；成交套数224735套，下降7.2%。其中，新建住房销售面积2195.53万平方米，下降6.4%，占商品房总销售面积的88.9%；成交套数197187套，下降5.7%。存量房交易面积896.97万平方米，下降16.4%；交易套数90815套，下降14.4%。其中，存量住房交易面积817.81万平方米，下降12.3%；交易套数85788套，下降13.7%。新建商品住房销售均价14767.86元/平方米。

中心城区新房供销两旺，新城区整体供大于求。中心城区（含2个开发区）新建住房批准预售面积1302.72万平方米，占全市55.3%；新建住房网签销售面积1337.38万平方米，占全市60.9%。新城区新建住房批准预售面积1054.63万平方米，网签销售面积858.15万平方米。新城区、汉阳区供销面积均居武汉市

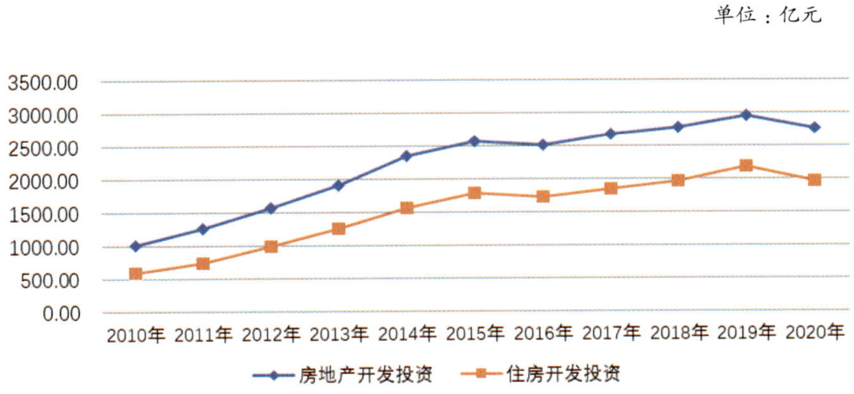

2010—2020 年，武汉市房屋（住房）开发投资走势图

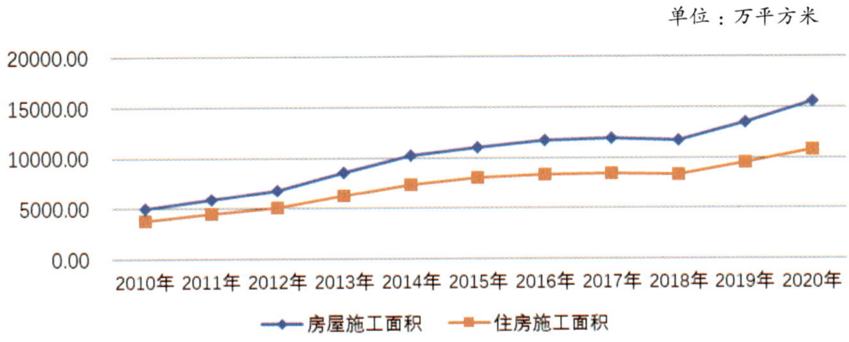

2010—2020 年武汉市房屋（住房）施工面积走势图

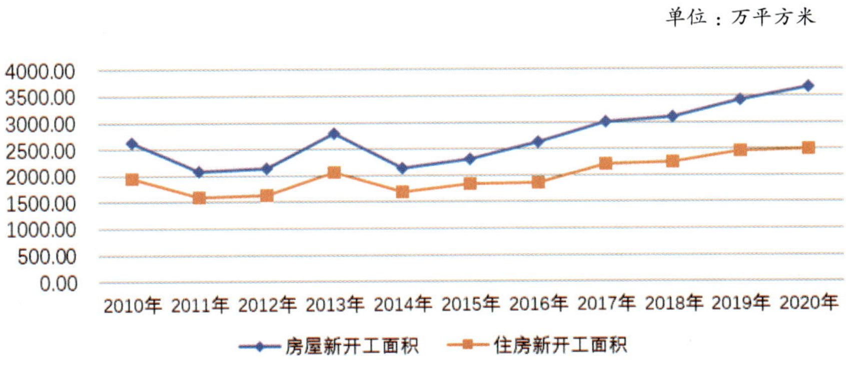

2010—2020 年武汉市房屋（住房）新开工面积走势图

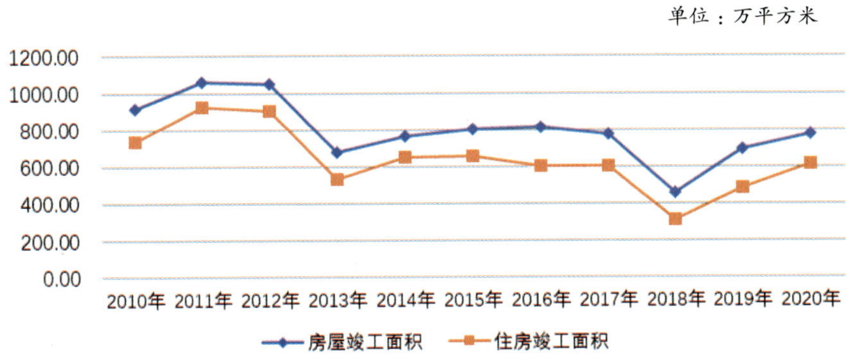

2010—2020 年武汉市房屋（住房）竣工面积走势图

前三位。中心城区新建住房成交均价 17490.38 元 / 平方米，增长 11.2%。新城区成交均价 10524.64 元 / 平方米，增长 8.7%。中小户型商品住房需求旺盛。全年 120 平方米以下新建住房销量占比 69.5%。其中，90—120 平方米（含 120 平方米）户型的销量占 52.8%；90 平方米以下（含 90 平方米）占比 16.6%。120—144 平方米（含 144 平方米）销量占比 24.2%。144 平方米以上销量占比 6.3%。10000—15000 元 / 平方米新建住房销量占比 32.7%；7000—10000/ 平方米新建住房销量占比 21.9%；7000 元 / 平方米以下销量占比 13.8%；15000—20000 元 / 平方米以上销量占比 20.0%；20000 元 / 平方米以上销量占比 11.6%。全市购买首套住房的刚需购房者占比 77.7%，购买二套住房占比 22.4%。武汉市居民购买住房面积 1503.55 万平方米，占比 76.7%，湖北省居民（除武汉市外）购房 341.72 万平方米，占比 17.4%；省外居民购房 116.37 万平方米，占比 5.9%。

【武汉市保障性住房管理】 2020 年，武汉市制发《武汉市公共租赁住房保障办法》，实施《武汉市公共租赁住房运营管理规范》，持续推进政府购买公租房运营管理服务。积极推进棚户区改造工作，争取中央补助资金 2.2 亿元，安排市级保障性安居工程专项资金 5.5 亿元，发行棚改专项债 392.43 亿元。落实“绿色通道”相关政策，加快项目规划、验收手续办理，

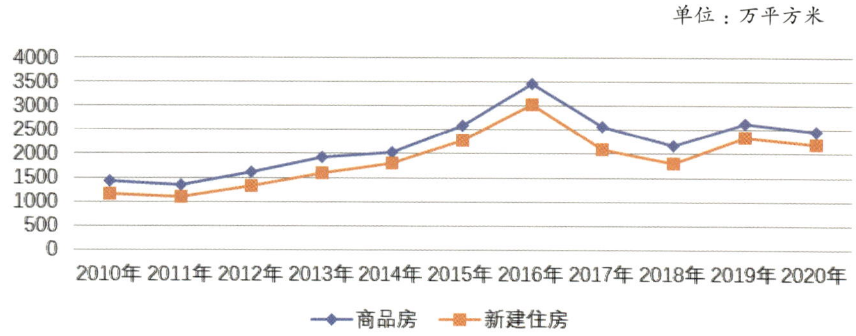

2010—2020 年武汉市房屋（住房）销售面积走势图

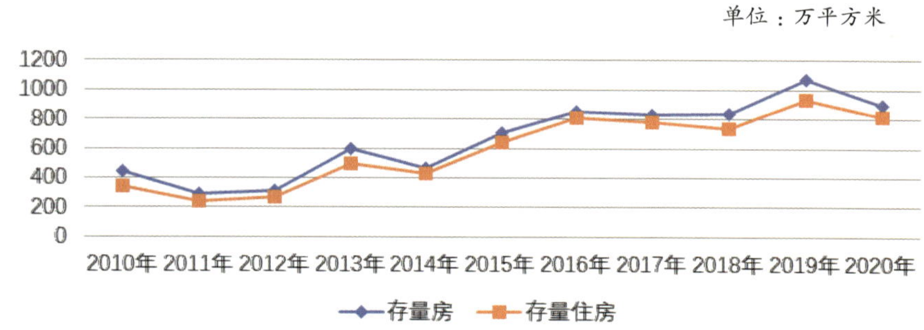

2010—2020 年武汉市存量房（住房）成交面积走势图

2020 年 12 月，武汉市黄陂绿地天河国际会展中心　　（但丁　供稿）

全市棚户区改造住房开工 26937 套，基本建成 33930 套，建设筹集公租房 3473 套，发放租赁补贴 11440 户，全面超额完成省市绩效目标。全市棚户区改造工作分别获国务院和省政府通报表彰和政策激励。

加快构建以保障性租赁住房和共有产权住房为主，公租房、共有产权房、人才保障房、征收安置房“四位一体”的住房保障体系，力推“人才安居”。开展房管暖心行动进校园活动，积极做好大学生及随迁亲属落户购房等工作。分批进驻武大、华科等 7 个校区，推荐首批 98 个楼盘供留汉大学生选择。建设筹集大学生租赁房 3.2 万套，10187 名大学毕业生以低于市场价 20.0% 以上配租入住。截至“十三五”末，全市累计新增各类保障性安居工程 26.36 万套（户），其中，棚户区改造 23.39 万套（户），新增公共租赁住房保障 2.97 万套（户），住房保障覆盖率达到 24.0%。保障群体从城镇中低收入住房困难家庭，扩大到无房新就业职工和新毕业大学生，累计筹集大学毕业生租赁房 3.25 万余套间，发放公租房租赁补贴 4.39 万余户。将租赁补贴标准调整到 25 元 / 平方米·人·月，在中部省会城市中居领先水平。

推行政府购买公租房运营管理服务，建立购买主体、保障对象及第三方共同参与的绩效评价机制，从考核“开工率”“竣工率”转变为考核“入住率”和“满意度”，确保公租房运营管理规范有序。

【武汉市房屋安全管理】 2020 年，武汉市着力打好危房治理组合拳，全市共消除城镇危房 294 栋，面积 30.50 万平方米。其中，B 级危房 183 栋，面积 23.75 万平方米；C 级危房 77 栋，面积 4.67 万平方米；D 级危房 34 栋，面积 2.08 万平方米。加强在册危房监控，强化鉴定行业监管，全市累计鉴定房屋 3683 栋（含局部鉴定 718 栋）。通过鉴定确认危房 906 栋，面积 36.72 万平方米。其中，B 级危房 171 栋，面积 19.84 万平方米；C 级危房 226 栋，面积 9.66 万平方米；D 级危房 509 栋，面积 7.22 万平方米。加大危房巡查监管力度，全市共有在册危房2614栋，面积190.17万平方米。其中，B级危房1037栋，面积121.01万平方米；C级危房1210栋，面积61.93万平方米；D级危房367栋，面积7.21万平方米。在册危房中，城镇危房1317栋，分别为B级728栋，C级549栋，D级40栋，其余为农村（垦区）危房。上述危房全部纳入房屋全生命周期安全管理系统进行监管巡查，全市累计巡查28891次、29592栋，面积2859.05万平方米。开展全市农村房屋安全隐患排查工作，共排查9个区2030个行政村自建房99366户。

单位：万平方米

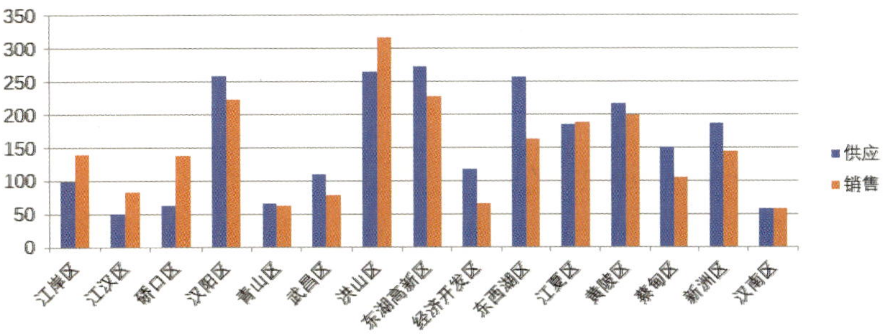

2020年武汉市各区新建住房供销面积柱状图

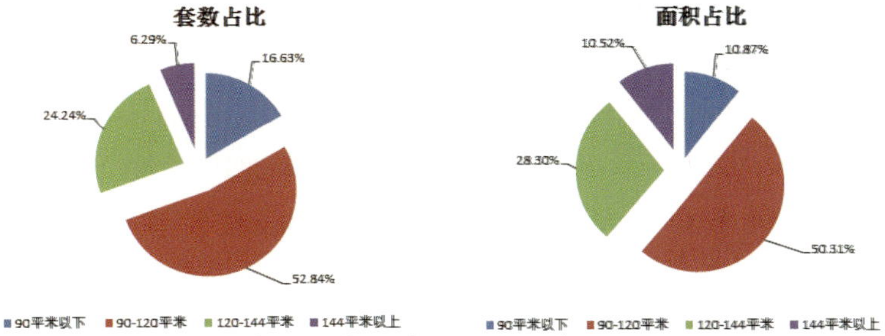

2020年武汉市商品房不同户型套数及面积比例图

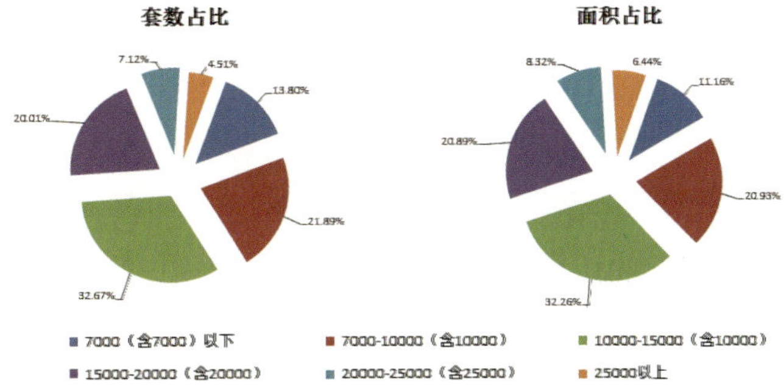

2020年武汉市商品房销售价格及面积比例图

【武汉市住房公积金管理】 2020年，武汉市公积金新开户单位6141家，净增单位4189家；新开户职工28.25万人，净增职工7.33万人；实缴单位35772家，实缴职工238.69万人，缴存额470.34亿元，分别比上年增长13.3%、3.2%、10.3%。截至12月底，缴存总额3374.47亿元，增长16.9%；缴存余额1469.40亿元，增长14.5%。

全年79.16万名缴存职工提取住房公积金；提取额290.58亿元，比上年增长11.7%，占当年缴存额的61.8%，比上年增加0.78个百分点。截至12月底，提取总额1905.07亿元，增长18.8%。全年发放个人住房贷款7.41万笔、423.76亿元，分别增长37.1%、54.7%。截至12月底，累计发放个人住房贷款69.38万笔、2361.59亿元，贷款余额1375.39亿元，分别增长13.3%、22.4%、27.6%。个人住房贷款余额占缴存余额的93.6%，增加9.6个百分点。

"十三五"期间，全市公积金新增缴存金额1883.89亿元，实缴职工增加57.48万人，较"十二五"期间增长105.2%、31.7%，实缴单位数由18605户增加至35772户，增长92.3%，归集规模稳居十五个副省级城市前列；为23.74万户家庭发放住房公积金贷款1140.48亿元，增长35.5%；拓宽提取范围、提高租房提取额度，共计提取公积金1193.48亿元；对资金使用精打细算、科学运作，新增增值收益80.96亿元，上缴廉租住房建设补充资金57.43亿元，增长55.7%、140.1%，全面超额地完成了"十三五"规划的各项目标任务。

【武汉市老旧小区改造】 2020年，武汉市强化老旧小区改造工作机制，制发《武汉市老旧小区改造技术导则》，明确改造标准，重点加强老旧小区水、电、气、路等基础设施和生活服务设施等方面改造，编制《老旧小区改造"十四五"规划》。建立项目储备库，开工390个小区,完工276个小区,完工率106.2%。积极争取国家资金支持，中央财补资金到位4.95亿元，中央预算内投资资金1.03亿元，发行专项债108.27亿元。落实长效管理，将老旧小区改造与“红色物业”紧密结合，组织开展物业小区“双评议”，促进小区公共服务和综合管理落实，做好改造后续维护管理，不断提升老旧小区人居环境。

（武汉市地方志办公室）

【黄石市保障性安居工程建设】2020年，黄石市棚户区改造开工7683套（户），开工率101.6%；基本建成5523套（户），基本建成率109.0%。政府投资公租房合计15324套，实物配租14922户，配租比例97.4%。为1058户符合条件的家庭发放补贴228.12万元，完成目标任务111.4%。推进“滞签户”签约工作，推动征收项目落实居民搬迁、房屋腾退、土地清场工作。加强城镇老旧小区改造工作，完成42个小区、29031户，累计投资5.69亿元。开工建设89个小区、29848户，计划投资8.18亿元。累计完成投资4.10亿元，61个小区完工，完工率68.0%。推进道路硬化、管网升级、房屋修缮等基础设施建设，新增停车位3536个、文体休闲设施4216平方米，电动充电桩1146个，新建社区综合服务设施9183平方米。

【黄石市房地产开发】2020年，黄石市城区核发预售许可证77个。批准预售商品住房面积144.7万平方米、12222套，分别比上年下降33.5%、32.5%；销售商品房129.11万平方米、10815套，分别下降2.2%、2.4%；新建商品住房销售均价6334元/平方米，下降6.2%；商品住房库存面积207.91万平方米、16810套，去化周期16.10个月。全市(含大冶、阳新）销售商品房299.65万平方米，减少23.5%，增幅居湖北省第八位。举办第十九届住房成就展示大会，开展防范和打击非法集资等金融风险宣传教育活动和扫黑除恶、房地产市场整治专项行动。疫情期间，协调和督促56个在售在建房地产项目复工复产。出台《关于支持我市房地产开发企业复工复产确保房地产市场平稳健康发展的补充措施》，提高预售监管资金使用效率。

（黄石市档案馆）

2020年12月4日，黄石市第19届住房建设成就展示大会

（黄石市档案馆　供稿）

【鄂州市房地产开发】2020年，鄂州市房地产开发投资75亿元，比上年增长26.0%。在库建筑业企业（94个）产值103.56亿元，下降49.6%。商品住房可售1.10万套、去化周期6.90个月。编制“十四五”住房发展规划，谋划实施“东进、西融、南控、中优”的住房发展策略。新建商品住房批准预售17633套，面积194.30万平方米，下降10.8%。新建商品住房销售15089套，面积167.19万平方米，下降22.1%。存量房（二手房）成交2922套，面积28.71万平方米，下降59.7%。其中，存量住房成交2765套，面积27.02万平方米，下降60.2%。市不动产中心发放不动产证85748本，其中，发放电子证书（证明）9741份，累计查询次数50000余次。

完善物业服务“1+3”制度体系，修订出台《鄂州市住宅专项维修资金管理办法》《鄂州市住宅小区物业服务质量考评办法》《鄂州市物业服务企业承接和退出住宅小区管理办法》，中心城区467个

2020年鄂州市商品房成交备案面积统计表

月份	商品房备案套数	商品房备案面积（万平方米）	比上年±%	其中：住宅套数	环比±%	比上年±%	住宅面积（万平方米）	环比±%	比上年±%
1	1283	13.18	-26.7	1283	-15.0	—	13.18	-21.1	-22.5
2	—	—	-100.0	—	-100.0	-100.0	—	-100.0	-100.0
3	99	1.05	-94.7	99	100.0	-94.2	1.05	100.0	-94.5
4	1421	16.19	-23.6	1399	1313.0	-23.5	16.00	1423.0	-22.0
5	1203	13.69	-17.1	1173	-16.2	-16.6	13.35	-16.6	-11.0
6	985	11.03	-36.7	948	-19.2	-39.7	10.68	-20.0	-37.5
7	1330	13.96	-27.4	1234	30.2	-25.5	13.32	24.7	-27.8
8	1276	14.82	-44.9	1206	-2.3	-47.1	13.85	4.0	-45.5
9	1835	19.92	-12.1	1806	49.8	-9.8	19.59	41.4	-11.0
10	1654	18.33	5.2	1582	-12.4	0.3	17.43	-11.0	3.8
11	2684	29.65	34.4	2598	64.2	39.2	29.10	67.0	40.6
12	1829	20.14	14.8	1761	-32.2	16.6	19.64	-32.5	17.6
合计	15599	171.96	-23.7	15089	—	—	167.19	—	-22.1

2020年鄂州市二手房成交备案面积及套数统计表

月份	二手房备案套数	二手房备案面积（万平方米）	比上年±%	其中：二手住宅套数	比上年±%	二手住宅面积（万平方米）	比上年±%
1	332	3.39	-39.2	332	-38.7	3.39	-37.6
2	—	—	-100.0	—	-100.0	—	-100.0
3	—	—	—	—	—	—	—
4	79	0.72	-90.8	75	-90.3	0.70	-90.5
5	311	2.94	-59.5	311	-51.6	2.94	-52.2
6	333	3.05	-40.4	333	-35.5	3.05	-39.7
7	429	5.00	-22.1	399	-40.1	4.40	-30.7
8	369	3.50	-43.5	324	-46.6	3.00	-51.0
9	301	2.81	-62.7	268	-61.1	2.60	-64.9
10	212	2.00	-59.2	212	-54.0	2.00	-57.6
11	295	2.77	-53.5	275	-49.9	2.63	-51.3
12	261	2.53	-41.0	236	-45.9	2.31	-44.6
合计	2922	28.71	-59.7	2765	—	27.02	-60.2

2020 年鄂州市棚户区改造项目统计表

项目名称	项目地址	安置改造户数	安置改造面积（万平方米）	投资额（万元）
燕矶（机场）二期（城中村）棚户区改造	燕矶、杨叶地块	13232	219	138400
葛店新城二期	葛店开发区张家湾社区、邓平社区	3321	38.59	100349
葛店开发区智能制造产业园棚户区改造项目	智能制造产业园区地块	3890	40.85	106197
城南小区安置点棚户区改造项目（含雷山）	小桥村（肉联厂宿舍区地块、小桥安置点、驰恒之城南，银龙置业北）	3283	58.47	282588
英山片区棚户区改造项目	鄂城新区英山地块	641	9.71	51738
月陂片区棚户区改造项目	鄂城区新区月陂地块	707	10.84	72695
茨塘片区棚户区改造项目	茨塘地块	913	12.52	98695
菜园头片区棚户区改造项目	凤凰街办菜园头 4、5、6、7、8、9 组	191	5.79	25970
葛店新城、邓平村、张家湾村棚户区改造项目	葛店新城、邓平、张家湾	6279	65.93	171416.70

2020 年鄂州市住房公积金支取情况统计表

月份	一般支取		销户支取人数		转出提取		合计	
	人数	金额（万元）	人数	金额（万元）	人数	金额（万元）	人数	金额（万元）
1	8329	4757.76	429	1649.21	23	35.46	8781	6442.43
2	7610	1395.07	—	—	—	—	7610	1395.07
3	7873	1983.36	271	845.25	7	30.88	8151	2859.49
4	9102	6063.09	701	2734.96	26	44.88	9829	8842.93
5	8895	5535.02	728	2339.17	24	44.29	9647	7918.48
6	9068	6276.73	924	2168.39	30	49.21	10022	8494.33
7	9161	6487.88	678	2326.13	31	160.91	9870	8974.92
8	9353	7272.64	344	1422.83	24	56.64	9721	8752.11
9	9553	6951.49	353	1288.53	17	21.32	9923	8261.34
10	9304	4975.50	242	1224.25	12	34.45	9558	6234.20
11	11270	10011.22	559	3469.68	19	72.24	11848	13553.14
12	11144	8840.60	390	1643.56	24	45.13	11558	10529.29
合计	110662	70550.36	5619	21111.96	237	595.41	116518	92257.73

住宅小区物业管理覆盖率100%。归集住宅专项维修资金2.99亿元，住宅小区维修25笔，支取返还住宅专项维修资金234.32万元。出台《鄂州市被征收集体土地上的房屋征收补偿安置办法》，化解依山居、东塔路林家河拆迁安置楼、市博物馆建设工程拆迁安置补偿等历史遗留问题。

【鄂州市保障性住房建设】 2020年，鄂州市投资公租房6581套，分配5990套，分配率91.0%。发放公租房租赁补贴141户，保障763人，补贴25.69万元。审核发放高层次人才购房补贴款17.36万元。人才公寓网上申请“一站式”服务审核通过28人。新增公租房保障对象家庭52户，轮候保障对象清零。收缴租金279.83万元，收缴率95.0%。开展公租房小区规范管理评价，完善公租房配套基础设施和公共服务，投入维修资金50.50万元。棚户区改造项目基本建成3321套，完成目标任务的107.1%。发放城镇住房保障家庭租赁补贴141户，完成目标任务的108.5%。推进城南、英山、月陂、鄂州职业大学城中村、司徒、江家湾等安置小区工程建设。英山、月陂项目争取中央补助资金4044万元。燕矶、杨叶安置小区一期完成分房选房，二期启动实施。开展农村房屋安全隐患排查整治行动。城镇老旧小区改造项目争取中央补助资金13227万元，城区老旧小区改造项目开工建设277个，全市50个小区成功申报住建部2021年城镇老旧小区改造计划。

【鄂州市住房公积金管理】 2020年，鄂州市住房公积金中心归集住房公积金12.40亿元，完成年计划的13.5%。发放住房公积金贷款10.63亿元，完成年计划的177.2%。增值收益6996.15万元，完成年计划的139.9%。制定《鄂州市住房公积金个人自愿缴存与使用管理暂行办法》《关于应对当前新型冠状病毒肺炎疫情政策服务保障措施的通知》《关于应对新冠肺炎疫情实施住房公积金阶段性支持政策的通知》。办理17个困难企业缴存降比，受益849人，减轻企业负担约117万元；办理7个困难企业缓缴，受益543人，缓解企业资金压力约145万元。为困难职工办理租房提取1079人、1085万元。不作逾期处理贷款231笔、1668.26万元。加入长江中游城市群住房公积金合作“朋友圈”，推进“放管服”改革。上线公积金“e心办”智能云服务平台，3大类59项线上业务迈入“云时代”。部署开通“公积金驿站”，建立市域全覆盖的智能自助终端。完成湖北省公积金“跨省通办”第一单，全面取消24项证明材料，精简28项业务材料46件。

（鄂州市档案馆）

【孝感市房地产开发】 2020年，孝感市房地产开发投资152.36亿元，比上年下降17.5%。商品房施工面积1071.13万平方米，下降8.6%。商品房竣工面积292.08万平方米，下降6.1%。商品房销售面积375.92万平方米，下降20.8%，其中商品住房的销售面积306.08万平方米，下降26.2%。批准预售168宗，新核准预售面积439.65万平方米，累计可售房源7.31万套、820.93万平方米，其中，孝感城区批准预售79宗，新核准预售面积149.12万平方米，可售房源2.79万套、305.39万平方米。全市商品房销售均价5275元/平方米，上升2.1%，其中，商品住房销售均价5194元/平方米，上升2.2%。孝感城区商品房销售均价6115元/平方米，上升1.5%，其中，商品住房销售均价5997元/平方米，下降1.0%。

（孝感市史志研究中心）

【黄冈市保障房建设和房地产开发】 2020年，黄冈市办理开发资质审批业务460项，增幅14.1%。全市房地产开发企业745家，新增36家；市区房地产开发企业199家（其中“僵尸”企业69家），新增6家。全年核发17个开发项目、67栋商品房、45个预售许可证，预售面积95.94万平方米，增幅26.1%。“十三五”期间，全市房地产投资总额1243.07亿元，拉动GDP增长约0.8%，比“十二五”期末增加734.37亿元，增长144.4%。

（黄冈市史志研究中心）

【咸宁市保障房建设】 2020年，咸宁市实施“133”高质量发展区域和产业战略布局，推进棚户区改造清零交地和廉租房补贴发放，

2020年5月15日，咸宁市举办"建筑业支持与纾困计划"对接会

（咸宁市史志研究中心　供稿）

棚户区改造项目实际开工394套（户），基本建成235套（户），发放租赁补贴1827户，开工率、建成率、完成率均100%，居湖北省第四位，获100万元奖励。筹集公（廉）租房37355套，完成分配34008套，分配率达91.0%。纳入"全国公租房信息系统贯标联网工作"试点城市，完成全市房源信息录入总量37395套、保障家庭信息数量32785户、配给信息数量30451户。创新提出"七让里"公租房小区创建理念（让群众住进城里、让支部建在区里、让老人养在院里、让病床设在家里、让工资打在卡里、让幼儿托在所里、让学生走进校里），在肖桥、南苑和高新区创业公寓开展创建活动。探索出台公租房管理"四化"新规（党建活动常态化、社会管理网格化、小区服务智能化、运营管理市场化）。

【咸宁市房地产开发】 2020年，咸宁市商品房批准预售面积406.49万平方米，比上年下降22.2%，其中，城区177.28万平方米，下降8.6%。商品房销售面积391.20万平方米，下降9.0%，其中，城区167.78万平方米，下降10.8%。商品房销售金额185.19亿元，下降8.3%，其中，市城区89.86亿元，下降18.8%。房地产开发投资100.56亿元，其中城区40.73亿元。商品住房库存334.48万平方米、去化周期9.59个月，其中，城区143.45万平方米、去化周期9.57个月。全市商品房销售面积总量居湖北省第四位，增幅居第二位；销售金额总量居第五位，增幅居第四位；房地产开发投资增幅居第二位。出台《关于应对新冠疫情促进房地产业健康平稳发展的通知》、扶持政策10条。批准项目预售许可73个，拨付预售资金340余笔，提前释放资金约10.18亿元。开展房地产开发、中介及物业服务市场秩序专项整治，行政处罚项目2个，下达整改通知书项目15个。排查340个房地产开发项目，梳理楼盘项目9类43个。实施市直房地产项目维稳领导小组工作机制，落实联席会议制度，出台化解房地产领域矛盾纠纷工作方案，促进房地产发展。

（咸宁市史志研究中心）

【仙桃市保障房建设】 2020年，仙桃市新开工棚改项目4个、

仙桃新城实景图　　（仙桃市档案馆　供稿）

930套，占目标任务的100%，其中，棉花公司危旧房改造42套，原仙桃宾馆和外贸局宿舍71套，通顺河小区三期356套，时代三期（昌丁陈小区）461套。建成棚改安置住房3071套，占目标任务的102.0%。争取中央保障性安居工程资金3446万元、国开行三年期复工复产过桥贷款3.50亿元，发行棚改专项债券1亿元。加大政策宣传力度，保障家庭实行“分类保障、差别补贴”，发放中等偏下收入住房困难家庭补贴1171户，占目标任务的117.0%。

【仙桃市房地产开发】 2020年，仙桃市出台《促进房地产市场平稳健康发展的措施》。新建商品房上市172万平方米，比上年增长6.2%。其中，商品住房161.80万平方米，增长7.9%。新建商品房销售150.50万平方米(12597套),下降9.95%,其中，住宅138万平方米（11422套），下降7.4%。新建商品房成交均价5825元/平方米，增长3.9%，其中，住宅5694元/平方米，增长4.5%(城区住宅5841元/平方米，增长2.6%)。加强预售资金监管，归集预售资金61.80亿元，拨付53.90亿元。开展专项整治行动，巡查房地产开发企业项目35家、房地产中介机构75家、物业服务企业35家。加强与公安、金融等部门的衔接沟通，建立房地产领域涉嫌非法集资活动线索报送与认定机制。新办理预售的项目实行一房一价备案制，加大商品住房销售价格的监测预警，坚持房地产信息发布制度。

【仙桃市住房公积金管理】 2020年，仙桃市办理公积金贷款业务1257宗，发放贷款4.62亿元，比上年增长1.1%；办理公积金提取业务6470宗，提取资金4.10亿元。新开户单位65家，新增开户人数3913人，完成年度计划（3000人）的130.4%。全年归集住房公积金7.53亿元，增长14.3%，完成年度计划（5.6亿元）的134.5%。

推进住房公积金扩面工程总体要求，落实阶段性住房公积金支持政策。公积金窗口实行业务办理综合柜员制，按照“一门引入、一窗办理、一站服务、一次办结”的要求，平行受理各类业务。设置导办台，开通叫号服务，窗口人员挂牌上岗，主动“亮姓名”“亮身份”“亮笑脸”。实行“首问负责制”，一次性告知、第一时间办结。完善公积金微信平台，实现“屏上办”“网上办”“线上办”。推出延时服务、网上服务和上门服务等特色服务。支持百胜餐饮、加多宝、耀莱成龙影视三家企业缓缴半年公积金（37.10万元）。制定《住房公积金窗口服务规范》《住房公积金窗口绩效考核方案》。加强日常考核，定期、定量检查窗口人员及业务，组织回访，公开通报检查结果。召开公积金运营风险研判分析专题会，研究制定风险防控措施，形成常态化监督管理。推行银行包挂制，组织专班上门服务重点企业、单位。

（仙桃市档案馆）

【潜江市房地产开发和保障房建设】 2020年，潜江市商品房销售面积43.58万平方米，比上年下降37.6%；销售3975套（间），下降35.7%；销售金额25.32亿元，下降32.8%。其中，住宅销售面积39.22万平方米，下降35.7%；住宅销售3232套，下降33.0%；住宅销售金额22.38亿元，下降29.2%。住宅销售均价5810元/平方米，增长76.9%。非住宅销售面积4.36万平方米，下降50.5%；非住宅销售金额2.94亿元，下降51.3%。全市商品房上市面积44.24万平方米，其中，住宅面积33.94万平方米，非住宅面积10.30万平方米。

全市保障性安居工程新开工建设保障房2117套，完成目标任务的100%；基本建成保障房1238套，完成目标任务的155.0%；租赁补贴发放80户，完成目标任务的160.0%。

【潜江市住房公积金管理】 2020年，潜江市住房公积金新增缴交2669人，归集住房公积金6.17亿元（累计归集39.51亿元），提取住房公积金3.60亿元。年末公积金余额20.70亿元，发放住房公积金个人贷款3.63亿元。累计发放住房公积金个贷15.14亿元，年末个贷余额8.86亿元。全年公积金增值收益3443.32万元，累计实现增值收益2.23亿元。市住房公积金中心“一张网”项目试运行，对接“鄂汇办”平台，开发便民服务事项12个。升级更新网上服务大厅，综合服务平台通过验收。梳理排查住房公积金缴存、提取、贷款、转移等业务工作中的风险节点，完善业务流程，加强风险监督，实现贷款逾期率为“零”。全年办理住房公积金缓缴企业44家、18317万元。

（潜江市档案馆）

天门市锦绣玉带杨家新沟　（天门市文化和旅游局　供稿）

【天门市房地产开发】2020年，天门市房地产开发投资31.51亿元，比上年下降40.2%；销售商品房57.30万平方米，下降60.0%；商品住房成交均价4847元/平方米，下降1.9%；商品住房库存面积181.58万平方米。实施商品房合同备案5070宗、面积60.63万平方米；二手房交易1124宗、面积23.58万平方米。全市房地产从业人员1797人，下降23.1%；房地产从业人员劳动工资总额6365.10万元，下降17.3%。排查房屋安全隐患61处，排查面积4.38万平方米，鉴定房屋153栋、面积5.64万平方米，出具危房治理通知书64份，督促治理危险房屋58栋。签订《新建房屋白蚁预防工程项目服务委托书》20份，预防施药95.15万平方米，完成职能工作目标的158.5%。办理合同备案6233宗，商品房项目测绘23个，出具测绘成果图1982份。开展中介市场调研、“扫黑除恶”、防范打击“非法集资”专项宣传教育月等活动。约谈问题企业9家，下达《责令整改通知书》10份。推动涉房信访矛盾问题化解工作，实行专人专班化解重点楼盘信访矛盾。

【天门市住房公积金管理】2020年，天门市实施“扩面工程”，扩大制度惠及面、归集面，推进“资金池”工作。开展“大走访、大宣传、大服务”活动。新增缴存职工3277人，占年计划109.2%；新增归集额5.79亿元，占年计划115.8%，制度覆盖率65.0%。推行“一柜合办”综合柜员制，简化审批流程，缩短审批时限，实行“不见面”审批，加强“贷前、贷中、贷后”全程稽核与管理。全年发放贷款956笔、3.01亿元，占年计划100.3%，个贷率75.0%左右。规范资金管理，强化资金的监管与营运，优化资金存贷结构，编制财务报表，接受财政、审计部门和社会监督。全年实现增值收益3137万元，占年计划的241.3%，增长15.97%。

【天门市保障性住房建设】2020年，天门市竣工验收棚户区改造项目2个，房屋4000套。向上争取棚改建设资金730万。分2个批次为123户中低收入家庭和新就业职工实施公共租赁住房配租。城镇住房保障家庭租赁补贴发放659户，新增租赁补贴对象6户。提升保障房信息化管理水平，配合省厅和建行构建全国公租房信息系统，3655套公租房纳入系统管理。加强保障房动态监管，全年清理腾退房屋135套。续建、新建东湖三期，南湖一期、二期，文昌阁一期、二期、三期，前壕一期7个棚改项目，总建筑面积96.30万平方米，惠及居民2.60万人，累计总投资9500万元。其中，南湖一期、前壕一期住宅楼完工，交付7栋、718户，总建筑面积7.93万平方米。

（天门市文化和旅游局）

编辑：卢永会

校对：代建合

生态文明建设

环境质量状况

【武汉市环境空气质量】 2020年，武汉市环境空气质量为“优”的天数为100天，比上年增加59天；“良”209天；“轻度污染”52天；“中度污染”3天；“重度污染”2天。

全年266个污染日中，首要污染物为细颗粒物（PM2.5）有86天，占32.3%；可吸入颗粒物（PM10）19天，占7.1%；臭氧（O_3）125天，占47.0%；二氧化氮（NO_2）33天，占12.4%；其他（细颗粒物和臭氧、细颗粒物和二氧化氮、细颗粒物和可吸入颗粒物同为首要污染物各有1天）3天，占1.1%。

臭氧日最大8小时月均浓度夏季最高，春秋季次之，冬季最低；二氧化硫月均浓度秋季最高，春季、冬季次之，夏季最低；其他4项污染物月均浓度均为冬季最高，春秋季次之，夏季最低。夏季臭氧、冬季细颗粒物的季节性污染特征比较明显。

全年各项污染物年均浓度均比上年下降，其中，可吸入颗粒物、细颗粒物、二氧化氮年均浓度下降幅度最大。臭氧日最大8小时平均年均浓度和臭氧日最大8小时平均浓度第90百分位数分别下降8.0%和18.0%。

武汉市城区环境空气中的细颗粒物年平均浓度37微克/立方米，超过《环境空气质量标准》（GB3095-2012）年平均浓度二级标准0.06倍，日平均浓度的第95百分位数91微克/立方米，超过日平均浓度二级标准0.21倍。与上年相比，年平均浓度减少8微克/立方米，日平均浓度的第95百分位数减少10微克/立方米。细颗粒物日平均浓度范围为5—173微克/立方米，达标率88.9%。国控点细颗粒物浓度年平均浓度值在33—46微克/立方米之间，日平均浓度的第95百分位数在73—101微克/立方米之间。

武汉市城区环境空气中的可吸入颗粒物年平均浓度58微克/立方米，达到《环境空气质量标准》（GB3095-2012）年平均浓度二级标准；日平均浓度的第95百分位数116微克/立方米，达到日平均浓度二级标准。与上年相比，年平均浓度减少13微克/立方米，日平均浓度第95百分位数减少14微克/立方米。可吸入颗粒物日平均浓度范围为8—216微克/立方米，达标率99.2%。国控点年平均浓度值在53—61微克/立方米之间，均达标；日平均浓度的第95百分位数在105—127微克/立方米之间，均达标。

武汉市城区环境空气中二氧化硫年平均浓度8微克/立方米，达到《环境空气质量标准》（GB3095-2012）年平均浓度二级标准，日平均浓度的第98百分位数16微克/立方米，达到日平均浓度二级标准。与上年相比，年平均浓度减少1微克/立方米，日平均浓度的第98百分位数减少1微克/立方米。二氧化硫日平均浓度范围为4—21微克/立方米，均达标。国控点年平均浓度值在6—9微克/立方米之间，均达标；日平均浓度的第98百分位数在13—20微克/立方米之间，均达标。

武汉市城区环境空气中的二氧化氮年平均浓度36微克/立方米，达到《环境空气质量标准》（GB3095-2012）年平均浓度二级标准，日平均浓度的第98百分位数84微克/立方米，超过日平均浓度二级标准0.05倍。与上年相比，年平均浓度减少8微克/立方米，日平均浓度的第98百分位数减少8微克/立方米。二氧化氮日平均浓度范围为10—124微克/立方米，达标率96.2%。国控点年平均浓度值在29—41微克/立方米之间，仅汉口江滩测点超标；日平均浓度第98百分位数在76—94微克/立方米之间。国控点全年日平均浓度超标率在0.8%—6.6%之间。

武汉市城区环境空气中的臭氧日最大8小时滑动平均浓度年均值92微克/立方米，第90百分位数150微克/立方米，达到《环境空气质量标准》（GB3095-2012）中臭氧日最大8小时滑动平均浓度二级标准。与上年相比，年平均浓度减少8微克/立方米，日平均浓度的第90百分位数减少33微克/立方米。全年臭氧日最大8小时滑动平均浓度范围为5—215微克/立方米，达标率93.7%。国控点年平均浓度值在86—98微克/立方米之间；日平均浓度第90百分位数在141—161微克/立方米之间。

武汉市城区环境空气中的一氧化碳年平均浓度0.9毫克/立方米，日平均浓度的第95百分位数1.2毫克/立方米，达到《环境空气质量标准》（GB3095-2012）日平均浓度二级标准。与上年相比，年平均浓度减少0.1毫克/立方米，日平均浓度的第95百分位数减少0.3毫克/立方米。一氧化碳日平均浓度范围为0.4—1.8毫克/立方米，均达标。国控点年平均浓度值在0.8—0.9毫克/立方米之间；日平均浓度第95百分位数在1.2—1.4毫克/立方米之间，均达标。各监测点位日平均浓度均达标。

武汉市降水pH年均值范围为4.97—8.13，平均值6.34，比上年增加0.25；全市酸雨样品检出率2.4%，比上年减少1.9个百分点；

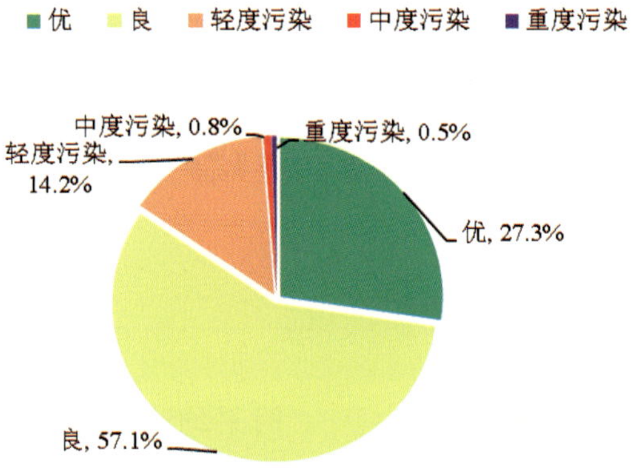

2020年武汉市环境空气质量各级别天数比例图

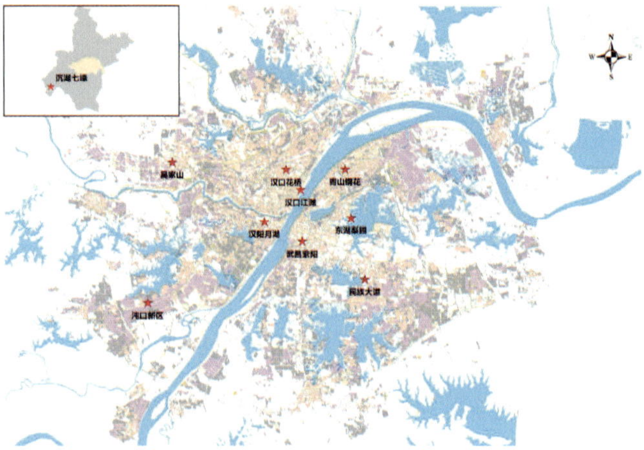

2020年武汉市环境空气质量国控监测点分布图

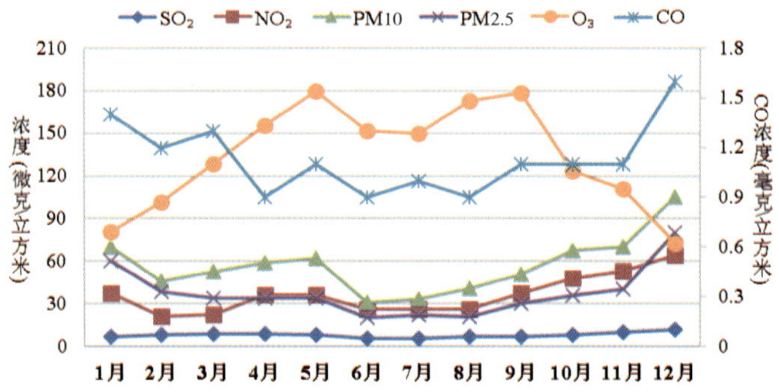

2020年武汉市环境空气质量6项污染物月均浓度变化图

2020年武汉市6项污染物年均浓度和浓度变化幅度统计表

污染物统计项目	数量	浓度变化幅度
二氧化硫年均浓度（微克/立方米）	8	-11.1%
二氧化氮年均浓度（微克/立方米）	36	-18.2%
可吸入颗粒物年均浓度（微克/立方米）	58	-18.3%
细颗粒物年均浓度（微克/立方米）	37	-17.8%
臭氧日最大8小时年均浓度（微克/立方米）	92	-8%
臭氧日最大8小时平均浓度第90百分位数(微克/立方米)	150	-18%
一氧化碳年均浓度（毫克/立方米）	0.90	-10%
一氧化碳日平均浓度第95百分位数（毫克/立方米）	1.20	-20%

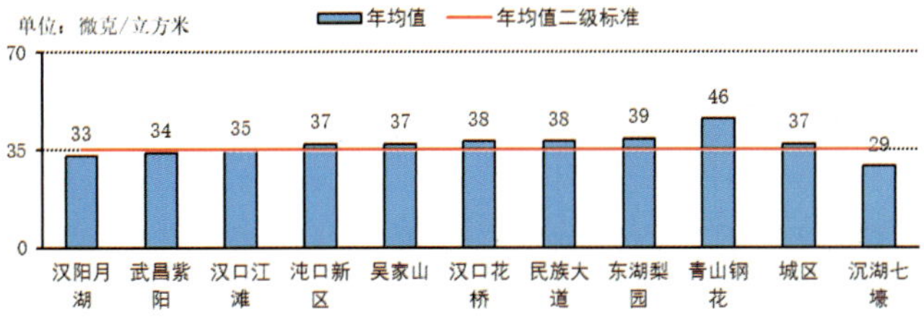

2020年武汉市国控监测点PM2.5年均浓度比较图

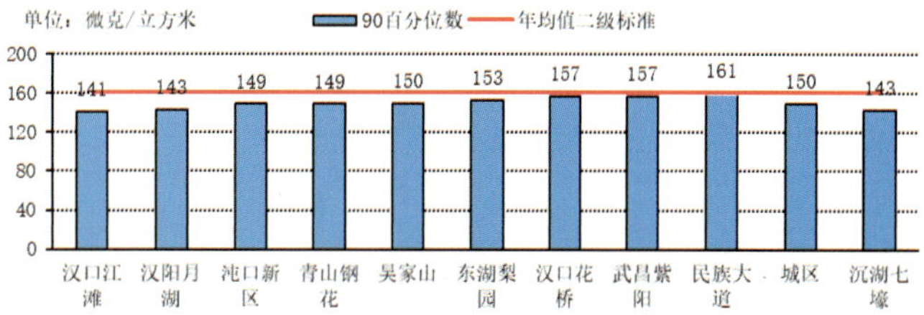

2020年武汉市国控监测点O_3日最大8小时平均浓度第90百分位数比较图

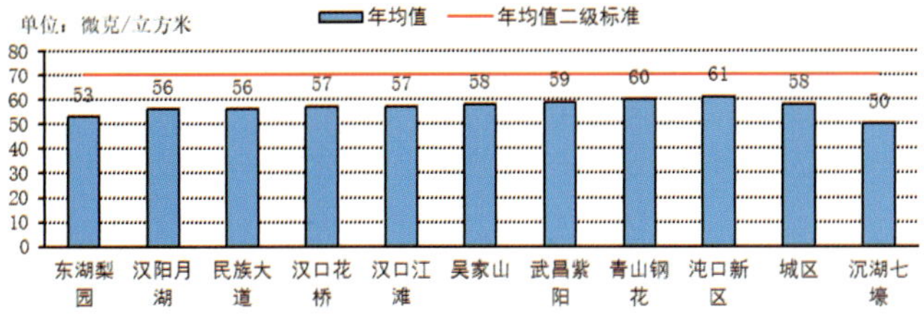

2020年武汉市国控监测点PM10年均浓度比较图

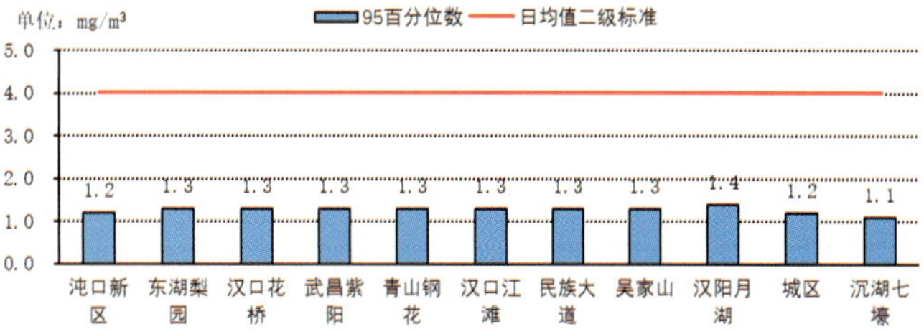

2020年武汉市国控监测点CO日均浓度第95百分位数比较图

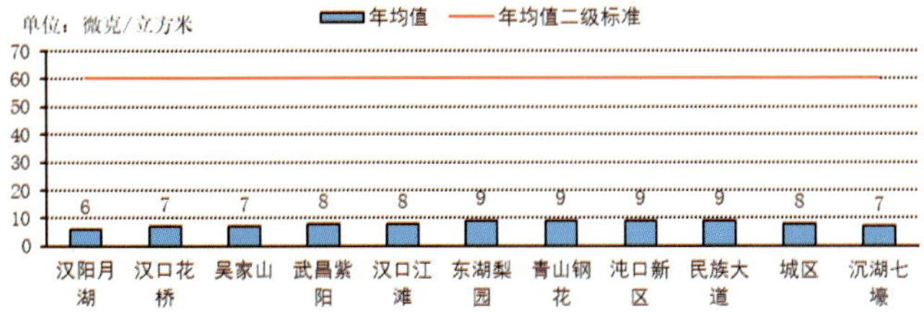

2020年武汉市国控监测点SO_2年均浓度比较图

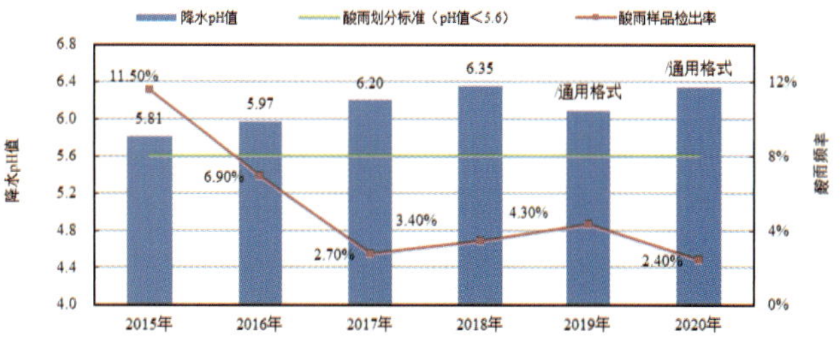

2015—2020年武汉市降水pH值及酸雨检出率图

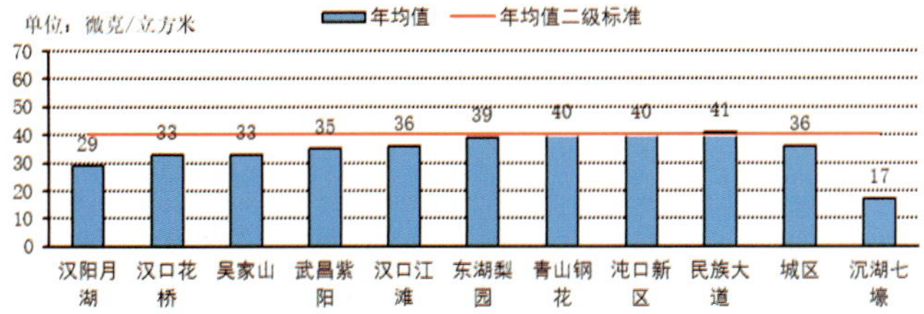

2020年武汉市国控监测点NO_2年均浓度比较图

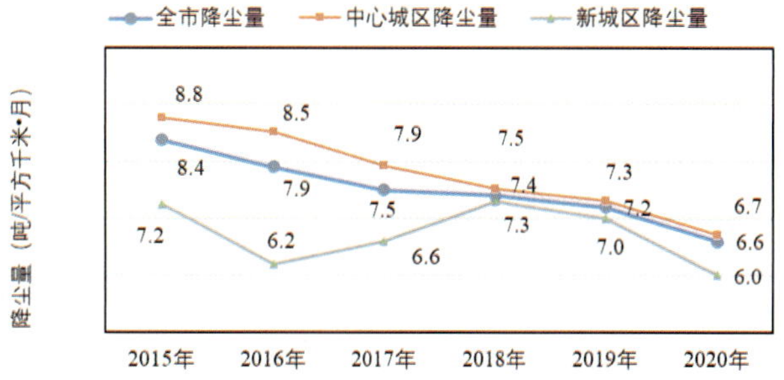

2015—2020年武汉市降尘量变化趋势图

酸雨雨量检出率 1.7%，减少 5.3 个百分点。酸雨 pH 年均值 5.39，增加 0.24。全市降水污染程度较上年减轻。与 2015 年（“十二五”末）相比，全市降水 pH 值增加，酸雨频率明显下降。

武汉市降尘平均值 6.6 吨 / 平方千米·月，比上年减少 0.6 吨 / 平方千米·月；中心城区降尘平均值 6.7 吨 / 平方千米·月，减少 0.6 吨 / 平方千米·月；新城区降尘平均值 6.0 吨 / 平方千米·月，减少 1.0 吨 / 平方千米·月。全市降尘量较 2019 年减少。与 2015 年（“十二五”末）相比，全市降尘平均值减少 1.8 吨 / 平方千米·月，降尘污染明显减轻。

【武汉市地表水环境质量】 2020 年，武汉市开展例行监测的 30 个河流断面中，9 个断面为Ⅱ类水质，15 个断面为Ⅲ类水质，5 个断面为Ⅳ类水质，1 个断面为Ⅴ类水质。27 个河流断面水质达标，达标率 90%，不达标断面的主要超标污染物为氨氮、化学需氧量和生化需氧量等。

与上年相比，水质优良（Ⅲ类及以上）的断面比例保持稳定，无劣Ⅴ类水质断面。滠水河口断面、马影河船头山断面水质好转，汉江宗关断面、沙河旧街断面和四合庄断面、通顺河挖沟泵站断面水质下降，其他断面水质无明显变化。

与 2015 年（“十二五”末）相比，30 个河流例行监测断面中，水质好转的断面有 15 个，其中 3 个断面水质明显好转；水质变差的断面有 5 个。基本消除劣Ⅴ类断面。氨氮、总磷、化学需氧量等主要污染物浓度均有明显下降，河流总体水质明显好转。

2020 年，武汉市开展水质监测的

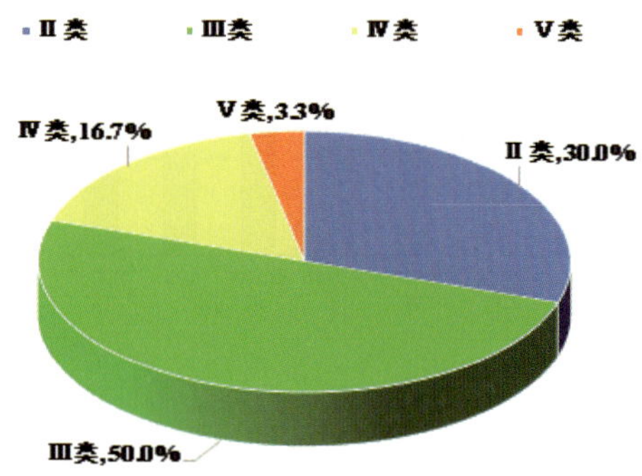

2020 年武汉市主要江河流断面水质类别比例图

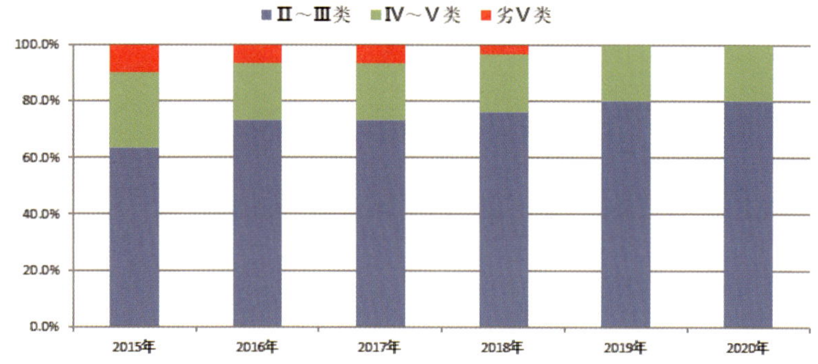

2015—2020 年武汉市主要河流断面水质类别比例变化图

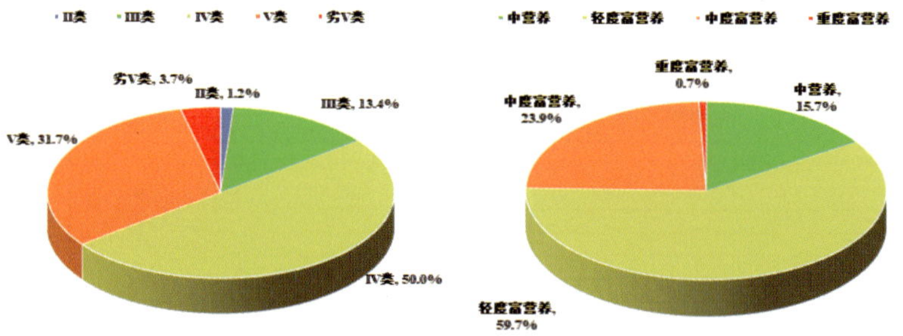

2020 年武汉市湖泊水质类别和营养状态比例图

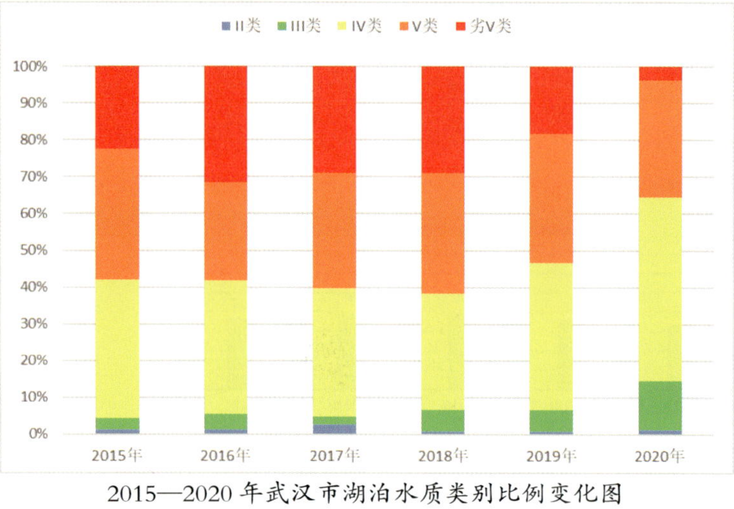

2015—2020 年武汉市湖泊水质类别比例变化图

164个湖泊中，2个湖泊为Ⅱ类水质，占1.2%；22个湖泊为Ⅲ类水质，占13.4%；82个湖泊为Ⅳ类水质，占50.0%；52个湖泊为Ⅴ类水质，占31.7%；6个湖泊为劣Ⅴ类水质，占3.7%。按照湖泊水环境功能区划类别评价，全市湖泊水质达标率46.8%。湖泊富营养状况评价结果显示，轻度富营养状态湖泊占比最大，为59.7%，重度富营养状态湖泊占比最小，为0.7%。

与上年相比，62个湖泊水质好转，6个湖泊水质变差，94个湖泊水质保持稳定，其余4个湖泊无同比数据，水质不作比较。湖泊水质达标率增加12.9个百分点，水质为劣Ⅴ类的湖泊比例减少14.7个百分点。

与2015年（“十二五”末）相比，全市166个湖泊中，水质好转的有74个，其中20个湖泊水质明显好转；水质下降的湖泊有15个。劣Ⅴ类湖泊数量由37个减少到6个。氨氮、总磷、化学需氧量等主要污染物浓度均有明显下降，湖泊总体水质明显好转。

2020年，武汉市共监测47个在用集中式饮用水源地水质，其中，河流型32个，湖库型15个。监测的47个集中式饮用水源地水质全部达到《地表水环境质量标准》（GB3838-2002）中集中式饮用水源地水质标准。

2020年武汉市主要河流断面水质状况一览表

河流名称	监测断面	功能类别	水质现状	达标情况	与2019年相比水质变化	主要污染物（超标倍数）
长江	纱帽	Ⅲ	Ⅱ	达标	稳定	无
长江	杨泗港	Ⅲ	Ⅱ	达标	稳定	无
长江	白浒山	Ⅲ	Ⅱ	达标	稳定	无
汉江	新港	Ⅲ	Ⅱ	达标	稳定	无
汉江	龙王庙	Ⅲ	Ⅱ	达标	稳定	无
汉江	新沟	Ⅲ	Ⅱ	达标	稳定	无
汉江	宗关	Ⅲ	Ⅲ	达标	变差	无
金水河	金水闸	Ⅲ	Ⅲ	达标	稳定	无
金水河	新河口	Ⅱ	Ⅱ	达标	稳定	无
滠水	滠口	Ⅲ	Ⅲ	达标	稳定	无
滠水	河口	Ⅲ	Ⅱ	达标	好转	无
滠水	黄陂城关	Ⅲ	Ⅲ	达标	稳定	无
倒水	龙口	Ⅲ	Ⅲ	达标	稳定	无
倒水	冯集	Ⅲ	Ⅲ	达标	稳定	无
倒水	李集	Ⅲ	Ⅲ	达标	稳定	无
举水	沐家泾	Ⅲ	Ⅲ	达标	稳定	无
举水	郭玉	Ⅲ	Ⅲ	达标	稳定	无
举水	新洲城关	Ⅲ	Ⅱ	达标	稳定	无
沙河	旧街	Ⅲ	Ⅲ	达标	变差	无
沙河	四合庄	Ⅲ	Ⅲ	达标	变差	无

续表

河流名称	监测断面	功能类别	水质现状	达标情况	与2019年相比水质变化	主要污染物（超标倍数）
马影河	船头山	Ⅲ	Ⅳ	超标	好转	氨氮（0.38）、总磷（0.12）、化学需氧量（0.08）、生化需氧量（0.08）
通顺河	黄陵大桥	Ⅲ	Ⅲ	达标	稳定	无
通顺河	港洲村	Ⅲ	Ⅳ	超标	稳定	高锰酸盐指数（0.08）
通顺河	挖沟泵站	Ⅲ	Ⅴ	超标	变差	化学需氧量（0.60）、氨氮（0.35）、生化需氧量（0.43）、高锰酸盐指数（0.10）
武丰河	江心泵站	Ⅲ	Ⅲ	达标	稳定	无
武丰河	进入武钢明渠	Ⅲ	Ⅲ	达标	稳定	无
府河	李家墩	Ⅴ	Ⅳ	达标	稳定	无
府河	太平沙	Ⅳ	Ⅲ	达标	稳定	无
府河	朱家河口	Ⅴ	Ⅳ	达标	稳定	无
府河	岱山大桥	Ⅴ	Ⅳ	达标	稳定	无

2020年武汉市湖泊水质状况一览表

序号	湖泊名称	所在辖区	功能类别	水质现状	达标情况	营养状态	与2019年相比水质变化	超标污染物（超标倍数）
1	鲩子湖	江岸区	Ⅳ	Ⅲ	达标	中营养	稳定	无
2	塔子湖		Ⅳ	Ⅳ	达标	轻度富营养	稳定	无
3	后襄河	江汉区	Ⅳ	Ⅲ	达标	中营养	稳定	无
4	机器荡子		Ⅳ	Ⅳ	达标	轻度富营养	稳定	无
5	江汉北湖		Ⅳ	Ⅳ	达标	轻度富营养	稳定	无
6	江汉西湖		Ⅳ	Ⅳ	达标	轻度富营养	稳定	无
7	菱角湖	江汉区	Ⅳ	Ⅳ	达标	轻度富营养	稳定	无
8	小南湖		Ⅳ	Ⅳ	达标	轻度富营养	稳定	无
9	张毕湖	硚口区	Ⅳ	/	/	/	不作比较	/
10	竹叶海		Ⅳ	Ⅳ	达标	中营养	稳定	无

续表

序号	湖泊名称	所在辖区	功能类别	水质现状	达标情况	营养状态	与2019年相比水质变化	超标污染物（超标倍数）
11	龙阳湖	汉阳区	Ⅲ	Ⅴ	不达标	中度富营养	好转	总磷（2.60）、化学需氧量（0.46）、生化需氧量（0.28）、氨氮（0.24）、高锰酸盐指数（0.15）
12	汉阳莲花湖		Ⅳ	Ⅳ	达标	轻度富营养	稳定	无
13	墨水湖		Ⅳ	Ⅴ	不达标	中度富营养	好转	总磷（0.61）、化学需氧量（0.02）
14	月湖		Ⅳ	Ⅳ	达标	轻度富营养	稳定	无
15	内沙湖	武昌区	Ⅳ	Ⅱ	达标	中营养	稳定	无
16	晒湖		Ⅳ	Ⅲ	达标	中营养	好转	无
17	四美塘		Ⅳ	Ⅲ	达标	中营养	稳定	无
18	外沙湖		Ⅳ	Ⅴ	不达标	中度富营养	稳定	总磷（0.38）
19	紫阳湖		Ⅳ	Ⅴ	不达标	轻度富营养	稳定	总磷（0.45）
20	水果湖		/	劣Ⅴ	/	中度富营养	变差	/
21	青山北湖	青山区	Ⅴ	劣Ⅴ	不达标	中度富营养	稳定	氨氮（0.66）
22	竹子湖		Ⅲ	Ⅳ	不达标	轻度富营养	稳定	总磷（0.46）
23	青潭湖		/	Ⅴ	/	轻度富营养	稳定	/
24	严西湖	青山区、东湖新技术开发区	Ⅲ	Ⅳ	不达标	轻度富营养	稳定	总磷（0.34）
25	南湖	洪山区、东湖新技术开发区	Ⅳ	劣Ⅴ	不达标	中度富营养	变差	总磷（1.55）
26	黄家湖	洪山区	Ⅲ	Ⅴ	不达标	中度富营养	稳定	总磷（1.28）、化学需氧量（0.29）
27	青菱湖		Ⅲ	Ⅴ	不达标	中度富营养	稳定	总磷（1.46）、化学需氧量（0.52）、高锰酸盐指数（0.10）
28	杨春湖		Ⅳ	Ⅳ	达标	轻度富营养	好转	无
29	野湖		Ⅳ	Ⅴ	不达标	轻度富营养	稳定	总磷（0.02）
30	野芷湖	洪山区	Ⅳ	Ⅴ	不达标	中度富营养	好转	总磷（1.00）、化学需氧量（0.04）

续表

序号	湖泊名称	所在辖区	功能类别	水质现状	达标情况	营养状态	与2019年相比水质变化	超标污染物（超标倍数）
31	蔡甸西湖	蔡甸区	Ⅲ	Ⅳ	不达标	轻度富营养	稳定	化学需氧量（0.17）、总磷（0.04）
32	沉湖		Ⅲ	Ⅴ	不达标	中度富营养	稳定	总磷（1.44）、化学需氧量（0.19）、生化需氧量（0.05）
33	小奓湖		Ⅲ	Ⅳ	不达标	轻度富营养	稳定	化学需氧量（0.17）
34	大茶湖		/	Ⅳ	/	轻度富营养	稳定	/
35	金龙湖		/	Ⅳ	/	轻度富营养	稳定	/
36	桐湖		/	Ⅳ	/	轻度富营养	稳定	/
37	王家涉		/	Ⅴ	/	中度富营养	稳定	/
38	许家赛		/	Ⅳ	/	轻度富营养	稳定	/
39	张家大湖		/	Ⅳ	/	轻度富营养	好转	/
40	白莲海		/	Ⅴ	/	中度富营养	变差	/
41	笔砚湖		/	Ⅴ	/	轻度富营养	好转	/
42	蔡甸莲花湖		/	Ⅴ	/	中度富营养	好转	/
43	崇仁湖		/	Ⅳ	/	轻度富营养	好转	/
44	东北湖		/	Ⅳ	/	中度富营养	明显好转	/
45	独沧湖		/	Ⅳ	/	轻度富营养	稳定	/
46	金堆湖		/	Ⅳ	/	轻度富营养	好转	/
47	金鸡赛		/	Ⅴ	/	中度富营养	好转	/
48	龙家大湖		/	Ⅳ	/	中度富营养	明显好转	/
49	庙汉湖		/	Ⅳ	/	轻度富营养	明显好转	/
50	石洋湖		/	Ⅳ	/	轻度富营养	好转	/
51	瓦家赛		/	Ⅴ	/	轻度富营养	好转	/
52	湘沉潭		/	Ⅳ	/	轻度富营养	好转	/
53	小茶湖		/	Ⅳ	/	轻度富营养	稳定	/
54	小官莲湖		/	Ⅳ	/	轻度富营养	好转	/
55	小金鸡赛		/	Ⅴ	/	中度富营养	好转	/
56	长洲赛		/	Ⅴ	/	轻度富营养	稳定	/

续表

序号	湖泊名称	所在辖区	功能类别	水质现状	达标情况	营养状态	与2019年相比水质变化	超标污染物（超标倍数）
57	后官湖	蔡甸区、武汉经济技术开发区（汉南区）	Ⅲ	Ⅳ	不达标	轻度富营养	稳定	总磷（0.28）、化学需氧量（0.16）
58	官莲湖		Ⅳ	Ⅲ	达标	中营养	好转	无
59	斧头湖	江夏区	Ⅱ	Ⅲ	不达标	轻度富营养	稳定	总磷（0.68）
60	梁子湖		Ⅱ	Ⅲ	不达标	中营养	稳定	总磷（0.12）
61	鲁湖		Ⅱ	Ⅳ	不达标	轻度富营养	稳定	总磷（1.60）
62	金口后湖		/	Ⅴ	/	轻度富营养	好转	/
63	上涉湖		/	Ⅳ	/	轻度富营养	稳定	/
64	道士湖		/	Ⅳ	/	轻度富营养	稳定	/
65	郭家湖		/	Ⅳ	/	轻度富营养	稳定	/
66	军区湖		/	Ⅳ	/	轻度富营养	稳定	/
67	枯竹海		/	Ⅳ	/	轻度富营养	明显好转	/
68	坪塘湖		/	Ⅳ	/	轻度富营养	好转	/
69	前湖		/	Ⅳ	/	轻度富营养	明显好转	/
70	乾湖		/	Ⅴ	/	中度富营养	好转	/
71	神山湖		/	Ⅴ	/	中度富营养	变差	/
72	宋家启		/	Ⅲ	/	轻度富营养	明显好转	/
73	王浪湖		/	Ⅴ	/	中度富营养	好转	/
74	西湖		/	Ⅲ	/	中营养	稳定	/
75	下涉湖		/	Ⅴ	/	中度富营养	好转	/
76	杨蒋湖		/	Ⅴ	/	中度富营养	好转	/
77	汤逊湖	江夏区、洪山区、东湖新技术开发区	Ⅲ	Ⅴ	不达标	中度富营养	稳定	总磷（2.40）、生化需氧量（0.08）
78	东大湖	东西湖区	Ⅲ	Ⅴ	不达标	中度富营养	稳定	总磷（1.84）、化学需氧量（0.11）、高锰酸盐指数（0.08）
79	金湖		Ⅳ	劣Ⅴ	不达标	中度富营养	稳定	总磷（1.46）
80	银湖		Ⅳ	Ⅳ	达标	中度富营养	稳定	无
81	杜公湖		/	Ⅴ	/	轻度富营养	变差	/
82	（金银潭）黄塘湖		/	Ⅲ	/	中营养	稳定	/

续表

序号	湖泊名称	所在辖区	功能类别	水质现状	达标情况	营养状态	与2019年相比水质变化	超标污染物（超标倍数）
83	北晒湖	东西湖区	/	Ⅳ	/	轻度富营养	好转	/
84	墨水湖		/	Ⅴ	/	中度富营养	稳定	/
85	釜湖		/	Ⅳ	/	轻度富营养	好转	/
86	甘家教		/	Ⅲ	/	中营养	明显好转	/
87	黄狮海		/	Ⅴ	/	中度富营养	稳定	/
88	巨龙湖		/	Ⅳ	/	轻度富营养	好转	/
89	李家教		/	Ⅴ	/	轻度富营养	好转	/
90	龙王沟		/	Ⅳ	/		明显好转	/
91	马投潭		/	Ⅲ	/	轻度富营养	明显好转	/
92	东银湖		/	Ⅴ	/	中度富营养	稳定	/
93	上金湖		/	劣Ⅴ	/	重度富营养	稳定	/
94	泥达湖		/	Ⅴ	/	中度富营养	稳定	/
95	山西晒		/	Ⅴ	/		好转	/
96	下银湖		/	Ⅴ	/	轻度富营养	变差	/
97	王龙湖		/	Ⅲ	/	轻度富营养	好转	/
98	肖家教		/	Ⅳ	/		明显好转	/
99	潇湘海		/	Ⅳ	/	轻度富营养	稳定	/
100	小罗晒		/	Ⅴ	/	中度富营养	稳定	/
101	杨四泾		/	Ⅳ	/	轻度富营养	稳定	/
102	幺教湖		/	Ⅴ	/	中度富营养	稳定	/
103	月牙湖		/	Ⅴ	/	中度富营养	稳定	/
104	后湖	黄陂区	Ⅲ	Ⅴ	不达标	中度富营养	稳定	总磷（1.92）、化学需氧量（0.44）、高锰酸盐指数（0.15）、氨氮（0.12）
105	马家湖		/	Ⅳ	/	轻度富营养	好转	/
106	麦家湖		/	Ⅳ	/	轻度富营养	稳定	/
107	盘龙湖		/	Ⅳ	/	轻度富营养	好转	/
108	任凯湖		/	Ⅳ	/	轻度富营养	稳定	/
109	什子湖		/	Ⅴ	/	轻度富营养	稳定	/
110	胜家海		/	Ⅳ	/	轻度富营养	稳定	/

续表

序号	湖泊名称	所在辖区	功能类别	水质现状	达标情况	营养状态	与2019年相比水质变化	超标污染物（超标倍数）
111	汤仁湖	黄陂区	/	Ⅴ	/	轻度富营养	稳定	/
112	童家湖	黄陂区	/	Ⅲ	/	轻度富营养	好转	/
113	姚子海	黄陂区	/	Ⅲ	/	中营养	好转	/
114	长湖	黄陂区	/	Ⅳ	/	轻度富营养	稳定	/
115	安汉湖	黄陂区	/	Ⅴ	/	轻度富营养	稳定	/
116	金潭湖	黄陂区	/	/	/	/	不作比较	/
117	李家大湖	黄陂区	/	Ⅳ	/	/	不作比较	/
118	汤湖	黄陂区	/	Ⅴ	/	中度富营养	好转	/
119	西赛湖	黄陂区	/	Ⅳ	/	/	不作比较	/
120	项家汊	黄陂区	/	Ⅴ	/	中度富营养	稳定	/
121	小菜湖	黄陂区	/	Ⅳ	/	轻度富营养	稳定	/
122	新激湖	黄陂区	/	Ⅳ	/	轻度富营养	稳定	/
123	张斗湖	黄陂区	/	Ⅳ	/	轻度富营养	稳定	/
124	武湖	黄陂区、新洲区	Ⅲ	Ⅲ	达标	中营养	好转	无
125	柴泊湖	新洲区	Ⅲ	Ⅴ	不达标	轻度富营养	稳定	总磷（2.54）、化学需氧量（0.10）
126	涨渡湖	新洲区	Ⅲ	Ⅳ	不达标	轻度富营养	好转	总磷（0.78）
127	安仁湖	新洲区	Ⅳ	Ⅳ	达标	轻度富营养	好转	无
128	兑公咀湖	新洲区	Ⅳ	Ⅳ	达标	轻度富营养	稳定	无
129	七湖	新洲区	Ⅳ	Ⅳ	达标	轻度富营养	好转	无
130	陶家大湖	新洲区	Ⅳ	Ⅴ	不达标	轻度富营养	稳定	总磷（0.55）
131	朱家湖	新洲区	Ⅳ	Ⅳ	达标	中营养	好转	无
132	三宝湖	新洲区	/	Ⅳ	/	中营养	好转	/
133	曲背湖	新洲区	/	Ⅳ	/	中营养	稳定	/
134	汪湖汊	新洲区	/	Ⅳ	/	轻度富营养	稳定	/
135	鄢家湖	新洲区	/	Ⅴ	/	轻度富营养	稳定	/
136	东湖	东湖生态旅游风景区	Ⅲ	Ⅳ	不达标	轻度富营养	稳定	总磷（0.14）
137	牛山湖	东湖新技术开发区	Ⅱ	Ⅱ	达标	中营养	好转	无
138	严东湖	东湖新技术开发区	Ⅲ	Ⅲ	达标	轻度富营养	稳定	无
139	车墩湖	东湖新技术开发区	Ⅳ	Ⅲ	达标	轻度富营养	稳定	无

续表

序号	湖泊名称	所在辖区	功能类别	水质现状	达标情况	营养状态	与2019年相比水质变化	超标污染物（超标倍数）
140	五加湖	东湖新技术开发区	Ⅳ	Ⅳ	达标	轻度富营养	稳定	无
141	豹澥湖		/	Ⅳ	/	轻度富营养	稳定	/
142	严家湖		/	Ⅲ	/	轻度富营养	好转	/
143	三角湖	武汉经济技术开发区（汉南区）	Ⅲ	Ⅴ	不达标	中度富营养	稳定	总磷（2.04）、化学需氧量（0.02）、生化需氧量（0.02）
144	北太子湖		Ⅳ	Ⅳ	达标	轻度富营养	稳定	无
145	川江池		Ⅳ	Ⅳ	达标	中营养	好转	无
146	烂泥湖		Ⅳ	Ⅴ	不达标	轻度富营养	稳定	总磷（0.48）
147	南太子湖		Ⅳ	Ⅴ	不达标	轻度富营养	好转	总磷（0.26）
148	汤湖		Ⅳ	Ⅳ	达标	轻度富营养	明显好转	无
149	万家湖		Ⅳ	Ⅴ	不达标	轻度富营养	好转	总磷（0.24）
150	西边湖		Ⅳ	劣Ⅴ	不达标	中度富营养	稳定	总磷（1.84）、化学需氧量（0.01）
151	硃山湖		Ⅳ	Ⅴ	不达标	轻度富营养	稳定	总磷（0.40）
152	桂子湖		/	Ⅳ	/	中营养	稳定	/
153	杀牛海湖		/	Ⅲ	/	中营养	好转	/
154	前栏湖		/	Ⅳ	/	轻度富营养	稳定	/
155	鬼神潭湖		/	Ⅳ	/	轻度富营养	好转	/
156	坛子湖		/	Ⅴ	/	轻度富营养	稳定	/
157	湾湖		/	Ⅳ	/	轻度富营养	好转	/
158	龙湖		/	Ⅳ	/	中营养	稳定	/
159	牛尾湖		/	Ⅲ	/	中营养	好转	/
160	上乌丘		/	Ⅳ	/	中营养	好转	/
161	无浪湖		/	Ⅳ	/	轻度富营养	稳定	/
162	下善湖		/	Ⅳ	/	轻度富营养	稳定	/
163	中山湖		/	Ⅲ	/	中营养	好转	/
164	竹林湖		/	Ⅳ	/	轻度富营养	稳定	/
165	柱木湖		/	Ⅳ	/	中营养	稳定	/
166	状元湖		/	Ⅳ	/	轻度富营养	稳定	/

注："功能类别""达标情况"和"超标污染物及超标倍数"栏目下的"/"表示该湖泊未明确水功能区类别，不进行达标评价；2019年张毕湖、西赛湖、李家大湖未监测，2020年张毕湖、金潭湖未监测，这4个湖泊水质不作同期比较。

2020 年武汉市集中式饮用水源地水质状况一览表

序号	水源地名称	水源地水体	监测次数	达标次数	达标率	水质类别
1	宗关水厂水源地	汉江	12	12	100%	Ⅱ
2	琴断口水厂水源地	汉江	12	12	100%	Ⅱ
3	白鹤嘴水厂水源地	汉江	12	12	100%	Ⅱ
4	堤角水厂水源地	长江	12	12	100%	Ⅱ
5	余家头水厂水源地	长江	12	12	100%	Ⅱ
6	平湖门水厂水源地	长江	12	12	100%	Ⅱ
7	白沙洲水厂水源地	长江	12	12	100%	Ⅱ
8	港东水厂水源地	长江	12	12	100%	Ⅱ
9	沌口水厂水源地	长江	12	12	100%	Ⅱ
10	汉武水厂水源地	长江	12	12	100%	Ⅲ
11	江夏水厂水源地	长江	12	12	100%	Ⅱ
12	武湖水厂水源地	长江	12	12	100%	Ⅲ
13	阳逻水厂水源地	长江	12	12	100%	Ⅱ
14	西湖水厂水源地	汉江	12	12	100%	Ⅱ
15	蔡甸水厂水源地	汉江	12	12	100%	Ⅲ
16	余氏墩水厂水源地	汉江	12	12	100%	Ⅱ
17	前川水厂水源地	滠水	12	12	100%	Ⅲ
18	刘集水厂水源地	举水	12	12	100%	Ⅲ
19	汪套水厂水源地	举水	12	12	100%	Ⅱ
20	索河镇水厂	西湖	4	4	100%	Ⅲ
21	白浒山水厂	长江	4	4	100%	Ⅱ
22	龙泉覃庙水厂	梁子湖	4	4	100%	Ⅲ
23	走马岭水厂	汉江	4	4	100%	Ⅱ

续表

序号	水源地名称	水源地水体	监测次数	达标次数	达标率	水质类别
24	蔡店水厂	梅店水库	4	4	100%	Ⅱ
25	蔡榨水厂	吴家寺水库	4	4	100%	Ⅲ
26	李集水厂	泥河水库	4	4	100%	Ⅲ
27	罗汉水厂	泥河水库	4	4	100%	Ⅲ
28	木兰乡水厂	木兰湖	4	4	100%	Ⅱ
29	泡桐水厂	矿巴水库	4	4	100%	Ⅱ
30	夏家寺水厂	木兰湖	4	4	100%	Ⅱ
31	姚集水厂	梅店水库	4	4	100%	Ⅱ
32	院基寺水厂	月光湖	4	4	100%	Ⅱ
33	法泗水厂	金水河	4	4	100%	Ⅱ
34	金口水厂	长江	4	4	100%	Ⅱ
35	梁子湖水厂	梁子湖	4	4	100%	Ⅲ
36	山坡水厂	梁子湖	4	4	100%	Ⅲ
37	舒安水厂	张桥湖	4	4	100%	Ⅲ
38	军山街水厂	长江	4	4	100%	Ⅲ
39	水洪中心水厂	长江	4	4	100%	Ⅲ
40	仓埠水厂	倒水	4	4	100%	Ⅲ
41	道观河水厂	道观河水库	4	4	100%	Ⅱ
42	帝元（双柳）水厂	长江	4	4	100%	Ⅱ
43	凤凰水厂	举水	4	4	100%	Ⅲ
44	和平（贺桥）水厂	沙河	4	4	100%	Ⅲ
45	旧街水厂	沙河	4	4	100%	Ⅱ
46	汪集水厂	倒水	4	4	100%	Ⅱ
47	辛冲水厂	沙河	4	4	100%	Ⅲ

【武汉市声环境质量】 2020 年，武汉市昼间道路交通噪声总体为“较好”水平，全市区域声环境质量为“一般”水平，功能区声环境质量有所提升，与历年相比总体保持稳定。

武汉市中心城区昼间道路交通噪声平均等效声级 68.10 分贝，强度等级为二级，评价为“较好”。与上年相比，中心城区道路交通噪声昼间平均等效声级减少 0.60 分贝。新城区昼间道路交通噪声平均等效声级 65.30 分贝，强度等级为一级，评价为“好”。与上年相比，新城区道路交通噪声昼间平均等效声级减少 2.30 分贝。

武汉市建成区和新城区昼间区域环境噪声平均值分别为 55.90 和 55.20 分贝，昼间区域环境噪声总体水平等级均为三级，评价均为“一般”。与上年相比，建成区昼间区域声环境等效声级增加 0.80 分贝，新城区昼间区域声环境等效声级增加 0.30 分贝，建成区和新城区昼间区域声环境质量均略有变差。

武汉市 20 个功能区声环境质量监测点位全年总点次达标率 87.3%，昼间点次达标率 94.9%，夜间点次达标率 79.7%。1 类和 3 类的功能区昼间达标率最高，为 100%；4a 类功能区夜间监测点次达标率最低，为 43.8%。与上年相比，除 3 类功能区昼间监测点次达标率持平外，其他声环境功能区监测点次达标率均上升，2020 年功能区声环境质量总体变好。

（武汉市地方志办公室）

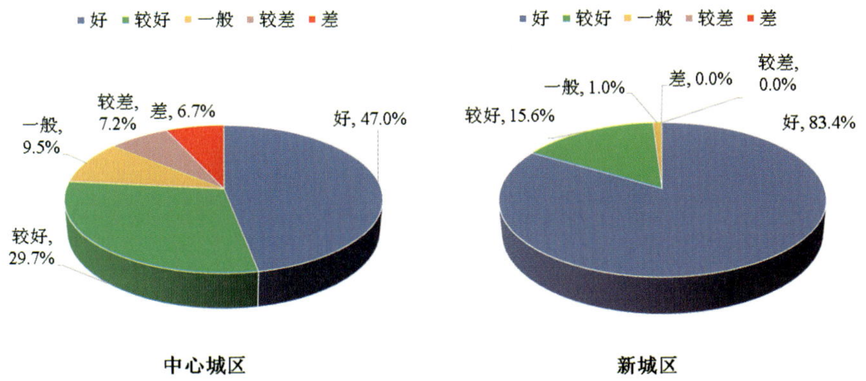

2020 年武汉市昼间道路交通噪声路段比例图

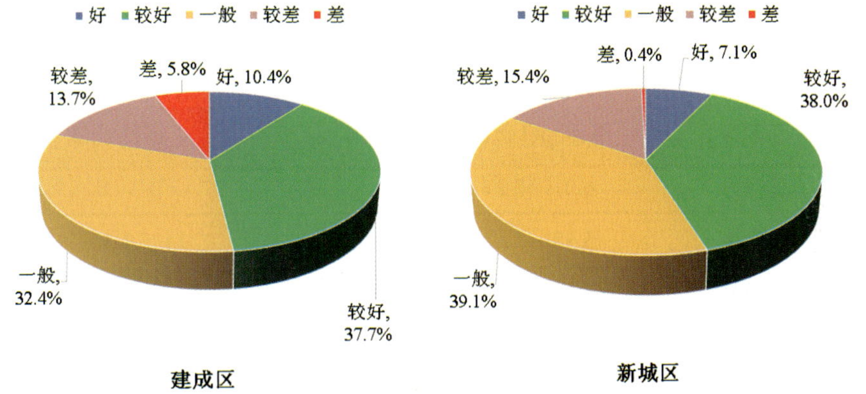

2020 年武汉市区域噪声昼间声环境质量等级分布图

2019—2020 年武汉市功能区声环境监测点次达标率统计表

功能区类别	1 类（居住、文教）		2 类（居住、商业、工业混杂区）		3 类（工业区）		4a 类（交通干线两侧区域）	
	昼间	夜间	昼间	夜间	昼间	夜间	昼间	夜间
2020 年达标率（%）	100	80	96.9	96.9	100	81.3	81.3	43.8
2019 年达标率（%）	81.3	75	87.5	87.5	100	75	62.5	25
达标率同期变化	上升	上升	上升	上升	持平	上升	上升	上升

【黄石市环境空气质量】 2020 年，黄石市城区环境空气质量优良天数 329 天（有效监测天数 366 天），优良率 89.9%，优良天数比上年增加 43 天，优良率增长 11.5%，其中，优 108 天，良 221 天，轻度污染 35 天，中度污染 2 天。首要超标污染物细颗粒物（PM2.5）15 天、臭氧（O_3）21 天、二氧化硫（SO_2）1 天。

黄石市城区细颗粒物（PM2.5）年均浓度 35 微克 / 立方米、可吸入颗粒物（PM10）年均浓度 63 微克 / 立方米、二氧化氮年均浓度 30 微克 / 立方米。臭氧

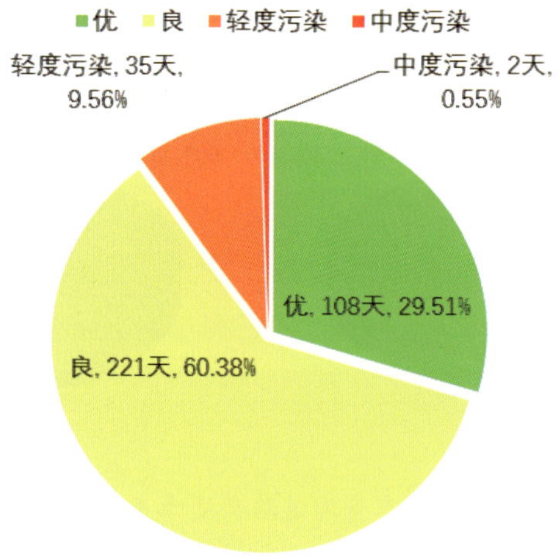

2020 年黄石市区空气质量天数占比图

2020 年黄石市降水与酸雨情况统计表

行政区	降水 pH 范围	酸雨 pH 范围	酸雨出现率
市辖区	6.01—7.27	—	0
大冶市	5.38—7.42	5.38—5.50	3.30%
阳新县	5.28—6.43	5.28	1.10%

日最大 8 小时平均第 90 百分位数浓度 150 微克 / 立方米，较上年有所改善；一氧化碳日均值第 95 百分位数浓度 1.5 毫克 / 立方米，与上年持平；二氧化硫年均浓度 15 微克 / 立方米、降尘量年均值 5.5 吨 / 平方千米·月，较上年上升。大冶市城区空气质量优良天数 311 天（有效监测天数为 366 天），优良率 85.0%，增长 13.2%。细颗粒物（PM2.5）年均浓度 37 微克 / 立方米、可吸入颗粒物（PM10）年均浓度 63 微克 / 立方米、二氧化硫年均浓度 8 微克 / 立方米、臭氧日最大 8 小时平均第 90 百分位数浓度 154 微克 / 立方米、降尘量年均值 7.18 吨 / 平方千米·月，较上年有所改善；二氧化氮年均浓度 25 微克 / 立方米、一氧化碳日均值第 95 百分位数浓度 1.80 毫克 / 立方米，较上年有所上升。阳新县城区空气质量优良天数 320 天（有效监测天数 362 天），优良率 88.4%，增长 12.4%。细颗粒物（PM2.5）年均浓度 34 微克 / 立方米、可吸入颗粒物（PM10）年均浓度 55 微克 / 立方米、二氧化硫年均浓度 7 微克 / 立方米、二氧化氮年均浓度 22 微克 / 立方米、一氧化碳日均值第 95 百分位数浓度 1.60 毫克 / 立方米、臭氧日最大 8 小时平均第 90 百分位数浓度 155 微克 / 立方米、年均降尘量 4.75 吨 / 平方千米·月，较上年有所改善。

黄石市城区降水 pH 值 6.01—7.27，没有酸雨。大冶市城区降水 pH 值 5.38—7.42，其中酸雨 pH 值 5.38—5.50，酸雨率 3.3%，下降 7.6%。阳新县兴国城区降水 pH 值 5.28—6.43，出现酸雨 1 次，pH 值 5.28，酸雨率 1.1%，增长 1.1%。

【黄石市水环境质量】 2020 年，黄石市对 3 个县级以上集中式生活饮用水源地进行监测，全部为Ⅱ类水质，达标率 100%。全市主要河流监测断面 10 个，优良比例较上年持平，总体水质优。主要湖泊、水库 5 个，优良比例增加，主要污染指标为总磷。县域考核地表水环境质量考核断面（点位）15 个，总体水质改善，优良比例增加，主要污染指标为总磷、化学需氧量。

【黄石市声环境质量】 2020 年，黄石市城区区域噪声监测点位 101 个，昼间平均等效声级 52.10 分贝，强度等级“二级”，总体评价“较好”，与上年持平。大冶市城区区域环境噪声监测点位 102 个，昼间平均等效声级 52.10 分贝，强度等级“二级”，总体评价“较好”，与上年持平。阳新县兴国城区区域环境噪声监测点位 111 个，昼间平均等效声级 52.90 分贝，强度等级“二级”，总体评价“较好”，与上年持平。

黄石市城区道路交通噪声监测点位 80 个，昼间平均等效声级 69.70 分贝，强度等级“二级”，总体评价“较好”，较上年提高一个等级。大冶市城区道路交通噪声监测点位 20 个，昼间平均等效声级 69 分贝，强度等级“二级”，总体评价“较好”，较上年提高一个等级。阳新县兴国城区道路交通噪声监测点位 40 个，平均等效声级 65.70 分贝，强度等级“一级”，

2020 年黄石市饮用水源地水质状况统计表

行政区划名称	饮用水源地名称	达标率	超标项目
市辖区	长江凉亭山水厂	100%	—
阳新县	兴国城区富水水源地	100%	—
	王英水库水源地	100%	—

2019—2020 年黄石市地表水水环境质量情况表

地表水类型	地表水名称 水质类别		2019 年	2020 年	超标项目	营养状态
			水质类别			
河流	长江	三峡断面	Ⅱ类	Ⅱ类	—	—
	黄石段	风波港断面	Ⅱ类	Ⅱ类	—	—
		上巢村断面	Ⅱ类	Ⅱ类	—	—
	富水	富池闸断面	Ⅱ类	Ⅱ类	—	—
		富水镇断面	Ⅰ类	Ⅱ类	—	—
		洋港镇断面	Ⅰ类	Ⅰ类	—	—
		渡口断面	Ⅰ类	Ⅰ类	—	—
	高桥河	龙潭村断面	Ⅱ类	Ⅱ类	—	—
		港口桥断面	Ⅲ类	Ⅱ类	—	—
	大冶湖出湖入江口	大冶湖闸	Ⅱ类	Ⅱ类	—	—
湖库	王英水库		Ⅰ类	Ⅰ类	—	中营养
	大冶湖		Ⅳ类	Ⅳ类	总磷	轻度富营养
	保安湖		Ⅳ类	Ⅲ类	—	轻度富营养
	网湖		Ⅴ类	Ⅴ类	总磷	轻度富营养
	磁湖		Ⅴ类	Ⅳ类	总磷	轻度富营养

2020 年黄石市县域地表水环境质量情况表

行政区划名称	所在水体名称	断面名称	2019 年水质类别	2020 年水质类别
大冶市	高桥河	港口桥	Ⅲ类	Ⅱ类
	大冶湖	大冶湖大桥	Ⅴ类	Ⅳ类
	保安湖	保安湖湖心	Ⅳ类	Ⅲ类
阳新县	大冶湖	大冶湖闸	Ⅱ类	Ⅱ类
	富水	富池闸	Ⅱ类	Ⅱ类
	网湖	网湖湖心	Ⅴ类	Ⅴ类
	朱婆湖	朱婆湖湖心	Ⅴ类	Ⅳ类
	富水	兴国城区富水水源地	Ⅱ类	Ⅱ类
	王英水库	王英水库	Ⅰ类	Ⅰ类
黄石港区	磁湖	鲇鱼墩	Ⅳ类	Ⅳ类
	青山湖	青山湖 1 号湖中心	Ⅴ类	Ⅴ类
西塞山区	磁湖	南半湖湖心	Ⅴ类	Ⅴ类
	长江	风波港	Ⅱ类	Ⅱ类
下陆区	磁湖	理工学院	Ⅳ类	Ⅳ类
黄石经济技术开发区铁山区	大冶湖	磊山湖心	Ⅳ类	Ⅲ类

总体评价“好”，与上年持平。

黄石市城区功能区噪声点位 15 个，功能区噪声昼、夜间达标率分别为 86.8%、32.1%。大冶市城区功能区噪声点位 11 个，功能区噪声昼、夜间达标率分别为 87.5%、54.2%。

（黄石市档案馆）

【鄂州市空气环境质量】 2020 年，鄂州市可吸入颗粒物（PM10）均值 65 微克 / 立方米，比上年下降 12.2%；细颗粒物（PM2.5）均值 38 微克 / 立方米，下降 9.5%；空气质量优良天数比例 87.4%，增长 8%。国控断面（长江燕矶、梁子湖鄂州水域）、跨界断面（长江三峡、长港樊口）、饮用水水源地均水质达标率 100%。土壤和辐射环境安全可控，各类功能区噪声均达相应标准。

城区设大气环境自动监测点 3 个（市政府、赵家坝和樊口开发区）。24 小时连续监测二氧化硫（SO_2）、二氧化氮（NO_2）、可吸入颗粒物（PM10）、臭氧（O_3）、一氧化碳（CO）、细颗粒物（PM2.5）和能见度。空气质量优良天数比例 87.4%，上升 8.20 个百分点；二氧化硫平均浓度 11 克 / 立方米，下降 8.3%；二氧化氮平均浓度 29 微克 / 立方米，下降 14.7%；可吸入颗粒物（PM10）平均浓度 65 微克 / 立方米，下降 12.2%；一氧化碳日均值第 95 百分位数浓度 1.30 毫克 / 立方米，下降 18.8%；臭氧日最大 8 小时第 90 百分位数浓度 150 微克 / 立方米，下降 7.4%；细颗粒物 PM2 平均浓度 38 微克 / 立方米，下降 9.5%。鄂州市 3 个行政区均已纳入湖北省县域环境空气质量排名，全年空气质量优良天数比例由高到低依次为梁子湖区（91.2%）、鄂城区（87.4%）和华容区（81.8%）。

【鄂州市水环境质量】 2020年，鄂州市有长江（鄂州段）、新港河、高桥河、长港、梁子湖、洋澜湖等主要河流、湖泊，其中梁子湖、长江（燕矶段）、高桥河（港口桥段）和长港（樊口段）7个断面属国控断面，其他6个断面为省控断面。长江鄂州段燕矶国控断面各项监测指标达Ⅱ类标准；长港樊口国控断面各项监测指标均达Ⅲ类标准；高桥河港口桥国控监测断面各项监测指标均达Ⅱ类标准；梁子湖4个监测断面水质达Ⅲ类标准，营养平均指数51，营养状态轻度富营养。新港铁路桥省控监测断面，12月监测水质达Ⅳ标准（超标原因化学需氧量超过Ⅲ类标准，其余各项监测指标均达到Ⅲ类标准），其余各月各项监测指标均达Ⅲ类标准；洋澜湖5个监测断面监测水质类别Ⅴ类。与上年相比，氟化物、总砷、六价铬浓度呈上升趋势；总磷高锰酸钾指数、总磷、叶绿素a浓度呈下降趋势，其他各项指标变化不大，水质营养平均指数下降4.2，营养状态由中度富营养变轻度富营养。

城市集中式饮用水源地2个，县级行政单位所在城镇集中式饮用水源地1个。长江雨台山水厂水源地和长江凤凰台水厂水源地监测断面23项基本项目指标均达Ⅲ类标准要求，补充项目5项及部分特定项目33项均符合标准值要求。与上年相比，氯化物、铁、锰浓度呈上升趋势；高锰酸钾指数、总磷、硫酸盐浓度呈下降趋势，其他各项指标变化不大。长江华容泥矶饮用水水源地每季度监测1

2020年鄂州市各区空气污染物平均浓度统计表

项目名称	单位	市区（鄂城区）	华容区	梁子湖区
SO_2	微克/立方米	11	8	8
NO_2	微克/立方米	29	21	15
PM10	微克/立方米	65	68	52
PM2.5	微克/立方米	38	38	31
CO第95百分位数	毫克/立方米	1.30	2	1.80
O_3日最大8小时第90百分位数	微克/立方米	150	158	138

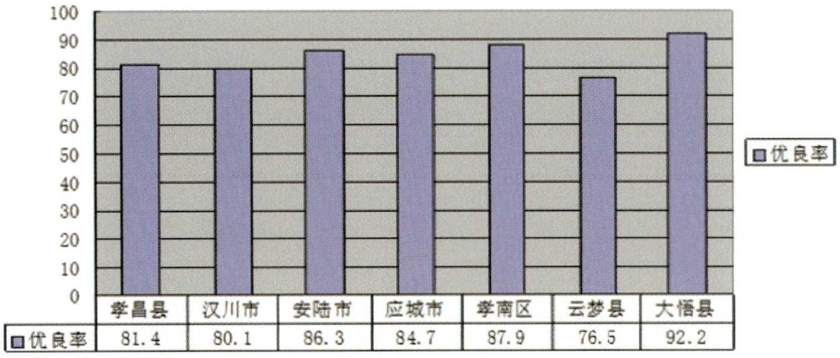

2020年孝感市各地空气质量优良率对比示意图（%）

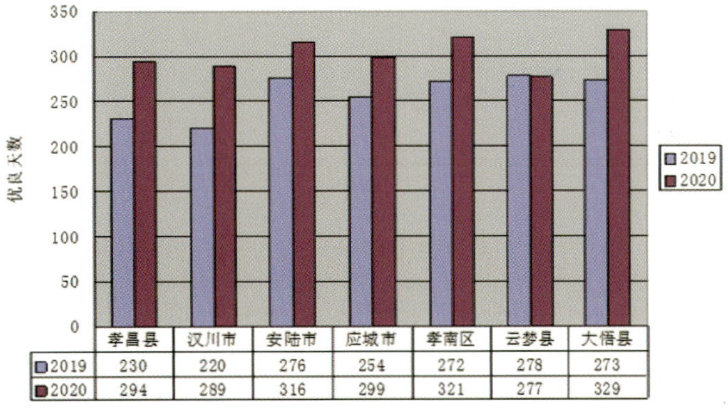

2019—2020年孝感各区域优良天数对比示意图

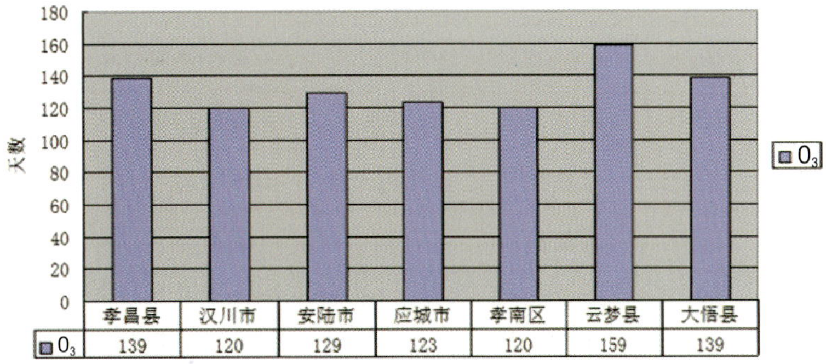

2020年孝感市各地区首要污染物天数分布图（O_3）

次，23项基本项目指标均达Ⅲ类标准要求，补充项目5项及部分特定项目33项均符合标准值要求。

【鄂州市声环境质量】 2020年，鄂州市城区噪声设监测点位7个：莲花山和市环保局（1类，居民文教区）、市建筑设计院和电排站小区（2类，混杂区）、鄂钢安环处（3类，工业区）、园林局绿化处和武昌大道（4类，交通干线两侧），分别代表不同功能区。城区声源构成以生活噪声为主，其余为交通、工业、施工和其他噪声。监测结果显示，各城市功能区环境噪声监测点位昼夜等效声级均值全部达标，声环境质量较好。

（鄂州市档案馆）

【孝感市空气环境质量】 2020年，孝感市环境空气质量总体良好。城区空气总监测天数365天，质量达优良天数321天，占全年的87.9%，比上年有所提高。主要污染物是细颗粒物（PM2.5）和臭氧（O_3）。未出现酸雨的情况，pH值范围6.30—7.79，氯离子浓度0.51—7.43毫克/立方分米，硫

2020年孝感市水体监测断面水质年均值评估值统计表

序号	监测次数	水体所在地	水体名称	测点	规划类别	水质现状类别	评价结果	超标因子	断面属性
1	10	安陆市	府河	毓秀阁	Ⅲ	Ⅲ	达标	—	省控
2	9	大悟县	澴河	大悟界牌	Ⅲ	Ⅱ	达标	—	国控
3	12	大悟县	滠水	大悟河口	Ⅲ	Ⅲ	达标	—	国控
4	10	大悟县	竹竿河	宣化北岗	Ⅲ	Ⅲ	达标	—	国控
5	10	汉川市	汈汊湖	汈汊湖湖心	Ⅲ	Ⅲ	达标	—	省控
6	12	汉川市	汉北河	新沟闸	Ⅲ	Ⅲ	达标	—	国控
7	12	汉川市	汉江	小河	Ⅱ	Ⅱ	达标	—	国控
8	11	孝南区	澴水	万安闸	Ⅲ	Ⅲ	达标	—	国控
9	11	大悟县	澴水	余家坡	Ⅲ	Ⅲ	达标	—	国控
10	12	孝南区	府河	鲢鱼地泵站	Ⅳ	Ⅳ	达标	—	国控
11	12	孝南区	澴水	河口大桥	Ⅲ	Ⅲ	达标	—	国控
12	10	孝南区	童家湖	澴东湖出口	Ⅲ	Ⅳ	超标	总磷	省控
13	10	孝南区	王母湖	澴东湖入口	Ⅲ	Ⅳ	超标	总磷、生化、化学需氧量	省控
14	10	孝南区	野猪湖	澴东湖湖心	Ⅲ	Ⅳ	超标	总磷	省控
15	10	孝南区	府河	雷福闸	Ⅳ	Ⅲ	达标	—	省控
16	12	应城市	大富水	应城公路桥	Ⅲ	Ⅱ	达标	—	国控
17	12	云梦县	府河	隔蒲桥	Ⅲ	Ⅲ	达标	—	国控
18	11	云梦县	府河	蔡河村	Ⅲ	Ⅲ	达标	—	国控
19	11	应城市	汉北河	南垸良种场	Ⅲ	Ⅱ	达标	—	省控
20	10	云梦县	府河	夏庙村	Ⅲ	Ⅲ	达标	—	省控

酸根离子浓度0.73—8.90毫克/立方分米，硝酸根离子浓度1.36—21毫克/立方分米，铵离子浓度0.23—0.53毫克/立方分米。

【孝感市水环境质量】 2020年，孝感市地表水主要水体监测断面水质符合Ⅱ—Ⅲ类标准的占80%，比上年有所提高。汉北河、澴东湖及汈汉湖水质呈轻度污染，其余水体水质状况良好以上。全市7个县级以上集中式饮用水源地水质符合Ⅰ—Ⅲ类标准的占100%，部分水源地水质达Ⅱ类标准，与上年持平。

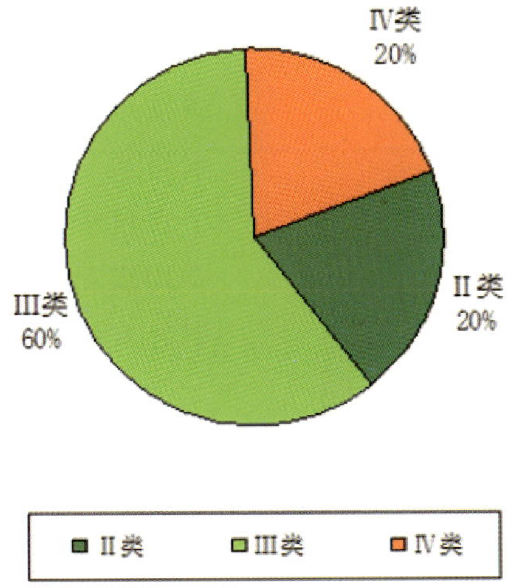

2020年孝感市地表水水质类别分布图

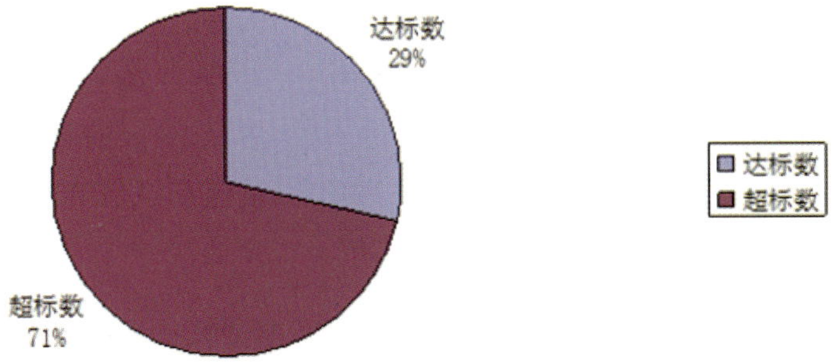

2020年孝感市区域环境噪声达标率分布图

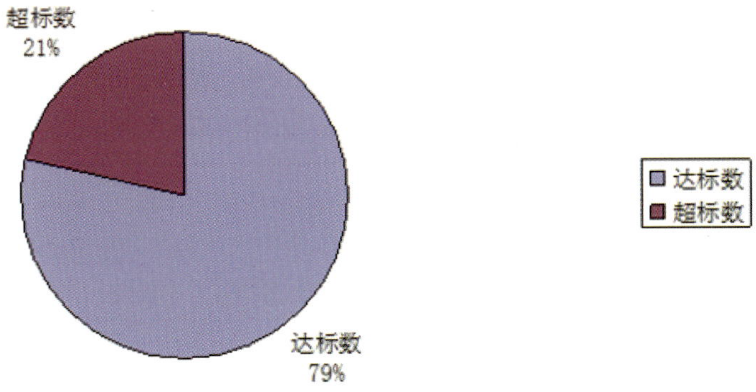

2020年孝感市交通噪声达标率分布图

【孝感市声环境质量】 声环境质量比上年有所下降，城区设置区域环境噪声监测点位122个，区域环境噪声45.30—72.70分贝，年平均值62.10分贝，总体点位达标率29%。城区设置道路交通环境噪声监测点位42个，交通干线噪声58.40—77.60分贝，年平均值67.50分贝，总体点位达标率79%。

（孝感市史志研究中心）

【黄冈市环境质量】 2020年，黄冈市市区环境空气质量优良天数324天，优良率达88.5%，均高于前两年水平。全年城区可吸入颗粒物（PM10）年均浓度61微克/立方米；细颗粒物（PM2.5）年均浓度36微克/立方米。实施COD（Chemical Oxygen Demand）减排项目191个，减排1809.03吨，扣除增量，净削减1054.92吨；实施二氧化硫（SO_2）减排项目15个，减排322.88吨，扣除增量，净削减322.88吨。化学需氧量和二氧化硫（SO_2）排放量分别下降1.2%和2.1%，均完成湖北省人民政府下达的年度控制目标。全市地表水优良水体比例100%；跨市界断面水环境质量综合达标率93%（目标70%）；县级以上集中饮用水水源地水质达标率100%。

（黄冈市史志研究中心）

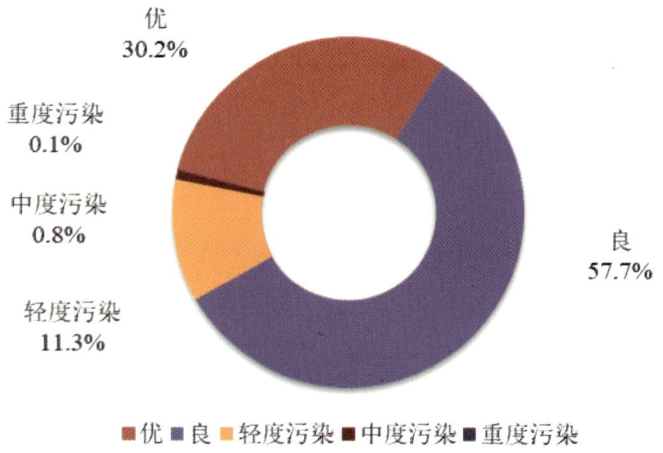

2020 年黄冈市环境空气质量污染天数占比图

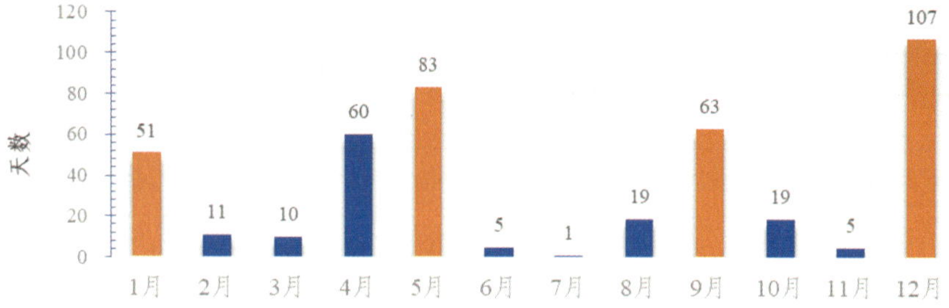

2020 年黄冈市环境空气质量污染时空分布图

【咸宁市环境质量】 2020 年，咸宁市城区空气质量优良率 94%，比上年增长 15.2%。细颗粒物（PM2.5）浓度均值 30 微克 / 立方米，下降 14.3%。可吸入颗粒物（PM10）浓度均值 49 微克 / 立方米，下降 12.5%。空气质量首次达到国家二级城市标准。全市 4 个跨界断面水质优良率 100%，5 个地表水国控断面达到或优于Ⅲ类水体比例 100%，全市无劣Ⅴ类水体。

（咸宁市史志研究中心）

【仙桃市环境质量】 2020 年，仙桃市环境空气质量统计天数 366 天，有效天数 363 天，其中，空气质量优良天数 314 天，优良率 86.5%，比上年增长 8.7%。全年大气基本污染物年均浓度均达到《环境空气质量标准》（GB3095-2012）二级标准。一氧化碳（CO）浓度增长 28.6%，其余 5 项指标浓度比上年均显著降低，降幅为 11.1%—24.0%。

汉江、东荆河和通顺河 3 条主要河流出境水质均达考核要求。汉江和东荆河水质状况均“优”。东荆河出境水质比上年提高 1 个水质类别，通顺河出境水质为Ⅳ类，与上年持平。三条河流监测断面水质状况分布为：Ⅱ类 5 个，占比 62.5%；Ⅲ类 1 个，占比 12.5%；Ⅳ类 2 个，占比 25%。市第二水厂和第三水厂汉江取水口两处县级饮用水水源地水质均符合地表水Ⅲ类标准，达标率为 100%。7 个农村千吨万人饮用水水源地水质均满足地表水Ⅲ类标准，达标率为 100%。

全市有区域声环境质量监测点位 140 个（含 5 个预留区，实测 135 个），城区昼间区域环境噪声平均等效声级 54.60 分贝，增加 1.20 分贝，达标率 94.1%。区域环境噪声水平等级为二级，评价“较好”，其中，生活噪声源占 72.6%，工业噪声源占 20.7%，施工噪声源占 4.4%，交通噪声源占 2.2%。有道路交通声环境质量监测点位 50 个，城区昼间道路交通噪声平均等效声级 67.30 分

2020 年仙桃市主要河流断面水质情况统计表（年均值）

河流	汉江			东荆河		通顺河		
断面名称	黄家村右	汉南村	石剅右	姚咀王岭村	汉洪大桥	郑场游潭村	港洲村	挖沟泵站
断面级别	省控	国控	省控	省控	国控	省控	国控	省控
断面类型	入境	重点饮用水水源地监控断面	出境	入境	出境	入境	出境	出境
考核类别	—	Ⅱ	—	—	Ⅲ	—	Ⅴ	—
2019 年水质类别	Ⅱ	Ⅱ	Ⅱ	Ⅲ	Ⅲ	Ⅱ	Ⅳ	Ⅳ
2020 年水质类别	Ⅱ	Ⅱ	Ⅱ	Ⅱ	Ⅱ	Ⅲ	Ⅳ	Ⅳ

2020 年仙桃市环境空气质量状况统计表

空气质量指数	空气质量指数级别	有效监测天数	优良率（%）
0—50	优	109	86.5
50—100	良	205	
101—150	轻度污染	43	
151—200	中度污染	4	
201—300	重度污染	2	
＞300	严重污染	0	

2020 年仙桃市环境空气基本污染物年均浓度统计表

年度（年）	PM2.5（微克/立方米）	PM10（微克/立方米）	O_3（微克/立方米）	NO_2（微克/立方米）	SO_2（微克/立方米）	CO（毫克/立方米）
年均值标准	35	70	—	40	60	—
2019	40	75	162	25	9	1.40
2020	32	65	141	19	8	1.80
增幅	-20%	-13.3%	-13%	-24%	-11.1%	28.6%

贝，增加 2 分贝，路段长度达标率 76.5%。道路交通噪声强度等级为一级，评价“好”。

（仙桃市档案馆）

【潜江市环境质量】 2020 年，潜江市建有空气质量自动监测点位 2 个，空气质量有效监测天数 366 天，优良天数 327 天，优良天数率 89.3%。设降水监测点位 1 个，采集降水样品 84 份，酸雨检出率为零，降水环境指标正常。

全市河流水质总体状况良好，水体功能年均值达标率 100%。监测断面（14 个）年均值达标率 92.9%，其中，水质符合Ⅱ类、状况为优的占 35.7%；水质符合Ⅲ类、状况为良的占 42.9%；水质为Ⅳ类、状况为轻度污染的占 21.4%。纳入国家考核的 3 个断面考核达标率 100%，纳入省考核的 4 个跨界考核断面综合达标率 97.9%。全市集中式饮用水监测点位 2 个，按照《地表水环境质量标准》（GB3838-2002）中Ⅲ类水体标准评价，汉江红旗码头、泽口码头 2 个县级以上集中式饮用水源地达标率均为 100%。

全市设区域声环境监测点位 104 个，区域声环境昼间算术平均值 53.50 分贝，质量等级总体为二级，定性评价为较好；设道路交通声环境监测点位 13 个，昼间等效声级加权平均值 69.10 分贝，噪声强度为二级，定性评价为较好；设声环境功能区监测点位 4 个，昼夜监测结果满足标准限值要求，功能区声环境达标。

（潜江市档案馆）

【天门市环境质量】 2020 年，天门市空气质量优良天数的百分率为 89.6%，较 2019 年（75.6%）有所上升。二氧化硫（SO_2）浓度年均值 0.01 毫克/立方米；二

2020 年天门市河流水质状况统计表

河流名称	监测断面	水质月份达标率	超标项目	交界断面
汉江	岳口	100%	无	
	罗汉寺	100%	无	
天门河	杨林	45.5%	COD、溶解氧等	
	拖市	91.7%	COD、溶解氧等	京山—天门

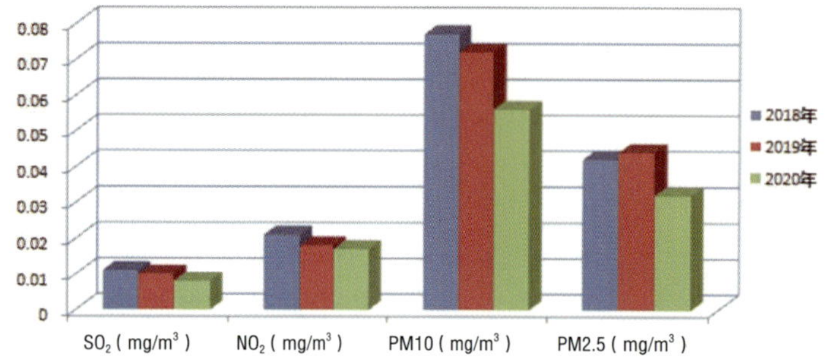

2018—2020年天门市空气主要污染物变化趋势图

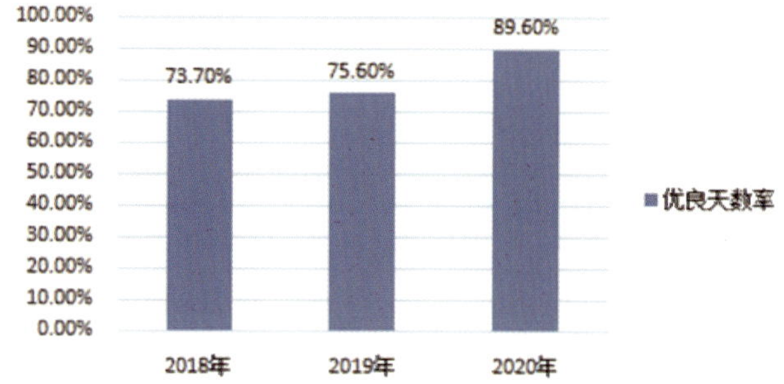

2018—2020年天门市空气质量优良天数率图

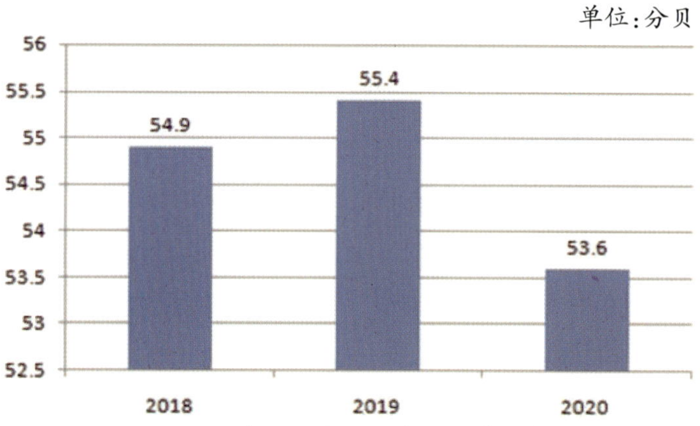

2018—2020年天门市区域声环境等效声级值

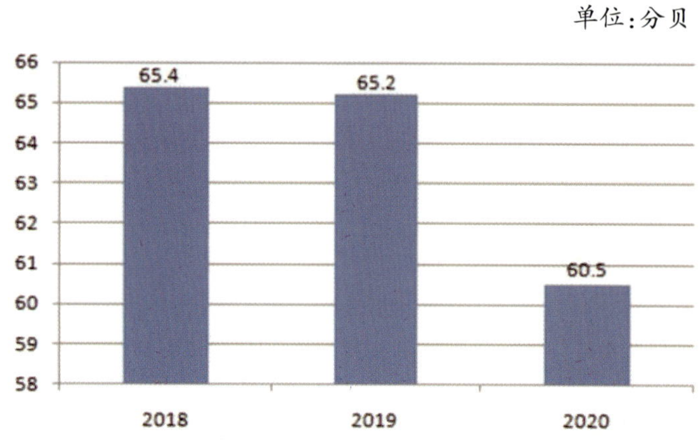

2018—2020年天门市城市道路交通噪声环境等效声级值

氧化氮（NO_2）浓度年均值0.02毫克/立方米；可吸入颗粒物（PM10）浓度年均值0.06毫克/立方米；可吸入细颗粒物（PM2.5）浓度年均值0.03毫克/立方米。二氧化硫和二氧化氮年均浓度符合《环境空气质量标准》（GB3095-2012）一级标准浓度限值；可吸入颗粒物（PM10）和可吸入细颗粒物（PM2.5）年均浓度符合《环境空气质量标准》（GB3095-2012）二级标准浓度限值。全市全年无酸雨，酸雨频率为0%，与2019年（0%）持平。

全市主要河流监测断面中，水质良好符合Ⅰ—Ⅲ类标准的断面占84.8%，较2019年（50%）大幅提升。《湖北省第一批湖泊保护名录》中天门有16个湖泊，监测符合Ⅰ—Ⅲ类标准的湖泊有1个（占6.25%）。城市集中饮用水源地（天门二水厂）水质达标率100%，与2019年（100%）相比持平。

全市区域声环境昼间平均等效声级均值为53.6分贝，较上年下降1.8分贝，根据《环境噪音监测技术规范城市声环境常规监测》（HJ640-2012）区域声环境质量为二级，声环境质量较好。城市道路交通噪声昼间平均等效声级值60.5分贝，较上年下降4.7分贝，根据《环境噪音监测技术规范城市声环境常规监测》（HJ640-2012）道路交通噪声强度等级为一级，声环境质量好。全市各功能区监测点位昼间达标率100%，夜间达标率100%。

（天门市文化和旅游局）

2020 年天门市湖泊专项调查水质监测结果一览表

序号	湖泊名称	丰水期水质类别	枯水期水质类别	超Ⅲ类标准项目	备注
1	张家大湖	Ⅲ	Ⅴ	总磷	—
2	华严湖	Ⅳ	Ⅳ	BOD5、总磷、COD	—
3	白湖	Ⅴ	劣Ⅴ	BOD5、总磷、COD、溶解氧、CODMn	—
4	石家湖	Ⅳ	Ⅴ	总磷、COD	—
5	龙骨湖	劣Ⅴ	Ⅴ	CODMn、COD、BOD5、总磷、溶解氧	—
6	渡桥湖	劣Ⅴ	Ⅲ	BOD5、总磷、COD、溶解氧	—
7	肖严湖	Ⅴ	Ⅴ	BOD5、总磷、COD	—
8	半头湖	劣Ⅴ	劣Ⅴ	BOD5、总磷、COD、溶解氧、CODMn	—
9	陈家湖	Ⅴ	Ⅴ	总磷、COD、BOD5、CODMn	—
10	江家湖	Ⅲ	Ⅲ	无	—
11	青山大湖	Ⅳ	Ⅳ	总磷、COD、BOD5、CODMn	—
12	北汊湖	Ⅳ	Ⅴ	COD、总磷、BOD5、溶解氧、氨氮	—
13	北湖	Ⅳ	Ⅳ	CODMn、BOD5、总磷	城中湖泊
14	西湖	Ⅲ	Ⅴ	总磷	城中湖泊
15	鬼湖	Ⅳ	Ⅲ	COD、BOD5	城中湖泊
16	东湖	Ⅳ	Ⅳ	溶解氧、总磷	城中湖泊

生态环境保护

【武汉市生态建设与绿色发展】2020 年，武汉市开展生态保护红线评估调整、自然资源统一确权登记。推进生态创建“细胞工程”，创建省级生态乡镇 3 个、生态村 25 个、市级生态乡镇 5 个、生态村 37 个。开展“绿盾 2020”自然保护地强化监督专项行动，推进自然保护地遥感监测、实地核查及问题排查，实施问题整改情况“回头看”，完成 5 个湿地自然保护区 160 处问题整改，累计拆除违建 4.70 万平方米。加强生物多样性保护，承办湖北省“5·22”国际生物多样性日主题宣传活动，开展生物多样性调查与评估，首次发布府河湿地生物图鉴。创建国家生态园林城市、国际湿地城市，新建各类公园 114 个，建设林荫道 132 千米、绿道 134.81 千米，新增绿地 762.25 万平方米，城市建成区绿地率 36.1%，人均公园绿地面积 12.48 平方米。累计投入约 10 亿元，修复 75 座破损山体生态环境，面积 866.67 公顷，修复规模、效果及范围在全国副省级城市中均居首位。

严守“三线一单”（生态保护红线、环境质量底线、资源利用上线、环境准入清单），推进工业企业清洁生产、工业园区循环化改造，扶持节能环保产业发展。严禁长江武汉段岸线 1 千米范围新建重化工企业，三环线范围内重点行业企业“只出不进”，污染物排放总量“只减不增”。强化能源总量和强度“双控”，单位 GDP 能耗持续下降，能源消费总量约 5640 万吨标准煤，煤炭消费总量比 2017 年削减 500 万吨（原煤），非化石能源占一次能源比重提升至 15.6%。落实最严格的水资源管理制度，推进节水行动，全年用

2020 年，武汉市生态环境志愿队伍在武汉商学院主会场成立

（武汉市地方志办公室　供稿）

水总量约 48.73 亿立方米，万元 GDP 产值用水量较 2015 年降低 29.0%。推动碳排放达峰，完成湖北省人民政府下达的单位 GDP 二氧化碳排放下降目标。

【武汉市大气污染治理】 2020 年，武汉市发布新版重污染天气应急预案，编制应急减排项目清单。推进钢铁行业超低排放改造、垃圾焚烧发电企业烟气脱硝提标改造、燃气锅炉低氮燃烧改造、挥发性有机物治理等工作。建立机动车路检联合执法机制，开展柴油货车和非道路移动机械排气污染专项执法行动，处罚超标柴油车 1000 余辆次，非道路移动机械编码登记 1.60 万余台，发放环保标牌 1.10 万余台。推动建立汽车排放检验与维护制度，立案查处机动车环保检验机构 3 家。全面推进工地道路扬尘和餐饮油烟、露天焚烧等污染治理，公开发布重点扬尘污染源单位名录，定期公开文明施工管理“十优”“十差”工地名单。建设工程工地文明施工考评合格率、城市建成区主次干道机械化清扫率均保持 95% 以上。

推进钢铁行业超低排放改造，武汉钢铁有限公司完成炼铁厂运二 A 区（C3）料场环保改造、焦化 1/2 号翻车机除尘系统改造、炼铁厂 5/6 号高炉原煤系统及转运站加装抑尘设施项目、CA21 干燥炉改造、高炉分厂 6/7 号高炉分级筛新增除尘系统、焦化原料分厂 Z306/Z307 转运站抑尘改造等 6 个项目。开展工业窑炉大气污染综合治理，完成武汉重工铸锻有限公司、武汉振军扣件有限公司等企业 40 余台工业炉窑淘汰或清洁能源改造。推进垃圾焚烧发电厂烟气脱硝提标改造，完成武汉绿色动力再生能源有限公司 1 号炉、武汉市绿色环保能源有限公司 4 号炉新增 SCR 烟气脱硝系统升级改造，武汉博瑞环保能源发展有限公司 3 号炉新增 PNCR 烟气脱硝系统升级改造，武汉汉口绿色能源有限公司新建 1 号和 3 号炉 SCR 脱硝系统等 5 个项目。开展燃气锅炉低氮燃烧改造试点，完成 40 余台 10 蒸吨 / 小时及以上燃气锅炉低氮改造。

【武汉市水污染治理】 2020 年，武汉市开展国考断面水质提升攻坚行动、涉水“散乱污”企业排查整治专项行动、乡镇集中式饮用水水源地排查整治等专项行

2020 年 9 月 26 日，武汉市武昌区沙湖水质提升工程项目

（武汉市地方志办公室　供稿）

动，推动156个行政村开展村庄生活污水治理，县级及以上饮用水水源地水质达标率100%。开展“三清”（清管、清源、清流）行动，加快实施雨污分流和排水管网混错接点改造。完善城镇生活污水收集处理设施，北湖污水处理厂新建工程、汤逊湖污水处理厂扩建工程（三期）完工。北湖港污水泵站及进出干管工程（二期）等青山东部地区主干管网具备通水条件。新增污水收集管网293千米，污水处理能力85万吨/日。开展黑臭水体整治，完成城市建成区黑臭水体治理任务65个。实施河湖排口排查整治专项行动，完成1728个排污口初步溯源、385个排污口立行立改工作。

【武汉市土壤污染治理】 2020年，武汉市开展重点行业企业用地土壤污染状况详查，更新发布污染地块名录、建设用地污染地块开发利用负面清单，完成国家和湖北省土壤污染治理与修复技术应用试点项目。开展工业固体废物堆存场所环境整治，加快建设区域性一般工业固体废物处置中心。实施危险废物专项整治三年行动。完成“清废行动”涉汉问题整改。完成394座加油站、1558个地下油罐防渗改造。提升医疗废物处置能力，医疗废物处置能力80吨/日，应急处置能力30吨/日，后备应急协同处置能力180吨/日。建成建筑弃料再生材料厂7处，处理能力800万吨/年。实施生活垃圾分类，单位生活垃圾分类基本全覆盖，社区和行政村生活垃圾分类覆盖率分别达97.8%、98.1%。

【武汉市涉疫环保】 2020年，武汉市落实医疗废物废水处理处置等涉疫环保工作。武汉市新冠肺炎疫情防控指挥部下设交通运输和环境整治组，成立市医疗废物处置调度指挥中心，集中开展医疗废物“清零行动”，开发应用“医废通”App，全时段指挥调度医疗废物收集运输和处置。建成市医疗废物应急处置中心，打通生活垃圾焚烧协同处置渠道，安装移动式医疗废物处置设备，医疗废物（应急）处置能力增至265吨/日，累计安全处置医疗废物2.54万吨，医疗废物按规范日产日清。加强新冠肺炎疫情期间医疗污水、城镇生活污水及医疗污泥等环境监管。成立市级联合指导组，开展重点医疗机构和方舱医院现场巡查，常态化开展饮用水源和涉疫废水特征性指标监测，医疗污水妥善处理后达标排放。

【武汉市固体废物污染治理】 2020年，武汉市开展工业固体废物堆存场所环境整治，排查产生或综合利用工业固体废物的企业582家，存在问题的42个堆存场所全部完成分类整改。制定《武汉市进一步加强塑料污染治理的实施方案》，开展塑料污染治理联合专项行动，对重点行业企业落实塑料污染治理工作进行抽查；健全废旧农用地膜回收利用体系，农用地膜使用量2810.03吨，回收量2293.87吨，回收率81.6%。推进建筑弃料资源化利用，建成7处建筑弃料再生材料厂，处理能力800万吨/年；建成16处移动式处置点，处理能力约550万吨/年。累计建成13座生活垃圾处理设施，日均处理生活垃圾约1.21万吨；累计建成90座（台）农村厨余垃圾处理设施，日均处理生活垃圾100余吨；城区生活垃圾无害化处理率100%，农村生活垃圾无害化处理率达90.0%以上。严厉打击固体废物环境违法行为，对生态环境部按批次交办的130余个疑似问题点位开展核查，其中39个确认为问题的点位均已完成整改；累计投入455.08万元清理处置固体废物。

【武汉市环境督查问题整改】 2020年，武汉市制发《武汉市贯彻落实中央生态环境保护督察“回头看”及长江保护与湖泊开发专项督察反馈意见整改方案》。9月21—30日，接受第一轮省级生态环境保护督察“回头看”，受理省第一生态环境保护督察组转办群众来信来电举报，印发工作简报40期。推进生态环境保护督察整改，落实第一轮中央生态环境保护督察反馈意见、第一轮中央生态环境保护督察“回头看”反馈意见和第一轮省级生态环境保护督察反馈意见。拆除武昌区等5个区非法占用长江岸线的修造船厂码头10个。完成南湖片区19所高校、262个社区及公建单位雨污分流改造；完成市政管网混错接改造193处。整改2018—

2019年国家长江经济带生态环境警示片涉汉问题8个，其中，销号3个，按期完成整改并通过省级验收5个。问责处理中央生态环境保护督察"回头看"反馈意见指出问题所涉的20个单位、80人次，并通报典型案例。

【武汉市排污许可与排污权交易】2020年，武汉市制定《武汉市固定污染源排污许可清理整顿和2020年排污许可发证登记工作方案》，每日通报工作进展，每周印发工作简报，每双周开展视频调度。集中时间、地点、人员、宣传、填报，提升排污许可申报和登记工作效率。完成18645家排污单位排污许可清理整顿和发证登记。其中，发证类排污单位1411家，登记类排污单位11686家，经核实后无须发证登记类排污单位5548家。组织115家（次）企业开展排污权交易，成交化学需氧量77.35吨、氨氮11.17吨、二氧化硫71.61吨、氮氧化物144.11吨，金额422.33万元。贯彻落实《省生态环境厅关于统筹做好疫情防控和经济社会发展生态环保工作的实施意见》等文件要求，承担101笔企业排污权交易的手续服务费，允许2家企业分期缴纳排污权交易费。

【武汉市建设项目环评审批】2020年，武汉市落实环评审批正面清单，为部分项目豁免办理环境影响登记表手续、部分行业相关项目实施环评告知承诺制审批。落实"零跑动、免接触、不见面"审批。对标国内先进城市，环评审批承诺办理时限压缩至3个工作日。为19965个建设项目办理环评手续，其中，需填写环境影响登记表备案的建设项目19213个（占比96.2%），需编制环评文件报批的建设项目752个（占比3.6%）。需编制环评文件报批的752个建设项目中，纳入告知承诺制审批范围的建设项目425个（占比56.5%）。开展环境影响报告书（表）技术审查，审查建设项目环境影响报告书（表）82个、规划环境影响报告书2个。加强环评中介服务机构管理，技术复核市级实施告知承诺制审批的项目环评文件39份，抽查复核区级审批的项目环评文件168份，通报复核期间存在质量问题的6家环评单位及相关编制人员，并在武汉市生态环境局官方网站公布。

【武汉市生态环境监测】2020年，武汉市持续做好生态环境质量监测、固定污染源监测等各项监测。在环境质量人工监测方面，获得监测数据4.8万个，其中，地表水环境质量监测数据3.3万个，集中式饮用水源地水质监测数据1.5万个，噪声监测数据2.1万个，土壤监测数据约2970个。在环境质量自动监测方面，获得有效数据604.4万个，其中，环境空气质量有效数据518.1万个，地表水水环境质量有效数据35万个，声环境质量有效数据51.3万个。开展河湖长制主要河流湖泊水质监测、黑臭水体水质监测、农村环境质量监测等多项专项监测。出动2万余人次对定点医疗机构、方舱医院、集中隔离点、有关城镇生活污水处理厂（站）开展废水监测，抽测重点单位废水近6000家次，分析上报监测数据超6万个。完成319家重点排污单位的固定污染源监督性监测任务，督促有关企事业单位履行自行监测责任，重点排污单位自行监测联网率上升。常态化开展未来72小时空气质量预报，适时向市民发布空气质量预警预报。

2020年12月27日，武汉市开展柴油货车和非道路移动机械排气污染夜间检查

（武汉市地方志办公室　供稿）

【武汉市环境保护专项执法行动】2020年，武汉市开展“6项重点任务+3个重点行业”（水质改善目标任务、重点行业企业挥发性有机物综合治理任务、农村环境综合整治任务、生态环境警示片中的问题整改任务、中央生态环保督察整改任务、集中式饮用水水源地环境问题整治任务，群众反映问题相对突出并影响区域大气和水环境质量的陶瓷、化工和医药行业）专项帮扶行动。推进涉气专项执法行动，成立区级帮扶组15个、支援帮扶组7个。开展挥发性有机物（VOCs）综合治理现场帮扶，累计帮扶企业1141家次，督促整改问题463项。专项执法检查涉消耗臭氧层物质（ODS）企业22家，136家沿江重化工及造纸行业企业开展“回头看”。推进涉水专项执法行动，开展工业园区污水处理设施专项整治，排查阳逻污水处理厂进水污染物浓度异常问题；开展涉水工业企业专项检查，抽查工业企业17家，帮扶113个涉工业企业整改环境问题77个。

【武汉市工业废水污染治理】2020年，武汉市实施涉水“散乱污”企业排查整治专项行动，清理整治污水散排、乱排污染企业250余家。开展省级以上工业园区污水处理设施专项整治，省级以上工业集聚区均建成园区污水处理设施或依托城镇污水处理设施，并安装废水在线监测装置；除青山经济开发区因园区内无企业进驻、废水在线监测装置暂未与生态环境部门联网外，其余15家省级及以上工业集聚区在线监测装置均与生态环境部门联网，污水处理设施正常运行，实现污水达标排放。

【武汉市水资源管理与水环境治理】2020年，武汉市执行最严格水资源管理制度，严守水资源开发利用控制红线、用水效率控制红线、水功能区限制纳污红线“三条红线”，全市用水总量、单位GDP用水量下降率、万元工业增加值用水量下降率和农田灌溉水有效利用系数均达到省级控制目标。全市人均用水量298立方米，万元GDP（当年价，含火电）用水量22立方米，万元工业增加值（当年价，含火电）用水量32立方米，城镇居民生活人均用水量165升/日，农村居民生活人均用水量110升/日，农田灌溉亩均用水量286立方米，农田灌溉水有效利用系数0.60。强化取水许可日常监管。合理核定和及时下达用水计划，加强取水、用水、退水全过程监督管理，按照“一户一档”要求，规范完善取水许可工作。完善农业取水许可管理，规范大中型灌区和农村安全饮水工程取水许可审批流程。开全市取水工程（设施）核查，完成核查登记、登记入库和现场抽查等工作。年内，全市有自建设施取水户192户，取水许可总量46.39亿立方米/年，实际取用水量为32.11亿立方米/年。

坚持综合治理、系统治理、源头治理，持续攻坚水环境治理，提升河湖水质。继续推进河湖流域水环境清源、清管、清流“三清”行动。开展河湖流域“散乱污”企业排查改、在建工地排查整改、环境卫生作业规范、种植养殖业污染防治、市政排水管网清淤减污、黑臭水体攻坚、河湖“清四乱”、南湖污水直排治理、入河（湖）排水（污）口溯源排查整改、排水户调查登记、市政排水管网混错接改造、溢流污染和初期雨水削减、劣V类湖泊整治及重点河湖流域治理等工作，其中，全面完成长江、汉江入河排污口排查，同步组织实施溯源监测；建立雨污管网“一张图”，初步实现排水管网动态管理；开展市政排水管网隐患排查整治，累计排查市政管网11000余千米，整改完成混错接点位6361处。继续推进南湖、汤逊湖、北湖和黄孝河、机场河、巡司河“三湖三河”流域水环境治理，综合采取排口整治、管网混错接和雨污分流改造、流域污水处理系统提升完善、末端控污工程等治理措施。其中，南湖流域水环境治理基本完成，北湖流域治理启动实施，汤逊湖、黄孝河、机场河、巡司河流域治理有序推进。

【武汉市长江生态修复】2020年，武汉市启动建设百里长江生态廊道工程，清理整顿长江、汉江武汉段沿线港口岸线资源，整合集并迁移码头103个，恢复自然岸线30余千米。开展非法码头整治，取缔非法码头167个、沿江堆砂场364个，规范设立临时砂石集散中心12个。实施长江两岸造林绿化，造林1426.67公顷，整合关闭后的港口码头复绿788.13万平方米。推进长江经济带生态环境警示片涉汉问题整改、销号、验收。推进沿江化工企业关（闭）改（造）搬（迁）转（产），累计“关改搬转”沿江化工企业82家。长江、汉江武汉段实施全面禁捕，落实退捕渔船620艘、渔民1151人。完成63个城区重点湖泊水生态调查工作。

【武汉市长江流域重点水域禁捕】2020年，武汉市先后组织召开视频调度会6次，推进长江禁捕退捕工作。发布《武汉市人民政府关于长江、汉江武汉段实行全面禁捕的通告》。7月1日0时起，长江、汉江武汉段依法实施10年全面禁捕。锁定并上报退捕渔船620艘、退捕渔民1151人，退捕渔船分类处置100%。累计安排各级财政资金10050.08万元，为长江禁捕及退捕渔民安置工作。办理渔业行政处罚案件28件、市场监管行政处罚案件18起，查获渔业非法捕捞案件75起，抓获嫌疑人员113人，基本实现“四清”（清船、清网、清江、清湖）“四无”（无捕捞渔船、无捕捞网具、无捕捞渔民、无捕捞生产）。

【武汉市节水减排】2020年，武汉市推进重点用水户精细化管理、节水型企业和公共机构创建、节水示范项目建设、高校节水行动、节水宣传等工作。创建节水型企业（单位）12个、公共机构节水型单位83家，节水型企业、单位、小区覆盖率分别40.5%、34.9%、18.0%。建立市、区重点监控用水单位名录，全市计划用水单位1.80万户。推进节水示范项目建设，新增武汉钢铁集团公司硅钢生产线循环水改造项目、武汉华星光电技术有限公司含氟废水回收及智慧清洗项目等10个节水示范项目，累计节水投资近1.50亿元，年新增节水能力2200万立方米，全市工业用水重复利用率增至91.2%。全面推进高校节水减排，实施《武汉市高校节水减排三年行动计划》，在全市高校探索推行合同节水管理，首批9所高校被命名为省级节水型高校，高校节水总量超1000万立方米。加强节水宣传和水情教育，武汉节水科技馆经水利部、共青团中央、中国科学技术协会联合评定为国家水情教育基地。中小学节水主题班会活动连续开展15年，成为青少年节水宣传品牌。制作《节水微课堂》系列视频15集，成为学校节水校本课程的有益补充。

2020年6月5日，武汉市举办“世界水日·中国水周”系列活动总结大会暨“节水减排、从我做起”设计发明创意大赛颁奖仪式

（武汉市地方志办公室　供稿）

【武汉市水土保持】2020年，武汉市水土流失面积923.54平方千米，占国土面积的10.8%。其中，轻度侵蚀面积875.85平方千米，中度侵蚀面积41.07平方千米，强烈侵蚀面积6.16平方千米，极强烈侵蚀面积39万平方米，剧烈侵蚀面积7万平方米。修订并印发《武汉市水土保持工作市级部门联席会议制度》。推进水土保持“放管服”（简政放权、放管结合、优化服务）改革，优化审批流程，全年审批生产建设项目水土保持方案619个。开展生产建设项目监督检查1141次，征收水土保持补偿费5686万元，接受水土保持设施自主验收报备128个。配合开展人为水土流失卫星遥感常态化监管，组织开展水土保持监督性检查、水土保持设施验收核查及水土保持履职情况督查。完成新增水土流失治理面积33.25

平方千米，持续推进黄陂区郭岗河水土保持生态清洁小流域建设。开展水土保持国策宣传活动，累计发放宣传材料5200份，省市级媒体宣传报道2次，制作宣传视频2个。

【武汉市环境保护宣传教育】2020年，武汉市举办《武汉市机动车和非道路移动机械排气污染防治条例》新闻发布会，围绕大气环境保护、当好生态环境“店小二”、机动车污染防治、武汉生态文明建设示范市创建等主题举行例行新闻发布会4次。举办4场“关爱自然，保护山川河流”系列活动。在《长江日报》设置“生态环境源解读”栏目，在武汉广播电视台在《长江视点》栏目开设“武汉生态环境访谈录”专题。开展“美丽中国，我是行动者”系列主题宣传实践活动，围绕活动主题推选出15个优秀公众参与案例、50名最美生态环保志愿者，40余家市环境保护委员会成员单位联合发布《绿色发展宣言》，组织连续5天的10场线上线下活动。“@武汉生态环境”发布微博8807条，阅读量超过4000万。“武汉生态环境”微信公众号发稿1342篇，阅读量达89.65万次。建成首个环保设施VR全景参观平台，首批纳入的环保设施包括武汉绿色动力再生能源公司、武汉深能环保新沟垃圾发电厂、汉西污水处理厂等。成立武汉市生态环境志愿服务总队，首批成员单位达20多家。

（武汉市地方志办公室）

【黄石市大气污染治理】2020年，黄石市开展颗粒物管控工作，选污染源点位35个，实施点位包保“点长制”，每周监测，每月通报监测结果，全年下发通报11份。加强机动车尾气排放监管，开展综合执法6次，遥感监测车辆52838辆，抽测车辆3900余辆，处罚车辆11台，发送尾气超标提醒短信137条。综合整治“散乱污”企业295家。加强秸秆禁烧管控，落实秸秆禁烧工作目标管理责任，建设“高空视频瞭望＋人工智能分析”的秸秆禁烧智能视频监控预警防控协调系统。推进工业污染源治理。湖北新冶钢公司完成烧结机脱硫、焦化脱硫脱硝、转炉二次除尘等超低排放改造项目。推进新冶特钢等其他钢铁企业超低排放改造工作。完成9个工业窑炉改造项目。加强企业无组织排放废气整治，完成25家重点行业企业无组织废气排放工程改造。

【黄石市水污染治理】2020年，黄石市制定《2020年黄石市水污染防治强化攻坚方案》《2020年黄石市饮用水水源地保护工作实施方案》。开展水质监测预警通报，督促相关辖区开展问题排查，采取管控措施。推进饮用水水源地专项整治，印发《黄石市饮用水水源地保护专项治理战役2020年重点工作清单》，推进县级以上饮用水水源地整治“回头看”。加强日常监管巡查，整改21个乡镇饮用水水源地问题（42个）。落实汛期阳新县军垦养殖场被淹后的污染防治工作，监测养殖场下游富河水质变化，打捞死猪、科学抽排和处理污水。排查整治各类长江入河排污口507个，监测排污口230个，提供监测报告1000多份。印发《关于进一步加强重点湖泊排污口监管工作的通知》，加强排查湖泊入湖排污口30个，指导属地分类落实排污口规范化建设，安装在线监控并联网生态环境部门在线监控平台，实现实时在线监管和信息共享。

2020年7月3日，长江黄石城区段首艘“三污”（船舶生活垃圾、生活污水和油污水）综合转运船投入使用　　（黄石市档案馆　供稿）

【黄石市土壤污染治理】 2020年，黄石市制发《黄石市2020年土壤污染防治工作方案》《黄石市2020年土壤污染防治重点工作清单》。公布土壤污染重点监管单位名录，督促31家重点监管企业开展自行监测及隐患排查，形成检测报告31本，排查隐患15个，整改到位13个，完成11个点位涉镉整治任务。完成21个地块土壤及地下水采样、分析检测工作，共采集土壤样1912个，水样435个，形成市土壤质量状况“一张图”。实施全域耕地土壤环境质量类别划定，优先保护类耕地1009.76平方千米，安全利用类耕地155.56平方千米，严格管控类耕地4.06平方千米。推进超筛选植耕地130.36平方千米。落实安全利用或严格管控措施，督促45宗地块执行土壤环境调查评估制度。推进耕地、工矿废弃地、尾矿库治理与修复，累计治理面积8平方千米，实施土壤治理项目12个，完工5个，专项资金执行率62.9%。争取中央土壤污染防治专项资金7982万，新增土壤类项目2个，总投资19480万元，通过国家、省级审核并入选中央项目储备库。印发《关于进一步明确供地或用途变更环节土壤污染状况调查事宜的通知》《关于推进工业污染地块治理修复盘活土地资源的指导意见（试行）》等文件。

【黄石市涉疫环保】 2020年疫情期间，黄石市环保部门开展科学防控，医疗废物和医疗废水全部安全处置。先后印发《黄石市应对新型冠状病毒感染的肺炎疫情医疗废物应急处置方案》《关于加强全市医疗污水监管切实阻断疫情传播途径的通知》。全市医疗废物处置能力38吨/日。建立电子清单化管理机制，医疗废物日产日清。加强生态环境领域涉疫情防控巡查，督促责任单位立行立改。疫情防控常态化后，提高医疗废物处置能力，形成医疗废物处置“一用四备”（一用：黄石中油环保科技发展有限公司；四备：华新水泥阳新公司、大冶有色金属公司、尚川固废处置项目、光大（黄石）静脉产业园一期）的格局。向上申请国家资金，新建医疗废物焚烧线1条（10吨/天）。

2020年8月13日，下陆生态新区东钢工业旧址内20万平方米的金鸡菊花海迎风绽放　　（黄石市档案馆　供稿）

【黄石市固体废物污染防治】 2020年，黄石市推进“清废行动”工作，现场核实与整改疑似问题点位39个，并将核查情况上传清废App。加强危险废物排查和管理，印发《2020年全市危险废物排查工作方案》，建立危险废物产生单位清单、拥有危险废物自行利用处置设施单位清单、危险废物经营单位清单和危险废物重点监管单位清单等“四个清单”，10家危废经营单位纳入《湖北省危险废物处置设施建设规划（2020—2022）》。推进固体废物污染防治专项行动，完成5个重金属减排工程项目建设、25座存在环境风险隐患的尾矿库污染治理工作；完成固体废物堆存场所排查、废塑料综合利用排查工作。出台《黄石市固体废物环境违法行为举报奖励办法实施细则（试行）》，奖励举报工业固体废物非法转移和倾倒等行为。

【黄石市环境监管】 2020年，黄石市优化环境监管执法方式，两批次发布《生态环境监督执法正面清单》，104家企业被纳入清单。发布《黄石市生态环境部门依法不予行政处罚轻微环境违法行为清单的通知》，推行包容审慎的执法监管机制。完成长江经济带水质自动监测站阳新县隧洞村站、大冶市龙潭村站（升级改造）建设。建成饮用水源地水质自动站长江凉亭山站，完成王英水库站设备升级改造。市大气超级站升级改造、新港港口股份有限公司空气自动监测站通过省级验收。落实国控、省控自动站基础保障。推进核发排污许可证企业自行监测，97 家重点企业联网率 100%，填报完成率 88%。优化环评审批方式，推行不见面审批，全年网件办结率 100%。审批建设项目环评文件 331 个，总投资 558.88 亿元，环保投资 12.74 亿元。完成固定污染源排污许可证核发登记工作。开展双千活动，组织 23 批次企业参与排污权交易，成交化学需氧量 209.42 吨、氨氮 20.95 吨、二氧化硫 574.43 吨、氮氧化物 787.45 吨，四项污染物指标总交易价款 1020.41 万元。

【黄石市湖泊保护】 2020 年，黄石市开展排污口整治、黑臭水体及城镇生活污水治理、农业面源污染突出问题整治等“八大攻坚行动”。“水十条”考核国控断面达标率 100%，省级重点（12 个）水质监测断面水功能区双因子评价达标率 100%。牵头环保督查整改任务 15 项（其中需整改销号“四位一体”问题 8 个），完成整改销号 9 个，推进整改任务 6 个；牵头污染防治攻坚战任务 5 项，全部整改完成。清理整治长江干流岸线利用项目，腾退岸线 1210 米，复绿 10.60 万平方米，拆除建筑物 12600 平方米，清理弃土弃渣 91445 立方米。完成大冶市桐沙湾、芦海两处圩垸退垸还湖工作，推进有色湖市级退垸还湖年度工作任务。

【黄石市环境保护宣传教育】 2020 年，黄石市举办“美丽中国，黄石映像”生态环境摄影大赛，共征集摄影作品 200 余幅。深入开展环保设施公众开放活动。6 月 5 日，黄石广播电视台“直通车·零距离”抖音栏目以抖音直播方式，探访黄石生态环境监测中心，向公众现场演示生物毒性的监测流程及部分环境监测设施设备运行情况。在主流媒体、网站平台、双微一网发表稿件 800 余篇，获“中国环境报宣传工作先进单位”称号，制作的环保人之歌获生态环境部“演唱奖”称号，双微信息发布工作被国家生态环境部通报表扬。开展生态乡镇、村创建工作，印发《黄石市创建生态文明建设示范市 2020 年度工作方案》，编制《黄石市实施〈湖北生态省建设规划纲要〉（2014—2020 年）中期评估报告》，评估指标 35 项已达标 34 项。

（黄石市档案馆）

【鄂州市大气污染治理】 2020 年，鄂州市重新划定鄂州市高污染燃料禁燃区，扩大禁燃区范围。推进火电、钢铁行业超低排放改造，完成鄂州电厂 1# 机组烟粉尘、二氧化硫超低排放改造工程，鄂钢 2 台烧结机机尾除尘系统“电改布”、富余煤气发电锅炉烟气脱硫脱硝除尘改造、烧结二次料场封闭改造等工程；完成无组织排放污染整治项目 3 个、工业窑炉治理项目 11 个；完成非道路移动机械调查摸底，登记编码 1226 台。开展夏秋季秸秆禁烧，督促地方政府落实禁烧主体责任，下发督办通知书 4 次。开展秋冬大气污染防治专项行动，重点落实临空

2020 年 9 月 9 日，生态环境部重点流域水生态环境保护“十四五”规划编制督导调研组一行来鄂州市开展督导调研　（鄂州市档案馆　供稿）

经济区和樊口街道区域扬尘污染突出问题。

【鄂州市水污染治理】2020年，鄂州市国控断面长江燕矶、梁子湖水质总体优良，水质达标率100%。全市5个集中式饮用水水源地水质达标率均100%。组织开展狮子口水库饮用水水源地突发环境事件应急演练、专项检查集中式饮用水水源地保护区；组织开展重点流域水生态环境保护“十四五”规划编制，申请中央财政专项资金并及时入库。初步完成长江入河排污口分类工作，确定鄂州市长江入河排污口总数555个，检测点位178个（其他未检测点位不具备检测条件）。印发《关于禁止生产、销售和使用含磷洗涤用品的通告》，组织开展专项联合执法行动，全面推动“禁磷”工作。

【鄂州市土壤污染治理】2020年，鄂州市全面完成受污染耕地和建设用地安全利用率双90%目标。完成全市8个高风险重点行业企业地块、14个沿江化工“关改搬转”企业场地和19个疑似污染地块土壤污染状况调查；完成7个重点排污单位、2个重点监管单位、4个污水处理厂、1个危废处置单位、5个工业园区周边土壤和地下水监督性监测等工作；完成全市4个涉镉等重金属行业企业排查整治并销号；排查7条农村黑臭水体。

【鄂州市固体废物污染防治】2020年，鄂州市一般工业固废产生量约691.50万吨、处置利用量601.65万吨，处置利用率87%；危险废物产生量2.44万吨、利用处置量2.46万吨（含上年度贮存180吨），零外排、零倾倒丢弃，危险废物安全处置率100%。产生医疗废物651.89吨、安全处置量651.89吨，全部集中收运、安全无害化处置，医疗废物处置率100%。生活垃圾25.41万吨（日均产生696吨），全部收运、分拣、碳化后委外处理，城乡生活垃圾无害化处理率100%。

【鄂州市环境督查问题整改】2020年，鄂州市第一轮中央生态环保督察反馈意见共34项，已全部完成整改；第一轮中央生态环保督察“回头看”反馈意见共19项，已完成整改12项；第一轮省生态环保督察反馈意见34项，已完成整改24项。12月，配合完成第一轮省环保督察“回头看”，其中，边督边改任务62项，已完成55项。

【鄂州市环境监测】2020年，鄂州市全面完成市域地表水、农村环境质量、城市声环境等常规环境质量监测工作。地表水水质监测方面，组织完成市域8条主要河流国控、省控监测断面每月1次的常规监测工作，完成19个国控湖库监测断面和省控市控重点湖泊的质量监测，对2个城市集中式饮用水源地和1个县级集中式饮用水源地按要求监测，对长江6个和梁子湖1个水功能区断面规范完成现场采样和室内分析工作，酸雨监测逢雨（雪）必测，按时完成梁子湖水生生物17个点位全年的生物采样任务，共获各类有效监测数据8237个。声环境监测方面，按规范要求，及时完成126个城市区域噪声、60个道路交通噪声和6个功能区噪声的监测工作，出具监测数据3528个。完成40余个重点企

2020年12月11日，鄂州市召开首例生态环境损害赔偿磋商会议

（鄂州市档案馆　供稿）

业监督性监测任务，出具有效监测数据5700余个。

【鄂州市环境保护专项执法行动】2020年，鄂州市坚持环保违法行动“全覆盖、零容忍、无死角”。全年查处环境违法案件立案73起，罚款1.01亿元（其中恒大童世界未批先建，罚款9600万元）。开展建材行业环境污染问题专项整治，全面摸排辖区内建材企业环境污染问题，整治问题企业188个。对鄂州市主城区主次干道餐饮业油烟污染问题进行“再回头”专项检查，对全市1254个餐饮经营户按10%的比例进行抽测，共抽测104个，确保油烟污染整治常态化。参加生态环境保护执法大练兵知识竞赛，成绩名列全国前茅。

【鄂州市农村环境整治】2020年，鄂州市完成18个建制村的农村环境整治任务。推广测土配方施肥和病虫害绿色防控技术，推进秸秆和废弃农膜回收利用，防治水产养殖污染；推进畜禽养殖废弃物的资源化循环利用，农药化肥亩均施用量分别为35.40千克（折纯）、397吨左右，农作物秸秆综合利用率91.1%，废弃农膜回收率81.6%。开展增殖放流，累计投放各种鱼类1000万尾。全市非禁养区畜禽养殖量229.76万头（只），粪污产生量50.05万吨，资源化利用量49.78万吨，资源化综合利用率97.7%，规模养殖场粪污处理设施装备配套率100%。提速扩面农村生活污水收集处理，改建完成农户无害化户厕8427座，完成率113%；新建农村无害化公厕257座，完成率102%。农村生活垃圾日均产生量360吨左右，配备垃圾收集容器（垃圾房、垃圾箱、垃圾桶等）7900个，垃圾收运、转运车辆204台套，建设乡镇垃圾中转站26座。基本形成“农户分类、村组保洁、乡镇收集、区级转运、市级处理”的生活垃圾五级收运处理管理网络。

【鄂州市梁子湖水体保护】2020年，鄂州市推进创建环梁子湖湖泊治理国家示范区，全流域落实五级河湖长制583人，民间河湖长723人。建设梁子湖云大数据平台实现资源数据共享，建立健全生态补偿机制。梁子湖、长港河入选省级幸福示范河湖。完成岸坡整治8千米，蔡湾泵站改造工程完成主体工程建设。“东翼”通道新港河治理工程完成港道治理5.20千米，打通三山湖—洋澜湖通道，为洋澜湖补充优质水源2000余万立方米。“西翼”通道规划实施梁子湖水系连通和曹家湖、垱网湖退田还湖等一系列工程。其中，曹家湖垱网湖水系连通工程拆除曹家湖垱网湖内部圩堤、栈咀至曹家湖港堤防及五四湖大堤，建成垱网湖泵站、曹家湖闸、五四湖闸；梁子湖水系连通工程梁子湖至梧桐湖水系连通段，完成节制闸工程土建工程量的90%；梧桐湖至红莲湖水系连通工程，启动桥梁、节制闸施工。

（鄂州市档案馆）

【孝感市大气污染治理】2020年，孝感市组织开展城区大气污染防治综合抽查督办工作，印发督查通报3期，每月将县（市、区）空气质量在《孝感日报》一版公布，印发通报9期。完成中心城区非道路移动机械摸底调查和编码登记项目、3个省级环境监测

2020年，全球极度濒危鸟类“青头潜鸭”现身梁子湖

（鄂州市档案馆　供稿）

能力项目建设工作；完成全市36家、1778辆柴油货车的统计调度工作。通过VOCs企业调研、联合检查、执法监测等开展臭氧督查，强化重点时段、行业、区域的督查监管，检查调研县（市、区）16家企业挥发性有机物治理和治理设施运行情况。落实工业污染防治，检查督办全市6家火电企业15个火电机组超低排放改造情况。安排部署大气污染防治及主要污染物减排、"十四五"空气质量改善规划、温室气体排放清单编制，下达《大气环境质量相关问题的提醒函》。启动污染天气应急管控和黄色预警各1次，实施大气管控5天次，累计实施限产、错时生产、停产等相关应急措施400余家次。

【孝感市水污染治理】 2020年，孝感市关注自动监测站数据，每月定期开展人工预警监测，预警超标断面，现场督导检查全市重点流域、水质断面以及省级工业园区污水处置设施运行情况。编制沦河保护区划分技术方案，开展集中式饮用水水源地规范化建设评估工作，汉江汉川段巡河8次。现场交办、跟踪销号违建违种违养、沿线垃圾等问题13个。制定《澴东湖水污染防治年度实施方案》，开展汈汊湖、澴东湖2个排污口溯源排查工作，推进落实黄麦岭环境问题整改工作。

【孝感市土壤污染治理】 2020年，孝感市开展土壤污染详查，确定全市15家重点行业企业用地为土壤污染详查重点。整治非正规垃圾堆放点67个并销号（全市69个）。完成全市农村生活污水治理信息摸底调查和上报，完成治理规划编制。

【孝感市环保督察问题整改】 2020年，孝感市承担第一轮中央环保督察整改任务35项，整改销号31项，按序时进度推进4项；承担中央环保督察"回头看"及专项督察整改任务17项，整改销号12项，按序时进度推进5项；承担省级环保督察整改任务73项，整改完成64项，未达序时进度2项，按序时进度推进7项。第一轮中央环保督察、中央环保督察"回头看"、省级环保督察分别交办信访件112件、182件、178件，分别整改完成112件、180件、177件。推进长江大保护十大标志性战役工作，完成重点任务14项。

【孝感市环境监测】 2020年，孝感市监测网络进一步完善，新、改建县级以上饮用水源地水质自动站6座、长江经济带水质自动站7座，全面提升了水生态环境监测能力。监测领域得到拓展，农村环境质量、长江经济带入河排污口、生活垃圾填埋厂地下水、黑臭水体等各项监测全面开展。组织开展空气中挥发性有机物监测、机动车尾气监测、大气走航监测等工作，有力支撑环境决策与污染治理。对全市26家重点污染源开展执法监测分析，为环境监管执法提供依据。加强环境监测信息公开，及时发布各类生态环境监测信息，保障人民群众环境知情权。

【孝感市环境保护专项执法行动】 2020年，孝感市实施监督执法正面清单，积极推动分类监管、差异化监管，采取电话、微信等非现场执法方式，大幅减少对守法记录良好企业的检查频次。全年全市共立案31起，下达行政决定书29份，处罚金额297.70万。全市环保部门共实施查封扣押案件4件，移送涉嫌污染犯罪案件3起。加强环境信访投诉件的应急处理，共受处理环境投诉146起，办结率达到100%。

保持秸秆禁烧高压态势。印发《孝感市2020年秸秆禁烧工作实施方案》，不定期开展秸秆禁烧巡查，市级无人机巡飞40次，全市核实火点黑斑共133个，在全市范围推送秸秆禁烧短信一百八十万条。

【孝感市农村环境整治】 2020年，孝感市实施生态文明示范区细胞工程建设，13个乡镇、49个村获评省级生态乡镇和省级生态村。完成98个农村环境综合整治项目。印发《关于加快推进农村生活污水治理的通知》，安排部署农村生活污水治理工作。完成农村生活污水治理信息摸底调查和上报工作，各县（市、区）分别制定县域农村生活污水治理规划。开展农村黑臭水体排查整治，印发《关于开展农村黑臭水体排查治理工作的通知》，组织排查农村黑臭水体159个，其中，纳入国家黑臭水体清单21个，纳入省级黑臭水体清单138个。

【孝感市环境保护宣传教育】 2020年，孝感市开展“4·15”全民国家安全教育日核安全宣传、“5·22”生物多样性保护日、“6·5”世界环境日等主题宣传，举办全市污染防治专题培训班，组织召开关于疫情期间危险废物处置情况和关于通报中央和省环保督察反馈问题整改情况两场新闻发布会。实时更新“环保新时空”“两微一端”，组织开展环保设施公众开放和湖北少年环保使者、青年环境友好使者推荐工作，成立孝感市生态环境发展促进会。

（孝感市史志研究中心）

【黄冈市环境污染防治】 2020年，黄冈市梳理突出环境问题173个，建立任务、措施、时限、责任整治清单4个。印发《2020年黄冈长江经济带生态保护“雷霆行动”违法排污企业整治工作方案》《违法排污企业整治销号工作方案》，实行问题整治销号管理。严格审查各地报送的销号问题并现场核实，每月上报各地环境问题整改销号情况至市“雷霆办”通报。开展入河排污口现场排查活动。全市涉及长江入河排污口详情清单1171个，确定监测对象类型7种，完成黄州区281个入河排污口分类工作并移交市监测站。完成排污口监测200个，数据同步录入国家长江入河排污口排查整治系统（其余81个排污口不含污水，不具备监测条件）。

【黄冈市固体废物与化学品环境管理】 2020年，黄冈市制定《新型冠状病毒感染的肺炎疫情防控工作实施方案》，建立医废处置日调度机制。协调启用华新公司、宏源公司2个备用医废处置单位，争取辽宁欧尔东集团提供医废应急处置设施。制定《黄冈市危险废物安全专项整治三年行动实施方案》《黄冈市2021年危险废物规范化管理督查考核工作方案》，印发《推进危险废物专项整治三年行动责任分工表》。全面摸清化工园区企业、危废产废及经营单位运营情况，开展危废品专项整治工作。建立台账清单，逐一核实监管单位“四个清单”。制订任务清单，明确任务书时间表和路线图。建立健全定期调度、情况通报、督导检查、责任追究等工作制度。

【黄冈市环境监察问题整改】 2020年，黄冈市开展环境执法稽查工作。麻城市、英山县、红安县开展日常执法稽查。蕲春县开展专案稽查，现场调阅执法台账16份、环境信访处理档案16份，现场核实相关企业8家、3家投诉单位和人员、2家市沿江化工“关改搬转”办移交企业。现场指正分局和企业问题，行政处罚企业环境违法行为，规范生态环境执法行为。打击环境违法行为。全市立案查处企业违法394起，下达行政处罚决定书296件，罚款1956.95万元。累计实施按日连续处罚案件零件、查封扣押案件16件，实施限产、停产案件2件，移送行政拘留案件4起，移送涉嫌污染犯罪案件1起。推进环境问题整改方式、方法和措施转变，统筹推进疫情防控、加强重污染天气应对下的差异化管控，推行非现场监管方式。通过非现场检查方式（在线监控、视频监控、无人机等）监管清单内企业492家次，减免处罚19家次。

【黄冈市水环境管理】 2020年，黄冈市印发《黄冈市推进河湖长制工作提档升级争先创优方案》，突出加强基础工作、制度引领、幸福河湖建设和体制机制创新。组织开展河湖“五清”活动，累计参与人数7.43万人次，清理岸坡垃圾7420吨、水面漂浮物1121万平方米、沟渠淤堵2207处、非法排污口56处、违章建（构）筑物102处。开展中央和省环保督察整改、河湖“清四乱”“雷霆行动”等专项整治活动，清理江北造船厂等历史遗留问题。坚持河湖长示范引领，推进河湖和水利工程划界确权、退垸还湖等工作。延伸河湖长制体系至小微水体，打通治水护水“最后一千米”。编制完成龙感湖水质提升项目实施方案。严格落实“水十条”规定，建立河流、湖泊、水库排渍和污染防治联防联控机制。在“三湖”地区各支流入湖口，筹建水环境自动监测站15个、巴水流域建成水质自动监测站6个，形成区域水环境自动监测体系。出

2020年，黄冈市在遗爱湖开展水质提升工作

（黄冈市史志研究中心　供稿）

台《黄冈市白莲河库区水环境保护条例》，印发《黄冈市白莲河水库流域水环境综合治理实施方案》《黄冈市白莲河水库水环境质量考核办法（试行）》，推进白莲河水库流域水环境综合治理。加强饮用水水源地保护，推进生活污水垃圾、农业面源、工业、畜禽水产养殖、水域内源污染治理。全市地表水优良水体比例100%；跨市界断面水环境质量综合达标率93%（目标70%）；县级以上集中饮用水水源地水质达标率100%，三项考核指标均达省定目标。建立并试行考核巴水流域生态补偿机制，促进巴水流域5个县市区共治共管共享巴水生态环境。

（黄冈市史志研究中心）

【咸宁市大气污染治理】 2020年，咸宁市印制《咸宁市城区2020年在建项目扬尘管控责任清单》，开展不定期巡查、通报城区扬尘污染问题。摸清城区挥发性有机物污染源，编制《咸宁市重点行业挥发性有机物污染整治实施方案》，组织33家钢铁、建材、印刷等重点行业和使用燃煤锅炉的工业企业开展大气污染整治。推动清洁生产，督促、指导9家实施强制性清洁生产审核企业完成目标任务。完成非道路移动机械摸底调查、编码登记工作，开展机动车尾气检测机构"双随机"检查，现场交办15家机动车尾气检测机构存在问题，督促按期完成整改。完成主城区气溶胶激光雷达组网，启动机动车"天地车人"系统建设，采购机动车尾气排放遥感监测车1台，公布实施咸宁市重污染天气应急预案，建立健全部门协调一致应对重污染天气工作机制，全市未发生重污染天气。

【咸宁市水污染治理】 2020年，咸宁市完成县级以上饮用水水源地环境状况评估，8个县级以上城市集中式饮用水水源地水质达标率100%。完成斧头湖水污染防治强化攻坚重点任务23项，修订完善《斧头湖流域碧水入湖生态保护补偿机制实施方案（试行）》（咸政办函〔2020〕17号），印发《西凉湖水生态环境保护补偿机制实施方案（试行）》（咸政办发〔2020〕35号）。完成长江咸宁段两轮排查，排查排污口329个。召开长江入河排污口分类监测工作专题会议，完成分类监测排污口186个，完成率105.1%；初步溯源329个，整治18个。组织摸排重点湖泊排口，相关经验在全省推广。完成或按序时推进重点任务105项。编制完成水生态环境保护"十四五"规划要点，通过长江流域局专家评审。

【咸宁市土壤污染治理】 2020年，咸宁市指导、督促各县（市、区）完成耕地土壤环境质量类别划分，制定《咸宁市耕地土壤污染防治工作实施方案》，建成通城县塘湖镇凉亭村6.67公顷、隽水镇上阔村3.34公顷2个安全利用示范区，完成轻、中度污染耕地低积累作物替代种植、有机肥替代化肥等面积2759.26公顷，占省下达任务的100%。推广农作物种植结构调整和土壤酸化改良+调理剂+有机肥+叶面阻控剂+测土配方施肥技术，改种低积累作物面积226.26公顷，占省下达任务的100%。完成10个重点行业企业地块土壤污染状况详查样品采集、制备流转和测试分析工作。筛查建设用地疑似污染地块8个、污染地块6个，其中1个地块土地使用权人（企业）下达列为污染地块通知，其余地块函告各县

（市、区）人民政府和市自然资源规划局。筛选土壤污染重点监管企业17家，督促相关企业完成有毒有害物质储罐等土壤风险隐患排查，指导4家沿江化工搬迁企业制定企业设施拆除污染防治方案，并监管拆除活动现场。

【咸宁市固体废物污染治理】 2020年，咸宁市制定《咸宁市2020年危险废物规范化管理督查考核工作方案》，规范化管理考核131家危险废物产生、经营单位，达标129家，综合达标率98.5%。制定《咸宁市2020年危险废物专项整治行动方案》，成立专项整治行动领导小组，重点监管危险废物经营单位、拥有危险废物自行利用处置设施单位、危险废物年产生10吨以上单位。编制《咸宁市危险废物环境重点监管单位清单》，录入"湖北省危险废物监管物联网系统"。整改危险废物问题106个。指导、督促湖北汇楚危险废物处置有限公司投资6000万元，新建新增危险废物焚烧处置生产线及增量扩项工程项目，危险废物焚烧处置能力增至34500吨/年（其中医废处置能力增至4500吨/年）。督促湖北省嘉鱼蛇屋山金矿有限责任公司、嘉鱼县高强锰业有限公司完成尾矿库污染治理任务和环境风险隐患排查，建立尾矿库"一库一档"。

【咸宁市环境督查问题整改】 2020年，咸宁市整改完成中央和省2016—2019年各类环保督察、检查反馈意见涉及咸宁的突出环境问题220个，整改率99.5%，余下1个达到序时进度要求。其中，第一轮中央环保督察反馈意见涉及咸宁的38个问题、中央环保督察"回头看"及专项督察反馈意见涉及咸宁23个问题全部完成整改；省环保督察反馈的5个方面19类73个问题整改完成72个；2018年、2019年国家长江经济带生态环境警示片反馈意见涉及咸宁的14个问题，长江经济带生态环保审计及水污染防治情况审计反馈意见涉及咸宁35个问题和生态环境部及省级专项饮用水水源地专项督查反馈意见涉及咸宁的27个问题全部完成整改。

2020年6月6日，湖北省生态环境厅咸宁市生态环境监测中心挂牌

（咸宁市史志研究中心　供稿）

【咸宁市环境监测】 2020年，咸宁市升级改造陆水河石矶头大桥上水质自动站，新建潘家湾水厂水源地水质自动监测站，均与国家平台联网。完成咸安区凤凰工业园空气自动监测站项目招投标与建设。全市应纳入污染源监测信息联网重点管理企业138家，联网136家，监测信息联网率98.6%，超额完成省定目标（95%）。安排专人24小时关注大气、水和声环境自动监测实时数据，发布监测应急预警。每月监测市控以上地表水监测断面和县级以上集中式饮用水水源地水质，获取相关数据20000余条。印发《咸宁市空气质量自动监测站及水质监测站点巡查管理制度》。

【咸宁市环境执法】 2020年，咸宁市开展废塑料废泡沫、"散乱污"等11个专项行动环境问题整治成果"回头看"，开展生态环境监管重点行业企业"双随机一公开检查"和日常监管工作，下达生态环境行政处罚决定书141份，罚款1313.92万元。办理《环保法》四个配套办法案件8起，其中，实施查封扣押4件，实施限产停产2件，移送行政拘留2起。印发生态环境监督执法正面清单，45家企业获推行非现场监管模式。组织开展"执法+服务"

2020 年 11 月 18 日，咸宁市生态环境综合执法支队及 6 县（市、区）生态环境综合执法大队挂牌　　（咸宁市史志研究中心　供稿）

活动，为 14 家企业解决环境难题 25 个。加大秸秆露天禁烧巡查打击力度，问责因秸秆禁烧管控不力人员 170 人次，处罚 40 起，罚款 28200 元，派出所留置教育 12 人，行政拘留 5 人。

【咸宁市农村环境整治】 2020 年，咸宁市完成 31 个建制村农村环境整治任务，新建集中式（微动力、无动力）生活污水处理设施 17 座（套）、污水收集管网 505.65 千米，新增垃圾收集车 14 辆、垃圾转运车 15 辆、垃圾收集桶（箱、池）6771 个、乡镇垃圾压缩中转站 7 个，配备垃圾收集、转运保洁人员 152 人。整治农村无规模以上大型养殖场，生活污水处理率 60% 以上，生活垃圾无害化处理率 70% 以上，畜禽粪污综合利用率 70% 以上，饮用水卫生合格率 90% 以上。

【咸宁市环境保护宣传】 2020 年，咸宁市与省联动在潜山国家公园举办“5・22”国际生物多样性日现场直播活动。组织开展以“美丽咸宁・我是行动者”“咸宁市污染防治攻坚战访谈”为主题的“6・5”环境日宣传活动；组织开展“咸宁环保世纪行”重大宣传活动。组织参加全国环保书画摄影展评选活动。制定《咸宁市生态环境局网络舆情处置预案》，建立生态环境领域网评员队伍，处置网络舆情 36 起。召开环境质量状况新闻发布会、突出环境问题整改新闻发布会，公开生态环境信息。在香城都市报宣传报道咸宁全市生态环境系统 16 名先进“逆行者”事迹，在《咸宁日报》《香城都市报》等媒体开设“市委书记（市长）谈环保”等专栏。开展环保设施公众开放日活动，组织市委党校生态文明培训班全体学员参观污水处理厂、湖北汇楚危险废物处置中心，同步以线上直播形式向公众开放。

（咸宁市史志研究中心）

【仙桃市生态文明示范创建】 2020 年，仙桃市制发《仙桃市创建国家生态文明建设示范市实施规划工作方案》《仙桃市 2020 年国家（省级）生态文明建设示范市创建工作计划》。召开创建国家生态文明建设示范市工作动大员，推进“生态细胞”创建、省级生态镇（村）创建和“绿色单位”创建。建成省级生态镇 6 个、省级生态村 62 个、市级生态镇 15 个、

2020 年 7 月 3 日，“咸宁环保世纪行”活动启动

（咸宁市史志研究中心　供稿）

2020 年 6 月 7 日，仙桃市召开创建国家生态文明建设示范市工作动员大会　　（仙桃市档案馆　供稿）

市级生态村 457 个。

【仙桃市大气污染治理】 2020 年，仙桃市推进大气污染防治，淘汰或使用清洁能源非压力燃煤小锅炉 46 台，落实建筑工地（48 家）扬尘污染防治设施，标准化整改预拌混凝土企业 31 家，提标改造塑料企业 43 家，取缔关停大气“散乱污”企业 47 家。开展秸秆禁烧，出动巡查人员 1000 余人次，开展高空巡查 40 天，通报批评乡镇 17 个，责任追究禁烧工作不力的镇村干部 19 人。

【仙桃市水污染治理】 2020 年，仙桃市加强水污染防治。每月监测、通报全市 36 条市级河流、10 个重点湖泊、29 个乡镇跨界断面水质。开展 21 条市管以上河流、10 个省保护名录湖泊及 22 个城镇排污口无人机排查，完成 571 平方千米的排查工作、21 条河流的现场二级核实工作。开展县级饮用水源地巡查“回头看”，排查整治 7 个镇级饮用水源地环境问题，整改 17 个。

【仙桃市土壤污染治理】 2020 年，仙桃市推进土壤污染治理和土壤生态修复。完成三伏潭李坮村杀鼠剂作坊历史遗留污染地（面积近 2 万平方米）集中治理，排查场区土壤污染风险隐患，重点监控企业 13 家，完成改造加油站 86 座、地下油罐 362 个。加强农村环境综合整治和美丽乡村建设，8 个镇 15 个村庄实施环境综合整治。编制《仙桃市农村生活污水专项规划》《仙桃市农村黑臭水体治理实施方案》，系统治理农村生活污水、黑臭水体。常态化监管禁养区养殖场 386 家，达标整治非禁养区规模养殖场 694 家，完成环评备案登记养殖场 606 家。

【仙桃市环保督察问题整改】 2020 年，仙桃市加强中央、省级环保督察问题整改调度，全力促进环保督察问题按期整改销号。第一轮中央环保督察交办 37 个问题，已完成 36 个问题销号，余下 1 个未销号的问题按时序推进。中央生态环境保护督察“回头看”反馈的 15 个问题，已完成整改 6 个，上报省指挥部销号备案 5 个，其他问题达到序时进度。省级环保督察共反馈 36 个问题，已销号 25 个，其他 11 个问题的整改工作按时序进度推进。

【仙桃市环境执法】 2020 年，仙桃市开展化工园区监管、企业非法排污、畜禽养殖污染、企业在

仙桃市城东污水处理厂　　（仙桃市档案馆　供稿）

线监控设施、散乱污企业等专项整治行动，共受理立案调查环境违法案件49例；共下达行政处罚决定书31份、行政处罚告知书29份、责令改正违法行为决定书49份、督促履行义务催告书20份，申请强制执行案5件。开展环境安全风险隐患大排查，摸排整改重点行业、重点区域、重点环节，出动执法人员132人次，抽查企业70家次，对19家企业开展突发环境事件应急预案备案工作，组织湖北碧辰科技股份有限公司开展环保应急演练。推行信用评价，发布《关于进一步加强仙桃市企业环境信用评价工作的意见》，通知10家环境信用绿牌企业申报2019年度环境诚信企业，2家企业获评“2019年度环境诚信企业”。

（仙桃市档案馆）

【潜江市大气污染治理】 2020年，潜江市加强禁燃区管控，优化调整高污染燃料禁燃区区划。完成“散乱污”企业（5家）、工业炉窑（4家）综合治理及工业企业（5家）无组织排放整治工作。组成巡查小组6个，开展秸秆禁烧巡查。建立柴油车大户台账清单，推进非道路移动机械污染防治，划定禁止使用高排放非道路移动机械区域，建立机动车排放检测与强制维护制度，实现排放超标机动车“检验—维修—复检”闭环管理。完成非道路移动机械摸底调查和编码登记1万余台，尾气检测非道路移动机械2000台，督促尾气排放不合格机械维修整改（70余台）。开展温室气体排放清单编制，碳排放核查企业10家。修订重污染天气应急排放清单，启动重污染天气预警时，工业企业、施工工地按照管控措施限产减排。

【潜江市水污染治理】 2020年，潜江市制订《潜江市2020年水污染防治工作方案》，建立完善水污染防治制度，强化日常水污染防治工作的精细化管理。履行总干渠河长制办公室职责，签发巡河问题转办单5份。推进河长巡河及河长制联席会常态化。建立跨区镇流域水环境考核机制，开展水源地常态化“回头瞄”，每周环境整治检查和巡查维护2个县级以上水源地保护区。持续开展水质监测预警，推进东荆河、四湖总干渠、通顺河潜江段水环境综合整治，开展定期巡查，实时微信通报水质监测数据。完成竹市河水环境综合整治Ⅰ期项目，推进城南河人工湿地净化项目建设。

2020年，潜江市垦区河道整治工程　　（潜江市档案馆　供稿）

【潜江市土壤污染治理】 2020年，潜江市开展重点行业企业用地详查，加强土壤环境重点企业监管，建立建设用地土壤污染防治联动机制，强化建设用地准入管理，落实环境保护要求。加强农用地分类管理，受污染耕地安全利用率90%。强化涉重金属监管，建立涉重企业全口径清单8家，完成重金属核算和复核，依法关闭涉重散乱污企业2家。推进农业农村污染防治，综合整治10个建制村农村环境。开展农村生活污水处理现状调查、农村黑臭水体排查。加强地下水污染防治，督促完成防渗改造加油站72座、关停加油站3座。监测分析重点监管企业（9家）、工业园区（5个）土壤和地下水污染源，完成地下水监测建井28座。执行危险废物转移联单制度，加强固体废物、医疗废物处置监管。

【潜江市环境监测】 2020年，潜江市加强环境监测工作，实施重

2020 年，潜江市生态环境保护综合执法支队挂牌（潜江市档案馆　供稿）

点污染源监督性监测。完成废气（7家）、废水（10家）、污水处理厂（4座）重点污染源监督性监测工作。加强环境质量监测。完成3个省控断面12期地表水监测、1个国控趋势科研断面12期地表水监测、2个国控地表水考核断面和1个新增国控考核断面及1个跨界考核断面同步监测；按季度完成2个城市集中式饮用水源地水质监测、15个农村饮用水源地水质监测、2期湖泊监测和市境内10条主要河流水质监测工作。开展降水采样分析，完成每日空气自动监测数据审核上报和空气质量预警预报；完成4期功能区噪声、1期区域环境噪声、1期道路交通噪声等监测任务；完成农村环境质量监测、省控土壤风险点位核实和采样质控、重点监管企业与工业园区周边土壤环境质量等监测工作。

【潜江市环境执法】 2020 年，潜江市加强生态环境执法工作，按“人工随机摇号、分配任务”的方式落实“双随机”抽查，通过遥感、无人机巡查、在线监控、视频监控、快速监测等方式，对正面清单企业开展“非接触、不打扰”的现场执法检查。利用信息共享平台实现对环境违法行为的联合惩戒，严格遵守法定程序，落实2人以上执法和“亮证执法”制度，实现依法执法、文明执法。开展环境专项执法。组织开展长江入河排污口排查整治、非法排污专项整治、正面清单执法、土壤污染重点监管企业、水产品加工行业、砂石料堆场环境整治、工业污水处理厂环境整治等专项执法工作，全年开展执法检查1416家次，查处各类环境违法案件12件，下达行政处罚决定书9份。加大环境信访调处力度。落实“12369”环保举报热线全年24小时值班制度，全年度共处理群众投诉431件，受理率100%，满意率100%。加强项目环评审批与服务。全年完成项目环评审批94个，办理项目落户意见58份，核发排污许可证102个，排污登记1105家，下发限期整改通知书29份。

（潜江市档案馆）

【天门市大气污染治理】 2020 年，天门市开展大气污染防治工作，落实秸秆禁烧、城区禁鞭、锅炉禁煤和扬尘污染治理，重点强化工业污染治理、机动车污染治理。落实工业炉窑、挥发性有机物排放企业、无组织排放企业、“散乱污”企业四类重点企业整改帮扶，完成36家重点企业挥发性有机物治理任务、20家无组织排放企业治理任务、167家“散乱污”企业整治任务。整改16家工业炉窑。划定非道路移动机械禁行区，开展检车机构检查，公示超标排放车辆，发放安装环保标牌5000余个。更换省站空气质量自动站臭氧监测设备，投用空气微站20个、机动车尾气遥测系统2个，校准20个空气微站监测数据。修订重污染天气应急预案，编制重污染天气应急减排清单，完善联防联控机制。

【天门市水污染治理】 2020 年，天门市持续巩固天门河水环境整治成效，落实水环境综合整治、水环境质量监测、园区水环境管理、入河排污口整治和饮用水源地保护。开展杨家新沟、龙嘴河、谌桥河污染治理，实施天门河拖市断面治理，建设水质自动监测站5个；开展乡镇跨界断面水质考核，出台《天门市乡镇跨界断面水质考核办法》，每月通报水质；开展生态补水，保障主要

2020 年，天门市陆羽故园傍晚图　　（天门市文化和旅游局　供稿）

河流生态基流。定期监测一江二河、重点湖泊、污水处理厂、饮用水源地水质，加大重点行业领域的监督性监测，督促涉水企业自行监测，及时排查分析水环境风险隐患。加快推进工业园区污水处理设施整治，督促 3 个省级以上工业园区污水管网实现全覆盖，推进重点排污企业污水明管高架改造。开展工业园区问题排查，查处园区涉水案件 3 起，下达园区涉水行政处罚 2 起；开展入河排污口“查、测、溯”，完成 263 个入河排污口分类上报工作，并自行排查 17 个乡镇 45 个湖泊的入湖排口；开展汉江沿线河流型饮用水水源地保护区规范化建设、21 个乡镇集中式饮用水水源地问题整治工作。完成乡镇饮用水源保护区内 13 项问题整治。

【天门市土壤污染治理】 2020 年，天门市实施土壤污染防治行动计划，协调安全利用耕地、严格管控类耕地工作，强化污染地块环境风险管控。开展重点行业企业用地土壤污染调查，完成 42 家重点行业企业用地调查信息采集工作；完成 5 处高风险地块的初步调查、详细调查工作。实施建设用地土壤环境质量风险管控，确定污染地块 5 处，建立第一批污染地块名录。开展土壤环境重点监管企业检查，督促企业自行监测；开展农村地下水饮用水源地保护，完成加油站地下油罐防渗改造工作。新增农村环境整治建制村任务 15 个。

【天门市环境督查问题整改】 2020 年，天门市开展“四位一体”问题整改工作，第一轮中央环保督察反馈问题、长江经济带生态环境警示片反馈问题完成整改并通过验收，其余问题整改均按序时进度推进。整改挥发性有机物排放企业 36 家、“散乱污”企业 186 家；启动杨家新沟、龙嘴河、谌桥河、天门河拖市段面污染治理。完成渡桥湖、沉底湖、周古垱湖 3 个湖泊退垸还湖，累计还湖面积 2.55 平方千米；加快推进汉江生态环境保护，“清四乱”、禁捕退捕等工作。完成沿江化工企业“关改搬转”，开展畜禽养殖污染综合治理“回头看”；完成诚鑫化工、成宇制药等 22 家重点排污企业污水明管高架、雨水明沟明渠改造。推进受污染耕地安全利用工作，安全利用率 90%。

【天门市环境执法】 2020 年，天

2020 年，天门市“粮仓”春耕图（石家河镇池字湾）

（天门市文化和旅游局　供稿）

门市全年共出动执法人员2345人次，现场检查各类污染源855家次。共立案查处环境违法27起。建立“一厂一档”，强化移动执法。加快推进污染源监管动态信息库建设，全年全部核发排污许可证后，将已经核发的排污许可证同步录入和上传。执法人员依托移动执法系统全年共制作各类笔录共963份。落实正面清单，优化环保服务。严格筛选全市企业或项目，将66家企业编入天门市生态环境监督执法正面清单（第一批），并依照相关要求差异化监管辖区内企业。全年共对生态环境监督执法正面清单内企业开展现场帮扶90余次，对辖区内企业进行帮扶指导1000余次。加强在线监管，提升监管效率。全年全市11家涉水重点企业全部安装水污染源在线自动监控设施并联网验收，1家涉气重点企业安装烟气在线自动监控设施。督促排污企业严格按照自动监控设施的相关技术规范加强日常运行维护，完成自动监控设施季度比对。加强排污企业自动监控设施的监督检查，确保设施正常、污染物达标排放，确保平台数据上传有效率超过95%。

（天门市文化和旅游局）

国土资源保护

【武汉市土地资源开发利用】2020年，武汉市启动全市自然资源确权登记，编制自然资源管理底图，第三次国土调查数据库成果通过国家确认。探索推进自然资源资产权益管理，编制《2019年度全民所有自然资源资产报告》和《自然资源资产负债表（土地、矿产部分）》。

完成全市生态保护红线评估调整，全市生态保护红线面积789.79平方千米，占市域面积9.2%。江夏灵山被列入湖北省复垦利用、绿色产业发展“双试点”工程。

出台《耕地破坏鉴定标准》，成为全国首例地方性耕地破坏鉴定标准。开展存量土地消化处置，全市已消化批而未供土地3280公顷，处置闲置土地1433.33公顷。基本完成2019年耕地保护督察发现问题整改和违建别墅、“大棚房”等问题清理整治。推进农村乱占耕地建房整治，国务院办公厅通报表彰武汉市土地节约集约利用成效好、闲置土地少，奖励133.33公顷用地计划指标。全市获批建设用地总面积2832公顷，推动中法生态城、四环线北段、轨道交通环线、江北铁路等一批重点项目落地。搭建“汉地云”招商平台，全年推介重点发展区域和产业用地46平方千米，地块465宗，平台访问量超22万次，武汉成为全国率先推出项目用地云招商平台的城市。全年成交各类用地295宗，土地面积2056.55公顷，比上年增长3.0%；成交金额1896.5亿元，增长7.4%。

【武汉市地理国情监测】2020年，武汉市摸清自然资源家底和城市建设发展情况，更新变化图斑8.80万个，更新区域面积379.76平方千米。完成自然资源管理底图编制，套合最新第三次国土调查成果与1∶2000地形图，提高第三次国土调查成果采集精度。开展城市自然资源调查监测体系研究，形成自然资源地表覆盖的“一张图”和分类编码体系。新增生态修复、高质量发展指数、现代服务园区、城市空间品质、韧性

2020年，武汉市江夏区进口街马蹄口村提质改造（旱改水）项目实施耕地占补平衡

（武汉市地方志办公室　供稿）

城市建设、城际交通网络、早晚高峰拥堵等专题评估与监测，开创性开展新冠疫情影响及恢复研究。升级地理国情数据库和平台，实现大数据专题、自然资源调查及管理底图的综合展示。编写武汉市地理国情和自然资源监测“十四五”规划纲要。

【武汉市自然资源确权登记】 2020年，武汉市启动自然资源确权登记，出台《武汉市自然资源统一确权登记实施方案》，组建武汉市自然资源统一确权登记工作领导小组，完成技术方案及工作经费测算方案编制。完成长江干流自然资源确权登记。协调、组织相关单位及区（分）局配合开展长江干流确权登记权属调查、外业测绘。配合中国国土勘测规划院开展长江干流地籍调查成果外业核查。

【武汉市第三次国土调查】 2020年，武汉市第三次国土调查初始成果库全部通过省级核查，并报国家备案。完成第三次国土调查统一时点更新调查，各区统一时点更新调查成果通过国家级内业核查和数据库质量检查，完成第三次国土调查阶段性任务。开展第三次国土调查耕地质量分类工作。完成耕地资源质量分类外业补充调查及样本采集，开展调查平台系统填报、耕地质量分类指标赋值、标准化编码和数据库建设。

【武汉市土地资产管理】 2020年，武汉市推进土地资产经营统筹管理，编制完成《武汉市2020年度市级国有建设用地供应计划》《武汉市2020年度市级土地储备计划》。核发国有建设用地供地方案批复41批次，国有土地供应项目信息收集、校核、建库、远程报备、网上配号工作全部完成。按申请依法及时完成土地储备批复、国有土地收回批复。

【武汉市国土空间用途管制】 2020年，武汉市印发《市自然资源和规划局关于2020年土地利用计划管理的通知》《市自然资源和规划局关于加强土地资源要素保障支持加快恢复我市经济建设发展若干措施的通知》。坚持“土地要素跟着项目走”，及时配置疫情防控、单独选址以及国家、省级重点项目用地指标，批次用地均明确到具体项目。参与拟订上报《关于支持武汉市经济社会发展相关事项的请示》，起草《武汉市土地征收工作程序暂行规定》，落实新《土地管理法》的内部指导文件，规范土地征收工作程序。起草《武汉市落实最严格耕地保护制度实施方案》，拟订《武汉市村庄规划“编管合一”试点实施方案》。

【武汉市国土空间生态修复体系研究】 2020年，武汉市完善生态修复技术标准和政策机制。编制生态修复相关技术标准，规范生态修复项目规划编制与实施管理。组织编制《武汉市国土空间生态修复规划方案编制技术规程》。指引宏观区域规划格局和中观层面空间规划管控的衔接，规范山、水、林、田、湖、草各要素生态修复方案及空间利用方案。对接生态修复工程的管理实施，提出规划管控文件的编制标准，管控引导生态修复、用地规划、空间设计。编制《审批管理暂行规定》，明确武汉市内生态修复工程规划设计编制、审批、验收、管理实施等工作的责任主体、分工和工作流程。组织制订《武汉市加快推进废弃矿山生态修复实施意见》，涵盖矿区土地利用现状地类核实认定、国土空间规划管控和引领、矿山土地综合修复利用、差别化土地供应政策运用等多个方面，明确市级层面激励政策，逐步健全生态修复实施管理的政策机制。

【武汉市废弃矿山生态修复】 2020年，武汉市废弃矿山修复工作取得突破性进展，完成矿山修复面积43.27公顷。其中，推动武汉市长江干支流废弃露天矿山生态修复，完成治理面积11.27公顷；开展江夏区灵山矿区工矿废弃地复垦利用试点，引进社会资金约2.30亿元，按4 A景区标准建设“灵山生态花园”，将灵山矿区建设成复垦利用和绿色产业融合发展的示范区，试点项目一期完成修复治理面积32公顷。

以乌龙泉镇灵山、将军山废弃矿山片区为对象，开展生态修复（复垦利用）工程试点规划的编制工作。规划衔接江夏区“生态渗透、两楔联动、东西缝合”生态功能格局，对矿山片区内山水林田湖草全生态要素进行评价诊断；以修

2020年，武汉市开展江夏区灵山矿区工矿废弃地复垦利用试点工作

（武汉市地方志办公室　供稿）

复生态系统，推进农田复垦，激活文化活力，改善乡村环境为目标，制订生态修复方案和空间利用方案及产业发展策略，以实现生产生活生态融合；提出项目库和分期实施计划。

【武汉市矿产资源管理】 2020年，武汉市城内共有采矿权7处，其中，省级2处，市级3处，区级2处，采矿权有效期内在产矿山1座（武钢资源集团乌龙泉矿业有限公司武钢乌龙泉矿）。及时注销不具备安全生产条件、决定关闭或停产整顿的矿山企业的采矿许可证。完成《武汉市矿产资源规划（2021—2015年）》调研及初稿起草。为5处固体矿山储量数据开展新老分类标准数据转换工作，开展矿业权人勘查开采信息公示及矿产资源统计。

推进地质矿产安全监管。制订《武汉市地质灾害安全专项整治三年行动方案》《武汉市非煤矿山安全生产专项整治三年行动方案》。制作地质灾害气象预警210期，其中达到预警发布级别36期。组织编制修订突发地质灾害专项应急预案。严格矿权审批，审慎办理2家矿山企业采矿权证手续。

【武汉市多要素城市地质调查】 2020年，武汉市自然资源和规划局联合武汉地质调查中心、湖北省地质局等单位建立中央与地方协同推进机制，投入资金2471.30万元，启动并实施10个子项目。发现在都市发展区范围内存在多处第四纪沉积深槽，为地下空间开发利用提供建议。在志留系、二叠系和侏罗系等多个层位中新发现一批古生物化石遗迹，对后续地质遗迹保护与开发提出科学建议。在蔡甸区索河部署实施中深层地热勘查示范井，发现优质温泉。还原地质环境演变历程，分析城市发展和地质环境之间的关系。系统调查长江武汉段沿岸生态环境，提出生态环境问题的修复建议。开发地质环境安全评价系统，建立地质大数据中心，开发地质“一张图”、地质环境安全服务、地下空间开发利用等系统。建设岩溶地面塌陷监测示范基地，通过监测数据初步分析岩溶区地下水和长江水的关系，为后续武汉市地质环境监测网络建设奠定基础。

【武汉市耕地保护督察技术支持平台建设】 2020年，武汉市根据2019年耕地保护督察问题及整改措施清单，探索建立耕地保护督察技术支撑平台。依托武汉市自然资源执法监察平台，全面清理全市违法用地、闲置土地、耕地保护、增减挂钩等问题类型数据，分析研究问题督察管理机制，建立实时更新的例行督察问题数据库，搭建例行督察模块桌面端及移动端。

（武汉市地方志办公室）

【黄石市土地资源管理】 2020年，黄石市全年报批建设用地总面积1352.78公顷，涉及新增建设用地1114.31公顷，其中，农用地1010.26公顷（含耕地578.06公顷），未利用地103.05公顷。完成征地面积1968.78公顷，发放征地补偿费11.45亿元；完成14宗土地收储工作，收储面积106公顷，预估土地资产价值20.03亿元。供应土地348宗，面积1039.53公顷，其中，供应商服用地、工矿仓储用地、住宅用地、公共管理与公共服务用地、交通运输用地、特殊用地面积分别为48.76公顷、469.55公顷、223.88

公顷、111.47公顷、185.13公顷和7300平方米，分别占全市国有建设用地供应面积的4.7%、45.2%、21.5%、10.7%、17.8%、0.1%。

全市出让国有建设用地760.28公顷，比上年减少31.3%；出让价款83.03亿元，减少41.4%。城区出让国有建设用地207.41公顷，增长5.9%；出让合同价款35.75亿元，减少33.8%。其中，住宅商服用地12.06公顷，出让价款4.05亿元；工矿仓储用地95.99公顷，出让价款1.83亿元；住宅用地87.61公顷，出让价款29.80亿元；其他用地11.75公顷，出让价款700万元。推进建设用地“增存挂钩”工作，处置闲置土地54宗309.20公顷，处置率46.4%。消化批而未供土地369公顷，消化率24%。开展建设用地节约集约利用评价，完成两个开发区（园区）集约利用评价工作。推进落实《黄石市工业用地租赁和弹性出让实施办法》，采取长期租赁、先租后让和弹性出让等方式灵活供地。试行工业项目“标准地”改革，出让“标准地”11宗、58.74公顷。

2020年11月12日，第四届中国（黄石）地矿科普大会开幕

（黄石市档案馆　供稿）

【黄石市矿产资源管理】2020年，黄石市发现金属、非金属、能源和水气矿产4大类79种，查明资源储量的矿产44种，列入矿产资源储量表32种，其中金、铜、钼、钴、锶、硅灰石等10种主要矿产资源储量居湖北省首位。地质矿产勘查投入3313.25万元，比上年增长8.4%。龙角山—付家山地区新增WO_3量3.30万吨，改写湖北省无大型钨矿的历史；铜绿山矿田在矿权外围空白区深部发现富铜富铁矿体，实现铜绿山矿田空白区找矿突破；黄金山南麓发现地热资源1处，具备地热开发前景。铁矿年产矿石量512.40万吨，铜矿年产铜金属量95315.93吨，金矿年产金金属量3711.54千克。建筑石料用灰岩矿年产石量911.80万吨，增长6.9%，水泥用灰岩矿年产矿石量1002.50万吨，增长17.1%。

全市采矿权181个，减少5个；探矿权82个。收取采矿权出让收益38870.45万元，增长258%。推进矿山自评、第三方专业机构评估等工作，入选国家级和省级绿色矿山名录库的在建在产大中型矿山16家，创建达标率94%，居全省第三位。开发区·铁山区、大冶市被自然资源部列为“全国绿色矿业发展示范区”。

落实“绿水青山就是金山银山”理念，推进国家级绿色矿业示范区建设。出台推进长江大保护促进矿业绿色发展十八条意见，推进矿业权出让改革、绿色矿山建设，严格矿产资源勘查开发和保护监管，建立生态修复治理资金捐赠制度。印发《关于进一步明确矿业权出让、登记权限的通知》，审议矿权审批“一个科室全过程管理”改革方案，推进矿产资源审批改革。

【黄石市耕地保护】2020年，黄石市完成湖北省厅下达的108653公顷耕地保有量、永久基本农田保护面积87706公顷的目标任务。严格执行补充耕地占补平衡制度，全年验收占补平衡项目36个，新增耕地609.54公顷（其中，水田307.97公顷，旱地301.57公顷），完成年度责任目标的105%。全年验收工矿废弃地复垦和增减挂钩项目12个，新增农用地507.768公顷（含新增耕地190.8957公顷）。

（黄石市档案馆）

【鄂州市土地资源管理】2020

年，鄂州市国有建设用地供应计划总量1350.04公顷，其中，商服用地24.11公顷，工矿仓储用地35.21公顷，公共管理与公共服务用地33.24公顷，住宅用地99.14公顷，交通运输用地1059.67公顷。获用地批文73个，批准面积20.11平方千米。消化处置上年耕保督察191宗闲置土地（其中重复4宗，实际整改任务187宗），被武汉督察局认定整改173个，整改率90.6%。落实湖北省自然资源厅下发疑似闲置土地处置，被国家自然资源部认定消化闲置土地4.82平方千米，处置率73.8%，超额完成处置任务（30%）。消化批而未供土地3.59平方千米，处置率22.3%。加快推进储备供应工作，完成新增报批面积1.66平方千米，供应土地面积1.70平方千米。开展专题招商推介2次，土地出让价款118.09亿元，比上年增长25.2%。创新土地出让政策，起草《鄂州市加快推进工业用地“标准地”出让的实施办法》。督促葛店开发区以标准地方式出让工业用地2宗，面积6.07万平方米。制订征地青苗补偿标准，启动1个采石厂恢复生产，投放新设采矿权1宗。鄂州民用机场工程建设用地获自然资源部批复。机场高速一期工程通过省自然资源厅规划选址论证，鄂黄第二过江通道项目通过自然资源部预审和省自然资源厅规划选址论证，武阳高速重点项目先行用地获省自然资源厅批准。临空经济区人民医院、妇幼保健院和儿童医院3个项目计划用地指标均由省级统筹。

【鄂州市耕地保护】 2020年，鄂州市落实耕地保护制度，守住全市533.36平方千米耕地保有量和430.55平方千米永久基本农田的红线。先后开展大棚房、违规别墅清理、农村乱占耕地建房问题等专项整治，拆除大棚房25处，面积4.25万平方米；清理违建别墅6处、面积1.82万平方米，农村乱占耕地建房问题30016个。300个耕地保护督察反馈问题，已整改完成273个，整改率达91%。

（鄂州市档案馆）

【孝感市土地资源管理】 2020年，孝感市严格征地报件质量管理，规范征地报批程序。报批批次用地190个、面积14.48平方千米。推进重大项目建设，沿江高铁、武大高速北段、孝汉应高速和347国道用地预审获自然资源部、省自然资源厅批复。武汉城市圈高速公路大随至汉十段、G346国道大悟河口至城关段、武汉至十堰铁路站后工程等征地获自然资源部批复。省级重点项目（43个）用地落实34个。

印发《关于贯彻落实最严格耕地保护制度的通知》，明确“四个严格”“七个严禁”“八项管理”措施。开展永久基本农田现状摸底调查，在国家设施农用地监管系统上备案项目275个，备案个数居湖北省第三位。落实耕地占补平衡责任，补充耕地项目立项2.08平方千米，新增耕地2.14平方千米。提质改造“旱改水”项目立项2.32平方千米，新增水田6.19平方千米。为8个批次建设用地补充耕地85.83万平方米，补充水田59.55万平方米，补充粮食产能132.30万千克。

印发《孝感市新增工业用地“标准地”出让方案》，明确“标准地”出让年度目标任务（孝感高新区核心区不低于10%，孝南园区、应城园区、云梦县园区和其他省级开发区不低于5%）。出让工业用地“标准地”30宗、面积69.40万平方米，占比超过出让工业用地总量的10%。完成批而未供土地处置7.53平方千米、处置率31.7%，闲置土地处置47.07万平方米、处置率84.8%，均超省定目标任务。供应国有建设用地18.80平方千米，比上年增长4.4%，其中，出让12.73平方千米，价款122.12亿元，土地有偿使用率67%；建设项目开工率93.3%、竣工率94.4%、土地供后动态巡查率98.95%、宗地坐标填报率100%，均居全省前列。

【孝感市矿产资源管理】 2020年，孝感市印发《孝感市自然资源和规划局关于推进矿产资源管理改革有关事项的实施意见（试行）》，调整矿业权审批权限管理措施。开展省、市两级矿业权登记库和电子报件资料相互移交。完成安陆市福安岭矿区建筑石料用灰岩矿、大悟县阳平镇古寨矿区建筑用大理岩矿2宗采矿权出让工作。建筑石料设计年生产规模增加675万吨。印发《孝感市自然资源和规划局保障建筑石料供应能力提升三年行动方案》，加强建筑石料矿业权管理，严格准入管理，加大矿业权投放，强化开采监管，建立完善建筑石料矿管理长效机制。完成3宗市级发证采矿权审批登记相关手续，收取采矿权出让收益6000万元、采矿权使用费6500元。完成41家矿山开发统计数据和58家矿山储量统计数据的审查上报工作。组织专家审查、备案矿山储量年报11份。推进落实废弃露天矿山生态修复治理。长江干支流废弃露天矿山治理项目（22个）完成17个。全市“三区两线”范围矿山地质环境恢复治理复绿面积1.25平方千米，超额完成省定任务。

【孝感市耕地保护】 2020年，孝感市印发《关于贯彻落实最严格耕地保护制度的通知》，明确“四个严格”“七个严禁”“八项管理”措施。开展永久基本农田现状摸底调查，全市已在国家设施农用地监管系统上备案项目275个。落实耕地占补平衡责任，依法批准的非农建设占用耕地全部落实占补平衡。补充耕地项目立项2.08平方千米，新增耕地2.14平方千米；提质改造“旱改水”项目立项3.32平方千米，新增水田6.19平方千米。为市本级8个批次建设用地及时补充耕地数量85.84万平方米，补充水田规模59.55万平方米。

（孝感市史志研究中心）

【黄冈市土地资源开发利用】 2020年，黄冈市获批建设用地面积比上年增长24%。完成经营性土地出让1584.67公顷，出让价款120亿元。其中，市区出让土地387.40公顷，出让价款61亿元。分别争取地质灾害防治项目资金1.09亿元、长江干支流中央重点生态保护修复治理资金3000万元。完成窗口业务收件1367件，发文767件。办理“两证一书一核实”证件236个。修建性详细规划及建筑方案批前、批后公示208次，现场勘查1100次。累计上报省政府建设用地批次406个，面积3000公顷。国有建设用地出让、划拨及补缴收入34.50亿元(财政非税账户收入)，城市基础设施配套费收入8200万元。落实“一窗联办、集中服务”获省政府督查奖励资金50万元。推进国土空间规划编制，统筹划定城市开发边界、永久基本农田、生态保护红线“三条控制线”。服务重大建设项目，解决华阳河蓄滞洪区建设工程项目规模指标问题。集中开展黄州区土地利用总体规划局部调整工作。土地利用总体规划修改方案受理10个县（市、区），调规面积2040公顷，其中调入面积1020公顷。

【黄冈市矿产资源管理】 2020年，黄冈市启动矿产资源规划（2021—2025年）编制工作，加强与生态保护红线评估工作衔接，统筹重要矿产资源战略布局，明确各类规划分区、勘查开采规划区块。下放乙类矿种地质储量报告评审备案、采矿权登记发证权限至县级自然资源和规划部门。缩减矿业权登记发证资料至不超过10项。监督管理非招标采购方式的采购活动，制定矿业权出让收益评估供应商（中介机构）遴选办法。拟定《黄冈市矿产资源储量评审备案工作指南（试行）》，缩减矿产资源储量报告提交评审资料至3项。推进矿产资源开发利用。完成绿色矿山建设任务制定。列入绿色矿山建设计划的大中型矿山10家，完成9家（含小型矿山1家）。加强整治非煤矿山安全生产。实行“到期关闭”等措施，逐步淘汰开采规模和安全生产不达标的“小、散、乱”矿山。整合原罗田县白莲河石垅寨矿区的3家饰面用花岗岩矿为1个采矿权，重新挂牌出让。加强矿山开采现场监管，在华新水泥、长江矿业等大型矿山安装远程监控系统，全程视频监控矿山开采现场。严厉打击非法开采行为，打击无证开采、越界越层开采等违法行为。全市有矿产违法图斑23个，立案查处21个，非立案查处2个（矿山恢复治理），立案率91.3%。累计罚款203.86万元，没收矿产品120吨，移送公安机关涉嫌犯罪2人。推进绿色矿山建设。开展长江经济带生态保护“雷霆行动”，印发《实施方案》,恢复治理矿山29个，复绿面积166.39公顷。完成长江干支流10千米范围内矿点10个，复绿面积169.12公顷。争取中央重点生态保护修复治理资金3000万元。

【黄冈市耕地保护】 黄冈市

2006—2020 年累计耕地保有量 47.13 万公顷，基本农田保护面积 38.05 万公顷。2020 年，落实基本农田保护制度，确保永久基本农田数量不减、质量不降，严格控制各类非农建设占用基本农田情况。落实“占补平衡”制度，完善市级补充耕地指标储备统筹制度，保障重大项目落实占补平衡。开展全域国土综合整治、城乡建设用地增减挂钩、工矿废弃地复垦，调整优化永久基本农田布局，增加耕地面积。全年市耕地占补项目备案 103 个，其中，占补项目 77 个，净增耕地面积 1879 公顷；旱改水项目 26 个，提质改造水田面积 511 公顷。

（黄冈市史志研究中心）

【咸宁市土地资源管理】 2020 年，咸宁市土地总面积 97.51 万公顷，其中，耕地面积 20.08 万公顷，园地面积 1.92 万公顷，林地面积 53.03 万公顷，草地面积 3.22 万公顷，城镇村及工矿用地面积 5.90 万公顷，交通运输用地面积 1.49 万公顷，水域及水利设施用地面积 10.62 万公顷，其他用地面积 1.25 万公顷。出台《关于加快推进全域国土综合整治的实施意见》，统筹“山水林田湖草”系统治理和修复。编制《咸宁市全域国土综合整治规划》，明确总体布局、实施策略。与湖北省生态保护和绿色发展投资有限公司等 4 家单位签订《战略合作协议》。制定全域国土综合整治项目申报时间表、路线图，明确重点项目、重点内容。策划全域国土综合整治项目 24 个，建设规模约 9.07 万公顷。通过省级评审项目 6 个，纳入省级试点（建设规模 8720 公顷，投资规模 22.3 亿元）3 个，纳入市级试点 1 个，纳入省项目储备库 2 个。

集中管控建设用地报批，实现从 5 个科室联审向 1 个科室转变，缩短办结时限 50% 以上。出台 10 条措施加强自然资源要素保障，消化批而未供土地 821.89 公顷、处置闲置土地 408.54 公顷。允许延期或分期缴纳土地出让金，土地竞买保证金下调 10%。按 70% 确定优先发展产业工业用地出让底价，降低企业用地成本 2513 万元。市级统筹各类规划、计划指标，基础设施、民生等项目用地“开工必保”，供地 439 宗、1606.67 公顷。市级土地使用权交易 32 宗、78.09 公顷，交易额 8.67 亿元。印发《新增工业用地“标准地”出让方案》，成交 7 宗、32.21 公顷，提前完成试点任务。

加强不动产登记工作和审批事项。与住建、税务等 12 部门数据互联共享，实现婚姻证明、营业执照、网签备案、税票等信息共享。深化“互联网 + 不动产登记”工作，建成市级“不动产登记网上办事大厅”，实现不动产登全市通办。深化“店小二”专项服务行动，解决规划设计、用地供给等方面问题 294 个。下放 24 个事项审批权限，建立告知承诺制审批制度，工业项目办结时限压缩至 3 个工作日内，审签环节减少至 3 个，精简服务对象申报资料至 4 项以下。推动审批和政务服务事项全部进驻市政务服务中心窗口办理，全年受理各类不动产登记业务 7.80 万件，办结审批、服务事项 1095 件。

【咸宁市矿产资源】 2020 年，咸宁市发现矿种 59 个、亚矿种 69 个，查明资源储量的非油气类矿产 44 种，包括能源矿产 4 种、黑色金属矿产 3 种，有色金属矿产 4 种、贵金属矿产 2 种、稀有稀土矿产 10 种、冶金辅助原料矿产 3 种、化工原料非金属矿产 5 种、建筑材料及其他非金属矿产 13 种。其中，钽、铍、稀土砂矿、锑、钾长石、钠长石、白云母、镁白云岩和地热 9 种矿产居湖北省同类储量之首，岩金、铌矿、冶金白云岩、钒矿、锰矿和煤矿 6 种矿产居全省同类储量的第二至四位。建材矿产和地热丰富；水泥灰岩、冶金白云岩、饰面石材、建筑石料、黏土、河砂和地热资源丰富；金、钽、铍、锑、钒，长石、硅石、独居石砂矿及矿泉水资源前景较好；高岭土和钨矿有资源潜力。

【咸宁市耕地保护】 2020 年，咸宁市落实耕地占补平衡，验收占补平衡项目 95 个、1246.67 公顷，备案 38 个、166.67 公顷。推进增减挂钩，实施增减挂钩项目 24 个，新增耕地面积 86.67 公顷。划定永久基本农田储备区 3720 公顷，占全市基本农田总数 2.4%。开展农村乱占耕地建房专项清理，摸排农村乱占耕地问题 2.40 万余个；开展违建别墅清查整治“回头看”，排查项目 15692 个，未发现新增问题。推进土地督察问

2020 年，咸宁市赤壁镇东柳村高标准农田建设

（咸宁市史志研究中心　供稿）

题整改，限期整改问题整改 602 个，完成率 96.5%；往年“挂账”问题整改 49 个。全市耕地保有量 20.12 万公顷、永久基本农田 15.34 万公顷，完成省定 19 万公顷和 15.33 万公顷目标任务。

（咸宁市史志研究中心）

【仙桃市土地资源管理】 2020 年，仙桃市供地 211 宗、面积 5.66 平方千米，其中，招拍挂出让经营性用地 129 宗、面积 3.65 平方千米，政府土地出让总收入 45.03 亿元。疫情期间，推行“云供地”，实行不见面交易 127 宗、面积 3.51 平方千米。支持企业降本减负，为 13 个工业项目免除疫情期间出让金逾期违约金，降低经营性用地竞买保证金，延缓土地出让金缴纳期限。

加快推进批而未供和闲置土地处置工作。处置批而未供土地 89.07 万平方米，处置闲置土地 43 宗、1.19 平方千米。批而未供和闲置土地处置率均居湖北省第三位。开展低效用地再开发专项规划编制工作，强化土地供后监管，常态化开展土地利用动态巡查，及时更新和维护土地市场动态监测监管系统，落实开竣工到期预警提醒，逾期督促履约制度。制定《仙桃市人民政府关于工业用地“标准地”出让改革方案》，推行净地出让，探索带方案出让。以“标准地”方式出让工业用地 3 宗、面积 26.71 万平方米，占工业用地出让总面积的 14.8%，完成目标任务（不低于 5%）。

加强土地储备管理，及时跟进自然资源部土地储备监测监管网的数据更新上报工作，实时监管监控储备土地，落实储备土地出租利用。组织收储存量土地 14 宗、面积 47.73 万平方米；协调出让 14 宗、面积 47.73 万平方米。土地出让总价款 12.53 亿元，出租土地 10 宗 5 户 8 万平方米，出租收益 20 万元。

【仙桃市国土综合整治与生态修复】 2020 年，仙桃市编制《仙桃市全域国土综合整治和生态修复总体方案》，出台《仙桃市全域国土综合整治实施试点方案》。启动胡场蔡滩等 5 个全域国土综合整治项目立项实施，在建项目总规模面积 37.07 平方千米，总投资 6.76 亿元，在建项目数居湖北第一位。组织项目区域选址评审 2 次，审定项目选址方案 20 个，建设总规模 217.53 平方千米，直接投资 19.20 亿元，拟垦造“增减挂钩”指标 1.47 平方千

2020 年，仙桃市开展“6・25”土地日宣传活动（仙桃市档案馆　供稿）

米，“补充耕地”23.53 平方千米。加快露天矿山生态修复项目实施进度，督导完成项目招标、现场勘查、施工进场和清障协调等工作，基本完成汉江干流两岸（各 10 千米）废弃露天矿山企业 4 家、面积 12.08 公顷的矿区修复治理工作。

2020 年，仙桃市开展农房补充调查试点工作（仙桃市档案馆 供稿）

【仙桃市耕地保护】 2020 年，仙桃市完成耕地占补平衡项目 28 个批次、报备 25 个，新增耕地面积 5.35 平方千米，其中水田 2.78 平方千米。组织开展后备补充耕地项目核查，面积 7.49 平方千米（其中水田 4.14 平方千米）。整改补充耕地 5.34 万平方米，调整基本农田 12.14 万平方米。受理审查增减挂钩项目实施方案 181 个，组织实地踏勘 127 次，核拨项目资金 2.74 亿元。组织清查历年来立项、实施、验收的增减挂钩项目，整改率 95% 以上。强化永久基本农田特殊保护制度、地方政府耕地保护主体责任，建立健全耕地保护巡查制度和网格化管理制度，完成仙桃市永久基本农田划定成果摸底调查。建立健全执法监察巡查四级网络，完善批后监管等执法监察制度，加大巡查力度，打击非法占用耕地的行为。遏制耕地“非粮化”和“非农化”，长效化监管。加强设施农业用地和临时用地监管，新增设施农业用地 69 宗入库报备。

开展农村乱占耕地建房清查，制定《仙桃市农村乱占耕地建房问题摸排工作实施方案》，完成 31779 个图斑的外业核查和内业审核工作。加强农村乱占耕地建房政策宣传，运用门户网站、报纸等主流媒体，专栏发布相关信息 17 条，在《仙桃日报》《仙桃周刊》发布相关政策 35 期，转发短视频 1 个。在各地人群聚集地张贴“八不准”海报 1000 份，发放海报单页 3000 份。

落实耕地保护措施，推进大棚房、违建别墅、农村占耕等专项整治行动，督促属地政府拆除违法占地建筑 42 宗 43301 平方米。全年新增违法占地比上年下降 57%，罚款下降 64%。推进违建别墅清查整治整改。搬迁或拆除赵西垸林场 8 处 87 栋建筑，拆除建筑面积 13808 平方米，恢复 3.79 万平方米土地。土地例行督察问题 187 个（含限期整改项目 138 个和持续整改项目 49 个），整改 181 个、面积 7.20 平方千米，整改到位项目个数、面积比率分别为 96.8%、99.2%。推进省委巡视反馈违建问题 71 宗，面积 89.37 万平方米，综合整改率居全省第三位。开展人造景观项目违法占用耕地整改工作，拆除项目 6 个，拆除建（构）筑物 21620 平方米，移植观叶植物近 3 万株，以报批方式整改项目 3 个，转持续整改项目 2 个。

（仙桃市档案馆）

【潜江市土地资源管理】 2020 年，潜江市完成《潜江市 2020 年度国有建设用地供应计划》《2020 年度经营性用地供应计划》《潜江市三年经营性用地滚动计划》编制工作。申报并获批新增建设用地 49 宗、面积 252.28 公顷；供应 45 宗、面积 225.72 公顷；收储 22 宗、面积 94.81 公顷。出台《潜江市新增工业用地“标准地”出让实施方案（试行）》，共出让“标准地”8 宗、面积 36.17 公顷。启动标定地价、国有农用地基准地价、集体建设用地基准地价和集体农用地基准地价成果编制工作。完成城镇低效用地再开发方案编制工作。消化批而未供土地 95.99 公顷，处置闲置土地 749.65 公顷。开展土地利用动态巡查，到期应开工项目开工率 91.8%、到期应竣工项目竣工率 83.5%。

【潜江市耕地保护】2020 年，潜江市实际耕地保有量 122427.47 公顷（含沙洋监狱），实际永久基本农田保护面积 95740 公顷（含沙洋监狱）；非农建设占用耕地 135.2852 公顷（含占用水田 52.1359 公顷），补充耕地 135.2852 公顷（含补充水田指标 52.1359 公顷）；地方投资耕地占补平衡项目立项 96 个，验收 43 个，净增耕地占补指标 1293.188 公顷。

（潜江市档案馆）

【天门市土地资源管理】2020 年，天门市开展项目用地“店小二”专项服务行动，实行“全链条”跟踪管理，重点落实省级重点项目、招商引资重点项目等用地报批。申报用地 2.81 平方千米，获批文 2.21 平方千米。修改完善土地利用总体规划，调整面积 3.21 平方千米。推进国土空间总体规划编制工作，完成市域村庄布局规划；推进增减挂钩立项和实施，实施增减挂钩项目 3.47 平方千米。保障重点项目土地供应，供应各类建设用地 90 宗，面积 1.44 平方千米；土地出让金 3.24 亿元。加大土地储备力度，盘活土地资产。收购土地 11 宗，面积 76.27 万平方米，金额 5.30 亿元。收回土地使用权 10 宗，面积 53.03 万平方米。推进皂市镇叶子冲建筑石料矿业权出让工作，编制储量报告，规划设立采矿区，制定开发利用方案、土地复垦及环境恢复治理方案。

开展国土整治项目建设，申报岳口镇和白茅湖棉花原种场 2 个全域国土综合整治项目，项目建设规模 28 平方千米，总投资 12.10 亿元。实施国土整治项目 12 个，总规模 96.07 平方千米，总投资 2.03 亿元。推进第三次国土调查工作，形成三调初始成果和统一时点更新成果，通过国家三调办内外业检查；推进农村房屋所有权补充调查确权登记工作，完成外业调查和内业建库工作。

开展农村乱占耕地建房专项整治。全市农村乱占耕地建房问题专项整治行动实现“四个清零”（外业摸排清零、图斑填报清零、图斑审核清零、图斑上报清零），完成乱占耕地建房数据填报程序汇交初步摸排工作、实地核查举证和图斑填报。

【天门市耕地保护】2020 年，天门市耕地和基本农田保护两项考核指标全面达标。湖北省人民政府下达天门市耕地保有量 1620.95 平方千米，天门市实有耕地 1675.34 平方千米；下达天门市基本农田保护面积不低于 1308.41 平方千米，天门市实际划定永久基本农田 1308.47 平方千米。严格落实耕地占补平衡。全年全市建设占用耕地 2.13 平方千米，补充耕地 2.13 平方千米。2018 年耕地占补平衡项目全部竣工验收，新增耕地指标 3.76 平方千米；杨林旱改水项目年底全面竣工验收，新增水田规模 2.00 平方千米。

（天门市文化和旅游局）

园林绿化

【武汉市国家生态园林城市创建】2020 年，武汉市坚持以创促建、以建争创、创出特色，推进创建国家生态园林城市工作。针对公园绿地服务半径覆盖率、各城区人均公园绿地面积等核心短板指标，利用城市“边角余料地块”“巴掌地块”建成口袋公园 100 个。推进百里长江生态廊道建设、东湖绿心生态保护与综合提升，环东湖绿道工程荣获 2020—2021 年度第一批中国建设工程鲁班奖（国家优质工程）。城市山水十字轴建设加快，完成龟山景区综合整治生态修复及景观提升工程，拆迁建筑面积累计 2 万余平方米，实施山体复绿和景观提升 13 万平方米。三环线生态带“一带 33 珠”公园群建设全面推进，野芷湖公园一期完工，张毕湖、竹叶海公园抓紧推进施工。启动武汉动物园综合改造。打造有“湿地花城”特色的公园城市，新建径河公园、凤凰湖公园、万家湖公园等各具特色的环湖公园 12 个，新建临江环湖沿河绿道 42.7 千米。组织编制市园林和林业发展“十四五”规划、“湿地花城”规划等 10 项规划。

【武汉市义务植树】2020 年，武汉市开展网络植树支持武汉战

2020 年，武汉市抗疫先进工作者义务植树

（武汉市地方志办公室　供稿）

"疫"。3 月，武汉市绿化委员会联合湖北省绿化委员会率先推出"种一棵希望之树"网络植树活动。中国绿化基金会联合蚂蚁科技集团股份有限公司在全国发起"武汉希望林"公益项目，全国 4000 多万名网友参与。年末，公众线上浇水积攒绿色能量所对应的池杉、栾树共计 43540 株，以"抗疫纪念林"之名栽植于武汉长江之畔。

组织线下植树活动。21 支援鄂医疗队在湖北省人民医院东院区种下"感恩"。四川省、湖南省援鄂医生和武汉战"疫"志愿者代表在龟山种下"希望林"。江汉区组织四川省援鄂医疗队在西北湖广场认养樱花林，洪山区组织林业职工和医疗救治组在汤逊湖畔种下"平安林"，新洲区、江夏区、黄陂区结合荒地绿化开展义务植树。

开展常态化全民义务植树，创新义务植树尽责形式，命名"互联网＋全民义务植树"基地 6 个，组织开展植树活动 228 场（次），植树 129 万株。广泛开展绿色创建活动，评选园林式小区 110 个、花园家庭 100 个。

【武汉市造林绿化】 2020 年，武汉市推进大规模国土绿化，全市完成植树造林 1866.67 公顷，其中，长江两岸造林绿化 633.33 公顷。完成四环线南段 26 千米生态带建设，造林绿化 103.53 公顷；东段造林绿化 15.07 公顷；北段造林绿化 31.93 公顷。完成森林抚育 8733.33 公顷，封山育林 2333.33 公顷，质量精准提升 693.33 公顷，退化林修复 800 公顷，实施精准灭荒新造林深度抚育管理 1493.33 公顷。

助力乡村振兴。建设美丽乡村，创建"国家森林乡村"8 个、"省级森林城镇"2 个、建设"市级林业生态示范村"30 个。实施桂花大道、木兰大道、嵩阳大道和环鲁湖通道等四条乡村振兴绿色示范带建设，完成通道绿化 100 余千米。完成柏泉郊野公园三期项目，启动建设安山郊野公园。新改建林业产业基地 1066.67 公顷，建设市级保障性苗圃 26.67 公顷。

【武汉市森林资源管理】 2020 年，武汉市推进森林资源管理信息化，完成 2020 年国家林业和草原局移交的变化图斑调查核实。开展森林资源动态监测，实现森林资源管理"一张图"年度更新，完成第五次森林资源普查。严格林地定额使用和用途管制，强化林木

2020 年，俯瞰武汉市新华路与江汉北路交会处的口袋公园

（武汉市地方志办公室　供稿）

2020 年 10 月 20 日，武汉市第 37 届金秋菊展武汉经济开发区（汉南区）展区 （武汉市地方志办公室 供稿）

限额采伐管理，林地使用面积和采伐额均低于限额指标。加强生态公益林管护，落实生态公益林面积 603.27 平方千米、补偿资金 2893 万元。

林业灾害防控。完善森林防火视频监控和护林员巡护系统，强化火源管控，全年全市森林火灾零发生。完成全市 2019—2020 年度松材线虫病疫木除治任务，启动 2020—2021 年度除治工作，采取飞防、生物等措施，防治面积达 432.87 平方千米，降低松褐天牛种群基数。加强美国白蛾、火红蚁疫情监测防控，重大林业有害生物防治“四率”（即主要林业有害生物成灾率、无公害防治率、测报准确率、种苗产地检疫率）均达标。

【武汉市国际湿地城市创建】 2020 年，武汉市提升湿地保护管理水平，成立湿地共管委员会。实施沉湖国际重要湿地生态保护与修复，安山国家湿地公园入选国家重要湿地名录。开展小微湿地调查，编制《武汉市小微湿地保护修复指南》《武汉市市级湿地公园建设与管理指南》。推进“智慧湿地”系统建设。3 月，国家林业和草原局推荐武汉参与全球第二批国际湿地城市评选。

【武汉市自然保护地保护】 2020 年，武汉市按照“保护面积不减少、保护强度不降低、保护性质不改变”的总体要求，对全市 5 个湿地自然保护区、9 个湿地公园、6 个森林公园等自然保护地进行整合优化，将生态廊道连通性的水域、野生动物重要栖息地等区域纳入自然保护地和生态红线范围，解决自然保护地区域交叉、空间重叠、管理分割、碎片化和孤岛化问题，自然保护地整合优化预案（不含风景名胜区）范围由 51576 公顷增加至 69409 公顷，占国土面积比例由 6.02% 优化至 8.1%。开展违建别墅清理“回头看”，基本完成自然保护区“绿盾”行动问题整改，清查涉林重点区域建筑 356 宗。

【武汉市野生动植物保护】 2020 年，武汉市停止以食用为目的的野生动物行政许可，对全市农贸市场、花鸟市场、超市、餐饮等场所开展拉网式排查。武汉市人大常委会开展关于野生动物保护执法检查。完成全市禁食陆生野生

2020 年 6 月 8 日，武汉安山国家湿地公园

（武汉市地方志办公室 供稿）

动物退养，落实补偿资金 819 万元。加强野生动物栖息地保护，严格疫源疫病监测及收容救护。开展重点区域鸟类监测及越冬水鸟调查，武汉鸟类种数达到 421 种。出版《武汉鸟类图鉴》。加强古树名木保护，对全市 1822 株古树名木进行挂牌，一、二、三级古树名木分别为 58 株、176 株、1588 株。

【武汉市园林和林业改革】 2020 年，武汉市园林和林业部门推进“四办”（马上办、网上办、就近办、一次办）改革，政务服务窗口办理和网上办理同时运行，全年办件量 15322 件。参与“加快推进国家工程建设项目审批制度改革”国家级试点项目，实现建设工程项目配套绿地面积核实验收。将园林绿化工程建设企业纳入全市诚信管理体系，推行信用承诺制度，实行“容缺受理、后置补齐”举措。开展全市生态系统价值评估，全市森林、湿地生态系统服务总价值分别达 266.74 亿元、939.75 亿元。

【武汉市园林科技服务与应用】 2020 年，武汉市开展“武汉城市智慧园林土壤监测监管信息系统的建立与应用”“华农丽叶”等晚花少果悬铃木新优品系的扩繁与推广等 13 项课题研究。完成“武汉市外环林带复壮及可持续生长技术研究”“园林废弃物土壤改良项目园林和林业科研课题”等 13 项课题结题。武汉市园林科学研究院国家樱花种质资源库入选国家林业和草原局第二批国家花卉种质资源库，睡莲、鸢尾等 7 个植物新品种获得国际登录。武汉市园林科学研究院和中国科学院武汉植物园共同开发的“莲基因组数据库网络服务平台（即 Nelumbo Genome Data Base）V1.0”、市林业工作站参与开发的“激光雷达森林资源调查与分析系统 V1.0”完成国家版权局计算机软件著作权登记。

【武汉园博园】 2020 年，武汉园博园自 1 月 22 日起暂停对外开放；4 月 8 日，实行免费预约正式恢复开放。全年接待游客 254 万人次，其中，武汉园博园入园量 115.9 万人次，汉口里商业街人流量 138.1 万人次。9 月 29 日，武汉园博园加入“与爱同行 惠游湖北”景区行列，活动期间，武汉园博园（含汉口里商业街）接待游客 192.6 万人次，比上年增长 126.1%，其中，武汉园博园入园量 87.5 万人次，汉口里商业街人流量 105.1 万人次。

4A 级景区创建。5 月 18 日，武汉园博园递交 4A 级旅游景区创建申报材料；11 月 12 日，向湖北省文旅厅报送 4A 级景区创建工作方案以及计划任务书，并同步按照景观评审中的专家建议开展自查整改。

推出品牌活动。全年推出并落地各类大型品牌活动 20 场，包括金秋绚烂季、中国红·大地艺术游园会、汉口里中秋文化节、武汉市第 37 届金秋菊展硚口区分会场活动、汉警集体婚礼等。举办“品牌企业家助跑武汉迷你马拉松”“2020 万科‘再生·新所’悦跑活动”等旅融合活动。

对外输出项目。调整工作思路，对外项目由“短平快”的展会服务模式向景区及公园长期运管模式转变。与襄阳市鱼梁洲开发建设总公司共同成立合资公司，运营管理鱼梁洲环岛景观带业务。与徐州园博会达成合作协议，品牌输出打入国家级展会。

园区维修改造。落实园区维修改造投资 1189.25 万元，按需求和计划对急需维修的 58 个展园、5 个服务区建筑和汉口里商业街建筑以及各类急需养护的公共设施共 38 处，展开维修和改造，维修点位超过 1000 项次。

【长江文明馆（武汉自然博物馆）】 2020 年，长江文明馆（武汉自然博物馆）自 1 月 22 日起暂停对外开放，5 月 29 日恢复开放。参加第四批全国博物馆定级评估，获评国家一级博物馆，成为湖北省 9 家、武汉市 4 家国家一级博物馆之一。推出“植物与昆虫的奇趣世界——武汉自然博物馆植物昆虫展”“世界因‘河’而美丽——第二届武汉自然博物馆科普绘画展”等实体临展，同步推出网上虚拟展示。“长江印记——庆祝中华人民共和国成立 70 周年实物展”获得“第四届（2019 年度）湖北省博物馆、纪念馆六大陈列展览精品推介”优秀奖。

宣教活动。联合中国博物馆

协会、湖北省博物馆、武汉教育电视台等20多家单位开展“世界水日·中国水周”等近30场线下公益活动，把科普绘画临展、社教课程送进校园和社区，受益人群近2.5万人。借助新媒体直播平台，先后开展“文物系荆楚 祝福颂祖国”、“九州一心 山河无恙——长江文明精美文物”、“青春心向党·五四话长江”水利部宣教中心讲座等10场线上活动。举办“大河讲堂”2期，邀请世界著名动物学家、联合国和平使者珍·古道尔博士通过Zoom进行线上直播授课。

藏品管理。拓宽藏品征集渠道，全年征集昆虫标本、植物标本及资料藏品1308件，藏品总数达11353件（含资料类藏品18111件）。对新征集的1300余件藏品建立档案，向林业部门申报57件有保护级别昆虫标本的经营利用许可。在官网公开现有10105件藏品的文字信息和照片，实现藏品资料在线查阅、藏品照片实时下载及转发。

科研成果与交流。编辑出版《河畔珍灵》系列四、五共2本书籍，完成系列六的编写工作；发表7篇学术论文，包括SCI论文1篇、国家级论文3篇、省级论文3篇。整理汇编《长江文明馆（武汉自然博物馆）学术文章集选（2015—2020年）》。与武汉大学、四川大学合作开展“长江文明馆馆藏青铜器综合研究”课题攻关，推进与中国科学院水生生物研究所合作的“长江上游鱼类多样性调查与标本采集”和与华中农业大学合作的“湖北省黄冈市罗田县昆虫标本采集与多样性调查”等课题研究。

（武汉市地方志办公室）

【黄石市园林绿化】 2020年，黄石市全年新增城市绿地169.47公顷，改造城市绿地10.73公顷（累计180公顷），完成计划目标任务的257%。建成磁湖湿地公园、黄石人防主题公园、磁湖南岸生态修复、打鼓墩公园等城市公园绿地40处（含城市口袋公园14个），升级改造奥体大道道路绿化等现有绿地4处。推进智慧园林一期项目建设，补栽乔灌木5436余株，绿篱、地被15.80万平方米，清除杂草约65万平方米，乔、灌木修剪约67.40万余株，修剪绿篱、地被约463万平方米，维修破损花池、广场地砖等设施1100余处，栏杆1300余米。完成全市主、次干道行道树及公园、广场高大乔木涂白工作，累计涂白行道树78286株，涂白广场、绿地乔木4000株。园林绿化植物保存率、园林设施完好率95%以上。

【黄石市森林资源保护】 2020年，黄石市森林总面积16.75万公顷，总蓄积量588.02万立方米，森林覆盖率36.7%，森林覆盖率增幅0.2%、森林蓄积量增幅3.5%。湿地保有量57721.48公顷，约占全市总面积的12.6%，湿地保护率45.6%。省级以上自然保护地15个，批复总面积52619公顷，包括省级自然保护区1个、省级自然保护小区4个、省级森林公园6个、国家级湿地公园1个、国家级湿地公园（试点）1个和省级风景名胜区2个。推进“绿盾2019”自然保护地强化监督工作，组织核查疑似问题168个，督促阳新县整改网湖湿地保护区“绿盾”系列问题126个。推进自然保护地优化整合工作，完成市自然保护地整合优化预案编制，并上报国家林业和草原局审核。开

2020年11月2日，改造后的黄石市沈家营码头公园

（黄石市档案馆 供稿）

2020 年，鄂州市开展花卉景观布置工作　　（鄂州市档案馆　供稿）

展风景区总规调整评估工作。

【黄石市野生动植物保护】 2020 年，黄石市严格野生动物疫源疫病防控，疫情防控期间封存关停驯养和展演场所 81 家，封存蛇、果子狸、竹鼠等野生动物 2.36 万只。按规定将纳入食用类青蛙、梅花鹿等 29 家场所移交农业农村部门监管，强制退出陆生野生动物繁育户 29 家，处置野生动物 10 万只，督促县（市、区）兑现补偿资金 1076.12 万元。开展打击生动物禁食禁养工作破坏野生植物专项行动，检查自然保护区、森林公园等植物分布区域 10 处，花木市场 15 处，行政立案 8 起，罚款 2.50 万人。

（黄石市档案馆）

【鄂州市园林绿化】 2020 年，鄂州市建成区绿化覆盖率 43.2%，绿地率 37.9%，人均公园绿地面积 15.88 平方米。完成西山风景区景观提升设计规划及其评审、施工图审、景区主干道入口景观提升改造项目。印发《鄂州市国家园林城市复查意见整改实施方案》，先后召开推进会 2 次。开展增绿补绿补短板，实施拆墙透绿工作，拆除透景围墙 420 米、挡土墙 50 米。绿化种植 4595 平方米，补栽乔灌木 41 万株，铺植草皮、麦冬 6.50 万平方米。改造老旧小区绿化 45 个，平整绿地及补植草皮 2 万余平方米。新栽树木成活率 90%，绿化苗木保存率 95%，绿化养护合格率 95%，绿化设施完好率 90%。启动荆门园博会鄂州园建设，总占地面积 2360 平方米，展园面积 1900 平方米。

【鄂州市自然生态保护】 2020 年，鄂州市推荐梁子湖区申报国家级生态文明建设示范区。泽林镇、杜山镇，华容区庙岭镇、临江乡 4 个乡镇获“省级生态乡镇”命名。华伍村、石桥村，华容区孙彭村、庄屋村等 16 个村获“省级生态村”命名。完成《鄂州市〈湖北生态省建设规划纲要（2014—2030 年）〉实施情况中期评估报告》。强化自然保护区监督检查，开展梁子湖省级湿地自然保护区监督检查工作，全面核实和整改保护区存在的突出环境问题。

完成精准灭荒造林 8.37 平方千米、长江岸线造林 4.67 平方千米。办理林木采伐许可证 127 份，采伐林木 2.73 万立方米。森林覆盖率增速 0.1%，森林蓄积率增速 2%。清理枯死松树 21.59 万株，林业有害生物防治森林面积 7.20 平方千米。开展打击整治破坏野生植物资源、古树名木调查专项行动。全面完成国家监测总站下达的各类样品采集主动预警任务 1096 份。

（鄂州市档案馆）

2020 年，鄂州市洋澜湿地公园　　（鄂州市档案馆　供稿）

【孝感市园林绿化】 2020年，孝感市完成国土绿化96.67平方千米，占年度计划的120.8%。其中，精准灭荒26.80平方千米，通道绿化787.3千米，江河湖库岸线绿化575.70千米，城乡绿化15.87平方千米，新建各类林业产业基地29.33平方千米，封山育林11.80平方千米。创建省级森林城镇2个。森林覆盖率增长0.4%，林木蓄积量增长4.1%。有自然保护地18个，面积332.13平方千米，占国土空间3.7%；有国家湿地公园5家、省级湿地公园2家、省级重要湿地目录2处。云梦涢水国家湿地公园通过国家验收。新增省级林业产业龙头企业3家，有省级以上林业产业龙头企业47家。

强化园林绿化管养，及时科学防治病虫害，喷洒各类杀虫、杀菌药物1000多瓶（袋）。定期修剪施肥养护，城区的绿地、绿化带色块修剪1次，草坪修剪3—5次。抹芽、去蘖和修剪整形行道树2万余株及各类花灌木。城区绿地、绿化带及行道树施基肥1次，喷肥2—7次，共施各类肥料100余吨。定期轮换栽植花化彩化鲜花，在重要节点更换栽植牵牛花、石竹等品种鲜花约800平方米。治理水域生态，打捞槐荫河、后湖水面浮草、漂浮物、垃圾50余吨。维护园林设施，维修新建园路、广场、停车场、公厕等场地路面面积800平方米，维修新增座椅、垃圾箱24套。补植缺失绿化，补植花卉苗木2万棵，补植色块灌木12000余棵。打造特色景点，在槐荫公园二期网球场南栽植大花月季、丰花月季5000余盆，栽植树桩月季36株，打造月季园小景观。槐荫公园三期部分区域实施绿化改造、变更和色块补植工作，补植红花酢浆草、花叶薄荷面积约7000平方米，铺植草皮710平方米。

（孝感市史志研究中心）

【黄冈市园林绿化】 2020年，黄冈市改善邾城大道园区面貌，新建绿地面积3166平方米。韵湖首府公共绿地建设覆绿面积7000平方米。用桩景、景观石打造城市园林新景观，完成黄州大道6125米、万达天桥下142米和赤壁大道500米标准段护栏安装。新建青砖湖南端小游园绿化面积9316平方米。完成黄冈大道、东方广场建设4条主管网约15千米的绿化管网灌溉的水网改造工作。修复改造升级城区进出口重点路段渠化岛2个。完成市政地下综合管廊、南湖路扩建、遗爱湖水环境综合治理、中和药业、融创产业园等路段苗木迁改工作，累计迁移树木1560棵。完善黄州大道南道路绿化景观，完成清杂、修剪、补植、更换行道树、环境整治等工作。累计清理杂树、垃圾约3万平方米，补植花灌木1230平方米，更换行道树281棵，完成道路旁私人油库外400平方米地的垃圾清理、回填土方，铺种草坪工作。组织开展绿化服务进社区、进校园、进机关活动15次。开展打草工作5次，汛期进社区开展应急抢险3次。加强城区绿地精细化养护工作、新植绿化苗木后期管理，新植苗木成活率91%以上，保存率98%以上。推进白潭湖片区绿化养护管理工作，实现园林绿化管理专业化、常态化和精细化。完成白潭湖片区25.14万平方米、11条主次干道公共绿化托管养护工作。

【黄冈市自然生态保护】 2020年，

2020年春节，黄冈市在东方广场布置绿化景观

（黄冈市史志研究中心　供稿）

黄冈市建有各类自然保护地65处，总面积约23万公顷，其中，国家级自然保护区2处（森林生态型的大别山国家级自然保护区、湿地生态型的龙感湖国家级自然保护区），省级自然保护区2处（团风大崎山、麻城狮子峰），国家级森林公园5处（罗田大别山、浠水三角山、红安天台山、英山吴家山和麻城五脑山），省级森林公园8处（横岗山、大崎山、黄州滨江、毕升、太平、龟峰山、狮子峰和五祖寺）；世界地质公园1处（黄冈大别山世界地质公园），国家湿地公园9处（蕲春赤龙湖、麻城浮桥河、黄冈遗爱湖、武穴武山湖、罗田天堂湖、红安金沙湖、浠水策湖、黄冈白莲河、英山张家咀），省级湿地公园13处（武穴长江外滩、梅川、荆竹、仙人坝、大金，麻城明山、三河口，红安倒水河，罗田跨马墩、义水河，蕲春仙人湖，黄州滨江、道仁湖），省级风景名胜区4处（黄冈赤壁公园、黄梅五祖寺、红安天台山、罗田大别山），自然保护小区21处。全面整改完成自然保护区问题738个，大别山、狮子峰、大崎山自然保护区均通过省级主管部门核查验收，同意销号备案。龙感湖自然保护区经市政府同意，上报省级主管部门申请销号。完成湖北大别山国家级自然保护区罗田片整改缓慢问题，组织开展省级环保督查回头看销号流程工作。

【黄冈市森林资源保护】 2020年，黄冈市相继开展“平安荆楚”、“枪爆整治”、“昆仑2020”5号等系列专项行动，累计破获刑事案件132起，查处行政案件387起。持续开展年度森林资源督查行动，累计判读卫星影像疑似问题1376个、面积1512公顷，实地核实涉及违规违法征占用林地及采伐林木问题253个，涉及破坏林地面积144.2公顷，滥伐盗伐林木蓄积298.20立方米。组织开展国家公益林、省级公益林年度更新，区划天然林保护面积36.20万公顷，生态公益林保护面积10.88万公顷（其中，国家级3.79万公顷，省级7.09万公顷）。争取中央财政资金，选聘建档立卡贫困人口生态护林员9000人。

【黄冈市湿地保护】 2020年，黄冈市争取中央和省级财政部门支持湿地保护与恢复项目资金1045万元。推进黄冈市策湖河湖长制。策湖水质提升至Ⅲ类。策湖被评为湖北省幸福河湖示范。投入资金4亿元，重点实施拆除围网、铺设污水管网、清理水面和生活垃圾、退耕（田）退渔（池）还湿、种植水源涵养林和水生植物等措施，优化湿地生态环境。推进万福泵站工程占用黄州滨江省级湿地公园生态影响评估工作，完善基础建设。张家咀国家湿地公园通过国家林草局试点验收。龙感湖、遗爱湖、天堂湖、武山湖、张家咀、金沙湖、策湖7处湿地科普宣教馆均建成并投入使用。赤龙湖自然课堂主体建筑完工。利用“世界湿地日”“爱鸟周”等重要节点，通过举办启动仪式、发放宣传手册、媒体播放循环字幕和张贴湿地保护公告等形式开展宣传活动。

【大别山保护区野生动植物保护】 2020年，黄冈市持续开展极小种群保护和繁育，分别在6个不同环境试验栽植大别山五针松780株，繁育大别山五针松幼苗1025株。争取省林业局划拨林业改革发展（自然保护区补助）资金80万元，推动大别山国家级自然保护区能力项目建设。参加野生动植物卫士行动暨第七届野生动植物卫士奖颁奖活动，获“第七届野生动植物卫士奖——专业成就奖·先锋卫士”称号。全面禁食野生动物，严格野生动物保护管理。

加大日常巡护监管力度，配备生态护林员55人，开展常规化清山巡护活动，清理兽夹20个、围网5条。救护国家二级重点保护野生动物小天鹅1只（送至省救护中心）、斑头鸺鹠3只、环颈雉5只、麂子20只。红外监测发现约6只安徽麝视频影像，其中英山片区首次拍摄到1只安徽麝怀孕觅食视频。10月，大别山五针松遭受南华松叶蜂虫害，保护区组织抢救。英山片区选栽1000株大别山五针松幼苗至6个不同生境区域试验，其中就地移栽幼苗760株。

先后开展“爱鸟周”“国际生物多样性日”“禁食野生动物·共建生态家园”主题宣传活动；开

2020 年，湖北大别山自然保护区的黑翅长脚鹬

（黄冈市史志研究中心　供稿）

展《你我牵手，爱护野生动物、共建生态家园》专题讲座活动。张挂横幅 50 条，为林场、周边社区、学校宣传培训 1500 人次。通过“湖北大别山国家级自然保护区”微信公众号、大别山保护区官方网站等多媒体平台开展对外宣传，发布宣传文章 34 篇。向国家林业和草原局《看夏天》公益宣传节目组提交国家一级重点保护野生动物安徽麝活动视频宣传片 2 例。

【黄冈市遗爱湖风景区】 2020 年，黄冈市加强遗爱湖景区软硬件设施建设，贯通遗爱湖公园慢行道 8.75 千米，完善公园内环 18.60 千米道路绿化提升、栈道、标识标牌建设，实施闭环管理。改造升级旅游厕所 3 个、170.21 平方米，安装标识标牌 300 块和瓦楞灯 5000 套，维修木牌楼至砖牌楼损坏缆线 3800 米。完成美术馆智慧式电气防火在线监测；完成景区内西湖片区木栈道、亲水平台、木质花箱、木质坐椅、儿童游乐场塑胶地面、水韵荷香风情栈道喷泉灯光系统等项目改造和音乐喷泉、激光水幕、旱喷、木质建筑物、构筑物等建筑物维修保养；完成王家渡、弱柳廊、遗爱清风水幕影院、沙滩影院等亲水平台及木栈道塑木改造。相继改造风景区木质坐凳和木质花箱等面积 2637 平方米、护栏扶手 362 米、儿童游乐场 2241 平方米。维修保养公园木质建构筑物面积 4 万平方米。完成水韵荷香栈道两侧与亭子周边亲水区亮化工程 450 米。

（黄冈市史志研究中心）

【咸宁市园林绿化】 2020 年，咸宁市完成十六潭路、青龙路、青年路、三江路、塘角路、温泉路、谭惠路、书台街、玉泉街等主次干道绿化带、树池的清杂和降土，降土面积 5000 平方米，乔灌木补栽 2000 余株。推进城区 15 个裸土地块的绿化、彩化、香化，建成带状景观、休闲绿地。完成麦笠山路第二实验小学南侧 500 平方米荒地、东外环塘角路出口左侧 1200 平方米荒坡、东外环青年路出口左侧 5000 平方米荒地、书台街湖北科技学院东门 2200 平方米绿带等地块裸土复绿；完成车站路社区公园、肖桥村公园、双龙社区公园建设；完成城区新栽或补栽行道树 2583 棵、人为践踏损坏绿化带 7100 平方米、草皮 6200 平方米工作；完成城区节庆期间的节点摆花工作；完成桂乡大道、咸宁大道、人民广场入口、

2020 年，黄冈市遗爱湖公园一角　（黄冈市史志研究中心　供稿）

2020 年，咸宁市加快建设自然生态公园城市，图为咸宁市城区一瞥

（咸宁市史志研究中心　供稿）

十六潭公园大门、新二桥头、火车站广场等节点的花卉栽摆 90 余万盆。

（咸宁市史志研究中心）

【仙桃市园林绿化】 2020 年，仙桃市新增造林 33.34 平方千米，植树 600 万株，森林覆盖率增长超 0.1%，森林蓄积量增长超 5%。新建高速公路、国省市道宽幅林带 120 千米，造林 8.33 平方千米，植树 200 万株。新增“两江两河”河岸造林 10 平方千米，植树 110 万株。建设农田林网 3.33 平方千米，植树 20 万株。创建森林城镇和森林乡村新增造林 6.67 平方千米，造林 100 万株。新增城区绿化面积 5 平方千米，造林 70 万株。建大型公园 4 个、城镇街头游园 35 个、口袋公园 130 个，城镇人均公园绿地面积 11 平方米。绿化美化城镇主次干道 19 条，形成“一镇一色”“一街一树”“一段一景”的绿化景观格局。

全年完成城市绿化工程 4 大项 7 个子目，投入资金 5407 万元。其中，创城补短板项目（第一批实施）14 项，整理绿地 36.38 万余平方米，栽植乔灌木 1.87 万株，栽植色块近 3.85 万平方米，栽植地被植物约 20 万平方米。完成锦瑞南路绿化工程，道路两侧（长 630 米）各新建 5 米宽绿化带，新增绿化面积 1.10 万平方米；完成刘口高架桥桥涵景观工程，全长约 950 米，新增绿化面积 6000 万平方米；完成学府路袁市路绿化工程，全长 1050 米，新增绿化面积 9500 平方米；完成城区三办一园菜地荒地复绿工程，新增绿化面积 5.90 万平方米；完成“国庆”“中秋”节日花展，投资 191 万元，在城区重要节点及路口摆放花卉展点 10 处。启动仙桃火车站城市配套建设绿化工程，投资 4800 万元。开展彭场非织造布特色小镇绿化前期规划工作，推进政府“十件实事”；开展黄潭湖公园及城区 15 个小游园建设。

（仙桃市档案馆）

【潜江市园林绿化】 2020 年，潜江市投资 1.75 亿元，植树 200 多万株。完成造林绿化面积 2342 公顷，其中，人工造林 1254.53 公顷，退化林修复 366.67 公顷，乡村绿化 720.80 公顷。组织开展义务植树活动，以实体植树、造林整地、林木认养等形式履行义务植树责任人数 52.20 万人，尽责率 91.9%。

【潜江市森林资源保护】 2020 年，

2020 年，仙桃市植树造林　（仙桃市档案馆　供稿）

潜江市加强森林防火工作，重点在国有林场、森林公园、自然保护地、省级公益林等地段开展防火宣传，悬挂宣传横幅93条，竖立宣传牌25块，设置宣传栏28个，发放宣传传单5000余份，出动宣传车辆23台次。开展森林火灾隐患排查23次，发现隐患58处，督促整改58处。完善森林防灭火器材，购置钢丝帚80把、灭火器150具、风力灭火机30具。投入36万元，建设国有林场森林防火视频监控系统。

【潜江市野生动物保护】 2020年，潜江市开展野生动物养殖场所实地核查，为野生动物养殖户赠送消毒物资、宣讲政策，严禁出售、运输、宰杀野生动物。组建野生动物市场巡查专班，开展集贸市场、土特产店、冷库及其他流动场所监督检查。出动巡查人员1320人次，发放宣传通告1200份，张贴疫情宣传单276份，重点查处野生动物案件5起，收缴猎夹套等猎捕工具90件，查获并实施无公害处理野生动物死体472只（条），依法收回24户在养野生动物养殖许可证，合理处置存栏野生动物12.77万千克，补偿养殖户1673万元。开展古树名木修复保护工作，登记建档所有古树名木，树立保护标牌，安装防护栏，逐一落实保护责任人，签订保护责任书。全市有古树名木54株，其中，二级保护古树2株，三级保护古树44株，后续储备古树资源8株。

【潜江市湿地保护】 2020年，潜江市建立健全湿地保护管理机制，强化湿地生态环境、野生动植物保护能力建设。完善湿地巡护制度，落实巡护人员职责，及时制止破坏湿地生态与野生动植物资源的违法行为近300起。开展湿地生态保护宣教活动。在“湿地日”“爱鸟周”“野生动物宣传月”等重点时段，通过报刊、网络、电视等媒体进行湿地生态保护宣传。举办湿地研学活动，湖北返湾湖国家湿地公园成为潜江市中小学生生态研学基地。

（潜江市档案馆）

2020年，潜江市返湾湖国家湿地公园　　（潜江市档案馆　供稿）

【天门市园林绿化】 2020年，天门市以“绿满天门”扩绿提质行动为重点，推进重点工程造林、通道绿化、村庄绿化和义务植树工作。森林覆盖率9%，年增长率0.1%；森林蓄积量190.40万立方米，年增长率5%。完成造林绿化30.67平方千米，森林抚育面积18.67平方千米，栽植各类苗木405万余株。完成林业重点工程3.33平方千米，通道绿化76千米，建设市级绿色示范乡村124个。计划完成造林2平方千米，实际完成造林4.33平方千米，其中，汉江沿线造林1.33平方千米，汉北河（含皂市河）两岸造林1.67平方千米，天门河及引汉灌区各渠道两侧造林1.33平方千米。

【天门市森林资源保护】 2020年，天门市严格执行林地限额管理、用途管理和森林采伐限额管理制度，全年依法办理采伐证259份、林地征占用手续4起，面积0.80公顷。自然保护地整合优化预案通过省级评审，推进筹备勘界立标工作。提交公益林年度更新成果，通过省级检查。严厉打击各类违法犯罪活动，共办理林业行政案件14起，移交公安局刑事案件9起。全市森林蓄积量年增长率达到5%以上，森林覆盖率年增长率为0.1%，省布森林覆盖率增速0.1%以上及森林蓄积量增速5%以上。

【天门市野生动植物保护】 2020

年，天门市开展野生动植物保护工作，制作宣传板报15块、横幅20条，出动宣传车25台次，发放宣传资料3000多份。救护放飞普通鵟、凤头鹰、夜鹭、雕、红角鸮等野生动物8只，销毁捕鸟网1张。设置监测点4个，实施定点定期监测巡护，同时督导61家野生动物养殖户疫情防控。完成以食用为目的的21家野生动物养殖户退出处置补偿和分类管理工作。开展禁食野生动物执法行动，检查农贸市场30余个次，出动执法人员800余人次。完成越冬水鸟同步调查工作和国家重点保护野生植物迁地保护调查工作。

2020年，天门市佛子山夕阳图　　（天门市文化和旅游局　供稿）

【天门张家湖国家湿地公园建设】天门张家湖国家湿地公园于2015年启动国家湿地公园建设试点。经过4年多的建设，张家湖湿地公园及周边生态环境面貌明显改善，主湖区水质常年稳定保持在国家Ⅲ类标准以上。总面积达1084.54公顷，湿地面积841.26公顷，湿地率77.57%。公园内有维管束植物244种、脊椎动物162种、底栖动物22种，其中国家二级重点保护植物3种、国家二级重点保护鸟类7种、湖北省重点保护野生动物36种。2020年12月25日，入选国家林业和草原局“2020年通过验收的国家湿地公园名单”。

（天门市文化和旅游局）

编辑：卢永会

校对：王　伟

社会发展

科学技术

【武汉市科学技术概况】 2020年，武汉市以争创东湖综合性国家科学中心、打造具有全国影响力的科技创新中心为目标，着力推动科技成果转化和高新技术产业发展，加快推进重大科技基础设施建设，为夺取疫情防控和经济社会发展"双胜利"提供有力支撑。1月10日，中国第一代核潜艇总设计师、中船重工719研究所名誉所长黄旭华院士荣获国家最高科学技术奖。在第二届全国创新争先奖表彰奖励大会上，武汉地区共有武汉雷神山医院抗疫团队和17名科技工作者获奖，其中3名科技工作者获得全国创新争先奖章，14名科技工作者获全国创新争先奖状。武汉市连续第四年被中共湖北省委、湖北省人民政府评为"科技创新工作突出贡献市"。2020年，武汉市全口径高新技术产业增加值占GDP比重达到26.2%，高新技术企业数量增加至6259家，数量在副省级城市排第五位；武汉地区获2020年度国家科学技术奖24项，272项科技成果获省级奖励；全市有效发明专利58157件，每万人有效发明专利拥有量51.87件，PCT（专利合作条约）国际专利申请量1389件，三项指标均居全省首位。

【武汉市科技创新政策密集出台】 2020年，武汉市进一步加强科技领域体制机制创新，营造良好的科研创新生态，提升全域自主创新能力。落实科技强省建设部署，主动对接鄂州、黄冈、黄石、咸宁等城市，牵头编制《光谷科技创新大走廊发展战略规划》，按照"一核一轴三带多组团"布局，以建设国家科技创新中心和综合性国家科学中心为目标，引领带动武汉城市圈同城化发展和全省全域高质量发展。出台《关于进一步深化科技成果"三权"改革，提升高校院所技术转移能力的实施方案》，探索开展赋予科研人员职务科技成果所有权或长期使用权改革任务，促进全市科技成果转化。出台《武汉市科技企业孵化器和众创空间管理办法》，强化孵化器和众创空间管理，提升大众创业、万众创新水平。出台《武汉市科技重大专项实施方案（试行）》，按照"市场导向、企业主体、产学研用协同攻关"原则，重点研发制约武汉产业发展、急需攻克且三年内可能攻克的"卡脖子"技术，成熟一个、启动一个，单个项目资助金额最高不超过3000万元。

【武汉市应急科技攻关】 2020年，武汉市围绕疫情防控工作启动实施3批共24个应急技术攻关项目，紧急拨付研发资金1030万元，在疫苗研发、快速检测、临床救治等方面取得阶段性成果。武汉地区科研单位第一时间完成毒株采样和病毒基因测序，人工智能、大数据等技术在疫情防控中发挥重要作用。主动对接落实中央一揽子支持政策，86个项目入选科技部"科技助力经济2020"重点专项，新冠病毒疫苗研发及产业化等4个重点项目列入科技部、财政部"百城百园"行动计划，科技创新助力复工复产取得实效。

【武汉国家新一代人工智能创新发展试验区建设】 2020年9月3日，《武汉国家新一代人工智能创新发展试验区建设方案》获科技部正式批复。该试验区主要围绕国家重大战略和武汉市经济社会发展需求，依托武汉在人工智能科教资源、产业基础、应用场景等优势，加强人工智能关键核心技术研发，建立安全高效的智能化基础设施体系，拓展应用场景，在智能网联汽车、智能制造、智能数字设计与建造、智慧医疗等领域打造创新应用标杆，促进人工智能与实体经济、智慧城市、社会民生深度融合。通过人工智能政策试验、培育人工智能领军企业、开展人工智能社会实验、落实新一代人工智能治理原则，加强政策和机制创新，营造有利于人工智能发展的良好生态。年内，启动建设人工智能计算中心，举办人工智能计算中心白皮书发布等多场活动，成立以市委、市政府主要领导任组长的领导小组，制定试验区建设专项政策，重点围绕头部企业招引、中小企业培育、关键技术攻关、创新平台建设等方面进行支持，最高支持额度5亿元。举办人工智能计算中心白皮书发布等多场活动，启动建设人工智能计算中心。

【武汉市院士专家引领十大高端产业发展行动】 2020年，武汉市深入实施创新发展战略，充分发挥院士专家的学术领军、技术领先、产业领航优势，印发《院士专家引领十大高端产业发展行动计划（2020—2025）》，围绕光电子产业、人工智能产业、数字产业、量子技术产业、超级计算产业、电磁能产业、氢能产业、高端装备产业、新材料产业和大健康产业十大产业，力争到2022年，建成一批国家级重大创新平台，为产业发展提供高质量创新供给；攻克一批关键核心技术，实现产业发展关键环节自主可控；布局一批前沿高端产业，下好科技创新先手棋；到2025年，建成具有核心技术优势、完整创新链条、强大辐射效应、国内领先水平的十大高端产业集群。

年内，在前期谋划的第一批51个、第二批34个项目基础上，又实施53个创新平台和产业项目，总数达到138个，已有129个取得进展。光电子、人工智能、数字、超级计算、高端装备等领域均已制定产业规划或行动计划，并设立相应的产业基金；量子技术、氢能、大健康已制定产业规划，谋划设立产业基金；新材料、智慧停车正在编制产业规划和谋划设立产业基金。

【武汉市重大科技基础设施建设】 2020年，武汉市加强重大科技基础设施建设。不断完善脉冲强磁场中心、生物安全与技术四级实验室功能，加快推进精密重力测量、生物医学成像等重大科技基础设施建设，积极谋划武汉光源、农业微生物、作物表型组学、磁阱型聚变中子源、高端生物医学成像、碳捕集利用与封存等10个重大科技基础设施建设。全年新建氢能与燃料电池、数字建造、中科固废3家产业技术研究院，总数达到22家。

【武汉市高新技术企业培育】 2020年，武汉市通过市、区、街道、园区、孵化器和专业机构联动，加强做好高新企业培育工作。发挥政策激励效应，按照特事特办、急事急办原则，及时兑现高新技术企业奖励政策。全力争取支持，落实有关高新技术企业认定申报便利措施。创新培训辅导形式，广泛开展线上培训，累计培训超过1.2万人次。摸清源头企业尽力挖潜，确保三年到期重新认定的企业应报尽报。

全年共组织3579家企业申报高新技术企业，比上年增长58.9%；通过专家评审企业3195家，评审通过率89.27%；通过国家认定3100家，认定通过率86.6%。高新技术企业申报数、通过数、通过率均远高于上年。全年净增高新技术企业1842家，高新技术企业总数达到6259家，增长41.7%；占全省高新技术企业比例首次突破60%；在全国城市中排名第十位，较上年晋升一位，在副省级城市中位居第五位。

【武汉市专精特新“小巨人”企业】 2020年，武汉市着力推动中小企业疫后重振，培育专注于细分市场、创新能力强、市场占有率高、掌握关键核心技术、质量效益优的专精特新“小巨人”企业。不断优化中小企业发展环境，健全梯度培育体系，先后出台《关于开展中小企业融资服务行动的通知》《应对新冠肺炎疫情支持中小企业经营发展有关政策措施》等多项政策，2018年11月，国家启动专精特新“小巨人”企业培育工作，次年武汉市有3家企业入选首批国家级专精特新“小巨人”企业名单。2020年，工信部公布第二批国家级专精特新“小巨人”企业名单，武汉德骼拜尔外科植入物有限公司、武汉科诺生物科技股份有限公司、武汉孚安特科技有限公司、武汉依迅电子信息技术有限公司、锐光信通科技有限公司、武汉菱电汽车电控系统股份有限公司、武汉睿芯特种光纤有限责任公司、湖北九州通达科技开发有限公司、武汉绿色网络信息服务有限责任公司等9家企业入选。全市专精特新“小巨人”企业达到12家。

【武汉光电国家研究中心建设】2020年，武汉光电国家研究中心新增各类科研项目292项。其中，重点研发计划（含课题）31项，国家自然科学基金61项，国家重大专项1项，其他部委项目3项，主管部门项目2项，军工科研项目68项，省市项目27项，企事业单位横向合作99项。合同经费超过4.4亿元，实到经费超过5.5亿元。

该中心围绕信息光电子、生命光电子、能量光电子三大领域，聚焦集成电子光、生命分子网络与谱学、多模态分子影像、生物医学光子学、能源光子学、激光科技与技术、光电信息存储、光子辐射与探测八大方向，开展科学研究。科研项目获得省部级科技奖励8项，其中，“工业高功率光纤激光器及光纤器件”获得湖北省科学技术突出贡献奖，“海量信息存储系统并行性理论及调度机制”获得教育部自然科学一等奖，“神经动力学系统控制理论研究”获得湖北省自然科学一等奖，“薄膜材料热特性测试技术及仪器”获得湖北省技术发明一等奖。全年授权发明专利494项、国外专利8项、实用新型专利14项，软件著作权9项；发表SCI论文1142篇。

全年新引进海内外优秀人才15人，新增国家自然科学基金委“强场超快光学”创新研究群体1个；1人获得2020年国家杰出青年基金，1人入选2020年“长江学者”特设岗，1人入选2020年青年“长江学者”，7人入选国家海外高层次人才，1人入选青年拔尖人才，4人入选湖北省“百人计划”。中心固定科研人员达到384人，包括8名两院院士、1名海外院士，“973”（国家重点基础研究发展计划）首席科学家10人次，中组部“国家海外高层次人才引进计划”入选者11人，中组部国家高层次人才特殊支持计划中青年科技创新领军人才10名，中国青年科技奖获得者2人，教育部“长江学者”25人，“国家杰出青年科学基金”获得者18人，科技部中青年科技创新领军人才5人，中科院“百人计划”入选者21人，国防科技工业“511”人才工程入选者2人，“青年国家海外高层次人才引进计划”入选者41人，“国家高层次人才特殊支持计划”青年拔尖人才8名，国家自然科学基金委“优秀青年科学基金”获得者16人，教育部“新世纪优秀人才支持计划”入选者29人。

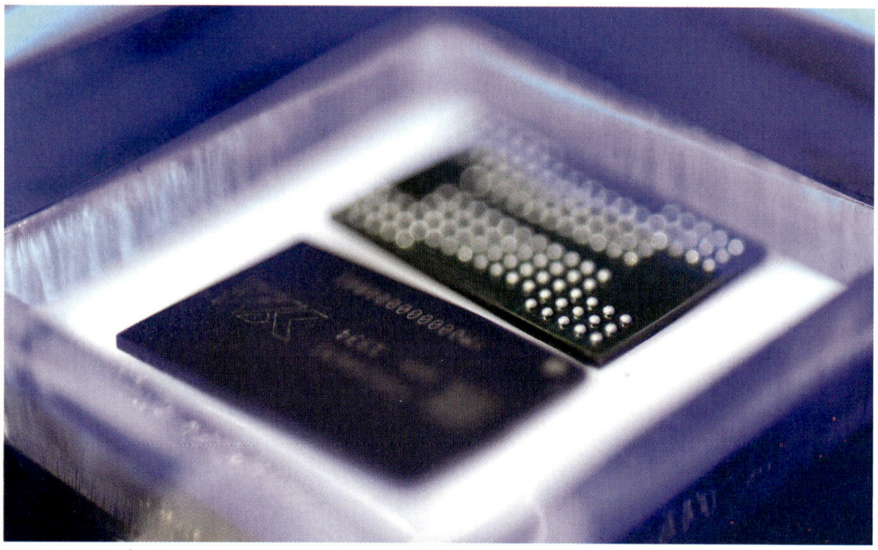

2020年4月13日，长江存储发布的全球首款128层3D NAND闪存

（武汉市地方志办公室　供稿）

【武汉国家信息光电子创新中心建设】2020年，国家信息光电子创新中心（以下简称创新中心）重点推进芯片封装测试验证平台、应用技术开发平台两大平台能力提升。全年新增申请发明专利52件，其中，PCT国际申请5件；新增授权发明专利9件。

芯片封装测试验证平台具备良好的光电器件集成封装和模块集成制造设计基础，具备比较完整的器件和模块级封装和可靠性试验条件，并已开放对外提供服务。应用技术开发平台初步完成量子QKD光传输系统、Tb/s空间光通信系统的搭建和功能验证，为后续向新兴光电子业务的进一步拓展奠定了基础。

关键共性技术研发方面，在光子集成技术、光电集成技术、超高速光收发芯片技术、新应用技术等方面取得一系列突破。研制出国内首款800Gb/s硅光发射芯片，为下一代800G光模块和共封装光子引擎提供超低功耗超高集成度的芯片技术方案。联合研制的超高波特率LiNbO3薄膜相干光调制芯片，可支持高达110Gbaud的超高速相干光调制，入选2020年度“中国光学十大进展”。联合研制出一种新型50Gb/s PAM4光信号发射芯片架构，通过硅基光域级联的方式实现了50Gb/s PAM4光信号的产生，入选2020年度“中国半导体十大研究进展”。

截至年底，创新中心在半导体激光器芯片、100G、400G及800G等高速光收发器件和模块、量子通信用量子密钥分发关键器件等技术方向，新获批立项通信行业标准和课题5项，其中，牵头3项，参与2项。在光传输、数据中心、量子信息等领域，研发的多款关键芯片、器件填补国内空白，100G硅光相干芯片等高端产品实现国内销售额突破，打破国外垄断，并首次实现对国外企业的技术转让。

【武汉国家数字化设计与制造创新中心建设】 2020年，武汉国家数字化设计与制造创新中心聚焦关键共性技术研发，在核心工艺装备、核心工艺软件、核心设计软件、共性技术研发等方面取得突破，填补国内空白，打破国外垄断。

研制成功国内首台套新型显示喷印制造装备，打破光刻、蒸镀等核心装备受制于日韩美的现状；研发航天光学元件微激光辅助超精密加工技术及装备，单晶硅最大加工口径从现有30毫米提升至70毫米以上，同时面形精度优于0.2微米，表面粗糙度Ra从30纳米降低至3纳米以下，达到国际先进水平；自主研发的水轮机自动打磨装置，实现机器人自动化在位测、铣、磨、抛等功能，系统末端位置准确度优于0.06毫米、系统绝对测量精度优于±0.1毫米，曲面加工精度优于±0.1毫米，水轮机修复周期缩短15天。在机器人加工技术验证与装备、超精密制造技术验证与装备、激光加工工艺验证与装备、复杂曲面关键零件多轴数控加工、检验检测等方面形成国际、国内一流的创新能力，其中，激光加工工艺验证与装备中试平台为神龙汽车、东风本田等提供服务，达到缺陷检测精度≤0.1毫米、检测速度≤200毫米/秒的标准；高精高效喷印装备中试平台的RGB/TFF产线打破OLED核心装备国外垄断，在武汉华星光电进行OLED器件的试生产；研制的国际首台新型显示电流体喷印制造装备，在国家印刷及柔性显示创新中心进行中试，其核心精度指标优于行业标杆美国Kateeva公司，与TCL合资成立国内首家新型显示喷印装备公司——武汉国创科光电装备有限公司。

【武汉工业技术研究院所建设】 2020年，武汉市持续开展市级工业技术研究院所的组建工作。支持中船712研究所组建武汉氢能与燃料电池产业技术研究院、华中科技大学组建武汉数字建造产业技术研究院、中科院武汉岩土所组建武汉中科固废资源产业技术研究院。加强市级工业技术研究院动态管理和监测评价工作。对成立满3年的13家市级工业技术研究院开展绩效考核，从基础

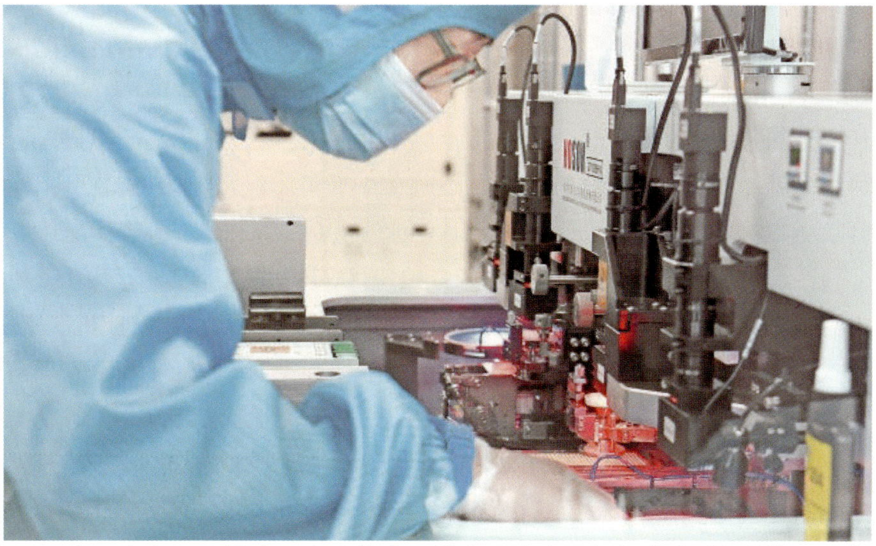

武汉光电工业技术研究院技术人员在无尘车间操控芯片“焊接”固晶机

（武汉市地方志办公室　供稿）

设施、研发能力、成果转化与技术服务、企业孵化和人才集聚5个方面进行评价。至年底，全市工业技术研究院共集聚包含院士、长江学者、国家杰出青年等高端人才在内的科研团队37个。

创新研发活力显现。积极组织开展技术攻关，截至年底，共申请专利3675件，获得授权1682件。武汉导航与位置服务工业技术研究院先后出台13项北斗系统国际标准，成功推出高精度OEM板卡，打破国外垄断。

平台支撑作用初见成效。先后获批30个省部级以上科技创新平台，建成52个公共技术服务平台，共提供10万余人次科技成果中试熟化、产品检验检测等服务。工研院研发和服务范围已涵盖光电子、智能制造、地球空间信息、生物医药、新能源汽车及新材料等多个战略性新兴产业。

科技成果加快转化。积极搭建科技成果院校研发、工研院熟化、市场转化的快速通道，光电院科技成果转化经验在全省推广，并为《中华人民共和国促进科 技成果转化法》的修订提供参考。10家工研院累计转移转化566项科技成果，转化金额14.65亿元；开展6487项技术服务，服务金额6.8亿元。全年实现1.29亿元技术开发收入和2517万元技术转让收入。

创新型企业孵化。累计孵化439家科技企业，其中包括100家高新技术企业、25家“瞪羚”企业、17家科技“小巨人”企业、4家“金种子”企业、5家新三板上市企业。孵化企业总收入43.33亿元，纳税额3.1亿元。创建并获批8家国家级、3家省级众创孵化机构。孵化的高新技术企业部分成为细分领域龙头企业，进入大型企业研发供应链采购系统。

【武汉市创业孵化载体建设】 2020年，武汉市加大创业孵化载体培育力度。支持建设大学科技园、科技企业孵化器、众创空间等各类创业孵化载体，对上年度新获批的78家国家、省市创业孵化载体兑现补贴资金3420万元。全市已建设各类创业孵化载体397家（国家级110家、省级178家），其中，孵化器147家（国家级36家、省级61家），众创空间221家（国家级67家、省级109家），“星创天地”29家（国家级7家、省级8家），为种子期、初创期、成长期中小微科技企业提供低成本的场地空间、共享设施和专业化服务，有力支撑科技型创业。

推进创业孵化载体提档升级和专业化发展。支持华中师范大学科技园、武汉理工大学科技园申报国家大学科技园。组织江岸经济开发区、口经济开发区申报国家2020年实体经济开发区中小企业创新创业特色载体。推进国家级孵化器认定申报工作，推荐10家机构申报国家级孵化器，已获批5家。

加强全市创业孵化载体规范管理，出台《武汉市科技企业孵化器和众创空间管理办法》，开展2020年度市级科技企业孵化器和众创空间的认定工作，武汉创星汇等4家孵化器认定为市级孵化器、高投慧融等12家众创空间拟认定为市级众创空间。

【武汉市科技成果】 2020年，武汉地区科技成果丰硕。全年科技成果共获得国家科技奖励24项，其中，主持完成项目9项（自然科学奖2项，技术发明奖1项，科技进步奖6项），参与完成项目15项（技术发明奖1项，科技进步奖14项）。获得省科技奖励272项，其中，武汉地区获得省科学技术突出贡献奖2项，自然科学奖38项，技术发明奖27项，科学技术进步奖189项，科学技术成果推广奖11项，科技型中小企业创新奖5项。

【武汉市科技成果转化】 2020年，武汉市加强科技成果转化平台（武汉·科创）建设，着力解决科技成果转化中的技术供给、渠道打通、企业承接、资金支持等关键问题，构建符合科技创新规律和市场经济规律的科技成果转化新格局。平台汇集科技成果1.04万项、技术需求2797项，入驻企业3394家、服务机构191家、高校院所87家、技术经纪人215人，组织线上线下大小型科技成果对接活动135场。举办5场线上成果转化对接活动，37个优质成果转化项目进行了现场路演，签约项目88个，总金额超过35亿元；举办54场中型科技成果转化对接活动，签约项目165个，总金额约2亿元；采用政府购买服务的方式，委托中介服务机构举办40场小型科技成果转化线上对接活

2020 年武汉地区主持完成国家级科技成果获奖项目一览表

奖种	等级	项目名称	主要完成单位（个人）
国家自然科学奖	二等	面向多租户资源竞争的云计算基础理论与核心方法	金海（华中科技大学），吴松（华中科技大学），刘海坤（华中科技大学），刘方明（华中科技大学），廖小飞（华中科技大学）
国家自然科学奖	二等	耗散最小化多场协同对流传热强化理论和方法	刘伟（华中科技大学），刘志春（华中科技大学），明廷臻（华中科技大学），张晓屿（华中科技大学），郭剑（华中科技大学）
国家技术发明奖	二等	水稻抗褐飞虱基因的发掘与利用	何光存（武汉大学），陈荣智（武汉大学），杜波（武汉大学），祝莉莉（武汉大学），郭建平（武汉大学），舒理慧（武汉大学）
国家科技进步奖	一等	高密度高可靠电子封装关键技术及成套工艺	刘胜（华中科技大学），石磊，肖智轶，刘圣，明雪飞，SHI，XUNQING，刘丰满，罗乐，史海涛，于大全，朱福龙，潘国顺，刘聪，郑怀，李辉
国家科技进步奖	一等	天空地遥感数据高精度智能处理关键技术及应用	李德仁（武汉大学），王密，眭海刚，洪勇，胡程，邵振峰，李明锁，杨博，肖志峰，孙开敏，李熙，王树良，宁晓刚，刘奕夫，朱映
国家科技进步奖	二等	长江中游优质中籼稻新品种培育与应用	游艾青（湖北省农业科学院），戚华雄，周勇，徐得泽，刘凯，吴爽，夏明元，周强，曹鹏，田永宏
国家科技进步奖	二等	深部复合地层隧（巷）道 TBM 安全高效掘进控制关键技术	刘泉声（武汉大学），黄兴，刘斌，陈馈，李涛，张子新，朱元广，夏明锬，潘玉丛，卢景景
国家科技进步奖	二等	深水大断面盾构隧道结构 / 功能材料制备与工程应用成套技术	胡曙光（武汉理工大学），邓利明，焦齐柱，姚春桥，李勇军，陈跃庆，李波，丁庆军，马保国，刘云鹏
国家科技进步奖	二等	厘米级型谱化移动测量装备关键技术及规模化工程应用	闫利（武汉大学），陈长军，邓非，谢洪，胡小波，苏国中，朴东国，聂倩，万方，张雄

2020 年武汉地区参与完成国家级科技成果获奖项目一览表

奖种	等级	项目名称	主要完成人	主要完成单位
国家技术发明奖	二等	小麦耐热基因发掘与种质创新技术及育种利用	孙其信（中国农业大学），李辉（河北省农林科学院粮油作物研究所），彭惠茹（中国农业大学），李梅芳（湖北省农业科学院粮食作物研究所），倪中福（中国农业大学），张文杰（河北婴泊种业科技有限公司）	
国家科技进步奖	一等	400 万吨 / 年煤间接液化成套技术创新开发及产业化	姚敏，李永旺，杨勇，邵俊杰，张来勇，焦洪桥，汪创华，刘尚利，邓建军，刘俊义，张延丰，郭中山，曹立仁，蔡力宏，马玉山	国家能源集团宁夏煤业有限责任公司，中国科学院山西煤炭化学研究所，中科合成油技术有限公司，中国寰球工程有限公司，沈阳透平机械股份有限公司，内蒙古伊泰集团有限公司，舞阳钢铁有限责任公司，山西潞安矿业（集团）有限责任公司，甘肃蓝科石化高新装备股份有限公司，中国五环工程有限公司
国家科技进步奖	一等	复杂原料百万吨级乙烯成套技术研发及工业应用	袁晴棠，王子宗，王振维，王国清，何细藕，李广华，戴伟，李金科，崔光磊，盛在行，刘罡，张玉明，林栩，赵百仁，张利军	中国石化工程建设有限公司，中国石油化工股份有限公司北京化工研究院，天华化工机械及自动化研究设计院有限公司，中韩（武汉）石油化工有限公司，中国石油化工股份有限公司镇海炼化分公司，福建炼油化工有限公司，沈阳鼓风机集团股份有限公司，杭州制氧机集团股份有限公司，天津大学，西安德兴环保科技有限公司
国家科技进步奖	一等	工业烟气多污染物协同深度治理技术及应用	李俊华，郝吉明，叶恒棣，彭悦，朱彤，陈贵福，赵谦，岑超平，姚群，宋蔷，张志刚，马永亮，魏进超，李海波，陈建军	清华大学，中冶长天国际工程有限责任公司，中节能环保装备股份有限公司，中钢集团天澄环保科技股份有限公司，生态环境部华南环境科学研究所，西安西矿环保科技有限公司，中材科技股份有限公司，江苏中创清源科技有限公司，山西新华化工有限责任公司，中建材环保研究院（江苏）有限公司
国家科技进步奖	二等	五轴联动数控机床 S 形试件检测方法及加工精度提升技术	隋少春，刘大炜，宋智勇，牟文平，郝小忠，杜丽，丁国富，朱绍维，李杰，黄明聪	成都飞机工业（集团）有限责任公司，南京航空航天大学，电子科技大学，西南交通大学，清华大学，北京机床研究所有限公司，武汉华中数控股份有限公司
国家科技进步奖	二等	高压富水长大铁路隧道修建关键技术及工程应用	马栋，谭忠盛，苗德海，张民庆，田四明，许和平，陈绍华，胡建国，尚尔海，李勇	中铁十六局集团有限公司，中铁第四勘察设计院集团有限公司，北京交通大学，中铁第一勘察设计院集团有限公司，中铁十二局集团有限公司，中铁十九局集团有限公司，中铁十一局集团有限公司
国家科技进步奖	二等	高速铁路Ⅲ型板式无砟轨道系统技术及应用	王同军，王继军，赵有明，胡华锋，沈东升，姚力，郭郦，孙立，王梦，杨荣山	中国铁道科学研究院集团有限公司，中国铁路设计集团有限公司，中铁二院工程集团有限责任公司，中铁第四勘察设计院集团有限公司，北京交通大学，西南交通大学，中铁二十三局集团有限公司

续表

奖种	等级	项目名称	主要完成人	主要完成单位
国家科技进步奖	二等	建筑热环境理论及其绿色营造关键技术	李百战，潘云钢，戎向阳，李国庆，姚润明，王莉，李楠，刘猛，席战利，杨旭	重庆大学，中国建筑设计研究院有限公司，北京城建设计发展集团股份有限公司，中国建筑西南设计研究院有限公司，青岛海尔空调电子有限公司，广东美的制冷设备有限公司，华中师范大学
国家科技进步奖	二等	面向复杂数控装备的监测评估关键技术及标准体系	陶飞，黄祖广，于东，胡天亮，赵钦志，邹孝付，左颖，李建双，杨堂勇，郑小年	北京航空航天大学，国家机床质量监督检验中心，沈阳高精数控智能技术股份有限公司，山东大学，中国计量科学研究院，广州数控设备有限公司，武汉华中数控股份有限公司
国家科技进步奖	二等	钢铁行业多工序多污染物超低排放控制技术与应用	朱廷钰，于勇，李超，刘霄龙，许汉渝，李建新，田欣，卢建光，王岩，尹华	中国科学院过程工程研究所，河钢集团有限公司，中冶焦耐（大连）工程技术有限公司，中钢集团天澄环保科技股份有限公司
国家科技进步奖	二等	基于3S维度的生物质固废清洁高效燃气能源化关键技术及应用	陈冠益，李秀金，侯立安，王黎，郑朝晖，程占军，冯涛，高伟，徐颢闻，旦增	天津大学，北京化工大学，中国人民解放军火箭军工程大学，武汉科技大学，中国环境保护集团有限公司，无锡湖光工业炉有限公司，西藏大学
国家科技进步奖	二等	营养健康导向的亚热带果蔬设计加工关键技术及产业化	张名位，张瑞芬，邓媛元，孙智达，谢海辉，刘磊，黄菲，李文治，王丽娜，吴福培	广东省农业科学院蚕业与农产品加工研究所，华中农业大学，中国科学院华南植物园，广东生命一号药业股份有限公司，无限极（中国）有限公司，威海百合生物技术股份有限公司
国家科技进步奖	二等	主要粮食作物养分资源高效利用关键技术	周卫，何萍，艾超，孙建光，黄绍文，王玉军，余喜初，孙静文，张水清，乔艳	中国农业科学院农业资源与农业区划研究所，江西省红壤研究所，河南省农业科学院植物营养与资源环境研究所，湖北省农业科学院植保土肥研究所
国家科技进步奖	二等	智能化地图综合与多尺度级联更新关键技术及应用	王家耀，武芳，张新长，闫浩文，艾廷华，邓敏，钱海忠，秦奋，翟仁健，张翔	中国人民解放军战略支援部队信息工程大学，河南大学，武汉大学，兰州交通大学，广州大学，中南大学
国家科技进步奖	二等	自主可控高性能地理信息系统关键技术与应用	景宁，谢忠，陈荦，陈荣国，朱阿兴，汤国安，李军，骆剑承，万波，熊伟	中国人民解放军国防科技大学，中国地质大学（武汉），中国科学院地理科学与资源研究所，南京师范大学，苏州中科天启遥感科技有限公司，武汉中地数码科技有限公司，北京博阳世通信息技术有限公司

2020 年武汉市立项科技成果转化一览表

单位：万元

项目名称	承接单位	金额
低成本高性能耐热钢在焦炉余热回收装备上的应用	武汉方特工业设备技术有限公司	500
自主可控大数据一体机关键技术研发及产业化	武汉达梦数据库有限公司	400
智能网联汽车关键技术的量产化应用开发	武汉光庭科技有限公司	400
面向物联网的卫星通信技术成果转化	航天行云科技有限公司	400
LCD 屏内传感器集成技术开发及应用	武汉华星光电技术有限公司	450
小样本复杂形状目标识别人工智能技术成果转化	武汉精测电子集团股份有限公司	400
光芯片制造用双光束超分辨光刻机研制	武汉光电工业技术研究院有限公司	450
Sabin 株脊髓灰质炎灭活疫苗（Vero 细胞）的转产	武汉生物制品研究所有限责任公司	500
中药经典名方“济川煎”“泻白散”产业化关键技术成果转化研究	武汉同济现代医药科技股份有限公司	400
高活性仿生人工骨修复材料器械产业转化	武汉亚洲生物材料有限公司	500
宫颈癌超早期预警诊断技术临床转化	武汉凯德维斯医学检验实验室有限公司	450
液电脉冲激波油气田增产装备的开发与示范	武汉华工融军科技有限公司	500
高浓度有机废水强化脱氮除磷降 COD 关键技术与设备的研发及应用	湖北金润德环保技术有限公司	400
航空飞机起落架数字化维修测量平台的开发及产业化	凌云科技集团有限责任公司	400
基于非接触式光纤光栅振动传感器的无人机稳定系统研究	易瓦特科技股份公司	350
绿色高档优质稻“虾稻 1 号”中试示范与推广	中垦锦绣华农武汉科技有限公司	450
优质多抗杂交水稻新品种“巨优 3745”中试与产业化开发	武汉国英种业有限责任公司	450
食用油主要危害因子现场快速检测技术转化与产业化示范应用	武汉华美生物工程有限公司	450
粮食重金属检测设备及技术的开发与产业化	武汉中科志康生物科技有限公司	400

动，签约项目 315 个，总金额超过 16 亿元。登记技术合同 23835 项，成交额 942.28 亿元，比上年增长 12.0%，在全国副省级城市中吸纳技术排名第二，输出技术排名第四。武汉市立项支持科技成果转化项目 19 个，支持金额合计 8250 万元，其中，天津中医药大学张伯礼院士团队成果“中药经典名方‘济川煎’‘泻白散’产业化关键技术成果转化研究”、华中科技大学马丁院士团队成果“宫颈癌超早期预警诊断技术临床转化”和潘垣院士团队成果“液电脉冲激波油气田增产装备的开发与示范”、中国农业科学院李培武院士团队成果“食用油主要危害因子现场快速检测技术转化与产业化示范应用”4 个院士项目分别被武汉 4 家公司承接。

落实科技成果转化奖励和补贴政策，鼓励企业吸纳技术，按其当年实现金额的 2% 给予补贴，最高可补贴 100 万元；对开展技术合同认定登记的技术合同登记站按其登记技术交易额的 0.02% 给予补贴，最高不超过 50 万元。全年兑现技术转移服务和技术交易奖励补贴资金 733 万元。年内，湖北工业大学入选科技部等九部委开展的赋予科研人员职务科技成果所有权或长期使用权试点单位，华中科技大学等6家单位被认定为国家高校科技成果转化和技术转移基地。

【武汉市科技研发投入】2020年，武汉市加快实施创新驱动发展战略，在调整优化《武汉市科技计划体系》的基础上，积极推进年度科技计划项目落实。组织实施企业技术创新项目、应用基础前沿、科技成果转化项目，开展培育企业补贴、技术交易补贴、国家和省级项目资金配套补贴等工作，安排科技研发资金7.93亿元，从突出企业技术创新的主体地位、引导企业成为科技成果的转化主体、加大对产业应用基础科学研究的投入、积极推进科技创新平台建设等几个方面，推动武汉高质量发展。

投入企业技术创新专项资金4.15亿元，主要支持企业围绕主营业务开展技术研发，包括企业技术创新项目、大健康产业补贴、培育企业补贴、科技金融补贴、国家科技奖配套补贴等。投入科技成果转化专项资金7125万元，主要支持企业及高校院所进行科技成果转化，包括科技成果转化项目、科技成果转化服务补贴等。投入应用基础前沿专项资金8040万元，主要支持在汉高校、科研院所、医疗机构开展科学前沿探索性和前瞻性研究以及应用基础研究。投入科技创新平台专项资金1.35亿元，主要支持在汉单位创建国家重大科技基础设施等，包括国家重大科技创新平台项目、孵化载体建设、工业技术研究院建设等。投入新能源汽车地方配套补贴9028万元，主要用于对2016年及以前在武汉市实现销售并完成首次注册登记的新能源汽车给予相关企业地方配套补贴。

【武汉市科技人才引进】2020年，武汉市深入实施科教兴国战略、人才强国战略和创新驱动发展战略，围绕重大科技创新需要，聚焦"高精尖缺"和在关键核心技术、"卡脖子"领域实现重大突破上开展高端人才引进工作。组织指导全市引智单位积极开展国家引智项目申报工作，共推荐长江存储科技有限责任公司等单位申报2020年度国家高端外国专家引进计划14项；推荐远大医药（中国）有限公司等单位申报第一批2020年度湖北省引进国外人才和智力科技创新高端专家项目6项，第二批离岸创新专家项目2项。在疫情常态化管理下，推行外国人来华工作许可采用"承诺制"实现全程网上办理，实行"先批后补"的容缺受理模式，有效畅通外籍高端人才办理来华工作许可绿色通道，年内全市高端外国专家达到700多名。全年共办理"外国人来华工作许可"1883批次，其中，高端人员341批次，创新创业类人员1092批次。武汉市科学技术局被科技部国外人才研究中心评为2020年"两刊两网"科技和引智宣传工作先进单位。

【武汉市对外科技合作】2020年，武汉市强化科技合作交流工作。跟踪对接各区（国家级开发区）和市直有关部门、高等院校、科研院所、医疗机构等132家相关单位，建立市区联动响应机制，围绕"一带一路"建设，精准推进国际科技合作。引进国内外500强企业、行业龙头企业在汉设立企业技术研究院、研发中心等23家研发机构，鼓励和支持其积极参与国际科技合作。充分发挥国家、省级平台优势，全力支持武汉市企业、高等院校及科研院所通过云对接方式，积极参与国际科技合作项目洽谈，拓宽科技交流渠道，丰富创新合作资源，扩大嵌入国家国际科技合作平台的广度和深度。组织300多家单位参与"中俄科技创新年——2020湖北国际技术对接洽谈会中俄技术对接活动"等多场线上及线下洽谈活动。制订《武汉市与意大利科技领域合作方案》，广泛征集武汉地区高等院校、科研院所、重点企业对意科技合作需求，开展对意科技合作，共收到合作意向22项。

【武汉市科技金融】2020年，武汉市继续加强科技金融扶持力度。发挥市科技创业投资引导基金的撬动作用，调动社会资本流向科技创新领域，吸引各地知名创投机构参与设立各类基金，累计设立49支母、子基金，总规模达368.31亿元。引导基金为360家信息技术、生命健康、高端装备制造等战略性新兴产业领域的科技型企业提供资本支撑，投资总额超41亿元。加大与银行合作力度，探索设立“投贷联动基金”，为基金投资企业提供持续信贷支持。

开展科技金融对接服务，聚集金融机构、金融产品、金融服务，重点围绕科技企业、科技成果、科技人才量身定制“纾困融资”金融产品，与武汉农商行签订战略合作协议，向市内重点建设项目和科技型企业提供不低于300亿元的综合授信支持。疫情防控期间及时调整政策，发布《关于应对新冠肺炎疫情支持科技型企业保证保险小额贷款有关政策措施的通知》，简化业务流程，顺延贷款展期续贷风险分担及保费利息优惠政策，为企业应对疫情、复工复产提供支撑。全年新增保证保险贷款业务140笔，新增发放贷款金额3.09亿元，其中，支持高新技术企业、战略性新兴产业领域的企业占比80%以上。全年共有160家企业获得2272.51万元“科保贷”融资补贴，获得补贴的企业比上年增加62家。全市科技贷款余额2503.23亿元，比上年增长5.7%。

（武汉市地方志办公室）

【黄石市高新技术产业发展】 2020年，黄石市高新技术产业增加值370.2亿元，高新技术产业增加值占GDP比重22.56%，高于湖北省平均水平2.57个百分点，占比位居全省第二位。分领域看，电子信息领域增加值19.77亿元，比上年增长41.1%；新能源与资源循环利用领域10.62亿元，增长9.1%；新材料制造领域210.76亿元，增长1.8%；先进装备制造领域51.41亿元，下降11.9%；生物医药领域53.27亿元，下降18.7%。科学研究与技术服务业营业收入增速高于全省平均水平0.3个百分点。推进主导产业创新特色化发展，有色金属、先进钢铁两个主导产业获批国家火炬特色产业基地，实现零的突破。

【黄石市高新技术企业培育】 2020年，黄石市深入实施科技创业企业培育工程。围绕“科技初创型企业—科技型中小企业—高新技术企业”梯次培育，新增科技创业企业315家，其中，大冶市新增44家，阳新县新增30家，黄石港区新增113家，西塞山区新增12家，下陆区新增60家，开发区·铁山区新增56家。加强科技型中小企业入库培训，入库科技型中小企业409家，比上年增长29.4%。实施高新技术“倍增工程”，加强高新技术企业后备库建设，做实做细申报、认定各项服务，指导服务和组织申报高新技术企业167家，进入公示147家，新增高新技术企业108家，全市高新技术企业总数达375家，总数实现三年倍增。

【黄石市科技创新平台建设】 2020年，黄石市加强科技创新平台建设。实施研发平台三年行动计划，推进主导产业研究院和规上制造业企业研发机构“两个全覆盖”。新组建生物药物、城市矿产资源产业技术研究院2家，总数达10家，实现主导产业研究院全覆盖；新备案企校联合创新中心（工程技术研究中心）、重点实验室等市级创新平台72家。市县两级联动推进规上制造业企业研发平台建设，全市建有县级以上研发机构的规上制造业企业达427家，占规上制造业企业比例76.4%。制定出台规上制造业企业研发平台和主导产业技术研究院绩效评价办法，实行赏优罚劣，推动创新平台提档升级，其中，模具产业技术研究院跻身省级行列，实现省级产业技术研究院零的突破。新增省级企业研发平台23家、众创空间4家、“星创天地”2家，黄石大冶湖高新技术产业园区科创中心晋级国家级孵化器。创新平台工作经验在全省科技工作会议上交流。

【黄石市科技创新汉黄一体化】 2020年，黄石市科技创新深入融入武汉城市圈。主动对接长三角，加快构建“融资在外地、用资在黄石，对接在外地、承接在黄石，招智在外地、用智在黄石，孵化在外地、落地在黄石，销售在外地、制造在黄石”创新新格局。“三区一港”（黄石经济技术开发区·铁山区，黄石大冶湖高新区，黄石临空经济区，黄石新港（物流）工业园区）全部纳入光谷科创大走廊建设规划，启动黄石功能区总体规划编制。围绕临空创新发展带，全面推进光谷科创大走廊黄石功能区建设，谋划布局重大科创项目40余项。重点推进光谷东黄石临空区科创中心、黄石科技城等一批重大科创园区平台建设，其中投资100亿元、占地1700亩的黄石科技城一期工程封顶。在武汉市设立的黄石离岸科创中心已投入运营，黄石（武汉）离岸科创园启动建设。引进一批头部企业和高新企业落地，全年新签约重点项目162个，新注册重点项目130个，新开工入库重点项目101个，新投产入库重点项目71个，实际到位内资765.58亿元。

【黄石市科技成果转化】 2020年，黄石市加快科技成果转化。聚焦“三链”（创新链、产业链、价值链）融合，以龙头企业技术难题为突破口，服务企业联合高校院所开展协同攻关，先后围绕九大主导产业，组织专班赴企业上门征集关键技术需求，编制《2020年黄石市企业关键技术需求册》，涉及科研项目200余个。开设“黄石市重点企业‘三链融合’技术创新合作项目对接平台”，组织300多家企业与省内外100余家高校院所建立合作关系，推进解决技术难题进程。全年开展对接活动12场，完成技术合同认定登记1412项，合同成交额达56.5亿元，比上年增长47.5%；全市申请专利5989件、授权专利4031件，分别增长19.0%、36.0%。全年有12项成果获得湖北省科技进步奖，其中，一等奖2项。

【黄石市科技金融】 2020年，黄石市加强科技金融服务工作。出台《黄石市科技型中小企业信贷风险补偿资金管理暂行办法的补充意见》《关于开展科技中小企业“科技成果贷”工作的实施方案》，联合建设银行、湖北银行黄石分行在全省率先推出“科技成果贷”等金融产品，通过政府专项资金担保、企业专利权质押以及财政贴息三管齐下，解决科技型企业轻资产、重技术、抵押担保能力不足的痛点，满足大科技型企业的金融信贷需求。全年有238家科技金融库内企业获得贷款余额68.62亿元，比上年增长29.6%。

（黄石市档案馆）

2020年5月7日，黄石市召开“科技贷”金融产品推介会

（黄石市档案馆　供稿）

【鄂州市高新技术产业发展】 2020年，鄂州市高新技术产业增加值166.1亿元，占GDP比重16.5%。高技术制造业比上年增长13.4%，快于规模以上工业6个百分点，占规模以上工业比重13.0%。中科院精密测量创新院沼山长基线原子干涉科学观测设施项目获国家发改委立项，列入中科院项目名单，列入鄂州市重大项目库。华中科技大学鄂州工业技术研究院获批国家级科技企业孵化器。全年更新高新技术企业后备库59个。辅导两批69个企业申报认定高新技术企业，增长60%，其中65个企业通过认定，高新技术企业达到133个。

【鄂州市科技创新平台建设】 2020年，鄂州市加强科技创新平台建设。新增国家级科技企业孵化器1个，省级产业技术研究院2个，省级专业型研究所5个，省级工程技术研究中心2个，省级企校联合创新中心备案10个，省级“星创天地”2个；新增市级创新平台52个，其中，市级企校联合创新中心43个，市级“星创天地”9个。初步建成以华中科技大学鄂州工业技术研究院、中科鄂州量子工业技术研究院、湖北省鄂州生命科学产业技术研究院、湖北省中药产业技术研究院等高水平研发平台为引领的科技创新平台体系。联合中科院精密测量创新院，打造鄂州量子工业技术研究院、沼山长基线原子干涉科学观测设施等具有国际水平的大型科研技术平台。主动对接“光谷科技创新大走廊”，打造鄂州特色功能区，谋划引进第四代同步辐射光源。湖北李时珍药物研究院申报的新药孵化中试熟化基地、武汉中有药业有限公司申报的原料药中试转化研究基地入选首批湖北省科技成果转化中试研究基地名单。

【鄂州市科技成果转化和知识产权保护】 2020年，鄂州市加强科技成果转化工作。收集企业技术需求23项，登记技术合同227项，总金额达16.18亿元。万度光能完成钙钛矿太阳能电池中试及户外验证，实验电站已稳定发电，公司规划一期建设三条生产线，二期建设10GW产能，与中国华电达成意向合作，拟投资4亿元在葛店开发区建设产业园区。深紫科技项目团队研发的深紫外LED光源，以超高温氮化物外延材料生长技术为核心，广泛应用于水与空气的杀菌净化、食物保鲜、光学医疗、保密通信等领域。在全国“互联网+”创新创业大赛中获得湖北赛区金奖、全国总决赛铜奖。在第九届中国创新创业大赛科技计划项目产业化专业赛（湖北专场）决赛中，湖北锐世数字医学影像科技有限公司获二等奖，湖北赛格瑞新能源科技有限公司、湖北京邦科技有限公司获三等奖，湖北深紫科技有限公司获优秀奖。全年注册商标971件，有效注册商标总量6831件；专利申请2011件，授权1192件，其中，发明授权136件，比上年增长131%，增幅全省排名第一；每万人发明专利拥有量5.7件，全省排名第三。

【鄂州市专家工作站建设】 2020年，鄂州市加强专家工作站建设。发挥科协人才资源密集、组织网络健全的特色和优势，与“长江学者”“二级教授”等高端人才联系，为企事业单位与高端人才合作牵线搭桥，建立专家工作站，助推产学研结合。对接企业技术需求，组织武汉拓材科技、天宏生态农业分别与武汉理工大学“长江学者”特聘教授官建国，省粮食产业链首席专家、省农科院二级研究员游艾青合作成立专家工作站。全年院士专家工作站获得专利137个，参与制定国家行业标准4个，发表论文18篇，解决发展战略问题55个，攻克关键技术难题60个。在第二届全国创新争先奖评选中，鄂丰模具有限公司院士工作站进站首席专家、中国工程院院士瞿金平，武汉爱民制药有限公司专家工作站进站首席专家、中国中医科学院中药研究所研究员陈士林上榜。

【鄂州市科普宣传】 2020年，鄂州市加强科普宣传工作。开展科普征文活动，吸引70余所学校、3.6万人参加，收到各类稿件1.2万余篇。开展疫情科普，引导全市中小学生通过“湖北省中小学线上教学平台”学习科学课程和防疫科普知识，加强未成年人生命教育和心理健康教育；引导未成年人利用湖北省科协联合各地市科协共同打造的“童趣玩科学”线上科普教育平台进行科普学习。选拔优秀高中生参加2020年全国青少年“云上高校科学营活动”，开展各类线上科普培训活动约150场次，累计受益未成年人近万人次。开展“多阵地、广覆盖、齐参与”的“十二大科普行动”系列活动，分别为科普作品表彰行动、科普话剧演出行动、科普专家讲堂行动、垃圾分类科普行动、科普阵地联合行动、社区科普联合行动、校园科普联合行动、农村科普联合行动、卫生健康科普联合行动、应急管理科普联合行动、节水科普联合行动、企业科普联合行动。

（鄂州市档案馆）

【孝感市高新技术企业培育】 2020年，孝感市着力培育科技型企业。共培育科技型企业256家，登记入库科技型中小企业427家，申报高新技术企业163家，高新技术企业后备库入库企业126家，高新技术企业数量达到381家，均比去年同期增长20%以上。全市高新产业市场主体518家，增加87家；高新技术产业增加值324.39亿元，高新技术产业增加值占GDP的比重为14.79%，增加0.84百分点。

【孝感市科技创新平台建设】 2020年，孝感市着力创建各类创新平台。继应城市获批湖北省首批省级创新型县市之后，汉川市、云

2020年鄂州市参与完成湖北省科技成果获奖项目一览表

奖种	等级	项目名称	完成人	完成单位
科技进步奖	二等奖	现代有轨电车安全运行保障技术创新及工程应用	邱绍峰，姚应峰，许克亮，邱海波，舒冬，蒲思培，李威，郭享，周小华，孙春光	中铁第四勘测设计院集团有限公司，武汉光谷交通建设有限公司，苏州高新有轨电车集团有限公司，苏州市轨道交通集团有限公司，襄阳国铁机电股份有限公司，湖北远程铁道科技有限公司，唐山百川智能机器股份有限公司
科技进步奖	二等奖	止痛中药材安全性评控技术与应用	黄先菊，程寒，张洋，刘虹，李竣，李微微，孙玉存，马立群，彭川，邵爱民	中南民族大学，武汉爱民制药股份有限公司，贵州三仁堂有限公司，湖北省中医院，武汉工商学院
科技进步奖	三等奖	稻谷产后减损增效关键技术开发与示范	刘启觉，刘珏，谢泽良，刘道贵，李栋，刘汉胜，丁彬云	武汉轻工大学，湖北华苑粮油有限公司，湖北天和机械有限公司，鄂州樊口国家粮食储备库，中国农业大学
科学技术成果推广奖	三等奖	呼吸系统药用氨基酸的关键技术研究与推广应用	杨磊，王君英，冯兆信，李建华，朱程军，李钢，李敬，黄蕾	武汉远大弘元股份有限公司

2020年鄂州市获得省级以上科技计划奖励项目一览表

单位：万元

项目名称	承担单位	级别	金额
用于核酸检测的高灵敏度硅光电倍增芯片开发	湖北京邦科技有限公司	国家级	50
新一代全数字PET的开发与应用	湖北锐世数字医学影像科技有限公司	国家级	50
分子束外延（MBE）芯片用超高纯原材料研制	武汉拓材科技有限公司	国家级	50
深紫外线对新冠等病毒及细菌的灭活机理及装置应用研究	湖北深紫科技有限公司	国家级	50
5G光模块用微型制冷芯片的开发与产业化	湖北赛格瑞新能源科技有限公司	国家级	50
超高探测效率全数字MVT SiPM芯片开发	湖北京邦科技有限公司	省重点研发计划	200
淡水鱼保活运输及冷冻预调理风味调控关键技术研发	湖北富农食品工业园有限公司	省重点研发计划	200
切割落料用高档数控系统智能化控制技术研究	华工法利莱切焊系统工程有限公司	省科技重大专项	50
原料药中试转化研究基地	武汉中有药业有限公司	省科技创新服务及人才专项	50
化合物半导体芯片用超高纯材料研制	武汉拓材科技有限公司	省科技重大专项	100
高迁移OLED电子传输材料产业化	湖北尚赛光电材料有限公司	省科技重大专项	100
模块化柔性塑风管系统	杜肯新材料（武汉）集团股份有限公司	省科技重大专项	100
全省科技企业孵化器、众创空间、大学科技园绩效评价补助	华中科技大学鄂州工业技术研究院	省科技创新服务及人才专项	11
技术转移服务机构绩效评价补贴	鄂州市高新技术发展促进中心	省科技创新服务及人才专项	20
技术转移服务机构绩效评价补贴	华中科技大学鄂州工业技术研究院	省科技创新服务及人才专项	10

续表

项目名称	承担单位	级别	金额
技术合同登记补贴	鄂州市高新技术发展促进中心	省科技创新服务及人才专项	6
人工智能诊断决策与精准治疗的康复机器人	湖北三闾智能科技有限公司	省科技创新服务及人才专项	10
特色桃新品种“中油蟠 36-3”中试与示范	鄂州市树鑫种植专业合作社	农业科技成果转化资金项目	30
碳化硅膜产业化项目研发团队	湖北迪洁膜科技有限责任公司	“双创战略团队”A 类自主创业	100
多组分药物七叶皂苷钠注射剂的再评价关键技术研发及其应用	湖北李时珍药物研究有限公司	省产业技术研究院前资助项目	200
共聚焦内窥镜研发	华中科技大学鄂州工业技术研究院	省产业技术研究院前资助项目	200

梦县列入第二批省级创新型县市。安陆粮食机械产业技术研究院、孝南纸品产业技术研究院列入全省 2020 年项目支持计划。组织备案市级企校联合成立研发中心 61 家，择优推荐申报省级企校联合研发中心 39 家，获批 17 家。新认定省级“星创天地”8 家、市级“星创天地”37 家。孝感首家省级科技成果转化中试研究基地成功获批。坚持“武汉研发、孝感转化”，推动重点产业集群与省内外高校、院所及军工企业开展全方位技术研发合作，转化科技成果 103 项，完成技术合同交易 46 亿元。组织企业参加全省科技成果网上推介活动 9 场次，达成意向 30 余项。

2020 年 11 月 6 日，永祥粮机碾米机械配备车间

（孝感市史志研究中心　供稿）

【孝感市科技服务】 2020 年，孝感市加强科技服务工作。争取中央和省级科技项目支持，组织申报国家科技重大专项、国家重点研发计划、科技创新 2030 重大项目、“科技助力经济 2020”专项和省各类科技计划项目 106 项，立项 25 项。激励企业创新发展，及时兑现高新技术企业奖励资金 240 万元。持续推进“百名博士联百企”专项行动，柔性引进高端人才服务孝感科技创新，受惠企业超过 150 家。编印发放《科技领域应对疫情政策摘编》，指导科技型企业复工复产。组织“科技助力高企发展”“科技创新政策法规集中宣讲月”等线上线下培训活动 35 场次，受训企业超过 500 家。

（孝感市史志研究中心）

【黄冈市高新技术产业发展】 2020 年，黄冈市高新技术产业增加值 242 亿元，占 GDP 比重 11.17%。实施高新技术企业倍增行动，建立高新技术企业后备库，形成“发现一批、培育一批、推荐一批、认定一批”工作体系。组织 185 家企业申报高新技术企业，通过 156 家（其中新认定 106 家），比上年增加 78 家，累计 391 家，居全省第 4 位。高新技术企业通过引进先进技术、工艺和设备，完成“机器换人、设备换芯、生产换线”转型升级，提升企业经济效益。年内，鸣利来公司引进并改造日本威力加工中心，实现18道工序自动化一次性完成，降低人力成本，缩短工期三分之一。

【黄冈市科技扶贫】 2020年，黄冈市加强科技服务工作，深入开展科技扶贫，向贫困村选派国家“三区”人才75名、省级科技特派员8名、市级科技特派员200名、县级科技特派员268名。开展“抗疫情·保春耕”活动、科技特派员服务灾后重建恢复生产活动，开展线上技术指导20余场次、指导1000余人次，实地技术培训指导1500人次。制定《科技助力乡村振兴专场培训活动方案》，开展技术培训3场次，培训人数300余人次。成立景秀生态农林科技有限公司，打造“公司＋基地＋贫困户”扶贫模式，流转土地133.33公顷，开展油茶高效栽培技术示范，吸引2000多人就业，帮助60余户贫困户脱贫。

【黄冈市科技创新平台建设】 2020年，黄冈市加强科技创新平台建设。争取省级以上科创项目13项，其中，重大项目1项、重点项目3项、成果转化项目4项；累计争取项目资金580万元。认定省级“星创天地”7家、市级“星创天地”13家。新备案市级企校联合创新中心68家、省级企校联合创新中心43家。开展“千企联百校”大型专场活动，组织100余家企业与省内外40余名专家现场对接，签订产学研合作协议11项，签约项目93项，聘用科技副总（创新团队）80个，技术合同成交额42.2亿元。邀请武汉红宝石专利代理公司对50多家企业进行现场指导培训。全市研究与试验发展经费（R&D经费）支出15.26亿元，占GDP比重0.66%。

【黄冈市院士专家站建设】 2020年，黄冈市加强院士专家工作站建设。新建专家工作站4个。举办首届黄冈籍“院士家乡行”活动，邀请彭建兵等3位院士、中科院研究员龚剑明、长安大学教授庞桂珍为黄冈经济社会发展和“十四五”规划编制建言献策，为黄冈师院和黄州城区高中学子作科普励志报告。组织专家开展《黄冈地标优品市场化研究》课题研究；联合黄冈师院举办世界地质公园保护与可持续发展战略研究高峰论坛，金振民院士参加活动；推动中国工程科技发展战略湖北研究院征集的咨询研究项目《世界地质公园保护与可持续发展战略研究》课题结题。联系专家教授建立工作站，解决湖北三行科技股份有限公司、麻城菊花等企业个性化需求。联系省食用菌专家边银丙教授、省中药材专家刘大会教授现场指导食用菌和中药材产业发展，并作为特聘专家，与市农科院开展合作。

（黄冈市史志研究中心）

2020年9月17日，黄冈市举办全国科普日科普图书漂流活动

（黄冈市史志研究中心 供稿）

【咸宁市高新技术产业发展】 2020年，咸宁市主动融入武汉城市圈“光谷科技创新大走廊”战略，编制《光谷科技创新大走廊（咸宁段）发展规划》。在全省科技创新综合考评中，咸宁市排名首次进入全省前十位；嘉鱼县进位26位，排名升至全省第二十二位，获得省委、省政府通报表彰。赤壁市、咸安区获批省级创新型县（市、区），嘉鱼县获批建设省级可持续发展试验区。咸宁高新区进入全国百强高新区，在全省12

个国家高新区中排名第五位。咸宁农业科技园区获批创建国家农业科技园区。高新技术产业增加值252.94亿元，比上年增长2.8%；高新技术产业增加值占GDP比重16.6%，增加1.6个百分点。

【咸宁市科技创新平台建设】2020年，咸宁市加强科技创新平台建设。赤壁产业技术研究院、鄂南特色农业产业技术研究院获批省级产业技术研究院。新批省级企校联合创新中心7家。省级科技创新平台发展到30家，市级科技创新平台311家，规模以上企业研发机构覆盖率30.1%。组织134家企业申报高新技术企业，通过认定117家，高新技术企业总数达273家。通过科技型中小企业评价266家。“赤壁电商孵化众创空间”获批国家级众创空间。累计发展国家级众创空间1个、国家级“星创天地”2个、省级科技企业孵化器8个、省级众创空间12个、市级创新创业平台26个，全市孵化平台总面积超过29万平方米，在孵科技型创业企业820余家。建立科技资源共享和公共服务平台，已注册法人单位62家，征集科技创新项目115项。全年争取省级以上科技计划项目54项，争取资金7117万元，比2019年增加5427万元，增长320%。安排市级科技专项经费1100余万元。

【咸宁市科技成果转化】2020年，咸宁市推进科技成果转化工作。举办“联百校，转千果”科惠行动2020科创湖北云对接咸宁·赤壁专场活动，建设湖北技术交易大市场区域分市场，69项技术需求与武汉大学、华中农业大学等13家高校院所达成合作意向，交易金额达1.71亿元。省级科技成果登记70项，转化科技成果项目60项。技术合同认定登记1113项，合同成交总额52.35亿元，居全省第六位。组织申报省级科技奖项目24项，6项科技成果获得省级奖励，2家企业获得科技型中小企业创新奖。

（咸宁市史志研究中心　邹晓魁）

2020年8月25日，“联百校，转千果”科惠行动2020科创湖北云对接首场活动在赤壁举行　　（咸宁市史志研究中心　供稿）

【仙桃市高新技术产业发展】2020年，仙桃市高新技术产业增加值129.8亿元，高新技术产业增加值增速4.3%，在全省17个市州中位居第一，高新技术产业增加值占GDP比重为15.76%。认定高新技术企业53家，高新技术企业发展到106家，入库科技部科技型中小企业61家。全年登记科技成果38项、技术合同306项，技术合同交易额12.2亿元。

【仙桃市科技创新平台建设】2020年，仙桃市加强创新平台建设。依托新鑫无纺布等企业建设湖北省非织造布技术创新中心，近300万元市级科技计划资金支持。备案湖北省科伦药业企校联合创新中心、湖北省无纺布智能网络在线监测技术联合创新中心、湖北省硅溶胶企校联合创新中心3家省级企校联合创新中心。认定湖北省PVDF中空纤维过滤膜企校联合创新中心等118家市级企校联合创新中心，予以280万元市级科技计划资金支持。多家企业与武汉纺织大学合作，推动新型医用防护非织造布及其产品的开发与应用。兑现高企补助等惠企资金300多万元，支持市内企业进一步加大研发投入，促进产业向高端化、高新化、智能化发展。

【仙桃市科技创新成果】2020年，仙桃市主动承接科技部“科技助力

2020年5月2日，华中师范大学校领导到仙桃新材料产业技术研究院调研
（仙桃市档案馆　供稿）

经济2020”“百城百园”行动和湖北省科技重大专项等项目。湖北仙盛科技股份有限公司的“新型解热镇痛药酮洛芬关键中间体制备新工艺研发”、湖北硅金凝节能减排科技有限公司的“二氧化硅气凝胶水性隔热保温涂料关键技术研发”、仙桃市诺嘉绿色农业有限公司的“再生稻高产高效种植集成技术研究与全产业链开发”3个项目获得科技部“科技助力经济2020”项目支持。仙桃市非织造布产业高质量发展、智能制造产业升级及先进技术推广应用、黄鳝规模化养殖加工关键技术研发及产销电商平台建设3个项目获得科技部“百城百园”行动项目支持。“黄鳝圈养装备与绿色养殖技术创新”获得省级重点研发计划项目支持，“中华龟鳖养殖污水治理与利用”获得省级农业科技成果转化项目支持。湖北展朋新材料股份有限公司获得省科技型中小企业创新奖，健鼎（湖北）电子有限公司“高密度互连积层印刷电路板技术开发与运用”项目获得省科学技术进步奖三等奖。

（仙桃市档案馆）

【潜江市高新技术产业发展】 2020年，潜江市高新技术产业增加值126.8亿元，比上年增长3.6%，高新技术产业增加值占GDP比重16.5%。新认定高新技术企业24家，高新技术企业达55家。指导19家企业通过科技型中小企业评价。高新技术产业主体共103家。潜江市将高新技术企业和项目引进作为招商引资工作重点，陆续引进鼎龙控股光电半导体、京东方北旭电子光电材料基地、和远气体电子特气、中巨芯电子级硫酸等一批行业龙头项目，壮大微电子材料产业；胜杰生命科技生产基地、菲利华光学用高纯合成石英材料、武汉有机实业苯甲酰氯化工材料等一批高端项目落地，发展新化工、新材料产业；江汉盐穴储气库、合煜能源火力发电、江钻恒立盾构机用工程破岩工具等重大能源、智能制造项目入户，夯实智能制造和新能源产业发展基础。实施科技成果转化15项，对上年度实施科技成果转化的企业给予287.75万元奖励。认定登记技术合同200项，技术合同成交额8.34亿元。

【潜江市科技创新平台建设】 2020年，潜江市推动科技创新创业孵化平台建设。市政府对认定为国家级、省级孵化器（众创空间）的平台分别一次性给予100万元、30万元的资金奖励，对创业服务载体购置

2020年，长飞潜江科技园区
（潜江市档案馆　供稿）

仪器设备、培育高新技术企业、服务创新创业绩效等多方面给予租金补贴和奖励。全年创建国家级“星创天地”1家、省级孵化器2家、省级众创空间2家和省级“星创天地”4家，总孵化面积近3万平方米，入驻企业和创业团队近80个，成功孵化20家创业公司。

【潜江市知识产权保护】 2020年，潜江市加强知识产权保护工作。全年专利授权总量575件，其中发明专利授权16件；有效发明专利总量146件，万人有效发明专利拥有量1.51件。新申请商标2754件，新增注册商标1898件；有效注册商标总量9476件，万户市场主体注册商标拥有量1319.13件；拥有驰名商标6件，地理标志商标4件。潜江永安药业股份有限公司的“一种高收率循环生产牛磺酸的方法”获第一届湖北专利奖银奖和湖北省高价值专利大赛银奖，潜江龙虾获2020年“我喜爱的湖北品牌”电视大赛金奖，潜半夏获第二届湖北地理标志大会暨品牌培育创新大赛优秀奖。全市查办知识产权案件24件，其中办理电子商务领域专利侵权案件10件。

（潜江市档案馆）

【天门市高新技术产业发展】 2020年，天门市跻身第二批湖北省创新型县（市、区）建设单位。高新技术企业增加值93.6亿元，比上年下降2.9%。高新技术产业增加值占GDP的比重为15.2%。新增高新技术企业11家，高新技术企业增至105家。认定科技型中小企业52家。各类专利授权700件，发明专利累计拥有量84件。拥有国家级“星创天地”1家，省级“星创天地”5家，省级科技企业孵化器2家，省级众创空间4家。

【天门市科技成果转化】 2020年，天门市加速科技成果转化。推进湖北技术交易市场（天门分市场）建设，促进区域技术转移、科技成果转化，52家企业与10多所高校建立产学研合作关系。对接科技成果转化服务平台“科惠网”，设立科惠网天门分中心，建立技术需求和科技成果信息库，定期收集发布高校、科研单位的成果信息和企业技术需求信息，定期组织开展成果转化对接活动。全年技术合同成交额9.2亿元。

【天门市科技服务】 2020年，天门市扎实开展科技服务工作。主动联系市内医药等企业，收集企业的技术需求，助推企业复工复产。持续加大科技特派员培训选拔力度，鼓励科技特派员引进、推广新品种、新技术，服务精准扶贫和乡村振兴工作。2020年，选派省级科技特派员3名、市级科技特派员60名，实现119个贫困村、26个乡镇办场园和特色产业全覆盖。每个特派员平均每月进村开展实地指导3—5天（次），开展技术培训1次以上，全年共培训农民1000多人次。

（天门市文化和旅游局）

教育

【武汉市教育机构与在校学生】 2020年，武汉市共有幼儿园1850所，在园幼儿35.73万人，教职工5.62万人，学前三年教育毛入园率达到92.03%。全市普惠性民办幼儿园增至1009所，公办幼儿园和普惠性民办幼儿园在园幼儿占比连续四年超过80%。普通中小学995所，在校学生101.75万人，教职工7.69万人。其中，小学611所，在校生65.45万人，教职工3.42万人；普通中学384所，在校生36.3万人，教职工4.27万人。九年义务教育巩固率达99.95%。高中阶段教育毛入学率98.84%。高等教育机构109个，其中，普通高校83所，成人高校7所，科研机构19个。在校生139.95万人，其中，普通本专科学生106.72万人，成人本专科学生16.75万人，研究生16.48万人。教职工9.6万人。高校在校生规模居全国同类城市前列。

【武汉市教育经费投入】 2020年，武汉市教育经费投入412.44亿元，比上年增加21.25亿元，增长5.4%。其中，财政教育经费投入366.56亿元，增长9.5%。财政性教育经费占教育经费总投入的比例96.9%。基本确立教育公益性理念，以政府投入为主的教育投入机制基本形成。全市学前教育生均一般预算教育事业费支出

2020年武汉地区各级各类教育机构基本情况表

类别	机构效（个）	毕业生数（人）	招生数（人）	在校生数（人）		毕业班学生数（人）	教职工数（人）			占地面积（万平方米）	建筑面积（万平方米）	固定资产（亿元）
				计	其中：女		计	其中：女	其中：专任教师			
总计	3090	707024	886069	2876532	1330140	232955	237821	151148	163443	10139.02	5632.79	234.26
其中：市属	2935	364910	425688	1528752	700494	228592	144980	108379	103114	3544.51	1873.62	311.23
一、研究生教育	19	41969	60198	164811	82761	—	—	—	—	—	—	—
其中：市属	—	125	568	1030	560	—	—	—	—	—	—	—
二、大学教育	90	314514	417931	1234672	577122	—	96012	45384	62012	7010.21	3989.72	985.81
其中：市属	6	21712	22146	69369	35857	—	5374	3013	3258	436.61	247.98	65.42
1. 普通高校	83	269088	329418	1067206	489835	—	95375	45073	61599	6885.83	3932.02	978.45
其中：市属	4	19513	20647	66056	33985	—	5374	3013	3258	337.71	208	63.1
2. 成人高校	7	45426	88513	167466	87287	—	637	311	413	124.38	57.7	7.36
其中：市属	2	2199	1499	3313	1872	—	—	—	—	98.9	39.98	2.32
三、高中阶段教育	219	67028	76470	218620	93041	62449	50997	27718	18367	835.24	483.17	109.63
其中：市属	167	59560	71504	199924	86861	58086	48794	27320	16792	814.33	465.74	106.99
（一）中等职业学校	125	31130	34318	99022	35918	25917	8331	3060	6391	227.74	168.74	36.22
其中：市属	73	23662	29352	80326	29738	21554	6128	2662	4816	206.83	151.31	33.58
1. 中职学校	99	25274	26766	80438	35918	25917	5746	3060	4450	227.74	168.74	36.22
其中：市属	55	21436	23189	67876	29738	21554	4963	2662	3990	206.83	151.31	33.58
2. 技工学校	26	5856	7552	18584	—	—	2585	—	1941	—	—	—
其中：市属	18	2226	6163	12450	—	—	1165	—	826	—	—	—
（二）普通高中	94	35898	42152	119598	57123	36532	42666	24658	11976	607.5	314.43	73.41
四、义务教育	901	159469	208371	898273	409526	170506	34203	26496	56419	1814.39	809.75	138.82
1. 普通初中	290	72247	86852	243818	110721	76319	*	*	21314	814.32	369.23	57.84
2. 小学	611	87222	121519	654455	298805	94187	34203	26496	35105	1000.07	440.52	80.98
五、特殊教育	9	365	396	2817	940	—	343	253	266	9.44	5.44	—
六、工读学校	2	28	9	19	3	—	43	20	38	—	—	—
七、学前教育	1850	123651	122694	357320	166747	—	56223	51277	26341	469.74	344.71	—
总计中：普通中学	384	108145	129004	363416	167844	112851	42666	24658	33290	1421.82	683.66	131.25
普通中小学	995	195367	250523	1017871	466649	207038	76869	51154	68395	2421.89	1124.18	212.23

注：1. 研究生教育机构指科研机构，研究生教育人数包括科研机构和普通高校培养的研究生。

2.* 初中教职工数含在普通高中内，一贯制学校教职工数就高统计，专任教师数分学段统计，下同。

18094.89元，比上年下降3.1%。普通小学生均一般预算教育事业费支出18063.54元，下降1.2%。普通初中生均一般公共预算教育事业费支出33560.87元，下降2.2%。普通高中生均一般公共预算教育事业费支出37960.32元，下降20.5%。中等职业学校生均一般公共预算教育事业费支出27298.02元，下降2.3%。普通高等学校生均一般公共预算教育事业费支出42445.5元，下降9.2%。

【武汉市教育基础设施建设】 2020年，武汉市持续加强教育基础设施配套建设。强化校园安全管理，开展校舍安全排查鉴定工作，共排查校舍5549栋，排查鉴定建筑面积824万平方米，发现D级校舍4栋、建筑面积1466平方米，全部停用封存。改造学校150所，改造电线30.92万米、护栏4681米、围墙4582米、门窗9744平方米、防水4.92

万平方米，道路2.16万米、管网1.23万米。投资金额1500万元，改造校园水龙头8000个。持续改善教学条件，配备更新课桌椅7.38万套，按照国家标准，加强课桌椅的使用管理。改善农村公办幼儿园教玩具条件，添置53所农村公办幼儿园幼儿教育需要的各类玩教具和游戏材料。做好中小学、幼儿园维修改造，开展中小学图书馆图书审查清理专项行动，共清理894所中小学校馆藏图书2350.48万册，清理下架外观差、无保存价值图书101.28万册。青山区红钢城小学等5所学校获得湖北省2020年度“最美校园书屋”称号，武汉西藏中学在全省中小学图书馆工作专项培训会上交流。

【武汉市教师队伍建设】 2020年，武汉市持续开展师德师风建设。组织全市中小学、幼儿园、培训机构开展新入职人员违法犯罪记录核查。深化专项治理，定期通报全市师德师风投诉数量情况和典型案例，全年受理师德投诉245件，调查处理率100%，对查实违规的60余名教师依法依纪作出处理。

搭建专业发展平台。全面推进教师专业发展学校建设，倡导教师“研训教一体化”发展模式，不断健全校本研修全员培训机制。开展全市第七届中小学实验教学说课评选活动，45件作品分别获得省级说课评选一、二、三等奖，3件作品获得“全国说课现场评选活动实验教学能手奖”。组织骨干教师培训，全年完成培训项目29个，培训教师2.39万人次。20名教师分别获全国先进工作者、省突出贡献中青年专家、市有突出贡献中青年专家称号或市政府津贴待遇。2名教师入围中组部、教育部“万人计划”教学名师，2名教师入选教育部乡村优秀青年教师培养奖励计划，7名教师获各省“荆楚好老师”称号。

探索交流补充新途径。探索义务教育教师交流新途径，全年教师交流2973人，达到符合交流条件教师总数的13%，其中骨干教师占45%。选派4名教师赴新疆支教、10名教师赴黄冈团风县支教。补充中小学教师925名。深化教师职称制度改革，668人通过高级教师职称评审，29人通过正高级教师职称评审。首次实行乡村教师高级职称定向申报评审，291名乡村教师通过评审。

激发教师队伍活力。持续深化“双向选择、逐级聘任”岗位聘任改革，落实绩效工资和岗位增量改革政策，充分调动广大教师积极性。减少中小学校和教师督查检查评比考核事项50%以上，进一步减轻中小学教师负担。落实义务教育教师比较绩效工资政策，补齐4.7万名教师与当地公务员的工资差额。开展“为教师亮灯”活动，落实“励耕计划”“润雨计划”教育助学项目，关爱困难教师群体，27名家庭经济困难农村幼儿园教师、117名农村中小学教师获补助。

【武汉市语言文字工作】 2020年，武汉市扎实落实语言文字工作年度任务。开展武汉战“疫”应急语言服务。组织在汉高校和各区语言文字工作委员会办公室参加“全国战‘疫’语言服务团”，及时推出武汉方言与普通话线上“翻译”服务平台，为外地驰援武汉的医护人员提供应急语言服务，为武汉战“疫”营造和谐高效的语言环境。

深入开展普通话推广和规范汉字工作。组织青少年诵读比赛、

2020年7月7日下午，武汉市第十四中学高考考点，考生们走出考场

（武汉市地方志办公室　供稿）

云上诗词诵读大赛、书法素养大赛、诗词大会、朗读者等多样化群众性语言文化活动。组织第23届推普周活动，评选出88篇优秀征文和117件优秀朗诵作品。完成“中国语言资源保护工程·武汉方言调查”课题研究和武汉方言建档任务。

推进学校语言文字规范化达标建设。全市语言文化规范达标学校达1223所，其中，区级示范547所，市级示范220所，省级示范112所，国家级示范12所。深化语言文字培训。结合“乡村推普行动”，建设推普宣传点184个，发展推普员682人，举办“职业技能＋普通话”培训1.30万人次；组织普通话测试5093人次。

【武汉市招生考试工作】 2020年，武汉市组织各项教育考试14项16次，完成63.8万人次组考和13.2万人招生任务。统筹推进疫情防控和招考工作，高考全市考点无体温异常发热考生、无备用隔离考点启用、无突发事件、无考务偶发事件、无因渍水和交通问题误考考生。组考工作获《人民日报》、央视《焦点访谈》和《新闻1+1》等主流媒体多次关注和正面报道。

普通高考报考5.9万人，录取率92%。各批次上线、录取率均高于全省平均水平。中考报考7.2万人，升学率98.5%以上，普通高中和中职类学校录取比例57∶43。落实普通高考“3+1+2”模式改革任务，先后组织高三年级信息技术、通用技术、艺术（音乐、美术）科目的首次市级学考和高二、高三两个年级的省级学考，共7.7万名考生参加9个科目33.6万科次的考试。调整中考政策，取消体育测试和理化生实验操作技能统一考查。落实对医务人员的关爱和倾斜政策，共有979名一线医务人员子女享受中考优录加分。

推进招考现代化建设。扩容各类组考考区，新增东湖开发区为高考考区，研究生考试考区扩容至9个，成人考试考区增加2个，实现14个考区全覆盖。全市自考考场全部配备考试专用电波钟，研发并使用“自考视频审看管理平台”，查处违纪考生701名。

优化服务考生举措。增加办证时间至每年三次，及时为307名自考生办理毕业证。为高考中考特殊考生单设考场、提供特别安检，办理4025名高中考考生优录手续。防范报名审核现场考生聚集带来的安全风险，率先在全省实施教师资格考试网上审核，得到教育部考试中心肯定并向全国推广。

【武汉市教育科研】 2020年，武汉市申报全国教育规划办课题18项、湖北省规划办课题64项。完成2016年立项的406项课题结题评审工作，其中重点课题125项，一般课题281项。组织立项“后疫情与教育”专项课题80项。完成《武汉市基础教育特色校（园）形成途径研究》和《武汉市有效德育目标、内容、途径研究》2项市级重大招标课题的结题工作。

加强科研队伍建设。组织开展第五批教师个人课题负责人线上培训，利用直播平台线上开展第三、四批教师个人课题优秀成果展示及交流，线上观摩达3.2万人次。举行各学段、各学科网络教研200余次，集体线下教研指导80余次。

推进教研援助与教研合作交流。选送1名教师参加云南省怒江傈僳族自治州教育帮扶行动。组织大城市教科院联盟全国三次学术年会暨“第三届脑科学与教育论坛”武汉分论坛。围绕地理学科、语文核心素养提升，参加十城市教研协作体各城市负责人会议及十城市教研协作体研讨会。开展劳动教育研究，完成教育部装备中心小学三年级劳动教育指导手册编写任务。

加强教育决策服务和多领域教学研究。组织完成《2020年武汉市初中毕业生学业考试质量分析报告》，研究制订2020年初中学业考试各科说明。组织武汉市第二届义务教育小班化实践优秀案例评选。创编“亲子运动课堂”课程内容与锻炼方法，并在全国推广。

推进创新教学模式研究。推进教育评价综合改革研究，建设武汉市教育质量监测与评价大数据展示中心，初步形成市、区、校三级大数据网络。开展中小学人工智能教育课程试点工作，推进“人教数字教材”创新教学应用，组织中小学教师线上开展2020年度武汉市中小学“人教数字资源”应用暨信息化创新能力提升培训活动。

【武汉市国家智慧教育示范区建设】 2020年，武汉市推进国家智慧教

2020 年 12 月 14 日，英国驻华大使一行到访武汉英中（培训）学校

（武汉市地方志办公室　供稿）

育示范区建设。启动 120 间人工智能实验室、120 间智慧教室、60 所智能化标准化考场学校等十大基础性建设工程。完成“智慧城市”教育系统物联感知体系细化工作调研，专题推进 5G 网络建设及疑难站化解工作，与华中师范大学合作开展武汉教育大数据中心建设。

【武汉市教育交流】 2020 年，武汉市开展国际理解教育示范学校创建工作，认定武汉市第二中学等 21 所学校为第二批市级国际理解教育示范学校。推进中外及港澳台地区交流合作。英国驻华大使到武汉英中（培训）学校访问，常青第一学校工作经验被教育部港澳台事务办公室编印的《内地与港澳姊妹学校平台工作交流手册》收录。武汉市“留学武汉”等工作列入第二批 20 个最佳实践案例，获国务院服务贸易发展部际联席会议办公室推介。

加强外国子女学校建设。吸引优质国际教育资源落户武汉，总投资 10.6 亿元的爱莎国际学校武汉校区于 12 月 5 日在武汉经济技术开发区开工建设，规划建设 1 所外籍人员子女学校、1 所民办外国语学校、1 所民办幼儿园，可提供约 4000 个学位。

分享教育抗疫经验。中国人民对外友好协会邀请在沪外国商会和外媒代表团到江岸区长春街小学实地了解武汉市中小学秋季开学情况，展现武汉战“疫”阶段性成果。联合国儿童基金会委托评估组远程视频连线武汉市教育部门，采访并向世界各国推广武汉教育领域应对新冠肺炎疫情的成功经验。

【武汉市特殊教育】 2020 年，武汉市构建优质特殊教育服务体系。开展入学调查，“一人一案”建档立卡，加强随班就读工作，鼓励普通学校免试、就近招收残疾学生。全市特教学校义务教育盲、聋哑、智力障碍学生 1261 人，普通学校随班就读 1577 人，义务教育阶段残疾儿童入学率 100%，实现“应入尽入”。

持续改善特殊教育办学条件。按照“相对集中、就近入学、多形式施教”原则，统筹全市特殊教育学校布局，完善“一区一校”特教学校布局规划，完成武昌培智学校新校址迁建，改善办学条件，提供更为舒适的学习生活环境。

2020 年 10 月 12 日，武汉市“戏曲进校园”云课堂正式上线“武汉教育云”。图为在教育电视台演播厅举行的启动仪式　（武汉市地方志办公室　供稿）

加强特殊教育教师队伍建设。引进特教新教师，开展骨干教师培训。实施领头雁行动，培养一批市级骨干教师和学科带头人。建立区级特教教研员队伍，配齐、配足资源教室师资。

深化特殊教育教学改革。严格执行三类特殊教育学校国家课程标准，开发适合残疾学生学习特点的校本教材及地方课程。开展特殊教育论文、文艺调演节目、随班就读案例评选。加强康复训练和职业技术教育，组织学生开展体育运动和文艺表演。完善特殊教育质量监测评价体系。

【武汉市体育卫生艺术教育】 2020年，武汉市扎实推进校园体育工作。承办2020年全国青少年校园足球夏令营，来自全国22个省的校园足球队参加活动。举办校园足球市级联赛，300多支中小学生足球队参赛。组织武汉中学生代表队参加湖北省第十五届中学生运动会，获得金牌53枚，居金牌榜、奖牌榜、积分榜首位。3名运动员被清华大学田径项目招录。

大力开展艺术教育。创新戏曲传播形式，"戏曲云课堂"陆续在"武汉教育云"、学习强国和湖北教育云等平台上线；开展中小学生云上戏曲知识竞答活动和2020年"小小戏曲传承人"优秀视频云展演活动，1143所学校近18万中小学生参加；举办第四届学生器乐比赛网络展演活动，56支中小学器乐团队参加；举办"我们都是戏剧（戏曲）大师"2020年武汉市青少年校园课本剧艺术节，35所学校选送36个剧目参演，各大直播平台全程网络直播。

2020年武汉市助学扶智情况统计表

学段	人次	助学扶智资金（万元）
学前教育	1995	99.75
义务教育	11510	428.25
普通高中	1922	28.83
中职学校	2155	43.1
高等教育	3467	1213.45
合计	21049	1813.38

推进全国学生近视眼防控示范区创建。成立15个区级学生视力健康管理工作站，组建技术队伍，并配置流动监测专车，指导1013所中小学校运用武汉市学生视力健康管理系统平台。对97.5万名学生开展一级视力监测，完成率95%；对1013所学校的99.3万中小学生开展二级动态屈光监测，完成率96.2%。全市中小学生近视率比上年增长7%，低于全国11.7%的平均水平。组织全市中小学（含幼儿园）采用线上、线下相结合的形式，开展救护技能大赛活动，其中2.13万名师生参与线下培训，52.48万人次参加线上学习。

【武汉市教育扶贫】 2020年，武汉市落实教育精准扶贫资金2.39亿元，惠及各级各类学校贫困家庭学生21.4万人次，其中，本市助学扶智专项资金1813万元，惠及建档立卡贫困家庭学生21049人次，建档立卡贫困学生100%顺利完成学业。

落实"双线控辍保学"制度，健全动态监测机制，完善台账式管理，实现义务教育阶段"控辍保学"全覆盖。建成农村留守儿童关爱服务站70个。引导社会公益项目和爱心资源与贫困户需求对接，形成社会力量助力脱贫长效机制。教育脱贫工作通过国家和省级验收，武汉市学生资助中心获得"湖北省脱贫攻坚先进集体"称号。

（武汉市地方志办公室）

【黄石市教育机构与在校学生】 2020年，黄石市有各级各类学校593所，其中，小学443所，初中106所，高中26所，特殊教育学校3所，中职学校10所，高校5所；在校学生58.81万人。教职工38341人，专任教师29885人。幼儿园520所，在园幼儿92406人。

【黄石市教育事业发展】 2020年，黄石市推进教育事业发展。先后实施学前教育行动计划、义务教育薄弱学校改造和能力提升计划、普通高中攻坚计划、职业教育产教融合工程、高校转型发展计划，促进各级各类教育协调发展。学前三年毛入园率91%，普惠率81%；全市义务教育大班额比例下降到1.1%，比2019年下降5.9%，义务教育入学率100%、巩固率99%，三类残疾儿童入学率88%；高中阶段毛入学率96%，升学率93.4%；高等教育毛入学率49%。黄石市教育局、大冶市教育局、下陆区有色小学在教育部组织的“新时代好少年”主题教育读书活动中获得先进集体称号。黄石市开发区·铁山区青少年活动中心获得第五届“全国未成年思想道德建设工作先进单位”称号。黄石一中通过首届“全国文明校园”复评。黄石二中、老虎头小学获得“第二届全国文明校园”称号。黄石港区被教育部评为“基础教育国家级优秀教学成果推广应用示范区”，下陆区列入国家卫生健康委评为“全国儿童青少年近视防控适宜技术试点区”。阳新县实验小学认定为“省中小学知识产权教育试点学校”。大冶市获得2020年湖北省线上亲子运动会“特殊贡献奖”，阳新县、西塞山区获得“优秀组织奖”。黄石实验中学等25所学校（幼儿园）获得“全国青少年校园足球特色学校（幼儿园）”称号。西塞山区湖滨路小学等9所学校获得“湖北省第三批国防教育特色学校”称号。黄石市中学生代表团在全省第十五届中运会上获得6块金牌。

2020年黄石市学校（含幼儿园）统计表

机构类别	学校数（所）	在校学生数（人）
幼儿园	520	92406
特殊学校	3	716
普通小学	443	230607
普通初中	106	99785
普通高中	26	44227
中职学校	10	17365
大学	5	102975

2020年11月15日，黄石市小学生参加地矿科普大会研学活动

（黄石市档案馆　供稿）

【黄石市教育事业投入】2020年，黄石市加大教育事业投入。加强基础设施建设，改扩建大冶市下冯小学、阳新县浮屠中学、黄石十八中、中山小学一期、黄石十六中、白马山小学、太子镇向晚小学、黄石十中、湖师附属初中等学校，新建磁湖北岸学校、墨斗山学校、黄石外国语学校。黄石二中滨江校区开工建设，大冶实验高中新校区扩建工程、大冶一中改造工程、湖北工程职业学院新校区等项目建设有序推进。完善教师补充机制，科学调配教师资源，按照“退一补一、应补尽补”原则，优先保障教师用编需要，新招录中小学教师1264人。市、县两级累计筹措落实资金6.15亿元，提高义务教育教师待遇。从2021年起按当年义务教育教师与当地公务员平均工资收入差额增加奖励性绩效工资，纳入同级部门预算，形成长效保障机制。

（黄石市档案馆）

【鄂州市教育机构与在校学生】2020年，鄂州市有中小学校289所，其中，高中11所，初中33所，九年一贯制学校6所，小学230所（含农村教学点107所），特殊教育学校2所，中职学校7所；教职工1.01万人，在校中小学生13.24万人。义务教育巩固率98.1%，高中阶段毛入学率95.3%。幼儿园303所，教职工5491人，在园幼儿4.22万人，学前教育三年毛入园率92.5%。

【鄂州市教育基础设施建设】 2020年，鄂州市出台《鄂州市城镇小区配套幼儿园建设管理实施办法》，完成37所小区配套幼儿园移交工作，城镇小区配套幼儿园治理完成率100%。采取名园办分园、改制回收等方式，主城区新增13所公办幼儿园，新增公办幼儿园学位数4260个，公办幼儿园学位数占比54.07%，全市普惠性幼儿园覆盖率74.0%。投入资金8203万元，实施义务教育薄弱环节改善与能力提升计划，推进40所农村中小学标准化建设，加强乡村小规模和乡镇寄宿制“两类学校”建设，全部达到省定标准。鄂州市育才中学开始招生，花湖实验学校开工建设。实施城区学校扩容工程，改扩建市实验小学、市吴都中学等8所学校，新增62个教学班、3410个学位，解决起始年级大班额问题。

【鄂州市教育事业发展】 2020年，鄂州市推进教育事业全面发展。出台《鄂州市全面推进中小学教师“区管校聘”管理改革实施意见》，在核定的中小学机构编制总额内，推行中小学教师“区管校聘”管理体制改革。优化教师队伍结构，面向社会招聘160名中小学教师；采取政府购买服务方式，面向社会招聘156名幼儿园教师和78名城区义务教育学校教师，解决城区学校扩容的师资配备问题。

2020年6月22至24日，鄂州市首次聘请第三方对民办高中进行年检。图为考核评估专家现场考察市经贸学校飞机维修实训室

（鄂州市档案馆　供稿）

实施师资队伍能力提升工程，按不低于年度公用经费预算总额的5%安排教师培训经费。实施“选课走班”教学模式，加强教改教研、教学督导和质量监测。推行“名校办分校”办学模式，创办新民街小学东校区、实验小学恒大校区和2所华中师范大学附属学校，发挥名校示范辐射作用，促进办学水平和教育质量的整体提升。率先在全省开展教育信息化试点改革，实现“校校通、班班通、人人通”城乡全覆盖。结合鄂州产业需求，推进产教融合、校企合作，加强航空物流、电子商务等重点专业建设，探索“1+X”证书改革试点，打造5个特色专业，371人参加企业新型学徒制培训。开展“劳动模范进校园、大国工匠进校园”活动，参与师生4000余人；组织全市中等职业学校学生技能大赛，3000余名学生参加校级竞赛，202名学生参加市级决赛，推进职业教育赋能提质。2020年，鄂州市获得“全国未成年人思想道德建设先进城市”称号，是全省唯一获评地市；市实验小学、市新民街小学获得“全国文明校园”称号，市实验幼儿园获得“全国文明单位”称号。市学生综合实践基地认定为“湖北省第一批中小学生研学旅行实践教育营地”。

（鄂州市档案馆）

【孝感市教育机构与在校学生】 2020年，孝感市有各级各类学校714所，在校学生66.99万人，教职工5.50万人（专任教师4.35万人）。其中，小学450所，在校学生28.13万人；普通初中185所，在校学生12.26万人；普通高中50所，在校学生6.67万人；中等职业学校19所，在校学生2.77万人；特殊教育学校7所，在校学生633人；高校3所，在校学生4.33万人。幼儿园690所，在

2020年，孝感市新建澴川学校进入绿化施工阶段

（孝感市史志研究中心　供稿）

园幼儿12.78万人。

【孝感市教育基础设施建设】2020年，孝感市加强教育基础设施建设。整合能力提升、校舍维修、教育现代化推进工程等项目资金，统筹推进292所义务教育学校标准化建设，总投资18.03亿元，年度计划投资8.1亿元，项目401个。全年，完工项目316个，开工在建项目63个，进入前期工作项目22个，完成投资6.24亿元。东城澴川学校、黄香路小学于9月份正式启用，相关配套工程及装修施工有序进行。列入2020—2022年省级中职发展引导奖补资金重点建设项目学校9所，下达资金2262万元。省级产教融合建设项目3所，项目资金6000万元。省级2020年度重大建设谋划项目3所，申报资金1500万元。

【孝感市教师队伍建设】2020年，孝感市持续加强教师队伍建设。招聘义务教育学校教师1113名（其中，农村教师863名）。市直教育系统清退代课教师66人。有序推进中小学教师“县管校聘”管理改革。实行师德考核负面清单，建立师德违规查处通报和报告制度。实施干部人事档案“健康体检”工程，做好档案移交工作，接收人事档案1080卷。落实国家集中连片特困地区的教师生活补助1539万元，惠及3661名农村教师。组织1.23万名教师参加127个子项目的省级以上培训，网络培训5588人。全市共表彰优秀教师60名、优秀教育工作者10名、优秀班主任15名、优秀校长15名，确定第二批“孝感名师工作室”主持人15人。孝感市教师队伍建设工作在全省交流经验。2名老师获得“湖北名师工作室”主持人和“湖北名师”称号，2名教师获得全省“师德先进个人”称号。

【孝感市教育扶贫】2020年，孝感市全面落实各项教育资助政策，资助各类家庭经济困难学生18.77万人次，发放资助资金1.96亿元，其中，对建档立卡贫困家庭在校学生做到“资助全覆盖”，资助建档立卡家庭在校学生9.86万人次，发放资助资金8181万元。督导孝昌、大悟中职校与湖北职院、湖北财税职业学院等单位开展结对帮扶工作，帮扶校对口支持物资或资金40万元，对口支持专业建设8个，培训教师35人次，教学交流37次，交流人数155人，结对学校互访48次，互派教师干部交流47人次。组织机关干部426人次进村入户结对帮扶，购买152.69万元扶贫物资。

【孝感市民办教育发展】2020年，孝感市民办教育继续壮大。发布孝感城区民办幼儿园、民办文化

2020年黄冈市学校（含幼儿园）统计表

机构类别	学校数（所）	学生数（人）	专任教师数（人）
幼儿园	1080	215656	10815
小学	683	453363	23406
初级中学	246	206937	14910
高级中学	59	107030	8069
中等专业学校	21	49822	2519
特殊学校	10	2128	249
大学（含成人高校）	5	45519	2555

教育类培训机构白名单。七部门联合印发《孝感市文化教育类民办培训机构设置标准（试行）》，进一步规范文化教育类民办培训机构办学行为和政府职能部门行政审批行为。

批准设立中等职业学校2所、幼儿园3所、文化教育类培训机构4所，筹备设立高中2所。

（孝感市史志研究中心）

【黄冈市教育机构与在校学生】 2020年，黄冈市有各级各类学校924所，在校学生108.7万人，教职工8.1万人。其中，普通高校4所，在校学生4.55万人；成人高校（电大）1所，注册学员1.46万人；中等职业学校21所，在校学生4.9万人；高中59所，在校学生10.7万人；初中246所，在校学生20.7万人；小学683所，在校学生45.3万人；特殊教育学校10所，在校学生2128人。幼儿园1080所，在园幼儿21.6万人。

【黄冈市招生与考试】 2020年，黄冈市组织各类大型教育考试17次，涉及考试种类9项，报考考生近30万人次。高考报考5.12万人。录取空军飞行学员12人、海军飞行学员6人、民航飞行学员22人，录取人数居全省首位。中考报考6.34万人，比上年增加3319人。普通高中录取3.84万人，中职学校录取1.91万人，普职比进一步优化。高中学考全省统考科目报考人数7.02万人，市州统考科目首次机考报考人数3.35万人。成人高考报考1.13万人。硕士研究生报考5954人，增加523人。自学考试笔试报考7283人，上机考试125人。教师资格考试参加笔试2.06万人、面试4150人。湖北省义务教育学校教师招聘考试8461人。全国计算机等级考试报考5613人。

【黄冈市教师队伍建设】 2020年，黄冈市强化教师队伍建设。各级各类公办学校补充教师3038人，市直学校招聘教师201人。出台《全市推行义务教育学校教师“县管校聘”管理体制改革工作指导意见》《市直义务教育学校教师“局管校聘”管理体制改革实施方案》，“县管校聘”改革试点转向全面推行阶段。加强师德师风建设，出台《黄冈市中小学教师师德考核负面清单》《黄冈市中小学教师师德师风考核暂行办法》，严肃处理违反师德典型案例，营造风清气正的教育生态。实施教师培训工程，组织全市中小学教师参加国培、省培项目培训3.46万人次。国培、省培、市培、县培四级培训累计精准扶贫所在地教师9288人次，完成三年培训“清零”任务。启动智慧校长工程，组建容纳近3000人的全市校（园）长群，依托线上课程和平台资源，开展线上培训，培训合格率96%以上。

【黄冈市教育经费投入】 2020年，黄冈市教育经费总投入113亿元，比上增长5.0%。市本级教育支出预算8亿元，增加3000万元。公办学前教育、小学、初中、普通高中、特殊教育生人均公用经费每人第每年分别达500元、650元、850元、1200元（非市区1000元）、6000元年。10年间累计化解普通高中债务6.5亿元。争取中央和省级基础教育项目建设资金6.5亿元，实施“义务教育能力提升计划”、义务教育学校建设、薄弱高中改造、教师周转宿舍建设、贫困所在地薄弱学校改造5项重点工程项目，持续改善各级各类学校办学条件。

加强教育装备与信息化建设。投入装备建设资金7648.4万元，累计装备实验室1537间、体音美教室2297间、计算机教室886间、录播教室226间、“三个课堂”343间、购置计算机2.93万台，全部学校实现校校通，1.61万个班级实现班班通，26.21万名师生开通个人学习空间。全年投入200万元，更新市直学校课桌椅、装备信息化设施设备，建设标准化理化生实验室。

【黄冈市教育扶贫】 2020年，黄冈市教育系统资助贫困家庭学生50万人次，发放资助金额5.17亿元；建档立卡贫困家庭义务教育学龄人口实现控辍保学动态清零。10月，市本级、黄州区、团风、英山、武穴等5个县（市、区）教育局在全市脱贫攻坚表彰大会上获评先进单位；市委组织部、市人社局、市扶贫办联合印发的《关于给予部分事业单位工作人员和集体脱贫攻坚工作记功奖励的决定》中，黄冈市、麻城市、罗田县学生资助管理中心分别获表彰。

（黄冈市史志研究中心）

2020 年咸宁市学校（含幼儿园）统计表

机构类别	学校数（所）	学生数（人）	专任教师数（人）
幼儿园	529	104794	5284
小学	361	241905	12401
初级中学	128	110745	7035
高级中学	27	50506	3335
中等专业学校	15	23178	1334
特殊学校	6	510	76
大学（含成人高校）	4	53235	2417

2020 年 9 月 1 日，湖北健康职业学院建成开学

（咸宁市史志研究中心　供稿）

【咸宁市教育机构与在校学生】2020 年，咸宁市有各级各类学校 1070 所，在校学生 58.49 万人，教职工 4.06 万人，专任教师 3.19 万人。其中，普通小学 361 所，在校学生 24.19 万人，专任教师 1.24 万人（9 年一贯制、完全中学、12 年一贯制等学校教职工均统计在上级学校）；初级中学 128 所，在校学生 11.07 万人，专任教师 7035 人；高级中学 27 所，在校学生 5.05 万人，专任教师 3335 人；中等专业学校 15 所，在校学生 2.32 万人，专任教师 1334 人；特殊学校 6 所，在校学生 510 人，教职工 88 人，专任教师 76 人；高等教育学校 4 所，在校学生 5.32 万人，专任教师 2417 人。幼儿园 529 所，在园幼儿 10.48 万人，专任教师 5284 人。

【咸宁市教育事业投入】2020 年，咸宁市加强教育基础设施建设。市城区新建、改扩建学校 11 所，新增中小学学位 1 万个。实施市本级教育重点投资项目 9 个，当年完成投资 3.23 亿元；领衔投资项目 15 个，完成投资 1.29 亿元。实施义务教育薄弱环节改善与能力提升工程，加强乡镇寄宿制学校和乡村小规模学校建设，实施土建项目 189 个，规划投资 3.04 亿元；启动项目 189 个，到位资金 2.96 亿元，完工 142 个项目，在建 43 个项目，4 个项目进入前期准备阶段。投入 1500 万元，改扩建厕所建筑面积 5528 平方米。争取上级项目资金 10.84 亿元，下达城乡义务教育补助经费上级资金 4.42 亿元。落实全市幼儿园及普通高中生均财政拨款制度，确保财政一般公共预算教育支出逐年只增不减，确保按在校学生人数平均的一般公共预算 教育支出逐年只增不减。

【咸宁市教师队伍建设】2020 年，咸宁市加强教师队伍建设。实施国（省）培、中西部项目、幼师国培项目、省“中小学幼儿园老师素质提升工程”项目，培训 6896 人次。实施“南鄂校友资智回归”计划，聘请 40 余名知名校友担任学校楚天学者、揽月学者、产业教授。推进名师工作室建设，完善人才评价标准，开展教育人才评选表彰，更新教育人才信息库，为引进人才子女入学主动提供服务。启动“县管校聘”管理改革，切实提供教师待遇。足额补充乡村教师，招录义务教育学校教师 1239 人，落实“先上岗、后拿证”政策。市直学校一次性核增事业编制 100 名。

【咸宁市教育扶贫】2020 年，咸宁市加大教育扶贫工作力度。发放各级各类学生资助资金 1.46 亿

2020年仙桃市学校（含幼儿园）统计表

机构类别	学校数（所）	学生数（人）	专任教师数（人）
幼儿园	187	36051	195
小学	81	89281	4729
初级中学	30	38490	3192
高级中学	9	22987	1598
中等专业学校	3	5984	132
特殊学校	1	120	33
成人高校	1	499	48
大学	1	17170	481

元，受益学生2.52万人次，其中，资助建档立卡贫困学生11.4万人，资助资金7000万元。提供生源地信用助学贷款6600万元，助推8150名贫困大学生“圆梦”。实施南三县农村义务教育学生营养改善计划，帮扶资金7800万元，受益学生23.58万人。疫情防控期间开展网课助学助教活动，为1.16万名教师、9.7万名学生提供免费流量，为贫困家庭学生提供电脑34台、智能手机2950部。

（咸宁市史志研究中心　邹晓魁）

【仙桃市教育机构与在校学生】2020年，仙桃宁市有各级各类学校126所，在校学生17.45万人，专任教师1.02万人。其中，其中，普通小学81所，学生8.93万人，专任教师4729人；初级中学30所，在校学生3.85万人，专任教师3192人；高级中学9所，在校学生2.30万人，专任教师1598人；中等专业学校3所，在校学生5984人，专任教师132人；特殊学校1所，在校学生120人，专任教师33人；高等教育学校2所，在校学生1.76万人，专任教师529人。幼儿园187所，在园幼儿3.61万人，专任教师195人。

【仙桃市教育基础设施建设】2020年，仙桃市加强教育基础设施建设。优化城区学校布局，恢复沔城高中独立办学，新增高中教学班21个、学位1000个，缓解城区高中教育资源短缺问题。加快推进仙桃中学新校区、朝阳路九年一贯制学校、老城区教育资源扩充等项目建设。开展城镇小区4所配套幼儿园专项治理，进一步扩充城区普惠性学前教育资源。投入1.30亿元，新建和改扩建10所学校，新增学位7080个。投入8306万元，新建和改扩建义务教育学校校舍与场地项目201个，建筑面积共14.38万平方米。投入3944万元，为120多所学校改善班班通、计算机教室等信息化设施设备。投入1000余万元，新建和改建16个乡村少年宫，乡村少年宫覆盖率100%。

【仙桃市教师队伍建设】2020年，仙桃市加强教师队伍建设。通过校园招聘、公开招考等方式，招聘新教师413名，全部安排到教学一线，为教师队伍注入新鲜血液。促进教师合理流动，开展校长教师城乡交流284人，将优质教师资源向乡村倾斜。深入开展教师培训，实施“青蓝工程”“精英工程”“领雁工程”，组织624名教师参加国培省培、4280名教师参加市级培训，评选仙桃市第

2020年1月31日，仙桃市召开全市中小学网络教学工作视频会议

（仙桃市档案馆　供稿）

八届学科带头人64人。加强师德师风建设，开展2020年师德建设主题作品评选展示系列活动和“为教师亮灯”公益活动，开办师德讲堂3期，推送最美师生情朗文10期，推出教育系统抗疫、防汛、创城事迹300余篇，在《仙桃日报》、荆楚网登载30余篇，教师刘玲获得“仙桃市第十五届劳动模范”称号、肖盛怀获得“荆楚好老师”称号。持续改善教师待遇，发放三个半月奖励性补贴，实现教师平均工资收入高于公务员平均水平；投入700.11万元，建设教师周转房127间，其中，农村教师周转房106间，城区21间。

【仙桃市教育扶贫】 2020年，仙桃市巩固教育扶贫成果。全面落实学生资助政策，发放资助金3321万元，资助贫困学生3.15万人次；发放资助金1423万元，资助建档立卡贫困学生1.30万人次。推进控辍保学工作，11名建档立卡辍学学生全部劝返复学，51名建档立卡失学学生均送教上门。疫情防控期间开展网络教学时，为693名“无手机、无电脑、无电视”的贫困学生，每人免费提供平板电脑一台。

（仙桃市档案馆）

【潜江市教育机构与在校学生】 2020年，潜江市（含江汉油田）有各级各类学校141所，其中，小学90所，初中27所，高中8所，完全中学4所，九年一贯制学校7所，十二年一贯制学校1所，特殊教育学校1所，中职学校3所。在校学生12.08万人。幼儿园97所，在园幼儿2.34万人。

2020年潜江市学校（含幼儿园）统计表

机构类别	学校数（所）	学生数（人）	专任教师数（人）
幼儿园	97	23376	1251
小学	90	53640	2977
初级中学	27	22054	1894
高级中学	8	13806	1178
特殊学校	1	191	23
大学	1	10076	517

2020年5月2日，华中师范大学领导到华师潜江附属中学调研

（潜江市档案馆　供稿）

【潜江市教育基础设施建设】 2020年，潜江市加强教育基础设施建设。严格落实《潜江市中小学及幼儿园布局规划（2017—2035年）》，确保学校布局与城市发展方向一致。稳步推进高新区小学、曹禺小学和市职教中心整体搬迁项目，启动潜江中学新校区编制设计工作。投入7234万元，实施能力提升工程、校舍安全工程土建项目125个，全面改善乡村小规模学校和寄宿制学校办学条件。投入2480万元，为全市中小学校配备班班通、计算机室、教师终端等信息化设备，实现全市所有中小学校网络教学全覆盖。开展小区配套幼儿园专项治理，落实公办幼儿园公用经费每人500元标准，保障公办幼儿园正常运行。

【潜江市教师队伍建设】 2020年，潜江市强化师德师风建设。将师德教育纳入各级教师培训的首要内容，开展抗疫优秀教师和师德标兵评选活动；大力宣传“湖北省五一劳动奖章”获得者杨梅的优秀事迹，用身边事教育身边人，以榜样的精神感染人、鼓舞人、引导人。强化教师专业培训，开展应用“学乐”云平台创新学科教学系列研讨活动，加强线上授课指导与线下互动交流，推进信息技术与教育教学融合创新，线上教学案例编入全省教师线上学习目录。落实“卓越培养行动计划”，分层实施“启航、领航、远航计划”和教师人才梯队培养“宝塔计划”，评选“潜江名师”11名、“学科带头人”43名、“骨干教师”60名、“教坛新秀”80名。何小玉、丁琴、张小香3名教师分别获得“荆楚好老师”“荆楚教育名家”“省师德先进个人”称号。补充教师队伍，通过校园招聘和公开招考等形式，引进新教师262名，其中重点本科和研究生占比达42%。提高教师待遇，新建改扩建教师周转宿舍，教师工资水平向当地公务员看齐。

（潜江市档案馆）

【天门市教育机构与在校学生】2020年，全市共有各级各类学校182所，在校学生14.36万人，专任教师9665人。其中，普通小学134所，在校学生7.76万人，专任教师4336人；普通中学46所，在校学生6.05万人，专任教师5104人；特殊学校1所，在校学生135人；普通高校2所，在校学生5585人，专任教师225人国。幼儿园208所，在园幼儿3.35万人。

【天门市教育基础设施建设】2020年，天门市持续加大教育投入力度。投入资金4829万元，建设20个农村义务教育学校薄弱环节改造与能力提升项目；投入1299万元，新建岳口第二幼儿园、竟陵第二幼儿园、西关小学附属幼儿园等多所幼儿园；投入2445万元，维修29个各学校校舍项目；投入1373万元，改造项目8个校舍项目。投入2.6亿元，新建市实验初中、实验幼儿园，原市实验初中校园组建陆羽小学，秋季招生1534人；启动竟陵初中、西关小学、竟陵二小、湾坝小学改扩建，推进杨林初中迁建和高新园小学新建，新增初中学位3600个、小学学位1200个。实验高中建设项目已完成工程前期准备工作。

【天门市教师队伍建设】2020年，天门市加强师德师风教育。深入开展《教师职业十项准则》《关于加强和改进新时代师德师风建设的意见》等学习活动，建立教师职业行为负面清单，完善师德考核机制，强化教师育德意识和育德能力。提升教师专业能力，安排市级教师培训经费309万元，组织高中新课程新课标培训、新录用教师上岗培训、青年骨干教师双培养工程、新任校长任职资格培训、暑期校长集中培训等15个市级培训项目。组织8068名教师参加中小学（幼儿园）教师公益网络研修，组织109名学校党组织书记参加国家教育行政学院“聚焦立德树人，构建中小学思政全面育人新格局”专题网络培训。开展天门名师工作室评建工作，对10个天门名师工作室进行年度考核。选树宣传先进典型，宣传“停课不停教”网络教学、抗疫志愿服务等优秀案例85个；开展全国优秀乡村青年教师、全国教书育人楷模、“荆楚好老师”、第三届“寻找中国好校长”、湖北省第五届“新锐班主任”评选活动，评选2020年“天门楷模·最美教师”。

【天门市教学研究】2020年，天门市持续推进数字校园建设。实验小学、开发区中学、岳口初级中学确定为首批市级数字试点校园。组织全市教师参加湖北省中小学教师疫情防控期间线上教学专项研修课程和湖北省中小学电脑制作活动骨干辅导教师线上培训班，合格率和结业率均100%。开展线上教学案例评比活动，分别获得省一等奖1件、二等奖5件、三等奖7件。参加湖北省第十届“教育技术理论与实践”征文暨第十一届全国教育技术论文省级评选活动，获得国家级奖1件、省级一等奖9件、省级二等奖26件、省级三等奖34件。参加湖北省中小学电脑制作活动，获得国家级奖6件、省级一等奖15件、省级二等奖33件、省级三等奖32件。

（天门市文化和旅游局）

文化

【武汉“戏曲大码头”建设】2020年，武汉市持续加强“戏曲大码头”

建设。以“云赏戏码头，献礼英雄城”为主题，举办第八届武汉“戏码头”中华戏曲艺术节，推出京剧、昆剧、评剧、越剧、黄梅戏、汉剧、楚剧、评弹8个剧种15场演出，朱世慧、刘子微、王蓉蓉等22位梅花奖获得者登台献艺；举办第二届荆楚名团聚江城展演活动，省内9个市（州）的14家戏曲院团带来11台优秀剧目和21场演出；启动建党百年献礼题材京剧《母亲》的创排工作，打磨提高楚剧《万里茶道》、汉剧《黎明》质量，新创楚剧抗疫小戏《洒满阳光的道口》、汉剧抗疫小戏《特别送餐队》《小区疫事》《武汉我爱你》等戏曲舞台作品。成立第十七届中国戏剧节筹委会，推进各项准备工作。通过青年艺术人才大比拼活动、名家传戏工程、参加文化和旅游部及湖北省戏曲人才培养项目，加强全市戏曲青年人才队伍建设。

【武汉市艺术人才培养】 2020年，武汉市加大优秀艺术人才培养力度。强化中高级人才培养选拔，分类施策优化人才管理服务工作，健全人才工作体制机制。出台《武汉市舞台艺术青年人才培养计划实施方案》，遴选具有培养潜质的优秀青年艺术人才重点培养。组织开展市直文艺院团青年人才专业技能大比拼活动，首批名家工作室共录制传统剧节目音像16部，改编整理传统剧节目16部，培养青年演员和创作人员35名，出版文艺专著10部，新创节目11个，新创剧目4台，举行专场演出9场、办主题展览1次。全年入选国家“万人计划”青年拔尖人才1人，申报国务院特殊津贴1人，省政府特殊津贴1人，武汉市突出贡献中青年专家3人，武汉市政府特殊津贴7人。累计享受国务院特殊津贴9人，湖北省有突出贡献中青年专家5人，享受省政府专项津贴3人，享受市政府专项津贴28人，入选“黄鹤英才（文化）计划”19人，中国戏剧梅花奖获得者10人，54人被聘任专业技术二、三级专家。在职在聘正高级人员95人，其中二级专家11人，三级专家16人；在职在聘的副高级人员335人，中级人员463人。

2020年7月1日，武汉市蔡甸区消泗乡洪南村小学生在文化驿站学习剪纸（张斌　摄）

【武汉市文艺创作】 2020年，武汉市各文艺社团创作散文、美术、书法、摄影等文艺作品8000余件。武汉文学院专业作家池莉出版随笔集《和女儿一起长大》、散文集《战“疫”纪事》，小说《打造》《封城禁足99天脑子里闪过些什么》在《北京文学》头版发表，《隔离时期的爱与情》系列散文被《人民日报》《光明日报》、人民网、中国作家网、学习强国平台等知名媒体转载；刘醒龙出版散文集《婆娑大地》、武汉战“疫”题材长篇散文《如果来日方长》；李修文主编《战“疫”书简》，创作小说集《长亭送别》；田天创作长篇报告文学《清江出山》（与郭寒合作）；张执浩出版散文集《一只蚂蚁出门了》、诗集《家宴》；阿毛主编出版诗选《山湖集（2019卷）》；胡坚完成小说《郎心似铁》的创作。

武汉画院专业画家冷军创作中国画《大爱无疆》等作品，严好好创作纸本水彩《我的悲伤，逆流成河》《我们》等作品，邸可新创作油画《天问》《后疫情时代》等作品。年内，武汉画院专业画家、签约画家中，陈勇劲创作的纸本水彩《抗疫日志》、严好好创作的中国画岩彩《2020乘风破浪》、涂咏红创作的纸本水彩《生命之舱》、吴昊创作的综合材料绘画《上阵火神山前的 15 米》入选“湖北省美术创作重点项目扶持工程 2020 年度优秀作品展”。

【武汉市“红色文艺轻骑兵”送文化进万家活动】 2020 年元旦、春节期间，武汉市文联、武汉文艺家志愿团组织开展“红色文艺轻骑兵”送文化进万家活动。“红色文艺轻骑兵”书法、摄影、漫画、民间文艺以及新洲区文联、黄陂区文联等各个小分队组织艺术家 100 余人次，先后到黄陂区蔡店街西峰村、蔡甸区消泗乡洪南村、洪山区菱湖美景社区、新洲区朝家山社区、黄陂区李家集街等地，以写春联、送“福”字，民间文艺家现场手绘团扇、捏面人、赠送剪纸窗花，为群众绘制肖像漫画，拍摄全家福和生活照等形式，为广大群众送去春节贺礼，丰富人民群众精神生活。

【武汉市文艺展演活动】 2020 年 1 月 12 日，武汉市举办武汉文学艺术界 2020 年“百花迎春”文艺展演，展演节目以市级各文艺家协会近年创作的精品力作为主，涵盖音乐、美术、书法、舞蹈、戏曲、小品、相声、杂技、魔术多种形式，全市企业文联、区级文联、社会团体代表，广大文艺工作者、文艺爱好者和千余名观众现场观看演出。春节期间，“百花迎春”文艺展演在武汉电视台重播，收获观众好评。疫情结束后，市文联、武汉文艺家志愿团创新文艺惠民活动方式，在汉口解放公园开展“以艺战疫 致敬英雄”网上云直播活动，邀请近 20 位艺术家线上开展美术、书法、摄影、民间艺术的云创作和音乐、戏曲展演，用作品向战“疫”英雄致敬，数万观众网上同步观看。紧接着在武汉美术馆举办首个线下展览“同心战‘疫’——美术·书法·摄影主题作品展”，150 余件作品从不同侧面和角度展现全市人民抗击疫情的场景，并同步出版展览作品画册。国庆期间又举办庆祝新中国成立 71 周年“唱响大武汉”综合音乐巡游、展演活动，其中管乐巡游由千人管乐队沿江岸线，在行进中变换队形演奏《勇往直前》《祝你好运》《走向复兴》《歌唱祖国》等多首乐曲，通过新颖的音乐表现形式展现城市精神风貌，烘托节日氛围。此后，第九届“书写大武汉”、第十届武汉书法篆刻作品展、中国武汉第八届地书大赛、第十六届武汉美术作品年展、第七届武汉地区高校大学生戏剧节等大型文艺展演活动相继展开，进一步丰富武汉市民的精神生活。

2020 年 11 月 20 日，“2020 中国好声音巅峰之夜”总决赛在武汉体育中心举行（武汉市地方志办公室 供稿）

【武汉市文物保护】 2020 年，武汉市共有市级以上文物保护单位 275 处，其中，全国重点文物保护单位 33 处，省级文物保护单位 100 处，市级文物保护单位 142 处，区级文物保护单位 210 处。积极组织开展革命文物核定公布工作，梳理革命文物资源，组织专家进行论证。11 月，国家文物局办公室印发《国家文物局办公室关于核定公布革命文物名录的补充通知》，八七会议会址、汉口中华全国总工会旧址、京汉铁路总工会旧址、八路军武汉办事处旧址、汉口新四军军部旧址、武汉中共中央机关旧址、中共中央领导人汉口住地旧址、汉口中共中央宣传部旧址、苏联空军志愿队烈士墓、武汉国民政府旧址、汉口中华全国文艺界抗敌协会旧址、国民政府第六战区受降堂旧址、武昌起义军政府旧址、起义门、武汉农民运动讲习所旧址、中国共产党第五次全国代表大会旧址、武汉中央军事政治学校旧址、贺胜桥北伐阵亡将士陵园共18处全国重点文物保护单位入选革命文物名录。

落实尚未核定为文物保护单位的不可移动文物保护管理相关工作要求，核查基本信息，明确武汉市共有414处尚未核定公布为文物保护单位的不可移动文物。加强石窟寺保护利用，完成白云洞、洪山摩崖等9处石窟寺和石刻专项调查工作，掌握其基本情况和保护现状。

【武汉市非物质文化遗产保护】 2020年，武汉市“万里茶道”申报世界遗产工作取得新进展。12月10—12日，“万里茶道联合申遗城市联席会议暨万里茶道八省（区）文物局长申遗工作座谈会在武汉召开，国家文物局、中国古迹遗址保护协会、“万里茶道”沿线8省（区）文物部门、29个节点城市政府相关负责人及“万里茶道”相关专家等100余人出席会议，安徽省文物局、黄山市人民政府相关负责人应邀列席会议。会上，签署《万里茶道保护和联合申报世界文化遗产城市联盟章程》，正式成立“万里茶道保护和联合申报世界文化遗产城市联盟”，并发布《万里茶道联合申报世界文化遗产三年行动计划（2021—2023年）》，标志着“万里茶道”保护和申遗工作由学术研究和文物部门推动行为，正式上升为沿线节点城市的政府行为。

武汉市文旅部门加强“万里茶道”文化遗产和申遗工作的宣传推介。筹建“万里茶道申遗”官方网站和微信公众号，集中展示沿线城市“万里茶道”文化遗产和特色文化旅游资源，扩大“万里茶道”申遗影响。以“助力万里茶道申遗，促进文旅体产融合发展”为目标，11月15—28日，举办“2020环中国自驾游集结赛——万里茶道（中国段）赛事以福建省武夷山市为起点，途经武汉市，最终到达内蒙古自治区二连浩特市，全程3826千米。通过体育+旅游、文物+旅游、全民+全域的方式，宣传促进“万里茶道”申遗工作。启动“万里茶道”申报世界文化遗产基础研究。委托中国建筑设计研究院建筑历史研究所开展“万里茶道汉口节点申遗与保护管理策略研究课题”项目研究，增强汉口节点价值的说服力和对“万里茶道”整体的支撑度，完善遗产要素体系，为正式申遗文本和保护管理规划编制提供基础依据。

组织非遗项目参与第五批国家级非遗项目评审申报工作。武汉大禹治水传说、叶开泰传统中药制剂方法、武汉杖头木偶、汉派彭银亭传统中药炮制技艺4个项目入选文化和旅游部发布的公示名单。9个非遗项目入选第六批湖北省非物质文化遗产代表性项目名录，分别是武汉剪纸、武汉玉雕、传统青铜打击乐器（编钟）铸制技艺、孔子问津传说、武汉童谣、武汉戏具制作技艺、汉锣制作技艺、黄陂三鲜制作技艺、四季美汤包制作技艺。截至年底，全市省级非遗项目总数达到72项。

【武汉市公共文化服务】 2020年，武汉市加快“四馆三场两中心”（图书馆、文化馆、博物馆、非遗馆，剧场、排练场、文体广场，街（乡镇）综合文化服务中心、村（社区）综合文化服务中心建设，增强全市公共文化服务体系服务效能。开展区级文化馆、图书馆总分馆建设和各区街道综合文化服务中心文化岗“区聘街用”工作。全市街道图书馆分馆和街道文化馆分馆年内全部挂牌，并配置2名以上文化岗人员。全年各区图书馆和文化馆在街道分馆组织开展近2000场文化艺术普及培训和群众文化活动。推送文化资源进景区，打造湖泗“海洋村”、舒安“未来家园”、郑店“竹馨庄园”景区内基层图书服务点。

持续推进群众文化艺术活动。成功举办第43届“武汉之夏”，开展街头音乐汇、民宿服装秀、民俗大派对、广场舞之夜、戏曲夏令时、夜武汉摄影、露天电影院、宣讲达人秀等八大系列群众文化活动，并联合新媒体平台开辟线上阵地，扩大文化活动惠及面，新华网、荆楚网等媒体对活动情况进行多次报道。组织第十届武汉市“黄鹤群星奖”评选活动，推动全市群众文艺创作，推出优秀群众文艺作品，促进群众文化事业发展，活动共评出“黄鹤群星大奖”作品6件（音乐、舞蹈作品各3件）、“黄鹤群星奖”作品12件（音乐、舞蹈作品各6件）、优秀奖作品18件（音乐、舞蹈作品各9件）。12月，在第三届全省群文业务技能大赛中，武汉市获得 4 个一等奖、4 个二等奖和 5 个三等奖。

【武汉市对外文化交流】 2020 年，武汉市多途径开展对外文化和旅游交流。应中国驻比利时大使馆邀请，元月下旬组织武汉歌舞剧院等 5 家院团共 21 人的综合文艺演出团队，在比利时首都布鲁塞尔市和武汉市友好城市列日市进行“欢乐春节”巡演，展示武汉传统戏曲和杂技、木偶等非物质文化遗产魅力。推进对外友好省州交往。举办“武汉—挪威西福尔·泰勒马克郡文化和旅游线上视频交流会”和“武汉—曼彻斯特线上交流研讨会”，重点推介武汉国际戏剧演出季等特色文化品牌项目，促成挪威格伦兰自由剧团和中南剧场、湖北省中国旅行社和挪威旅行社的对口交流。

开展线上文化交流。应邀与保加利亚索菲亚中国文化中心以及保加利亚铜管乐协会召开线上视频交流会，汉派花灯非遗传承人夏勇参与由中国驻保加利亚大使馆发起、索菲亚中国文化中心和索菲亚市政府共同主办的花灯线上授课活动;举行电影《保元里 9 号》新闻发布会，线上向保加利亚美术学院学生视频授课。与贝宁中国文化中心合作，开展“云·游中国”特别企划——“欢迎您到武汉来”线上推介项目，借助贝宁中国文化中心和中国驻外大使馆线上平台宣传介绍武汉市地标建筑、特色景点、博物馆、美食和非遗项目等文化和旅游资源。参与省文旅厅“云·游中国——带您感受最美湖北”海外线上宣传推介活动，在缅甸仰光和以色列特拉维夫中国文化中心的宣传平台推出系列特辑。

【武汉市广播影视】 2020 年，武汉市发挥广播电视主流媒体阵地作用，全力开展疫情防控宣传、战汛宣传、疫后重振宣传。武汉广播电视台（集团）获得“中国十大影响力城市电视台”“2020 年度综合实力城市台”“湖北省文明单位”称号。扎实开展主题主线宣传。“决战决胜脱贫攻坚，小康路上一个不少”大型主题采访活动专题编发新闻消息 411 条，系列报道 84 条，专题片 23 条，融媒体传播 663 条。疫情防控期间，8 个广播电视播出机构均开设“坚决打赢疫情防控阻击战”相关栏目，每日转发疫情防控工作相关公告 130 余条次，防控知识宣传 2000 余条次；免费播出公益节目 300 余部（片），播出防范非法集资、食品安全、农村留守儿童和困境儿童关爱保护、禁毒宣传、征兵宣传等公益广告 3000 余条次。农村广播平均喇叭接通率 80%，累计播发抗疫、防汛、爱国主义教育、种植养殖技术等资讯 4 万余条次，总播出时长 6000 多小时。全面完成基本公共服务体系建设三年行动计划广播电视工作任务。

受新冠肺炎疫情影响，全市电影院近半年时间停止营业。按照统一部署，在疫情防控常态化条件下，从 7 月 20 日开始有序推进影院复工，电影市场逐步回暖。至年底，17 条电影院线、150 家电影院放映电影 90.79 万场，接待观众 1227.22 万人次，综合票房收入 4.4 亿元。放映农村公益电影 24911 场，其中，故事片 1.79 万场，科教片 7008 场。向影院发放中央补助专项资金 682 万元、省级专项资金 391 万元，帮助影院纾困解难，鼓励放映国产片，扶持人民院线和艺术影片放映联盟发展。

【武汉市新闻出版】 2020 年，武汉市加强新闻出版管理工作。突出主题出版引导、报刊审读、报刊出版年度核验和内部资料性出版物准印审批等工作重点，引导市属出版单位做好主题出版和精品出版。全年审读发现报刊编校质量问题和出版不规范问题 16 件，编发《武汉审读》12 期。武汉出版社出版的《汉剧舞台艺术口述史》《秦兆阳文集（6 册）》获得第四届湖北出版政府奖图书奖。核验全市报纸、期刊出版单位 2019 年度出版经营情况。核验结果显示，上年度报刊年总印数 9239.77 万份，总资产 3.11 亿元，总收入 3.57 亿元，实现利润 6542.83 万元，纳税总额 2095.57 万元。

进一步加强农家书屋管理，推动农家书屋提档升级。落实市级农家书屋补充更新专项资金 206.5 万元，启动 80 个农家书屋数字化建设。开展“书香江城——全民读书月”活动，发放免费电子阅读资源，阅读量超过 130 万人次；开展“书香江城——云直播”阅读分享活动 100 场，累计 43 万余人次在线观看；协助举办央视《朗读者》武汉站新媒体直播活动，微博总阅读量约1.2亿人次，媒体总点击量约3040万次。年内，武汉市获评2019年度全国“十佳数字阅读城市”。组织开展“净网”“护苗”“秋风”等各类专项行动，共计出动执法人员1.2万余人次，检查线上线下各类经营场所9000余家次，取缔无证、违法经营摊点200余个，收缴各类非法出版物46万余册（盘、份）。

【武汉出版集团】 2020年，武汉出版集团坚持正确政治方向和经营理念，全年共有14个图书项目获得国家和省、市出版专项资金资助。在全国各类评奖中，出版的图书获各级各类奖项20余项，取得较好社会反响。积极服务农家书屋建设，出版的《武汉味道》《长江的孩子》等28种图书入选国家和湖北省农家书屋重点出版物推荐书目。发挥国有发行主渠道作用。圆满完成一大批政治图书发行任务，抓好“两报八刊”管理，开辟专栏弘扬伟大抗疫精神（其中，7篇专栏文章相继被“学习强国”、《中国老年报》转载），深入开展“扫黄打非”工作，坚决杜绝非法出版物出版发行。

积极组织抗疫和复工复产。在全市13家方舱医院抢建方舱书屋，配送图书1.1万余册；第一时间推出《课堂作业》免费电子教辅，保障疫情防控期间全市百万中小学生停课不停学，全力保障全市春、秋季中小学教材“课前到书”；出版抗疫图书《英雄城记》作为城市礼品赠送5万多名援鄂、援汉医疗队员，受到新华社、《人民日报》等主流媒体的深度报道。

加快推进传统出版向数字出版转型。全年共申报国家、省、市数字出版项目3项，100部武汉地方特色图书完成数字化开发，免费回馈读者。

【长江日报报业集团】 2020年，武汉市长江日报报业集团扛起党媒责任担当，全景记录战“疫”。疫情期间，500多名采编人员投入报道工作，采写3.1万条原创稿件，总阅读量148亿次。推出《总书记指引我们向前进——武汉保卫战感思录》和《“全国一盘棋”这样落子》《“英雄的人民”这样炼成》《主心骨这样定乾坤》等主题报道。率先报道“张继先医生最早上报疫情”引发全网关注。持续聚焦武汉疫后重振，推出《武汉交出漂亮“重启质量报告”》等系列报道。推出大型报道《守堤人：英雄城市有韧性，我们身上有血性》，开设“谣言粉碎机”专栏，全年粉碎网络谣言200多条。国庆前夕推出视频产品《一夜之间，武汉“红”了》，获三大央媒转发，微博话题阅读量1.3亿次。

加快推动媒体深度融合。初步建成市区一体、自主可控的全市互联网舆论主阵地——长江融媒。10月19日上线“九派新闻”，两个月内自有账号阅读量达3.7亿次。全年150条原创产品被三大央媒官微官博转载。视频栏目《武汉这一刻》列入国家新闻出版署“2020年中国报业深度融合发展创新案例”，《72个红手印，究竟为了留住谁？》获中国新闻奖媒体融合类创意互动二等奖。《重生》系列报道入选中华全国新闻工作者协会“2020中国新媒体战“疫”十大精品案例”。各级新媒体端口粉丝总量3000多万。《长江日报》在全国百强榜上位列第二十一位，湖北第一位，全国城市党报中排名第二位；微信传播力在全国300多家党报中排名第六位。

（武汉市地方志办公室）

【黄石市公共文化服务体系建设】 2020年，黄石市加强公共文化服务体系建设。剧场、排练场、文体广场三场建成达标，市级图书馆、群艺馆评估定级为一级馆，县（市、区）“两馆”基本建成（黄石港区文化馆正在建设）。文化馆图书馆总分馆制覆盖全市40个乡镇。全市884个行政村和城区110个社区基层文化服务中心全面建成达标。举办广场舞展演、原创歌曲大赛等建市70周年文化活动12场，开展文化进景区活动151场次，开展戏曲进校园演出及讲座140场、戏曲进乡村演出40场，开展群文云课堂45期、“书香黄石讲书堂”23期、“成长的故事——晚安绘本”阅读系列活动18期，线上图文展、美术书画展等展览22场、“童心战“疫””儿童美育作品系列展3期。组队参加第五届湖北省群众广场舞展演，获得二等奖作品2个。歌曲《只因为爱你》入选湖北省文旅厅“一城一歌”，并在“学习强国”及省市宣传平台发布推广。水彩画《使

2020 年 1 月，黄石市青港湖欢乐世界正式对外开放

（黄石市档案馆　供稿）

命》入选湖北省美术创作重点项目扶持工程年度优秀作品展。大冶楚剧《我的美丽村庄》、阳新采茶戏《腊米树下》《杨家喜事》《时代先锋》《回访扶贫点》入选第四届湖北地方戏曲艺术节展演剧目。

【黄石市文物保护】 2020 年，黄石市持续加强文物保护工作。华新水泥旧址历史文化街区、汉冶萍煤铁厂矿旧址历史文化街区、大冶钢厂苏式建筑群历史文化街区、大冶有色办公和生活区历史文化街区、大冶铁矿厂矿山二路宿舍历史文化街区、大冶铁矿厂光明里宿舍历史文化街区 6 个街区获得第一批湖北省历史文化街区命名。开展全国文物保护单位保护范围和建设控制地带违建及整改工作。完善市（县）级文物保护单位名录信息、革命文物名录及不可移动文物信息，开展第八批省保遴选和第一批湖北省文化遗址公园申报工作。对全市 8 家文博单位、246 处文物保护单位以及不可移动文物实施目标管理，由市政府和各县（市）区政府签订《文物保护工作目标责任书》，落实县市区政府主体责任。编制华新水泥厂旧址、铜绿山古铜矿遗址等国保单位保护项目计划书 6 个，编制立项并上报梁氏宗祠、伍氏宗祠、龙港革命旧址一期等修缮和保护规划 8 个。

（黄石市档案馆）

【鄂州市文化阵地建设】 2020 年，鄂州市加强文化阵地建设。全面落实基本公共服务标准体系，创建第四批国家公共文化服务体系示范项目（鄂州雕花剪纸公益培训与传承传播）1 个，探索建立公共文化服务体系新模式。加快重点公共文化体育服务基础设施建设，建设群艺馆新馆，城市展示馆、美术馆开馆，吴都生态廊道全民健身区开放运营；启动鄂州大剧院改造、市非遗馆改扩建工程，实现“一个完成、一个运营、一个启动”目标。鄂城区新时代文明实践中心、融媒体中心和文化馆、非遗馆、图书馆“三馆两中心”投入使用。

【鄂州市文艺创作】 2020 年，鄂州市加强文艺创作。创作现实题材剧目《青山青长江长》、廉政题材楚剧《树》，参加第四届湖北地方戏曲艺术节参演剧目遴选和鄂州市“镜鉴清明”廉政文艺节目巡回演出。《1927 从鄂城出发

2020 年 10 月，鄂州市创建第四批国家公共文化服务体系示范项目迎接国家检查组验收

（鄂州市档案馆　供稿）

去南昌》《魂牵梦绕》《英雄城市》《旗帜在心中飘扬》4件作品入选2020全省音乐创作“131”工程。《英雄城市》《魂牵梦绕》《我们来啦》《旗帜在心中飘扬》《妈妈就要去战斗》5件抗疫文艺作品登上学习强国平台，歌曲《旗帜在心中飘扬》《且听风吟》2件作品登上《人民日报》网等国家级融媒体。参加第五届全省广场舞比赛，获得等级奖2个。全市作家共出版专著16部约300万字，在各类报刊发表文学作品1100余篇（首）。以《江南风》、《鄂州日报》西山副刊、《鄂州周刊》樊湖副刊为主要阵地，培养和推介文学新人，刊发会员作品800余篇（首）。

【鄂州市文化惠民活动】 2020年，鄂州市大力实施文化惠民工程。举办“吴都讲坛”专题讲座24场，送戏下乡和走进景区演出124场，戏曲进校园活动90场，举办“周周乐”“我们的节日”“文艺轻骑兵”等系列活动39场次。举办文化下乡暨抗疫精神宣传文艺晚会、“扶贫攻坚心手相牵”文艺汇演、“实施乡村振兴 建设美丽家园”送欢乐进乡村慰问演出、鄂州市“众志成城 抗击疫情”纪实图片展，吸引数万群众参观。“荆楚红色文艺轻骑兵”鄂州小分队开展“我们的中国梦·文化进万家”系列迎春送福活动11场，300多名文艺志愿者创作文艺作品3000余幅，惠及群众近万人。

【鄂州市文化遗产保护】 2020年，鄂州市加强文化遗产保护工作。编制《吴王城遗址保护规划》，开展重大建设项目文物调查、勘探和考古发掘工作。面向社会征集疫情代表性见证物260余件。广泛开展乡村文脉保护传承行动，开展文化进祠堂工作。举办“众志成城抗疫情——鄂州新冠肺炎疫情防控代表性见证物展览”“鄂州机场项目建设出土文物展”，运用智能化、数字化宣教手段，提升博物馆展陈水平和服务质量。开展第五批市级非物质文化遗产代表性项目评审，夏祖康获得第六届中国非物质文化遗产博览会剪纸类二等奖。

【鄂州市融媒体】 2020年，鄂州市探索媒体融合发展新路径、新模式、新机制。将鄂州广播电视台、鄂州日报两个微信公众号整合为“鄂州融媒”微信公众号，对“云上鄂州”客户端、鄂州政府网的频道设置、内容发布、版式设计等方面进行更新，增强可读性，突出权威性，提升关注度。开辟专栏40个，刊发各类稿件1.4万余篇（条），其中刊发刊播抗疫新闻2600余篇（条）。在中央电视台播发新闻24条，《人民日报》一版及人民网刊发新闻15篇，省级媒体刊发136篇（条），学习强国刊发21条。“云上鄂州”下载量突破5.61万人次，单条平均阅读量逾1000人次，发稿量达6.92万篇，点击量突破100万人次。“鄂州融媒”官方抖音号粉丝量累计10万余人，总浏览量1.3亿次，获赞239.5万次；“鄂州融媒”微信公众号关注人数1.3万人。鄂州政府网在全国301个地市级政府网站中排名第47位，跻身全国地市级政府网站50强。在第二届中国融媒创新发展年会上，鄂州市融媒体中心夺得“中国融媒创新发展最具移动传播品牌影响力城市融媒体中心TOP10”奖项，“鄂州融媒”微信公众号获得“中国融媒创新发展最具传播创新力微信广播电视10强”奖项，“云上鄂州”App摘得“中国融媒创新发展优秀客户端TOP5”奖项。

（鄂州市档案馆）

【孝感市群众文化活动】 2020年，孝感市文化活动线上线下同步开展。线上开展“抗疫·物证”首播、“云游孝感博物馆”“线上亲子运动会”“楚剧云演出”；通过微信公众平台向读者推送新东方微课堂、QQ阅读、博看微刊、超星读书等多种数字资源，读者在家也可以阅读图书馆的电子书。疫情闭馆期间，图书馆数字资源（数据库）点击量达4万余次，下载量达8000余次，比上年分别增长65.2%和55%；微信公众号推文阅读量和菜单点击次数均达到2万余次。开展“六一儿童节空中故事会”线上活动，1小时共有784人上线互动。暑期利用CCtalk直播平台推出“孝图悦读·快乐成长”线上阅读推荐系列栏目，六期网上直播，吸引1000多人次观看学习。线下举办“双进双促”“歌唱祖国”快闪活动、全民健身日启动式、全国抗击疫情主题定向活动等丰富多彩的文体活动。开展“双进双促”活动，

2020年9月5日，孝感市举办抗击新冠肺炎疫情“文化战‘疫’”优秀文艺作品展览　（摘自孝感市门户网站）

即文化惠民活动进景区、文旅志愿者进景区，促进文化传播、促进服务提升，7个专业院团送演出进景区50场，国庆期间组织10个文艺团队开展“歌唱祖国”全省文旅系统快闪活动。

（孝感市史志研究中心）

【黄冈市群众文化活动】 2020年，黄冈市推进公共文化产品和服务供给。市县两级公共图书馆实现通借通还，文化馆分馆实现乡镇全覆盖；公共文化场馆实现免费开放，全年累计服务群众2000万人次；市县两级公共图书馆下基层流动服务550场（次）、文化馆下基层流动演出、展览500场（次）；村（社区）开展文艺演出1.8万场（次）。依托红色、绿色、人文等特色文化资源，开展大别山文化旅游节、大别山（黄冈）文化旅游推介活动、湖北省黄梅戏艺术节、东坡文化节、鄂东民歌大奖赛、群众广场舞展演、地标优品博览会等活动；开办各类乡村文化旅游节、文化节、艺术节、村歌大赛等活动，催生群众文化活动品牌60个；建立四级群众文化活动联动机制，推动节庆、社区、企业、校园、农村、广场开展多形式文化活动；组织专业院团送戏下乡730场，戏曲进校园5场；放映公益电影5.5万场；开展文艺院团进景区、上山下乡暨新春金秋巡回演出季、红色文艺轻骑兵等演出1200场（次）；举办“非遗传承 健康生活”非遗购物节云演出活动，组织网红直播300场（次）。

2020年9月28日，黄冈市选送的广场舞节目《舞起来》《幸福大妈扭起来》双获湖北省第五届广场舞集中展演一等奖　（黄冈市史志研究中心　供稿）

【黄冈市文艺创作与交流】 2020年，黄冈市创作重大题材文艺作品多部。创编抗疫题材黄梅戏《疫·春》《我的乡村我的亲》《江北伢与江南妹》，分别赴黄石、九江开展专场演出，参加“荆楚名团聚江城”展演；复排、移植改编《珍珠塔》《御河桥》《潇湘夜雨》《小辞店》《梁祝》等一批传统戏剧目；小剧场黄梅戏《美人》在杭州西溪天堂艺术中心首演；黄梅戏《天仙配》受邀赴山东青岛、江西南昌、武宁等地开展演出；《女儿》《绿水青山》等五部剧目入选参演第四届湖北地方戏曲艺术节；黄梅戏电影《东坡》入围第33届中国电影金鸡奖提名；脱贫攻坚主题电影《青云之梦》上映；杂技《喜庆有余》获第五届湖北杂技金菊奖、省魔术展演银奖；3件美术作品入选省美术创作重点项目，参加湖北省美术创作重点项目扶持工程优秀作品展。

【黄冈市文物保护】 2020年，黄冈市加大革命遗址遗迹保护力度。编印《黄冈市革命遗址遗迹保护条例》宣传资料，利用媒体、制播专题片集中开展宣传；加大项目申报与工程建设中的文物保护力度，向上争取文保专项资金3506万元，整合文物保护专项资金40万元，支持全市革命文物保护和“五有”工作。对面墩汉墓遗址博物馆二期工程完工开馆运行，市民俗博物馆、红安非遗展示馆等提升工程实现对外开放，黄冈红色文化数字馆建成上线。罗田民歌等7个项目列入第六批省级项目，蕲春艾灸等2个项目通过文旅部专家评审；落实非遗项目申报和传承人年度补贴资金211万元；红安绣活坊、蕲春千年艾科技有限公司入选国家级扶贫就业工坊。

（黄冈市史志研究中心）

【咸宁市公共文化服务】 2020年，咸宁市拓展公共文化服务。香城大舞台创建第四批国家公共文化服务体系示范项目、咸安区创建第三批省级公共文化服务体系示范区通过验收。金叶社区香城书房、梓山湖香城书房建成开放，中心城区基本形成15分钟社区文化服务圈。新建、改扩建一批基层综合文化服务中心、百姓舞台、文化礼堂、乡村记忆馆、村史馆、文化俱乐部。建成旅游厕所56座，更新旅游标识牌的85个面。全面落实基层文化人才“县聘县管乡用”制度，全市71个乡镇（街道）文化站每站新增1名事业编制。实施文化惠民工程，以群众需求为导向，“群众休息我服务”“群众点单我买单”，文化场馆延长服务时间，实现夜间开放，方便群众享受公共文化服务。投资213万元，建设数字群艺馆（咸宁市“文旅云”文化旅游综合服务管理平台一期项目），线下数字体验区、直录播间等硬件设施改造基本完工。市群艺馆开办“市民讲堂”全民艺术普及培训班11期，市图书馆和香城书房全年接待读者62万人次，图书外借10万册次。

【咸宁市群众文化活动】 2020年，咸宁市丰富群众文化生活。开展第八届“香城大舞台”“颂党恩唱小康”群众性系列文化活动，先后推出“非遗传承 健康生活”2020年文化和自然遗产日宣传展示、“文化力量 民间精彩”咸宁市第五届群众广场舞展演、香城戏台月月唱、咸宁市原创舞台艺术作品展演等系列展演展示活动。开展重大节庆主题文化活动，相继举办“泉韵天香”编钟国乐新年音乐会、“我们的中国梦”——文化进万家、“双拥共建 鱼水情深”庆八一双拥专场晚会、中秋国庆“文化进景区”走进三国赤壁古战场等文艺演出11场。受疫情影响，全市各专业艺术院团从7月开始恢复常态化演出，开展送戏下乡线上线下演出900余场，戏曲进校园线上演出、辅导300余场。

【咸宁市文艺创作】 2020年，咸宁市文艺创作取得新进展。新作楚剧《吊瓜缘》《十里香》、花鼓戏《豆花飘香》、提琴戏《一钱斩吏》等剧目，其中，《一钱斩吏》入选第四届湖北地方戏曲艺术节暨“颂祖国·奔小康”小戏线上展播，并开展线下惠民演出。歌曲《石门旧时光》入选全省音乐创作“131”工程。山歌《姐乐吔》

2020年11月，湖北省第十五届中老年人才艺大赛诗书画影优秀作品展在咸宁市图书馆展出（咸宁市史志研究中心 供稿）

代表湖北省参加全国民间文艺最高奖“山花奖”评奖，在第十二届中国民间艺术节演出。《竹玲珑》获得全省第五届群众广场舞展演一等奖。音乐作品《幸福歌谣》入选湖北省优秀群众文艺作品。组队参加全省群文系统业务技能比赛，获得一等奖1个、二等奖2个、三等奖1个。举办北三县美术作品展、“时代之歌”刘三多师生美术作品展，第七届“山水咸宁”中国画邀请展。国画《不寻常的春天——2020年春分》入选湖北省美术创作重点项目扶持工程。9幅美术精品入选“荆楚回响——迎接全面建成小康社会全省画院优秀作品双年展”。

【咸宁市文物保护】 2020年，咸宁市文化遗产保护取得新成果。崇阳青山镇赵国泰故居保护利用项目列入长征国家文化公园（湖北段）项目库。参与成立“万里茶道”联合申遗城市联盟。开展国保单位违建问题专项整治，完成6个开发区文物保护统一评价。举办文物保护维修与利用培训班，完成王明璠府第等3个国家文物保护单位维修保护和钱亦石故居等8处文保单位安防消防工程立项。嘉鱼县簰洲圆子制作技艺、通山县旗黄膏制作技艺、咸安区中医疗法（徐氏结石病祖传疗法）3个项目入选第六批省级非遗项目名录。

【咸宁市广播电视战“疫”宣传】 2020年，咸宁广播电视台全方位开展“坚决打赢疫情防控战”宣传。全媒体取消所有文艺节目、商业广告，缩减电视剧播出时间，开辟6个电视专栏、8个广播专栏，并将《咸宁新闻》扩容为30分钟，在云上咸宁开设4大板块24个专栏。调度全媒体平台下沉一线，派出10路记者、66名业务人员分赴各县（市区），进行6台联动、7云协同的防控防疫宣传报道。其间共播发战“疫”新闻8534条、长篇特稿25条、评论11条、专题纪实片11部、红黑榜640条、捐赠报道798条，电视滚动播放80条公益宣传片1万余次（时长9750余分钟），飞字10万余条次，电台播报公益广告1540余条次。防疫宣传占比超过70%。云上咸宁持续59天“视频＋图文”直播，让防疫宣传“点对点”“屏对屏”高效率传播。联合人民网、长江云、七彩云端等国内知名媒体直播18场，时长累积约1060分钟，发布图文1130条，浏览量达1830余万次，网友互动留言8.52万条。加强国内媒体资源联系，联合《经济日报》、人民网、新浪、腾讯、今日头条、百度等120家主流新媒体平台同步播出本台直播，吸引1300余万人收看。咸宁台官方抖音号共发布战“疫”视频581条，总播放量达17亿次。百万播放量作品90条，千万播放量17条，亿万播放量2条。云上咸宁开通12345政府热线，成为“封城”后接收市民困难求助、反映问题和意见的窗口。3月22日直播欢送云南医疗队，1小时内浏览量突破百万次，结束时达159余万次，互动评论4万余条，点赞6万多。全媒体直播做法和经验在国家广电智库刊登，作为全省典型上报中宣部。

（咸宁市史志研究中心　邹晓魁）

【仙桃市公共文化服务体系建设】 2020年，仙桃市加强公共文化服务体系建设。加快推进文化阵地建设，市文化中心进入内部装修阶段，改建胡场镇、三伏潭镇、陈场镇等7个乡镇文化站，新建

2020年9月29日，仙桃、洪湖、潜江、天门书法篆刻作品联展在仙桃市图书馆举行

（仙桃市档案馆　供稿）

136个村级文化服务中心，累计建成650个村（社区）级文化服务中心。新建旅游厕所12个，累计建成78个。大力开展群众文化活动，推出“千古荆楚地 云上看沔阳”线上新冠肺炎疫情见证物图片展、中国廉政文化展及“非遗传承·健康生活”图片展等活动。创作编排广场舞节目《襄河·香荷》《希望的田野》，参加“文化力量·民间精彩”全省第五届群众广场舞展演活动，分别获二等奖、三等奖。组织“创和谐社区建美好生活”演出20场、“庆双节 促创城”文艺展演22场，受惠群众数万人。统筹省、市专项资金1802万元，开展“与爱同行 惠游湖北”活动，实行A级旅游景区梦里水乡文化旅游区门票免费；推出荆楚云天海世界、京久庄园、九合兰园、百万花海、沔阳小镇、阿尔迪有机生态园6个乡村旅游网红点2万余张免费门票，分时段派发消费券，助推文旅行业复苏。创作文艺精品，音频节目《小城大爱》唱遍彭场防疫物资生产车间。歌曲《大爱的力量》，书画作品《荆楚雄风》《天使》《玉兰花开》《消灭疫情迎来美好明天》《消灭病毒，为民除害》《向白衣天使致敬》11幅入选“学习强国”。大型红色革命题材现代花鼓戏《胡幼松》入选第四届湖北地方戏曲艺术节展演剧目。

（仙桃市档案馆）

【潜江市公共文化服务体系建设】 2020年，潜江市加强公共文化服务体系建设。推进潜江市剧院公益性二类方案改制，妥善处理改革矛盾。引进卓尔控股在潜投资21亿元，打造戏剧文化中心、平原湿地科普文化中心、大众文化中心和楚文化中心，弥补文旅产业发展短板。探索多业态文化产业模式。开发“潜江文化产业服务”微信小程序，整合全市文化品牌资源和文化旅游项目，搭建文化产品成果转化发布平台。邀请国内众多著名科幻作家在潜成立“中国科幻作家村”，创作“龙虾星球”IP并正式发布。举办首届“潜江龙虾主题文创设计大赛”，征集设计作品110余件，推动龙虾产业与文化创意深入融合。

【潜江市文艺创作】 2020年，潜江市创作各类文艺作品50余件。情景短剧《特殊的拜年》《特殊的牌局》，歌曲《这就是中国力量》《大爱无言》《你那双眼睛》《潜江加油》《长江长江我是黄河》，公益宣传片《疫战潜江》《这就中国力量》，诗朗诵MV《你要平安回来》，戏曲唱段《防控新冠肺炎疫情》《隔离爱不离》《市委书记的三字经》等作品，获得人民网、“学习强国”、湖北卫视等主流媒体宣传报道。创作广场舞《打花哪吔》《采莲》，获得“文化力量·民间精彩”全省第五届群众广场舞展演二等奖。

【潜江市群众文化活动】 2020年，潜江市大力开展群众文化活动。疫情期间，推出“一周一课”线上免费培训课程，7个艺术门类线上培训，浏览阅读量达1万余次。举办“砚浓和你读《诗经》”线上公益讲座、“4·23”有奖诗词竞答活动及龙虾情·诗词作品征稿暨诵读大赛等活动，丰富市民文化生活。持续推进“三送三进”（文化、科技、法律进社区、进村居、进企业）活动，开展送戏下乡100余场，送流动图书3万册次。开展“潜江大舞台”文化展演、“荆楚红色文艺轻骑兵”下基层、文化惠民进景区等活动，惠及群众近20万人次。深入23个区镇

2020年11月7日，第四届曹禺文化周开幕式在潜江举行。图为中国梅花奖艺术团曹禺故里行戏曲晚会剧照（潜江市档案馆 供稿）

处开展广场舞培训 50 余次，惠及舞蹈爱好者 2500 余人次。11 月 7 日—13 日，由中国文联、湖北省人民政府主办的第四届曹禺文化周系列活动在潜江市举行，一周时间里，21 场重点文旅活动次第上演，14 位中国戏剧梅花奖得主同台亮相，北京、上海、天津等地的艺术院团轮番献艺。

（潜江市档案馆）

【天门市公共文化服务体系示范区创建】 2020 年 12 月 16 日，天门市公共文化服务体系示范区创建工作通过省验收专家组验收。26 个乡镇综合文化服务中心以及群艺馆、图书馆分馆全部建成达标。天门市“三馆一站”（文化馆、公共图书馆、美术馆以及乡镇综合文化站）覆盖率 136%，超过全省文化小康指标。

【天门市群众文化活动】 2020 年，天门市在疫情期间积极开展线上读书、教学、展播、展演等群众文化活动。疫情进入常态化防控后，开展文化下乡活动，送戏下乡 40 场、戏曲进校园演出 5 场，文艺演出进景区活动 9 场，送电影下乡 7882 场。配合举办“红色文艺轻骑兵”下基层演出、廉政文艺专场演出等活动，丰富群众精神文化生活。

【天门市文艺创作】 2020 年，天门市狠抓文艺精品创作。全年创作 19 件抗疫文艺作品。天门渔鼓《万众一心抗疫情》、快板《隔离不隔情》在湖北省电视台播出，《美丽天使，太行儿郎》等 10 多部作品在省文旅厅公众平台推送，《将军女神》《荆楚再铺好春光》在《歌曲》刊物上发表。原创荆州花鼓戏《孝子里》参加第四届湖北省地方戏艺术节展演。广场舞《幸福一片天》《不忘初心》参加全省第五届群众广场舞展演，分别获得一、二等奖。

【天门市文化遗产保护】 2020 年，天门市文化遗产保护工作取得进展。石家河遗址作为长江流域唯一获选的遗址，在国家文物局“考古中国”重大项目重要进展工作会上通报。石家河遗址安防工程通过省文旅厅验收。完善三房湾遗址保护展示规划，向国家文物局申报印信台遗址保护展示计划。对胡家花园、陆羽纪念馆进行保养维护。完成天门民歌、天门糖塑国家级传承人和天门渔鼓省级传承人抢救性记录，录制 24 首天门民歌。协助央广网拍摄《天门糖塑》、央视海外频道拍摄《天门蒸菜》。成功申报天门非遗曲艺书场建设项目，落实天门蓝印花布生产性保护基地。天门渔鼓入选第五批国家级非物质文化遗产代表性项目名录推荐名单。

（天门市文化和旅游局）

2020 年 4 月 19 日，天门市举办第 11 个全民饮茶日活动

（天门市文化和旅游局　供稿）

卫生

【武汉市医疗卫生机构和人员】 2020 年，武汉地区有各级各类医疗卫生机构 6446 个。其中，医院 362 个（公立医院 112 个），基层医疗卫生机构 5958 个，专业公共卫生机构 70 个，其他卫生机构 56 个。按等级分，三级医院 62 个（三级甲等医院 27 个，含部队医院），二级医院 59 个，一级医院 122 个，未定级医院 119 个。按类别分，综合医院 169 个，中医医院 58 个，中西医结合医院 15 个，专科医院 112 个，护理院 8 个。基层医疗卫生机构中，社区卫生服务中心

133 个，社区卫生服务站 293 个，乡镇（街道）卫生院 72 个，村卫生室 1777 个，门诊部 1444 个，诊所、卫生所、医务室 2239 个。专业公共卫生机构中，疾病预防控制中心 18 个，卫生健康监督机构 15 个。床位共 9.38 万张，其中，医院床位 8.12 万张，基层医疗卫生机构床位 1.03 万张，专业公共卫生机构床位数 2305 张。病床使用率 65.65%。其中，医院病床使用率 69.24%，基层医疗卫生机构使用率 35.08%，专业公共卫生机构使用率 67.47%。出院者平均住院日为 10.1 天。其中，医院 10.4 天，基层医疗卫生机构 9.1 天，专业公共卫生机构 6.4 天。医疗卫生机构在岗职工共 14.25 万人，卫生技术人员 11.52 万人。其中，执业（助理）医师 4.19 万人，注册护士 5.73 万人，药师（士）0.47 万人，技师（士）0.56 万人。

【武汉市抗击新冠肺炎疫情】 2019 年 12 月 27 日，接湖北省新华医院报告多例不明原因肺炎病例后，武汉市、江汉区疾控中心对病例和华南海鲜市场相关情况进行核实调查，开展流调、病例及密接搜索与隔离、疫源地消杀等科学应急处置，迅速识别并分离病毒，确定病原体。

阻断传播链条。紧急制发《武汉市新冠肺炎疫情控制应急预案（试行）》，扎密防控网络，对患者及密切接触者实行"筛查—报告—流调—甄别—追踪—管理"闭环管理，共完成确诊病例 5 万多例、阳性检测 2666 例的流行病学调查。累计排查密切接触者 9.66 万人，在密切接触者中累计确诊病例 2448 例、疑似病例 589 例、阳性检测（无症状）201 例，并进行救治和管理安排。

全力救治患者。做到应检尽检、应收尽收、应隔尽隔、应治尽治，建院增床，建立分级分层救治机制。2020 年 1 月 23 日启动火神山、雷神山医院建设，配合军方做好火神山医院各项建设协调，2 月 3 日和 2 月 8 日，火神山医院、雷神山医院分别启用。累计征用 87 家医疗机构作为新冠肺炎患者定点医院，投入床位 2.9 万张，征用方舱医院 16 家，开放床位 1.4 万余张，开辟 600 多个集中隔离点。全市基层卫生机构全程参与疫情防控工作，8 家医疗单位纳入新冠肺炎救治定点医院，188 家基层医疗卫生机构作为防控"哨点"，累计筛查发热病人 4 万余人，健康管理新冠肺炎康复患者 4.2 万余人。316 支援汉医疗队 3.5 万余名医护人员和全市 2.4 万余名医务工作者投入抗疫一线，共收治患者 5.04 万人，治愈率为 92.3%，其中收治重症患者 1.88 万人。全市医院共接诊复诊患者 4.18 万人次。

开展全员核酸检测。4 月 8 日武汉"解封"后，采用核酸混样检测方法进行大样本应急筛查，累计完成核酸检测 1100 万人。核酸检测排查出 300 名无症状感染者按照规范要求进行医学观察，实施中西医预防性干预等措施，无一例转为确诊病例。对密切接触者进行医学 隔离观察和核酸检测，未发现传染他人的情况。

严格疫情常态化防控。转入常态化防控阶段后，保持应急响应架构和疫情防控指挥体系，完善疫情防控协同机制，实现疾控与医疗机构信息、资源联通，多部门紧密联动，坚持不间断动态监测、定期调度推进，堵住一切漏洞。对机场、冷链市场、隔离点和发热门诊等重点场所实行红区管理。累计

2018—2020 年武汉市各类医疗机构变化情况一览表

年份	合计（个）	医院（个）				基层医疗卫生机构（个）						专业公共卫生机构（个）	其他卫生机构（个）
		小计	综合医院	中医医院	专科医院	小计	社区卫生服务中心	卫生院	村卫生室	门诊部	诊所、卫生所、医务室		
2018	6340	398	177	65	105	5853	133	84	1701	1298	2349	79	10
2019	6497	407	194	45	134	6012	133	72	1829	1393	2340	69	9
2020	6446	362	169	58	112	5958	133	72	1777	1444	2239	70	56

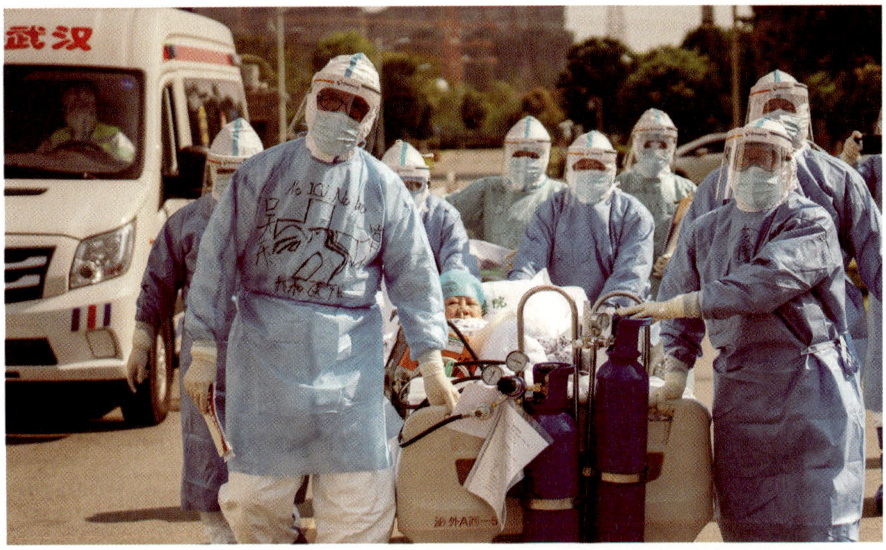

2020年4月12日，北京协和医疗队在同济医院中法院区病区转移最后一名患者　　（何小白　摄）

采集和检测环境样本49.04万份，同时对7618个冷冻库中的6.65万个冷冻海鲜、15.45万个冻肉及76.75万个环境样本进行监测，除发现10份进口冷冻肉制品外包装标本新冠病毒核酸检测呈阳性外，其余均为阴性。

筑牢“外防输入”防线。强化“人物地”同防，累计管理中高风险地区来汉4.94万人、境外返（来）汉4.7万人，报告62名境外输入性阳性病例无一扩散；对15类重点人群实施“应检尽检”，累计检测421万人次。实施进口冷链食品全覆盖、全检测、全消杀、全追溯、全管理，累计检测样本165万份，发现阳性样本10份次，并迅速规范处置到位。

加强“内防反弹”措施。强化重点场所防控和城乡同防，建立4支各千人的流调、消杀、检测、管控队伍和“万名流调协查员”，建成市卫生应急指挥与疫情大数据应用系统，日监测数据500余万条、监测人数182万，实现多点触发和全程闭环管理。

全年抽检公共场所外环境样本76.5万个。全市卫健系统共有132个集体和382名个人获国家、省、市表彰，张定宇被授予“人民英雄”国家荣誉称号。

2020年武汉城市圈各市获得全国抗击新冠肺炎疫情表彰情况一览表

地区名称	先进个人（人）	先进集体（个）	优秀共产党员（人）	先进基层党组织（个）
武汉市	71	21	9	5
黄石市	5	2	1	1
鄂州市	6	1	1	1
孝感市	11	3	1	1
黄冈市	10	3	0	1
咸宁市	5	2	0	0
仙桃市	4	1	0	0
潜江市	3	1	1	0
天门市	3	1	1	1

2020年武汉城市圈各市获得湖北省抗击新冠肺炎疫情表彰情况一览表

地区名称	先进个人（人）	先进集体（个）	优秀共产党员（人）	先进基层党组织（个）
武汉市	410	146	53	44
黄石市	28	10	4	3
鄂州市	31	12	4	4
孝感市	60	22	8	6
黄冈市	60	22	8	6
咸宁市	26	10	5	4
仙桃市	22	8	3	2
潜江市	16	6	2	2
天门市	16	6	2	2

【援鄂医疗队】 2020年武汉新冠肺炎疫情发生后，中央决定从全国各地调集医疗队驰援武汉。自解放军三支援鄂医疗队450人于1月24日（农历除夕）23时44分率先抵达武汉后，上海市、天津市等29个省、市、自治区

2020年武汉城市圈各市援鄂医疗队基本情况一览表

地区名称	援鄂医疗队名称	医疗队人数	援鄂时间
武汉市	解放军、上海等29个省、市、区315支援汉医疗队	35591	1月24日—2月29日
黄石市	江苏援黄石医疗队	362	2月11日—3月28日
鄂州市	贵州、北大援鄂医疗队	905	1月28日—3月31日
孝感市	重庆、黑龙江援孝医疗队	1362	1月26日—3月28日
黄冈市	山东、湖南援黄冈医疗队	1260	1月25日—3月30日
咸宁市	辽宁、云南援咸医疗队	502	1月27日—3月22日
仙桃市	山西援仙医疗队	263	1月26日—3月22日
潜江市	山西援潜医疗队	67	1月27日—3月28日
天门市	重庆、四川专家，山西援天医疗队	159	1月27日—3月30日

2020年1月26日，陆军军医大学医疗队成员与武汉市金银潭医院医护人员进行工作交接　　（武汉市地方志办公室　供稿）

陆续多批次派遣医疗队支援武汉市抗击疫情，至2月29日24时，共计315支援汉医疗队、35591名援汉医疗队员，全力投入医疗救治工作。多位院士率队到汉指导新冠肺炎患者医疗救治工作，并推动中医药全过程介入新冠肺炎治疗。山东、重庆等多省市共派遣4700多名医疗队员，支持武汉市圈8市抗击新冠肺炎疫情。这是新中国成立以来规模最大的一次医疗支援行动。

【武汉市抗疫医用物资保障】 2020年，武汉市不断加强新冠肺炎疫情发生后的物资保障供给。先后安排中央、省、市财政防疫资金130.75亿元，获捐赠资金28.86亿元，协调19家医药储备企业、215家领用单位调配近3.5万笔防护物资，逐步实现全市医用物资从“紧缺”到“紧平衡”“动态平衡”“动态足额供应”的跨越式提升。规范卫生健康系统卫生应急物资管理，成立医用氧保供突击队，完成19家医院23个院区氧气系统新（改）建工作，租赁35台IR236红外人体表面温度快速筛查仪，分别安装在天河机场和武汉、汉口、武昌火车站等重要枢纽筛查管控地段。建成防疫物资信息管理系统，将市、区卫生健康委、定点医疗机构等防疫重点单位纳入系统管理，及时掌握区域内各项防疫物资储备、消耗、库存等一手数据，提高防疫物资管理效率，全市医疗机构按照30日量储备防护物资。

【武汉市抗疫基础设施建设】 2020年，武汉市加强抗疫基础设施建设。建设市疾控中心综合实验楼，建筑面积约5万平方米，总投资4.66亿元。建成13个市级新（突）发传染病病原检测（P2）实验室，在建2个区疾控中心P2实验室，13个区疾控中心具备核酸检测能力。新改扩建15个区级疾控中心。完成62家医院发热门诊标准化建设、10200张隔离救治病床升级改造。建设核酸检测国家公共平台5个、城市检测基地11个，92个核酸检测实验室，应急状态下核酸检测可达每天150万人次。继2019年武汉亚洲心脏病总医院空地急救站正式投入运行之后，又批准设立同济医院中法院区和省人民医院东院区两个空地急救站，开建长航总医院长江水上急救站和武汉市东湖医院东湖水上急救站。年内，国家卫生健康委决定以华中科技大学同济医学院附属同济医院为主体设置国家重大公共卫生事件医学中心。

【武汉市疫病医疗费用保障】 2020年，武汉市疫病患者所有费用全部医保报销、政府兜底。疫情发生后，成立专班开展新冠医疗费申报、审核、结算工作，督促医院及时办理新冠肺炎确诊疑似患者个人负担部分退费，34家医院和15个区申报新冠肺炎总医疗费14.70亿元。报销13.80亿元，基本完成个人负担部分费用的退费工作。确认并支付31家医院应付工程类结算款1.36亿元、应付酒店结算款2.25亿元、应付药品（医疗物资）结算款33.63亿元、医务人员临时性补贴27.69亿元。

【武汉市抗疫信息化建设】 2020年，武汉市加强抗疫信息化建设。紧急开发新冠肺炎疫情大数据应用系统，打通医疗、疾控、公安、政务等多条数据线，借助数据分析，展示以新冠病患者为主线的个人全程轨迹模型和疫情发展动态模型；定制开发全市发热门诊疫情直报系统、住院信息疫情直报系统、新冠肺炎核酸检测信息系统、业务应用及物资调配管理、牺牲人员上报信息系统，疫情业务信息数据全面网络传递，每日报告发热门诊情况分析、新增确诊患者来源、0—24时全市新增确诊和疑似人员数据比对等。开通“互联网＋医疗健康”便民服务，在“健康武汉官微”微信小程序开通“新型冠状病毒肺炎抗疫服务专区”，陆续上线疫情实时动态查询、发热在线咨询、慢性病用药求助通道、心理辅导援助、口罩预约、互联网医院、核酸检测结果查询、床位查询、武汉健康码等九大核心服务，适应市民疫情期间的医疗健康服务需求，疫情期间小程序服务547.3万余人，提供在线服务2000余万次，实时发布健康科普资讯438条。加强对市、区两级卫生健康许可工作进行细化分解，制定健康码转码审核细则，畅通健康码转码审核。

【武汉市全员核酸检测】 2020年8月4—6日，武汉市实施全员核酸检测。武汉“解封”后，新冠肺炎疫情转入常态化防控阶段。针对新冠肺炎疫情病毒载量高、传播能力强、传播速度快，加之人员外出流动增多，疫情传播的风险非常大，8月3日11时，湖北省疫情防控指挥部召开新闻发布会，武汉市迅速启动全员全面核酸检测，用最快速度最短时间完成核酸检测。采用核酸混样检测方法进行大样本应急筛查，3天时间累计完成核酸检测1123万人。核酸检测排查出300名无症状感染者，按照规范要求进行医学观察，实施中西医预防性干预等措施，无一例转为确诊病例。对密切接触者进行医学隔离观察和核酸检测，未发现传染他人的情况。武汉是全世界第一个进行如此大规模全民核酸检测的城市。此后，武汉经验推广到多个省市。

【武汉市疫情常态化防控】 2020年4月8日，武汉转入疫情常态化防控阶段。保持应急响应架构和疫情防控指挥体系，完善疫情防控协同机制，实现疾控与医疗机构信息、资源联通，多部门紧密联动，坚持不间断动态监测、定期调度推进，堵住一切漏洞。对机场、冷链市场、隔离点和发热门诊等重点场所实行红区管理。

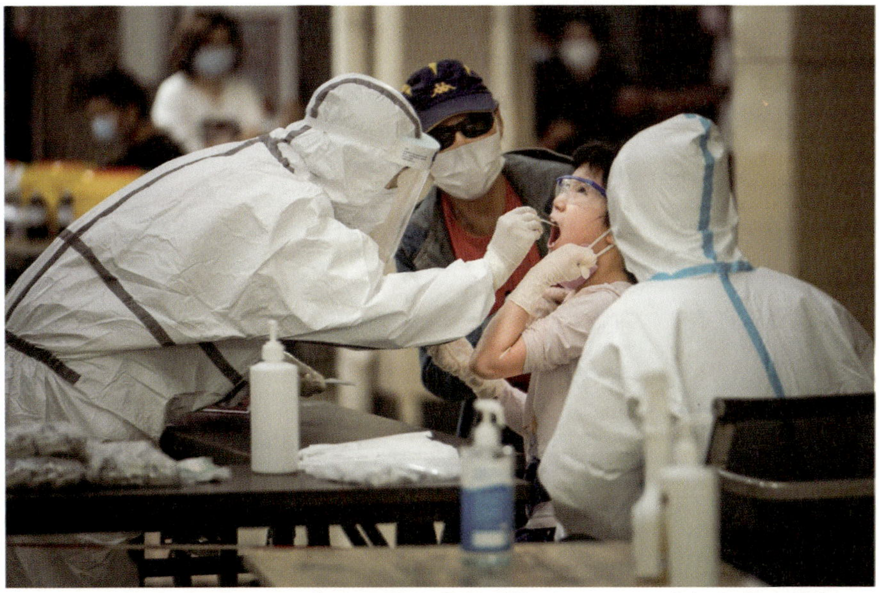

2020年8月4—6日，武汉开展全员核酸检测　　（何小白　摄）

累计采集和检测环境样本49.04万份，同时对7618个冷冻库中的6.65万个冷冻海鲜、15.45万个冻肉及76.75万个环境样本进行监测，除发现10份进口冷冻肉制品外包装标本新冠病毒核酸检测呈阳性外，其余均为阴性。

筑牢“外防输入”防线，强化“人物地”同防。累计管理中高风险地区来汉人员4.94万人、境外返（来）汉人员4.7万人，报告62名境外输入性阳性病例无一扩散。对15类重点人群实施“应检尽检”，累计检测421万人次。实施进口冷链食品全覆盖、全检测、全消杀、全追溯、全管理，累计检测样本165万份，发现阳性样本10份次，并迅速规范处置到位。

强化“内防反弹”措施，重点场所防控和城乡同防。建立4支各千人的流调、消杀、检测、管控队伍和“万名流调协查员”，建成市卫生应急指挥与疫情大数据应用系统，日监测数据500余万条、监测人数182万，实现多点触发和全程闭环管理。全年抽检公共场所外环境样本76.5万个。

【武汉市医共体建设】2020年，武汉市启动区域医疗共同体建设。组建以东西湖区、黄陂区、江夏区人民医院（中医医院）为龙头的医学专科联盟，建立医疗资源互通共享工作机制，建成医疗、护理、药事、院感、放射质控中心，以区级远程会诊方式，推进区、街、村三级医疗机构管理运行一体化、人员调配一体化、服务能力和质量控制同质化。至年底，6个新城区共组建医疗共同体11个。

【武汉市疾病预防控制】2020年，武汉市无甲类传染病报告，报告乙类传染病（新冠肺炎除外）12种、13854例。甲乙类传染病报告发病率125.02/10万。共接种国家免疫规划各类疫苗197.56万剂次，接种完成率126.92%。儿童建卡9.52万人。接种流感疫苗50.59万剂次、新冠疫苗9.53万剂次。新发现艾滋病感染者670人，累计6107例HIV/AIDS接受抗病毒治疗，抗病毒治疗比例94.6%；检测艾滋病高危人群6.20万人。28家VCT（艾滋病自愿咨询检测）门诊共提供服务7907人次，阳性检出率3.41%；开展男男性行为人群HIV检测2.47人次，阳性率1.55%。落实监测、检测、干预和抗病毒治疗等环节综合防控措施，推进第四轮全国艾滋病综合防治示范区（2019—2022年）建设。

全市共报告各类性病3419例，接受各级各类医疗机构转介梅毒阳性者8000余人次，对2000余人次进行规范治疗。对戒毒所戒毒人员及同性恋人群场所开展梅毒、艾滋病检测，主动发现患者并规范治疗。筛查疑似肺结核患者2.45万例，登记和治疗活动性肺结核患者4922例。持续推进耐多药肺结核患者防治工作，完善耐多药结核病保障机制，全年共确诊利福平耐药肺结核患者307例，纳入治疗281例，其中，享受市级减免治疗费用患者51例。针对高校学生患者实施“免诊疗费、专人接诊、集中收治、集体定诊”，处置3起学校结核病疫情，未发生影响重大的结核病突发公共卫生事件。加强对具有麻风病可疑症状或体征者进行登记、报告、转诊，累计确诊麻风病5人；对现症麻风病人追踪随访，加强治愈存活者及监测密切接触者，完善麻风健康管理信息平台。协助并指导全省麻防机构开展麻风病防治培训、麻风病

2020年武汉市居民死亡原因前十位疾病表

男性				女性			
序号	病名	死亡率（1/10万）	占比（%）	序号	病名	死亡率（1/10万）	占比（%）
1	恶性肿瘤	224.93	27.39	1	脑血管病	135.47	21.31
2	脑血管病	155.21	18.90	2	心脏病	135.02	21.24
3	心脏病	140.50	17.11	3	恶性肿瘤	129.43	20.36
4	呼吸系统疾病	81.50	9.87	4	呼吸系统疾病	45.92	7.22
5	传染病和寄生虫病	55.44	6.75	5	损伤中毒	40.73	6.41
6	损伤中毒	47.46	5.78	6	传染病和寄生虫病	32.29	5.08
7	内营代	28.61	3.48	7	内营代	29.89	4.70
8	消化系病	19.00	2.31	8	消化系病	14.37	2.26
9	神经系病	11.04	1.34	9	神经系病	11.77	1.85
10	泌尿生殖系病	9.98	1.22	10	泌尿生殖系病	7.21	1.13

健康宣传。面向全国提供麻风畸残康复矫形手术服务40例。纳入管理严重精神障碍患者4.61万人，报告患病率4.16‰，其中，规范管理39961人。整合资源，成立武汉市社会心理服务指导中心。建立市级心理专班，设置心理援助服务专员和心理专干暨“三专”心理服务体系，成立社会心理服务小分队，针对各类人群开展心理危机干预和心理健康教育服务。

【武汉市中医药建设】 2020年，武汉市加强中医药建设。社区卫生服务中心和乡镇卫生院中医科建设达100%，建成中医综合服务区达97.9%，中医药服务量达到基层医疗机构总服务量的33.3%，中医类别医师占本机构医师总数20%以上。年内，全国名中医、中国工程院院士张伯礼，首都医科大学附属北京中医医院院长刘清泉联合创建的“全国名中医张伯礼、刘清泉传承工作室”落户武汉市中医医院；市中西医结合医院盘龙城医院建立中医药传承中心。扩建市中医医院汉阳院区和新洲区中医医院住院楼，推进江夏区中医医院新院区、黄陂区中医医院第二期项目建设。蔡甸区获得国家中医医院建设项目经费4000万元。硚口区通过全国基层中医药工作先进单位复审复核。推进“中医云”平台项目建设，以市、区两级卫生信息平台及电子病历、电子健康档案、全员人口数据库为基础，统筹规划中医药业务应用系统。

中医药广泛参与新冠肺炎防治。56所定点救治医院中，中医定点救治医院有10所。全市确诊病例中医治疗参与率89.07%，方舱医院收治病人中医治疗参与率99.97%。组织新冠肺炎疫情防控应急科研申报、遴选和立项，立项27个项目，资助经费70万元。推进2020年度中医药科研项目评审，确定101个立项项目，比上年增加17项。其中，重大项目2项，重点项目16项，青年项目23项，一般项目60项，共计资助经费200万元。武汉市中西医结合医院皮肤科、脾胃病科入选国家区域中医诊疗中心建设单位。汉派彭银亭中药炮制技艺、叶开泰传统中药制剂方法入选第五批国家非物质文化遗产代表性项目。

2020年4月6日，全国名中医张伯礼、刘清泉工作室落户武汉市中医医院

（武汉市地方志办公室　供稿）

【武汉市计划生育扶助政策落实】 2020年，武汉市严格落实计划生育特别扶助政策。全面落实计划生育特殊家庭联系人制度等三个全覆盖，开展计划生育领域惠民政策专项核查。落实计划生育特殊家庭群体医疗、养老、住房等多方面帮扶措施。全市符合政策的对象2.06万人，落实关爱政策发放特殊补助，发放独生子女伤残扶助对象一次性补助1200元、独生子女死亡扶助对象一次性补助1500元。聘请专业心理援助团队，加强对失独家庭精准帮扶和抚慰，促进失独家庭社会功能的逐步恢复。

【武汉市母婴保健】 2020年，武汉市孕产妇死亡率8.42/10万，婴儿死亡率1.78‰。疫情期间，指定10家医疗机构作为新冠孕产妇定点救治医院，武汉儿童医院为新冠儿童定点救治医院。及时调整、公布正常接诊孕产妇助产机构，指导非感染孕产妇规范就诊。开通“线上问诊”“线上访视”“线上课堂”等服务，保障疫情期间妇幼群体保健服务。落实孕产妇系统保健，规范孕产妇感染新冠肺炎管理，全市未发生罹患新冠肺炎疫情的孕产妇死亡病例。指导、督促各妇幼保健机构做好疫情常态化防控，落实发热患者和服务对象闭环管理。加强孕产妇基础疾病排查，细化高危孕产妇全程管理，做好急危重症孕产妇的转诊、救治工作，畅通危重孕产妇、新生儿急救绿色通道。强化母婴安全保障措施，开展孕产妇妊娠合并症培训，高危儿筛查、转诊、干预培训，急救演练和新生儿窒息复苏等业务培训。开展出生缺陷综合防治，免费婚检、免费孕优项目目标人群覆盖率均在80%以上。孕妇免费无创产前基因检测6.4万名，检测出高风险400余人，确诊165人。为全市助产机构出生的新生儿开展新生儿五项疾病免费筛查。免费“两癌”（宫颈癌、乳腺癌）检查17万人，发现宫颈癌癌前病变1000余人，宫颈癌60余人，乳腺癌40余人。为参加免费筛查的妇女购买“两癌”保险，筛查发现阳性或癌前病变，提供两年期治疗费用限额报销。全市孕产妇健康管理率、儿童健康管理率分别达到98.58%、96.59%。

【健康武汉建设】 2020年，武汉市着力完善健康武汉工作机制。将居民健康素养水平等健康武汉核心指标纳入各区党委政府绩效考核，同步开展健康武汉建设与爱国卫生运动。推进新冠肺炎疫情常态化防控和爱国卫生运动有机结合，持续开展爱国卫生运动进机关、进学校、进社区、进企业活动，拍摄制作《健康第一课》宣传片，集中整治老旧小区等重点场所环境卫生，完成对82家市直机关疫情防控、爱国卫生和控烟工作考核评价。根据季节特点，统一开展消杀除害活动。全面开展汛后淤泥清除、垃圾清运、沟渠疏通，彻底进行水浸区域环境清理。巩固国家卫生城市创建成果，建成国家卫生乡镇9个，省、市级卫生街道40个，省、市级卫生社区、卫生村、卫生先进单位近千个，建成一批健康示范社区（村）、机关、企业、学校和医院。组织医疗机构对复工复产企业职工进行复工体检。成立陈孝平院士健康科普工作室，《健康科普云课堂》累计吸引450万人次观看。集中开展世界无烟日宣传，制作控烟公益海报。以多种形式推广分餐制、公筷公勺等卫生文明习惯和戴口罩、勤洗手、多通风、少聚集疫情防控要求。组织参加全省健康教育专业技能大赛，武汉市获得全省健康科普大赛组织奖，全省健康教育专业技能大赛团体一等奖、计划书设计一等奖、科普演讲奖一等奖、传播材料三等奖。年内，武汉市入选国家健康企业试点城市。

【武汉市健康养老服务】 2020年，武汉市健康养老服务工作取得进展。印发《武汉市人工智能养老社会实验工作实施方案》，开展智慧健康养老产品及服务推广。运用云平台拓展服务，组织网络培训及科普宣传。配合开展“百家百讲”活动，推送健康科普短视频，指导老年人做好疫情防护工作，提供预防中药及茶饮处方。开展社区医疗与养老服务能力提升试点，通过示范引路，建设10家医养融合康复服务中心。逐步满足失能、半失能老年人康复需求。落实老干部待遇，分级分类组织开展健康巡诊、个性化健康指导和心理疏导服务，解决本市及外地高龄、失能老干部临时用药、购药送药及费用报销。启动蔡甸、江夏、黄陂、新洲4个区建档立卡失能贫困老年人健康评估工作，市东湖（老年病）医院《武汉医养结合服务基本规范》获准市级地标制定工作立项，汉阳区晴川街社区卫生服务中心入选国家首批老龄健康医养结合远程协同服务试点单位。开展全市“敬老月”活动和老年健康宣传周活动，创建“敬老文明号”和“敬老爱老助老模范人物”，9家单位、13位个人受到国家卫生健康委、老龄办表彰。组织参加全省中老年才艺大赛，武汉市获“优秀组织奖”。

（武汉市地方志办公室）

【黄石市医疗卫生机构和人员】 2020年，黄石市有医疗卫生机构1426个。其中，医院（卫生院）89所，公共卫生机构3个，妇幼保健站3所。总床位数1.78万张，执业（助理）医师6681人，注册护士9906人。建有国家级临床重点专科3个、省级重点专科52个、市级重点专科67个。中医药事业进一步发展，17家社区卫生服务中心和36家乡镇卫生院实现“国医堂”全覆盖，15家乡镇卫生院

2020 年黄石市医疗卫生机构基本情况统计表

机构和人员类别	2019 年	2020 年
卫生医疗机构数（个）	1443	1426
医院、卫生院数（个）	89	89
疾病预防控制中心（个）	3	3
妇幼保健站（个）	3	3
卫生医疗机构床位数（个）	17767	17752
医院、卫生院床位数（个）	15987	—
卫生医疗机构人员数（个）	25031	—
卫生技术人员（个）	19806	20181
执业医师及执业助理医师（个）	6433	6681
注册护师、护士（个）	9853	9906

国医堂被命名为“湖北省国医堂”。

【黄石市新冠肺炎疫情防控】 2020 年，黄石市新冠肺炎疫情发生后，先后设立 9 家定点医院，投入 1745 张床位用于医疗救治，确诊病例治愈率 96.16%。用 32 天实现确诊病例零新增、62 天实现确诊病例康复清零。进入常态化疫情防控后，连续作战 380 余天，取得秋冬季和冬春季疫情防控的新胜利。全市核酸检测机构达 14 家，日检测能力达到 4 万人份；设置新冠疫苗紧急接种点 47 家，完成 3.66 万重点人员近 7.6 万剂次接种任务，其中 2.53 万余人完成全程接种，防控成果持续巩固。

【黄石市公共卫生基础设施建设】 2020 年，黄石市全面加强公共卫生补短板工程。抢抓“政策窗口期”，争取项目资金 12.26 亿元，启动公共卫生 122 个补短板项目，年内竣工 3 个，开工在建 34 个。全面启动卫生健康城项目，52 家医疗机构发热门诊等基础设施建设项目全线开工，市中医院传染病综合大楼等项目进入施工阶段。

【黄石市医疗卫生服务】 2020 年，黄石市深化医疗卫生服务工作。出台“片区医生”制实施方案，推进优质医疗资源下沉，全市 4 个城区 425 个网格的 412 名“片区医生”全部到位，为城区 78 万社区居民提供“家门口、零距离、最便捷”的医疗服务。重度精神病患者服务管理在全省年度考核中排名第三；加强传染病管理，艾滋病“四免一关怀”（对农村居民和城镇未参加基本医疗保险等医疗保障制度的贫困艾滋病病人免费提供抗病毒治疗药物，免费自愿咨询检测，艾滋病患者孤儿免费上学，艾滋病孕妇享受免费艾滋病咨询、筛查和抗病毒药物治疗。将生活困难的艾滋病患者纳入政府救助范围，按国家有关规定给予必要的生活救济，并扶持有生产能力的艾滋病患者参加生产活动）政策落实率 100%，活动性肺结核患者成功治疗率超过 90%，累计接种国家免疫规划疫苗超过 30 万剂次，死因监测工作实现全覆盖；监督执法能力不断增强，“双随机一公开”（在监管过程中随机抽取检查对象，随机选派执法检查人员，抽查情况及查处结果及时向社会公开）任务完成率 100%。

2020 年 8 月 7 日，黄石港区召开职业病危害现状调查培训会

（黄石市档案馆　供稿）

【黄石市健康扶贫】2020年，黄石市扎实开展健康扶贫工作。全面落实“985”政策（即贫困人口在定点医疗机构住院，政策范围内医疗费用报销90%左右；大病、特殊慢性病政策范围内医疗费用报销80%左右；年度个人负担政策范围内医疗费用控制在5000元以内），12.9万余名建档立卡贫困人口全部享受先诊疗后付费服务，门诊救治1.04万人次、住院救治5900余人次，25类大病确诊病例救治率、慢性病确诊患者签约服务率均达99.5%以上，完成上级交办的各项健康扶贫任务。

（黄石市档案馆）

【鄂州市卫生机构和人员】2020年，鄂州市有医疗卫生机构475个。其中，医院22个，基层医疗卫生机构442个，专业公共卫生机构11个。医疗卫生人员8241人。其中，执业（助理）医师2243人，注册护士3098人。医疗卫生机构实际开放床位5847张，其中医院床位4341张，社区卫生服务机构床位79张，卫生院床位1193张。

【鄂州市新冠肺炎疫情防控】2020年，鄂州市全力开展新冠肺炎疫情防控工作。1月17日成立防控工作领导小组，启动联防联控机制。1月21日至22日，组织4个督导组对各区、市直二级以上医疗机构和社区卫生服务中心（站）开展防控工作督导，建立健全四级新型冠状病毒感染肺炎医疗救治体系，确定定点救治医院和隔离留观医院，全市设置37个

2020年鄂州市医疗卫生机构基本情况表

机构类别	机构数（个）	床位数（张）	卫生工作人员（人）						
			卫生技术人员					行政后勤人员	总计
			执业医师	执业（助理）医师	注册护士	其他卫生技术人员	小计		
综合医院	14	2838	833	907	1564	445	2916	571	3487
中医医院	2	678	204	210	278	97	585	97	682
专科医院	6	825	64	75	164	38	277	128	405
社区卫生服务中心（站）	31	79	77	88	139	70	297	74	371
卫生院	25	1193	336	514	551	322	1387	308	1695
门诊部、诊所、卫生所、医务室、村卫生室	386	4	181	259	197	27	483	457	940
急救中心（站）	1	0	2	2	6	0	8	10	18
采供血机构	1	0	0	0	1	16	17	4	21
妇幼保健院	1	230	138	143	176	47	366	73	439
专科疾病防治院	2	0	5	5	2	4	11	8	19
疾病预防控制中心	1	0	32	34	16	32	82	17	99
卫生计生综合监督执法	4	0	0	0	0	34	34	9	43
学会办	1	0	0	0	1	2	3	1	4
其他卫生计生机构	0	0	6	6	3	0	9	9	18
合计	475	5847	1878	2243	3098	1134	6475	1766	8241

3月17日，中科院院士仝小林到鄂州指导中医药参与新冠肺炎防控工作

（鄂州市档案馆　供稿）

发热门诊和预检分诊点，落实发热病人“两个闭环”，加强院内感染防控。疫情发生后，成立呼吸专科专家团队和中医专家团队，对全市所有救治医院、医疗点、乡镇卫生院每天进行巡诊，通过中西医结合指导新冠肺炎救治工作。贵州省援鄂医疗队862人紧急驰援鄂州，与北大驰援鄂州医疗团队共同加强重症监护、呼吸科救治力量，按照“四集中”原则，对轻症、重症、危重症患者分类集中管理。与武汉大学人民医院、北京大学国际医院等医院共同开展18场医疗远程会诊，对每一例重症及危重症患者制定“一对一”诊疗方案。坚持中西医治疗并重，阻止轻症向重症发展。累计发放“清肺排毒汤”“肺炎1号方”等方剂17万余付，全市所有医疗机构、发热收治点、密接隔离点、康复隔离点实现全覆盖。3000余医护人员奋战在疫情防控第一线，至3月30日“清零”，疫情期间累计治愈1335例新冠肺炎患者。鄂州市先后有3名个人、1个集体受到国家表彰，19名个人、4个集体受到省级表彰。

【鄂州市疾病预防控制】 2020年，鄂州市加强疾病预防控制工作。出台《中共鄂州市委鄂州市人民政府关于推进疾病预防控制体系改革和公共卫生体系建设的实施意见》《鄂州市关于改革完善疾病预防控制体系的实施方案》等5个配套文件，成立鄂州市疾病预防控制体系改革和公共卫生体系建设工作领导小组，细化工作方案，制定时间表、路线图。统筹推进常态化疫情防控工作，持续实行发热门诊闭环管理，开展新冠肺炎防控知识培训和各项医疗救治资源准备工作；提高医疗机构核酸检测能力，集中开展核酸检测及秋季复学核酸检测。开展医疗机构常态化疫情防控各类专项督查。完成钉螺环境调查120万平方米，灭杀钉螺面积28万平方米；完成免费查治人群34033人次，高于省定指标23.8个百分点，全市继续保持本地新发感染病人零报告。华容区、鄂城区通过省级血吸虫病消除达标标准验收。扩大农村贫困人口大病专项救治范围，明确31种大病救治病种，对市域内具备救治能力的24种大病病种，成立救治专家组，制定22个救治病种的诊疗规范及临床路径，开展规范救治工作。

【鄂州市计划生育扶助政策落实】 2020年，鄂州市关爱计划生育家庭。落实计生奖励政策，独生子女保健费每年应发尽发，落实农村部分计生家庭3291人奖励扶助资金共315.94万元，兑现改制企业买断工龄人员计划生育一次性奖励249.55万元，落实机关事业单位人员一次性退休补贴计生奖励政策。办理农村独生女家庭2528人免费医保、计生特殊家庭666人免费医保。流动人口卫生计生基本公共服务均等化到位率96.98%。扩展新生儿疾病筛查项目范围，推进出生缺陷综合防治工作。全市孕产妇死亡率10万分之16，婴儿死亡率1.7‰。完善母婴设施建设服务管理，将0—3岁婴儿托幼服务发展和新建小区母婴设施建设作为重点民生项目，纳入“十四五”规划，开展0—3岁婴幼儿托育服务工作，改扩建示范托育机构1个，网上备案注册4个。

（鄂州市档案馆）

【孝感市卫生机构和人员】 2020年，孝感市有医疗卫生机构490个，其中，医院69个。医疗卫生人员2.75万人。其中，执业（助理）医师9981人，注册护士1.20万人。医疗卫生机构实际开放床位2.65万7张。其中，医院床位1.72万张。

【孝感市新冠肺炎疫情防控】 2020年，孝感市新冠疫情发生后，全市进入24小时临战状态。设置31个发热门诊和9家定点医疗救治机构；具备条件的乡镇卫生院、社区卫生服务中心迅速建立发热门诊，其他乡镇卫生院全部设立发热诊室；7个县、市、区共设置留观点约150个。对确诊病例、疑似病例、无法明确排除的病人、确诊病例的密切接触者等重点人群，实行排查、检测、诊治、服务全覆盖，做到“应收尽收、应治尽治”。疫情暴发阶段，市紧急医疗救援中心接警2.94万次，接诊发热患者4991人；组织开展流调、消毒、生物安全等技术培训17次，参与国家、省组织的防控方案、诊疗方案和流调等视频培训35次。

在疫情常态化防控阶段，举

办传染病防控技能培训班563场次，培训9981人次；累计检测冷链食品及环境样品15.32万份，包括重点从业人员1.59万份、医疗机构3.55万份、公共场所3.61万份、冷链食品4.98万份、冷链食品屠宰加工企业7335份、农贸市场8605份，核酸检测结果均为阴性。向全市乡镇卫生院集中免费配置数字化X光机（DR）57台、彩超42台、全自动生化分析仪89台、数字化心电图机21台、血氧饱和度仪96台，并全部投入使用。成立以“湖北中医大师”“湖北中医名师”为首，23名中医医师参与的市级中医药防治专家组，开展巡回指导，印发放中西医结合康复诊疗工作手册和科普手册2.8万册，研究生产中药预防方100余万袋，向全市发放治疗类方剂约75万付、中成药82万余袋。

【孝感市医学救援平台建设】2020年，孝感市推进医学救援平台建设。按照“互联网+院前急救模式”，搭建全域紧急医学救援平台，7个县（市区）120急救平台全部接入市全域紧急医学救援平台，实现院前急救资源和数据共享，院前急救通信网络系统进一步优化升级。成立16家乡镇卫生院急救站，初步建立市、县、乡三级院前急救网络体系。开展道路交通事故紧急医疗救援应急联动，“110”和“120”平台接到交通事故报警后，及时将信息反馈对方指挥调度平台，建立交通事故伤员救治“绿色通道”，做到“及时接诊、及时检查、及时抢救”。

【孝感市基层卫生队伍建设】2020年，孝感市加强基层卫生队伍建设。出台《孝感市定向培养全科助理乡村医生实施方案》，招生333人，开展乡村医生岗位人员订单定向免费培养。加强基层在职人员岗位胜任力培训，按照“实用、实训、实效”原则，实施基层卫生人才能力提升国培项目，培训学员近400人次；采取线上练兵模式，覆盖基层卫生技术人员8000余人；开展新冠肺炎防控知识培训近300场次，培训1.2万人次。深入推进妇幼联盟建设，通过专家派驻、技术指导、急救转运、学术交流等方式，提高基层单位的专业技术水平和服务质量。落实乡村医生待遇，制订乡村医生参加养老保险具体办法，对符合条件的在岗村医给予养老保险补助，对符合条件的到龄离岗村医提供生活补助，在全省率先实现县（市、区）乡村医生养老保障政策全覆盖。

（孝感市史志研究中心）

【黄冈市医疗卫生机构和人员】2020年，黄冈市有卫生医疗机构4248个（包括私营和个体），卫生机构床位3.95万张。卫生机构人员4.34万人，其中，卫生技术人员3.69万人，执业（助理）医师1.58万人，注册护师、护士1.76万人。

【黄冈市新冠肺炎疫情防控】2020年，黄冈市全力投入新冠疫情防控工作。通过改造、临时征用或新建医院等方式，设立定点医院31家、救治床位287张，疑似病例收治点32处、病房2311间，发热病人集中收治点95处、病房1919间，开放ICU病床229张，累计调集7109名医护人员投入救治工作。组织专家团队到各县市定点医院巡诊40次，远程会诊30次。实行多学科联合会诊，落实“一人一策”诊疗方案，着力提高救治率、降低病亡率。推动中医药全程介入治疗，全市中医药使用率、临床治疗率超过90%。累计确诊新冠肺炎病例2907例，治愈2782例，治愈率95.7%，病亡率4.3%。增加检测设备和检测人员，新冠肺炎核酸样本检测能力由单日单检120份提高到单日单检5万份以上。至12月23日，累计检测样本202.5万份，实现疑似病例、发热病人、密切接触者“应检尽检”。年内，抽调医务精干人员，组建102个流调小

2020年黄冈市医疗卫生机构与人员统计表

机构数（个）	实有床位（张）	工作人员（人）								
		卫生技术人员					乡村医生及卫生员	其他技术人员	行政后勤人员	合计
		执业医师	助理医师	注册护士	其他技术人员	小计				
3881	38436	9513	3390	14652	5890	33445	3881	1823	3680	42829

组，追踪密切接触者2.96万人，有效控制疫情传播核心环节。先后对市区30个疫区、1140处疫点和公共场所展开消毒，消毒面积390万平方米。特批黄冈微医互联网医院，上线免费问诊、心理援助等服务，2000名本地医生上线接受问诊咨询3万人（次）。开通健康黄冈问诊一点通，143家医院、1181名医生参与线上诊疗，5.9万市民在线注册，累计问诊8500人（次）。开展远程会诊213次，远程影像6.6万人（次），远程健康教育培训208次。举办复工复产复学复市防控知识培训10期。对全市首批开学的73所学校、4.3万名学生、8875名教职员工开展核酸检测。121名医务人员驻校开展诊疗服务、疫情防控、应急处置等工作，保障全市按时复学复课。医疗机构和医务人员中，获得“全国抗击新冠肺炎疫情先进个人”称号6人、“先进集体”称号1个、“优秀共产党员”称号1人、“先进基层党组织”称号1个，获得“全省抗击新冠肺炎疫情先进个人”称号36人、“先进集体”称号11个、“优秀共产党员”称号7人、“先进基层党组织”称号3个。

【黄冈市健康扶贫】 2020年，黄冈市加大健康扶贫工作力度。出台《黄冈市健康扶贫工作实施方案》《关于完善农村贫困人口基本医疗有保障有关政策的通知》，推进兜底医疗保障，落实新“985”政策，实行“先诊疗、后付费”“一站式”即时结算，减轻贫困人口就医负担。全市大病集中救治一批、慢性病签约服务一批、重病兜底保障一批，常见多发病分类救治30.30万人，救治覆盖率99.94%。开展大病专项救治工作，将贫困人口大病救治病种扩大至30种，以县为单位开展大病集中救治，动态追踪管理，累计救治4.76万人，救治率99.95%。

（黄冈市史志研究中心）

【咸宁市医疗卫生机构和人员】 2020年，咸宁市有医疗卫生机构1358个，床位1.61万张，医疗卫生技术人员1.84万人。其中，执业（助理）医师7375人，注册护士8262人。门诊总诊疗1171万人次，门诊病人次均诊疗费149.9元；住院病人46.11万人，人均住院费用6534.1元，病床使用率74.24%。

【咸宁市新冠肺炎疫情防控】 2020年，新冠肺炎疫情发生后，咸宁市迅速成立疫情应急队伍。其中，流调队伍133支，共855人；采样队伍384支，共1185人；消杀队伍688支，共2123人。1月25日，咸宁市第一人民医院作为“战时医院”，仅用一天时间就完成普通病人转移。各县、市也迅速行动，将各自人民医院确定为专门医院，启动普通病房改造，打足“提前量”。疫情防控关键时期，将各地所有重症、危重症病人全部集中到市中心医院，由云南援咸医疗队整体接管、统一救治，一人一策、一人一方，治愈率有效提升。从2月22日起，没有新增新冠肺炎确诊病例；到3月17日，历时不到两个月，全市实现确诊病例和疑似病例清零，是全省首个“双清零”市州单位；累计报告病例836例，累计治愈病例821例，治愈率98.21%，在全省排名第三位。

【咸宁市妇幼保健和优生技术服务】 2020年，咸宁市全面推进婚前孕前预防，免费婚检9743人，免费

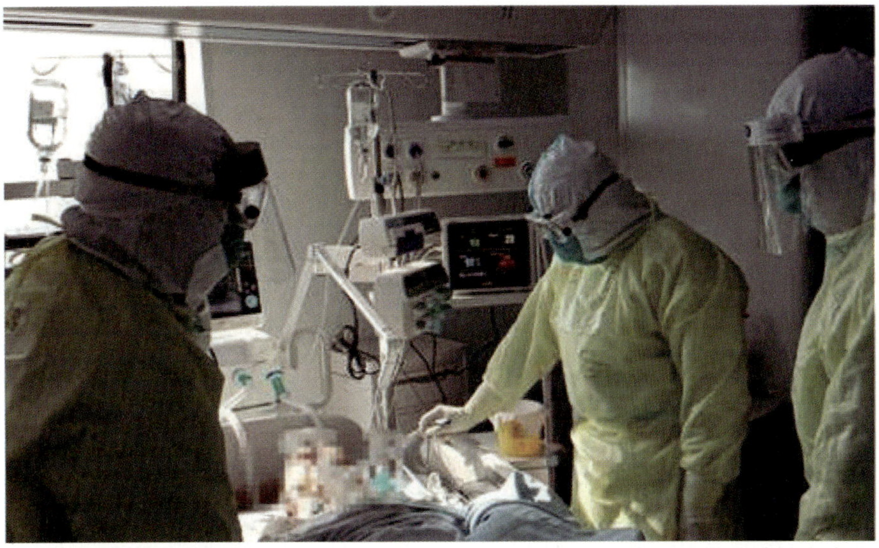

2020年，云南医疗队在咸宁市中心医院重症监护病房给病人问诊（咸宁市史志研究中心　供稿）

孕检2355人，免费发放1.67万名农村育龄妇女叶酸。加强孕期产前预防，孕产妇艾滋病、梅毒和乙肝免费检测率100%，阳性孕产妇和婴儿均实施综合干预。扩大出生缺陷免费筛查范围，出台《2020年咸宁市免费新生儿疾病筛查项目实施方案》，从8月1日始，在全市范围内免费开展苯丙酮尿症（PKU）、先天性甲状腺功能减低症（CH）、先天性肾上腺素皮质增生（CAH）、葡萄糖6磷酸脱氢酶缺乏症（G6PD）、地中海贫血等新筛五项筛查和听力筛查，先天性心脏病筛查率66.99%，五项疾病筛查率88.72%、听力筛查率75.78%。全面落实国家扩大免疫规划工作，为适龄儿童建卡2.65万张；新生儿接种首针乙肝疫苗2.55万名，接种率96.54%；新生儿接种卡介苗2.26万名，接种率85.51%。开展疑似预防接种异常反应（AEFI）监测处置工作，报告724起。其中，一般反应650起，占比89.78%；异常反应72起，上比9.94%。开展入托、入学儿童预防接种证查验和疫苗补种工作，查验托幼机构和学校应查929所，查验率100%，补证1893人，补接种2.40万人。规范产前筛查机构管理，对全市助产机构新生儿疾病筛查从业人员110余人进行岗位新技能培训。开展"两癌"免费检查工作，免费"两癌"检查1.81万人。全面启动贫困地区儿童营养改善项目，免费为贫困地区6—24月龄婴幼儿发放营养包。

（咸宁市史志研究中心　邹晓魁）

【仙桃市医疗卫生机构和人员】 2020年，仙桃市有各级各类医疗卫生机构1053个。其中，市直公立医疗卫生机构8家，社区卫生服务中心5家，乡镇卫生院15家，民营医院22家，个体诊所255家，村卫生室664家，其他医疗机构84家。按等级分，三级甲等中医院1家，三级乙等综合医院1家，二级甲等妇幼保健院1家，二级医疗机构14家。床位8396张。卫生专业技术人员7733人。其中，执业（助理）医师2740人，执业护士3811人，乡村医生1182人。医护比为1∶1.36，达到国家标准1∶1.25；开放床位与护士比1∶0.45，达到国家标准1∶0.4；每千常住人口执业（助理）医师数2.43名，接近国家标准2.5名；每千常住人口注册护士数3.3名，超过国家标准3.14名。

【仙桃市新冠肺炎疫情防控】 2020年，新冠肺炎疫情发生后，仙桃市果断实施全域管控措施，设置国省干线卡口9处、高速出入卡口8处、农村公路卡口1300多处，严防死守市镇村组（楼栋）四道防线。732个驻村（社区）工作队进村入户、摸排布控，2000多个党支部、2.1万名党员干部、2.13万名民兵和志愿者参与联防联控，全面开展网格化、地毯式排查，累计摸排返乡人员22.6万人，入户率、到人率均达100%。组建22支流调工作队，对确诊、疑似及无法排除的发热患者24小时内完成流调；建立大数据分析模型，对2.29万名密切接触者第一时间落实排查，确保"四类人员"应收尽收，应隔尽隔。

坚持把医疗救治工作摆在第一位，确定7家定点救治医院，组织4400多名医护人员投入抗疫一线，统筹调配病房988间、床位2575张，设置各类隔离点95个，收治率100%。充分发挥山西、安徽援仙医疗队和湖北省巡回医疗专家组优势，不断优化诊疗方案，采取每日会商、联合会诊和中西医结合等治疗手段，为新冠肺炎疑似病人、确诊患者开展一人一方中药治疗，中医药参与治疗率达100%。全市累计确诊575例，治愈553例，治愈率达96.2%。

坚持"一切为了前线"的政治担当，面对医用防护物资严重短缺的现实困境，采取统一采购设备、统一原材料供应、统一员工防护、统一质量检测、统一装箱运输、统一政策保障，市委主要领导每天2次直接调度，1名市委常委、7个专班住企服务，组织9000多名产业工人争分夺秒抓生产保供，仅用10天时间兑现湖北省人民政府下达的日产3万件防护服的"军令状"。3个月时间为全省供应N95口罩超过1100万只、医用外科口罩8000万只、一次性医用口罩1.85亿只、医用防护服370万件，贡献了全省80%、全国40%的防护物资。

转入常态化防控阶段后，严格落实属地责任、监管责任和主体责任，严格执行"扫码+测温+戴口罩"三项措施，加强人员进出管理。对中高风险地区来仙人员会同其家庭、工作接待单位、入住酒店进行追踪登记，并将其纳入网格化管理，采取隔离观察14天和核酸检测、健康监测等措施。加强发热门诊监测和闭环管理，落实药诊负责制和24小时值班制，充分发挥预警前哨作用。加强预检分诊和发热病人诊治与管理。落实一患一陪护，严格探视管理，杜绝院感事件发生。严格做到密切接触者、发热患者、新住院患者和陪护人员、境外及市域外中高风险区来仙返仙人员等重点群体核酸检测必查。"清零"过后至年底，全市再无新增确诊病例发生。仙桃市先后有4名个人、1个集体受到国家表彰，22名个人、8个集体受到省级表彰。

【仙桃市妇幼保健服务】 2020年，仙桃继续开展妇幼保健服务工作。孕产妇建册7107人，常住孕产妇早孕建册率89.12%，产后访视7693人。0—6岁儿童实行分段管理，新生儿访视7737人，常住新生儿访视率97.02%；0—6岁儿童健康管理8.87万人，健康管理率105.3%。免费发放1.22万名农村备孕妇女叶酸，提供孕妇艾滋病、梅毒、乙肝检测咨询8573人，检测咨询率100%。

（仙桃市档案馆）

【潜江市医疗卫生机构和人员】 2020年，潜江市有各级各类医疗卫生机构736个。其中，三级综合医院2家，二级医疗机构5家，乡镇卫生院和血控组21家，独立运行社区卫生服务中心1家，医疗机构直属社区卫生服务中心（站）15个，村卫生室367个，个体诊所188个，其他机构125个。开放床位4948张，每千人口床位4.9张；执业注册（助理）医师2069人，每千人口执业医师2.16人；执业注册护士2490人，每千人口注册护士2.61人。

【潜江市新冠肺炎疫情防控】 2020年，潜江市全力抗击新冠肺炎疫情。提早谋定5家定点医院、储备建设隔离治疗病房503间，设置集中留观点43个、隔离观察病房1823间，做到应收尽收、应隔尽隔。充分调动全市所有医护力量，连同山西、陕西、宁夏等援潜医疗检测团队共计约4000人，成立16人西医专家组、15人中医专家组，邀请中国工程院院士王辰率专家组到潜江会诊，增购ECOM、呼吸机等高端医疗设备，采取中西药结合，实行一例一案、一人一方，确保对症下药、精准治疗。对所有发热患者、密切接触者进行前置检测。在规范医护操作的前提下，统筹各类资金3.1亿元用于病人救治和医护保障，多渠道筹措防护物资，向一线医护人员倾斜。出台战时激励措施，落实医护人员工作补贴，按照劳逸结合原则，统筹安排医护人员轮休，确保医护人员休息充足、状态良好。建立一线医护人员家庭情况台账，对家中有未成年子女、高龄家属或生活有特殊困难的，安排专人进行一对一帮扶，提供人文关怀。疫情期间，无一例医护人员感染，为全省唯一市州。

进入常态化疫情防控阶段后，严格落实"外防输入、内防反弹"要求，坚持常态化精准防控与局部应急处置有机结合，实行敏感地区入境人员、发热门诊精心排查、闭环管理，强化医院、监狱、学校等重点场所和重点人员监测管控，至年底，全市无一例新增确诊病例。

【潜江市医疗卫生服务体系建设】 2020年，潜江市加强医疗卫生服务体系建设。实施改善医疗服务

2020年3月23日，潜江市举行仪式欢送援潜医疗队

（潜江市档案馆 供稿）

行动计划，建设胸痛、卒中救治中心，在4个入城口、临近高速公路出口处加挂"胸痛、卒中中心"标识。加强重点专科建设，申报省级临床、中医重点专科，市中心医院3个专科、市中医院1个专科通过评审；开展第四周期市级临床重点专科评审，评审31个市级临床重点专科、4个中医重点专科。开展医院等级评审工作，市中心医院通过省卫生健康委组织的"三甲"创建评审，市中医院顺利通过"二甲"中医医院复评。加强医师、护理队伍建设，优质护理服务实现二级以上医疗机构全覆盖。规范医疗废物管理，委托湖北孝感中环公司对全市医疗机构的医疗废物进行集中处置，开展多次专项培训和督导检查，完成省级环保督察问题销号及"回头看"督导，实现医疗废物"三严""三化""可追溯"目标。年内，潜江市获得国家卫生城市、国家级"慢性病综合防治示范区""妇幼健康优质服务工程示范市""实施基本公共卫生服务项目试点市""家庭医生签约服务试点市""实施基本公共卫生服务政府购买服务试点市"和省级"健康促进示范市""计划生育药具管理示范市"称号。

【潜江市妇幼保健】 2020年，潜江市加强妇幼保健工作。疫情期间，落实《湖北省新型冠状病毒感染的肺炎流行期间孕产妇和儿童指导意见（试行）的通知》精神，实行孕产妇24小时免费接送，为孕产妇建立安全港。全市首例新冠肺炎病例孕妇2月12日在市妇保院顺利分娩。疫情期间，无一例产妇感染，无一例新生儿感染，无一例产科医务人员感染。开展贫困妇女"两癌"普查，完成乳腺检查6271人，宫颈检查5991人，完成率分别为133.4%和127.47%。全年孕产妇死亡率0/10万，婴儿死亡率1.71‰，5岁以下儿童死亡率2.33‰。

（潜江市档案馆）

【天门市医疗卫生机构和人员】 2020年，天门市有各级各类医疗卫生机构1042个。其中，医院16所，社区卫生服务中心4个，乡镇卫生院22所，诊所（卫生所、医务室）208个，村卫生室787个，其他医疗机构5个。执业医师（含执业助理医师）2739人，每千人拥有执业医师数2.2；注册执业护士2903人。病床7363张，每千人拥有床位5.9张。全市总诊疗人次679.41万人次，比上年下降25.3%；出院病人16.86万人，下降33.12%。

【天门市新冠肺炎疫情防控】 2020年初，面对突如其来的新冠肺炎疫情，天门市扭住救治和阻隔两大关键环节，着力做实数据信息和收治两个闭环，扎实推进筛查甄别、小区（村组）封闭管理、公共区域管控"三个全覆盖"，切实强化医护力量、医用物资、生活物资、公共服务和社会稳定"五个保障"，打响疫情防控阻击战。经过艰苦卓绝的努力，至3月13日全市转为低风险地区，于3月20日实现确诊病例全部"清零"，治愈率达到97%。

进入常态化防控阶段后，以严防输入为重点严防反弹，对重点对象、重点场所实施全覆盖、全流程的闭环管理。严管境外和国内重点地区来天返天人员，做到应隔尽隔；坚持对13类重点人员定期检测，按要求对重点人群实施疫苗接种。加强进口冷链食品管理，做到"三证"齐全。加强重点场所管理，对学校、农贸市场、医疗卫生机构、福利机构和养老机构等特殊场所实行常态化巡查。28个预检分诊点和发热门诊全部建成并投入使用。四家医疗机构日检测能力达到3000人份。"清零"过后，全市无新增确诊病例，环境样本无一例阳性。

【天门市医疗卫生基础设施建设】 2020年，天门市加强医疗卫生基础设施建设。持续推进市第一人民医院汇侨分院建设，项目规划用地17.33公顷，建筑面积25万平方米，总投资18.18亿元。启动市第二人民医院整体搬迁项目，规划建设门诊楼、住院楼、综合楼、传染病楼，建筑面积4万余平方米，总投资1.98亿元。持续推进市疾控中心应急大楼项目，总投资1000万元，工程进入装修和配套工程建设阶段。启动基层公共卫生补短板项目，各乡镇卫生院临时发热门诊全部投入使用。市中医医院和市妇幼保健院新建核酸检测实验室投入使用。启动25

个乡镇卫生院基础设施补短板工程，总投资12亿元，分三期建设，三年内完工。

【天门市疾病预防控制】 2020年，天门市持续开展疾病预防控制工作。全年筛查疑似肺结核患者4329人，发现并治疗活动性肺结核患者556人，新诊断活动性肺结核患者病原学阳性率54.6%，治疗成功率95.35%，新涂阳肺结核患者治愈率94.74%，报告肺结核患者和疑似肺结核患者的总体到位率99.53%；跨区域流动的肺结核患者信息反馈率等省布指标均达到100%。艾滋病扩大检测项目共筛查7.83万人份，新发现艾滋病感染者39例，累计发现和报告艾滋病感染者、病人843例，其中由本地管理的病例522人。现存活在管408例，正进行抗病毒药物治疗387例。开展血吸虫病防治工作，查螺面积4933万平方米，药物灭螺910万平方米，开展人群查病10.36万人次，治疗及扩大化疗1.34人次；急感防控与健教、风险监测和晚血病人救治均全面完成任务，19名晚血病人全部得到免费救治。开展慢性病防治。全年上报死亡数据1.05万例，按户籍人口计算粗死亡率为6.52‰。目前天门市人均期望寿命为78.25岁，重大慢性病过早死亡率为13.31%。

【天门市人口与计划生育】 2020年，天门市自然年度出生人口性别比114.88。开展新生儿疾病筛查7354人、听力筛查8009例，增补叶酸1.68万人，宫颈癌筛查5414人，乳腺癌筛查5593人，艾滋病梅毒乙肝检测10233人，免费孕前优生健康检查1.17万人，免费计划生育技术服务6792人次。孕产妇系统管理率94.46%，3岁以下儿童系统管理率93.10%，0—6岁以下儿童管理率95.51%，出生缺陷发生率92.21/万，孕产妇死亡率9.4/10万，婴儿死亡率1.79‰，5岁以下儿童死亡率2.73‰，均达到和控制在农村甲类地区水平。

（天门市文化和旅游局）

体育

【武汉市体育行业抗疫】 2020年，武汉市体育行业助力抗击疫情。疫情期间，10家体育场馆改造为方舱医院（是我国公共卫生防控与医疗领域的创举，由医疗功能单元、病房单元、技术保障单元等部分构成的模块化卫生装备，具有紧急救治、外科处置、临床检验等多方面功能。既能快速改建，也可快速恢复，得以高速度、低成本、高效益控制传染源、救治患者），提供床位5100多张，在疫情初期医院资源不足的情况下，大幅度改善“人等床”的被动局面。疫情期间，体育工作者以线上形式引导市民居家健身，武汉市体育局与武汉体院、《长江日报》、武汉电视台联合开展“居家战‘疫’运动汇”线上展示活动，同时邀请多位健身专家创编指导，推出武汉版居家科学健身指南，把划船、舞狮、篮球、气排球、足球、冰球、轮滑等时尚运动搬进市民家中，微博话题总阅读量达3130万人次。王霜、李铁等体育明星和体育企业捐款捐物近1000万元。

【武汉市群众体育】 2020年，武汉市深入开展全民健身运动。举办第八届武汉全民健身运动会，

2020年10月4日，武汉疫后重启的第一场大型赛事“2020年姚基金慈善赛”在武汉体育中心举行　　（张斌　摄）

这是武汉“解封”后举办的第一场综合性运动会，也是武汉本年最大规模的运动会，设有徒步、路跑、攀岩、钓鱼、户外定向、飞镖、冰球、瑜伽等市民投票选出的30多个比赛项目，时间跨度从8月持续开展至12月底，周周有活动、月月有比赛，直接参加人数到5万人次，辐射人群接近100万人次。举办2020武汉水上马拉松比赛，12支英雄代表方阵的632名游泳选手参加。举办第十一届木兰山登山节暨武汉市第四届职工登山大赛，来自武汉市和中央驻汉机关企事业单位的近5000人参加。组织开展足球、乒乓球、网球、棋类等22项青少年体育比赛，参赛人数近6000人，在疫情影响之下参赛人数比上年不减反增。在2020年武汉市各类青少年体育比赛中，分别有9人达国家一级运动员标准、43人达国家二级运动员标准。全市55家体育协会共举办各类赛事100多项，参赛人数达到十余万人。开展青少年冬夏令营活动，13个区、2个功能区和2个直属单位的80个培训点免费开展暑期小学生技能培训活动，共有5397名青少年参加了篮球、冰雪、武术、足球、网球、马术、羽毛球、乒乓球等项目技能培训。

2020年武汉市重大体育比赛一览表

赛事名称	比赛时间	参赛人数
“向英雄致敬” 2020武汉乒乓球邀请赛	6月20日	—
第八届武汉全民健身运动会	8月8日—12月底	50000人
第三届“长江杯”职工足球赛	9月13日—10月30日	800人
2020中国运动风筝邀请赛	9月22—23日	140人
2020全国花样游泳锦标赛	9月25—27日	180人
2020年全国家庭帆船赛	9月26—27日	100人
“2020姚基金慈善赛”	10月4日	2支球队
2020武汉水上马拉松	10月8日	632人
第十八届中国·武汉赛马节	10月24—25日	400人
2020年中国武汉 第十一届木兰山登山节	11月7日	5000人
2020全国三人篮球俱乐部 精英赛（武汉站）	12月2—3日	12支球队

【武汉市竞技体育】2020年，武汉市竞技体育再创佳绩。武汉运动员在国际、国内体育竞赛中取得多项优异成绩，10项成绩在各类大赛中获得前三名。邓莉在2020年全国国际式摔跤冠军赛上获得女子55公斤级第一名；王潇在2020年全国赛艇青年锦标赛上获得女子四人单桨第一名，王潇、谢韵钦获得女子八人单桨有舵手第一名；王子峻在2020年全国U12—15羽毛球比赛总决赛上获得男子单打第一名；张译凌在2020年国青队选拔赛上夺得第一名。武汉市培养的59名运动员入选国家队。其中，足球项目入选各级U系列国家集训队44人，5人入选羽毛球项目，5人入选乒乓球项目，3人入选赛艇项目。此外，游泳、冬季项目均有1人入选。

【武汉市体育企业复工复产】2020年，武汉市全力帮扶体育企业复工复产，稳了体育产业的基本盘。出台《关于全力支持本市体育企业抗疫情稳发展的通知》等系列文件，指导体育企业分期分批有序复工，加快恢复体育经济活力。争取体育企业申请省级纾困资金1000万元，落实上级转移支付资金1亿元。落实惠企政策，推动实施市区直属体育场馆租赁企业、商户3个月免租、6个月减租措施，缓解企业运营压力。推进体育产业单位名录库建设，完善体育产业重大招商引资项目信息库。组团参加第二届世界大健康博览会，签订或达成意向合作7000万元。

（武汉市地方志办公室）

【黄石市体育基础设施建设】2020年，黄石市加强体育基础设施建设。与国家体育总局科研所对接，建设大型场馆免低开放系统。稳步推进体育场地设施建设及大型公共体育场馆面向群众免费或低收费开放工作。22个新全民健身示范工程项目完工，18个项目进入公开招标阶段。争取中央体彩资金80万元，建设16个贫困村农民健身工程，改善农村体育场地设施条件。全民健身示范工程体育公园投入使用，10个乡镇运动健身中心、11个村级文体广场项目竣工。

【**黄石市群众体育**】 2020年，黄石市积极开展群众体育活动。筹办省级体育活动20余场，包括湖北省社会体育指导员公益行（阳新站）、湖北省国民体质监测培训黄石班、湖北省全民健身“五项五进”展演活动、湖北省大众足球联赛（黄石赛区）暨黄石市大众足球联赛、HBA篮球联赛等活动。市县两级举办全民健身赛事活动150余场，包括市直机关趣味运动会、垄上行客厅广场舞大赛、云上马拉松线上活动、“迎新春”网球系列赛、“湖北加油 黄石加油”网络围棋擂台赛、环湖长跑活动等赛事活动；开展市县

2020年12月4日，黄石市下陆区“区长杯”校园足球联赛总决赛在铜都小学举行　（黄石市档案馆　供稿）

2020年黄石市承办重大体育赛事一览表

赛事名称	比赛时间	参赛人数
全国乒乓球业余系列赛（湖北黄石赛区）	9月28—30日	360人
中国家庭帆船赛黄石测试赛	11月13—15日	30个家庭
黄石磁湖国际半程马拉松线上赛	12月15—19日	4668人
湖北省第一期国际象棋等级赛	1月18日	500人
湖北省青少年女篮锦标赛	9月15日—9月21日	93人
湖北省青少年象棋、国际象棋锦标赛	10月1—2日	202人
湖北省武术套路锦标赛	10月4—6日	533人
湖北省少年乒乓球锦标赛（湖北黄石赛区）	10月8日	—
湖北省大众足球联赛	10月—11月	17支球队
湖北省青少年游泳锦标赛暨U系列游泳比赛	11月1日	—
湖北省老年人重阳登高活动	10月25日	570人
2020–2021年赛季·湖北省男子篮球联赛	11月7日	372人
“楚天羽王”羽毛球系列赛—湖北省城市俱乐部赛	11月7—8日	163人
湖北省少年儿童体操U系列锦标赛	11月23—27日	151人
湖北省国际象棋锦标赛	12月13日	74人

两级“全民健身日”活动20场、“五项五进”112场，参赛群众8118人。开展指导员培训工作。培训一级社会体育指导员80名，培训门球、气排球二级社会体育指导员近300名。

【黄石市竞技体育】2020年，黄石市竞技体育再创佳绩。黄石籍体操运动员殷思思，田径运动员杨扬，射击运动员程智鹏，跳伞运动员邹治恒，羽毛球运动员华晓蓓，滑雪（单板滑雪）运动员张浩，黄铭积极备战奥运；男足柳锐晨、刘云、郑凯木、柯钊、尹聪耀在各项大型赛事中表现优异。全年共向省优秀运动队（集训）、省体校和高校等院校输送运动员52名，输送人数位居全省前列。黄石籍运动员杨扬在2020中国田径协会训练基地特许赛女子三级跳远比赛中夺冠，李倩、卫文琳、何小棋在2020年全国赛艇青年锦标赛暨全国赛艇U系列赛中获得3块金牌、3块银牌。

（黄石市档案馆）

【鄂州市群众体育】2020年，鄂州市群众体育蓬勃开展。印发《鄂州市体育赛事及活动设置指导目录》，规范全市体育活动管理。承办2020年国家体育锻炼标准达标测试赛、“推动全民健身，助力全面小康”2020年全国“百城千村”健身气功交流展示系列活动湖北省启动式暨第十二个“全民健身日”鄂州市全民健身活动，组队参加2020年湖北省“百千万”全民健身气排球比赛、健身气功站点联赛，获大舞集体赛一等奖；举办鄂州市青少年篮球、摔跤公益夏令营和鄂州市2020年青少年足球公益夏令营；承办2020年湖北省“世界健身气功日”交流展示活动；组织开展国民体质监测技术培训和2020年国民体质监测工作，免费为3000名群众进行体质监测。举办“湖北省全民健身大讲堂荆楚行”活动鄂州站活动，邀请湖北大学体育学院教授、博士生导师，省体育局全民健身指导咨询专家石岩做“疫情防控与科学健身”讲座。疫情防控期间，组织开展“宅在家动起来”2020年鄂州抗疫健康达人1000强大奖赛和抗疫健身操教学活动，列入国家体育总局全民健身工作典型案例。

2020年8月8日，鄂州市在明堂体育场举行全民健身活动

（鄂州市档案馆　供稿）

【鄂州市竞技体育】2020年，鄂州市竞技体育稳步提升。举办2020年鄂州市篮球、足球、气排球、乒乓球、足球夏令营、冬令营等活动，选派优秀教练员带运动项目进学校，加大青少年体育后备人才培养力度。承办2020年湖北省青少年举重锦标赛、2020年湖北省足球协会青少年足球联赛，向省足球2010、2011年龄段运动队输送3名优秀运动员。组织参加2020年湖北省青年摔跤锦标赛获得2枚金牌。组队参加2020年湖北省青少年锦标赛，共获得15金、13银、11铜。

（鄂州市档案馆）

【孝感市群众体育】2020年，孝感市创新群众体育活动方式。线上精心策划开展“线上亲子运动会”，利用电视频道和新媒体开展健身项目电视教学；线下举办全民健身日、湖北省大众足球联赛（鄂南赛区）、太极拳（剑）、八段锦、广场舞、健身操、广播体操、足球、柔力球、手拍鼓、羽毛球、登山（徒步）等大众健身赛事活动。公共体育场馆实行免费或低收费开放政策。市体育中心共接待健身人群200万余人次，培训业余体育爱好者 10 万人次。孝感市分别获得全省“体育强省建设突出贡献集体”“全民健身先进集体”称号。

【孝感市公共体育设施建设】 2020 年，孝感市加强公共优育设施建设。申报湖北省新全民健身示范工程，汉川市涵闸河体育公园、大悟县河滨体育公园 2 个体育公园和 1 个足球公园（孝感市体育公园）获批，立项增资 1611 万元。孝感市体育公园和 3 个乡镇 A 类、7 个 B 类全民健身中心、7 个村级文体广场建设工程进入招标阶段。孝昌县体育馆加速建设。截至年底，全市人均场地面积 2.09 平方米。

【孝感市体育人才培养】 2020 年，孝感市出台《孝感市竞技体育奖励办法》《孝感市体育传统项目学校管理办法》《孝感市建设体育强市实施方案》等政策文件，助推建设体育强市。认定 20 所市级体育传统项目校，开设 4 个足球班，培养体育后备人才；开展体育后备人才训练项目 19 项，新注册运动员 720 名。组织全市青少年阳光体育系列赛事活动，数百名运动员参加足球、篮球、乒乓球、羽毛球、轮滑、围棋 6 个项目的角逐。组队参加全省青少年 20 个项目比赛，获得 18 金、27 银、20 铜，其中足球、篮球、田径、羽毛球、武术套路等项目成绩位列全省前列。定期举办全市教练员、裁判员业务培训班，组织 28 名体育教练员（教师）参加四期湖北省青少年体育冬夏令营专业人才培训，14 名教练员参加两期在北京举行湖北省体育菁英培养基地教练员（体育教师）能力提升培训班，6 名教练员（教师）参加国家集中线上培训班。聘请 11 名高水平教练员到市体艺校、市足球青训中心执教，缓解教练员队伍年龄老化和结构断档问题。

（孝感市史志研究中心）

【黄冈市体育事业发展】 2020 年，黄冈市体育事业取得新进展。出台《面向黄冈市全市性体育协会购买体育公共服务实施办法（试行）》《黄冈市全市性体育协会政府购买服务承接能力年度评估办法》等政策文件，采取政府购买服务方式，与社会场馆和社区居委会合作建设“百姓健身房”工作试点，市民每周享受一天免费健身活动，社区每年免费使用体育场馆 200 小时，受到市民欢迎。举行“健身湖北 你我同行”2020 年湖北省全民健身大课堂荆楚行（黄冈站）培训活动，培养一、二、三级社会体育指导员 1100 人，开展科学健身公益行活动 6 场。组织 40 人的测试队伍，开展第五次国民体质监测工作，历时 1 个月，分 3 个组别测试黄梅、蕲春、麻城、黄州 4 县（市、区）共计 4000 人的有效样本量。

【黄冈市体育场馆建设】 2020 年，黄冈市结合国家及省厅相关政策，争取支持资金 3000 万元，谋划推进黄冈市县级体育公园、足球公园、新全民健身工程、乡镇文体中心、村（社区）体育活动中心建设。全年完成 20 个新全民健身示范工程建设。投资 1000 万元，改造升级黄州体育馆，完成麻城、罗田、红安、英山等县市大型全民健身设施建设指导工作。助力全市体育企业复工复产，向企业申报引导资金 320 万元。举办黄冈市第四届游泳（漂流）救生员培训班，组织全市各漂流场所、游泳场馆及社会爱好者 100 人到罗田三里畈开展救生员培训，支持漂流企业复工复产。

黄冈市体育中心　　（黄冈市史志研究中心　供稿）

【黄冈市群众体育】2020年，黄冈市广泛开展群众体育活动。举办全市围棋、田径、足球、篮球、跆拳道、羽毛球、乒乓球、体育舞蹈8个大项、173个小项比赛，2616人参赛。举办大众足球比赛，10个代表队、200名足球爱好者参加；举办第四届黄冈市直机关干部职工运动会，6个大项比赛，6000人参加；举办2020黄冈“线上马拉松比赛”“全民健身日”“迎新春”遗爱湖万人健步行等活动。组队参加全省“五项五进”展演，乒乓球、网球、自行车比赛、健身气功站点联赛和“福寿康宁”系列中老年人赛事。参加年度湖北省线上亲子运动会，130所小学、幼儿园学生及家长8万人（次）参加。

【黄冈市竞技体育】2020年，黄冈市先后承办湖北省青少年足球锦标赛（男子乙组）、青年乒乓球锦标赛。举办中国大别山自行车超级联赛暨第六届挺进大别山全国自行车赛，吸引全国各地400名自行车爱好者参赛。组队参加全省级田径、足球等20项年度比赛，获得金牌23枚、银牌31枚、铜牌47枚。

（黄冈市史志研究中心）

2020年9月25日，湖北省青少年围棋锦标赛在赤壁市举行

（咸宁市史志研究中心　供稿）

【咸宁市体育事业发展】2020年，咸宁市体育事业取得新进展。获批湖北省新全民健身示范工程命名资助项目16个，其中，乡镇A类2个、乡镇B类7个、村级A类7个，工程总造价621万。4个场馆享受到中央财政补助资金共210万元，地方配套开放补助资金40万元。12个新全民健身示范工程和8个“农体工程”竣工，人民广场安装1套第二代智能健身器材投入使用。开展体育场地普查，全市体育场地7854个，总面积518.29平方米，人均体育场地面积2.03平方米。组织41名体育骨干教师、教练员赴北京、武汉等地参加体育业务技能培训，在北京学习中和3人获评优秀学员。

【咸宁市群众体育】2020年，咸宁市常规赛事活动不断。举办第5届“香约温泉”迎新春系列赛、第12个“全民健身日”系列活动、湖北省全民健身“健康大讲堂”荆楚行（咸宁站）、第31届温泉城区春季健步跑线上活动、第六届气排球锦标赛等共计81场，参与人数3万余人。组队参加2020年中国门球冠军赛（湖北分赛区）暨第二十五届省门球锦标赛，咸安区第二代表队获得冠军。参加2020年湖北省亲子运动会（咸宁站）暨咸宁市“奥运苗苗”大赛，15个幼儿园、450个家庭共900名家长幼儿参与比赛；举办2020年“楚天羽王”湖北省城市俱乐部羽毛球鄂东大区赛，咸宁、黄石、鄂州三地12支俱乐部170名运动员参赛，咸宁中智海峡俱乐部获得冠军。指导各县、市、区组织开展现场培训88次，培训人员达5000余人；选派两个项目代表队参加全省全民展演活动，分别获得二等奖、三等奖、优秀组织奖。加强社会指导员队伍建设，培训二级社会体育指导员203人，培训一级社会指导员18人。开展第五次国民体质监测，测试4030人，合格比例93.3%。

【咸宁市青少年体育】2020年，咸宁市加强青少年体育人才培养。举办5个项目的青少年锦标赛，38支队伍共计476名小选手参加比赛。评审二级运动员22人，申

2020年咸宁市重大体育赛事一览表

赛事名称	比赛时间	参赛人数
2020年湖北省线上亲子运动会	4月28日—6月5日	—
首届“平安电工杯”龙舟赛	6月25日	14支队伍
2020年中国门球冠军赛（湖北分赛区）暨第二十五届省门球锦标赛	9月26—28日	350人
2020年湖北省老年人重阳登高活动（咸宁主会场）	10月25—26日	500人
2020年湖北省亲子运动会（咸宁站）	11月7—8日	450个家庭
第三届“探秘幕阜山”汽车集结赛	11月14—15日	—
湖北省城市俱乐部羽毛球鄂东大区赛	12月12—13日	170人

报一级运动员4人。向10个项目12个体育后备人才单项训练基地发放扶持资金22万元。组织265名运动员参加15个项目的省级青少年锦标赛，取得21金、11银、27铜的成绩；其中，首次派出14名运动员参加湖北省青少年攀岩锦标赛，获得8金、2银、4铜的好成绩，国家体育总局在官网予以报道。组队参加2020全国赛艇青年锦标赛暨全国赛艇U系列赛，选手刘娅琪获得女子八人单桨有舵手第八名。

（咸宁市史志研究中心　邹晓魁）

【仙桃市体育事业发展】 2020年，仙桃市推动体育事业有序发展。投入资金810万元，新建省级新全民健身示范工程9个、乡镇街道全民健身运动中心3个、村级文体广场6个；自建文体广场10个，发放并安装全民健身路径120套、篮球架50副、乒乓球台40副。推进城北全民健身中心项目10月开工，项目规划用地面积6148平方米，建设游泳池、篮球场、室内健身中心等，建筑面积5401平方米，总投资2000余万元。推进群众体育公共信息服务网络建设，制作全民健身数字地图，集成体育健身场馆、组织、活动、方法等体育信息资源。全力支持体育产业复工复产，向李小双运动城争取省级产业纾困资金50万元；落实疫情防控期间体育场馆租金减免政策，减免租金12万元。

【仙桃市群众体育】 2020年，仙桃市全力推动群众体育活动。先后举办全民健身赛事活动——体育舞蹈、毽球、太极拳、马拉松、游泳5个项目“线上”视频大赛；组织参加全省百万人群健步走网络大赛和居家网络视频大赛、“全民健身战‘疫’情”湖北省中老年人门球网络比赛；举办楚天羽王湖北省城市俱乐部赛、汉江沿岸城市群第二届门球联谊赛、市欢度重阳节全民健身大型文体展演活动、美丽乡村健康跑、“百千万”、“全民健身日”等赛事活动，推动线下赛事活动安全有序“复苏”。采取网络培训和现场教学相结合形式，在机关、社区、村庄、学校和企业普及科学健身知识，开展教练员网络教学和现场培训活动共19场，培训2250人；开办一期全民健身大讲堂、4期

2020年8月8日，仙桃市举办全民健身日系列活动

（仙桃市档案馆　供稿）

二级社会体育指导员培训班，培训人员630人。

【仙桃市竞技体育】 2020年，仙桃市夯实竞技体育发展基础。疫情期间，后备人才培养工作从未停歇。举办仙桃市青少年游泳网络大赛，先后组织各青少年体育培训机构参加全国居家亲子体育挑战赛、湖北省亲子运动会、全国少儿线上体育嘉年华等线上比赛；承办2020年湖北省少年羽毛球锦标赛暨省羽毛球一级裁判员培训班；组织教练员参加全国体育传统项目、全国青少年体育俱乐部管理员、全国体校教练员、中国足协青少年教练员、全国学校体育菁英基地教练员、省武术教练员、省冬夏令营等线上线下培训班，参训142人次。向省专业队输送6人，新注册运动员52人，22人通过二级运动员评审。组队参加田径、跳水、体操、拳击、举重、乒羽、游泳、跑游及花游、武术、攀岩等13个项目的全省年度锦标赛，获得金牌15枚、银牌19枚、铜牌29枚。组队参加2020年CCTV电视围棋快棋决赛，选手辜梓豪获得冠军。

（仙桃市档案馆）

【潜江市体育基础设施建设】 2020年，潜江市加强体育基础设施建设。累计投入1100余万元，建设返湾湖旅游运动综合体二期工程、紫月湖休闲公园、镇级健身中心、村级文体广场等全民健身场地29处，安装健身设施160余套。

【潜江市群众体育】 2020年，潜江市持续打造“舞动潜江”“骑行潜江”“畅游潜江”系列体育品牌赛事。举办首届钓虾赛、登高健身走、“世界冠军助力家乡”“龙虾之乡美名扬·魅力无限看虾乡”“体育助力精准扶贫”等多项具有潜江特色的群众体育活动，带动群众参与达40万人次；活动得到《人民日报》、新华网、《湖北日报》等主流媒体关注，发稿80余篇。先后开展“健康潜江、你我同行”战“疫”情、百万人群健步走、居家运动挑战赛等线上活动，举办篮球、乒乓球、羽毛球、毽球等20多场线下活动；举办青少年小轮车锦标赛、线上亲子运动会、“虾苗计划”青少年夏令营等活动赛事，吸引全市3000余名青少年参加。注重人才选拔培育，全年向上输送优秀运动员19人。

（潜江市档案馆）

【天门市体育事业发展】 2020年，天门市加强体育基础设施建设。新建全民健身示范工程项目7个，建成“农民体育健身工程”90个，全民健身路径80条；新增健身气功站点7个，健身气功站点达91个。建设蒋湖农场体育综合体，安装2套室外智能健身器材。投入200余万元，购买农体和路径健身器材140余套，发放到140余单位。本地人均体育场地面积2.26平方米。新增全民健身站点15个，站点发展到459个；新建健身气功站点10个，站发展到159个；体育健身队伍发展到600多支，体育协会发展到28个，经常参加体育锻炼人数比例45.9%。新培训和授予等级社会体育指导员150人，各级社会体育指导员队伍发展到4709人，其中，国家级体育指导员35人，一级体育指导员157人，二级体育指导员926人，三级体育指导员3591人。人均体育场地面积2.26平方米。

【天门市群众体育】 2020年，天门市广泛开展群众体育活动。参加湖北省百万人群健步走网络大赛、湖北省线上亲子运动会，获得全省第九名。开展全民健身“五项五进”活动、全民健身嘉年华活动天门站活动、天门市第十二个“全民健身日”体育展示活动暨广场舞进社区活动，举办“比丹杯”青少年后备人才篮球赛、爱奇杯三人篮球赛、职工男子篮球赛。承办第十二届全省龙舟大赛，14支地、市、州代表队参赛，吸引近2万人观赛；承办湖北省全民健身大讲堂天门站活动和全省城市俱乐部羽毛球比赛天门站活动。组织20人参加省级社会体育指导员培训班，8人参加全国体校教练员轮训班，40人参加国家体育总局举办的线上培训班，均顺利通过考核；开展2020年体育场地普查天门市数据普查，并通过省级验收。

【天门市竞技体育】 2020年，天门市竞技体育有所斩获。加大青少年体育人才培养，选派12人参加在武汉举办的青少年夏令营人才培训班；组队参加全省首届青少年体育博览会。全年共获得青少年类比赛 2 金、8 银、7 铜，其中，棒垒球和武术各获 1 枚金牌，轮滑收获银牌，实现历史性突破。成人类比赛获得 3 金、6 银、5 铜。参加全省青少年乒乓球锦标赛、全国乒乓球业余赛（湖北黄石站），分别获得女子团体亚军、男子团体第六名。

（天门市文化和旅游局）

城乡居民生活

【武汉市城乡居民收入】 2020 年，武汉市统筹疫情防控和经济社会发展，稳住经济基本盘，城乡居民收入恢复到上年度的97%以上。其中，城镇居民人均可支配收入 50362 元，比上年下降 2.6%；农村居民人均可支配收入 24057 元，下降 2.9%。武汉市经济从“按下暂停键”到“重启恢复”再到“加快全面恢复”，主要经济指标逐月逐季向好，呈现出“V”形反弹的上扬曲线。社会民生领域及时出台系列保民生政策，城乡居民收入与经济社会同步恢复。一季度，城乡居民收入降幅分别为 10.0%、14.7%，从二季度开始降幅逐季收窄，全年降幅与一季度、上半年、前三季度相比，城镇居民收入降幅分别缩小 7.4、6.3 和 3.4 个百分点，农村居民收入降幅分别缩小 11.8、11.6 和 6.0 个百分点。

城乡居民收入中，工资性收入稳步回升。城镇居民人均工资性收入 28881 元，比上年下降 4.6%，占可支配收入的比重 57.3%；农村居民人均工资性收入 11875 元，下降 1.4%，占可支配收入的比重为 49.4%。经营净收入回升明显。城镇居民人均经营净收入 4749 元，下降 8.9%；农村居民人均经营净收入 5223 元，下降

单位：%

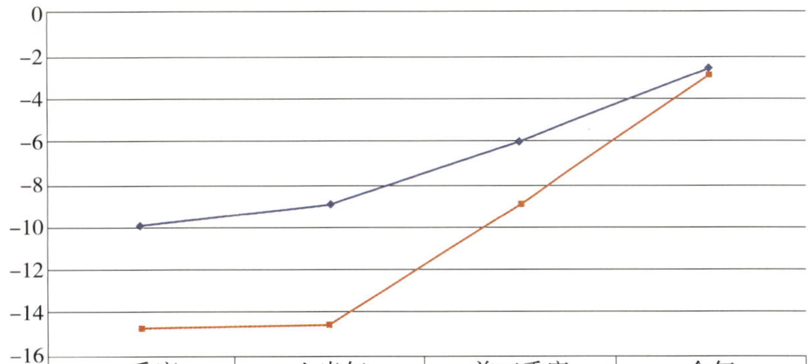

	一季度	上半年	前三季度	全年
城镇	−10.0	−8.9	−6.0	−2.6
农村	−14.7	−14.5	−8.9	−2.9

2020 年武汉市城乡居民收入增幅情况示意图

2019—2020 年武汉市城乡常住居民收支构成统计表

单位：元

项　目	城镇居民		农村居民	
	2019 年	2020 年	2019 年	2020 年
一、人均可支配收入	51706	50362	24776	24057
工资性收入	30258	28881	12039	11875
经营净收入	5215	4749	5790	5223
财产净收入	6044	6105	1167	1174
转移净收入	10189	10627	5780	5785
二、人均消费支出	34005	31115	19150	18254
食品烟酒	9352	9084	5199	5367
衣着	2563	2155	958	902
居住	9187	8591	4952	4804
生活用品及服务	1919	1752	976	918
交通通信	3820	3614	2275	2225
教育文化娱乐	3827	3053	1895	1696
医疗保健	2532	2314	2511	1964
其他用品和服务	806	552	384	378

11.6%。居民财产净收入稳中有升。城镇居民人均财产净收入6105元，增长1.0%；农村居民人均财产净收入1174元，增长0.6%。居民转移净收入增加。城镇居民人均转移净收入10627元，比上年增长4.3%；农村居民人均转移净收入5785元，增长0.1%。

【武汉市基层社会建设】 2020年，武汉市统筹推进疫情防控基层社会治理工作。加强疫情排查。以社区网格为基础单元，采取入户排查、电话问询、居民自报等多种方式，实现421万户居民排查全覆盖，为科学决策、精准施策提供基础数据支撑，有效防止轻症拖成重症、防止社区交叉感染，实现疫情防控由被动向主动的根本转变。强化社区封控管理。新建硬质隔离围栏422公里，对7102个小区、1943个村（队）实施封闭管理，把疫情防控落实到终端和末梢，有效阻断疫情蔓延扩散的渠道。后期根据疫情形势变化，及时调整封控管理措施，全力保障复工复产复市。推进无疫情社区创建。实施科学精准防控，激发社区和小区居民群众参与疫情防控的积极性、主动性、创造性，有效阻断病毒传播链条。抓常态化防控。健全完善疫情防控工作预案，组建各社区工作者、物业管理人员、志愿者、下沉党员等约15万人的常态化社区疫情防控队伍，全力推进新疆、青岛、大连等重点地区来（返）汉人员的社区排查和管理工作，严防疫情输入。

探索城乡社区统筹发展新路径。加速100个农村社区建设试点，协调支持资金2000万元，通过民主程序制订项目实施方案，着力推进道路、文体设施等社区基础设施建设，建立健全各类组织、规章制度。投入100万元，通过座谈研讨、经验分享、项目合作、活动联办等方式，开展50对城乡社区结对共建活动。举办城乡社区结对共建交流展示活动，推广15个城乡社区结对共建的做法。

建立基层减负长效机制。在调研老旧小区、村改居、还建小区、商品楼4种类型16个社区的基础上，制发《关于规范社区表格填报工作的通知》，并与市发展改革委、市公安局、市司法局、市人社局、市卫生健康委等职能部门联动，规范社区表格填报和证明事项，切实减轻社区工作负担。

【武汉市社区工作者队伍建设】 2020年，武汉市出台《武汉市社区工作者管理办法》，统筹推进方案细化、员额确定、人员过渡、定岗定级、待遇落实、缺员招聘等工作，初步建立起进出有通道、履职有目标、考核有标准、待遇有保障、发展有空间、激励有机制的“五有”社区工作者职业体系。15个区重新核定社区工作者员额2.16万个，江岸、硚口等10个区面向社会新招聘社区干事1380人，平均每个社区专职工作者约15人，人员配备进一步优化。健全社区工作者三级培训机制，依托武汉市社区干部学院、高等院校等开展社区工作者培训，线上线下组织开展岗前培训、职业资格考前培训、社区治理业务培训等，全年分类培训社区工作者9500余人。在全省率先建立起“4岗18级”的岗位序列，形成社区“干事—委员—副职—主职”的成长链条。市、区两级财政增加投入8亿元，按新标准落实社区工作者报酬，年人均应发报酬达到7.36万元，增加3.41万元，社区工作者投身社区工作的热情和信心大幅提升。建立与社区工作者职业体系相适应的岗位职责体系，制发《武汉市社区工作者考核办法（试行）》。全年全市社区工作者有92人次获得国家、省级和市级荣誉。其中，青山区青和居社区居委会主任桂小妹在全国抗击新冠肺炎疫情表彰大会上交流发言，2名社区书记获得全国“城乡社区抗疫巾帼先锋”称号，9名社区工作者获得“全国抗击新冠肺炎疫情优秀城乡社区工作者”称号。

【武汉市社区治理】 2020年，武汉市建立社区（村）小微权力清单，强化自治监督，完善社区（村）治理机制。制发《关于规范社区（村）小微权力运行的指导意见（试行）》，构建群众监督、居务监督委员会监督和上级部门监督相结合的监督体系，落实群众的知情权、参与权、决策权和监督权。举办全市社区公益创投示范培训，先后组织200余名社区党组织书记和社区党员骨干系统学习社区治理理论和实务操作技能。在全省社区公益创投成果展示大赛中，1个组织获评全省“十佳优秀社

2020 年 10 月 12 日，工作人员在武汉市江汉区满春街银龄食堂准备老人送餐盒饭　　（武汉市地方志办公室　供稿）

区社会组织”，2 个项目获评“十佳优秀社区公益创投项目”，1 个项目获评“优秀社区公益创投项目”。稳步推进基层民主建设，全市 1805 个行政村、1428 个社区按照民主程序制定修订村规民约、居民公约，评选发布 15 个市级优秀村规民约、21 个优秀居民公约。出台《关于加强全市村（居）民小组建设的指导意见》，进一步健全居民小组、村民小组服务管理工作体系，激发基层自治活力。推广优秀社区工作法。全市总结推广青和居社区“敲门工作法”等成熟经验做法，指导各区在强化党建引领、激发自治活力、健全共建机制、建强工作队伍、做实社区服务等方面开展社区治理创新实践。开展全市优秀城乡社区工作法评选，以群众性、民生性、系统性、创新性、操作性、示范性为标准，评选出 20 篇优秀城乡社区工作法。

【武汉市社会救助】 2020 年，武汉市进一步健全和完善城乡社会救助体系。提高城乡低保标准。从 4 月 1 日起，城市低保标准提高至每人每月 830 元；农村低保标准提高至每人每月 680 元。提标后，全市低保标准综合增幅为 6%，农村低保标准为城市低保标准的 81.9%。至年底，全市共有低保对象 7.93 万户、11.06 万人。其中，城市低保对象 3.76 万户、5.15 万人，农村低保对象 4.17 万户、5.90 万人。城市低保对象人均补助水平 792 元，农村低保对象人均补助水平 683 元。全年累计发放低保和各类补助金 12.92 亿元。其中，城市低保和各类补助金 6.51 亿元，农村低保和各类补助金 6.41 亿元。提高特困人员供养标准。从 4 月 1 日起，城市特困人员提高至每人每月 1660 元；农村特困人员供养标准提高至每人每月 1280 元。特困人员 12827 人，全年共发放供养资金 2.75 亿元。其中，城市特困 1261 人，发放供养资金 0.30 亿元；农村特困 1.16 万人，发放供养资金 2.45 亿元。完善临时救助制度。充分发挥托底线、救急难功能，进一步细化救助对象范围，提高救助标准，简化审核审批程序，加强制度衔接。全年共救助 2.63 万人次，共发放临时救助资金 0.93 亿元。

【武汉市医疗保障】 2020 年，武汉市医疗保障部门统筹疫情防控和医保事业发展。推动医保管理提质增效，确保医保制度运行平稳，基金安全可持续，群众待遇稳步提升。全市基本医保参保人数 982.75 万人（其中，职工医保 504.97 万人，居民医保 477.78 万人），生育保险参保人数 278 万人。参保覆盖率稳定在 95% 以上。

全面落实城乡居民基本医疗保险市级统筹，完成中心城区和新城区居民医保基金归并，实现基金统收统支。推进按疾病诊断相关分组（DRG）付费改革国家试点，武汉市被国家专家组认定为全国 30 个试点城市之一，为本地 DRG 分组与国家 DRG 分组匹配度最高、细分组效能最高的城市，试点经验受到国家医保局的高度肯定。完善药品采购机制，推进国家组织 3 批共 112 种药品、1 批医用高值耗材，省组织 3 种医用耗材带量采购中选品种在全市落地实施；组织开展 45 个品种药品集中带量采购，中选品种价格平均降幅 31%，年节约 8.45 亿元；对 30 个重点监控药品集中议价采购，议价成功品种价格平均降幅 42.7%，减少群众药费支出 14.61 亿元。开展新增医疗服务项目价格制定，根据成

2020 年 11 月 11 日，“按疾病诊断相关分组（DRG）付费国家试点城市支付改革论坛”在武汉国际会议中心举办 （武汉市地方志办公室 供稿）

本变化，4 次制定和调整核酸检测价格，不断减轻群众费用负担。

全面加强医保基金征收稽核和监督管理。开展职工医保缴费基数信息比对，督促少报漏报缴费基数的机关事业单位整改，限期整改 1628 个，涉及参保职工 8.32 万人，补缴资金 9100 万元。开展定点医疗机构规范使用医保基金专项治理，实现医保基金使用情况现场抽查复查全覆盖。利用医保智能审核系统，对全市定点医疗机构发生的医疗费用进行自动审核，及时拒付不合理医疗费用。全年共认定、扣减、追回违规医保资金 4.26 亿元。

建立扶贫信息共享机制，通过信息比对等手段，确保 7.55 万名建档立卡农村贫困人口参保“一个不漏，一个不错，待遇一分不少”。全市农村建档立卡贫困人口入院就诊政策覆盖率 100%。农村贫困人口通过“一站式、一票制”结算平台，住院 3.31 万人次，门诊重症 5.66 万人次，医疗总费用 2.76 亿元，报销费用 2.53 亿元。将全市城乡低保、城市“三无”、农村“五保”、城乡孤儿、低收入困难对象和因病致贫等困难对象全部纳入救助范围，政策覆盖率 100%。

持续创新医药服务方式方法，探索开展门诊重症服务下沉至 28 个基层卫生服务机构，进一步扩大门诊重症定点药店试点，全市门诊重症药店扩大到 27 个。全力推进信息系统建设，全流程实现“武汉您健康”在线购药医保线上支付功能，推动互联网 + 医保服务落地。

【武汉市新冠肺炎医疗保障】 2020 年，新冠肺炎疫情发生后，武汉市将所有收治新冠肺炎患者的医疗机构全部纳入医保定点范围，向定点救治医院预拨医保统筹资金 34.37 亿元，将新冠肺炎患者抢救治疗使用的药品和诊疗项目，以及新型冠状病毒核酸检测、新型冠状病毒抗体检测项目纳入医保支付范围，减轻定点救治医院的资金压力和病人经济负担。组建市疫情防控指挥部医用物资采购专班，保障雷神山、火神山等 60 多所定点医院、33 个方舱医院、27 所隔离治疗点的药品和医用物资供给，紧急采购 1065 批次 6.34 亿元医用物资，为打赢武汉保卫战提供物资保障。全力保障非新冠患者就医购药，将全市门诊重症（慢性）疾病定点零售药店从 2 个临时扩大至 111 个。互联网医院在全国率先推出网上就医纳入医保支付。快速紧急上线“帮找药”服务平台，服务群众 60 多万人次。开展医疗费用结算，保证应结尽结，医保报销新冠患者医疗费用近 6 亿元。及时出台职工医保费用减征缓缴政策，全市共减征 59.87 万家企业职工医保费 27.17 亿元，支持企业复工复产。

【武汉市退役军人事务】 2020 年，武汉市持续推进退役军人工作体系建设。疫情期间，主动申请将市优抚医院作为定点救治医院，动员全系统力量，3 天改建新增 900 张床位，受到中央指导组领导高度肯定。市优抚医院全体医护人员持续战斗 150 余天。各单位党员干部下沉一线，在 30 个社区参加群防群控。对 40 个休干小区实行 24 小时封控管理，确保防控措施落实、休干日常生活无忧。动员 3.7 万名退役军人奋战在志愿运输、社区保障、医疗救助、医院建设的抗疫前线，退役军人自愿捐款近 300 万元。市优抚医院余道信获得“全国抗击新冠肺炎疫情先进个人”称号。

全面规范全市3465个退役军人服务中心（站）建设，创建示范性服务中心（站）134个，占总量的73%。结合网格化服务与辖区所有退役军人建立常态化联系，实现服务对象全覆盖。落实各级中心（站）编制542人，到位482人，购买专干服务705人，社区专兼职人员4928人。落实办公及服务场所面积近20万平方米，全部实现实体化运转。成立武汉市关爱退役军人协会，吸纳会员单位84个。党委领导、政府主导、军地协同、社会参与的新时代退役军人事务工作格局基本形成。

持续维护涉军稳定，切实保障退役军人权益。完善先进典型资源库，开展“武汉楷模·最美退役军人”学习宣传活动，李明龙等20人荣获首届“武汉楷模·最美退役军人”称号。各级媒体宣传报道退役军人先进事迹近百篇，推荐疫情防控优秀退役军人80人。开展“退役军人涉访闭环处置规范”试点，建立涉军信访“受理、办理、督办、反馈、回访、考核”闭环工作规范，进一步明确各类信访事项办理责任和办理流程。完善《武汉市退役军人事务局信访工作管理办法》以及接访首问负责制，完善通报、督办工作机制，确保退役军人来信有人办、来访有人接、过程受监督、结果有反馈。

加大帮扶力度。建立常态化联系工作机制，市、区两级与近400名困难退役军人“结对子”。全年筹措经费3100余万元，慰问困难退役军人2.5万余人；对新冠肺炎患者退役军人家庭进行专项关爱，为1万余名“两参”退役军人购买商业医疗保险。坚持矛盾排查化解，持续化解转业志愿兵（士官）历史遗留问题。

全年接收计划分配军转干部及随调家属近500人，超九成安置在机关事业单位。适应新冠疫情防控要求，采取线上选岗为主、线下选岗为辅、分批签字确认的办法，组织所有军转干部按积分排序选岗。统筹完成军队转改文职人员、跨军地改革集体转制部队退役军人落户等其他改革任务。接收安置退役士兵（退出消防员）2800余人。向自主就业退役士兵发放自主就业地方一次性经济补助金2755.19万元，完成率100%。符合安排工作条件退役士兵事业编制安置比例31.3%，比上年增加25个百分点。

持续加强退役军人就业创业政策引领。出台退役军人就业创业工作实施办法和奖补政策，鼓励在汉企业吸纳退役军人就业。确定25个职业技能教育培训定点机构，举办自主择业军转干部服务工作业务培训和退役士兵线上线下技能培训，共培训2500余人。联合部队首次开展“送政策、送培训、送岗位”进军营活动，开展退役军人专场招聘会活动、春季网上专场招聘会和跨地域联动推介会等17场（次），推荐就业4572人（次）。组织70家退役军人创办企业参加“军创杯”创业创新大赛，7家企业取得省级一、二、三等奖和优胜奖，3家企业在全国决赛中荣获一、二、三等奖，获奖数量、质量居全国同类城市前列。

（武汉市地方志办公室）

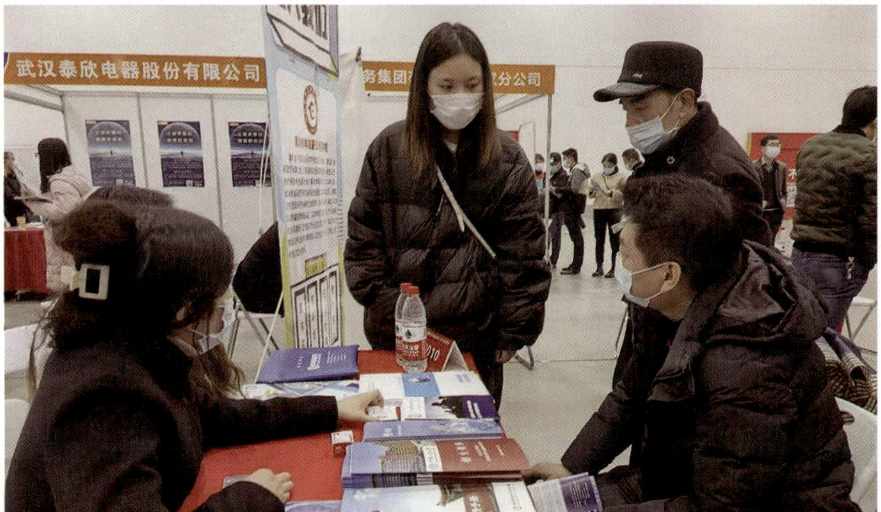

2020年11月25日，武汉市退役军人专场招聘会在武汉客厅文化博览中心举行　　（武汉市地方志办公室　供稿）

【黄石市城乡居民收入与消费】 2020年，黄石市城镇居民人均可支配收入37912元，比上年下降2.1%；农村常住居民人均可支配收入16549元，增长0.2%。城镇居民人均消费支出23718元，下降5.0%；农村居民人均消费支出14076元，增长1.0%。城镇居民恩格尔系数为33.8%，农村居民恩格尔系数为29.7%。

【黄石市基层社会建设】 2020年，黄石市加强城市社区工作队伍建设。出台《关于加强城市社区工作者队伍建设的实施意见》，明确社区“两委”班子成员配备，规范社区工作者管理，建立社区工作人员四类岗位共18级的等级序列，形成职业发展体系。提高社区工作者薪酬待遇，调整后城区社区工作者年人均工资总额52154元，月平均工资4346元，比调整前增加981元。深入推进农村社区建设试点，确定43个农村社区建设试点村，大冶市“党建引领活力村庄”通过2020年全国第一批农村社区治理实验区验收考评。印发《关于坚持党建引领深化居民议事协商的实施意见》，在各县、市、区中选取9个街道（乡镇）的51个社区开展居民议事协商试点。对790个村的村规民约（居民公约）进行全面修订，组织2020年全国社会工作职业水平考试报名动员及考前辅导培训工作，培训社区工作者340人。通过公益创投社工技术流程，开展培育社区社会组织各项活动，在黄石举办“第七届全省优秀社区社会组织暨公益创投（志愿服务）项目交流展示大赛”，5个项目入围省赛，斩获全省“十佳公益创投项目”2个、全省“十佳社区社会组织”1个。举办“黄石市2020年社区办公益创投网络大赛”，26个项目获得10.13万社区居民的参与和关注。

【黄石市社会救助】 2020年，黄石市加大民生资金支出。统筹资金7.05亿元，用于保障困难群众基本生活资金6.5亿。提高社会救助保障标准，出台《关于确定公布黄石市社会救助标准的通知》，将农村低保从每人每年5580元提高到每人每年5700元，农村特困供养标准从每人每年7800元提高到每人每年10200元。出台《黄石市2020年社会救助兜底脱贫行动实施方案》，对125户、456名未脱贫建档立卡贫困对象，采取包户销号方式，逐一上门核查，发挥社会救助的兜底保障作用。将新冠肺炎患者特别是有亲人罹难的家庭、因疫情在家隔离的孤寡老人、困难儿童、重病重残人员、孤儿、事实无人抚养儿童等困难群体纳入价格临时补贴发放范围，对确诊患新冠肺炎的低保、特困人员发放生活救助，对因疫情导致监护缺失的儿童发放临时救助，为滞留黄石的外地人员实施临时救助。建立困难群众动态监测和主动发现机制，及时将901名符合条件的困难群众纳入低保范围，全面落实困难群众各项救助保障政策。将739名事实无人抚养儿童纳入政策保障范围，年发放补贴资金1109万元。发放46875名残疾人“两项补贴”5304万元。

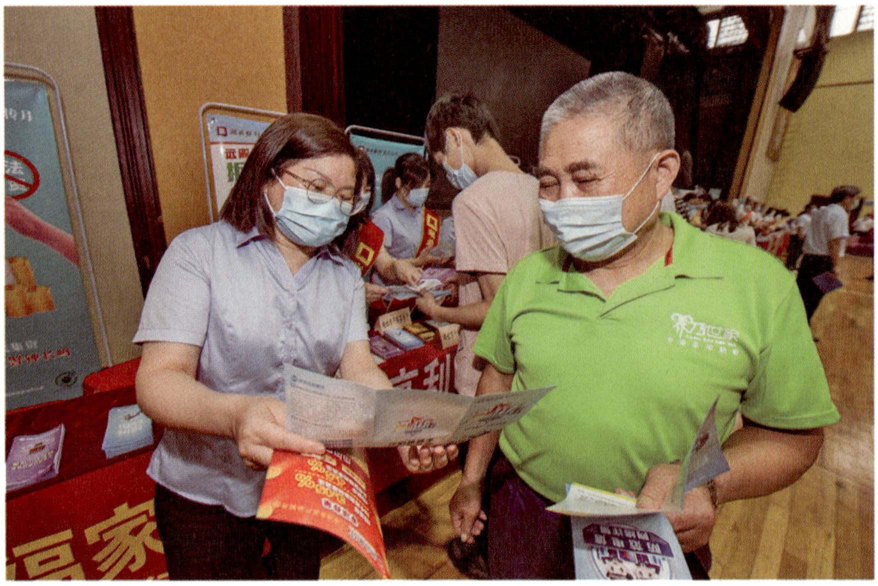

2020年6月22日，黄石市下陆区工作人员向老年人开展防范非法集资等金融风险宣传活动　　（黄石市档案馆　供稿）

【黄石市养老服务】 2020年，黄石市养老服务取得新进展。市社会福利中心国庆节前正式投入使用，占地面积13.67公顷，总投资3.27亿元。大冶市、阳新县分别（改）建设1个县级失能半失能特困人员供养服务中心、2个区域性失能半失能特困人员供养服务中心。

开展养老机构服务质量建设专项行动，全年新增养老床位405张。争取政企联动普惠养老专项行动试点，铁山区芳华养年养护院等6个项目列入普惠养老城企业联动建设项目，建设养老床位1055张，获得中央预算内资金2110万元。推进居家和社区养老服务改革试点，引进3个市场主体，建设示范性居家和社区养老服务中心25个，为全市300多名独居高风险老人配置智能手环和可视设备，对老人身体健康和安全状况实现全天候不间断监护。下拨第二批居家和社区养老服务改革资金975万元，市级智慧养老平台签约老人3.44万人，加盟服务商121家，服务老人7.6万人次。疫情期间为全市老年人代购药品1128人次，全市养老福利机构疫情“零”感染。组建一支9人养老护理员队伍赴武汉开展为期一个月的对口支援服务，得到民政部、省民政厅肯定。

（黄石市档案馆）

【鄂州市城乡居民收入与消费】2020年，鄂州市城镇常住居民人均可支配收入35025元，较上年增长1.4%，增幅高于全省平均水平3.8个百分点，位列全省第三位。从可支配收入的结构看，除经营净收入下降外，工资性收入、财产净收入和转移净收入都稳定增长。工资性收入依然是城镇常住居民人均可支配收入的主要来源，城镇常住居民人均工资性收入20392元，增长1.66%，占城镇常住居民人均可支配收入的比重为58.22%；经营净收入4059元，下降8.04%；财产净收入2103元，增长2.97%；转移净收入8471元，增长5.54%。城镇常住居民人均生活消费支出19281元，下降9.1%。其中，食品烟酒消费支出7628元，占消费支出的比重为39.56%，下降8.4%；衣着消费支出1579元，占消费支出的比重为8.19%，下降15.0%；居住消费支出3299元，占消费支出的比重为17.11%，增长0.3%；生活用品及服务消费支出1042元，占消费支出的比重为5.4%，下降7.8%；交通通信消费支出1573元，占消费支出的比重为8.16%，下降2.5%；教育文化娱乐消费支出1995元，占消费支出的比重为10.35%，下降23.5%；医疗保健消费支出1776元，占消费支出

2020年鄂州市城乡常住居民人均可支配收入与消费构成统计表

项目	城镇居民			农村居民		
	2019年（元）	2020年（元）	增幅（±%）	2019年（元）	2020年（元）	增幅（±%）
一、人均可支配收入	34541	35025	1.40	19313	18792	−2.70
工资性收入	20059	20392	1.66	7673	7273	−5.22
经营净收入	4413	4059	−8.02	7760	7467	−3.78
财产净收入	2043	2103	2.95	217	225	3.51
转移净收入	8027	8471	5.54	3661	3827	4.51
二、人均消费支出	21211	19281	−9.10	13671	12741	−6.80
食品烟酒	8325	7628	−8.37	5407	5064	−6.34
衣着	1857	1579	−14.97	874	839	−4.00
居住	3290	3299	0.27	2766	2721	−1.63
生活用品及服务	1130	1042	−7.79	851	830	−2.47
交通通信	1613	1573	−2.48	1067	1025	−3.94
教育文化娱乐	2609	1995	−23.53	1543	1201	−22.16
医疗保健	1939	1776	−8.41	866	757	−12.59
其他用品和服务	448	389	−13.17	297	304	2.36

的比重为9.21%，下降8.4%；其他用品和服务消费支出389元，占消费支出的比重为2.02%，下降13.2%。

农村常住居民人均可支配收入18792元，比上年下降2.7%。其中，农村常住居民人均工资性收入7273元，下降5.22%；经营净收入7467元，下降3.78%；财产净收入225元，增长3.51%；转移净收入3827元，增长4.51%。农村常住居民人均消费支出12741元，下降6.8%。农村常住居民恩格尔系数39.75，比上年增加0.2个百分点。受疫情影响，近半年时间学校及校外实体培训机构停课、文化娱乐服务业停业，导致教育文化娱乐支出在农村常住居民人均消费支出的八大项中降幅最大，下降22.16%，人均支出减少342元。得益于疫情防控及时有效，下半年教育、文化、娱乐行业相继复学复工，促进行业复苏，教育文化娱乐支出降幅较上半年收窄20.92个百分点。

【鄂州市基层社会建设】 2020年，鄂州市加强基层社会建设。实施老旧小区改造“40工程”。构建15分钟便民生活圈，推动社区综合服务设施全覆盖。打造城市社区“10分钟体育健身圈”，建立覆盖主城区的城市社区卫生服务网络体系。创建“共享+众筹”基层社区治理和服务创新实验区，通过省级实验区中期验收，并组织申报国家级实验区。出台“1+N”社区治理系列文件，大力向街道放权赋权，明确社区职责清单23项，推动街道聚焦基层党建、城市管理、社区治理和公共服务等主责主业，36个便民服务审批项目下沉社区。完善“双报到、双认领、双评价”机制，75个市直单位、9256名干部常态化下沉社区。全市新增102个社区公益创投项目、1个社区社会组织。主城区业委会组建率达95.0%。筹备成立鄂州市社会工作联合会，搭建社工机构交流平台。全市社工机构增至19个，注册志愿服务组织741个、志愿者人数16.69万人。区级慈善组织、志愿服务组织、社工机构实现全覆盖。争取310万元省级慈善资金，用于实施13个“爱满鄂州”社会工作服务项目，项目涵盖疫后心理疏导、“三留守”关爱、社工人才队伍建设、社区治理等领域。

【鄂州市养老服务】 2020年，鄂州市全面放开养老服务市场，取消养老机构设立许可，大力推进居家和社区养老服务改革。引进中国康养集团进驻鄂州，成功申报城企联动普惠养老项目国家试点城市。全市共建有各类养老设施247处、养老床位7061张，每千名老年人养老床位数达到35张，城乡社区居家养老服务设施的覆盖率分别达到80%和60%。农村福利院“冬暖工程”在全省率先完成。修订《加快推进养老服务发展实施意见》，明确各类城乡养老服务设施建设运营补贴标准，全面实施养老机构等级评定制度，加强从业人员技能培训，持续开展养老机构服务质量提升专项行动。完善智慧养老信息平台，充分发挥“12349”功能，全面提升监管水平。持续开展关爱农村留守老人服务，按月发放高龄津贴和经济困难高龄、失能老年人补贴。

【鄂州市社会救助】 2020年，鄂州市全面落实社会救助政策。共有城市低保对象4793人、农村低保对象18067人，全年支出城乡低保资金分别为2742万元、8189万元；城市特困供养对象198人，支出供养资金355万元，月供养水平1200元；农村特困供养对象3337人，支出供养资金4097万元，月供养水平940元。临时救助3649人次，共766万元，人均救助2099元。

疫情防控期间暂停全市在册救助对象动态退出。对24名确诊新冠肺炎的低保对象、特困供养人员和建档立卡贫困户，给予6—12倍的临时救助共10万元；按照城市人员500元/人、农村人员300元/人的标准，对低保对象、特困供养人员、留守老人、留守儿童、重度残疾人等困难群体进行生活物资救助，共救助3.74万人，救助金额1283万元。加强社会救助对象与扶贫对象信息衔接，对未纳入救助保障范围的建档立卡贫困户组织人员进行排查，对符合条件的及时纳入救助范围，对不符合条件的协助落实其他帮扶措施。全市5.22万名建档立卡贫困对象中，纳入城乡低保14341人，纳入特困供养2546人。密切关注未脱贫和返贫致贫风险高人员、低收入困难

2020 年鄂州市城乡低保情况分类统计表

单位	城市低保				农村低保			
	户数（户）	人数（人）	救助总额(元)	人均月救助金额（元）	户数（户）	人数（人）	救助总额(元)	人均月救助金额（元）
全市总计	2917	4793	27418510	479.24	10755	18067	81890692	386.42
鄂城区	2238	3672	22455213	492.29	2897	4817	27408007	417
华容区	132	229	1287245	473.25	2551	4114	19113261	390.14
梁子湖区	105	183	1035820	467.01	2786	5141	23134270	380.35
葛店开发区	98	126	499800	317.13	782	1048	3713860	286.56
临空经济区	344	583	2140432	421.01	1739	2947	8521294	363.86

人群、潜在救助对象等边缘贫困人口的基本生活状况，对 2579 名未脱贫户、脱贫不稳定户、边缘易致贫户、整户无劳动能力户、低收入家庭以及一年内申请低保未获批准对象，组织区、乡镇民政部门开展重点排查，其中符合条件的 503 人已纳入救助范围。及时调整各项社会救助标准，城市低保标准由每人每月 580 元提高到 600 元，农村低保标准由每人每月 450 元提高到 470 元，城市特困人员救助供养标准由每人每月 1160 元提高到 1200 元，农村特困供养标准由每人每月 860 元提高到 940 元。

【鄂州市医疗保障】 2020 年，鄂州市 74.18 万人参加城乡居民医保、19.06 万人参加城镇职工医保；征收城镇职工医疗保险基金收入 8.83 亿元。工伤保险累计参保 14.61 万人，基金征收 1191 万元；生育保险累计参保 9.93 万人，基金征收 4556 万元。医疗、工伤、生育基金共支付 11.35 亿元。市内住院 13.6 万人次，基金支付 4.7 亿元，政策范围内报销比例 71.2%；个人账户刷卡 161 万人次，基金支出 2.2 亿元；普通门诊就医 119.8 万人次，基金支出 6949.4 万元；门诊重症慢性病就医 6.6 万人次，基金支出 5562.75 万元；享受工伤保险待遇 4924 人次，基金支出 2839.8 万元。

新增 81 种治疗癌症等疾病的高价值药品医保报销品种，出台特药使用患者的病情判定和购药、报销的相关规定，确定 3 个特药服务定点药店和 4 家特药定点医院，全年医保报销 898 人次门诊特药费用 449.52 万元。建立城乡居民“高血压、糖尿病”门诊用药保障机制，制定“两病”人员用药评估办法，将全市纳入公共卫生管理的“两病”员信息导入系统，“两病”人员累计就诊 8.8 万人次，报销费用 28.3 万元。强化医保定点零售药店药品进销存信息化监管，实现对定点零售药店经营现场视频实时监控、定点零售药店药品进销存信息在线监控、医保智能网络全面监控，保障医药机构合法经营者及参保人的利益。全面开展按病种付费医保支付工作。进一步优化医疗救助费用支付工作，医疗救助子系统上线运行，实现“基本医保、大病保险、补充医疗保险、医疗救助”四大业务“一网通办，一站办结”。

【鄂州市医保扶贫】 2020 年，鄂州市获得“湖北省脱贫攻坚先进集体”称号。制定新“985”医保扶贫政策，将原政策规定的按照实际费用进行报销调整为按照政策范围内费用进行报销。开展新政策宣传培训，举办培训会 10 场、培训 3600 人；印制宣传资料 6 万份。落实医保扶贫政策，建立健康扶贫人员数据共享机制，对扶贫部门提供的精准扶贫对象“不落一人，照单全收”，5.26 万名贫困人口通过全额补贴和差异化补贴两种形式，全部参加城乡居民医保；农村贫困人口在定点医院住院1.40万人次，政策范围内费用7106.63万元，报销6805.89万元，报销比例97.55%。农村贫困人口因门诊重症慢性病就医1.34万人次，政策范围内费用1985.43万元，报销1761.62万元，报销比例88.73%。落实保底待遇，农村人口在定点医疗机构就医，政策范围内医疗费用累计超过5000元以上的13人，产生费用6.33万元，全额予以报销。

【鄂州市退役军人事务】 2020年，鄂州市市、区、乡镇（街道）、村（社区）391个退役军人服务中心（站）组建运行。在全省率先出台《关于推进新时代退役军人工作的若干措施》，退役军人事务“十四五”规划纳入全市专项规划，市荣军中心项目纳入全市“十四五”项目库，鄂州市获得“省级双拥模范城”七连冠。

全面实行“阳光安置”机制。6名军转干部全部安排在市级党政机关，73名退役士官全部安置在中央、省属企业或事业单位，安置率和满意率均100%。积极参与疫后重振，搭建退役军人就业平台，开展首届“军创杯”退役军人创业创新大赛；根据企业需求开展订单式培训、定向培训，举办各类招聘会30余场次，帮助1000余名退役军人就业。使用各级财政专项资金近2000万元，为1400余名退役士兵办理社保接续。建立困难优抚对象动态数据库，及时发放各类优抚资金7000余万元。春节、“八一”等重要时间节点，市、区领导带队走访慰问驻军和模范退役军人、困难退役军人代表以及抗战、抗美援朝老战士老同志；开展退役士兵返乡欢迎仪式暨“不忘初心永葆本色”教育、优抚对象短期疗养、为立功受奖军人家庭送喜报、困难退役军人解“四难”和清明祭英烈及“9·30”烈士公祭日等活动，传达党委、政府的关心关爱。对鄂城区麻羊垴鄂南抗日根据地指挥中心旧址、华容区彭楚藩烈士纪念馆、梁子湖区盛浩如烈士纪念碑以及贺龙军部等革命纪念设施进行修复和保护。鄂南抗日根据地指挥中心旧址入选第三批国家级抗战纪念设施、遗址名录。

6月18日，鄂州市举办首届“军创杯”退役军人创业大赛

（鄂州市档案馆 供稿）

开展星级示范创建活动，391个退役军人服务中心（站）均达到三星以上标准，其中三分之一达到四星以上标准。军地合力从资金投入、就业优待、医疗保障以及随军家属安置和子女入学优待等方面落实优待政策。学习新时代“枫桥经验”，建立常态化联系退役军人制度，结对联系退役军人197名，乡镇（街道）和村（社区）两级服务站对辖区退役军人实行普遍联系，在保险接续、困难帮扶、思想疏导等方面提供面对面、个性化、精细化服务。

（鄂州市档案馆）

【孝感市城乡居民收入与消费】 2020年，孝感市城镇居民人均可支配收入35374元，比上年下降0.9%。农村常住居民可支配收入17090元，下降2.4%。城乡居民收入主要以工资性收入为主。镇居民工资性收入和经营净收入占城镇居民可支配收入比例分别为60.80%和9.82%，分别下降0.75%和0.73%；财产净收入和转移净收入分别增长0.28%和1.20%。农村居民工资性收入和经营净收入占农村居民可支配收入比例分别为32.01%和39.75%，分别下降0.34%和0.09%；财产净收入

2016—2020 年孝感市城镇居民每百户耐用消费品拥有量统计表

品类	单位	2016 年	2017	2018 年	2019 年	2020 年
摩托车	辆	53.10	52.68	47.30	48.20	46.30
助力车	辆	53.20	55.14	60.20	63.70	64.30
家用汽车	辆	7.00	8.34	16.70	18.30	20.20
洗衣机	台	97.10	98.23	98.50	99.20	101.10
电冰箱	台	107.30	108.21	108.40	108.50	108.70
彩色电视机	台	135.20	137.01	137.00	135.20	140.00
家用电脑	台	67.30	66.28	63.20	56.90	64.70
组合音响	套	18.60	19.21	19.50	19.30	—
摄像机	架	4.30	3.58	2.10	1.40	—
照相机	架	33.60	31.05	29.90	15.50	14.30
钢琴	架	2.30	2.78	2.80	2.80	—
其他中高档乐器	件	3.40	5.72	5.90	6.20	9.10
微波炉	台	39.50	40.21	40.50	38.30	36.10
空调器	台	136.90	139.20	145.50	145.90	164.50
淋浴热水器	台	82.30	84.20	88.10	95.30	102.20
消毒碗柜	台	8.50	8.66	8.80	9.00	—
洗碗机	台	1.90	2.23	2.40	2.50	2.60
健身器材	套	2.60	2.91	3.10	3.70	4.60
固定电话	部	64.20	63.19	62.20	38.20	12.30
移动电话	部	210.20	220.30	265.00	275.30	316.50

2016—2020 年孝感市农村常住居民每百户耐用消费品拥有量统计表

品类	单位	2016 年	2017 年	2018 年	2019 年	2020 年
洗衣机	台	70	75	80	85	99
电冰箱	台	90	93	96	100	106
彩色电视机	台	126	128	115	119	135
空调机	台	53	60	92	107	131
抽油烟机	台	20	23	42	51	63
热水器	台	58	69	73	85	99
自行车	辆	61	60	52	38	76
摩托车	台	68	71	72	73	76
汽车	台	8	9	18	18	20
固定电话机	部	35	35	12	12	9
移动电话	部	236	239	261	276	334

和转移净收入分别增长 0.05% 和 0.37%。

受新冠肺炎疫情影响，城镇居民人均消费 22771 元，比去年下降 8.0%。其中，食品消费占城镇居民消费比重最大，达 39.8%，人均消费 9058 元，增加 2.1 个百分点；居住支出上升 2.2%；其余消费支出均呈下降趋势，下降幅度最大的为教育文化娱乐服务支出，下降 21.1%。农村居民人均消费 12778 元，下降 6.0%。其中，食品消费支出占农村居民人均消费支出最大，达 39.7%，增加 1.7 个百分点；医疗保健消费支出上升 17.1%；其他商品和服务消费支出增长 4.1%；其余几项消费均不同程度下降。其中，文化教育娱乐服务下降幅度最大，下降 41.8%。

（孝感市史志研究中心）

【黄冈市城乡居民收入与消费】 2020 年，黄冈市城镇常住居民人均可支配收入 30826 元，比上年下降 3.1%；农村常住居民人均可支配收入 14693 元，增长 1.4%。城镇居民恩格尔系数 39.4%，农村居民恩格尔系数 39.9%。全年居民消费价格上涨 2.6%。其中，食品烟酒类价格上涨 9.5%、衣着类价格下降 0.8%、居住类价格下降 0.1%、生活用品和服务类价格下降 1.5%、教育文化和娱乐类价格上涨 0.4%、其他用品和服务类价格上涨 3.2%；交通和通信类价格下降 4.4%；医疗保健类价格上涨 1.8%。

【黄冈市社会救助】 2020 年，黄冈市持续加大社会救助力度。提高城乡低保标准。城市低保标准提高到每人每月586元，农村低保标准提高到每人每年4853元，农村特困人员供养标准提高到每人每年9710元；社会散居孤儿养育标准提高到每人每月1172元；福利机构集中供养孤儿养育标准提高到每人每月1875元。低保救助。年末，全市城乡低保新增8737户1.57万人。其中，长江退捕渔民97户、失业和返乡务工困难人员2045人、低收入家庭中重病重残对象参照“单人保”累计3205户3317人。对享受低保后生活仍有困难的对象，按照不低于当地月低保标准20%按月增发补助金。实施临时救助2.55万人（次），发放临时救助资金3253.39万元；为73名受洪涝灾害家庭发放临时救助金11.76元。重点救助48.67万人（次），救助资金5080.86万元。落实应保尽保。集中核查核实四类贫困户3.67万户（其中6224名符合条件的贫困人口纳入保障范围）。开通“因疫情影响生活困难救助直通车”线上求助平台，办理困难群众求助线索148条。对5.87万名重度残疾人、1.07万名留守老人、1.45万名困难儿童及155名因疫情陷入生活困境外来滞留人员建立明细台账，通过信息比对，依据相关政策分类实施救助。

【黄冈市医疗保障】2020年，黄冈市加强医疗保障工作。将用人单位职工、个体商户、灵活就业人员、职工以外的城乡居民、退役军人、退捕渔民、特困人员等各类群体均纳入医疗保障体系，参保人数605万人，基本实现常住人口应保尽保。进一步健全“基本医保+大病保险+医疗救助”医疗保障制度，职工医保个人年度最高可报销70万元，平均报销比例80%；居民医保个人年度最高可报销40万元，平均报销比例65%。提升医保网络服务。持续简化两定机构申报程序，优化配套服务，扩大医疗保障服务网络，定点医药机构扩展到5681家。参保异地务工、退休外迁、转诊转院人群经备案后可在全国4.4万家医院直接结算住院费用。提高医保报销比例。出台高血压、糖尿病、新冠肺炎、遗传病、罕见病单项报销政策，糖尿病、高血压患者门诊年度报销额由400元提高到600元，“新冠肺炎后肺纤维化”居民患者年度最高可报销800元、职工患者年度最高可报销3000元，遗传病苯丙酮尿症患者年度最高可报销1.8万元、四氢生物蝶呤缺乏症患者年度最高可报销6万元。针对慢性病、特殊药品和器官移植抗排异治疗患者等用药实行长期处方结算，延长一次性处方药量至3个月。

【黄冈市退役军人事务】2020年，黄冈市加强退役军人事务工作。接收计划分配军转干部20人，自主择业军转干部5人，符合政府安排工作条件退役士兵333人，移交安置残疾士兵和军队院校残疾学员8人、随调家属1人。全面落实军休干部两个待遇，办理申报护理费或生活补助83人，换发离退休证93人，接收军休人员7人，解决3名滞留部队人员遗留问题，组织健康疗养103人次。推进部分退役士兵社会保险接续工作，录入9298人，审核通过8533人，办结8532人。落实退役军人和其他优抚对象政策，搭建就业创业平台，出台《黄冈市促进退役军人就业创业实施办法》，明确规定退役军人技能培训、学历提升、就业补助、创业贷款等优惠办法，联合黄冈职业技术学院创办“黄冈市退役军人就业创业学院”，在全省首个提出“1+N”退役军人就业创业培训模式（即以市区1所学院带动县、市、区N个孵化基地同频共振，提档升级黄冈市退役军人教育培训），学院首期开办5个专业，招录270人。举办黄冈首届“军创杯”退役军人创新创业大赛，推荐13家企业参加全省复赛，8家企业进入决赛，获得一等奖1个、二等奖1个、三等奖2个和优秀组织奖2个。举办线上线下招聘会32场（次），2000名退役军人实现就业。足额发放优抚补助资金681.2万元。落实价格联动临时补贴制度，发放补贴7299.73万元。持续开展“解四难”，向1.77万人发放解困资金2247.62万元；走访慰问各类优抚对象2.88万人次，发放慰问金1688.94万元；推进烈士信息校核和烈士纪念设施维护工作，累计采集录入零散烈士墓1.07万座、烈士纪念设施3026座，总量占全省四分之一，完成率100%。组织清明网上祭扫10万余次，各烈士陵园代祭扫一千余次。

（黄冈市史志研究中心）

【咸宁市城乡居民收入与消费】2020年，咸宁市受新冠肺炎疫情影响，经济运行呈“V”字形走势。城镇常住居民人均可支配收入32394元，比上年下降2.4%；农村常住居民人均可支配收入16359元，下降1.4%。城镇常住居民人均可支配收入的增长主要受益于工资性收入恢复较快、扩大范围发放就业失业补贴、上调退休人员基本养老金、金融扶持小微企业力度加大、消费市场得到快速复苏、市场主体持续增长以及疫后居民消费趋理性；农村常住居民人均可支配收入的增长主要受益于搭建复工“直通车”，落实就业创业补贴，创业贷款、启动价格联动机制，以及粮食种植面积、总产和单产“三增加”。

城镇常住居民人均消费支出19493元，降幅由一季度的16.0%收窄至四季度的13.8%，其中食品烟酒消费增长0.5%，衣着、居住、生活用品及服务、交通通信、教育文化娱乐、医疗保健、其他用品和服务支出分别下降13.9%、6.9%、24.5%、16.5%、28.5%、38.6%、25.8%；农村常住居民人均消费支出12032元，降幅由一季度的14.5%收窄至6.4%，其中食品烟酒消费、其他用品和服务支出分别增长4.0%、8.2%，衣着、居住、生活用品及服务、交通通信、教育文化娱乐、医疗保健支出分别下降12.0%、1.6%、12.5%、22.0%、17.1%、30.2%。

全年CPI累计上涨2.5%，涨幅比上年收窄0.2个百分点，与全国水平持平，比全省水平低0.2个百分点。其中，食品价格上涨9.9%，非食品价格上涨0.6%；消费品价格上涨3.2%，服务价格上涨1.2%。食品价格涨幅比上年扩大1.3个百分点，推动CPI上涨2.0个百分点，对CPI上涨的贡献率80.0%。

【咸宁市社会救助】2020年，咸宁市全面落实兜底脱贫行动。出台《咸宁市社会救助兜底脱贫行动实施方案》，健全监测预警机制，通过信息比对和入户排查，将预警监测范围内的649人纳入低保保障范围。城市低保每人每月623元，农村低保每人每年6133元，农村特困供养每人每年11020元，社会散居孤儿月人均保障标准1247元，福利机构集中供养孤儿年人均保障标准23936元，分别比上年增长1.6%、5.1%、7.7%、1.6%、1.6%。城乡低保、特困供养对象共11.94万人，累计发放低保金、特困供养金、临时救助金、物价补贴等社会救助资金7.19亿元。建档立卡贫困户中低保对象5.56万人，发放救助金1.84亿元；特困供养对象7000人，发放救助金8148万元。探索建立低保“进出双预警”机制，推行政府购买社会救助服务，开发入户核查手机App，向社区公布全市民政系统监督和求助电话，进一步强化社会救助监督管理。

【咸宁市养老服务】2020年，咸宁市推进居家和社区养老服务改革试点。筹措资金3000余万元，建设10个辐射式、15个嵌入式城乡社区长者康乐服务中心和20个社区微型长者康乐服务站，开办7个香城厨房、5个香城小超市等，满足老年人的物质生活需求；整合香城书房、香城康乐活动中心、健康小屋、“十五分钟健身圈”等进社区，丰富老年人文体娱乐生活。整合财政资金1200余万元，按照分层分类的思路完善居家社区养老服务设施，启动730户老年人家庭适老化改造、1200户老年人家庭喘息服务、养老服务人才队伍“百千万”工程等项目。深入开展养老机构服务质量建设专项行动，推进特困供养机构改革，咸安区、嘉鱼县、赤壁市纳入全省特困供养服务机构体制机制改革试点。19家农村福利院“平安工程”项目全面完工，68家农村福利院安装空调892台。按照“田园养老综合体、乡村养老合作社、互助养老中心户”模式，实行“以房养老、以地养老、互助养老”，探索农村养老服务新模式。搭建“建设运营一盘棋、数据汇集一张网、线上线下一体化”的智慧养老平台，初步形成居家社区机构相协调，医养、康养相结合的养老服务体系。改革试点成果通过民政部验收，《湖北日报》连续跟踪报道试点经验。

【咸宁市基层社会建设】2020年，

咸宁市开展社区治理实验区建设工作。制定《2020年推进实验区建设工作事项清单》，优化调整68个城市社区共470多个网格，新招聘社区网格员429人，投入资金4300余万元加强社区建设和保障人员经费。推进“智慧社区”试点工作，咸安区、崇阳县投入460万元在8个试点社区搭建社区综合信息服务平台，打造“居民的服务界面、社区的工作界面、政府的管理界面”。印发《关于进一步开展社区减负工作依法厘清社区职责提升为民服务效能的指导意见》，明确社区“211”工作清单（2类取消工作事项清单、1个依法履职工作清单、1个依法协助政府工作事项清单），做好“加减乘除”法，推进社区减负增效。按照不低于全市行政村总数的5%推进农村社区建设试点53个，统筹安排7200万元资金用于农村社区建设和美丽乡村建设。大力推广“星空夜话”“湾子夜话”“圆桌会议”等民主协商品牌，其中“湾子夜话”入选全省协商议事十大案例。全市1071个村（社区）全面完成村规民约和居民公约的制定或修订工作。申报22个社区公益创投项目，安排社区社会组织培育补助资金85万元。出台《南鄂社工英才计划》，实施“金精工程·爱满咸宁”“中行伴你行”疫后心理援助与社会工作服务项目。设立社会工作从业人员职业考试考点，1600余人报名参加社工考试，比上年增长44%。咸安区、赤壁市确定社区工作者员额1088人，通过考察、考试纳入社区工作者规范管理1010人，赤壁市308名社区专职工作人员已按新标准发放工资。注册志愿团体461个，实名注册志愿者34.7万人，占常住居民人口比例13.1%。疫情期间发动1万余名社会组织志愿者全力参与疫情防控，捐赠爱心款800余万元。

【咸宁市医疗保障】 2020年，咸宁市267.8万人参加医疗保险。其中，城镇职工参保人数30.6万人，城乡居民参保人数236.8万人，实现参保全覆盖。收缴医疗保险基金32.98亿元。其中，职工基本医保11.98亿元，比上年增长13.5%；城镇居民医保21.00亿元，增长48.39%。提高政府财政补助标准，城乡居民医保人均财政补助标准增加30元，个人缴费标准同步增加30元，人均筹资标准830元，增加城乡居民医保基金1.41亿元。医保基金支出25.34亿元。其中，职工医保支出9.31亿元，增长10.1%；城镇居民医保支出16.02亿元，下降1.9%。基金支出增幅减缓，累计结余可支付21.7个月，基金风险总体平稳可控。

完善城乡居民基本医保和大病保险制度，对恶性肿瘤等病种取消用人单位平均缴费基数限制，避免参保职工因费用问题延误救治。完善门诊特殊慢性病医保管理，将新冠肺炎肺纤维化、耐多药肺结核等病种纳入医保门诊特殊慢性病保障范围。开通职工医保县域内、市域内“基本医保+大病保险+医疗救助”一站式即时结算功能。完善医疗救助信息系统待救助提示功能，居民、职工医疗保险信息系统实时导入医疗救助信息系统，实现互联互通，确保应救尽救。落实城乡居民高血压、糖尿病门诊用药保障政策，参保患者“两病”门诊统筹支付限额提高到400元，政策范围内支付比例50%，全年有15.33万人次“两病”患者门诊总医疗费用4407.65万元，报销3329.92万元。扩大异地就医定点医疗和异地联网结算覆盖面，咸宁市31家医疗机构接入国家平台，实现县、市、区三级、二级医疗全覆盖，异地就医结算跨省4950人次，总医疗费1.08亿元，统筹报销6077万元。

完善欺诈骗保行政处罚机制，与公证机构建立医疗保障行政处罚文书保全送达文书公证。规范行政处罚罚没资金缴纳办理程序，对群众举报和移交的问题线索全部第一时间核查，强化查处情况报送和问题线索移交。通过飞行检查、抽查复查，开展打击欺诈骗保“风暴行动”，全面排查“假病人、假治疗、假病历”等诱导住院、虚假住院问题，实现949家定点医药机构检查全覆盖，共查处定点医药机构621家，其中暂停医保服务协议208家，解除医保服务协议9家，行政处罚125家。查处参保人员4起，面向社会曝光欺诈骗保案例22起，兑现举报奖励2例，移交公安机关问题线索1例，追回医保基金4625.79万元。

【咸宁市退役军人事务】 2020年，咸宁市开展退役军人服务中心

2020 年 9 月 30 日，咸宁市在鄂南烈士陵园举行“9·30”烈士纪念日公祭活动　（咸宁市史志研究中心　供稿）

（站）星级创建活动。投入资金1418 万元，创建市本级和 6 个县（市、区）退役军人服务中心、72 个乡镇（街道）、1063 个村（社区）退役军人星级服务站，全部达到创建标准；重点创建 32 家全国示范性退役军人服务中心（站），通山县创建工作经验在省委深改办《改革简报》上推介，咸宁市在全省退役军人服务中心（站）星级创建工作视频会议上作经验交流，赤壁市赤马港在退役军人事务部举行的视频调度会上进行标准化建设现场视频展示。

推行军转干部、退役士兵“积分选岗”阳光安置机制，邀请纪检部门对积分选岗全程现场监督，14 名军队转业干部、19 名转业士官全部安置到位，安置随调家属 3 名、接收自主择业军转干部 4 人，接收军休干部及伤残军人 3 名，安置率 100%，安置工作得到湖北省退役军人事务厅通报表扬。94 名符合政府安排工作条件退役士兵，发放待安置期间生活费 40.64 万元，771 名自主就业退役士兵发放一次性经济补助金 925.78 万元，发放率 100%。受理申请办理退役士兵社保接续 5796 人。与咸宁职业技术学院合作，提供退役军人全日制大专学历免费教育，帮助 397 名退役军人实现“大学梦”。协调咸宁马达嘉斯嘉健身学院，为 20 名参加村（社区）一线疫情防控的退役军人每人提供 1.98 万元学费全免、就业全包的“一站式”培训服务。收集 2.08 万名退役军人就业基础数据和 558 家企业用工实时动向，发布就业岗位 2.8 万个、定向招聘信息 3.36 万条，举办 14 场退役军人专场招聘会，提供就业岗位 1.37 万个，促成 2470 人就业。对接工商银行咸宁分行等银行，发放“拥军信用贷”400 余万元。运用供销合作发展基金，为退役军人创办领办的涉农经济实体等提供抵押担保服务，累计放贷 380 余万元。举办咸宁市首届“军创杯”退役军人创业创新大赛，推荐退役军人创办企业在湖北省复赛中，获得三等奖 3 个、优胜奖 1 个。全面落实军休干部“两个待遇”，组织开展军休老干部文体竞赛活动，丰富军休老干部文体生活，军休干部满意率不断提升。市军休所职工党支部获得“红旗党支部”称号。

发放 1.46 万名优抚对象抚恤补助金 1.12 亿元、1381 名义务兵家庭优待金 3299.84 万元。进一步规范军队退役人员评定残情和带病回乡退伍军人病情鉴定管理，开展国家机关工作人员伤残证清查、“参战、参试”退役军人核查、优抚对象抚恤补助资金督查检查和失能失智退役军人社会化托底养老服务试点。春节、“八一”等重大节日，市党政领导带队走访慰问驻军单位、重点优抚对象和其他困难复退军人。疫情防控期间，走访慰问军队援鄂咸宁籍一线医护人员 7 名、边海防官兵 238 户、感染新冠肺炎疫情退役军人 14 名。广泛开展双拥模范城创建和双拥先进评选表彰活动，咸宁市获得“全省双拥模范城（县）”称号，赤壁市获得“全国双拥模范城（县）”称号。4 家单位获得全省“拥军优属先进单位”称号，4 人获得全省“拥军优属先进个人”称号。

（咸宁市史志研究中心　邹晓魁）

【仙桃市居民收入与消费】 2020 年，仙桃市城镇居民人均可支配收入 35750 元，比上年增长 3.5%。其中，城镇职工年均工资 59219 元，增长 12.2%。城镇居民人均消费性支出 20280 元，下降6.7%。农村居民人均可支配收入20647元，增长3.8%；农村居民人均消费性支出12185元，下降1.4%。

【仙桃市社会救助】 2020年，仙桃市加大社会救助力度。出台《仙桃市社会救助兜底脱贫行动实施方案》，审批低保对象时统一核减3个月因疫误工收入；开展低保清理时，除死亡和财产超标等“硬伤户”外，对收入超标的困难家庭延保至2020年12月底；将202名未脱贫建档立卡贫困户中的重病重残人员，按“单人户”纳入兜底保障范围。常态化开展信息比对，动态监测576名建档立卡重病重残对象；建立“一对一”包保联系机制，对4240户脱贫风险户中的530户重点对象每月入户，及时落实帮扶政策。建立信息共享、工作联动机制，组建9个专班，先后对146户脱贫风险户、1217名未脱贫建档立卡贫困人口、72户贫困边缘户开展3轮入户调查，将619名对象纳入兜底保障范围。纳入兜底保障建档立卡贫困人口2.13万人（低保兜底1.88万人，特困供养兜底2459人）。

提高保障标准。城市低保提高到每人每月650元，农村低保提高到每人每年5500元，城市特困供养标准提高到每人每月1300元，农村特困供养提高到每人每年9900元，全年发放低保和特困供养资金1.65亿元、残疾人“两项补贴”2100万元、价格临时补贴2958万元、疫情期间一次性生活补贴1929万元。扩大救助范围。将422名低收入家庭中的重病重残人员，按单人户纳入保障范围，全年新增城乡低保对象2354户2668人，保障城乡低保3.27万户4.57万人、城乡特困3443人。疫情期间紧急下拨130万元临时救助资金，救助受灾困难群众1216人。全年实施临时救助5616人次，发放资金515万元；临时救助建档立卡贫困户1875人次，发放资金183万元。接收和发放1.19亿元慈善捐赠款物；争取省慈善总会资金100万元，专门用于尿毒症患者医疗众筹救助。建立联合惩戒部门联席会议制度，细化分类惩戒重点，规范行政执法程序，缩短实施惩戒时限，结合城乡低保专项治理和大数据比对，办理失信惩戒案例42例。

建设高龄津贴发放系统，按照每月60元、100元、500元的3档标准，全年计发高龄津贴2600万元，查实高龄津贴线索问题1276条，追缴资金192万元。开展“三帮四查”主题活动，严格落实“日巡访”制度，关爱帮扶1800名留守老人。开展儿童福利信息动态管理精准化提升年行动，精准核定全市孤儿55名（含10名机构供养和45名社会散居），事实无人抚养儿童221名，留守儿童3350名，困境儿童1332名，留守妇女916名；分别按照每人每月2240元、1400元的标准，及时计发孤儿和事实无人抚养儿童保障资金520万元。继续开办“慈善阳光班”，为10名孤儿大学生发放助学金7.5万元；依法办理收养登记6例；投入资金135万元提档升级7个“儿童之家”，购买社会组织服务常态化开展主题教育、特长培训和走访帮扶等活动，切实关爱困难未成年人的成长。救助因疫滞仙29人次，落户安置28名长期滞留人员，切实做到应救尽救。

【仙桃市基层社会建设】 2020年，仙桃市加强基层社会建设。印发《仙桃市城市社区工作者队伍建设工作实施方案》，建立市级统一管理，街道统一使用，社会化、职业化、专业化的社区工作者职业发展管理体系。公开招考119名社区专职工作人员，社区工作推土者队伍增加到800人规模。提高社区工作者待遇，人均薪酬月增长1000元左右，达到上年度全市城镇单位就业人员平均工资的0.85倍。建立考评激励机制，实行末位淘汰制度。推进城乡社区达标创建活动。投入资金2000万元，提档升级26个重点党员群众服务中心和综合文化服务中心；投入资金3.15亿元，改造115条主次干道、背街小巷和16个老旧小区；按照“十室一厅”标准开展16个农村社区建设试点，争创9个省级标准试点村。出台《关于加强城乡社区协商的实施方案》，健全民主协商机制，修订完善居民公约，搭建议事协商平台，引导居民参与社区事务，激发居民自治主体动力。启动“幸福家园”村社互助项目，筹集资金191万元，列入全国中华慈善总会首批10个示范县市。举办社区公益创投大赛，从22个创投项目中推选2个参加省级展演。制定《仙桃市社区志愿服务工作规范指引》《仙桃市社区志愿服务效果评估方案》，采取以奖代补形式，推进社区志愿服务规范化、常态化开展。投入资金130万元，引入武汉逸飞在6个村社试点“爱满荆楚”专业化社工服务，引导社区社会组织向治理、服务类转型，帮助解决难点乱象，提高基层治理能力。

【仙桃市养老服务】 2020年，仙桃市加强社会养老服务工作。增加服务供给，市福利中心“公建民营”项目投入运营，增设500张床位；投资4600万元，建设市社会福利院康养中心项目，建筑面积1.48万平方米，新增床位380张；在排湖风景区征地13.33公顷，规划建设城企联动普惠养老排湖康养园项目，预增床位5000张，进一步满足多元化、个性化的养老服务需求。持续推进农村福利院区域化功能化改革，投入资金120万元，改造毛嘴福利院失能照护中心；购买专业化社会服务，与市恒泰精神病医院签订精神病特困供养对象集中照护协议；探索城市社区居家养老服务试点，投入600万元，改造工业园纺园社区实施居家养老服务中心；拓展农村互助照料中心功能，完善全市“幸福食堂”规划，共下拨建设补贴资金1206万元、运营补贴资金185.56万元，建成幸福食堂60个，辐射120个村，服务1865名独居、孤寡、留守老人。全面落实疫情期间养老机构防控要求，实现25所养老机构“零感染”；有序推进冬暖工程、平安工程建设；每月开展一轮安全生产检查，限时完成隐患整改，守住养老机构安全底线。

【仙桃市医疗保障】 2020年，仙桃市加大医疗保障力度。职工医疗保险参保11.99万人，城乡居民医疗保险参保122.10万人。全年医保基金收入14.09亿元，累计结余15.71亿元。

构建基本医保、大病保险、医疗救助、兜底保障“四位一体”工作机制，优化慢性病报销流程，减轻精准扶贫对象医疗负担。全年住院就诊1.58万人次，产生总费用9487.33万元，政策范围内报销8641.02万元，报销比例91%；门诊慢性病就诊8.79万人次、总费用1508.41万元，报销1350.26万元，报销比例89%。制定最新医疗救助工作流程，明确医疗救助的适用对象，全年累计救助低保、特困孤儿、贫困户等对象3.26万人，费用3146万元。出台《仙桃市基本医疗保险门诊特殊慢性病管理办法》，执行癌症、白血病、器官移植抗排等病种每月评审一次，其他病种每年6月和12月各评审一次的规定，共评审慢性病资料8164份，通过7228份。出台《仙桃市城乡居民高血压糖尿病门诊用药保障机制实施办法》，进一步减轻城乡居民高血压、糖尿病患者医疗费用负担，493名患者享受两病门诊报销待遇。与全国32个省、自治区、直辖市近12万多家医疗机构实行联网，通过窗口备案、电话报诊、邮箱转诊等多种形式，及时办理异地就医、结算；跨省异地联网结算2064人，发生医疗费用4388万元，基金支付2443万元。

严厉打击欺诈骗保行为。全年全覆盖现场检查所有定点医药机构，查处并约谈问题医药机构80家，暂停医保业务6家，终止医保业务4家，曝光2批共13家定点医疗机构违规典型案例，追回

仙桃市栗林嘴村老年人在幸福食堂用餐

（仙桃市档案馆　供稿）

医保基金2566.34万元。

【仙桃市退役军人事务】2020年，仙桃市全面推进退役军人服务体系建设。按照“五有覆盖全域”要求，建立1个市退役军人服务中心、19个镇办退役军人服务站、698个村社区退役军人服务站，通过全省公开招考9人，配备村（社区）兼职工作人员698人，下拨以奖代补建设资金285万元，建设服务场地总面积6000多平方米，实现退役军人服务保障网络全覆盖。开展“关爱荆楚老兵爱心同行”捐赠活动，募集资金75万元。落实国家高职扩招计划、职业技能提升行动，组织782名退役军人报考高职院校，录取入学351人。优抚对象抚恤补助标准均提高10%以上，拨付各类抚恤补助资金8488万元。投入资金5373万元，办理退役士兵社会保险接续工作，办结养老保险2545人、医疗保险40人，办结率100%。

开展“永葆军人本色·助力家乡建设”活动，评选“优秀退役军人”20名，组建首支“张富清志愿者老兵突击队”。开展清明祭英烈、烈士纪念日活动，参与“云祭扫”“线上瞻仰烈士纪念设施”“点亮小星星，让精神之光绽放”等活动，吸引1.9万人次参与。高规格组织春节和“八一”拥军优抚活动，市领导带队走访慰问驻仙部队、优抚对象代表和现役军人立功受奖家庭，走访慰问仙桃籍军队医院一线医护人员家属，协调相关部门为现役军官（士兵）家庭解决因疫情导致的实际困难，走访慰问在乡抗美援朝复员军人和现役海防官兵家庭。深入开展“联系退役军人制度”，各镇（办、园）和村（社区）退役军人服务站对辖区内的退役军人建立普遍联系，实现联系服务全覆盖。持续推进退役军人“矛盾问题攻坚化解年”活动，处理涉军矛盾问题148件，化解率100%。

（仙桃市档案馆）

【潜江市城乡居民收入】2020年，潜江市城镇常住居民人均可支配收入33623元，比上年下降2.9%；农村居民人均可支配收入18948元，下降2.8%。城镇常住居民人均可支配收入额为2010年的2.4倍，农村居民人均可支配收入额为2010年的2.8倍，城乡居民人均收入均实现翻番目标。

【潜江市基层社会建设】2020年，潜江市着力推进城乡社区治理。出台《城镇社区提质改造三年行动计划（2020—2022年）》，编制园林城区社区布点规划，投入资金1200万元，提档升级10个城市社区，新建25个新型农村社区。推进基层治理积分制管理试点，新开展“讲好社区故事”活动，促进居民积极开展志愿服务，提升城乡社区治理和服务水平。加强城市社区工作者队伍建设，出台《潜江市城市社区工作者队伍建设实施办法》，转录586名社区工作者，新招聘48名社区工作者，全市社区工作者队伍逐步迈入社会化、职业化、专业化轨道。提升基层群众自治能力，开展城乡社区民主协商试点，制定和修订全市村（社区）村规民约（居民公约），促进基层群众性自治组织健康有序发展。

【潜江市社会救助】2020年，潜江市强化社会救助。加强残疾人福利保障，对残疾人“两项补贴”做到按月公示、逐月发放，全年发放“两补”资金2386.88万元。加强流浪乞讨人员管理，实施“生活无着的流浪乞讨人员救助管理服务质量大提升”和“寒冬送温暖”“夏季送清凉”等专项行动，持续加大街面巡查和主动救助力度，及时救助、安全送返。全年救助200余人次，医疗救助30余人次，护送返乡60余人，站内滞留3人，落户安置3人。

【潜江市医疗保障】2020年，潜江市强化医疗保障工作。医疗保险参保83.49万人，其中职工参保8.66万人、城乡居民参保74.83万人；筹集基本医疗保险费8.76亿元，其中职工医保2.95亿元、城乡居民医保5.81亿元。全年职工医保基金收入3.08亿元，支出2.47亿元，当期结余6064.65万元，滚存结余7.43亿元；城乡居民医保基金收入5.89亿元，支出5.58亿元，当期结余3064.82万元，滚存结余4.51亿元。

【潜江市退役军人事务】2020年，潜江市开展退役军人事务星级示范服务中心（站）创建工作。创建四星级退役军人服务站11个、三星级344个，整体建设水平位于全省前列，获得湖北省退役军人事务厅通报表扬。采集退役军人信息2.87万条，采集率100%。探索“互联网+退役军人服务”方式，开设退役军人事务局微信公众号、门户网站等网络平台，实时公开政策、就业创业信息，全面开放网上办理事务22项。2020年，接收军转干部2名、转业士官22名，全部安置在党政机关和事业单位，编制经费配备到位。

推进退役军人就业创业，举办退役军人专场招聘会4场，帮助800余名退役军人实现就业；举行首届“军创杯”退役军人创业创新大赛，2个团队参加全省“军创杯”决赛，分别获得各类别第二名、第三名；携手潜江市优秀退役军人企业家，共同打造退役军人就业创业孵化基地3个，扶持退役军人创业，带动退役军人就业。

落实各项优抚政策，发放抚恤补助资金4198.6万元，重点优抚对象抚恤补助标准比上年增长10%。开展自主择业军转干部的信息核查与工资待遇调标，补发资金92.47万元，发放218名退役士兵自主就业一次性经济补助247.5万元。推进保险接续工作，1868人养老保险缴费做到“应保尽保，应知尽知”，养老保险办结率99.95%。退役军人关爱基金运转有序，举办“99公益日”网络募捐活动，筹措资金20万余元，援助困难退役军人。建立“四访促和谐”制度，常年开展走访慰问困难退役军人活动，帮助249名解决就业难、生活难、看病难、住房难等实际困难，收到锦旗牌匾15个。

开展拥军优属活动，组织全国优秀退役军人郑先耀、高石碑退役军人服务站工作人员参加全省“老兵永远跟党走”演讲比赛，获得优胜奖。在湖北卫视、《楚天都市报》宣传退役军人胡振刚勇救落水母子事迹，在潜江电视台开辟《永不退色》栏目，滚动播放优秀退役军人先进事迹，形成尊崇导向。春节、“八一”期间，市主要领导带队走访慰问军烈属。疫情期间，特别走访慰问一线军队医护人员家庭、现役军人，协调解决部队抗疫物资。退役军人就业创业先进典型李广斌获得“全省优秀退役军人”“荆楚楷模”荣誉称号，光荣院护理班班长董爱兰入围“中国好人榜”。宣传新中国首任监察部部长钱瑛（潜江籍）红色事迹，推动钱瑛纪念馆项目建设。

（潜江市档案馆）

2020年11月12日，上海戏剧学院原创话剧《军歌》在潜江剧院上演

（潜江市档案馆 供稿）

【天门市城乡居民收入与消费】2020年，天门市常住居民年人均可支配收入23730元，比上年下降2.7%。其中，城镇人均可支配收入31308元，下降1.4%；农村居民人均可支配收入18356元，增长1.2%。城镇居民人均消费支出18011元，农村居民人均消费支出10892元。全年居民消费价格水平上涨2.1%。八大类消费项目中，食品烟酒类价格上涨9.6%，其他用品和服务类价格上涨2.5%，教育文化和娱乐类价格上涨1.5%，居住类价格下降3.5%，交通和通信类价格下降3.0%，衣着类价格下降1.1%，生活用品及服务类价格下降1.0%，医疗保健类价格下降0.9%。农业生产资料价格上涨3.4%，商品零售价格上涨2.7%。

【天门市社会救助】2020年，天门市全面落实社会救助兜底政策。发放低保、特困供养等困难群体各类救助金2.68亿元。提高城乡低保、特困供养保障标准，城市最低生活保障标准为每人每月630元，比上年增长5%；农村最低生活保障标准为每人每年5400元，增长12.5%；城市特困人员救助供养标准为每人每月 1260 元，增长 5%；农村特困人员救助供养标准为每人每年 9000 元，增长 11.11%。农村低保制度与扶贫开发政策有效衔接，农村低保 1.73 万户 3.40 万人，纳入精准扶贫 1.20 万户 2.44 万人。全面落实农村特困对象救助政策，纳入农村特困供养 3780 人。加大临时救助力度，新冠疫情及洪涝灾害后，及时救助帮扶受灾困难群众 4321 人次，人均救助 1921 元，临时救助标准增长 31.3%。

【天门市退役军人事务】 2020 年，天门市加强退役军人事务工作。推行"阳光安置"工作机制，按照人岗相适、人事相宜原则，完成 3 名军转干部和 45 名转业士官的安置任务。发放自主就业退役士兵一次性经济补助费约 460 万元，发放率 100%。建立多级承训机构目录，提高退役军人社会适应能力和就业知识技能，按需求开展"订单式""定向式""定岗式"培训，推进职业培训精细化、个性化，提高就业成功率。采取职业介绍、人才交流、就业推荐、线上云招聘、专场招聘会等方式，组织各类就业招聘 16 场次，提供就业岗位 10610 个，参加就业创业咨询服务 1.53 万人次，达成就业意向 478 人次。湖北领尚农业有限公司获得省首届"军创杯"退役军人创业创新大赛现代农业赛道一等奖。投入资金 4000 万元，办理退役军人养老保险续接手续，受理社保接续 2429 人，办结养老保险 2418 人，办结医疗保险 149 人。

按月发放优抚待遇。发放各类优抚资金 9606.36 万元，其中，发放抚恤金 6317.6 万元、物价补贴 1320.12 万元、义务兵家庭优待金 1621.29 万元，缴纳医保 347.35 万元。推进参战参试退役人员身份核查认定工作，建设优抚数据质量体系，开展优抚对象信息核查 6 次，发现并整改问题线索 65 条。帮扶退役军人解困 2300 余人次，帮扶资金 354 万元；帮扶因疫致困退役军人 1280 人次，帮扶资金 64 万元。募集"退役军人关爱基金"300 多万元，发放关爱基金 10 万元，关爱 14 名退役军人。

大力开展拥军优属活动。慰问天门舰、驻天部队、重点优抚对象、困难退役军人 2100 余人，发放慰问金 160 余万元；"八一"、春节重点节庆日，市领导带队走访慰问驻军单位。举办欢送新兵、欢迎老兵仪式 2 次，为现役军人立功受奖送喜报 100 余次；慰问抗日战争和抗美援朝参战老战士、烈士遗属 123 人，颁发纪念章 94 枚。全面落实军人军属、退役军人和其他优抚对象基本优待目录清单，在市政务服务中心、医保中心等设立优先服务窗口 70 多个。开展公祭活动，加强英烈事迹和英烈精神宣传活动 30 多场次，制作公益广告 1100 余幅，专题宣传片 2 部。评选"最美退役军人"10 人、"最佳退役军人创业明星"10 人、"最美军嫂"3 人。大力开展"兵支书"培养选拔工程，302 名优秀退役军人进入村（社区）"两委"班子，其中，95 名成为"兵支书"。

（天门市文化和旅游局）

人力资源和社会保障

【武汉市就业创业】 2020 年，武汉市坚持就业优先政策。出台针对高校毕业生、农村劳动力、就业困难人员、长江退捕渔民等重点群体的专项政策文件和配套措施办法，形成稳就业"1+5+N"政策体系，为就业工作提供坚强政策保障。新增城镇就业人口 22.81 万人，城镇登记失业率 3.04%。成立高校毕业生留汉就业创业工作领导小组，编发《高校毕业生留汉就业创业服务指南（2020 版）》，举办各类线上线下招聘活动，完成"我选湖北"计划高校毕业生新增就业 19.3 万人，新增留汉大学生就业创业 30.2 万人。为近 31 万名高校毕业生发放一次性求职创业补贴 4.32 亿元。1089 个大学生创业项目共获得省、市两级扶持资金 3246 万元。新建大学生实习实训基地 302 家、就业见习基地 102 家，组织大学生实习实训 18.76 万人。落实 300 名"三支一扶"（支农、支教、支医和扶贫工作）招募计划。

促进重点群体就业创业，开展"网上春风行动""保居民就业"等招聘活动，农村劳动力外出就业 127.9 万人，为武汉户籍外出务工农民购买人身意外伤害保险。1397 名就业服务专员对口帮扶就业困难人员，帮扶就业困难人员实现就业 3.13 万人、失业人员再就业 2.81 万人，扶持创业 3.37 万人。

2020年11月13日，“创业大武汉——2020年武汉市大学生创业大赛”活动举办

（武汉市地方志办公室　供稿）

出台《武汉市人力资源服务业发展资金使用管理办法》，举办首届武汉人力资源服务业创新创业大赛，颁发首张外资企业人力资源服务许可证，建设3家市级人力资源服务产业园。20家企业获评首批市级人力资源服务业领军企业，20人获评首批市级人力资源服务业领军人才，85家企业获评首批市级人力资源服务诚信示范机构。

【武汉市社会保障】 2020年，武汉市坚持把保民生作为重大政治责任，统筹推进疫情防控和社会保障工作。全年养老、工伤、失业保险扩面新增54.17万人次，超额完成目标任务30万人次的180%。落实社保惠企政策。阶段性免征企业养老、失业、工伤三项社会保险费211.02亿元，阶段性降低社保费率政策为企业减负93.19亿元，为118户困难企业缓缴社会保险费1671.48万元，向企业发放失业保险稳岗返还资金15亿元，384个项目缓缴工资保证金3.2亿元，帮助企业复工复产。

完善社保政策制度。企业职工基本养老保险实现市级统筹，推进经营性事业单位转企改制后参保和乡改人员养老保险制度衔接、原参加企保的机关事业单位和人员转入新制度参保等工作，建立城乡居民养老保险金正常调整机制。出台《武汉市工伤康复管理暂行办法》，初步构建工伤预防、工伤补偿、工伤康复“三位一体”工伤保险制度体系，落实工伤认定及待遇保障、工伤预防和鉴定工作。

提高社保待遇水平。企业退休人员养老金人均每月增加168元，实现“十六连调”。落实失业保险提标扩围政策，稳妥做好失业补助金申领发放工作，中心城区、新城区失业保险金标准分别提高至每人每月1575元、1350元，阶段性提高价格临时补贴标准和实施失业补助金政策，支付失业人员各项待遇12亿元，兜牢困难群众生活底线。

优化社保经办服务。深化“全月办理制”“预约办”等改革，社保经办业务全面推行“不见面”服务、网上办理。企业职工养老保险新增退休人员新增社保卡发放养老金渠道。开展免费换发三代社保卡工作。出台《关于加强社会保险基金管理风险防控工作的实施意见》，推进“四位一体”风险防控措施落实。开展社保基金专项检查，加强社会保险数据质量稽核和社保基金监管工作。

【武汉市人才队伍建设】 2020年，武汉市发挥政策、平台、服务三方作用，大力加强新时代人才队伍建设。集聚专业技术人才。2个项目列入人社部“海外赤子为国服务计划”资助项目，获资助23万元。新获批国家博士后科研工作站10家，发放博士后津贴106.8万元、院士工作津贴461万元。20人入选享受国务院特殊津贴人员，在全国副省级城市中位于前列。174人入选省、市级专家和各类人才项目。向第四批“千企万人”引才25家企业发放奖励760万元。市农科院获批国家级专家服务基地。出台深化职称制度改革实施方案，推进卫生、教育等领域职称改革工作，全面推行职业资格考试报名证明事项告知承诺制。

建强技能人才队伍。深入实施职业技能提升行动，出台“十条”技能培训支持政策，统筹推进十大项目，完成补贴性培训41.5万人。新建6家市级技能大师工作室，遴选产生94名武汉市技术能手。5人入选“湖北工匠”，9人入选“湖北省技能大师”，27人入选“湖北省技术能手”。积极备赛第46届世界技能大赛，参赛选手获得湖北省技能选拔赛29个赛项的全省第一名，占61个赛项总数的47.5%。开展职业技能等级认定工作。

深化人事制度改革。实施公益二类事业单位人事制度改革试点中期评估，推进教师“区管校聘”改革。探索开展社区党组织书记实行事业单位人员管理试点。选聘产生专业技术二级岗位人员69名。畅通事业单位科研人员双向流通渠道，为72人办理离岗创业手续。公开招聘事业单位工作人员3392人。推动非营利性服务业工资总额增长工作，推进公立医院、公益二类事业单位、基层医疗卫生机构薪酬制度改革试点，健全义务教育教师工资待遇保障措施。

（武汉市地方志办公室）

【黄石市就业创业】 2020年，黄石市坚持就业优先政策。新增城镇就业3.4万人，城镇登记失业率3.85%，就业基本盘保持总体稳定。出台务工人员“六补一免两贷一返”稳就业新政，发放一次性吸纳就业、失业保险稳岗返还等就业创业补贴近2亿元。实施“我选湖北·留在黄石”“知名民企湖北行”等专项行动，吸引大学生留黄就业创业5322人，来黄实习实训8297人。抢抓东部六省定向支持湖北“6+1”劳务协作行动，帮助农民工外出返岗就业20万余人，其中“点对点、一站式”送工2.1万人。举办各类招聘会363场，帮扶企业招工4.2万人，其中“新黄石人”2.75万人。做大产业用工联盟，发挥“错峰用人、共享员工”作用，调剂送工6615人次。举办第五届青年创业大赛，发放创业担保贷款3.5亿元，扶持创业6110人，带动就业1.61万人。实施职业技能提升行动，开展补贴性培训7.4万人次。

【黄石市社会保障】 2020年，黄石市实施全民参保计划。开展社保扩面征缴季专项行动，参加养老、失业、工伤保险人数分别达180.9万人、24.6万人、26.6万人，企业职工养老保险新增扩面4万人、征缴总额28.62亿元，企业职工养老保险基金当期首次正结余，化解社保历史遗留问题取得实质性进展，社保经办机构记集体三等功、4名干部记功嘉奖。实施“黄石社保共享计划”，企业和机关事业单位退休人员基本养老金分别实现16连调、5连调。其中，企业退休人员月人均标准达到2487元，比“十二五”期末增长36.4%。制发社保卡263万张，覆盖全市90%以上人口。启动工伤预防试点，工伤职工伤残津贴等定期待遇标准实现13连涨，工伤保险统筹经验在全省推广。打好“免减缓补”组合拳，免征养老、失业、工伤保险费12.1亿元，为100余家企业缓缴社保费，助力企业复工达产。落实失业保险提标扩围政策，为1.4万名失业人员发放失业保险金和补助金1.25亿元。全方位加强社保基金、专项资金监管，追回资金266.2万元，管好老百姓“养命钱”。

【黄石市人才队伍建设】 2020年，黄石市在全省率先推出技能人才评价制度改革。出台《关于实施技能人才评价制度改革壮大技能劳动者大军的意见》，支持17家企业开展首批等级认定试点。挂牌成立智能制造产业学院、电子信息产业学院，开工建设市级公共实训基地，新增高技能人才培训基地、省技能大师工作室、省技术能手8个，新增高技能人才1642人，阳新县获评省“技能强省战略工程示范县”。开展“院士专家企业行”系列活动，15人入选省级以上专家，评选“市突”专家60人，61名专家人才与58个企业科研项目成功对接、落地转化。制定《黄石市“资智回黄工程”实施方案》，2500余人编入《黄石籍在外人才名录》，促进项目回迁、人才回归、资金回流、技术回乡。实施“服务产业专才支持计划”，开展“人才之家”专项行动。开辟高级职称特殊评审“绿色通道”，8名专技人员全部获评高级工程师。鄂东人力资源服务产业园成功获批省级产业园。推进省级就业援藏示范基地建设，帮助30名西藏大学生组团式、市场化来黄就业。

推进事业单位岗位聘用能上能下改革试点。9家单位209人晋升职级、12人降岗落聘，形成良性用人退出机制。落实事业单位高学历人才津贴补贴、专技高级岗位任职条件等政策，全市事业招聘引才1659人，比上年增长

19.3%。制定《黄石市城市社区工作者岗位等级薪酬制度实施办法（试行）》，省委组织部将黄石经验向全省推广。推进疾控体系改革和公共卫生体系建设，将基层医疗卫生机构事业单位专技高级岗位比例提高5%，落实高校毕业生到基层医疗卫生机构工作提前转正、高定薪级、执行乡镇补贴等倾斜政策。推动设立“比较绩效工资”，全力保障义务教育教师工资待遇。统筹推进考试安全和疫情防控，承办新增下放全市国考项目6项，组织3.8万人参加137场人事考试，未发生一起考试风险。落实党中央重大功勋荣誉项目，颁发中国人民志愿军抗美援朝出国作战70周年纪念章848枚。规范评比达标表彰活动，市委、市政府表彰治理能力建设、促进转型升级推进高质量发展先进集体140家、先进个人200人。

（黄石市档案馆）

【鄂州市就业创业】 2020年，鄂州市就业创业工作取得新成效。新增城镇就业1.53万人，城镇失业人员再就业6446人，就业困难人员再就业3182人。高校毕业生就业2797人，新增返乡创业567人，城镇登记失业率2.9%，低于目标控制数。发布《鄂州新冠肺炎疫情防控期间就业创业线上服务指南》，推行“不见面”服务模式，实现就业失业登记、网上求职招聘、创业贷款申请、网上技能培训、就业补贴申请等14项服务线上办理。开发“外出务工人员登记”小程序，精准采集务工人员信息7.29万条；采取“点对点、一站式”方式，安全有序输送外出务工人员3.9万人；申请开行外出务工专列，运送务工人员5100人，《人民日报》《湖北日报》等多家媒体予以报道。密集举办线上线下招聘会50场，提供就业岗位7.8万个，统筹推进重点群体就业，动态消除零就业家庭。建立实名制台账，登记已就业毕业生2812人，为3704名高校毕业生发放一次性求职创业补贴408.92万元，鼓励高校毕业生多渠道就业。开展技能培训1.2万人次，补贴资金1000余万元。支持“小店经济”发展，鼓励创业带动就业，发放创业担保贷款5.35亿元，扶持创业2755人，带动就业9335人。新增返乡创业567人，带动就业1981人，市场主体总量突破10万户。落实大学生创业扶持政策，9个创业项目获得省大学生创业扶持项目资金24万，为4名高校毕业生发放一次性创业补贴共计2万元。推进创业园区（基地）建设，落实返乡创业三年行动计划，认定市级返乡创业示范基地20个，带动就业2300人，发放补贴资金200万元。

全面落实就业援助政策，为春节期间开工生产、配送疫情防控急需物资的企业，发放一次性就业补贴资金436.8万元。鼓励居民通过灵活就业增收，为6045人次发放社保补贴1407万元。出台《关于做好到期基层劳动保障工作人员相关工作的通知》，对到期基层劳动保障工作人员进行考核，合格人员续聘或再次安置。129人经考核延期一年，4人再次安置。建立“两库一平台”（即劳动力资源信息库、企业用工信息库和就业网上调度平台），入库数据近60万条，长期提供800余个企业2万余个岗位供求职者线上精准匹配。落实企业养老、失业、工伤保险费减免、退费政策，为2611个中小微企业免征社保费3.37亿元，为485个企业办理退费520万元，

2020年6月24日，鄂州市举办离校未就业高校毕业生专场招聘会

（鄂州市档案馆　供稿）

推动企业复工复产。开展援企稳岗“护航行动”，直接从金保工程系统中提取名单，将资金直接返还到企业账户，实现不见面办结，提高返还标准。为1600个企业返还失业保险费2662万元，惠及职工6.28万人；为25个困难企业发放稳岗补贴640.62万元，稳定岗位5158个。扩大失业保险保障范围，为9678人次发放失业保险金1232.9万元，为1969人次发放失业补助金175.71万元，发放临时价格补贴241.95万元，保障疫情防控期间失业人员基本生活。

【鄂州市就业扶贫】 2020年，鄂州市推动就业扶贫工作。“点对点”服务贫困劳动力返岗4610人，发放1.10万名贫困人员外出务工一次性交通补贴及生活补贴461.93万元。实施“6+1”劳务协作行动，组织山东、广东、浙江等地企业到鄂州市招工。落实就业扶贫“四个一批”措施，新增贫困劳动力转移就业1204人，其中工商企业新吸纳贫困劳动力506人、生态农业基地新吸纳贫困劳动力282人、新增自主创业贫困劳动力48人、新开发卫生防疫生态文明公益岗安置368人。全市2.05万贫困劳动力实现就业，其中外出（出村）务工1.93万人，就业率99.96%。

【鄂州市社会保障】 2020年，鄂州市加强社会保障工作。企业、机关及城乡居民三项养老保险参保人员达74.36万人，征收基本养老保险费19.37亿元，支付基本养老金34.84亿元。全面推进“一网一门一次”改革，多渠道提供“网上办”、手机App“随时办”、自助服务“就近办”，为老年人等特殊群体保留“线下协同办”。疫情期间，精准实施阶段性免征企业社保费政策，免征35个大型企业社保费5700万元，免征2544个中小微企业社保费2.62亿元，办理10个企业缓缴社保费148万余元，办理494个企业社保退费525.94万元，缓解企业缴费压力。调整7.7万名企业退休人员、1.34万名机关事业单位退休人员养老金待遇，实现退休人员养老金16连调，企业退休人员人均增加养老金138元，机关事业单位退休人员人均增加养老金197元，总体调整水平约为5%。纳入城乡居民养老保险扶贫人员4.11万人。其中，2.67万名60周岁以下人员养老保险费全部由政府按最低标准代缴，1.46万名年满60周岁的贫困人员全部按月足额发放养老金，城乡居民养老保险扶贫工作实现“三个100%”。

推进新老机关事业单位保险制度衔接。全市555个机关事业单位上线运行，参保人员3.11万人，70个符合转入新制度的机关事业单位已有68个单位完成转入手续，剩余2个单位因编制问题暂时未衔接到新制度。启动老机关事业单位保险制度中不符合转入新机关事业单位保险制度的单位及人员的转企工作。

落实退捕渔民社会保障。录入长江流域重点水域退捕渔船管理信息系统的退捕渔民2910人，经比对、核查，其中符合基本养老保险参保条件的2889人全部办理参保手续。

【鄂州市人才队伍建设】 2020年，鄂州市加强人才队伍建设。加大政策性岗位招聘力度，共招聘事业单位、公务员、“121人才池”等政策性岗位1274人。加强专技人才队伍建设，选聘专业技术二、三级岗位人员23人，向省人社厅推荐享受政府特殊津贴人员2人、省有突出贡献中青年专家1人、享受省政府专项津贴人员4人。加强事业单位岗位设置管理，动态认定岗位9469人。保障教师工资待遇，对标公务员平均收入水平，全面落实义务教育教师工资待遇。强化人事考试安全管理，加强防疫准备，压实安全责任，确保人事考试和疫情防控“两不误”。组织人事考试46场，2.3万人参考，考务工作安全平稳零事故。推进高校毕业生就业体制改革，将一次性求职创业补贴享受范围扩大到全体应届毕业生，为3704名高校毕业生发放补贴409万元。推进职称制度改革，将卫生、教育系统高级职称评审权下放给行业部门开展自主评审，全年新增专业技术人员1215人。

（鄂州市档案馆）

【孝感市就业创业】 2020年，孝感市认真落实就业政策，不断优化创业服务。新增城镇就业人员6.5万人，城镇失业人员再就业1.3万人，就业困难人员再就业7511人，城镇登记失业率4.1%，控制在省定目标5.5%以内。引进大学生实习实训1.59万人，新增高校毕业生就业5666人。培训各类就业创业人员3.68万人，发放培训补贴896.35万元；执行失业保险扩围政策，发放1.96万人失业补助金8046.59万元；通过公益性岗位安置就业困难人员就业1.46万人；配合做好退捕渔民安置工作，安排有劳动能力和就业意愿渔民835人转产转业。落实失业保险费稳岗返还资金，缓解疫情对中小微企业的冲击，分四批次为符合条件参保企业发放稳岗返还资金6102万元，惠及企业2313家，稳定岗位13.6万个。积极落实各项就业补贴政策，为137家企业发放一次性吸纳就业补贴565万元，助力企业吸纳3801人就业。落实社会保险补贴，促进就业困难人员灵活就业。发放社保补贴7814万元，惠及3.41万人。发放一次性求职创业补贴1129万元，全力帮扶1.03万名高校毕业生就业创业。落实失业保险技能提升补贴74万元，促进稳定就业。

与江苏、浙江、广东等省份开展劳务协作，开展“6+1”劳务协作活动11场；与孝感驻外省劳务工作机构、商会联系，搜集就业工作岗位，先后包车1171车次，“点对点”向广东、江浙、上海等地集中输送4.94万人外出务工。开展网络直播招聘活动11场、网上招聘活动42场，达成就业意向5350人；开展线下“赶集式”招聘活动85场，达成就业意向3.12万人。开发企业招工、求职者登记小程序，对接企业与求职者5300人次。

全面推进返乡创业三年行动计划，加强返乡创业园区建设，提供创业平台。孝昌县被评为全省返乡创业示范县，云梦皮草园、大悟新农市场2个园区认定为省级返乡创业示范园区，湖北松日新材料有限公司等8个项目被认定为省级返乡创业示范项目，共争取省级财政奖励资金300万元。全年新增返乡创业4955人，带动就业1.54万人。发放创业担保贷款4.31亿元，扶持创业6637人，带动就业2.60万人。

【孝感市社会保障】 2020年，孝感市参加城镇基本养老保险81.6万人、城乡居民养老保险266万人、失业保险24.5万人、工伤保险31万人。三项保险参保规模比上年增加8.5万人次。企业职工退休人员养老金实现16连增，机关事业单位同步5连增，全年发放机关企事业单位离退休人员养老金80.81亿元，惠及28.62万离退休人员。城乡居民基础养老金实现第4次提标，全年发放城乡居民养老金10.97亿元，惠及72.43万城乡居民；落实城乡居民养老保险基础养老金新标准，调整补发72.27万城乡居民养老金1806.75万元。企业养老保险基金结余57.6亿元，静态可支付12.3个月。疫情期间，阶段性降低和减免各类参保企业养老、失业、工伤保险单位缴费8.07亿元。其中，养老保险7.24亿元，失业保险5023万元，工伤保险3280万元。

开展新老机保衔接后个人重复缴费的退费工作及退费后的结算清理工作，乡改人员转入新机保工作完成率100%，转入企保工作完成率88.1%，待遇发放完成率83.74%。推进退役士兵社会保险补缴工作，办理8776名符合条件人员的养老保险补缴手续，补缴金额2.32亿元。落实养老保险扶贫工作，对照扶贫部门提供的人员名单开展数据筛选，对符合代缴条件的精准扶贫对象实行数据动态管理，到龄一个代缴一个、发放一个，按月足额发放8.83万名60岁以上精准扶贫对象养老保险待遇，做到应发尽发。

（孝感市史志研究中心）

【黄冈市就业创业】 2020年，黄冈市加强就业创业工作。举办“春风行动”招聘活动，189家企业提供岗位6500个，吸引3100人进场职者，达成就业意向1052人。开展“进企业攻坚”行动，重点服务市区92家企业，落实惠企政策，解决企业用工难题，支持复工复产。全年接收实习实训大学生1.18万人。开展线上线下人才招聘对接活动18场（次），帮助企业达成就业意向2500人（次）。点对点组织包车8000台（次）、务工专列19列，累计向外输送务工人员73.09万人。疫情期间，采取“线上云招聘、线下送岗位”方式，举办线上招聘活动88场（次），送岗位下乡招聘会91场（次），提供岗位11.9万个。开展线上线下人才招聘对接活动18场（次），帮助企业达成就业意向2500人（次）。

承办第四届“中国创翼”大赛黄冈赛区赛事工作，选拔5个项目参加省级选拔赛，获二等奖1名、三等奖1名、优胜奖3名。举办首届“黄冈市民营企业优秀青年人才”评选活动，评选出优秀青年人才30名，每人奖励5000元。实施“我兴楚乡创在黄冈”返乡创业行动，新增返乡创业5452人，发放749名返乡创业一次性补贴209万元。开展返乡创业示范评选推荐，罗田县入选省级返乡创业示范县，蕲春刘河镇返乡创业园等3家园区入选省级返乡创业示范园，湖北春阳环保等9家企业入选省级返乡创业示范项目；全市认定市级返乡创业示范乡镇10个、示范园区7个，示范项目20个。

【黄冈市就业扶贫】 2020年，黄冈市加强就业扶贫工作。开展精准扶贫就业创业培训2.10万人，发放培训补贴1357.23万元。针对未就业的农民工及贫困人员，采取省内安置一批、省外输出一批、扶贫车间吸纳一批、公益性岗位安置一批的方式，将建档立卡贫困户、脱贫不稳定户或边缘户、“零就业”家庭、就业困难人员纳入重点群体帮扶。通过“四个一批”办法实现就业14.87万人（其中建档立卡贫困户3.16万人）。开发扶贫公益性岗位安置贫困人员就业8520人，发放岗位补贴2142.91万元。鼓励扶贫车间吸纳就业，向128家扶贫车间发放吸纳就业奖补资金496.4万元，向251家企业发放吸纳贫困人员就业奖补资金435.95万元。扶持贫困劳动力创业，向111名贫困人员发放创业担保贷款1085万元。落实贫困劳动力外出务工交通补助，向21.68万名外出务工贫困人员发放交通补助5754.53万元，易地扶贫搬迁家庭全部消除“零就业”。

【黄冈市社会保障】 2020年，黄冈市持续推进全民参保和社保共享计划，新增养老保险参保人员5.21万人、工伤保险参保人员5.19万人、失业保险参保人员5.17万人。工伤保险。全市工伤保险参保33.27万人，保险费4208万元，发放工伤保险金5688万元。新增流动人员档案750份，调出档案422份，帮助流动人员提供职称申报、政审证明、查阅咨询等人事代理服务4200人（次），库存档案3万份。

【黄冈市人才队伍建设】 2020年，黄冈市坚持“人才第一资源”理念，创新人才服务。开展“院士专家企业行”活动，收集上报92项企业技术需求，跟踪服务省选派专家35名，对接服务全市企业34家，帮助企业解决技术难题42个，促成科技成果转移转化11个，达成项目协议13个，培训企业员工150人（次）。其中，2名专家被企业聘为科技副总。组织36家企业、4个园区参加湖北“智慧之光”专家创新创业成果转化活动，对接生物医药和现代农业领域的17位专家，签订合作协议2项，达成合作意向37项。开展专家服务下基层活动，邀请湖北省老科技工作者协会、老教授协会的17名农业专家到蕲春县、黄梅县开展企业服务活动，实地考察调研虚心谷谦益农场、李时珍百草园、大明古艾科技有限公司、袁夫稻田农业发展公司等园区企业，现场解答企业技术问题，向农业产业园提出发展建议30条。

（黄冈市史志研究中心）

【咸宁市就业创业】 2020年，咸宁市加强就业创业工作。城镇新增就业4.74万人、城镇失业人员再就业2.34万人、就业困难人员再就业1.41万人，城镇失业登记率3.34%，低于省控5.5%以内目标。咸宁市在全省就业扶贫工作推进会上交流经验。开展“春风行动”网络直播系列招聘会，搭建线上供需平台，举办线上线下招聘会775场，发布岗位4.95万个次，吸引7.6万人求职，2.9万人实现就业。推进就业创业和技能脱贫，举办62场招聘会，帮助1.14万建档立卡贫困人口就业，开展技能培训5374人，公益性岗位新安置就业659人，扶贫专岗新安置就业5517人，建档立卡“两后生”技能培训928人。落实创业担保贷款，新增创业贷款2088笔4.45亿元。实施返乡创业三年行动计划，新增返乡创业2760人，257名创业人员获得担保贷款3637万元；认定省级示范县1个、示范园2个、示范项目7个，获省级奖补290万元。扶持创业2088人，带动就业7572人；省级42个大学生创业扶持项目获得奖补资金97万元。

2020 年 3 月 28 日，咸宁市举办线上"春风行动"招聘会

（咸宁市史志研究中心　供稿）

疫情期间，返还 2155 家中小微企业失业保险 4939.88 万元，惠及职工 9.64 万人，返还 13 家困难企业稳岗补贴资金 837 万元。对开工生产、配送防疫急需物资的 23 家企业，发放一次性吸纳就业补贴 443 万元。"点对点、一站式"输送务工人员 30.08 万人，人社部门帮助返岗 4.4 万人，《新闻联播》、新华网给予报道。落实"6+1"劳务协作机制，向江苏企业输送农村劳动力 1700 人、建档立卡贫困劳动力 212 人。助力退捕渔民上得岸稳得住能致富，转产就业 2551 人，就业率 100%。

【咸宁市社会保障】 2020 年，咸宁市加强社会保障工作。全市参加企业养老保险 24.28 万人、机关事业养老保险 6.37 万人、失业保险 18.41 万人、工伤保险 20.35 万人，制发社保卡 294.14 万张，签发电子社保卡 88.44 万张。推进机关事业单位养老保险制度改革，将 1722 家单位 10.49 万人纳入经办管理。推进工伤保险市级统筹，完成经办机构移交工作。启动企保省级统筹各项准备工作。执行社保降费率政策，减征 1989.5 万元，阶段性减免社保费 6.22 亿元。企业退休人员基本养老金实现"16 连调"，调整补发 12.77 万企业、3.97 万机关事业单位退休人员基本养老金，企业月增资 129 元、机关事业单位月增资 206 元。发放 39.27 万城乡居民养老金 4.86 亿元，代缴 13.38 万名建档立卡贫困人员城乡居民保费 1427.19 万元，8.88 万名到龄人员享受城乡居民养老金待遇。退捕渔民参保 3570 人，参保率 100%。

【咸宁市人才队伍建设】 2020 年，咸宁市创新人才服务方式。申报国家津贴专家 4 名和省突出贡献专家 1 名，全部入选；省艰苦地区专技人才奉献岗位计划获评 12 人。及时开展记功奖励，医疗卫生系统职工 8 人各记功一次。公开招聘事业单位工作人员 2829 人，比上年增长 61%，其中应届毕业生 746 人及择业期内毕业生 963 人，占比 60%。实施"我选湖北 志在咸宁"计划，新增大学生就业创业 6176 人、吸纳大学生实习实训 6314 人。招募"三支一扶"计划大学生 132 人。加大国家、省市 60 家免费培训平台宣传力度，钉钉、腾讯、中国职培在线、国家人事人才培训网、香识在线等培训 5.54 万人次。举办第六届技能大赛暨"咸宁工匠"评选大赛，承办第 46 届世界技能大赛 2 项省选拔赛，2 名选手参加首届全国技能大赛 2 个赛项角逐；开展新型学徒制培训 878 人、以工代训 10257 人。开展"院士专家企业行"活动，19 名专家解决难题 31 个，成果转化 5 个，达成意向 7 个。落实国家和省市对防疫卫生一线专技人员激励关爱政策，评审一线人员职称 268 人，通过 205 人。

（咸宁市史志研究中心　邹晓魁）

【仙桃市就业创业】 2020 年，仙桃市城镇新增就业 1.58 万人，失业人员再就业 3641 人，困难人员就业 3325 人，高校毕业生就业 2398 人，返乡创业 1004 人，退捕渔民就业 842 人。城镇登记失业率 4.39%，控制在省目标数 5.5% 以内。疫情期间，大力推进网上招聘活动，举办"空中招聘会"28 场，46 家企业参与直播，线上发布就业岗位 1.40 万个，吸引观众 130 多万人次，实现就业 2200 多人。进入常态化防控阶段后，举办线下"民营企业夜市招聘会”“金秋扶贫招聘会”，提供就业岗位1万多个，达成就业意向4141人次。通过驻外劳务工作站、人力资源公司向仙桃重点企业输送员工4.33万人次。举办16场退捕渔民专场招聘会，开发公益性岗位，实现就业842人。帮扶特殊群体创业，发放一次性创业补贴资金11.5万元；发放仙桃职院4108名应届毕业生一次性求职创业补贴453万元。发放个人创业担保贷款3亿元，惠及创业者2900人，带动就业6600多人。

【仙桃市就业扶贫】2020年，仙桃市加强贫困人口就业帮扶工作。开发“仙桃市贫困劳动力就业信息App采集系统”，全方位掌握贫困劳动力就业信息，摸排贫困劳动力对象4.15万人。通过线上招聘、帮扶推介，引导1.08万名贫困人口本地就业；推行贫困户全员入社计划，1852家农民专业合作社吸纳贫困户3174人就业；助力贫困劳动力外出务工，发放244名外出贫困人员一次性交通补贴12.2万元、生活补贴4.88万元。落实建档立卡贫困对象社保代缴政策，代缴1.83万名扶贫对象社保费182.62万元，代缴率100%。开发乡村道路维护、河湖管理、农村孤寡老人及留守儿童看护等非全日制公益性岗位318个，托底安置318名贫困劳动力就业。落实贫困大学生一次性求职补贴，发放262名贫困大学生一次性求职补贴28.9万元。支持消费扶贫，通过“扶贫832平台”、中国社会扶贫网采购贫困户农产品37.95万元。

【仙桃市社会保障】2020年，仙桃市加强社会保障工作。社会保险扩面5.32万人次，征缴企业职工养老保险金、工伤保险金及失业保险金15.74亿元，企业职工养老保险滚存结余23.8亿元，城乡居民养老保险滚存结余9.32亿元。退捕渔民参加企业职工养老保险421人，参加城乡居民养老保险560人，参保率100%。制发社会保障卡147.4万张，签发电子社保卡42.97万张。落实社保费减免政策，免征1848家企业三项社保费1.35亿元，免征1944家中小微企业、个体工商户三项社保费1.51亿元。分八批次发放734家企业（含困难企业）稳岗返还资金1435.54万元，稳定就业岗位4.4万个；对主动采取措施稳定就业岗位的规模以上出口贸易企业，发放社保补贴资金776.24万元，惠及职工1243人。对受疫情影响，失业保险基金尚未覆盖的20家企业，发放临时生活补贴1050万元。全年发放一次性吸纳就业补贴543.4万元，惠及职工3437人。推进工资保证金缓缴返还，29个建设项目共缓缴保证金2259.1万元，返还33家企业工资保证金1722.88万元。

【仙桃市人才队伍建设】2020年，仙桃市推进技能人才队伍建设。大力实施职业技能提升三年行动计划，筹措技能提升行动专项资金1149万元，开展补贴性技能培训2万余人。开展“九类人员”就业创业培训7646人，发放各类培训补贴599.2万元。集中开展“职业技能提升攻坚行动”，深入30多家重点疫情物资生产企业宣传政策，全力支持企业开展以工代训，发放1265人培训补贴158.61万元。推动41家新员工较多的企业开展岗前培训，发放8078名新员工岗前培训补贴310.58万元。开展学徒制培训65人，线上培训3889人，公共卫生辅助员培训

2020年3月15日，仙桃市首批“点对点、一站式”专车搭乘20多名复工人员前往上海（仙档市档案馆 供稿）

2323人，组织职业技能鉴定5203人。组织10多家企业开展技能比武和岗位练兵活动，拨付职业技能竞赛培训补贴资金近20万元。举办2020年“湖北工匠杯”技能大赛，2000多人参赛，124人进入决赛，大赛全程网络直播，吸引14.4万人观看。新增高技能人才1006人，其中技师、高级技师188人。

落实疫情一线医务人员关爱政策，火线招聘5名一线疫情防控表现突出的医务人员，67名疫情一线医务人员予以越级晋升岗位或缩短任职年限，36名疫情一线医务人员评定高级职称，发放一线医务人员临时性工作补助7174.34万元、一次性慰问补助金1098万元、卫生防疫津贴27.41万元、核增一次性绩效工资899.01万元。88名疫情一线医务工作者受到表彰，其中，获得“全国抗击新冠肺炎疫情先进个人”称号2人，“湖北省抗击新冠肺炎疫情先进个人”称号12人。落实义务教育教师工资待遇，教师年人均工资收入达到9.19万元，比公务员年均工资收入高出326元。推进高校毕业生就业，加大事业单位招聘力度，全年招聘事业单位工作人员597人。

（仙桃市档案馆）

【潜江市就业创业】 2020年，潜江市城镇新增就业9484人，失业人员再就业2721人，就业困难人员再就业1100人，城镇登记失业率2.89%。农村劳动力转移就业21.64万人，其中劳务输出13.97万人。开展城乡劳动力就业创业培训154期，受训6989人。其中，线上培训2743人，线上线下相结合开展培训4246人，共拨付补贴资金590.37万元。新增创业7536人，带动就业1.39万人。发放创业担保贷款833笔，金额1.63亿元。其中，个人贷款830笔，金额1.56亿元；小微企业贷款3笔，金额642万元。新增高校毕业生就业创业1043人，组织大学生实习实训647人；高校毕业生就业见习63人，拨付资金6.95万元；发放1880名高校毕业生一次性求职创业补贴，拨付资金207.55万元。

【潜江市社会保障】 2020年，潜江市参加城镇企业职工养老保险17.84万人，征收保险基金21.3亿元，支出养老保险费21.47亿元，本年亏空1700万元，累计结余3.65亿元，可支付养老金时间2.36个月。参加机关事业单位养老保险1.73万人，征收养老保险费3.33亿元，支出养老保险费5.55亿元；调整9260名机关事业单位退休人员养老保险待遇，人均月增加202.32元。机关事业单位参保登记550家，登记人数2.46万人，纳入经办运行543家共2.56万人。参加城乡居民养老保险33.94万人，征收居民养老保险费8200万元，全年基金收入2.53亿元，基金支出1.71亿元，基金结余5.46亿元。

【潜江市人才队伍建设】 2020年，潜江市招聘教育、卫生等各类事业单位工作人员497人。赴武汉、西安、天津等地开展“智慧之光”创新成果对接、“我选湖北”等双招双引活动，招揽外地人才。推进技能提升行动，开展新型学徒制等补贴性培训6600余人；组织职业技能鉴定考试2359人次、各类笔试7场5038人次、面试10场306人次、技能测试1场104人。新增高技能人才452人。

（潜江市档案馆）

【天门市就业创业】 2020年，天门市城镇新增就业1.05万人，失业人员再就业1635人，就业困难人员再就业899人，城镇登记失业率3.54%，控制在省定任务5.5%以内。新增返乡创业1286人，落实“我选湖北计划任务”2812人，开展补贴性职业技能培训1.20万人；开展就业扶贫，帮扶就业2.27万1人；“退捕渔民就业帮扶”均100%完成；享受就业各项补贴3.45万人，覆盖率2.72%，高于全省1.8%的水平。疫情期间，发放各类补贴470.6万元，发放企业失业保险稳岗返还资金408.9万元。落实企业社保费减免政策，合计减免1.07亿元。组织滞留人员返岗复工112车次、1趟专列。举办各类招聘活动13场，并与深圳市人社局签订劳协作合作协议。落实创业政策，发放创业担保贷款8625.7万元、小微企业贷款500.7万元、企业法人名义贷款2240万元。申报返乡创业园区3个，发放返乡创业奖补资金20万元。扶持市级创业孵化基地2家，发放奖补资金91.7万元。新增返乡创业1286人，发放补贴资金58.6万元。通过创业扶持带动6572人就业。持续推进“我选湖北”计划，组织线下高校毕业生就业创业专场招聘会2场。确定实习实训基地42家，接受大学生实习实训1193人。落实退捕渔民就业安置，有就业能力和就业意愿的全部就业。

【天门市和谐劳动关系构建】2020年，天门市加大劳动关系协调力度，强力推进根治欠薪。持续发力治理拖欠农民工工资问题，处理拖欠农民工工资案件203件，解决998人的拖欠工资1851.39万元。劳动监察案件结案率100%，农民工工资投诉结案率98%。立案处理劳动人事争议案件105件，结案105件，其中裁决28件，调解77件，结案率100%，调解率73%。

【天门市社会保障】2020年，天门市参加养老保险105.45万人、工伤保险7.4万人、失业保险3.2万人，均完成省定任务。发放社保卡132.4万张，签发电子卡33.4万张，均完成省定任务；用社保卡支付养老金人数占所有养老金领取人数的57.3%。落实保险费减免政策，在最短时间内调整业务系统核定模式，清退已缴企业保费。落实退捕渔民参保工作。调整保保缴费标准，将城乡居民养老保险最高缴费档次增设至4000元/年。发放失业保险金224.18万元，发放临时价格补贴30万元。持续加强基金风险防控，完成“三个全面取消”。与司法部门实现数据共享，开展防范冒领养老金专项治理行动。

【天门市人才队伍建设】2020年，天门市加强事业单位人员招聘和人才引进工作。公开招聘事业单位工作人员211人，引进教育人才213人、其他人才71人。激励各类人才创新创业发展。评选表彰年度“创业明星”15名、“天门工匠”10名。开展“智慧之光”“院士专家企业行”活动，为企业提供智力支持。

（天门市文化和旅游局）

精神文明建设

【武汉市思想文化建设】2020年，武汉市坚持以习近平新时代中国特色社会主义思想为指导，全面贯彻党中央决策和中共湖北省委要求，围绕举旗帜、聚民心、育新人、兴文化、展形象使命任务，紧扣疫情防控、脱贫攻坚、全面建成小康社会等中心工作，深入实施公民道德建设工程，大力培育和践行社会主义核心价值观，不断提升市民文明素质和城市文明程度。深入推动习近平新时代中国特色社会主义思想和党的十九届四中、五中全会精神学习宣传，组建市委宣讲团，28位市领导带头宣讲。组织各类宣讲活动200余场，汉阳区“新时代马克思主义接力者”宣讲团、青和居社区桂小妹分别被中宣部评为基层理论宣讲“先进集体”和“先进个人”。办好用好“学习强国”武汉平台，1600多篇稿件被中央学习平台采用，中宣部专题推介武汉市经验。《学习与实践》杂志跻身全国一流学术刊物方阵，武汉市以《加快疫后重振，决胜全面小康》调研报告入选中宣部全面建成小康社会“百城千县万村”调研活动全国20城，是湖北省唯一入选城市。大力弘扬伟大抗疫精神，组建抗疫先进事迹报告团开展巡回报告35场。运用两江四岸大型灯光秀、户外电子屏等方式，循环播放援鄂医护人员照片，让英雄面孔成为武汉最美的风景。组织开展“同上一堂思政课——战‘疫’青年说”宣讲活动，配合打造“人民至上生命至上——抗击新冠肺炎疫情专题展览”，近20万人次参观展览。广泛开展精准扶志扶智主题宣传，在《长江日报》、武汉广播电视台开设“决战决胜脱贫攻坚”“走向我们的小康生活”等专栏，刊播稿件300余篇。采取主题宣讲、知识竞赛、快闪、百姓网络故事汇等方式，开展“决胜小康·奋斗有我”群众性宣传教育活动。在全市22个革命老区街（乡镇）的贫困村，开展“爱心超市”扩面推广。开展“三下乡”“文化进万家”等惠民活动，市区文艺院团在全市开展“送戏下乡”502场。2020年，中央和省市级主流媒体报道武汉20余万次（约为往年平均水平的8倍），央视《新闻联播》报道武汉100余次（约为往年平均水平的4倍）。全年策划组织101场新闻发布会，积极回应舆论关切，不断提升政府公信力。今日头条、澎湃等重点网络平台推出“武汉战‘疫’”专题，营造网上网下良好舆论氛围。围绕云招商、第二届世界大健康博览会、2020中国数字经济高峰论坛、中国5G+工业互联网大会等开展重点宣传，武汉成为全国刷屏点赞的热点城市。

【武汉市对外宣传】2020年，武汉市推出系列城市宣传项目，全域、全员、全面讲好武汉故事。精心组织77家境外媒体169名记者到汉采访，服务工作实现“三个没有”（没有发生影响政治安全的事件，没有从武汉发出影响恶劣的报道，没有形成新的炒作热点）。外媒服务引导的探索与创新入选2020年度全国“对外传播十大优秀案例”。积极构建外宣平台矩阵，在脸书、推特等海外社交媒体平台开通复更10个外宣账号，账号数量进入全国同类城市前列，覆盖45个国家近1亿人次，26个国际友城账号互动关注。策划推出跨年宣传片《武汉·在一起》，经《人民日报》、新华社、中央广电总台、今日头条等全平台转发，2小时内实现全网覆盖，累计播放（阅读）1.5亿次，持续登上微博热搜榜。

【武汉市文明城市创建】2020年，武汉市深入推进全国文明城市创建。制定责任清单，对34类重点公共场所、4818个点位实施包点包片管理，开展突出问题专项治理，督促解决一批公共环境、公共秩序、公共服务方面问题，提升市民对创建工作的支持率和满意度。

开展精神文明创建，实施理想信念铸魂、市民素质提升、健康生活倡导、社区治理提质、城市环境美颜、窗口行业创优、志愿服务关爱、红色文化育人、立德树人推进、文明乡风涵育“十大行动”，制定149个重点项目，分领域、分重点推进各类主题活动，凝聚群众思想共识，激发社会治理活力，筑牢城市文明根基。年内，武汉市以省会、副省级城市第八名的成绩，连续三届蝉联全国文明城市称号。

2020年4月18日，武汉“解封”后，外媒在武汉天河机场集中采访

（武汉市地方志办公室　供稿）

【武汉市公共文明创建】2020年，武汉市深化群众性精神文明创建活动，倡导社会文明新风尚，营造崇尚文明、践行文明的社会氛围。开展抗疫公益宣传。紧急制作抗疫公益广告，发动全市累计悬挂横幅7万余条，发放折页海报等宣传资料50万份，市属广播和电视台播出2.06万条次，“面对疫情，不造谣、不传谣、不信谣”抖音短视频曝光量100余万次。围绕疫情防控政策法规宣传、科学知识普及、心理健康疏导等主题，向全体市民发出短信16.7亿条次。

倡导文明健康生活方式。深化“光盘行动”，提倡分餐制、公筷公勺、“一米线”，增强市民卫生健康意识。开展车容车貌专项整治以及“礼让斑马线”“一盔一带”安全守护等主题实践活动，营造文明出行的良好环境。

开展文明村镇创建。推荐评选第六届“全国文明村镇”和“2017—2019年度省文明村镇”，5个村获得第六届“全国文明村”称号，59个村镇获得“2017—2019年度全省文明村镇”称号。在新城区深入开展市级文明新村、十星级文明户创建活动，推动移风易俗。全市共评定文明新村247个、十星级文明户1668户。

开展文明单位创建。推荐评选第六届“全国文明单位”和“2017—2019年度省级文明单位”

2020年12月24日，2020武汉市“新时代好少年”事迹发布仪式在武汉教育电视台演播厅举行（武汉市地方志办公室 供稿）

工作，10家单位获得“第六届全国文明单位”称号，49家单位获得“2017—2019年度省级文明单位”称号。

开展文明家庭创建。推荐评选第二届全国、省级“文明家庭”，2个家庭获得“全国文明家庭”称号，8个家庭入选第二届“省级文明家庭”。开展“抗疫最美家庭”推评活动，17户家庭获得“全国抗疫最美家庭”称号，28户家庭获得“荆楚抗疫最美家庭”称号。首次发布《武汉市家庭文明公约》，大力倡导家庭文明。

开展文明校园创建。4所学校获得“全国文明校园”称号，1所学校获得第五届“全国未成年人思想道德建设工作先进单位”称号。17所学校获得第二届“省级文明单位（校园）”称号。

【武汉市道德模范评选】 2020年，武汉市实施公民道德建设工程，选树先模人物，培育和践行社会主义核心价值观。评选第七届武汉市道德模范8人、道德模范集体1个；选树张定宇、刘智明等41人和14个集体为年度“武汉楷模”；评选叶九思、韩继芳、何秀英等465人为第四届“武汉市文明市民”。开展“我推荐、我评议身边好人”活动，崔崑、朱慧楠、杨玲等14人（组）当选“中国好人”。加强先模人物宣传，推出电视专栏《一城好人》240余期，建立《一城好人》新媒体矩阵平台。在市民之家、市群艺馆、市青少年宫等场所设置道德模范事迹展，在公交站牌、地铁电视、工地围栏、广场大型LED屏展示道德模范公益广告，及时更新“一城好人”网上展馆内容等方式，持续开展“德耀江城”系列专题报道，营造崇尚文明、向上向善的社会氛围。

【武汉市新时代文明实践中心建设】 2020年，武汉市建成新时代文明实践中心6个，新时代文明实践所136个，新时代文明实践站2097个。江夏、东西湖、黄陂、新洲、汉阳、东湖风景区实现文明实践所全覆盖，江夏等7个区的文明实践站覆盖率均超过60%。依托新时代文明实践中心（所、站），深入宣传习近平新时代中国特色社会主义思想和十九届五中全会精神，形成“新时代马克思主义接力者汉阳行宣讲团”“周三有约”“理论宣讲轻骑兵”等宣讲品牌。坚持“激活、整合、下沉、共享”，打造集理论宣讲、教育服务、文化服务、科技科普服务、体育健康服务于一体的新平台，推进线上线下同频共振，实现新时代文明实践平台与群众“一键相连”。建立区、街道（乡镇）、村（社区）三级新时代文明实践志愿服务队伍，探索百姓“点单”、站所“送单”、中心“派单”、志愿者“接单”、群众“评单”的工作模式，形成“需求—服务—改进”的有效闭环，打造特色鲜明、优质高效的志愿服务项目。

【武汉市志愿者服务】 2020年，武汉市创造性实施“志愿服务关爱行动”。疫情期间，组织广大志愿者为800万居家市民提供代购代送食品药品等服务，解决市民买菜购药难题。推进志愿者招募培训、上岗服务、管理调配、综合保障等工作，形成“三个三”工作法等一系列有效做法，全市共有7万余人参与报名，4万余人通过审核，日均有2万余人上岗服务，实现社区全覆盖。实施《关于深化新时代志愿服务工作助力基层社会治理的实施意见》，推进青年、巾帼、文艺、医疗、环保、科技等志愿者队伍建设，至年底，全市实名注册志愿者189.59万人，占全市常住人口的16.9%，注册志愿服务团体7925个，发布志愿服务项目7.36万个。推评“四个一批”志愿服务先进典型152个、“疫情防控最美志愿者”116名，7名个人和集体入选全国2019年度“学雷锋志愿服务四个‘100’先进典型”名单。

【人民至上 生命至上——抗击新冠肺炎疫情专题展览】 2020年10月15日，由中宣部指导，湖北省委、省政府主办的“人民至上、生命至上——抗击新冠肺炎疫情专题展览”在武汉客厅开展，展览为期3个月。专题展览包括序厅、尾厅和“运筹帷幄、掌舵领航”“生死阻击、艰苦卓绝”“英雄城市、英雄人民”“八方支援、共克时艰”“疫后重振、浴火重生”“团结协作、命运与共”6个主题内容展区，共21个单元。展线长1445米，展出照片1100余张、实物展品1000余件（套）、视频45个，设计大型场景33处，互动项目18处，各类展览要素总计超过6000项。综合运用图片、文字、视频、实物、模型、互动体验等多种表现形式，辅以互联网、VR、AR等手段，设计制作“ICU病房”“火神山医院建设”“方舱医院”“小区封控”“居家战‘疫’”“逆行出征”等大型场景和“为烈士献花”“感受防护服”“援鄂医疗人员名单查询”“艺术口罩赠送”等互动环节。

（武汉市地方志办公室）

【黄石市文明城市创建】 2020年，黄石市深入推进全国文明城市创建工作。黄石市连续七届获得“省级文明城市”称号，市民对创建工作满意度达98.4%；大冶市创建“全国县级文明城市”，实现“两连冠”；3个村镇获得第六届“全国文明村镇”称号，5家单位入列第六届“全国文明单位”，1户家庭入选第二届“全国文明家庭”，2所学校获评第二届“全国文明校园”，1家单位获得“第五届全国未成年人思想道德建设工作先进单位”称号。全面推进新时代文明实践中心（所、站）建设，大冶试点经验在全省交流。培育和践行社会主义核心价值观，颁布《黄石市文明行为促进条例》，召开信用红黑名单新闻发布会1场。推介1人1集体入选“荆楚楷模·最美逆行者”，1人1集体获评“湖北省第六届学雷锋活动示范点和岗位学雷锋标兵”，4人入选“中国好人”。评选黄石市第七届道德模范10人，“黄石楷模”（好人）70人（组），2020年度黄石市新时代好少年20人，第六届志愿服务先进典型110人（组），通报表扬13个疫情防控志愿服务先进团体。开展第9个全民国防教育月活动，新增9所国防教育特色学校。组织市县乡三级100余个宣讲团、300余位宣讲员开展百姓宣讲活动1700余场次。推出建市70周年“点赞黄石·讲述精彩”百姓微视频宣讲70期，承办“光耀新时代”荆楚楷模走基层先进事迹宣讲会，举办“决胜小康 奋斗有我”主题百姓宣讲大赛。

（黄石市档案馆）

2020年10月15日，武汉市举办抗击新冠肺炎疫情专题展览

（张斌 摄）

【鄂州市思想道德建设】 2020年，鄂州市大力宣传抗疫先进典型，广泛开展“鄂州好人”推荐评选活动。发动群众参与网上评议和推荐身边好人，共推出各级各类好人160人，3人获评“荆楚楷模”，2人当选“中国好人”。开展道德

11 月 30 日，鄂州市召开创建全国文明城市表彰大会

（鄂州市档案馆　供稿）

讲堂 360 余场次，组织道德模范、鄂州楷模基层巡回宣讲 26 场次，道德模范故事汇巡演 10 场次。推动落实《帮扶礼遇道德模范实施办法》，走访慰问、政策帮扶等多形式关爱、礼遇道德模范。制定《鄂州市 2020 年市级文明校园考评细则及网上申报内容》，各学校全部参与创建活动。鄂州市入选第六届“全国未成年人思想道德建设工作先进城市”。21 个乡镇共建成 25 个少年宫，实现乡村学校全覆盖。开展“新时代好少年”学习宣传活动，学校参与率 100%。开展“传承红色基因”系列教育活动，7.4 万名学生参与“网上祭英烈”；开展中华优秀传统文化传承活动，建成 52 个鄂州雕花剪纸传习基地，线上线下开展“戏曲进校园”活动；开展学雷锋志愿服务活动，12.7 万名学生就地参与志愿服务；开展“劳动美”社会实践活动，开齐开足劳动教育课程。开展“阳光成长”心理健康教育活动，295 所中小学和 33 个社区均设有心理咨询室，把心理健康教育纳入网络教学课表。《鄂州市开展清明节主题未成年人爱国教育活动》在中国文明网推介。

【鄂州市文明城市创建】 2020 年，鄂州市把创建文明城市纳入全市“十四五”总体规划、写入党代会报告和政府工作报告，高规格成立创建全国文明城市领导小组。坚持 9 个创建专项小组分工负责，创新推出“双组长制”；坚持“一把手”抓创建，明确各区、开发区和街道党委主要负责人，各部门一把手是创建第一责任人，确保创建推动有力。坚持立德树人，把培育和践行社会主义核心价值观贯穿文明城市创建全过程和各环节，融入群众日常生活和工作。年内，鄂州市获得第六届“全国文明城市”称号。

开展市区、乡镇、社区、村新时代文明实践建设，实现全覆盖。组织各级文明实践志愿服务培训，对接群众需求，设计普惠性志愿服务项目、特惠性志愿服务项目。依托新时代文明实践所、站，组建移风易俗劝导志愿服务队，倡导文明新风。

颁布“鄂州文明 20 条”，从市民的“行、购、娱、住、游”等多方面提出倡导，规范市民的文明行为。出台《鄂州市规范文明养犬管理暂行办法》，由市公安局牵头组建养犬管理执法专班，通过各类媒体发布“文明养犬我行动”宣传教育活动。依法落实“门前四包”责任制，颁布《鄂州市主城区“门前四包”管理办法》。实施常态网格监管，明确城管队员包片职责，下达整改通知单 1673 份，批评教育 3200 余人次。结合鄂州实际，制定《鄂州市创建全国文明城市工作考核办法》，完善督办落实机制。市督查考评办公室每月开展督查督办，共下发督办整改通知书 1100 余份，整改率达 98.62%。投入保障。市、区各级为创建提供充分保障，成立有 47 人的市创建“全国文明城市”工作专班，全职投入创建。

【鄂州市志愿者服务】 2020 年，鄂州市成立网络文明志愿者分会，建立志愿服务微信群、QQ 群 34 个，9200 余名网民参与。组织志愿者参与保护江豚、保护梁子湖、废旧电池定点回收等活动 29 场次，参与人数超 8000 人次。利用云上鄂州客户端、“鄂州发布”等平台宣传网络公益活动，开展“保护梁子湖”等各类网络公益活动 137 次，网民参与达 26 万余人次。将网络公益活动与“志愿汇”平台相结合，获取相应的积分可在线下50余家商户享受打折、积分兑换等优惠。利用青春鄂州、文明鄂州官方微信微博等新媒体发布结对助学、圆梦微心愿等活动信息，为5065名贫困儿童实现微心愿。依托新时代文明实践所、站，组建移风易俗劝导志愿服务队353支，开展主题宣讲活动560余场次，举办家庭教育讲座420余场次，受教育村民8.23万余人次。创作编排倡导移风易俗情景剧4个，开展送戏下乡巡演出188场。倡树移风易俗好人31个。中国文明网以《鄂州：文化引领 移风易俗 乡风文明助力乡村振兴为题》推介鄂州经验。

（鄂州市档案馆）

【孝感市精神文明建设】 2020年，孝感市开设新时代文明实践道德馆，宣传道德模范先进事迹，定期组织道德模范宣讲，看望慰问生活困难道德模范。开展“中国好人榜”好人评选，组织网上投票、评议、点赞等活动，2人当选“中国好人”。开展未成年人思想道德建设工作，开展“与爱同行、核心价值观在我家”主题教育活动，开展“清明祭英烈”、七一“童心向党”等活动。加强乡村学校少年宫建设，开展湖北省乡村学校少年宫特色项目征集活动评选活动，获得三等奖1个、优秀奖1个。开展文明家庭“好家风好家训”征集活动，1家庭获得省文明办表彰。连续多年开展“最美家庭”和“最美十星级文明户”表彰。印发《关于坚决制止餐饮浪费行为切实培养节约习惯的工作方案》，开展文明餐桌、文明交通等创建活动，制作一批图文并茂、通俗易懂的公益广告，开展“光盘行动我践行”网络签名和网络文明传播活动。组织召开全市文明城市创建推进会，印发《全省县域文明指数测评必备项目考察参考清单》，对36类现场测评点进行检查，层层压实责任。推动文明村镇创建提质拓面，评选表彰“2017—2019年度市级文明村镇”。开展“文明实践进乡村·扶志扶智助脱贫”活动，表彰一批脱贫致富典型、“十星级文明户”优秀代表，组织志愿者走访慰问弱势群体，并为村民送去便民服务和文艺大餐。不断深化移风易俗及“十星级文明户”“好婆媳”评选活动，促进全市2245村建立健全红白理事会，获得省奖励资金110余万元。

【孝感市志愿者服务】 2020年，孝感市组织约7万名志愿者参与疫情防控，争取抗疫物资50余万元。召开全市疫情防控优秀志愿者和志愿服务组织表彰大会，表彰100名优秀志愿者和12个志愿服务组织。2个志愿服务项目和2名疫情防控志愿者获得省级表彰。出台《关于深化新时代志愿服务工作，助力基层社会治理的实施办法》《关于志愿服务纳入文明单位创建考评的实施细则》指导文件，建设西杨社区示范点，每周统计通报各地进度情况。继续壮大志愿服务队伍，全市注册志愿者72万名，注册志愿队伍2466个。

（孝感市史志研究中心）

【黄冈市文明城市创建】 2020年，黄冈市持续推进全国文明城市创建工作。制发《黄冈市区2020年创文创卫工作方案》《市领导挂点任务清单》《黄冈市区2020年责任单位任务清单》，分解年度双创工作任务；投资1.38亿元，实施城市环境专项整治项目82个，进

2020年，黄冈市志愿者上街开展文明出行志愿服务活动

（黄冈市史志研究中心 供稿）

一步改善人居环境。常态化开展文明出行、礼让斑马线、心理援助、服务地摊经济等系列文明城市创建活动。年内，黄冈市入选2021—2023年创建周期“全国文明城市”提名城市。命名865个“市级文明单位”；新申报13个“全国文明村镇”，完成18个“全国文明村镇”复查工作，申报命名24个“省级文明乡镇”、114个“省级文明村”、45个“市级文明乡镇”、190个“市级文明村”，实现“十三五”文明村占行政村总数50%以上目标；申报5个“省级文明家庭”，完成3个“省级文明家庭”复查工作，评选命名首届“黄冈市文明家庭”。新申报“省级文明校园”14个，完成20个“省级文明校园”、23个“市级文明校园”的复查工作，麻城一中、武穴市师范附属小学获得“第二届全国文明校园”称号，黄冈中学通过“全国文明校园”复审，黄冈市教育局获“第一届全国未成年人思想道德建设工作先进单位”。

【黄冈市与志愿服务活动】2020年，黄冈市印发《关于做好统筹推进“三个中心”建设联系指导工作的通知》，针对全市志愿服务平台不统一的问题，引进推广长江云新时代文明实践云平台。推进黄州区新时代文明实践中心试点建设，其经验在全省新时代文明实践中心建设现场会作交流。出台《关于深化新时代志愿服务工作助力基层社会治理的实施意见》，在遗爱湖流光阁打造市区志愿者之家，联合黄冈职院成立黄冈市志愿服务学院，成为全省首家由精神文明建设指导机构与高校共建的公益性志愿服务培训机构。疫情期间，组织招募17万名志愿者开展文明实践活动120万人次。防汛期间，组织9.7万名志愿者参与志愿服务活动。至年底，全市注册志愿服务组织7376支，注册志愿者84.7万人，累计开展各类文明实践活动54.37万场（次）。志愿者中，获得“省疫情防控先进个人”称号2人，获得“湖北省最美志愿者”2人，红安无偿献血志愿服务队“铁血红安益路前行”项目获“省最佳志愿服务项目”。

（黄冈市史志研究中心）

【咸宁市精神文明建设】2020年，咸宁市深化文明村镇创建，4个乡镇获得“全国文明乡镇”称号，14个乡镇获得“省级文明乡镇”称号，获评县级以上文明乡镇称号的乡镇达85.9%；6个村获得“全国文明村”称号，27个村获得“省级文明村”称号，全市890个行政村中获评县级以上文明村称号的行政村达52.9%；建立农村红白理事会（乡贤理事会）890个，行政村覆盖率100%。开展文明单位评选推荐工作，9家单位获得“全国文明单位”称号，131家单位获得“省级文明单位”称号，评选“市级最佳文明单位”162家、“文明单位”186家。动员文明单位开展疫情防控志愿服务，引导6万余名志愿者参与到政策宣讲、卡口值守、卫生防疫、信息排查、禁令执行、物资配送、心理疏导、爱心传递、环境卫生等疫情防控工作。开展文明家庭推荐申报和评选工作，评选“市级文明家庭”10户。新增“全国文明家庭”1户，“省级文明家庭”2户。新增“全国文明校园”2所、“全国未成年人思想道德建设工作先进学校”1所、“省级文明校园”9所，评选“市级文明校园”39所。开展社会主义核心价值观微电影征集活动，作品《城市因你更洁净》获得全国第四届社会主义核心价值观主题微电影（微视频）征集展播活动三等奖。创新开展学校思想政治工作，举办茶文化进校园直播活动，线上观看人数超过30万人次。评选第二届咸宁市道德模范18人，“南鄂楷模·最美系列人物”198人；咸宁2人入选2020年“中国好人榜”，3人获得“荆楚楷模”称号。

【咸宁市文明城市创建】2020年，咸宁市再次获得“省级文明城市”称号。制定《咸宁市全国文明城市创建实地考察点位创建标准（2020年版）》，对点对标开展文明城市创建活动。省文明委通报表扬咸宁市全域推进文明城市创建工作经验。推进志愿服务制度化。建立健全“党建+志愿服务”机制，将志愿服务工作纳入城乡基层党组织、机关企事业单位党建工作、精神文明建设、意识形态工作等重要考核内容。注册成立咸宁市志愿服务联合会，发展会员单位20家，注册志愿者42.2万人，比上年新增5.3万余人，占居民总人口的16.9%。成立“唐光友学雷锋志愿服务队”，共设理论政策宣讲、关爱未成年人、医疗卫生、扶贫助困、文明家风等64支志愿服务分队，注册志愿者3800余人。持续打造“清洁咸宁”“文明交通”等志愿服务品牌，发动志愿者1.5万余人次参与文明交通劝导、党员志愿者下沉小区为民做好事、万人洁城等文明城市创建志愿服务活动。挖掘志愿服务典型，推荐“全国百名疫情防控最美志愿者”程科、“湖北省疫情防控最美志愿者”刘彦良等一批优秀志愿服务典型，评选31名“疫情防控最美志愿者”。强化创建工作督导力度。对创建工作履职不到位的部门单位下发整改通知书，后续针对要求整改的内容进行回头看，对未能及时整改到位的单位进行通报；对文明创建整改不力、推诿扯皮、态度恶劣的单位挂“不文明单位”牌。共下发整改通知书275期，挂“不文明单位”牌1块（已摘牌）。加大曝光力度，设置“文明创建红黑榜”栏目，通过正面宣传和反面曝光提醒市民自律意识，发布“文明创建红黑榜”“创文，我们在行动”等相关报道30余期。

（咸宁市史志研究中心　邹晓魁）

2020年4月4日，仙桃市举办抗击新冠肺炎疫情牺牲烈士和逝世同胞纪念活动。图为市民参加哀悼活动　（仙桃市档案馆　供稿）

【仙桃市精神文明建设】 2020年，仙桃市开展党的创新理论全域宣讲活动，成立党的十九届五中全会精神宣讲队，宣讲2153场，覆盖党员群众50余万人。印发《仙桃市建设新时代文明实践中心（所、站）实施意见》，开展文明实践活动4100多场，建设新时代文明实践中心1个所22个站715个，实现市乡村三级全覆盖。开设文明仙桃微信公众号，开展“仙桃好人由你推荐”评选活动，拓宽身边好人推荐渠道。1人入选“中国好人榜”，1学生入选湖北“新时代好少年”。组织道德模范、“中国好人”先进事迹宣讲活动24场，在沔阳公园、体育广场建设道德模范文化长廊2条，在沔阳名人馆等公共文化场馆设置道德模范宣传专栏20多个。制定《仙桃市道德模范礼遇帮扶实施方案》，设立100万元的帮扶专项基金。向道德模范提供免费体检、乘车、参观景区景点等礼遇，春节前夕组织走访慰问模范、楷模，邀请道德模范代表到场观看市春节联欢晚会，疫情期间提供生活物资采买、身体诊疗等志愿服务，窗口单位实行“道德模范优先”措施，树立好人好报、德者有得的价值导向。

【仙桃市志愿者服务】 2020年，仙桃市制定《仙桃市社区志愿服务工作规范指引》，注册志愿者28.2万，组建志愿服务队1106支。常态化开展“十佳志愿者”、“十佳志愿服务组织”评选宣传活动。疫情期间开展的“五线谱”志愿服务活动登上中国文明网首版头条。孝雅使者志愿服务站“阳光家园，关爱留守儿童”志愿服务项目获得湖北省志愿服务项目大赛铜奖。出台《关于坚决制止餐饮浪费行为，切实培养节约习惯的实施方案》，践行“光盘行动”。深化文明交通行动，早晚上下班高峰期间在主要交通路口常态化开展文明劝导志愿服务，打造安全畅通、文明有序的交通环境。深入开展“推动移风易俗、树立文明乡风”行动，对大操大办、攀比浪费等问题进行综合治理。全市617个行政村全覆盖建立红白理事会，制（修）订村规民约，奖励28个红白理事会工作先进村。

建成高配版美丽乡村28个、简易版美丽乡村84个。

【仙桃市文明城市创建】 2020年，仙桃市投入创建经费16.1亿元，改造37条主次干道、38条背街小巷，刷黑道路30多千米，改造老旧小区16个，新增绿化面积5.38万平方米。深入开展市容市貌、集贸市场等专项整治，推进垃圾分类。争取资金220万元，改造提升乡村学校少年宫11所，实现“一镇一宫、一镇一品”全覆盖。疫情期间，131家文明单位和文明村镇争挑重担、冲锋在前，仙桃各级文明村镇抗击疫情经验在中国文明网头条刊发。年内，仙桃市再获“省级文明城市”称号，并首次入围“全国文明城市总决赛”。

（仙桃市档案馆）

【潜江市精神文明建设】 2020年，潜江市委广泛开展各类群众性精神文明创建活动。推进新时代文明实践中心建设，构建市、镇（街道）、村（社区）三级联动网络，打造“实践中心—实践分中心—实践所—实践站”四级服务阵地。开展农村人居环境整治工作，创建“国家级文明村”1个、“省级文明村”10个。评选“星级文明户”11.29万户，表彰“十星级文明户示范户”180户。推进美丽乡村建设，推动移风易俗行动，弘扬文明婚俗和厚养薄葬传统美德。开展文明单位创建活动，创建国家级文明单位2个、省级文明单位10个。加强文明家庭宣传教育，开展“荆楚最美家庭”“家风家训我来拍”等活动，评选潜江市抗疫最美家庭54户、最美家庭和五好家庭59户；创建“国家级文明家庭1户”、“省级文明家庭1户”。开展“清风润万家家书抵万金”廉洁家书征集活动，征集廉洁家书350篇，集中展示10篇优秀家书，引导广大家庭崇德向善。开展文明校园创建活动，创建“国家级文明校园1个”、“省级文明校园2个”。加强乡村学校少年宫建设管理，3所学校少年宫特色项目获省级奖项。

广泛开展社会主义核心价值观主题公益广告宣传展示活动。投入资金6630余万元，建设主题公益广告宣传展示和城市整体形象项目，开展“文明健康、有你有我”“使用公筷公勺”等主题公益广告宣传，印发《市民文明手册》10万份，在高铁站和高速公路、城市主要地段、公交车、出租车、户外LED屏等处投放公益广告；报纸、电视、网络等媒体投放公益广告5000余条。持续推进先进楷模选树工作，评选潜江市第五届道德模范8名和提名奖获得者4名，表彰潜江市抗击新冠肺炎疫情“先进个人”220名、“先进集体”80个。开展“中国好人”“潜江好人”推荐评议，发动群众参与网上评议和推荐身边好人线索2000余条。通过百姓宣讲、诗写好人、网络媒体等形式宣传“中国好人”先进事迹。走访慰问道德模范、“中国好人”、“荆楚楷模”、“潜江好人”等先进典型65人，发放慰问资金5.2万元。

【潜江市志愿者服务】 2020年，潜江市推进志愿服务制度化建设，注册志愿者13.89万人，占全市常住人口14%；注册志愿团体251个；建立志愿服务项目库，推动志愿服务工作制度化、规范化、常态化。组织市直单位机关干部利用节假日城区主要交通路口开展文明交通劝导活动，引导市民形成文明出行习惯。开展2次“一张纸献爱心”活动，收集废旧纸张125吨、旧衣服1000余件，筹集善款5万余元。开展“学习雷锋、奉献爱心”志愿服务活动，关爱空巢老人、残疾人、服刑人员子女、农民工子女等社会困难群众和特殊群众，结对开展学业辅导、亲情陪伴、自护教育、应急救助、心理抚慰、健康保健、法律援助、爱心捐赠等帮扶活动。开展“精准扶贫、助力攻坚”志愿服务活动，采集群众现实需求信息，有针对性确定服务对象、服务内容和形式载体，把农民所需、所困、所急的教育、文化、科技、卫生、法律等各服务送到一线，把科学种养、新产品推广、新技术应用等授之于民，推动社会资源与精准扶贫有效对接。

（潜江市档案馆）

【天门市精神文明建设】 2020年，天门市编制创建全国文明城市工作规划，建立纵向到底、横向到边的创建工作网络。先后召开动员会、推进会、现场会、培训会等50多次，实施点对点包保指导，督办通报316期，整改销号1000多项问题清单。开展新时代文明实践中心建设试点，建设26个实践所、600个实践站，重点打造47个示范站；搭建实践中心服务平台，平台二维码张贴到3000多个小区楼栋，上线平台菜单100多个。组建“8+N”志愿服务队伍近700支；拓展实践阵地，整合市、镇、村文化服务场所近900处，开展“讲、评、化、帮、乐”实践活动700多场次，参与群众近10万人。

出台《天门市关于深化新时代文明单位创建工作的实施意见》，采取日常创建与届期测评、社会公示与部门联审相结合的方式强化管理，命名表彰“市级文明单位”199个，获评“全国文明单位”6个、“省级文明单位”40个。开展第二届省级和市级文明校园推荐评选活动，命名“省级文明校园”4所、“市级文明校园”45所；评选天门市“新时代好少年”12名；新增中央专项彩票公益金支持乡村学校少年宫项目1个，参加湖北省乡村学校少年宫特色项目征集活动，获得三等奖1个、优秀奖2个。开展文明交通、文明旅游、文明上网、文明养犬、诚信经营等文明行为促进主题活动100多场，评选文明诚信个体工商户44名、文明诚信私营企业54家。持续开展十星级文明农户评选活动，评选“十星级文明户”6.30万户、示范户200户，并给予示范户每户1000元奖励。开展文明村镇推选，获评“全国文明村镇”5个，“省级文明乡镇”2个、“文明村”14个。开展文明家庭推荐评选，评选“市级文明家庭”21户，获评“全国文明家庭”2户、“省级文明家庭”3户。开展寻找“荆楚最美家庭”活动，2户家庭获得国家级荣誉，7户家庭获得省级荣誉。评选第五届“天门市道德模范”10名、“天门楷模”最美系列人物146人、“天门好人”30人，1人入选“中国好人榜”。广泛开展模范事迹宣传，推送报道120余篇，设置宣传栏64块，举办专题展览5场。邀请30名模范出席天门春晚、蒸菜节、龙舟赛等重要活动，为困难模范提供公益性岗位就业，走访看望模范28名，帮扶资金2.8万元。

【天门市志愿者服务】 2020年，天门市登记注册志愿者19.33万人，占常住人口15.2%，年志愿服务时长162.17万小时。成立市志愿服务总队，推行志愿服务项目化，运行志愿服务项目共3716个。组织1万多名志愿者到社区报道，参与基层治理工作。探索志愿者激励机制，推行社区志愿服务积分兑换机制，开发兑换平台。落实《天门市志愿者礼遇办法》，发放志愿者意外伤害保险46份、志愿者基础体检卡61张、志愿者公交卡59张。开展疫情防控志愿服务活动，招募志愿者约1.5万名，对接物资金额400万余元。

（天门市文化和旅游局）

编辑：刘家连

校对：王　伟

附　　录

城市圈论坛

武汉城市圈赋能湖北促进中部崛起

杨云彦

构建武汉城市圈是湖北省深入推进区域经济一体化发展，实现区域协调发展，构筑高质量发展新格局的具体举措。

不同于南京都市圈的跨省协作，目前，武汉城市圈架构主要是“1+8”发展格局，以武汉为中心城市，带动周边100公里半径内的鄂州、黄石、黄冈、孝感、咸宁以及仙桃、天门、潜江这8个城市，实现经济一体化发展。此外，伴随着荆州洪湖市、荆门京山县、随州广水市、荆州监利县相继以城市观察员身份入“圈”，武汉城市圈目前包括1个副省级城市、5个地级市、3个省直辖市，以及6个县级市和15个县。

从多年的运行实践看，武汉城市圈以湖北省30%的区域面积容纳了全省50%以上的人口，对经济发展的贡献率占60%左右。武汉都市圈的构建，对内来说，可以壮大武汉乃至全省的经济实力，形成新的增长极；放眼来看，“中部崛起看湖北、湖北崛起看武汉”，这也是湖北促进中部崛起，以至在更高层面上实现建设国家中心城市目标的关键。

从武汉城市圈的发展历程看，武汉城市圈的动议最初来自湖北省社会科学院，并在2001年成为政府部门的决策。2004年，湖北省“两办”以正式文件形式首次明确并固定了“武汉城市圈”这一提法。2007年12月14日，经报请国务院同意，国家发展改革委正式批准武汉城市圈为全国资源节约型和环境友好型社会建设综合配套改革试验区，这也标志着武汉城市圈在国家层面被认可。

新的发展条件下，《武汉城市圈区域发展规划（2013—2020年）》于2014年2月获国家发改委批复，正式上升为国家层面的战略规划。2015年3月，国务院正式批复《长江中游城市群发展规划》并明确要求，全面加快武汉城市圈一体化建设，推进武汉与鄂州、孝感、咸宁、黄冈、黄石等同城化发展，加强与汉江生态经济带和鄂西生态文化旅游圈联动发展。这为新时代武汉城市圈的创新发展和高标准建设提供了系统完善的政策指引和支持。

客观来说，当前武汉经济圈的经济总量和综合实力较20年前已经大幅跃升，为武汉巩固“华中之中”地位奠定了良好条件。从武汉城市圈未来发展的方向看，武汉发展的重点是打造“全国经济中心、高水平科技创新中心、商贸物流中心和国际交往中心”四大功能，加快建成国家中心城市。

作为华中重镇，武汉一直以来就是我国重要的综合性工业城市，从洋务运动时期的“汉阳造”到新中国成立后建立的涵盖冶金、机械、汽车、食品、纺织、化工、建材、商贸、电子等门类齐全的工业布局；再经改革开放和市场经济的大潮洗礼，武汉形成了“钢车机新”四大产业支柱；步入新时代，武汉在电子信息技术、新材料、生物工程、光电子等新领域都有明显优势，为做强做大武汉城市圈发挥了关键性作用。

从产业发展的角度看，武汉城市圈形成的过程也是产业空间集聚的过程，正是由于成员间紧密的产业协作和互动，才推动了经济一体化理念的深入拓展和践行。特别是在当前科技创新、消费升级、构建“双循环”格局的时代背景下，武汉城市圈正处于产业结构升级和经济高质量转型的关键时期，为此还需进一步克服产业创新能力不强、资源要素配置效率不高、整体竞争力偏弱等不利因素的影响，进一步凝聚优势、形成合力，在更大程度上发挥武汉城市圈对湖北全省经济发展的先行示范和辐射带动作用。

从交通一体化发展的角度看，目前武汉城市圈现代化交通运输网格局面相对完善。铁路方面，武汉城市圈依托高速铁路构建“1小时通勤圈”，形成以武汉为中心、辐射全国的铁路网，成员城市间甚至是部分县区间都有高铁连接；公路方面，武汉城市圈形成以高速公路为骨架、国省干线为支撑，以武汉为中心的环形放射状、各城市间相互贯通的公路网；水运方面，武汉城市圈坐拥长江、汉江两大水运主通道，为城市圈成员一体化发展外向型经济以及内河商贸流通提供了极大便利；航空方面，武汉天河机场是全国8大区域性枢纽机场之一，航线通达国际、辐射全国，同时鄂州国际货运航空枢纽建设也已经全面启动，有力构建起客货分流的城市圈经济“空中走廊”。此外，通过各种现代化的交通运输方式，武汉城市圈还构建了沿福银、京港澳、京九、沿江四条综合运输通道，较好地实现通达全省、全国范围的“多拉快跑”功能。

从构筑同城化生活圈的目标看，武汉在2018年就启动了武汉城市圈大通道的建设。根据规划，武汉城市圈大通道全长约360公里，将有效串联起武汉、孝感、咸宁、鄂州、黄冈等市的11个县区，计划于“十四五”期间全面完工。其中，武汉统筹建设205公里，武汉境内有157公里。目前，从武汉出发北上孝感、麻城，有汉孝、武麻高速，南下咸宁、长沙，有青郑高速，东去黄冈、鄂州、黄石，有武英和左高速，西去仙桃有汉蔡高速，去洪湖、监利有汉洪高速，武汉已经形成到新城区半小时、到城市圈8城市1小时、到周边省会城市4小时的交通圈。

从打造武汉城市圈核心区的要求看，城市圈内的其他成员需加强与武汉市规划的对接衔接，才能构建深度融合、区域一体的立体综合交通网络。同时要对接武汉城市建设标准，不断提升城市公共设施互联互通和一体化水平。在享受城市圈“同城待遇”方面，要以推动公共服务均衡发展为方向，提升同城化水平。比如，可以先探索以社会保障卡为载体，建立居民服务“一卡通”，加快实现公共服务一体化。

在全面提升区域产业集群竞争力方面，建设重点是布局并形成武鄂和黄石、黄冈联动发展的大格局，在更大范围内、更高质量上构建“大武汉”经济核心区，以实现更好地带动和引领城市圈各成员实现竞合抱团、发展平衡、优势互补。尤其是在武汉城市圈产业规划和发展方面，要提升下好“一盘棋”意识，建立更加科学、高效的协同联动机制，推动构建城市功能互补、交通便捷顺畅、要素双向流动、产业分工合理、公共服务均衡同质、环境和谐宜居的现代化城市圈。

综合来看，武汉城市圈区位居中，通达性好，加上先天强大的“水公铁空”路网格局，强化了武汉城市圈辐射、连接、通达的功能。特别是在武汉城市圈区域范围内的平原较广，为经济一体化发展和协作提供了广阔空间。此外，武汉自然资源丰富、教育资源密集、人才荟萃，使其在招商引资、科技创新、理念创新等方面具有不可多得的优势，这都是武汉城市圈不断增强核心竞争力、实现高质量发展的关键所在。

但客观来说，武汉城市圈经济实力与珠三角、长三角城市群还存在较大差距，未来还要围绕一体化、同城化等目标，继续做大总量、提升质量，确保武汉都市圈成为中部崛起的良好范例。

从更高层面、更大范围来看，武汉还应充分挖掘“长江+”的潜力和优势，加强与长三角城市群尤其是上海的经济联系和互动，可借鉴纽约—芝加哥“美国双核”的经验，强化并致力构建上海—武汉“中国双核”格局。从“美国双核”的经验看，纽约之所以能快速崛起并成为全美第一大都会，就在于它有芝加哥这一内陆区域中心城市作为巨大的经济腹地支撑，进而形成芝加哥（内陆区域中心城市）和纽约（港口城市）双核共振的“国家经济地理横轴”。

历史上，曾有人将武汉比作“东方芝加哥”，至今看来这仍有现实意义。从打造中国“国家经济地理横轴”的角度探讨，现阶段武汉在技术、经济、观念等方面和上海虽然还存在较大的梯度落差，但两者间合作互补的潜力更大，必须通过跳跃式的链接才能实现二者间广泛而深入的经济联系。换句话说，唯有进一步壮大武汉发展的总体实力，方能再论上海—武汉“中国双核”模式的构建。

从2020年6月1日起，湖北鄂州市率先启用“027”武汉区号，这是鄂州深度融入武汉一体化发展的重要标志。鄂州已经来了，其他城市还会远吗？

（原载重庆出版社出版《城市崛起：新时代都市圈发展观察》）

以“双枢纽一走廊”促武汉城市圈一体化发展

杜涛

随着湖北国际物流核心枢纽鄂州顺丰机场的加快建成和光谷科技创新大走廊的规划建设，湖北区域一体化进程将会加快，并积极推进湖北高质量发展。因此，“十四五”时期，应着力以“双枢纽、一走廊”为依托，积极促进武汉城市圈一体化发展。

一、整合武汉天河机场和鄂州顺丰机场“双枢纽”功能，引领湖北大临空经济区高质量发展

一是做好顶层设计和战略构想。重点依托武汉天河机场，整合武汉东西湖临空港开发区和孝感临空经济区，形成沿“孝感—东西湖—天河机场—东湖高新区—鄂州顺丰机场”的武鄂临空经济发展带。以鄂州顺丰机场为中心，辐射形成鄂黄黄（鄂州、黄石和黄冈）临空经济发展圈。通过武鄂临空经济发展带和鄂黄黄临空经济发展圈的联动发展，合力打造湖北大临空经济区。充分发挥临空经济区对区域经济发展的乘数效应，助力形成武鄂黄黄孝大临空产业集聚区；二是加强规划引导和统筹协调。成立武鄂黄黄孝跨区域临空经济区协同发展的实质性领导机构，积极对接《武汉城市圈临空经济总体发展规划》和《光谷科技创新大走廊规划》，高端谋划《湖北大临空经济区的总体发展规划》，实现武鄂黄黄一体化发展。同时，武鄂黄黄孝都要围绕大临空经济区规划，借助新一轮城市总体规划修编，调整总体规划，做好“十四五”规划相关衔接。突破行政壁垒，加快构建跨区域战略统筹机制，助推武鄂临空经济带和鄂黄黄临空经济圈的跨区域合作发展。三是增强武鄂黄黄集散枢纽功能。依托天河机场和顺丰机场“双枢纽”发展多式联运，形成“航空＋铁路＋港口＋公路＋轨道”的多式联运交通体系，构建贯穿鄂东都市区互联互通的现代化交通网络。四是加强政策对接与共享。采取在大临空经济区内共享武汉天河机场已有的综合保税区、国际航线补贴等一系列临空经济区优惠政策，实现加快鄂州顺丰机场与湖北大临空经济区的互动发展和红利互惠。推动实现天河机场腹舱运力和鄂州机场全货机运力的高效整合和灵活利用。加强保税区、口岸等资源的共享共用，争取以“一区两片”的形式设立综合保税区。

二、加快武汉东湖国家自主创新区和武汉自贸区“双自联动”，打造长江经济带自贸发展核心功能区

一是注重管理联动与政策联动。加速政府层面管理体制和自贸区制度创新政策与自主创新示范区政策的协同互通；二是加快科技政策的转型升级。从突出科技成果转化到突出“科技＋”，如“科技＋投资”“科技＋贸易”“科技＋行政体制改革”等，采用这种理念不断升级科技政策；三是突出市场主体力量。在实体层面形成产业联动，充分发挥企业的重要作用，自主创新、科技创新最终都要落实到企业；四是打造具有本地产业特色的“双自联动”体制。积极拓展自创区与自贸试验区的对接合作渠道，进一步促进双方各类资源要素的自由流动与合作。积极谋划“双自联动”战略和协作机制，建立符合国际惯例的高能企业培育机制，构建自贸试验区国际化人才平台机制，加强重点领域机制创新，探索高效联动平台模式来实现“双自联动”，推进制度创新、开放创新、金融创新和科技创新的多维度融合，将湖北大临空经济区打造成为制度创新最深、要素流动最便捷、科技创新最前沿、高端产业最集聚的先行区和示范区，长江经济带自贸发展核心功能区。

三、助推武汉城市圈临空经济区与光谷科技创新大走廊的产业融合发展，促进武汉城市群区域一体化发展

一是加快实现四城共享融合。以共享经济的理念推进武鄂黄黄四市高度同城化。突破行政区划制约，尽快建立区域协调发展新机制，设立武鄂黄黄大都市区管委会，统一规划管理，由省里牵头总协调，各市具体负责相关规划及管理事宜的沟通协调。强化四市在人才、产业、重大交通和基础设施的协调发展，积极推动四市公共服务的“一卡通”，加快形成教育、医疗、社保、公共交通、通信、金融、环保等公共服务领域的共建共享，在省内率先实现城市公共服务融合发展，通过率先实现城市公共服务的“共建共享共治”，加快城市之间产业对接和创新驱动的融合步伐；二是推动建设临空经济创新发展联盟。武鄂黄黄应立足建设湖北大临空经济区，加强临空产业发展的协同合作，建议设立武鄂黄黄为重点的湖北大临空经济区创新发展联盟，并分别设立园区合作促进委员会、涉园产业合作促进委员会、涉园企业合作促进委员会、临空经济大数据共享信息中心、临空产业发展专项基金，推动产业优势互补，实现临空区域共规共建共享。

随着湖北大临空经济区的建设发展和光谷科技创新大走廊的规划建设，未来的湖北大临空经济区的经济合作将会更加紧密，产业合作分工也会更加协调，区域合作和对外开放水平将会大幅提升。围绕武汉光谷科技创新大走廊建设，以长江经济带中游城市群为支撑、以航空客货双枢纽为引擎，全力打造武鄂黄黄大临空经济区，将其建成国际航空物流枢纽、全球跨境电商基地、高端临空产业高地、生态智慧航空都市。在区域一体化进程中，打造对外开放新高地，助推湖北高质量发展。

（原载 2020 年 06 月 16 日《湖北日报》）

媒体聚焦

英雄的城市 英雄的人民
——献给疫情防控斗争中的武汉人民

“医生，请离我远点。”

武汉一名患者的这句话让医生红了双眼，也让无数人泪目。

让医生远点，是担心传染，是希望“他们为更多武汉市民护佑生命”。

“一个人撑起一片天，一颗心温暖一座城……”很多人这样留言。

在这座城市，这些天来，这样的故事每天都在发生。这位可敬而善良的患者，只是这座千万人口的城市里普普通通的一个。

一场突如其来的重大疫情，改变了这座城市，也改变着这座城市人民的精神气质。

疫情催人急，家国共同体。每一天，无惧风险的白衣战士、奋不顾身的人民警察、日夜守望的社区干部，奋战在抗疫一线；这座城市的人民众志成城、守望相助，识大体顾大局、自觉配合疫情防控，展现坚忍不拔的顽强斗志，一起书写大我！

“武汉是英雄的城市，湖北人民、武汉人民是英雄的人民，历史上从来没有被艰难险阻压垮过，只要同志们同心协力、英勇奋斗、共克时艰，我们一定能取得疫情防控斗争的全面胜利。”习近平总书记的话饱含深情，令人振奋！

致敬英雄的城市、英雄的人民！

“每快一秒钟，就给更多的人带来希望！”

如果没有这场疫情，现在的武汉应该是另一番景象：黄鹤楼前游人如织，长江大桥车流滚滚，汉

2020 年 1 月 23 日，全国第一支援鄂医疗队紧急奔赴武汉市。图为解放军医疗队登机前的情景 《人民日报》客户端 张意轩 乔外 胡润新 摄

口车站人声鼎沸，楚河汉街传来欢声笑语，户部巷里的热干面摊主热情招呼客人“过早”……

正常的生活被疫情骤然打断。

1月23日，离汉通道关闭，武汉进入“战时”状态。

病毒凶险，防控迫在眉睫。

疫情就是命令，医院成为战场！武昌医院院长刘智明奋不顾身冲上火线。从1月21日到23日，刘智明熬了3个通宵，把武昌医院改造成定点医院，在两天内转出原有499名在院病人，腾出500张床位。如今，越来越多的患者康复出院，刘智明却把生命定格在51岁……

老将冲锋，后生可畏。29岁的武汉市江夏区第一人民医院呼吸与危重症医学科医生彭银华，原本准备2月1日与妻子举办婚礼。疫情来临，他投身战“疫”一线。病人最多的时候，他曾在病区坚守了两天两夜，负责救治40个病人。然而谁能想到，这场冲锋留下的却是永恒的背影……

疫情吹响集结号，直面生死大考。从1月23日起，来自全国各地及军队的医务人员紧急奔赴武汉，支援范围也扩大至湖北全省。全国29个省、区、市和新疆生产建设兵团、军队系统先后共派出4万多名医护人员驰援湖北和武汉，第一时间投入战斗，同时间赛跑、与病魔较量，为生命接力！为不影响工作，一些医护穿上了尿不湿；为节省防护服，很多人由4小时一班改为6小时一班……白衣为战袍，他们就是最美逆行者，是新时代最可爱的人！

在人类与疾病斗争的历史上，一座城市，短短数日，迅速集结4万多名全国一流的医务人员，可谓创造了一种奇迹！

应收尽收，刻不容缓！党中央发出动员，中央赴湖北指导组指导督查湖北省特别是疫情严重的武汉，对确诊、疑似、密切接触和发热等“四类人员”进行全面排查，对他们进行分类集中收治和隔离。3000余个社区、7000多个住宅小区、13800多个网格全面发动，全市党政机关、企事业单位4.45万多名干部党员职工下沉社区，“不落一户、不漏一人”，开展拉网式大排查。

“钢铁书记”王琼冲在最前。在江汉区满春街中大社区，37岁的社区党委书记王琼拖着打了一块钢板、三颗钢钉的右腿，带领12名网格员逐户排查，一天下来，右腿从膝盖肿到脚踝。

“临时书记”黄恒奋不顾身。洪山区珞南街洪珞社区有1位社区工作者确诊感染，3位持续发热。珞南街党政办工作人员黄恒顶了上来，成为社区的“临时书记”。手拿两部手机，守着一部座机，每天接听近300个电话。他原本就患有腰椎间盘突出，因过度劳累，有时不得不躺在地上跟居民联络……

“每快一秒钟，就给更多的人带来希望！”从位于基层的社区卫生服务中心和发热门诊，到集中隔离点和方舱医院，再到定点医院，一套分级分层的收治、隔离、诊疗体系快速形成。

武汉保卫战全面打响！火神山、雷神山医院建设夜以继日，定点医院改造分秒必争，方舱医院扩容全速推进。

宁可让床等人，不能让人等床。中央指导组多方奔走，建院增床。一个个小区封闭起来了，数万名患者、密切接触人群走进了医院、隔离点。截至2月22日，武汉市定点医院已筹集27199张床位，已使用23223张；方舱医院已建成开放15家，开放床位13348张，已使用9279张。“人等床”的紧张局面得到有效缓解。

“关键时刻，我们要当群众的主心骨！”

“生命之托，重于泰山。”武汉同济医院中法新城院区门口，刻在巨石上的这8个大字，这个时候更有千钧分量。

武汉市江岸区新村街道为群社区副主任刘娟对这里再熟悉不过，为转运社区病人，她来过多次。一个月前，该社区书记因感染被隔离，刚做完手术的她顶了上来。武汉市对小区24小时封闭管理之后，她带着9名社区工作者日夜坚守岗位，把封闭管理严格落实到位，每天工作到凌晨。她甚至作了最坏打算，把农村父母的赡养问题都向老公作了交代。

刘娟总喜欢戴着一顶红色的帽子，“红色代表胜利！没有什么沟沟坎坎是过不去的！”刘娟说，“作为基层党员干部，我们就是要带着大家冲过这道沟坎，绝不退缩！”

非常之时，非常之责。在抗击疫情的斗争中，英雄的武汉人

2月17日下午，武汉市蓝晶绿洲小区门前，下沉社区值守的几位省直机关工作人员在给居民测体温　（湖北日报全媒记者　周立新　蔡俊　摄）

民不惧艰险，党员干部冲锋在前！

“这件事我没有告诉明昌，我觉得没必要，哪里都是战场！”疫情暴发之时，武汉大学人民医院呼吸与危重症二科党支部书记、副主任医师张旃瞒着丈夫李明昌，向医院党委递交了请战书。17年前曾经参与过抗击“非典”的她，如今再次主动请缨，冲到了抗击疫情的第一线。

社区卫生服务中心是筛查发热病人的第一道关口。这个春节，武汉市东湖高新区左岭街社区卫生服务中心医生袁伟和同事们都是在一线度过的。1月27日，中心一下子涌入近500名病人，超出平时接诊量数倍。“当天基本没睡觉，直到下半夜才趴着睡了会儿。”一位同事累病了，袁伟二话没说，第二天就替同事顶上。“非常时期，不能考虑更多，我们都在党旗下宣过誓，现在就是践行誓言的时候。”袁伟说。

社区是第一道防线，党员干部就是第一道守护者。在街头，在巷口，在楼宇，许多党员干部日夜忙碌，抗击疫情。

社区一线，防护不够专业，人员构成复杂，感染风险较大。抗疫战斗打响不久，洪山区洪山街井岗社区组织党员逐一“结对”有发烧症状的居民，随时跟踪病情，了解生活需求，提供细致服务。“我们也知道危险，但不这样做就不放心。关键时刻，我们要当群众的主心骨！”井岗社区党支部副书记蔡桂芬说。

力争不落一户、不漏一人。江汉区唐家墩街西桥社区有1.6万余人，距华南海鲜市场仅2公里左右，疫情比较严重。多日来，社区党委书记董守芝就没睡过踏实觉，每天忙得像陀螺。她带着社区工作人员开展地毯式排查，同时给居民送药送菜。“隔着门缝看他们一眼，我都会心安一些。”董守芝说，“1万多户居民，哪怕漏掉一户，后果都不堪设想！”

既是守护者，也当贴心人。江汉区民意街多闻社区有位60多岁的婆婆，平时与儿子一起生活，儿子被确诊为新冠肺炎后，社区党总支书记田霖成了她的倾诉对象，有时深夜打来电话，一说就是一个小时。无论多累，田霖总是耐心倾听，有时还陪她一起哭，“这个时候，不管群众提什么要求，只要我能做的，都要尽力去做。我们是街坊，也是亲人。”

付出一腔情，换来一片心。前些天，武汉突降大雪，汉阳区龙阳街芳草社区的工作人员和下沉干部全天冒着风雪，为进出居民量体温，帮助他们解决实际困难。很多居民看到后给社区打来电话：“风雪太大，外面太冷，你们赶紧找个地方躲一躲吧。放心，我们在家里还好。”

“当时我们都很感动，眼泪都快掉下来了！”芳草社区党支部书记杜云说，“听到居民这样说，我们再苦再累都值得！人心都是相通的，真心为群众着想，他们一定是能感受到的。”

“为了城市正常运转，我们苦点累点，不算啥！”

非常时期的武汉，凌晨的街头是什么样子？

每天凌晨3点，不用上闹钟，武昌城管大桥清洁队中南路班班长周命就会自然醒，这是她30多年环卫工作形成的“生物钟”。

凌晨4点，周命准时到达中南路班的驻点，为整条道路的果皮箱更换垃圾袋，同时检查路面污染；5点，她骑上保洁车开始巡回保洁。1月23日以来，她和中南路班的40多位环卫工人始终坚守岗位。“行人少了很多，我们的保

武汉街头，清洁工正戴着口罩扫地

洁标准不能降低，还要搞好消毒。”周命说。偌大的街道时常空无一人，她和同事们的橙色身影，就像冬日的一抹暖阳。

疫情无情，同舟共济。生活还在继续，城市仍要运转，做好各方面的保障同样是一场大考。

“店小二”在坚守。离汉通道关闭后两天，一些生活必需品需求增大。一时间，一家超市的所有卖场的蔬菜都卖光了，这可急坏了蔬菜采购员曾旋。从早上6点开始，他每天要打300多个电话，询问当天的蔬菜到库量和销售量。非常时期，采购非常不易。“不是这里告急，就是那边出状况，容不得你有半点喘息。”在有关部门大力协调下，山东、江苏等蔬菜产地与湖北很快实现供需对接，武汉蔬菜的供应量和价格趋于平稳。

快递小哥在穿行。全市住宅小区封闭管理后，网购异常活跃。大街小巷空空荡荡，匆匆驶过的快递小哥成为一道独特的风景。

32岁的江西小伙潘国珍，每天要完成上百个网购订单。他有时很感动，有居民专门给他买了一盒口罩，叮嘱他做好防护；有时也心酸，长时间在外面跑，一个多月来都不敢“碰”儿子。

志愿服务，爱心接力。快递小哥汪勇送件也送人，“我送的是救命的人”，他的话已经刷屏。他还拉起了一支几十人的志愿者团队，接送医务人员、为医院送餐、调运医用物资。他说：“一天接送一个医务人员可以为他们节省4个小时，接送100个就是400小时，400个小时，医务人员能救好多人！”

为打赢武汉保卫战，上万名民警、辅警下沉社区，配合开展维护秩序和收治隔离工作。从腊月二十九到现在，武汉市公安局江岸分局百步亭派出所社区民警沈胜文从未回过家。最忙的一天，他开着自己的私家车，将10多名病患转移至隔离点。一天下来，老沈累得腿肚子抽筋，站都站不住。

“我参加过抗洪抢险，也参加过抗击“非典”，没想到又遇上这么大一场疫情。”老沈说：“这么多困难我们都过来了，这次也一定能过去！为群众站好岗、守好门，这样大家才能更安全！为了城市正常运转，我们苦点累点，不算啥！”

疫情肆虐，医疗物资紧缺。

在中央指导组协调推动下，武汉市新洲区协卓卫生用品有限公司提前复产。业务经理电话不停、管理人员走路带跑、一线工人加班加点，所有生产线火力全开。武汉协卓董事长助理胡艳说，1月22日，公司全体职工返厂，生产线24小时运转，医用防护服产能从日产3000件增至1.8万件，医用口罩从日产10万只增至14万只。

目前，武汉已有22家医疗防护物资企业紧急复工，工人们加班加点奋战在各自的岗位，全力保障疫情防控物资生产供应。

建设者也是战斗者。2月15日，武汉突降大雪，一群安装工人顶风冒雪，在湖北省委党校新校区方舱医院改建现场抢工。从江夏国药控股公司仓库到火神山医院，从“武汉客厅”到省委党校新校区，这已是湖北工建工程总承包公司党总支书记李保元和他带领的党员突击队转战的第四个工地。

“大雪天气增加了施工难度，大家的热情却愈发高涨！”李保元说，“我们已经创造了火神山速度，现在，我们还要创造方舱速度！”

“没有一个冬天不可逾越，
没有一个春天不会来临！”

2月22日，武昌茶港社区一栋居民楼和对面的酒店在窗户上用标语隔空对话。

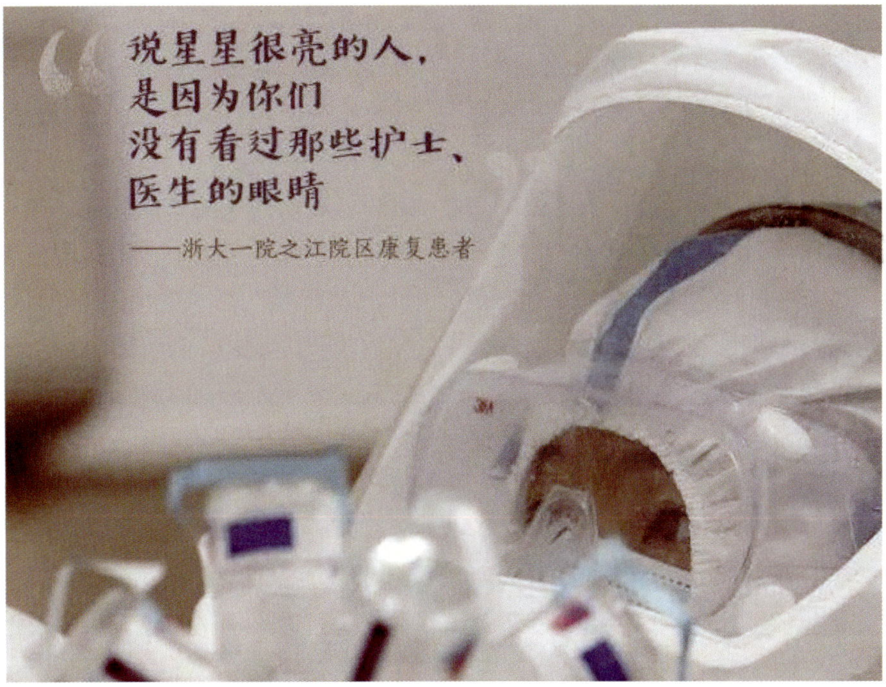

“逆行天使，谢谢你们！”

原来，21 日晚，有业主得到消息，小区对面的这家酒店入住了一支来自湖南的医疗队。大家想表示感谢，但由于社区防控，又无法当面致谢，于是大家想出这个打标语的方式。22 日下午，白衣天使给他们回信了：“武汉加油！中国加油！”

这一幕，暖哭了小区的居民，也感动了无数人。

“我的城市病了，我该为她做些什么？”武汉市民在思考，更多的在行动。

1 月 23 日，离汉通道关闭，居住在北京、家乡在武汉的谭旋从电视上看到这则新闻，心急如焚。

两人熬了一个通宵，边写边哭，两首歌就拿出来了，一首是《战书》，一首是《武汉伢》。他们又找来全国各地的 15 位武汉老乡一起编曲、演唱，1 月 28 日，歌曲上线了。一刚一柔，两首歌都火了，许多人听完歌曲后纷纷留言，为武汉加油，为武汉祈福——

“没去过武汉，听歌听哭了。”“武汉的樱花很美，春天一起去看樱花！”“相信四面八方的力量，我们心手相连……”

疫情暴发之初，医用物资频频告急：口罩告急，防护服告急，护目镜告急……不能让白衣战士“赤膊上阵”！武汉各界紧急行动，有钱出钱、有力出力，医疗物资源源不断送上战场，紧缺状况逐步好转。

迟强是一名货车司机。20 多天来，从四面八方募集来的大批急需医用物资不断运抵武汉。迟强日夜拉货，经手的货物超百万件，经常顾不上吃饭喝水，每天忙到凌晨才回到宿舍，连跟女儿视频一下的时间都没有。

春节前夕，武汉商人李长俊因为交通中断，滞留宜昌，却从“家人群”中得知噩耗：最疼他的二姨因为新冠肺炎去世了。强忍悲痛，他通过网络从全国各地联系采购了大批一次性医用口罩、5 吨医用酒精、1000 瓶消毒洗手液等，分批捐给武汉……

爱的暖流在三镇汇聚。武汉市内公共交通停运后，许多一线医务人员的生活保障不太方便，很多武汉市民自发当起了勤务员。

丈夫和儿子早早回了新疆老家过年，何明荣独自留了下来，开着私家车免费接送医务人员上下班。正月初一开始，她每天工作十三四个小时，接送医务人员 200 多人次。头几天，中午只能吃泡面。有热心人知道后，免费为她提供盒饭。这让何明荣很感动。“医生为病人服务，我们为医生服务，又有人为我们服务。”何明荣说，“武汉有爱，我很喜欢她！”

“90 后”肖雅星把自家开的酒店房间拿出来，免费让医务人员住。为帮助医务人员解决住宿难题，她还发起组建了“武汉医护酒店支援群”的微信群。“大年三十下午 5 点多建的群，第二天早上 10 点就已经有 500 人了，好多连锁酒店加盟进来。”在她的带动下，目前已有 300 多家酒店为医务人员提供免费住宿服务。

听说很多医务人员夫妻双双上战场，孩子没人管，华中师范大学的大学生自愿当起家教，免费为这些孩子提供网上“一对一”辅导。

疫情让很多人担忧甚至恐惧，全国上千名心理专家搭建“强肺心理支持系统”线上平台，免费为抗疫一线的医务人员、患者和普通市民提供心理抚慰……

坚守在这座城市里的人们，

以各种方式为前方的战士鼓劲加油。

华中科技大学附属同济医院麻醉科医生迟晓慧和丈夫都上了前线，儿子在家给他们写了一封稚嫩的“家书”：“妈妈，你在医院救死扶伤，虽然我替你担心，但是我为你骄傲！加油！”迟晓慧看完泪流满面，浑身上下充满了力量。

在方舱医院，有人架起书桌，有的打起太极，有的跳起了广场舞……坚强乐观的武汉市民，就是这样不屈服——病魔再猖獗，也绝不会向它低头！

“武汉的樱花会开，热干面会在街头飘香，早上‘过早’的人排起长队，烟火气的武汉会再回来。”战“疫”还在继续，武汉市民正期待明天。

“没有一个冬天不可逾越，没有一个春天不会来临！”朋友圈里的这句话道出了许许多多武汉市民的心声。

（原载《人民日报》2020年2月25日头版头条）

看武汉最美的风景

刘发为

“一起来，把最美风景留给外地游客！”据《长江日报》报道，许多武汉市民谈及自己的十一长假出游计划，纷纷表示要错峰旅游、文明旅游，将热门景区礼让给外地游客。

在这个国庆加中秋的长假期间，武汉有望迎来今年的旅游高峰。携程此前发布的“国庆黄金周旅行热力地图”显示，湖北景区免费欢迎全国游客，因此，热度极高，武汉的黄鹤楼景区更是超过了上海迪士尼等景区，成为中国景区热度第一名。

今年1月24日至今，8个月之后，汉街再次人潮涌动，这一幕的繁华让许多人为之动容。武汉曾经是全中国人最牵挂的地方，白衣执甲拼命救人，众志成城共同抗疫。英雄的武汉人民将坚守二字写在了江城大地上。

武汉本就是一座有着悠久历史文化的城市，黄鹤楼、武汉长江大桥、武大樱花等诸多名胜风光吸引着许多人前来游览。如今，人们来武汉又多了一条理由：到这里回顾那段举国上下难忘的时光，感悟那股团结一心的中国力量。

英雄的城市，孕育了既具英雄气概又饱含温情的人民。早在援鄂医疗队离开时，武汉便向全国人民发出了邀请，山河无恙共游武汉。

武汉的自然风光，总会让人心醉；武汉的大街小巷，亦能让人流连忘返；武汉还有一道别致的风景线，这便是当地人主动为远道而来的客人提供便利，让游客能更好地欣赏武汉的秀美风光。

一座城市，不仅因大好河山而让人震撼，更因生活其中的人们而富有灵性。一方水土养一方人，一方人也会反哺这一方土地，武汉人民便是如此，当地厚重的文化底蕴锻造了他们坚韧的品格，而他们，也用自己的善意让武汉更加温暖。“把最美风景留给外地游客”，武汉人民这一句发自肺腑的心声，亦是武汉最美的风景。

最美的风景在武汉，最动人的风景是人心。走吧，去武汉。让我们去看看那里气势磅礴的长江，去走走回归热闹的江汉路步行街，去尝尝地道的热干面，在某个街角停下来，和当地人聊聊天，走进武汉人的生活深处，去品味每一处感动，去感受这一座城市强劲的脉搏。

9月19日，在黄石新港码头，一艘载货轮船正在沿江而上，远处是正在建设的棋盘洲长江公路大桥　　（央广网记者　熊峰　摄）

这个假期，武汉定会格外美丽。

（原载《人民日报》2020 年 10 月 1 日《海外版》第 7 版）

黄石推进港产城融合发展 加快建设现代化港口城市

央广网黄石 9 月 21 日消息（记者熊峰） 长江岸线在湖北黄石境内曲折绵延 79 公里，得天独厚的“黄金水道”深水良港资源，正让这座千年矿都华丽转身为“港口强市”。2019 年 12 月 12 日，黄石市委、黄石市政府出台的《关于加快推进现代港口城市建设的意见》提出，要围绕“五大目标”、推进“五大转型”，加快建设现代化国际港口，到 2025 年基本建成港产城深度融合的现代港口城市。

现代港口城市是以现代化的港口为依托，具有优良的港口资源和较高的利用水平，港口设施完善配套的城市。在长江中游黄石段，沟通南北两岸的棋盘洲长江公路大桥正在加紧建设，不远处的黄石新港国际集装箱码头一片繁忙景象，预计 2020 年底大桥建成通车后将直通港区。站在港口码头放眼更辽阔的港区，在黄石新港多式联运枢纽，岿然而立的龙门吊、数条平行的铁路轨道和整齐排列的货运集装箱历历在目。作为黄石新港和临港工业服务的单线地方货运铁路，多式联运货运支线通过连接武九铁路进入国家铁路网，打通了港口“最后一公里”，实现了“铁水”无缝对接。

黄石新港是黄石加快建设现代港口城市的重要支点。建设现代港口城市，黄石市提出重点打造“双港两带四通道”的港口城市总体布局。“双港”中的水港是指黄石港，包括城区、棋盘洲和阳新三大港区；“两带”是指沿江产业带和沿大冶湖生态产业延伸带，范围包括新港物流园在内的六大园区。其中，棋盘洲港区的黄石新港及其后方的新港物流园是黄石现代港口城市建设的重点区域。

黄石新港核心港区位于黄石棋盘洲，是长江中游难得的优良深水港区，可常年满载通航万吨级船舶。黄石新港区位优势明显，公铁水多种运输方式无缝衔接，是全国 28 个内河主要港口之一、国家一类开放口岸。黄石新港按照“亿吨大港，百万标箱”标准进行规划，港区规划工程全面建成后，将具备散件杂货 5000 万吨、集装箱 30 万 TEU 通过能力。目前，集散货、件杂、集装箱、危化品装卸和多式联运业务于一体的现代化综合港口已初见雏形。

9 月 19 日，央广网记者在黄石新港港口码头看到，江面上一艘艘载重货船络绎不绝、井然有序地往返，宏大悠长的鸣笛声同码头作业繁忙声交织共鸣。在码头作业区，数艘货船进港依次停靠在岸边，门座式起重机巨大的吊臂正在忙碌地卸载货物。

黄石新港配备有桥式抓斗卸船机、直线轨道式装船机、带式输送机、斗轮堆取料机、门座式起重机、岸边集装箱桥式起重机、集装箱轨道式龙门起重机、集装箱正面吊运起重机、空箱堆高机等现代化设备，港区单个泊位散货装船效率达 2000 吨每小时，卸船效率达 3200 吨每小时，设备最大起重能力达到 45 吨。

从码头卸载下来的货物在港区堆场进行集散，距离堆场仅一条公路之隔的是黄石新港多式联运综合站场，这里主要办理散堆装、集装箱、件杂货物的到发、装卸、仓储等业务。通过采用混合式货物线设计方案，综合站场拥有货

黄石新港多式联运枢纽综合站场，通过铁水无缝衔接，能够辐射到阿拉山口　　（央广网记者　熊峰　摄）

物装卸线6条，到发线4条，配置有龙门吊，能满足集装箱和笨重货物的装卸。

黄石新港多式联运枢纽是国家级示范工程，按照“由近及远、由线到面、分步实施”的总体方案，重点发展三条线路。依托长江水道、黄石新港、多式联运综合站场和黄石现有的大量企业铁路专用线资源，开创“港到厂”短途铁水联运城市物流新模式。充分发挥长江水道和新港物流园区位优势，联合多家第三方物流公司开展集装箱公水联运“港到门”的网络甩挂线路。通过长江水道和国家铁路网，探索北上曹妃甸、南下盐田港、西接西南地区、东到长江下游的长距离“港到站”的铁水联运线路。多式联运通过高效的运输组织提高了货物运输中转效率，降低了物流运输成本，正推动黄石新港由“节点”向“枢纽”转型。

加快黄石新港建设发展步伐，黄石市提出“港城联动，以港兴市”和“建设现代港口城市”战略。按照“前港后产，港产协同”的布局，黄石新港在码头后方依次布置港口作业区、临空物流区、产业聚集区。这里将着力打造“一港两中心三基地”，园区内重点发展现代物流、钢铁板材制造加工、建筑现代化、先进制造等产业，通过建设亿吨大港，加速打造跨越引擎。按照“一流港口、一流口岸、一流园区”的标准，黄石新港将建设成为大宗散货、件杂货和集装箱运输为主的集装卸、仓储、保税等功能为一体的现代化综合港区，成为长江中游对外贸易中转港、多式联运枢纽。

2019年12月12日，黄石市召开建设现代港口城市动员会，会上印发了《黄石建设现代港口城市战略规划研究纲要》（以下简称《港口城市纲要》）和《黄石对接湖北国际物流核心枢纽综合交通规划纲要》（以下简称《物流枢纽纲要》）。《港口城市纲要》提出，为确保建设现代港口城市的重点任务能够落实，黄石市建设、规划和远期谋划了港口、物流、临港服务、临港工业和港城融合重点项目共计101个，预计总投资额2320亿元。

黄石新港码头作业区，庞大的起重机矗立在长江岸边

（央广网记者　熊峰　摄）

这些重点建设项目中，黄石市明确提出近期要推进棋盘洲港区二期三期、启动绿色低碳示范港和智慧港口示范工程建设，加快完成棋盘洲长江公路大桥重点项目，推进新港物流园区铁路线网工程建设，远期完成棋盘洲港区四期建设工程。

在《物流枢纽纲要》中，黄石市规划了综合交通对接核心枢纽“一核两区四芯七通道”的扇形布局。其中，“四芯”之一的黄石新港枢纽，便是以新港为中心的多式联运中心。

打造“双港两带四通道”现代特色港口城市空间格局，黄石市提出了2025年和2035年“两步走”的发展目标。未来，黄石市将建成以黄石新港为核心的“一港双园”临港产业延伸带，全面对接湖北国际物流核心枢纽，打造长江中游交通物流枢纽，大力发展临港产业集群，推进港产城深度融合发展，加快建设港口枢纽化、物流国际化、交通一体化、产业集群化、港城协同化的现代港口城市。

（央广网2020年9月22日播出）

鄂州优化营商环境见成效，市场主体加速发展

中新网鄂州2020年10月25日电（记者张旭）扫描营业执照右上角的二维码，登陆“国家企

业信用信息公示系统”，便可查询企业主体在登记、备案、许可、监管等方面的许可证事项及信息。

在湖北省鄂州市民中心，鄂州市市场监管局首席审执官吕朝煌向中新网记者演示了这一幕。这正是鄂州近年来深化商事制度改革、优化营商环境的缩影。

减证提效，带动新一轮市场主体加速发展

早在2019年6月，为切实深化“放管服”改革，鄂州市就印发“推行‘一窗受理、集成通办’改革实施方案”。

今年7月，在湖北全省一盘棋基础上，鄂州正式推行企业开办“210”标准，将企业设立登记、公章刻制、申领发票、社保登记四个环节压缩为一表申请、一窗发放两个环节，实现企业开办四个部门的业务申请和出件只到“一窗”、只进“一网”。同时，将全市企业开办时间由2.5个工作日进一步压缩至1个工作日以内，并实现成本零费用。

同时，通过政府购买方式，鄂州为新开办企业提供“一送三免”服务，即赠送一套三枚公章，免费邮寄证照、免费复印资料、免费停车服务，进一步利企便民、降低成本，增强企业获得感。目前，鄂州市已向1206家新设立企业赠送了印章，为企业节约费用近20万元。

今年8月28日，鄂州市在湖北省率先开展“一照通”改革试点，通过市场监管“一照通”平台，将食品、重要工业产品、特种设备、计量、检验检测等6大类19小类行政许可证信息全部整合，并通过二维码的方式集中体现在营业执照上，对企业只颁发营业执照，不再颁发其他许可证。

“一照通”改革的实施既实现了大幅减证照，也实现了群众少跑路和行政降成本。截至目前，鄂州市市场监管“一照通”系统已归集市场主体营业执照11.07万份，行政许可证2.98万份，减证提效，成效明显。

如今在鄂州，在扎实做好“六稳”工作、全面落实“六保”任务的前提下，不断向好的营商环境正带动着新一轮市场主体加速发展。

据统计，截至9月底，鄂州共新登记市场主体9071户，市场主体总量达到111959户，比去年末增长4.85%，其中企业类市场主体27545户，增长5.91%，全市企业复工复产率达到90%以上。

迎难而上，创造条件助力企业复工复产

你见过像积木一样拼出来的房子吗？这就是目前方兴未艾的装配式建筑。记者在湖北华恒景

鄂州市市场监管局首席审执官吕朝煌在做介绍 （中新网记者 张旭 摄）

鄂州市政务服务中心免费送章专区 （中新网记者 张旭 摄）

姜志勇向记者介绍建材性能　（中新网记者　张旭　摄）

利建材有限公司看到，一根根积木般的建材整整齐齐地摆放起来，而在生产线上，还有更多建材通过高度自动化的设备源源不断生产出来。

“这种建材每立方米 550 公斤，只有水密度的一半，丢到水里可以浮起来，但是保温性强度等都优于过去使用的材料。”湖北华恒景利建材有限公司总经理姜志勇告诉记者。

说起疫情期间的复工复产，姜志勇打开了话匣子：停业压力大、员工返岗受阻、防疫物资紧缺、供销交通不畅、资金周转困难，一系列难题摆在了公司面前。在鄂州市相关政府部门的大力帮助下，公司迎难而上推进复工复产。

第一，解决返岗难开工难物资紧缺等问题。针对公司员工返岗难问题，协调区防疫指挥部，特事特办，在不违反防疫指挥各项指标确保安全有序的前提下，发放公司管理人员通行袖章和车辆通行证，确保公司外出采购基本防疫、生活物资；协调区、镇政府，联系包专车接送公司职工到岗。“公司于 3 月 26 日全面复工复产，复工率达 100%，并且公司所有员工都进行了核酸检测，建立一人一档的防疫档案，确保万无一失。”姜志勇说。

第二，优先聘用当地职工助力本地就业。在市场监督管理局快速协调工作下，公司急招多名本地员工，优先使用本地职工临近就业，相比去年增加本地职工 37 名，现在本地职工占到公司用工的 70%。

第三，建立疫情防控机制，开展疫情防控专项培训。公司在疫情防控上经验不足，员工对新冠病毒了解不够。市场监督管理局领导指导公司建立疫情防控机制，强化防控宣传教育，使员工充分了解防治知识、掌握防护要点、支持配合防控工作。

第四，惠企政策有效解决资金短缺等实际困难。在复工复产期间，针对公司反映的营业执照变更事项和土地不动产证的办理问题，鄂州市场监督管理局派专班工作人员积极对接市自然资源和规划局、华容区市场监管局等有关职能部门。在该局专班工作人员的协调跟进下，指导及时变更了营业执照，在最短时间内取得土地不动产证。公司又一起与银行协调，凭借土地不动产证顺利贷款 1000 万元，保障了企业资金链的正常运行。

第五，积极响应需求，完善复工复产工作。公司反映防疫物资紧缺和原材料筹备不足时，市场

湖北华恒景利建材有限公司的自动化生产线（中新网记者　张旭　摄）

青苹果乐园里的乒乓球培训场景　　（中新网记者　张旭　摄）

监督管理局专班工作人员积极与各方面沟通协调，保障各项物资供应，并及时送来口罩和消毒液等防疫物资，确保了复工达产。

一对一帮扶和服务，激活大学生创业动力

在鄂州青苹果之家基地，记者见到了乒乓球世界冠军、前国家队选手朱舟，他正在和其他教练一起对孩子们进行训练。除了朱舟这样履历显赫的国家队选手，这里还有做快递总代理的中专生、做科技创业的武大毕业生等。

钱城官是湖北省大学生创业孵化示范基地青苹果之家的创始人，从2004年上大学开始边读书边创业，16年一直专注于大学生创业、就业与培训。

基地实施的“微股东创业计划”和“创业者模式——百创计划”，有效解决了大学生创业资金难和商家生意难做的问题；开展以五个“孵化”为核心的创业服务模式，引燃大学创业的“核动力”，即通过“孵化创意”“孵化项目”“孵化团队”“孵化企业”“孵化文化”，为大学生提供创业平台，激发大学生创业内核，激活创业动力，为大学生创业提供一对一帮扶和服务。

青苹果之家以“帮扶大学生创业，带动大学生就业”为己任，通过自身的创业带动更多的大学生创业与就业，在探索大学生创业新路中，取得了良好的社会效益。

钱城官告诉记者，青苹果之家孵化基地共吸纳120名大学生创业入孵，58家小微企业入驻，为响应政府号召，对120名大学生免除租金一年，58家小微企业免场租6至12个月，共克时艰，降低疫情对创业者的影响。

为了让入孵企业在疫期有所收获，基地还推出各种线上直播课程和培训活动，让创业者停工“充电”，利用各种平台资源，对基地入孵企业开展了线上培训班5次，570人次参加培训；开展线上直播课程学25次，2000多人次参加线上学习。

（中国新闻网2020年10月25日）

湖北咸宁：打造全生命周期管理模式　高效利用政府债券资金

中国财经报记者　李旭　汪俊

针对咸宁市第二人民医院即鄂南重大疫情防控救治基地建设项目，湖北省咸宁市于4月9日成功发行专项债1亿元，整个流程比常规项目至少缩减3个月。这是新冠肺炎疫情期间，湖北省最快立项、最快建设、最快发行的公共卫生防控救治体系建设项目。目前，该项目已形成实物工作量8400余万元，预计全年可实现实物工作量2亿元。

政府债券资金利用得如此高效，缘于一套特别的全生命周期管理模式。

近年来，咸宁市财政局探索将预算编审、投资评审、财政监督、绩效评价嵌入到债券资金管理的全生命周期，确保债券资金用得快、用得好，着力缓解政府投资资金压力，补齐民生领域短板。2018年、2019年，咸宁市本级政府债务管理工作连续两年全省考核排名第一。

建好“蓄水池”，提高成功率

咸宁市打破部门之间项目壁垒限制，统筹市政府投资项目策划库、前期工作库、建设库，发改、财政部门的项目储备库、发行库，紧扣专项债发行政策，建立全市统一的债券发行储备库、发行库、执行库，实现政策与项目的无缝对接。截至目前，全市纳入省级储备库项目154个，资金总需求129.22亿元。其中，市本级纳入省级储备库项目25个、资金需求29.84亿元，涉及卫生健康、教育、农林水利、交通设施、产业园区建设、生态环保、其他社会事业等多个领域。

为避免资金等项目的问题，咸宁市财政局将政府债务预算、政府年度投资计划与下一年度部门预算同步启动、同步编列、同步下达、同步执行，根据当年限额和财力状况，筛选拟列入下一年度财政预算安排专项债券项目，按照当年政府性基金收入的3倍筹划专项债项目。1—6月，全市及本级专项债券发行规模同比增加13.25%、98.21%，即使在疫情期间，仍申报发行了13个项目、3.4亿元的专项债券。

该局实时跟进政策动态，紧扣专项债投向变化，及时增补14个老旧小区改造项目3.76亿元资金申报需求。抢抓棚改项目政策机遇，及时调增龙潭片区、桂香大道片区等21个在建棚户区改造项目36.83亿元资金申报需求。对接特别国债政策，全市储备项目64个，资金需求52.44亿元，目前共争取特别国债资金17.70亿元。

强化硬约束，提高资金使用率

关口前移抓源头，避免盲目上马。咸宁市财政局把预算绩效和投资评审的关口前移至项目申报阶段，并贯穿到项目管理的全过程。市本级500万元以上的项目必须开展事前评估论证，重点审核项目投资资金来源是否明确、预期收益是否平衡、是否符合财政承受能力，有效避免了低效决策、重复投资，为后期资金使用、加快形成实物工作量奠定了基础。截至8月末，全市发行转贷10个批次专项债券资金9.61亿元，平均期限10.52年，平均利率3.15%，融资成本处于低位，有力助推了疫情防控、经济社会发展、民生、教育等重点领域44个项目顺利开工建设。

实时体检强监督，避免闲置沉淀。该局严格落实新增债券资金使用情况周报制度，充分利用国库集中支付、债券兑付等系统工具，实时统计、分析项目单位资金使用情况，定期对已发行项目开展现场核查，指导并督促解决招投标、合同履约、项目验收等环节中存在的“中梗阻”，确保债券资金尽快形成实物工作量。截至目前，全市新增政府专项债券财政拨付率100%，单位使用率75%。

结果运用提绩效，避免资金浪费。该局将政府债券资金安排项目绩效评价结果与下一年度专项债券限额挂钩，对绩效目标明显不合理或存在其他问题的项目进行调整，对项目推进不力的单位，下一年度不安排债券资金支持项目。2019年10月，通过现场核查债券资金安排的49个政府投资项目，核减工程进度缓慢和尚未实施的项目20个、资金3246万元。

协议约束防风险，避免“触电暴雷”。该局按照“谁举借、谁负责，谁使用、谁偿还”的原则，与专项债资金使用单位逐一签订转贷协议，明确偿债责任。针对即将面临的专项债项目早于偿债时点产生收益的问题，规范收益归集要求，债券到期前，项目实现的收益必须按项目对应科目缴入财政金库，纳入预算管理，足额安排还本付息资金，避免出现债券到期兑付风险。1—8月，全市及本级累计偿还到期债券本息31.08亿元、6.56亿元，均按期支付，无一逾期。

打好“组合拳”，提高项目达产率

咸宁市财政局抢抓疫情期间“低利率”时间窗口，将申报专项债券频次由过去的每半年1次提升至每月1次。防疫期间发行专项债券平均利率仅为2.96%，同比下降0.27个百分点，大大减轻了项目单位的融资成本。开辟疫情防控相关项目的“绿色通道”，鄂南重大疫情防控救治基地建设项目自今年2月立项以来，坚持急事急办，特事特办原则，通过整合发改部门概算评审批复与财政部门预算评审，优化项目评审流程；参照雷神山、火神山医院应急采购模式，简化常规采购程序；推行发行申报手续“容缺”办理，优先安排专业中介机构指导编制“一案两书”，高效完成发行筹备工作。

该局建立“市场融资+专项债券”模式，积极寻求金融机构配套融资支持。已发项目配套市场融资1.1亿元，纳入发行计划的项目拟配套市场融资12.63亿元。咸宁绿色双创产业（农业）示范园建设项目已发行专项债7000万元，市场化融资3000万元。该项目资金的及时到位，有力推动了项目顺利开工建设，预计可提供

1000 多个就业岗位。

咸宁市财政局每周更新专项债储备项目发行进度表，督促项目单位抓紧补齐发行手续，加快推进工期进度；指导项目单位分月测算项目资金支付需求，按月提交发行计划，避免资金闲置在单位账上。总投资 8000 万元的咸宁市新技能公共实训基地建设项目，经测算本年需求 5600 万元，原计划 1—5 月份发行 2100 万元，受疫情影响，及时调整发行计划，4 月份按需求发行转贷 700 万元，5 月份已全部使用完毕。密切跟踪已发行的项目，建立项目信息台账，重点关注资金需求变动，精准匹配资金需求。动态调增市社会福利中心、河背污水处理厂等 5 个项目合计 1.4 亿元资金申报需求。

该局制定政府债务管理工作考核评价办法（试行），将政府债券使用管理情况纳入县（市、区）政府绩效和干部政绩考核体系，建立“市政府政务督查室重点督查 + 财政专项督查”机制，动态跟踪债券资金拨付情况和项目实施情况，按季通报执行进度和绩效情况，对项目推进缓慢、资金支付不及时的单位进行通报，力争全年专项债形成实物工作量 17.5 亿元。

（原载《中国财经报》2020 年 9 月 22 日）

多一分担当　多一件“战袍”

《人民日报》记者　贺广华　侯琳良

因盛产无纺布，湖北仙桃市享有“中国非织造布产业名城”美誉。作为武汉城市圈的成员之一，仙桃疫情防控面向两个“战场”，经受双重考验：除了正面抗击疫情，还得组织复工复产、开足马力供应医用物资。

2 月 9 日，记者一行驱车来到仙桃实地探访，一下高速便直奔彭场镇的裕民防护用品公司。戴上帽子，穿上防护服，双手酒精消毒，做好层层防护措施后，再往里走。车间门口一位只露出眼睛的工作人员站得笔挺。

推开车间大门，眼前蓝、白、红三色分明：工人穿着蓝色防护服，戴着口罩，紧张干活；一件件白色衣服堆积成山，正是当下最紧缺的医用防护服；墙上挂着的“全力以赴保生产”红色横幅特别醒目。

“这是大年三十那天临时改造的一个车间。”公司总经理孙爱民解释，裕民为深圳稳健医疗用品公司做代工，从这里出去的衣服只是半成品，送至稳健湖北崇阳的代工厂经过消毒等流程，最终投放市场。

就在 8 日深夜，仙桃这座小城医用防护服日产量达到 3 万件，终于兑现了向省政府立下的“军令状”。“仙桃几乎是把不可能变成了可能！”驻守裕民公司的彭场镇党委书记胡常伟说。

这个“军令状”，分量到底有多重？

仙桃市虽然盛产无纺布，但能够全流程生产医用防护服的厂家很少，有的企业只能提供原材料或者半成品。当下全国特别是武汉缺口那么大，省政府下达命令后，仙桃市委书记周志红话语坚定：“有条件要上，没有条件也要上。疫情面前，我们没有退路，只有使命和担当。”

质检员姜爱平告诉我们，医用防护服生产标准极其严格，尤其是衣服布料之间的缝隙，必须通过贴条，才能保证严实，起到防护作用。姜爱平特意把记者拉到一个工位前，解释什么是贴条。铺开，抻平，放置在机器探头下，再一拉，从探头牵出来的蓝色布条就贴上了白色衣服。

“看上去简单，熟练的贴条工可不好找。”站在一旁的孙爱民说，“赶上春节当口，招工难，招贴条工更难。”

胡常伟对此深有体会。由于全市医用防护服的主要产能在彭场镇，寻找贴条工的重担就落在了镇上。

大年三十那天，生产医用防护服的号角吹响，全市全面摸底排查，熟练的贴条工只有 70 人，贴条机器只有 40 台。一名熟练的贴条工一天满负荷工作，最多完成 200 件。这和日产 3 万件的目标相比，差距太大！

胡常伟没有选择，只有硬着头皮上。从设备厂家打听，哪些地方买了设备，顺藤摸瓜去找哪里有熟练贴条工，打电话邀请，开出三倍工资，派出专车去外省接。最终从湖南、江西、河南等地陆续接来 150 多人，同时组织培训本地 200 多名新员工。贴条机不够，通过多方努力，从广东江门等地迅速采购了 190 多台。

在车间，记者和一位来自江西的贴条工聊天。大年初一那天，他坐车到湖南岳阳，镇里派车专门接过来当天就上班了。刚开始，贴条工每天天亮上班，一口气干到深夜，整个车间都是开足马力加速生产。

为增加产能，仙桃全城动员，科学调度，争分夺秒，全力以赴，并对定点企业实行“六统一”：统一调剂采购设备、统一原材料供应、统一员工防护食宿、统一检疫检测、统一装箱运输、统一拨付资金。同时组建工作专班，分别驻厂组织生产。副市长颜志超告诉记者，市里目前已组织10家企业，其中一家供应原材料，另外9家制成半成品，全部交付稳健公司。

一件医用防护服，就是医护人员的“战袍”，从布料变为成衣装箱出厂，制作工序多达近20道。每一关都马虎不得，稍有不慎，就成了废品。稳健公司为此派出了20多名质检员，“针眼大的缝都不行！”质检员冯丹睁大眼睛仔细地手检着每一件医用防护服。质检员通常不敢多喝水，生怕跑厕所浪费时间。

透过一组数据，能够看出仙桃人的担当和付出：除夕组织复工，正月初五生产7000件，正月初十达到1.5万件，元宵节，日产量突破3万件。

1月29日，有一家企业生产了1.1万件防护服，其中将近4000件不符合要求。第二天，他们重整旗鼓，改进流程，组织工人继续生产。

日产量达到3万件后，周志红还是有些焦虑：“稳住产量还要克服许多困难。”

从外省采购原材料，车辆通行不畅，是眼下的大难题。“想想重症病房里拼命的医生护士，我们必须迎难而上，克服种种困难，多给他们披上‘战袍’，才能尽快战胜疫情！”周志红说。

（原载《人民日报》2020年02月10日01版）

“停不得”企业就是“兵工厂”
——仙桃市防疫物资生产企业保供记

湖北日报全媒记者　崔逾瑜
通信员　易陈李

兑现“军令状”后不停步

国有征召慷慨行。眼下的仙桃，许多企业成了我省防疫的“兵工厂”。

3月1日，誉诚公司总经理周利荣在彭场工业园征地70亩，准备再扩规。作为仙桃生产医用防护服的龙头企业，其产能已从1月27日的1000件，提升至如今的单日1.5万件。

眼下，仙桃140多家企业复工复产，或生产医用防护服，或赶制口罩、隔离服，或生产米蛋油，每天共向省防控指挥部提交医用防护服5万件、口罩2400万片，防护用品占全省供应总量的80%。

“3万件，新起点。”2月8日，仙桃兑现向省委、省政府立下的“军令状”，但市委书记周志红说：“战‘疫’远未结束，防护物资远远不够，我们停不得、松不得、慢不得。”

仙桃对防护物资生产进行再动员、再部署。

生产布局发生重大变化。“非常1+6”变为“非常1+10”，11家医用防护服生产企业开足马力，近百家无纺布企业满负荷生产。

经营模式更具刚性。医用防护服生产企业实行“六统一”：统一调剂采购设备、统一原材料供应、统一员工防护和食宿、统一检疫检测、统一装箱运输、统一拨付资金；口罩、鞋套、隔离服生产企业一律按国标执行。

工作专班更加深入细致。7个工作专班变为13个，100多个市直“特派员”深入车间班组，强化要素保障和政策供给。

市政府出台支持企业18条。工业用水、天然气价格均下调10%，中小微企业用电、气、水等欠费不停供。

“一分钟都耽误不起”

2月29日，仙桃德兴无纺布公司车间，总经理杨德新正指挥调试新设备，“再有两三天，这条生产线投产，产能可提升20%以上。”

德兴公司是全省数一数二的熔喷布生产企业，熔喷布是生产防护用品的核心原料。公司大年初二复工，加班加点，每天生产医用高效熔喷布6.5吨、民用熔喷布12吨，还是供不应求。于是，紧急投资400万元，新上这条生产线。

仙桃新鑫公司以前一直做外贸，这次立即转产。2月8日，由市、镇调配设备，新上35台贴条机，并从福建等地招聘30多名贴条工，该公司启动医用防护服生产。

这几天，投入资金技改，准备生产紧缺的熔喷布。

2月17日，仙桃健鼎电子公司开始全封闭部分复工。该公司生产的印刷电路板，是红外体温检测仪之“心”。面对下游厂家告急，仙桃工业园特事特办，健鼎以最快速度复工。

近一周，科伦药业每天生产60万支“小水针”，仙明医疗器械公司加班生产注射器等医疗器械，直供武汉火神山、雷神山等医院。

驻企干部乐做“店小二”

复产保供，企业都面临同样困难：原材料库存少、设备不够、工人难到位。

“春节前只备了几吨原料，要我每天出产10吨，感觉比登天还难。”仙桃拓盈公司老总刘开宇说，好在是专班驻厂协调、专员押运原料、专车接回员工，很快实现满负荷生产，现在日产18吨复合透气膜，为医用防护服企业提供充足原料。

贴条机不够，彭场镇通过多方努力，从广东江门等地迅速采购190多台。加上原有的百余台贴条机，也迅速向定点企业集中。

在富士达公司车间，本在重庆老家的小伙汪小林坐在了贴条机前。春节期间，他被仙桃派出的“直通车”连夜接到了彭场。

驻企干部为生产服务，变身“车间勤杂工”“运货司机”“快递小哥”，以战时速效保要素供给，让企业释放产能。市卫健委启用无人机对厂区和外围消杀；公安民警站门岗、跑押运，保障出入安全、物流通畅。

复产保供，防疫安全大于天。仙桃以“店小二”式跑腿、“保姆”式服务为企业解忧。健鼎电子公司2580名员工经过健康体检，如今封闭生产，吃住在工厂。原料采购、防护物资配备、员工的后勤保障全部由驻企专班负责到位。

截至3月1日，仙桃市80%的无纺布制品及配套企业复工复产。

（原载《湖北日报》2020年3月2日）

“十三五”时期经济社会发展情况

武汉市“十三五”经济社会发展成就

“十三五”时期，面对错综复杂的国际国内形势，特别是突如其来的新冠肺炎疫情，武汉市始终坚持以习近平新时代中国特色社会主义思想为指导，深入贯彻新发展理念，持续深化供给侧结构性改革，全面建成小康社会和三大攻坚战取得决定性胜利，人民群众的获得感、幸福感、安全感不断提升。

一、经济运行保持稳定，综合实力显著提升经济总量迈上新台阶

“十三五”期间，武汉市经济保持高质量发展势头，地区生产总值（GDP）前四年连续突破1.1万亿、1.3万亿、1.4万亿和1.6万亿关口，2020年由于疫情原因回落至15616.06亿元，仍在全国15个副省级城市中排第五位、全国城市中排第九位（2019年15城市排第四位、全国城市排第八位），在全省及中部地区的龙头地位依旧牢固。2020年，武汉市人均地区生产总值131441元，五年年均增长2.6%（前四年年均增速6.2%），按年均汇率计算，折合19050.52美元。

三次产业协调发展。“十三五”期间，武汉市深入贯彻新发展理念，不断推进供给侧结构性改革，落实高质量发展要求，三次产业结构由2015年的2.9∶41.3∶55.8逐渐转变为2020年的2.6∶35.6∶61.8，第三产业增加值占地区生产总值比重较2015年提高6个百分点，占比大幅提升。

农业基础进一步巩固。“十三五”期间，武汉市农业结构进一步优化。五年来，农林牧渔业总产值年均增长2.3%，农林牧渔服务业产值年均增长17.5%。农业、林业、渔业分别年均增长3.0%、6.2%、4.2%。牧业受疫情影响，2020年较2015年下降27.4%。

工业转型升级步伐加快。2020年，武汉市规上工业增加值突破3500亿元，“十三五”期间年均增长3.0%（2016年至2019年年均增长5.7%）。规上高技术制造业企业449家，比2015年增加130家；占全市规上工业企业的15.2%，比2015年提高2.0个百分点；高技术制造业增加值“十三五”期间年均增长11.2%，快全市规上工业8.2个百分点。规上工业战略性新兴产业企业476家，比2015年增加210家；占全市规上工业企业的16.1%，比2015年提高5.1个百分点；工业战略性新兴产业总产值突破2500亿元，是2015年2.3倍；占全市规上工业的21.6%，比2015年提高12.2个百分点。

服务业“主引擎”作用日益突出。“十三五”期间，武汉市第三产业增加值年均增长6.5%，分别高一、二产业增加值3.8和3.1个百分点。2020年全市第三产业占比比2015年提高6.0个百分点，突破60%，达61.8%，超额实现了“十三五”规划中“服务业增加值占地区生产总值比重提高到55%”的预期目标。在实现总量扩张、比重提升同时，其内部行业结构也不断改善。金融业和其他服务业增加值五年年均增速分别达到10.1%和10.3%，增加值占服务业比重分别由2015年的14.4%和38.3%上升至2020年的16.9%和45.6%。

财政金融增长平稳。全市地方一般公共预算收入从2015年1246亿元，增加到2019年1564亿元，年均增长5.9%（同口径增长11.0%）。由于受疫情影响，2020年地方一般公共预算收入1230.29亿元，五年年均增长-0.3%。五年来，金融机构（含外资）本外币存款余额由2015年的19393.16亿元增加到2020年的31005.89亿元，年均增长9.8%；金融机构（含外资）本外币贷款余额2015年的17135.79亿元增加到2020年的36855.97亿元，五年年均增长16.6%。

二、市场潜能不断释放，内需动力日益扩大

投资水平稳定提高。“十三五”期间武汉市着力优化营商环境，投资兴业信心得到大力提振，固定资产投资（不含农户）年均增长3.0%（其中前四年年均增长7.0%）。三次产业投资占比由2015年的0.4：37.1：62.5转变为2020年的0.5：23.9：75.6，投资结构更趋合理。基础设施建设投资五年年均增长7.4%（其中前四年年均增长14.4%），高固定资产投资4.4个百分点。工业投资五年年均增长-0.3%（其中前四年年均增长5.5%）；房地产开发投资五年年均增长1.5%。

商贸流通快速发展。随着经济社会的发展和人民生活水平的提高，社会购买力不断增强，消费结构升级带动居民消费潜力持续释放。2020年，武汉市社会消费品零售总额达6149.84亿元，比2015年增长16.0%，五年年均增长3.0%。

三、创新驱动深入实施，成果转化力度加大

“十三五”期间，武汉市继续以“敢为人先，追求卓越”的精神勇担国家使命，创造了一大批重大科技成果，为国家科技创新贡献着最强劲的“武汉力量”。

科技创新成果丰硕。“十三五”期间，武汉地区获得国家自然科学奖、科技进步奖、技术发明奖等国家级科技奖励129项，居副省级城市前三名。多项国际电信标准、9纳米光刻试验样机、中国首款128层三维NAND闪存芯片、中国首条5G智能制造生产线等一批重大自主创新成果在汉问世，中小尺寸显示面板、集成电路等战略性新兴产业在国家分工版图中占据重要地位，脉冲强磁场设施多项核心技术国际领先，精密重力测量装置达到世界最高精度，生物医学成像设施达到世界一流水平。

高新技术加快转化。2020年，武汉市专利申请量达到93950件，比2015年增长179.4%，“十三五”期间年均增长22.8%；专利授权量58923件，比2015年增长171.0%，“十三五”期间年均增长22.1%；技术市场合同成交额942.3亿元，比2015年增长132.5%，“十三五”期间年均增长18.4%。

四、协调发展成效明显，城市功能不断提升

“十三五”期间，武汉市继续夯实基层基础，多举并用促进城乡进一步融合，加快构建现代化交通枢纽，进一步推动城市功能提升。

城市化水平不断提升。2020年末，武汉市城镇化率达84.31%，比2015年末提高4.9个百分点。四个新城区（蔡甸、江夏、黄陂、新洲）生产总值占全市的比重由2015年的19.3%提高到2020年的19.9%，提升了0.6个百分点。

交通运输能力持续增强。“十三五”期间武汉市综合交通体系进一步完善，区位交通优势更加凸显。五年来，全市货物运输量累计达到30.10亿吨，比“十二五”时期增长32.6%。2020年，私家车拥有量332.49万辆，比2015年增加152.82万辆。轨道交通长度410公里，比2015年增加284.71公里。天河机场T3航站楼正式投入使用，通航点由2015年的35个增加到58个。社会物流总额突破4.10万亿元，比2015年增长46.4%。

信息通信发展水平快速提高。2020年，武汉市邮电业务总量1566.13亿元，年均增长34.4%。移动互联网产业方兴未艾，2020年末，武汉市互联网用户达到479.53万户，比2015年增加167.63万户。快递业务收入110.2亿元，比2015年增长155.5%，五年年均增长20.6%。

五、生态建设不断加强，环境质量大幅提高

“十三五”期间，武汉市坚持生态优先、绿色发展，深化河湖长制，实施生态环境部门“三位一体”机构改革，生态环境保护各项工作取得重要进展。

节能降耗成效显著。五年来，武汉市围绕“两型社会”建设，不断加强工业、交通、建筑等重点领域节能工作力度，继续淘汰落后产能，大力推广循环经济产业链，积极发展绿色低碳产业，能源消费结构发生深刻变化，单位产出能耗水平大幅下降。2016—2020年，武汉市单位GDP能耗分别下降4.64%、4.85%、4.88%、3.31%、5.25%，累计下降20.93%。

环境质量持续提升。2020年，全市环境空气质量优良天数309天，较2015年增长117天。化学需氧量较2015年下降17.5%，二氧化硫排放量下降44.8%，氨氮排放量下降17.1%，氮氧化物排放量下降44.6%。建成区绿地面积32795.46公顷，较2015年增加7717.85公顷，增长了34.4%；人均公园绿地面积14.04平方米，较2015年增加了2.92平方米，增长了26.3%。

六、对外贸易持续扩大，开放水平不断提高

“十三五”期间，武汉持续强化高效共享的开放模式，积极融入“一带一路”、长江经济带等国家战略，实施一系列内外开放新举措，全面推动城市发展空间质效拓展升级。

对外贸易规模增速提高。“十三五”期间，武汉市进出口贸易保持稳定增长。2020年，全市货物进出口总额2704.3亿元，比2015年增长54.6%，年均增长9.1%。其中，出口1421.7亿元，比2015年增长50.5%，年均增长8.5%；进口1282.6亿元，比2015年增长59.3%，年均增长9.8%。尤其是，2020年虽受疫情影响，全市进出口总额逆势增长10.8%，增速超过“十三五”期间平均水平。

利用外资快速增长。“十三五”期间，武汉市不断扩大对外开放水平，实际利用外资规模稳步扩大，五年累计利用外资525.71亿美元，2020年实际利用外资111.65亿美元，比2015年增长52%，“十三五”期间年均增长8.7%，其中，2016—2019年年均增长13.8%。

七、共享发展步伐加快，民生服务持续改善

居民收入持续增长。2020年，武汉市城镇常住居民人均可支配收入50362元，比2015年增长38%，年均增速6.7%，高GDP增速1.5个百分点；农村常住居民人均可支配收入24057元，比2015年增长36%，年均增速6.3%，高GDP增速1.1个百分点。

教育事业成绩显著。“十三五”期间，武汉市教育事业蓬勃发展，2020年，全市拥有普通高等学校83所，比2015年增加1所；拥有在校本专科学生106.72万人，比2015年增加11.04万人；在校研究生16.48万人，比2015年增加5.21万人；普通中学在校学生数36.34万人，比2015年增加6.1万人；小学在校学生数65.45万人，比2015年增加18.05万人；学前三年教育毛入园率达到92.03%，比2015年提高3.82个百分点。

医保体系不断健全。2020年末，武汉市养老保险覆盖率、失业保险覆盖率分别达99.4%、99.3%，养老保险覆盖率比2015年提高0.61个百分点，失业保险覆盖率保持稳定。城镇职工基本医疗保险参保人数达到504.97万人，比2015年增长29.4%。

卫生事业稳步推进。2020年末，武汉市共有卫生事业机构数6446个，比2015年末增加3450个，五年增长115.2%；共有卫生事业床位数93834张，增加13108张，五年增长16.2%；共有卫生技术人员11.52万人，增加2.34万人。

下一步，全市上下将进一步深入学习贯彻习近平新时代中国特色社会主义思想和十九届五中全会精神，牢记习近平总书记视察湖北武汉时的殷殷嘱托，深入落实省委“一主引领、两翼驱动、全域协同”区域发展布局，坚持稳中求进工作总基调，立足新发展阶段，贯彻新发展理念，服务构建新发展格局，坚持统筹发展和安全，以推动高质量发展为主题，以深化供给侧结构性改革为主线，以改革创新为根本动力，以满足人民日益增长的美好生活需要为根本目的，锚定国家中心城市、长江经济带核心城市和国际化大都市总体定位，着力在科技创新策源、产业转型升级、区域协调发展、新发展格局重要枢纽、绿色崛起示范、公共服务保障、体制机制创新等方面发挥引领带动作用，加快打造“五个中心”、建设现代化大武汉，为湖北“建成支点、走在前列、谱写新篇”、推动中部地区加快崛起和长江经济带高质量发展做出更大贡献。

（武汉市地方志办公室）

黄石市“十三五”经济社会发展成就

“十三五”时期，黄石市面对大变局大变革大事件的深刻影响，坚持以习近平新时代中国特色社会主义思想为指导，持续推进转型升级、高质量发展，锐意进取、砥砺前行，疫情防控取得决定性成果，全市经济社会发展取得新的重大成就。

一、城市综合实力迈上新的大台阶

人均 GDP 突破 1 万美元，进入全国城市竞争力百强、中国城市全面小康指数百强。大冶市在全国县域经济百强中九年九进位，阳新县进入中部县域经济百强。17 家企业进入全省制造业百强，数量位居全省第二。

二、城市转型走在全国前列

连续三年被评为全国产业转型升级示范区优秀等次，老工业基地调整改造作为真抓实干典型被国务院通报表扬。电子信息、生命健康、节能环保、新材料等一批新兴产业成长壮大，高新技术增加值占 GDP 比重达到 22.56%，居全省第二，连续 10 年蝉联省科技创新先进市，大冶湖高新区获批国家级高新区。

三、全域一体化发展格局全面拉开

黄石城区、大冶湖新区、大冶市、阳新县同城化发展加速推进，基本实现规划、产业、市场、基础设施和公共服务“五个一体化”。“四区 N 园”成为引领全市经济发展的主战场，大冶湖生态新区 20 平方米公里核心区基本建成。新型城镇化加快推进，全市城镇化率达到 64.5%，居全省第三，大冶市、阳新县分别入选国家新型城镇化综合试点、示范县城。

四、重点领域和关键环节改革取得重大突破

开发区·铁山区一体化、新港强区扩权、黄石临空经济区起步区区镇一体化等改革稳步实施，突破了制约黄石发展的最大瓶颈。稳妥完成新一轮政府机构改革，“放管服”改革深入推进，“承诺预办、先建后验”试点被国务院通报表扬，黄石营商环境综合评价和城市信用状况监测排名稳居全省第一方阵。财税金融、农业农村、国资国企、要素保障、教育卫生等重点领域改革扎实推进。

五、对外开放实现跨越式发展

“四港联动”加快推进，临空经济区启动建设，黄石新港于 2015 年开港，建成长江中游最大单体港，口岸扩大开放和进境粮食指定口岸通过国家验收，综保区和智慧口岸建设加速推进，率先在全省实现多式联运铁水通关一体化。外贸进出口总额突破 40 亿美元，连续 11 年入选全国外贸百强，获批国家跨境电商综合试验区。

六、基础设施支撑能力显著增强

重大交通项目加快推进，棋盘洲、武穴长江大桥即将建成，武阳高速、有轨电车、沿江大道全线开工，新改建“四好农村路”1430 公里，大冶市获评“四好农村路”全国示范县。城市功能不断完善，黄阳快速路、园博大道全线开通，完成湖滨大道、大泉路等城市主次干道改造，城市污水集中处理率达到 94%，城区黑臭水体清零，乡镇污水治理实现全覆盖。城市品质提升，实施老旧小区改造 34 个，改造棚户区房屋 7.7 万套，建成各类公园 38 个，改造城市绿地面积 310 公顷，通过“国家园林城市”“节水城市”复查，成功创建“国家卫生城市”。

七、生态环境持续改善

长江大保护“双十”工程和“碧水、绿岸、洁产、畅流”四大行动扎实推进。复垦工矿废弃地 7 万亩，造林绿化 60 多万亩，成功创建国家森林城市。国、省考核断面水质、县级以上集中式饮用水水源地水质达标率 100%，城市空气质量优良天数比例达到 89.9%，“治土”经验在全国推广。获批国家大宗固体废弃物综合利用基地。成功举办湖北省首届园博会。

八、社会事业繁荣发展

学前教育、义务教育新增学位 3.5 万个，高中教育办学质量不断提高，职业教育服务能力显著提升。疾控体系改革和公共卫生体系建设“立柱建梁”，城区 15 分钟医疗服务圈基本形成，获批全国医联体建设试点城市。建成基层综合文化服务中心 994 个，3A 级以上景区达到 18 家，成功举办湖北省第十五届运动会等重大活动。

九、城乡居民生活水平大幅提升

城乡居民收入比 2010 年翻一番，增速快于 GDP。脱贫攻坚顺利收官，全市 13.02 万贫困人口全部脱贫、153 个贫困村全部出列，易地扶贫搬迁 3674 户，阳新县成功脱贫摘帽。全市城镇新增就业 28.3 万人，基本养老保险参保率达到 91.5%，城镇和农村居民人均住房建筑面积分别达到近 40 和 62 平方米，多层次社会保障体系加快构建。市域治理现代化稳步推进，防范化解重大风险取得明显成效。

（黄石市档案馆）

鄂州市“十三五”经济社会发展成就

“十三五”时期，鄂州市统筹推进“稳促调惠防保”，扎实做好“六稳”工作，全面落实“六保”任务，加快“三城一化”建设，推动城乡融合高质量发展，决胜全面建成小康社会取得决定性成就。

一、“十三五”主要成就

战略地位日益突出。国家重大生产力布局、省政府“一号工程”——湖北国际物流核心枢纽项目建设顺利，与天河机场共同构成武汉民航客货运门户“双枢纽”，成为空港型国家物流枢纽承载城市，获评“中国快递示范城市”。“铁水公空”多式联运优势凸显，在中部崛起战略中地位更加重要。

城市能级全面提升。鄂咸高速全线贯通，吴楚大道建成通车，武汉地铁 11 号线葛店段开通运营。首座 500 千伏吴都智能变电站建成投运，凤凰大桥、市民中心等发挥效用，成功创建“全国文明城市”。

发展韧性明显增强。地区生产总值突破千亿大关。人口净流入进程加快。服务业发展势头迅猛，三次产业结构明显优化，钢铁、建材绿色升级改造提速，三安光电、大数据云计算产业园等一批新兴产业项目成功落户，“钢城”向“港城”跨越式转型路径愈发明晰，多点支撑格局全面形成。跻身中国城市科技创新发展指数百强。

生态颜值更加靓丽。生态价值工程实践全国瞩目。实施永久性退垸还湖和水系连通工程，扭转了大汛大灾、小汛小灾的被动局面，筑牢了人民安全和城市发展的底座。铁腕拆除长江干线非法码头 108 个，关停取缔“散乱污”企业 368 个。黑臭水体得到整治，建成区绿化覆盖率达 43.21%。

民生福祉持续增进。全市 5.2 万贫困人口脱贫，47 个贫困村出列，绝对贫困问题即将得到历史性解决。城镇新增就业 10.9 万人，城镇登记失业率控制在 3% 左右。荣获第六届“全国未成年人思想道德建设工作先进城市”。“40 工程”惠及 37 万市民。扫黑除恶专项斗争深入人心。

二、“十三五”规划实施

“十三五”时期，鄂州市突出项目为王，着力增强经济发展后劲。招商引资成效显著。累计引进省外资金 1406.4 亿元，签约亿元以上项目 404 个，新开工亿元以上项目 311 个。华怡大数据产业园、恒大文旅项目、容百锂电等一大批投资过十亿元项目落户。项目建设进展顺利。鄂州花湖机场主体工程全面开工、配套工程有序推进，机场高速、武阳高速、S203 改造等进展顺利。鄂州电厂三期并网发电。铠尔慷、华中智谷、中部医疗等加快建设。要素保障支撑有力。争取建设用地指标 8945 亩，购买增减挂钩指标 10891 亩、耕地占补指标 3 万余亩；设立政府性股权投资引导基金，多措并举破解项目建设要素瓶颈。

突出创新引领，着力推进新旧动能转换。工业经济提质增效。深入推进供给侧结构性改革，规模以上工业增加值年均增速 8.1%，化解钢铁产能 406 万吨、水泥产能 500 万吨。工业技改投资累计约 300 亿元。冶金、建材等主导产业增加值占比由 44.3% 下降到 36.6%。37 个企业获评省级“隐形冠军”企业，枫树线业参与行业标准制定。5G 网络率先迈入商用化时代。科技创新成效显著。万人发明专利拥有量 5.7 件，是

“十二五”末的2.98倍；高新技术产业增加值由114.6亿元增长到140亿元；高新技术企业数量由53个提升至133个，R&D支出占GDP比重由0.61%提升至1.15%。服务业突破性发展。预计2020年服务业增加值占GDP比重46%左右，较“十二五”末提高8.4个百分点，对经济增长的贡献率达到60%。葛店中部电子商务示范基地入选国家电子商务示范基地，华容区、梁子湖区获评全省服务业发展贡献单位。

突出全域统筹，着力促进城乡融合发展。城市面貌焕然一新。主城区完成建设项目500余个，城市展示馆、吴都中央生态廊道、东洋澜湖湿地公园、樊口江滩环境综合整治工程一期陆续建成开放，马鞍山地下综合管廊、老城区雨污分流改造等工程顺利实施。功能布局不断完善。葛店开发区在218个国家级开发区综合排名中升至第四十三位，省级临空经济区正式成立，三江港铁路物流基地一期建成投产并实现铁水联运，红莲湖、梧桐湖、花湖等区域产城一体化全面提速。乡村振兴稳步实施。建设“省级美丽乡村示范村”29个，建成“四好农村路”410千米，创建“四好农村路”省级示范镇3个。改建农村户厕近10万座、农村公厕601座。“三精”农业渐成特色，四峰山乡村风情体验园、台湾杏福农业生态园、湖北泉天牡丹园等田园综合体示范作用日益显现，8个乡镇、村获评湖北旅游名镇、名村，农旅融合发展已成新趋势。

突出绿色发展，着力建设美丽田园城市。环境治理力度空前。全力推进环保突出问题整改，葛店医药化工企业“关改搬转”进展顺利。持续打好蓝天碧水净土保卫战，扬尘治理取得积极进展，空气优良天数比例提高到87.4%，PM2.5下降47.7%。国控断面水质优良率达到100%，基本实现城乡生活污水、生活垃圾收集处理全覆盖。农业面源污染得到有效控制。生态修复成效显著。深入实施长江大保护“双十工程”，严格落实长江“十年禁渔”。对梁子湖进行全面整险加固，建成樊口二站、花马湖二站。精准灭荒造林1.26万亩，生态修复矿山11处，关停采石场27个。绿色发展先行先试。创新绿色考评体系，全面开展排污权、碳排放权有偿使用和交易。鄂钢公司实施绿色城市钢厂改造，入选工信部第五批“绿色工厂”。打造绿色“公交都市”，更新新能源公交车275辆。荣获“全国绿化模范城市”，梁子湖获评“湖北省幸福河湖示范”。

突出改革开放，着力激活发展内生动力。机构改革圆满完成。市级层面设置政府机构32个，凤凰、古楼、西山、樊口4个街道回归鄂城区，城市社区精简优化为33个。重点改革蹄疾步稳。完成农村集体产权制度改革中央试点任务，“莲花模式”入选全国村级典型案例。深入推进“放管服”改革，创新打造“88政务”模式。共减免各项税费62.5亿元。商事制度改革被国务院点名表扬。国有企业办社会职能全面剥离。对外开放持续深化。三江港获批国家多式联运示范基地及国家一类水运口岸，鄂州海关获批，机场口岸设施建设加速推进，与全球125个国家和地区开展贸易往来。

突出民生为本，着力增进人民群众福祉。社会保障扩面提标。养老、工伤、失业保险基本实现“应保尽保”，低保和社会救助标准持续提升，医疗保险在全省率先实现“市级统筹、城乡统筹、门诊统筹”。建设保障性住房6.53万套，完成农村危房改造1927户。公共服务均衡发展。市域内义务教育均衡发展率先通过国家评估验收，完成269所义务教育学校“全面改薄”工程，新建农村普惠性幼儿园38所。文化惠民服务深入实施，成功举办两届国际半程马拉松赛。少儿京剧《梁子湖传说》在京上演，优秀青年演员受邀参加G20峰会演出。在全省率先完成“四化”乡镇卫生院、“五化”村卫生室达标创建，成功创建“国家卫生城市”。建成各类养老设施247处。健全退役军人服务体系，获评省级“双拥模范城”。社会治理深入推进。建立完善“1+N”党建引领基层治理制度体系，推动治理方式变革。市级公共法律服务中心投入运行，村（社区）法律顾问服务连续五年全覆盖，全面完成“七五”普法任务。出台不动产登记历史遗留问题处理意见等，分批分步解决房地产领域信访积案。物业管理三年提升行动圆满完成。“霹雳行动”“数据警务、智慧公安”“派出所质量提升工程”取得丰硕成果。应急管理体系基本建成，战胜2016年和2020年2场大汛，有效应对干旱、雨雪冰冻、森林火灾等自然灾害，安全生产形势持续稳定。食药检测率先在全省实现电子证书报告制。

突出依法行政，着力提升政府治理效能。党的领导全面加强。增强"四个意识"，坚定"四个自信"，做到"两个维护"，扎实开展"两学一做"学习教育和"不忘初心、牢记使命"主题教育。法治建设卓有成效。严格执行市人大及其常委会制定的地方性法规和作出的决议决定，主动接受法律监督和工作监督，自觉接受市政协民主监督。办理人大议案6件、人大代表建议536件，办理政协建议案6件、提案1145件，答复率100%、满意率99%以上。党风廉政建设深入开展。切实履行管党治党"一岗双责"，认真贯彻执行中央八项规定及其实施细则精神、省委六条意见和市委实施细则。扎实开展作风建设"治庸、提能、问效"三年行动，着力整治"三不""四客"问题。

（鄂州市档案馆）

孝感市"十三五"经济社会发展成就

"十三五"时期，孝感市紧紧依靠全市人民，沉着应战，应急谋远，务实前行，解决了一些多年想解决而没有解决的难题，办成了一些多年想办而没有办成的事情，"十三五"约束性指标全面完成，小康核心指标提前实现。

一、聚力"两资一促"，发展质效持续提升

经济实力在调整优化中不断增强。主要经济指标增速持续高于全省平均水平。居民人均可支配收入增速持续高于经济增速。地区生产总值迈过2000亿元，前四年年均增长7.6%。税收占比提高13.4个百分点。三次产业结构实现"二三一"向"三二一"历史性转变。汉川跻身全国县域经济百强，应城跻身中部地区百强，3个县市在全省县域经济考核中争先进位，5个乡镇入选全国综合实力千强镇。服务业在整顿规范中不断成长。新增服务业规上企业164家、限上商贸单位823家。电力、金融、保险、邮政、通信、融媒体等服务高质量发展的能力提升。现代服务业增加值占服务业比重超过50%。文化产业增加值占GDP比重达5%。电商主体达4635家，从业人员22万人。孝南获评国家信息消费试点城市，3地获评国家电子商务进农村综合示范县。第二产业在转型升级中不断壮大。传统产业技改扩能，战略性新兴产业茁壮成长，7个省级重点产业集群1个过500亿、4个过百亿元。规模以上工业企业达1189家，增加值前四年年均增长8.3%。"孝感造"370台新能源客车、10艘LPG动力船投放市场，孝感麻糖米酒建立标准体系。27家企业的工业产品市场占有率全国前三，应城品种盐产能全国第一。新增湖北民营企业百强4家、中国驰名商标4件、地理标志商标10件。孝感荣获全国建筑劳务输出示范基地，建筑业产值达482亿元。农业在优化供给中不断巩固。深化农业绿色高质高效整市制创建，建成高质高效辐射区200多万亩、高标准农田393万亩，粮食产量稳定在46亿斤以上，神丹、孝感红、七仙红桃等品牌影响力扩大，"三品一标"达435个，培育农业产业化龙头企业331家、农民合作社6671家、家庭农场1085家，畜禽规模化养殖率99.8%，6个县市区列为国家产粮大县，云梦获批全国农业标准化示范县，4个乡镇获评国家农业产业强镇，11个村镇获评全国"一村一品"示范村镇。发展平台在巩固提升中不断夯实。市高新区3个主导产业初步形成，世界500强企业达4家、高新技术企业83家，表面处理产业园竣工投产，日商产业园入驻企业29家。市临空区"五纵六横"路网基本建成，建成区五年增长4倍，产业项目入驻提速。汉孝产业园落户企业11家。7个国家和省级园区扩容提质，建成108个特色产业园、园中园，获批4个化工园，云梦隔蒲潭工业园升级为省级工业园。"项目为王"深入人心，引进亿元以上项目1119个，争取竞争性资金300多亿元；实施5000万元以上项目4500多个，完成投资5500多亿元；水利"补短板"投资居全省前列，"一江三河"防洪治理、鄂北水资源配置一期、引徐济安、新沟船闸等工程如期建成；电网投资54.15亿元，新建变电站22座；汉十高铁开通，"四横两纵"高速路联网，公路通车里程、路网密度居全省前列。

二、聚力改革创新，发展活力持续增强

创新创业蓬勃兴起。孝感、

应城获批国家知识产权试点城市，建成省级以上创新平台211个、院士（专家）工作站88家、各类“双创”孵化载体137家，市场主体达31.42万户，高新技术企业超过360家。统一政策标准和执行尺度，规范城区建管秩序；建立“三库”联动、“三网”支撑、GDP监测预警等部门分工协作的统计运行制度，在全省率先推行路长制，砂石料保供稳价、“五化”管理经验全省推广。深化改革蹄疾步稳。200个中省改革试点和重大事项扎实推进，孝感新型城镇化综合试点通过国家验收。党政机构、生产经营类事业单位、国有企业改革平稳有序。“一网通办”实现五级联通，“双随机一公开”监管全面推行，“信用孝感”上线运行，汉川获评全国营商环境百强，应城获评中国最佳投资县市。农村基本经营制度进一步巩固，81万农户喜领土地承包经营权证，2682个村完成集体资产清产核资。足球改革受到中改办、中足协肯定。澴川国投成功转型，信用评级荣膺AA+。开放融合彰显特色。全力稳外资稳外贸，累计利用外资16.7亿美元，净增出口实绩企业116家，向164个国家（地区）出口50亿美元，建成国家外贸转型升级示范基地1个、省级2个，16家企业赴海外投资建厂，在俄罗斯设立中国茶展销中心，孝感米酒入选中欧地理标志协定名录。汉孝“五个同标准对接”提速，武孝城铁、武汉城市圈环线高速、孝汉大道建成通车，22个孝汉交通接口改造提升，半小时通勤圈畅通织密；工业产品38%进入武汉，农产品占武汉市场份额达20%，武汉紧邻的优势凸显。建设提升路长制和农旅养融合示范线14条，新增4A级景区2家、3A级景区12家，应城获评“中国最美文化休闲旅游城市”，大悟荣获首批“中国醉美摄影旅游目的地”，双峰山、天屿湖、汤池获评省级旅游度假区，中华敬老园主体建成，2个村获评“全国乡村旅游重点村”，4个景区入选“荆楚乡村旅游十大主题线路”。

三、聚力城市“双修”，城乡面貌持续改善

城镇功能逐步完善。孝感城区年均市政投资100多亿元，“东进南拓”步伐加快，复兴大道建成通车，交通大道改造升级，城站路地下空间一期竣工运营，“七纵五横”循环路网连线成环，城市外环初步成形。投资155亿元的老澴河一期综合治理五年任务、三年完成，实现“安居、治污、发展”目标；老城区片区“双修”“四个再造”，旧城改造遗留问题得到解决。全市改造提升老旧小区213个。“1531”城镇体系不断完善，常住人口城镇化率59.6%，汉川获评“全国新型城镇化质量百强”，云梦获评“全国特色魅力示范县”，大悟入选“全国新型城镇化建设示范县城”，创建“国家卫生乡镇”10个、“省卫生乡镇”33个。美丽乡村初见成效。编制完成乡村振兴规划，制定乡村规划建设负面清单，创建省美丽乡村示范村91个、整治村365个。新改建“四好农村路”1474公里、美丽农村路1500公里、“455”安防工程3500公里，改造危桥101座。饮水安全巩固提升142.6万人。农村人居环境三年整治任务基本完成。生产用电、无线网络全覆盖，电视“户户通”，广播“村村响”，文体广场、农家书屋村村有，11个村入选“中国传统村落”，2245个村建立红白理事会，20万农户评为“十星级文明户”。大悟金岭村获评7个国家级荣誉。生态环境明显转好。长江大保护十大标志性战役成效明显，15家省挂牌督办的沿江化工、危化品企业全部“关改搬转”。静脉产业园生活垃圾焚烧发电项目、孝昌生活垃圾焚烧发电厂点火运营，风电、光伏装机规模全省第三。河湖长制全面落实，江河湖库拆违强力推进，“三退”还湖8.97万亩，1200名渔民退捕上岸。府澴河流域完成生态立法，生态补偿全面实施。孝感城区污水处理厂提标升级，8处黑臭水体全部消除。8个国控断面水质稳定达标，PM2.5、PM10大幅下降，空气质量持续改善，节能减排全面完成省定目标，中省环保督察整改任务按节点结账销号。“四个三”重大生态工程深入推进，建改厕所43.42万座，污水处理厂、垃圾中转站乡镇全覆盖。精准灭荒13万亩，森林覆盖率19.4%，国家湿地公园达5家，孝感、应城、安陆获评“国家园林城市”，汉川、孝昌获评“全国节水型社会建设达标县”。

四、聚力民生“双保”，群众获得感持续增加

脱贫攻坚众志成城。建立扶贫工作标准体系和考核体系，累计减贫35.77万人，503个贫困村全部出列，大悟、孝昌两个国贫县摘帽退出，“两不愁三保障”全面实现，即将历史性告别绝对贫困。社会保障扩面提质。新增城镇就业34万人，城镇登记失业率控制在4.5%以内。全民保障体系基本建立，基本养老参保400万人次，医保参保436.6万人次，孝感获全国医保信用监管体系试点建设城市。城乡居民基础养老金4次提标。动态调整最低工资、最低生活保障、特困救助和孤儿养育标准，每年救助困难群众20多万人次，发放救助金10多亿元，高龄津贴、老人意外伤害保险、重度失能老人救助相继实施。住房公积金新增缴存10.8万人、134亿元，新增保障住房3.7万套，改造农村危房2.3万户。应城、孝昌获评“中国最具幸福感县市”。社会事业更趋完善。新建中小学和幼儿园100所、改扩建727所，普惠性幼儿园覆盖率实现80%目标，义务教育巩固率98.8%，普职比首次实现6∶4，各类教育质量逐年提升。发放教育资助金10.39亿元，资助贫困学生82.98万人次。留守儿童关爱“五个到村”经验全国推广。组建县域医共体13个，免费定向培养乡村医生333名，千人病床数达5.21张，医护比1∶1.19，重大传染病、血吸虫病防控能力提升，健康孝感扎实迈步，人均预期寿命78.1岁。地面数字电视网全面建成，新建文化场馆8座，孝感文化中心开放运营，四级公共文化服务网络基本建成，“书香澴川”全民阅读深入开展。持续评选“十大孝子”、举办孝文化旅游节，汉绣和玉雕在俄罗斯、波兰参展，雕花剪纸获批国家非遗生产性示范项目，睡虎地秦简入选“国家宝藏”。高质量完成第三次全国土地调查、第四次经济普查、第七次人口普查和脱贫攻坚普查。社会治理成效显现。持续开展扫黑恶、打盗抢、反电诈、斩毒害、禁赌黄攻坚战，“五大警长制”下沉警力，“五户联勤、十户联防”守护平安，电诈输出有效遏制，刑事案件连续5年下降。“123孝感信访”品牌助力“事心双解”，应城、安陆获评全国信访工作“三无”县市。新增国家综合减灾示范社区44个，生产安全事故同比下降38.77%，食品药品安全、防灾减灾和应急管理工作稳步推进。金融生态指数升至全省第2位，7个县（市、区）全部获评金融信用县市；政府性债务风险总体可控。国防动员、人防、退役军人事务、民兵预备役等工作持续加强，孝感获全国双拥模范城“八连冠”。

五、聚力作风“双严”，自身建设持续加强

作风建设久久为功。扎实开展“两学一做”学习教育、“不忘初心、牢记使命”主题教育，作风建设制度化、常态化、长效化；厉行“三短一简一俭”，“三公”经费持续下降；倡导“四言”“四子”作风，议定事项、重点工作一抓到底、勤督实查、严评实考，以有效的执行力赢得公信力。法治政府纵深推进。定期向人大报告工作、向政协通报情况，办理人大代表建议948件、政协委员提案982件。重大行政决策、制定规范性文件，先调研论证、法制审查，再集体研究，提请市人大立法6部，出台政府规章3部，规范性文件合法性审查试点经验全省推广；“七五”普法全面完成，行政机关法律顾问全覆盖；行政执法“三项”制度全面推行，“两法衔接”提档升级，行政复议应诉率100%。主体责任全面落实。扛实政府党组全面从严治党主体责任，扛起“一岗双责”，全面实施预算绩效管理，加强公共资金、公共资源、国有资产审计，出台政府投资项目招投标、工程总承包、造价、竣工决算审计等系列管理办法，形成制度闭环，堵塞监管漏洞。全力支持纪委监委监督执纪，旗帜鲜明反腐倡廉、整治庸懒散。

（孝感市史志研究中心）

黄冈市“十三五”经济社会发展成就

“十三五”是黄冈市发展史上极不平凡的五年。面对严峻复杂的宏观环境、艰巨繁重的发展任务，在以习近平同志为核心的党中央坚强领导下，全市坚决贯彻落实党中央决策部署和中共湖北省委工作要求，奋发有为推进各项事业，经济社会发展取得新的重大成就。

一、综合实力稳步提升

2020年实现地区生产总值突破2169.55亿元，比“十二五”末增长39%。固定资产投资比“十二五”末增长18.1%，规模以上工业增加值增长27.5%，社会消费品零售总额增长18.1%，税收占比提升6.7个百分点。新能源新材料、智能制造、节能环保等产业快速发展，农产品加工业、建筑业产值突破千亿大关。国家地理标志保护产品84个，建成各类现代农业示范园区221个。高新技术企业达479家，高新技术产业增加值占GDP比重达9.01%，获评“全国科技进步城市”，黄冈高新区获批国家级高新区。黄冈晨鸣、绿宇环保、星晖新能源汽车等重大工业项目建成投产。麻竹高速黄冈段、沪蓉高速龟峰山支线建成通车；武穴长江大桥、棋盘洲长江大桥、蕲太高速蕲春西段交工验收；黄冈至黄梅铁路、武汉新港江北铁路、安庆至九江铁路黄梅段、燕矶长江大桥、武汉新港唐家渡一类水运口岸、麻安高速麻城东段、长江航道整治“645”工程黄冈段等一批项目加快推进。

二、脱贫攻坚成就显著

对标“两不愁三保障”标准，落实“五个一批”“六个精准”，创新“五位一体”产业扶贫，6个重点贫困县全部摘帽，892个贫困村全部出列，102.8万贫困人口全部脱贫，绝对贫困问题得到历史性解决。全市累计建设特色产业基地573.98万亩，培育新型农业经营主体12934家。大力实施能人回乡“千人计划”，推动了2479名在外黄冈籍人才回乡、2369个项目回迁、560亿资金回流。完成农村危房改造5.6万户。建成搬迁安置点1526个，建成易迁房36790套，完成69563人易地扶贫搬迁任务，搬迁入住率100%。

三、生态环境明显改善

深入实施大气、水、土壤污染防治三大行动，扎实推进长江经济带“双十”工程、“四个三重大生态工程”、中央和省级环保督察整改，持续开展“雷霆行动”，全面实施河湖库长制，农业面源污染治理、化工产业专项整治、厕所革命等取得突出成效，工业园区污水处理实现全覆盖，建成112个乡镇污水处理厂并投入运行。长江最美岸线、遗爱湖水环境综合治理、白潭湖综合治理等重点项目顺利推进。全市水环境质量持续改善，集中式饮用水水源地和国控断面水质全部达标，地表水达到或好于Ⅲ类水体比例100%。大气污染防治取得阶段性成效，城区空气质量优良天数占比88.5%，主要污染物排放量削减完成省定目标。受污染耕地和污染地块安全利用率均达到90%以上，耕地保有量707万亩。深入推进自然保护地优化整合，区域环境质量明显改善，森林覆盖率43.63%。成功创建“国家园林城市”“国家卫生城市”。黄冈大别山地质公园被联合国教科文组织批准为世界地质公园，遗爱湖、武山湖成功创建国家湿地公园。

四、文化建设持续推进

实施文化小康建设三年行动，文化惠民工程进展顺利，全国文明城市创建推进加快。以红色文化、名人文化、医药文化、戏曲文化、非遗文化、孝善文化为特色的黄冈文化影响范围明显扩大，影响力日益彰显，黄梅戏大剧院建成投入运营。国家公共文化服务体系示范区创建通过国家验收，公共文化产品和服务供给不断丰富。创作了以《大别山母亲》《槐花谣》《铁面金光悌审和珅》《红安回响》为代表的一大批优秀的电影、戏剧、音乐剧文艺精品。黄梅戏电影《东坡》入围第33届中国电影金鸡奖提名，黄梅戏《李时珍》走进台湾，电影《英雄无悔》、东路花鼓戏《麻乡约》、舞蹈《曙光》获第十届屈原文艺奖；纪录片《苏东坡》在央视播出。荣膺“中华诗词之市”“中国书法城”“中国东坡美食文化之乡”，黄梅县、麻城市获评国家级“千年古县”。成功举办全国文化科技卫生“三下乡”集中服务活动，举办中国大学生羽毛球锦标赛、黄冈马拉松、“挺进大别山”、市四运会、五运会等系列体育赛事。

五、改革开放深度拓展

重点领域和关键环节改革纵深推进，财政金融、医疗卫生、应急管理、城管执法、文化事业等体制改革全面推进，行政管理体制、教育科技、生态保护、司法责任制、价格机制、国有农（林）场、供销社、国资国企、统计等改革持续开展，农村集体产权制度改革进展顺利。获得湖北改革奖4个，4个案例入选全国基层改革创新优秀案例。深化“放管服”改革，营商环境不断优化，市县政务服务中心全面升级，实现“一网”五级联通；全面实施“五证合一”“一照一码”，在全省率先实现“34证合一”；建立投资项目联审联批平台，启动投资项目集中审批、工业项目“先建后验”试点。依托大别山，融入大长江，对接大武汉，对外合作交流不断深入，基本形成“临江、临空、临汉”大开放格局。武汉新港唐家渡港区一类水运口岸开工建设，首家保税仓顺利开仓。与潍坊市缔结友好城市，与山东省合作共建黄冈齐鲁产业园。

六、民生福祉持续增进

人民生活水平不断提高，2020年全市居民人均可支配收入22759.5元，增速高于GDP增速。公共财政支出八成以上投向民生领域。605万人参加城乡医保，21.7万困难群众享受城乡低保，5.46万农村五保得到供养，64.65万（人次）残疾人获得两项补贴，2.8万住房困难家庭配租配售保障性住房，110万农村居民饮水安全问题得到解决。就业形势总体平稳，城镇登记失业率控制在4.5%以内。全域通过义务教育发展基本均衡国家评估验收。城乡发展同步提质，城镇化率达到50.6%，一大批医疗、教育、体育等民生工程顺利实施，遗爱湖公园全面建成开放，新市政务服务中心启用，海绵城市、管廊城市加快建设；新一轮农村电网改造提前完成，乡镇百兆带宽、农村无线网络全覆盖，农村人居环境整治全面推进，338个村列入省级美丽乡村建设示范村。“四好农村路”全域推进。

七、治理效能稳步提升

“1343”维稳机制、网格化管理和社会治安立体化防控体系趋于完善，阳光信访、责任信访、法治信访得到深化，平安黄冈、法治黄冈、和谐黄冈建设成效明显。扫黑除恶专项斗争成果丰硕，被明确为全省唯一的全国扫黑除恶重点培育市，罗田县获得全国综治最高奖“长安杯”。入选全国首批市域社会治理现代化试点城市，社会治理体系和治理能力现代化建设全面启动。持续推进巡视反馈问题和百姓问政、行风热线曝光问题的整改，政风行风明显好转。完成“七五”普法，全社会法律素养显著提高。法治政府建设走在全省前列，获评第五届“中国法治政府奖”提名奖，“市长审案”入选全国示范创建项目。

（黄冈市史志研究中心）

咸宁市“十三五”经济社会发展情况

“十三五”时期，咸宁市在以习近平同志为核心的党中央英明决策下，在中共湖北省委、省人民政府的坚强领导下，全市人民团结奋斗、砥砺奋进，较好完成“十三五”规划目标任务。

一、综合实力迈上新台阶

五年来，全市坚持一心一意谋发展、聚精会神搞建设，地区生产总值突破1500亿元，较好完成“十三五”规划目标，按不变价计算，比“十二五”期末增长29.6%。固定资产投资比“十二五”期末增长32.9%，规模以上工业增加值增长29.3%，社会消费品零售总额增长48.5%，进出口总额增长138.4%，税收占比提升12个百分点。

二、攻坚克难实现新突破

坚持补短板、强弱项，三大攻坚战取得新突破。全市贫困人口全部脱贫、贫困村全部出列、贫困县全部“摘帽”，如期实现区域性整体脱贫。政府债务规模、债务率实现双下降，金融风险有效管控。蓝天、碧水、净土三大保卫战取得突破性进展，节能减排约束性指标顺利完成。长江经济带绿色发展十大战略性举措、长江大保护十大标志性战役、“五个三”重大生态工程成效明显。

三、转型升级取得新成效

坚持调结构、增效能，预计三次产业结构由15.9：46.5：37.6优化为14：42：44。高新技术企业总数270家，比“十二五”期末增加170家；高新技术产业增加值占GDP比重提高7.1个百分点。国家农业可持续发展试验示范区创建工作顺利推进，农产品加工业产值突破千亿，“三品一标”449个。规模以上工业企业992家，12个产业入选省重点成长型产业集群，智能机电产业入选国家创新型产业集群试点。金盛兰冶金公司入围中国民营制造业500强，瀛通通信公司实现主板上市企业“零”的突破。

四、城乡品质得到新提升

坚持以人为本、城乡共进、彰显特色，全域推进自然生态公园城市建设，森林覆盖率53.01%，比“十二五”期末提高3.69个百分点，人均公园绿地面积达11.4平方米，顺利通过“国家园林城市”“国家森林城市”复审，成功获批“全国水生态文明建设试点城市”“可持续发展国际标准试点城市”。预计常住人口城镇化率56%左右，比“十二五”期末提高6个百分点。市中心城区农贸市场改造有力推进，万达广场、同惠国际广场建成营业，市文化中心、市美术馆、香城书房建成开放，武汉城市圈外环高速公路和武深高速公路咸宁段、嘉鱼长江大桥建成通车。农村“五线五治”成效明显，建成“四好农村路”3000公里，崇阳县获评全国“四好农村路”示范县。

五、改革开放激发新活力

坚持改革开放、创新引领，700多项重大改革项目深入实施。新一轮政府机构改革高标准完成，公安合成作战中心改革效果明显，农村集体产权制度改革、供销合作发展基金改革、通城殡葬综合改革、通山“三双”扶贫等经验在全国推广，荣获“中国质量魅力城市”“国家社会信用体系建设示范市”“全国‘七五’普法中期先进城市”。申报登记省部级以上科技成果、技术合同成交额分别是“十二五”期末的2.3倍、6.2倍。咸宁高新区晋升为国家级高新区。连续18年被评为全省金融信用市。与189个国家和地区建立贸易关系，国际友城达23个，成功举办五届国际赤壁青砖茶产业发展大会。

六、民生事业开创新局面

坚持人民至上，持续改善民生福祉，城乡居民收入实现翻番目标。人均生活消费支出比“十二五”期末增长46.3%；城镇新增就业24.8万人，城镇登记失业率控制在4.5%以内。学前教育三年毛入园率90%、九年义务教育巩固率99%、高中阶段教育毛入学率93%、高等教育入学率52%。湖北科技学院申请硕士授权单位取得重大进展。咸宁职业技术学院获评全国创新创业50强高校。国家医养结合试点市建设稳步推进，居民人均预期寿命78.05岁，比“十二五”期末增加2.01岁。“三馆一站”及村综合文化服务中心、“农民健身工程”实现全覆盖。改造完成棚户区住房41191套。积极创建国家食品安全示范城市。第四次经济普查荣获全国表彰。市安委会精准“定责、督责、评责”做法被国务院安委会推广。“两客一危”道路运输连续9年“零事故”、水上运输连续25年“零事故”。“法治咸宁”“平安咸宁”建设深入推进，嘉鱼县荣获全国综治工作“长安杯”，扫黑除恶专项斗争取得重大成果，社会大局保持和谐稳定。

国家安全、双拥、国防动员、军民融合、消防等工作积极推进，对口支援新疆、建始县工作深入推进，妇女儿童、青少年、关心下一代、红十字会等事业全面发展。外事、港澳台事务、侨务、保密、档案、史志、社科、气象、人防、邮政、决策咨询、审计、统计、国资管理、机关事务、住房公积金等工作取得新的成绩。

七、政府建设迈出新步伐

始终坚持把政府自身建设放在突出位置，深学笃行习近平新时代中国特色社会主义思想，深入开展“两学一做”学习教育、“不忘初心、牢记使命”主题教育、支部主题党日活动，树牢“四个意识”，坚定“四个自信”，做到“两个维护”。坚决维护宪法和法律权威，全面完成“七五”普法任务，《咸宁市禁止燃放烟花爆竹条例》《咸宁市农村生活垃圾治理条例》稳步实施，《咸宁市陆水流域保护条例》已经市人大常委会表决通过，《咸宁市城市综合管理条例（草案）》进入审修程序。自觉接受人大、政协、监委及各方面监督，办理人大代表议案建议514件、政协委员提案614件，办复率100%、满意率99%以上。

（咸宁市史志研究中心）

仙桃市“十三五”时期经济社会发展成就

“十三五”时间，仙桃市面对复杂严峻的宏观经济形势、艰巨繁重的改革发展稳定任务和突如其来的新冠肺炎疫情影响，坚持以习近平新时代中国特色社会主义思想为指导，坚决贯彻落实党中央决策部署和中共湖北省委、省人民政府工作要求，团结带领全市广大干部群众改革创新求突破、克难攻坚促发展、砥砺前行谱新篇，决胜全面建成小康社会取得决定性成就。

一、综合实力持续增强

“十三五”时期，全市年均经济增速达7%左右，主要经济指标呈现出超预期的良好局面。2019年，地区生产总值、人均地区生产总值分别为868.5亿元、76178元，分别是2015年的1.45倍、1.47倍。财政总收入和地方一般公共预算收入分别达到54.0亿元和34.6亿元，较2015年分别增长29.0%和25.1%；税收收入在地方公共财政预算收入中占比一直保持80%以上，在全省始终居于领先位次。2019年，社会消费品零售总额达到445.2亿元，比2015年增长58.1%，总额和增幅均超过全省同类地区。2016—2019年，固定资产投资年均增长14.7%，比全省同期高出6.2个百分点。2017年重新跻身全国县域经济百强以来连续四年争先进位，2020年位居第七十九位，较2017年前进7位。

二、产业转型升级步伐加快

"5+1"主导产业量质齐升，工业总产值跨越千亿大关，三次产业结构由2015年的14.7∶52.2∶32.1调整为2019年的10.7∶46.1∶43.2，协调性不断增强。工业集群化、专业化发展稳步推进，非织造布、食品、汽车零部件产业纳入省重点成长型产业集群，新能源、新材料、电子信息、生物医药等新兴产业基地初具规模。农业精品化发展趋势明显，名特水产养殖比重突破80%，90%的水稻棉花、80%的家禽蛋品、60%的水产品实现就地加工和转化增值。货物运输、通用航空、保税仓储、邮政快递等生产性服务业得到长足发展，生活性服务业向精细化和高品质转变，融合沔阳文化，集亲水休闲、农业观光、健康养生、体育运动等于一体的旅游业成为经济新增长点。创新对产业转型升级的驱动力明显增强，2019年底万人有效发明专利拥有量达到2.41件，较2015年底翻了一番有余，高新技术产业增加值占规上工业增加值比重达到35%，较2015年增加了25个百分点。被确定为国家知识产权强县工程试点县。

三、城乡融合扎实推进

大力推进新型城镇化，2019年城镇化率达到59.4%，比2015年提高4.8个百分点。全面开展老城区环境整治，南城新区扩容提质，老旧小区有机更新，新增建成绿地面积196公顷，城市公园绿地服务半径覆盖率达到82.5%。乡村振兴稳步开局，获批创建国家农村一二三产业融合发展先导区。一体推进美丽城市、美丽城镇、美丽乡村"三美"建设，城市环境面貌和功能品质大为改观，"擦亮小城镇"行动带动形成一批以特色产业为支撑、以特色风貌为亮点的小城镇，彭场获评"全国特色小镇"，深江村、潭湖村、鄢湾村、何坝村获评"全省美丽宜居示范乡村"。

四、基础设施不断完善

交通方面，国网通航仙桃机场、"千里汉江第一港"的仙桃港运营，武汉至仙桃城际铁路建成通车，江汉平原货运铁路建成运营。全市公路通车里程4650公里，路网密度183公里/百平方米公里，形成"五横九纵"的公路主骨架，以及武汉城市圈环线高速、汉宜和随岳高速的高速公路骨架网。市域干线公路网基本实现半小时通达通畅。水利方面，加快推进大垸子泵站、泽口灌区续建配套设施等十大重点水利工程建设，排灌"最后一公里"问题得到缓解。大力推进城乡供水一体化，第一水厂和第四水厂建成运营，惠及8个镇(场)50万人。能源方面，一批500千伏、220千伏和110千伏变电站加快建设，城乡供电质量和供电可靠性明显提高，华润仙桃电厂2*660兆瓦火电机组项目已开工建设。信息方面，实现了千兆进企、百兆入户、光纤进村、城区Wi-Fi基本全覆盖。城市智慧建设迈出重大步伐，政务服务"一张网"加快建设，智慧城市大数据中心和创新体验中心投入运营。

五、生态环境持续改善

实施长江大保护"十大标志性战役"，深入推进通顺河流域水环境综合整治。全市乡镇污水处理设施实现全覆盖，城乡生活垃圾无害化处理率达95.3%，生活污水处理率达95.02%，乡镇生活污水处理率达85%。全力创建国家森林城市，持续实施"绿满仙桃"行动，建成铁路、国省市道通道绿化绿色长廊和"两江两河"绿色防护林体系。循环经济产业园"一园五场（厂）三基地"建设顺利推进。污染防治攻坚战取得阶段性成效，地表水国考和省考断面达标率达100%，空气质量优良天数达299天。

六、民生福祉日益增进

脱贫攻坚取得决定性成效，95个贫困村全部出列，8.11万贫困人口如期脱贫。2015—2019年，城乡居民人均可支配收入年均分别增长8.8%和8.4%，城乡居民收入比2010年翻一番，城乡居民收入比缩小至1.74，显著小于全国和全省平均水平。2016至2020年9月城镇累计新增就业超12万人，城镇调查失业率维持在3%以下，社会大局和谐稳定。教育资源均衡化布局取得显著进展，义务教育完成率、高中阶段毛入学率分别达到99.4%、

94.9%。医疗卫生服务体系提质升级，卫生健康信息化建设成为全省示范典型。新冠肺炎疫情期间全力抗疫保供，截至武汉“解封”前，累计生产供应医用防护服370万件，N95口罩1100万只，平面口罩30亿片，为保障全省、服务全国作出了重要贡献。社会保障扩面并轨，常住人口城乡居民医疗保险和大病保险实现全覆盖，住房保障覆盖面扩大到外来务工人员和中等偏下收入家庭。全民健身活动蓬勃开展，李小双运动城建成运营。

七、改革开放取得突破

“放管服”改革持续深入推进，政务服务事项“一站式”办理比例达到98%。政府机构改革顺利完成，政府机构职能进一步优化。成功入选全国乡村治理体系建设试点和全国农村集体产权制度改革试点。教育“学区制”“一校制”“联校制”三制改革进展顺利，教育资源配置更加均衡。医疗、医保、医药“三医联动”改革有力推进，2家紧密型医共体高效运行。开放合作成效明显，“国家外贸转型升级基地（非织造布）”成功获批，仙桃海关正式开关，仙桃保税物流中心（B型）封关运营，仙桃机场完成扩建，汉江仙桃港实现“天天班”，仙桃市迈入城铁时代，对接武汉同城化发展进入“快车道”。出口规模达到地级市水平，2020年疫情引致医用防护用品外需激增，外贸出口取得亮眼成绩，增幅居全省第一位，总额居全省第二位。

（仙桃市档案馆）

潜江市“十三五”经济社会发展成就

“十三五”时期，潜江市高举中国特色社会主义伟大旗帜，坚持以习近平新时代中国特色社会主义思想为指导，坚持稳中求进总基调，坚决贯彻落实新发展理念，坚持以供给侧结构性改革为主线，统筹推进“五位一体”总体布局，协调推进“四个全面”战略布局，积极融入湖北省区域经济发展格局，加快实施“东进南扩、产城融合，四区联动、全域振兴”高质量发展区域和产业布局，经济社会持续保持健康发展态势，整体经济实力大幅增强，民生福祉持续加快改善，高质量发展取得良好开端。“十三五”规划确定的主要目标、重点任务和重大工程如期完成，为全面开启社会主义现代化强市建设新征程奠定了坚实基础。

一、经济实力稳步提升

“十三五”时期，全市地区生产总值分别完成602.19亿元、671.86亿元、755.78亿元、812.63亿元、765.23亿元，年均增长7.8%。2020年，全市社会消费品零售总额达到248.9亿元，是2015年的1.34倍。地方一般公共预算收入达到21.32亿元，一般公共预算支出81.98亿元。人均GDP达到8万元。“十三五”时期主要经济指标保持较快增速，增长达到预期。

二、产业转型成效显著

产业体系不断健全，以转型产业为支撑、现代服务业为重点、新型产业为特色的现代产业体系初具规模，形成以石油开采、医药化工、冶金机械、纺织服装、农副产品加工五大传统产业为支柱；以现代服务业为重点，以家具制造、高新技术、食品加工三大新兴产业为特色的接续替代产业体系。产业结构不断优化，资源枯竭型城市转型发展成效逐步凸显，三次产业结构比从10.0∶52.6∶37.4调整为10.9∶48.1∶41.0，一产保持稳定，二产持续做强，三产占比稳步上升。服务业取得较快发展，三产增加值增速始终高于GDP增速，服务业支撑作用进一步增强，卓尔系列项目、曹禺文化产业园、章华台旅游区、兴隆水利枢纽旅游区和生态龙虾城等重大文旅项目加快落地建设。工业持续做强，规模以上工业企业294家，工业总产值超过1000亿元，工业增加值占GDP比重达到45.8%。农业持续做优，加快推进乡村振兴和农业供给侧结构性改革，新增农业产业化国家级重点龙头企业1家，全市现有国家级重点龙头企业3家，省级重点龙头企业20家（含国家级3家），已经形成“南红北绿”的农业产业发展格局，虾—稻产业综合产值超过500亿元。

三、创新活力全面迸发

2020年，研究与试验发展（R&D）经费支出占GDP比重0.9%，是2015年的1.36倍。“十三五”时期，高新技术产业增加值占GDP比重分别为10%、15%、18%、17%、16.6%。2020年，新增高新技术企业达19家，规模以上高新技术产业统计单位达到101家，高新技术产业增加值达到127亿元。

新化工、新能源、新科技、新特色产业产值保持较快增长，2020年产值分别增长20.6%、21%、6.1%、6.6%。石油化工、纺织服装、农副产品加工、绿色食品、生物医药等产业加快向中高端迈进，产业智能化、精细化程度不断提升。

四、城乡统筹融合协同

城乡居民人均可支配收入分别达到33623元、18948元，年均增长5.95%、6.98%。加快实施乡村振兴，全面推进河湖长制、厕所革命、农村人居环境整治、美丽乡村建设。浩口镇、张金镇稳居全国千强镇，熊口镇赵脑村、老新镇秀河村、竹根滩镇群联村入选全国“一村一品”示范村，高石碑镇曾岭村获批：“全国文明村”，龙湾镇郑家湖村入选“全国乡村治理示范村”。王场镇获批“全国卫生乡镇”，后湖管理区、运粮湖管理区、高石碑镇入选“全省‘四好农村路’示范乡镇”，后湖管理区入选全省卫生乡镇。

五、民生保障持续改善

始终把教育摆在优先发展位置，统筹推进教育一体化协调发展，高新区小学、曹禺小学等重大项目加快建设，办学条件进一步改善。2020年，城镇新增就业人数1万人左右，城镇登记失业率3.15%，常年稳定控制在计划目标内。围绕“健康潜江”建设主线，坚持深化医药卫生体制改革，持续推动医疗卫生服务能力提升，不断促进人口均衡发展，卫生健康事业实现高质量发展，居民健康、医改、医疗、公共卫生、人口政策调整等工作取得显著成效，群众关心的看病就医问题加快解决，成功创建“国家卫生城市”“湖北省健康促进示范市”“湖北省慢性病综合防控示范区”。新冠肺炎疫情得到有效防控。新建镇级运动健身中心5个，改造升级村级文化广场21个。持续做好养老保险扩面征缴，企业职工养老保险实际参保缴费率达到96%，机关事业养老保险率达到100%，城乡居民养老保险参保率达到79%。

六、脱贫攻坚决战决胜

坚持以人民为中心的工作导向，齐心协力、攻坚拔寨，以优良作风决胜决战脱贫攻坚。“十三五”时期，全市组建驻村工作队378支，累计选派驻村工作队员2100余人，累计减贫人口17883户共计53955人，51个贫困村全部出列，现行标准下农村贫困人口全部脱贫。全市9505户建档立卡贫困户从事特色种养业，4455户从事虾稻共作。全市共安排财政专项扶贫资金2.2亿元建设711个村级扶贫项目，覆盖全市23个区镇处300个村（分场），基础设施和公共服务建设步伐加快，群众生产生活条件明显改善。

七、生态文明加快推进

节能降耗减排成效明显，单位GDP能耗累计下降19.27%，完成能耗增量“双控目标”。主要污染物排放总量持续下降。返湾湖国家湿地公园生态修复，城市黑臭水体整治，马昌湖、冯家湖退池还湖等重大项目全面推进。实施碧水、蓝天、净土保卫战，加快推进重点流域、饮用水源地、城乡生活污染、农业面源污染、工业污染、扬尘油烟、固体废物等领域综合治理。地表水断面、城市集中式饮用水源地水质等级达标率达到100%，城市空气质量优良天数比例稳步提高，生态环境质量持续好转。

八、改革开放全面深化

营商环境持续优化，政务服务“一张网”加快建设，实现省、市、镇、村政务服务网四级连通。深化“证照分离”“多证合一”等商事制度改革。农场农垦改革成效显著，江汉油田“三供一业”改革有序推进。“双报到”“双服务”成效显著。“虾稻共作”模式被誉为现代农业革命性创举，供销社改革创新经验在全国复制推广。不断深化与友好城市海登海姆市的交往，积极拓展同澳大利亚怀王市、波兰皮亚瑟此诺市、美国夏威夷檀香山市、泰国廊隆市、英国斯特拉福小镇等国外城市交流合作。江汉平原货运铁路、潜枣高速、潜石高速全面建成，汉江大桥等跨区域交通基础设施加快完善，对内开放水平快速提升。

九、争先创优成果丰硕

资源枯竭城市转型成效显著，绩效考评居全国前列，2018年名列全国优秀等次第一名，2019年获得国务院通报表扬。潜江小龙虾获批国家优势特色产业集群，获批国家高新技术产业开发区。持续开展国家园区循环化改造示范试点、全国循环经济示范县（市）建设，获批“国家农村产业融合发展示范园”“国家现代农业产业园”“国家农业产业化示范基地”“全国县城城镇化补短板强弱项示范”“电子商务进农村示范县”等一批国家级荣誉称号。获批建设省级创新型县（市、区），获批省级成长型产业集群。

（潜江市档案馆）

天门市“十三五”经济社会发展成就

“十三五”时期，天门市坚持以习近平新时代中国特色社会主义思想为指导，深入贯彻落实习近平总书记考察湖北和参加湖北代表团审议时的重要讲话精神，在中共湖北省委、省人民政府的坚强领导下，全市上下同心，多项事业取得长足发展。

一、以人为本，顺利办成一批增进福祉的民生实事

始终坚持以人民为中心，着重解决了一批过去要解决而未解决的问题，办成了一批群众“急难愁盼”的事情。78492人如期脱贫，119个贫困村全部出列；乡镇镇区实现天然气全覆盖，并向乡村延伸，城乡供气一体化走在全省前列；城乡生活垃圾统筹治理实现全覆盖，获得“全国市容环卫作业服务类银奖”；新（改）建党员群众服务中心314个；新建、改造升级农贸市场35个；市区公交车由5路增加到12路并完成新能源改造；教育园粗具规模，新增学位2.56万个；市一医门急诊大楼、市中医医院门诊综合大楼投入使用；建成博物馆、工人文化宫等场馆，完成26个乡镇综合文化服务中心、群艺馆分馆、图书馆分馆建设，形成了覆盖城乡的公共文化服务体系。2016年，面对百年一遇的特大洪涝灾害，党员干部冲锋在前、奉献在先，广大人民众志成城、守望相助，防汛抗灾保平安，灾后重建促发展，用一年时间完成了农业生产恢复性重建，夺取了抗洪救灾的重大胜利。

二、迎难而上，纵深推进一批关乎全局的改革事项

持续深化“放管服”改革，市级简易审批事项全部即来即办，“零跑动”事项达867项，市县级事项承诺网办率为100%，实现政务服务省、市、乡、村四级联通。完成机构改革，政府组成部门精简至28个。依托市一医和市中医医院，组建医共体2个。开展行政执法体制改革，整合组建市场监管、生态环保、文化市场、交通运输、农业五支综合执法队伍。深化街道管理体制改革，实现事权下放、服务下沉。行政村区划调整、农村产权制度、国有林场等领域改革稳步推进。

三、砥砺前行，着力培育了一批积蓄动能的重点产业

机电汽配、医药化工、纺织服装、农副产品深加工四大支柱产业总产值达710亿元。电子信息、装备制造、生态模塑、智能家居等产业异军突起，逐步形成了以芯创半导体、鸿硕精密电工为代表的电子信息产业，以徐工环保、路伟换热器为代表的装备制造产业，以天模精密、太鑫锻造为代表的模塑产业，以科豪门业、莎丽建材为代表的智能家居产业。我市经济“基本盘”更加稳固、“主引擎”更加强劲、“硬支撑”更加坚实。

四、开拓创新，总结积累一批弥足珍贵的实践经验

采取“三谈五看两查后扶”项目考察方式方法，严格执行“八步走”招商引资流程，一批大项目、好项目纷纷落地生根；树立品种靠科技、品质靠管理、品牌靠市场理念，着力增品种、提品质、创品牌，我市农产品知名度、竞争力和附加值大幅提升；坚持建管并重、城乡共创，常态化开展文明创建，城市治理标准化、精细化、数字化水平不断提高；通过局长“驻窗”领办、百人“跑腿”代办、党员入企帮办，营商环境不断优化，创造了科豪门业从开工到投产仅用时4个月的“天门速度”。以上经验和做法，必将为天门市开启建设社会主义现代化宜居宜业城市新征程发挥更大作用。

五、奋勇争先，先后获得一批鼓舞人心的荣誉称号

天门市跻身全国县域综合发展百强，成功创建“国家园林城市”“国家卫生城市”“中国生态魅力市”“全国健康促进市”“全国无障碍环境示范市”，上榜“节水型社会达标建设县市”“国家食品安全示范城市”，入选“全国县城新型城镇化建设示范名单”“全国青少年普法教育示范区”“全国‘七五’普法中期先进市”。“国字号”荣誉榜单多领域开花，折射出天门综合实力、发展动力、城市魅力、改革活力大幅提升，这既是天门市高质量发展的历史见证，更是天门市跨越赶超的生动诠释。

（天门市文化和旅游局）

编辑：刘家连

校对：王　伟

统计资料

2020年武汉城市圈各地土地面积与行政区划统计表

土地面积与行政区划	计量单位	武汉市	黄石市	鄂州市	孝感市	黄冈市	咸宁市	仙桃市	潜江市	天门市
土地面积	平方千米	8569.15	4582.90	1596.46	8904.41	17457.20	9752.00	2538.00	2004.00	2622.00
建成区面积	平方千米	885.11	—	36.2	—	—	—	63.23	—	47.28
行政区划										
区（市、县）	个	13	6	3	7	10	6	—	—	—
乡政府★	个	3	1	3	—	16	12	—	—	1
镇政府★	个	1	27	18	102	99	52	15	10	21
街办事处★	个	156	19	4	13	12	6	3	6	3
社区居委会	个	1409	176	55	—	300	186	65	106	93
村委会	个	1805	790	303	2194	3821	885	636	332	528

注：★国营农场未计入，部分市的乡、镇数量未分开统计。

2020年武汉城圈市各地人口构成与变动情况统计表

地区名称	常住总人口（万人）	户籍总人口（万人）	男（万人）	女（万人）	农业人口（万人）	非农业人口（万人）	出生人口（万人）	死亡人口（万人）	出生率（‰）	死亡率（‰）	自然增长率（‰）
武汉市	1244.77	916.19	465.36	450.83	231.96	684.23	—	—	—	—	—
黄石市	246.91	270.85	128.13	118.78	84.05	162.86	2.52	1.52	10.19	6.15	4.04
鄂州市	107.94	111.74	56.19	51.75	55.51	56.23	0.996	0.382	7.83	6.57	1.26
孝感市	427.04	508.77	—	—	—	—	4.09	2.20	7.98	4.30	3.68
黄冈市	588.27	734.46	—	—	578.64	155.82	—	—	—	—	—
咸宁市	265.83	305.26	160.10	145.16	211.91	—	3.21	1.55	10.5	5.1	5.4
仙桃市	—	152.70	81.63	71.10	114.24	—	1.07	0.48	7.01	3.13	3.88
潜江市	88.65	99.59	50.54	49.05	56.79	42.80	0.62	0.65	6.65	6.46	–0.23
天门市	115.86	158.89	84.97	73.92	65.57	50.29	1.08	0.996	—	—	–0.496

2020 年武汉城市圈各地主要农产品产量

类别	计量单位	武汉市		黄石市		鄂州市		孝感市		黄冈市		咸宁市		仙桃市		潜江市		天门市	
		本年	比上年（±%）	本年	比上年（±%）	本年	比上年（±%）	本年	比上年（±%）	本年	比上年（±%）	本年	比上年（±%）	本年	比上年（±%）	本年	比上年（±%）	本年	比上年（±%）
粮食	万吨	89.60	1.1	51.29	−4.7	24.55	−3.2	232.71	0.6	269.11	0.2	116.85	0.3	69.74	−3.6	59.00	−0.96	80.06	—
# 小麦	万吨	2.73	—	2.19	3.8	1.47	—	23.20	—	—	—	—	—	—	—	—	—	—	—
玉米	万吨	7.27	—	3.03	10.6	0.46	—	5.44	—	—	—	—	—	—	—	—	—	—	—
棉花	吨	8185	—	2795	−24.6	0.33	—	0.73	−18.9	20200	−19.2	—	—	8100	−23.2	—	—	6500	—
油料	万吨	13.92	—	11.66	5.9	4.34	0.57	26.74	17.7	52.88	−9.7	18.82	—	13.21	6.8	—	—	12.49	—
麻类	吨	—	—	3533	23.1	—	—	—	—	—	—	—	—	—	—	—	—	—	—
糖料	万吨	—	—	—	—	0.56	—	1.83	—	—	—	—	—	—	—	—	—	—	—
蔬菜	万吨	777.52	−0.3	—	—	106.98	0.57	437.82	2.3	352.11	0.4	245.43	0.0	54.65	−0.1	95.57	−0.9	86.75	—
果用瓜	万吨	—	—	—	—	6.41	−1.04	34.93	—	—	—	—	—	—	—	—	—	—	—
茶叶	吨	2636		1111	2.0	0.02	1.14	0.85	—	—	—	59900	2.2	—	—	—	—	—	—
水果	万吨	14.88	—	20.72	21.2	10.97	7.95	15.38	0.6	23.64	6.9	—	—	—	—	—	—	1.89	—
生猪出栏	万头	113.94	−32.4	65.39	−14.2	44.6	−32.7	188.90	−18.4	258.42	−16.2	141.91	−24.4	36.99	−31.1	—	—	35.29	—
牛出栏	万头	—	—	—	—	0.65	−2.99	7.15	—	23.06	−5.6	—	—	—	—	—	—	—	—
羊出栏	万只	—	—	—	—	0.84	3.06	18.69	—	57.66	−7.4	—	—	—	—	—	—	—	—
家禽出笼	万只	3446.30	—	1995.59	−13.4	994.69	1.53	9886.79	2.5	4834.86	—	3381.26	4.8	—	—	—	—	974.15	—
禽蛋	万吨	10.47	12.3	4.92	4.9	3.46	−1.98	26.32	3.0	31.45	11.9	5.22	13.1	1.96	10.4	—	—	4.2	—
牛奶	万吨	1.39	32.9	—	—	—	—	—	—	—	—	—	—	—	—	—	—	—	—
水产品	万吨	42.67	−3.4	22.45	7.5	28.14	−2.7	42.47	0.5	44.15	−3.8	22.37	2.8	28.38	−3.7	14.99	5.1	11.6	—

2020 年武汉城市圈各地全社会固定资产投资增速情况统计表

计量单位： 比上年增长（±%）

固定资产投资	武汉市	黄石市	鄂州市	孝感市	黄冈市	咸宁市	仙桃市	潜江市	天门市
固定资产投资（不含农户）	—	-18.4	-17.2	-20.8	-21.9	-21.7	-37.2	-23.3	-26.8
其中：工业	-20.4	—	-49.8	-31.4	-9.4	—	-49.4	-25.3	-11.6
房地产	-6.4	-16.8	35.9	-12.1	—	27.4	-28.0	7.5	-40.2
民间投资	-18.8	-19.8	-26.8	—	—	—	—	-29.5	—
按产业分									
第一产业	-15.2	—	-65.5	-31.5	-0.4	-25.1	-57.3	-11.1	3.1
第二产业	-20.2	—	-49.8	-31.4	-9.4	-23.6	-49.5	-25.3	-11.6
第三产业	-8.8	—	-6.2	-11.0	-6.7	-19.6	-14.5	-21.6	-47
按构成分									
建筑安装工程	—	—	-18.9	-24.0	—	—	—	—	—
设备工器具购置	—	—	-51.2	-36.5	—	—	—	—	—
其他费用	—	—	—	66.7	—	—	—	—	—

2020 年武汉城市圈各地财政收支情况统计表

财政收入（单位）		一般公共预算收入	地方一般公共预算收入	税收收入	增值税	企业所得税	个人所得税	公共财政税收总收入	一般公共预算总支出
武汉市	本年（亿元）	2392.77	1230.29	1041.06	—	—	—	—	2407.00
	比上年增长（±%）	-17.8	-21.3	-21.2	—	—	—	—	7.5
黄石市	本年（亿元）	88.23	—	62.84	—	—	—	142.18	430.05
	比上年增长（±%）	-26.2	—	-25.1	—	—	—	-26.5	12.8
鄂州市	本年（亿元）	78.22	48.47	38.93	16.44	6.39	1.30	—	127.41
	比上年增长（±%）	-13.6	-19.3	-11.5	—	—	—	—	2.0
孝感市	本年（亿元）	—	100.17	77.90	42.97	25.71	5.37	165.46	425.26
	比上年增长（±%）	—	-26.1	23.6	-25.3	6.3	-20.2	-22.9	4.0
黄冈市	本年（亿元）	104	—	76.47	68.78	29.13	8.18	174.69	937.53
	比上年增长（±%）	-26.5	—	—	—	—	—	-21.5	14.9

续表

财政收入（单位）		一般公共预算收入	地方一般公共预算收入	税收收入	增值税	企业所得税	个人所得税	公共财政税收总收入	一般公共预算总支出
咸宁市	本年（亿元）	70.89	—	53.03	—	—	—	115.15	312.26
	比上年增长（±%）	-25.1	—	-20.5	—	—	—	-21.8	11.4
仙桃市	本年（亿元）	—	31.98	28.45	—	5.32	0.67	53.64	106.49
	比上年增长（±%）	—	-7.7	0.5	—	36.6	-15.4	-0.8	14.7
潜江市	本年（亿元）	—	21.32	16.07	—	—	—	33.09	81.98
	比上年增长（±%）	—	22.5	-19.6	—	—	—	-19.7	6.2
天门市	本年（亿元）	—	14.23	10.84	4.69	1.54	0.31	23.21	93.06
	比上年增长（±%）	—	-33.4	-34.6	—	—	—	-30.4	5.09

2020年武汉城市圈各地社会消费品零售总额统计表

社会消费品零售总额（单位）		社会消费品零售总额	限额以上	一、按经营单位所在地分		二、按商品形态分	
				城镇	乡村	餐饮收入	商品零售
武汉市	本年（亿元）	6149.84	—	—	—	258.73	5891.12
	比上年增长（±%）	10.8	—	—	—	-66.3	-15.9
黄石市	本年（亿元）	758.81	229.19	—	—	87.83	462.0 5
	比上年增长（±%）	-26.1	-23.2	—	—	-26.9	-24.4
鄂州市	本年（亿元）	326.57	147.84	297.67	28.90	26.76	151.72
	比上年增长（±%）	-26.4	-34.2	-25.7	-33.3	-27	-29.8
孝感市	本年（亿元）	981.24	—	739.76	241.48	112.51	868.73
	比上年增长（±%）	-23.3	—	-23.5	-22.6	-43.0	-19.7
黄冈市	本年（亿元）	1150.13	—	957.01	193.11	123.17	807.46
	比上年增长（±%）	-21.7	—	-21.7	-22.2	-22.8	-13.5
咸宁市	本年（亿元）	604.04	126.42	404.49	199.55	112.55	—
	比上年增长（±%）	-14.7	-6.7	-15.2	-13.8	-17.6	—
仙桃市	本年（亿元）	381.93	208.13	239.76	142.17	6.01	157.53
	比上年增长（±%）	-14.2	-7.3	-14.6	-13.6	-3.7	-7.8

续表

社会消费品零售总额（单位）		社会消费品零售总额	限额以上	一、按经营单位所在地分		二、按商品形态分	
				城镇	乡村	餐饮收入	商品零售
潜江市	本年（亿元）	248.90	—	212.79	36.11	28.21	181.98
	比上年增长（±%）	-14.6	—	-14.8	-13.2	-26.7	-13.0
天门市	本年（亿元）	289.76	59.86	—	—	25.06	194.14
	比上年增长（±%）	-24.7	—	—	—	-20.0	-14.9

2020 年武汉城市圈各地物价指数统计表

（上年＝100）

地区名称	居民消费价格指数	比上年增长（±%）								商品零售价格指数
		食品烟酒	衣着	居住	生活用品及服务	交通和通信	教育文化和娱乐	医疗保健	其他用品和服务	
武汉市	102.4	8.7	1.5	-1.5	-0.3	-2.8	-0.1	1.2	5.3	—
黄石市	102.3	8.4	3.5	0.3	0.4	3.2	0.1	4.8	1.4	—
鄂州市	102.5	9.2	3.5	-0.1	1.1	-4	0.5	1.7	2.8	102.2
孝感市	102.4	8.2	-1.2	-0.6	0.5	-3.9	1.6	1.9	2.2	—
黄冈市	102.6	9.5	-0.8	-0.1	-1.5	-4.4	0.4	1.8	3.2	—
咸宁市	102.5	7.7	-0.9	-0.3	1.0	5.0	2.2	3.7	5.2	—
仙桃市	—	—	—	—	—	—	—	—	—	—
潜江市	—	—	—	—	—	—	—	—	—	—
天门市	102.1	9.6	-1.1	-3.5	-1.0	-3.0	1.5	-0.9	2.5	100.5

注：三个直管市中省统计部门只在天门设了试点，另外两市没有物价指数数据统计。

2020 年武汉城市圈各地卫生事业机构和人员情况统计表

指标	单位	武汉市	黄石市	鄂州市	孝感市	黄冈市	咸宁市	仙桃市	潜江市	天门市
卫生机构数	个	6446	1426	475	490	4248	1358	1019	736	1042
床位数	张	—	17752	5847	26547	39532	16093	8332	4948	7363
医院病床数	张	93800	—	4341	17200	6655	11150	6655	—	4923
平均每千人拥有床位数	张	—	—	5.4	—	—	—	—	4.9	—
卫生人员数	人	115200	20181	6475	27535	36919	22937	8550	—	6452

续表

指标	单位	武汉市	黄石市	鄂州市	孝感市	黄冈市	咸宁市	仙桃市	潜江市	天门市
执业医生和助理执业医师	人	41900	6681	2243	9981	15812	7375	2712	2069	2739
注册护士	人	57300	9906	3098	12000	17555	8262	3482	2490	—
平均每千人拥有医生数	人	—	—	6.1	—	—	—	—	2.16	—
公民无偿献血人数	万人次	17.4	—	0.6	—	—	—	—	—	—
居民人均预期寿命	岁	80.57	—	—	—	—	—	—	—	—

2019 年武汉城市圈各市主要经济指标统计表

经济指数		武汉市	黄石市	鄂州市	孝感市	黄冈市	咸宁市	仙桃市	潜江市	天门市
生产总值	亿元	15616.06	1641.32	1005.23	2193.55	2169.55	1524.67	827.91	765.23	617.49
	比上年增长（±%）	-4.7	-5.9	-9.8	-4.5	-6.6	-4.9	-4.3	-4.6	-5.6
第一产业	亿元	402.18	115.79	99.20	343.14	438.28	217.49	96.5	83.45	90.25
	比上年增长（±%）	-3.8	0.5	-2.8	1.4	-0.4	0.0	-1.1	0.1	-1.8
第二产业	亿元	5557.47	797.8	435.03	860.66	749.83	628.72	358.02	367.81	273.85
	比上年增长（±%）	-7.3	-7.9	-17.0	8.4	-9.4	-8.3	-6.9	-5.8	7.5
第三产业	亿元	9656.41	727.72	471	989.75	981.43	678.45	373.39	313.97	253.39
	比上年增长（±%）	-3.1	-4.3	-2.4	-2.2	-6.7	-2.7	-1.9	-4.3	-4.6
固定资产投资	比上年增长（±%）	-11.8	-18.4	-17.2	-20.8	-21.9	-21.7	-37.2	-23.3	-26.8
外商直接投资	万美元	1116500	—	4742	29200	5967	3750	3343.86	—	—
	比上年增长（±%）	-9.3	—	7.8	-24.2	2.1	1.4	1.1	—	—
地方一般公共预算收入	亿元	1230.29	142.18	48.47	100.17	104	70.89	31.98	21.32	14.23
	比上年增长（±%）	-21.3	-26.5	-19.3	-26.1	-26.5	-25.1	-7.7	-26.4	-33.4
农村常住居民人均可支配收入	元	24057	16549	18792	17090	14693	16359	20647	18948	18356
	比上年增长（±%）	-2.9	0.2	-2.7	-2.4	1.4	-1.4	3.8	-2.8	1.2
城镇常住居民人均可支配收入	元	50362	37912	35025	35374	30826	32394	35750	33623	31308 元
	比上年增长（±%）	-2.6	-2.1	1.4	-0.9	-3.1	-2.4	3.5	-2.9	-1.4
规模以上工业增加值	比上年增长（±%）	-6.9	-5.0	-12.5	-5.3	-5.9	-5.5	-3.8	-4.4	-6.4

2020 年武汉市主要工业产品产量一览表

产品名称	单位	产量	比上年增长（±%）
生铁	万吨	1402.43	-9.1
钢材	万吨	1534.98	-11.4
汽车	万辆	141.63	-8.5
# 轿车	万辆	84.66	-12.1
卷烟	万箱	266.09	4.5
原油加工量	万吨	577.99	-29.0
发电量	亿千瓦时	229.03	-18.9
机制纸及纸板（外购原纸加工除外）	万吨	63.93	-5.1
房间空气调节器	万台	1760.31	-18.0
布	万米	4135.80	-9.4
服装	万件	5484.87	-26.7
饮料	万吨	366.52	-22.3
显示器	万台	1455.71	-4.1
化学药品原药	吨	23721	0.5
乙烯	万吨	69.78	-21.5
光纤	万千米	2002.04	2.9
光缆	万芯千米	4966.98	-16.8
水泥	万吨	881.13	-13.1
手机	万台	2505.20	-25.4
电子计算机整机	万台	1739.06	34.6

2020 年黄石市主要工业产品产量一览表

产品名称	单位	产量	比上年增长（±%）
铁矿石（原矿）	万吨	221	3.5
钢	万吨	605.6	14.5
成品钢材	万吨	703.1	10.1
锻压设备	台	438	-39.8
无缝钢管	万吨	136.2	9.5
精炼铜	万吨	51.1	-4.3
铝材	万吨	54.6	-9.9
水泥	万吨	1348.1	-8.3

续表

产品名称	单位	产量	比上年增长（±%）
纱	万吨	0.8	-20
服装	万套	2400.2	-18.7
饮料酒	万千升	26	-18.2
印制电路板	万平方米	348.6	19.1
制冷压缩机	万台	1428.7	-3.1

2020年鄂州市规模以上工业主要产品产量一览表

产品名称	单位	产量	比上年增长（±%）
饲料	万吨	27.87	-0.3
食品添加剂	万吨	0.24	3.7
纱	万吨	1.73	-85.2
服装	万件	1934.45	-28.3
化学药品原药	万吨	0.00	-100.0
中成药	万吨	0.30	-79.0
塑料制品	万吨	25.02	-5.5
硅酸盐水泥熟料	万吨	448.06	39.4
水泥	万吨	1134.62	13.1
商品混凝土	万立方米	262.64	3.4
预应力混凝土桩	万吨	439.52	7.4
耐火材料制品	万吨	0.44	-74.7
生铁	万吨	437.41	2.7
粗钢	万吨	618.94	4.4
铸钢件	万吨	14.03	-4.6
钢材	万吨	604.24	8.0
模具	万吨	6.80	16.4
民用钢质船舶	万载重吨	6.09	-34.9
自来水生产量	万立方米	4210.58	0.7

2020 年孝感市主要工业产品产量一览表

产品名称	单位	产 量	比上年增长（±%）
原盐	万吨	411.3	-0.1
饮料	万吨	51.8	-18.8
纱	万吨	56.2	-11.6
服装	万件	8242.1	-6.3
机制纸及纸板	万吨	11.3	-2.6
纯碱	万吨	173.3	5.6
大米	万吨	222.1	-22.3
化肥	万吨	113.1	4.3
塑料制品	万吨	37.9	-12.3
中成药	万吨	0.5	25.0
水泥	万吨	238.4	-6.5
钢丝	万吨	4.6	4.5
粗钢	万吨	49.6	24.9
钢材	万吨	18.3	9.6
通信及电子网络用电缆	万对千米	55.8	94.4
锂离子电池	万只	807.5	-91.2
灯具及照明装置	万套（台、个）	1173.9	-14.3
发电量	亿千瓦时	170.8	-21.1

2020 年咸宁市规模以上工业主要产品产量一览表

产品名称	单位	2019 年	2020 年
饮料	万吨	120.00	127.20
精制茶	万吨	1.40	1.10
人造板	万立方米	165.40	108.00
复合木地板	万立方米	3224.10	2533.20
家具	万件	112.90	166.70
水泥	万吨	706.10	685.30
商品混凝土	万立方米	657.40	687.20
大理石板材	万立方米	925.40	450.20
平板玻璃	万重量箱	892.40	877.10
钢材	万吨	325.70	345.40
纱	万吨	13.70	12.60

续表

产品名称	单位	2019 年	2020 年
布	亿米	3.10	1.70
服装	万件	8565.70	6136.10
塑料制品	万吨	10.20	9.40
化学纤维	万吨	0.30	0.20
电子元件	亿只	5.20	3.40
光电子器件	亿只（片）	0.10	1.80
电动机	万千瓦	72.40	43.40
变压器	万千伏安	200.50	133.30

2020 年仙桃市主要工业产品产量一览表

产品名称	单位	产 量	比上年增长（±%）
梭织服装	万件	3191.0	30.5
机制纸及纸板（不含外购原纸加工）	万吨	19.9	-9.1
纸制品	万吨	28.4	-22.8
农用氮、磷、钾化学肥料（折纯）	万吨	0.1	—
化学农药原药（折有效成分 100%）	万吨	0.4	—
化学试剂	万吨	18.5	—
中成药	万吨	0.6	—
塑料制品	万吨	11.9	—
水泥	万吨	8.1	—
商品混凝土	万立方米	72.0	-10.7
十种有色金属	万吨	0.3	—
海绵钛	万吨	0.3	—
钢结构	万吨	12.0	-21.6
齿轮	万吨	2.9	11.5
工商用制冷、空调设备	万台（套）	41.1	2.0
电力电缆	万千米	1.4	—
铅酸蓄电池	万千伏安时	0.4	—
太阳能电池（光伏电池）	万千瓦	20.4	—
印制电路板	万平方米	302.3	-12.0

编辑：刘家连

校对：代建合

索　　引

说　　明

1. 本索引采用主题分析法，按主题词首字汉语拼音字母顺序排列。部类和分目全称用黑体字标明。

2. 主题词后面的阿拉伯数字表示内容所在页码，a、b、c 表示栏（从左往右）。

3. “大事记”“附录”等类目未纳入索引之中。

数字首

字母首

拼音首

A

B

C

D

E

F

G

H

R

S

T

W

Y

Z